Distressed M&A in Deutschland und Italien

Europäische Hochschulschriften Recht

European University Studies in Law

Publications Universitaires Européennes de Droit

Band/Volume 6759

Michael Kawalla

Distressed M&A in Deutschland und Italien

Rechtsvergleichende Betrachtung der aktuellen Rechtslage und Ausblick auf die Umsetzung der Restrukturierungsrichtlinie der EU zu präventiven Sanierungsmaßnahmen

PETER LANG

Lausanne - Berlin - Bruxelles - Chennai - New York - Oxford

Bibliografische Information der Deutschen Nationalbibliothek
Die Deutsche Nationalbibliothek verzeichnet diese Publikation in der Deutschen Nationalbibliografie; detaillierte bibliografische Daten sind im Internet über http://dnb.d-nb.de abrufbar.

Zugl.: München, Univ., Diss., 2022

D 19
ISSN 0531-7312
ISBN 978-3-631-89927-4
EBOOK 978-3-631-90838-9
E-PUB 978-3-631-90839-6
DOI 10.3726/b21171

Verlegt durch:
Peter Lang GmbH, Berlin, Deutschland

info@peterlang.com http://www.peterlang.com/

Diese Publikation wurde begutachtet.

Gewidmet Romy Kawalla, der tollsten Frau, die man sich vorstellen kann!

Vorwort und Danksagung

Die grundlegende Idee zu dieser Arbeit entstand während einer Diskussion über *material adverse change* – Klauseln in einer *International Contracts* – Vorlesung im Jahr 2015 und formte sich anschließend hin zu einer rechtsvergleichenden Betrachtung eines Unternehmenserwerbs in der Krise und Insolvenz in den beiden Ländern Deutschland und Italien.

An dieser Stelle möchte ich allen aus meinem privaten und beruflichen Umfeld großen Dank aussprechen, die mich bei der Anfertigung meiner Doktorarbeit begleitet und unterstützt haben.

Mein besonderer Dank gilt Herrn Prof. Dr. Dr. h.c. Peter Kindler für die ausgezeichnete Betreuung bei der Durchführung der gesamten Arbeit, Herrn Prof. Dr. Mathias Habersack für die Zweitbegutachtung und Herrn Prof. Dr. Rüdiger Veil für die Teilnahme an der mündlichen Prüfung.

Inhaltsverzeichnis

Abkürzungsverzeichnis

a. F.	alte Fassung
AEUV	Vertrag über die Arbeitsweise der Europäischen Union
AIDEA	Accademia Italiana di Economia Aziendale
AktG	Aktiengesetz
AnfG	Anfechtungsgesetz
AO	Abgabenordnung
BAG	Bundesarbeitsgericht
BetrVG	Betriebsverfassungsgesetz
BFH	Bundesfinanzhof
BGB	Bürgerliches Gesetzbuch
BMF	Bundesfinanzministerium
BQG	Beschäftigungs- und Qualifizierungsgesellschaft
c.c.	Codice Civile
C.C.I.I.	Codice della crisi d'impresa e dell'insolvenza
c.p.c.	Codice di procedura civile
CIPI	Comitato di ministri per il coordinamento della politica industriale
CNDCEC	Consiglio nazionale dei Dottori Commercialisti e degli Esperti Contabili
CoC	Change-of-control
D.L.	Decreto-legge
D.Lgs.	Decreto legislativo
DPR	Decreto del Presidente della Repubblica
DSGVO	Datenschutz-Grundverordnung
EBITDA	Earnings Before Interest, Taxes, Depreciation and Amortization
EStG	Einkommensteuergesetz
ESUG	Gesetz zur weiteren Erleichterung der Sanierung von Unternehmen
EU	Europäische Union
EuG	Gericht der Europäischen Union
EuGH	Europäischer Gerichtshof

EUInsVO	Verordnung des Europäischen Parlaments und des Rates über Insolvenzverfahren
GG	Grundgesetz, Grundgesetz
GmbH	Gesellschaft mit beschänkter Haftung, Gesellschaft mit beschränkter Haftung
GmbHG	Gesetz betreffend die Gesellschaften mit beschränkter Haftung
GrEStG	Grunderwerbsteuergesetz
HGB	Handelsgesetzbuch
IAS	International Accounting Standards
IDW	Institut der Wirtschaftsprüfer, Institut der Wirtschaftsprüfer
InsO	Insolvenzordnung
InsVerfVereinfG	Gesetz zur Vereinfachung des Insolvenzverfahrens
IRAP	Imposta regionale sulle attività produttive
IRES	Imposta sul reddito delle società
IRPEF	Imposta sul reddito delle persone fisiche
IVA	Imposta sul valore aggiunto
KMU	Kleine und mittlere Unternehmen
KO	Konkursordnung
KSchG	Kündigungsschutzgesetz
KStG	Körperschaftsteuergesetz, Körperschaftsteuergesetz
L.	Legge
L.F.	Legge fallimentare
M&A	Mergers & Acquisitions
MarkenG	Markengesetz
OCRI	Organismo di composizione della crisi d'impresa
OHG	Offene Handelsgesellschaft
OIC	Organismo Italiano di Contabilità
RL	Richtlinie
s.r.l.	Società a responsabilità limitata
SanInsFoG	Gesetz zur Fortentwicklung des Sanierungs- und Insolvenzrechts
SchVG	Schuldverschreibungsgesetz
SGB III	Drittes Buch Sozialgesetzbuch
SozplKonkG	Gesetz über den Sozialplan im Konkurs- und Vergleichsverfahren

SPV	Special purpose vehicle
StaRUG	Gesetz über den Stabilisierungs- und Restrukturierungsrahmen für Unternehmen
StGB	Strafgesetzbuch
TUF	Testo unico delle disposizioni in materia di intermediazione finanziaria
TUIR	Testo Unico delle Imposte sui Redditi
UmwStG	Umwandlungssteuergesetz
UStG	Umsatzsteuergesetz
VVG	Versicherungsvertragsgesetz
ZIS	Zentrum für Insolvenz und Sanierung der Universität Mannheim

I. Einleitung

A. Zielsetzung dieser Arbeit

Das Ziel dieser Arbeit ist, eine analytische Gegenüberstellung der Regelungen des deutschen und italienischen Rechts in Bezug auf Fälle des sogenannten *distressed M&A*[1], also des Erwerbs von Unternehmen aus der Krise oder Insolvenz, vorzunehmen. Der Fokus liegt bei diesen Transaktionen zumeist auf den Chancen und Risiken des Käufers beziehungsweise des vom Käufer zu erwerbenden Unternehmens. Dementsprechend soll auch in dieser Arbeit vorrangig untersucht werden, welche Vor- und Nachteile der Erwerb abhängig von Zeitpunkt und Transaktionsform für den potenziellen Käufer haben kann.

Dabei sollen die beiden Rechtsordnungen separat betrachtet und ihre Besonderheiten auf dem gegenständlichen Rechtsgebiet herausgearbeitet werden. Einzelne, besonders relevante Problemfelder werden dabei schwerpunktmäßig und ausführlicher dargestellt. Im Vordergrund stehen dabei, neben der verfahrensrechtlichen Einkleidung in den beiden Rechtssystemen, die materiell-rechtlichen Regelungsinhalte und hierbei die Unterschiede vor und nach der Eröffnung des Insolvenzverfahrens. Ferner sollen im Rahmen der vorzunehmenden vergleichenden Betrachtung die jeweiligen Stärken und Schwächen der unterschiedlichen Regelungsansätze aufgezeigt werden.

Zunächst sollen jedoch im Rahmen dieser Einführung die Begriffe *M&A* und *distressed M&A* und deren Besonderheiten näher beleuchtet werden.[2] Es folgt ein Überblick über die Insolvenzursachen und aktuellen Zahlen zu Unternehmensinsolvenzen.[3] Ferner wird das Problem der negativen Wahrnehmung einer Insolvenz angesprochen.[4] Anschließend werden die Grundzüge der behandelten Transaktionsformen mitsamt deren allgemeinen Vor- und Nachteilen kurz dargestellt.[5]

Abschließend ist zum besseren Verständnis darauf hinzuweisen, dass die Ausführungen sich in der Regel auf die jeweils am weitesten verbreiteten

1 M&A steht dabei für „mergers and acquisitions", vgl. unter I.B.
2 I.B–I.E.
3 I.F.
4 I.G.
5 I.H.

Gesellschaftsformen der Gesellschaft mit beschränkter Haftung (GmbH)[6] beziehungsweise der *società a responsabilità limitata (s.r.l.)*[7] beziehen, soweit keine anderweitigen Angaben erfolgen.

Redaktionsschluss dieser Arbeit ist der 31. März 2021. Daher werden – mit Ausnahme eines kurzen Ausblicks auf den Kommissionsvorschlag für eine Richtlinie zur Harmonisierung bestimmter Aspekte des Insolvenzrechts[8] – die danach beschlossenen bzw. in Kraft getretenen Reformbemühungen in Deutschland und Italien nicht behandelt. Des Weiteren werden Verordnungen und Gesetzesänderungen, die allein oder hauptsächlich der Bewältigung der COVID-19-Pandemie dienen, nicht bzw. nicht maßgeblich in die Betrachtung der beiden Rechtssysteme aufgenommen.

B. Erläuterung des Begriffs *M&A/Mergers and Acquisitions*

Unter *Mergers & Acquisitions* (***M&A***) ist ein weiter Sammelbegriff für Vorgänge im Zusammenhang mit der Übertragung und Belastung von Eigentumsrechten an Unternehmen[9] zu verstehen. In erster Linie zählen hierzu Unternehmenskäufe, Fusionen und Betriebsübergänge.[10] Unter *M&A* im weiteren Sinne fallen darüber hinaus auch strategische Allianzen und Kooperationen (z. B. *Joint Ventures*).[11]

Dabei unterscheiden sich *Mergers* (zu Deutsch: Verschmelzungen), also Fusionen, von *Acquisitions*, d. h. Erwerbsvorgängen, dadurch, dass bei erstgenannter Methode die Vermögensgegenstände der beteiligten Unternehmen zusammengelegt werden. Verschmelzungen können wiederum unterteilt werden in die Verschmelzung durch Aufnahme und Verschmelzung durch Neugründung.[12]

Für die vorliegende Abhandlung relevant ist jedoch in erster Linie die Fallgruppe der Erwerbsvorgänge, also der *Acquisitions*. Diese bestehen in dem Übergang der Eigentums- und damit Leitungs- und Kontrollrechte an dem

---

6 *Statistisches Bundesamt,* Staat & Gesellschaft – Umsatzsteuer – Umsatzsteuerstatistik (Voranmeldungen) – Statistisches Bundesamt (Destatis).

7 *Istituto Nazionale di Statistica* – Imprese – occupati: Età, forma giuridica, http://dati.istat.it/Index.aspx?QueryId=20791#.

8 I.F.4.b).

9 *Richter/Timmreck,* Effizientes Sanierungsmanagement, S. 309.

10 *Grützner/Jakob* (Hrsg.), Compliance von A–Z, „M&A"; *Norreri* – Definizione di "M&A", https://www.tesionline.it/v2/glossary.jsp?id=108.

11 *Vogel,* M&A – Ideal und Wirklichkeit, S. 4 f.

12 Vgl. § 2 ff. UmwG.

zu erwerbenden Unternehmen. Realisiert wird dies anhand eines Erwerbs der Anteile an dem Zielunternehmen (*Share Deal*) oder der (Gesamtheit der) Vermögensgegenstände des Zielunternehmens (*Asset Deal*).

Mergers oder gar strategische Kooperationen dagegen spielen in Fällen von Unternehmensübernahmen in einem Krisen- oder Insolvenzszenario in der Praxis eine sehr untergeordnete Rolle,[13] weshalb sie in dieser Abhandlung nicht vertieft thematisiert werden.

C. *Distressed M&A*: Erklärung und Definition des Begriffs der „Krise"

Eine einheitliche, präzise Definition der „Krise" oder des englischen Begriffs *distressed* im Zusammenhang mit Unternehmensübernahmen ist weit weniger offensichtlich, als dessen Verwendung im juristischen Sprachgebrauch es vermuten lassen könnte. In diesem Abschnitt werden verschiedene Ansätze für die Definition einer Krise dargestellt und auf ihre Übereinstimmung mit einer *distressed M&A*-Transaktion untersucht.

1. Allgemein

Grundsätzlich kann unter einem Unternehmen in *distress* ein solches verstanden werden, welches aufgrund von Liquiditätsknappheit Schwierigkeiten hat, seine Verbindlichkeiten zu bedienen. Das Unternehmen befindet sich also in einer finanziellen Schieflage, dem *financial distress*[14]. So umschreibt beispielsweise das „Legal Knowledge Portal" *distress* in prägnanter Art und Weise wie folgt:

> *„'Distress' generally means that the company is having difficulty dealing with its liabilities."*[15]

2. (Insolvenz-)rechtliche Krise

Die Krise oder die Beschreibung eines finanziellen Krisenzustands ist insbesondere in der insolvenzrechtlichen Terminologie zu finden. Beispielhaft stellt das

---

13 *Fröhlich/Bachstädt*, § 22 Distressed Mergers & Acquisitions, in: *Buth/Hermanns* (Hrsg.), Restrukturierung, Sanierung, Insolvenz, 4., vollst. neu bearb. Aufl., Rn. 3 ff.

14 Siehe zum Begriff *Schauerte*, in: *Bauer/Düsterlho* (Hrsg.), Distressed Mergers & Acquisitions, 2. Aufl., S. 20 f.

15 *Legal knowledge portal* – Distressed Mergers & Acquisitions, http://legalknowledgeportal.com/2014/01/13/distressed-mergers-acquisitions/conco.

italienische Insolvenzrecht für die Zahlungsunfähigkeit (*insolvenza*) auf Nichterfüllung oder andere Umstände ab, welche offenbaren, dass der Schuldner nicht mehr in der Lage ist, die eigenen Verbindlichkeiten ordnungsgemäß zu erfüllen.[16] Im europäischen, speziell im deutschen Insolvenzrecht kommen zu diesem Punkt der eingetretenen Zahlungsunfähigkeit die drohende Zahlungsunfähigkeit und die bilanzielle Überschuldungsbetrachtung[17] hinzu. *Distressed M&A*-Transaktionen spielen sich jedoch auch außerhalb insolvenzrechtlicher Verfahren oder zeitlich vor dem Eintreten von Insolvenzverfahrenseröffnungsgründen ab. Deshalb sind diese Definitionen nicht vollständig geeignet, um den Begriff *distressed M&A* einzugrenzen. Krisen, welche die wirtschaftliche Existenz eines Unternehmens gefährden und daher eine *distressed M&A*-Transaktion auslösen können, aber nicht die Einleitung eines Insolvenzverfahrens rechtfertigen, fallen nicht unter den Insolvenzbegriff.[18]

Im italienischen Recht ist die Bestätigung des Vorliegens eines Krisenzustands zum Teil gesetzlich vorgesehen. Dies kann durch das sogenannte Ministerialkomitee zur Koordinierung der Industriepolitik (*Comitato di ministri per il coordinamento della politica industriale*, kurz *CIPI*) geschehen.[19] Das CIPI stellt auf Vorschlag des Arbeitsministeriums das Vorliegen eines besonderen Falls einer betrieblichen Krise mit erhöhter sozialer Relevanz im Hinblick auf die lokale Beschäftigungssituation und die produktive Situation des Sektors fest. In einem Gesetzesentwurf im Jahre 2008 war des Weiteren die Erklärung des Krisenstadiums durch das Wirtschaftsministerium auf Antrag des Unternehmens (zum Zweck der steuerlichen Entlastung für Investitionen in kriselnde Unternehmen) vorgesehen.[20] Voraussetzungen für diese Feststellung waren dort allerdings nicht geregelt.

---

16 Art. 5 Abs. 2 L.F. bzw. Art. 2 Abs. 1 lit. b) C.C.I.I.: „*lo stato [di insolvenza] si manifesta con inadempimenti od altri fatti esteriori i quali dimostrino che il debitore non è piú in grado di soddisfare regolarmente le proprie obbligazioni.*“

17 Vgl. §§ 18, 19 InsO, siehe auch *Petermann*, § 283d, in: *Erb/Schäfer* (Hrsg.), Münchener Kommentar zum Strafgesetzbuch Bd. 5: §§ 263–297, 4. Aufl., Rn. 7.

18 *G. Pape/Uhlenbruck/Voigt-Salus*, Insolvenzrecht, Kapitel 9, Rn. 1; *Buchta*, Unternehmen in Krise und Insolvenz, in: *Hölters* (Hrsg.), Handbuch Unternehmenskauf, 9., neu bearbeitete und erweiterte Auflage, Rn. 16.28.

19 Gemäß Art. 2 Abs. 5 lit. c) des LEGGE 12 AGOSTO 1977, n. 675.

20 Art. 4 des *Senato*, Legislatura 16ª – Disegno di legge N. 683.

Seit dem 14. Februar 2019 gibt es in Italien ein neues Insolvenzgesetz (***C.C.I.I.***),[21] das als Zugangsvoraussetzung zu bestimmten Sanierungsmaßnahmen unter anderem eine Definition des Krisenzustands enthält.[22] Der italienische Gesetzgeber versteht den Krisenzustand demnach als „Wahrscheinlichkeit zukünftiger Zahlungsunfähigkeit" (*probabilità di futura insolvenza).* In der Umsetzung des Ermächtigungsgesetzes[23] wurde der Begriff der Krise detaillierter herausgearbeitet und definiert sich als jedes ökonomisch-finanzielle Ungleichgewicht,[24] das die Insolvenz des Schuldners wahrscheinlich macht.[25] Bei Unternehmen nennt das C.C.I.I. den für die ordnungsgemäße Tilgung der geplanten Verbindlichkeiten unzureichenden künftigen Liquidationszufluss.[26] Ein Krisenindikator[27] ist beispielsweise das (unter Berücksichtigung des Unternehmensgegenstandes, des Zeitraums des Bestehens sowie ggf. geeigneter Indikatoren für die Nachhaltigkeit des Geschäfts) Ungleichgewicht im Einkommens-, Vermögens- oder Finanzierungsbereich.[28] Auch wiederholte und signifikante Fälle von

---

21 Das sogenannte „Gesetz zur Krise von Unternehmen und der Zahlungsunfähigkeit", DECRETO LEGISLATIVO 12 gennaio 2019, n. 14, Codice della crisi d'impresa e dell'insolvenza in attuazione della legge 19 ottobre 2017, n. 155; bis auf einige wenige Sonderregelungen sollte das Gesetz ursprünglich am 15. August 2020 in Kraft treten. Mit dem D.L. 23/2020 wurde das C.C.I.I. an einigen Stellen nachgebessert und sein Inkrafttreten auf den 1. September 2021 verschoben, s. *Studio Cataldi – Codice della crisi e dell'insolvenza in vigore dal 2021, https://www.studiocataldi.it/articoli/38029-codice-della-crisi-e-dell-insolvenza-in-vigore-dal-2021.asp#par1.*

22 Art. 2 Abs. 1 lit. a) C.C.I.I.

23 Anhand des Ermächtigungsgesetzes vom 19. Oktober 2017 (Legge 19 ottobre 2017, n. 155 – Delega al Governo per la riforma delle discipline della crisi di impresa e dell'insolvenza) wurde die italienische Regierung zu umfassenden Reformbemühungen ermächtigt, die – unter anderem – in der Einführung des C.C.I.I. mündeten.

24 In der ursprünglichen Version war statt „Ungleichgewicht" von „Schwierigkeit" die Rede, die als Präzisierung gedachte Änderung erfolgte durch das D.L. 23/2020, vgl. *Serra* – Codice della crisi d'impresa: le novità del decreto correttivo, https://www.altalex.com/documents/news/2020/11/16/codice-crisi-di-impresa-novita-del-decreto-correttivo#p15.

25 Art. 2 Abs. 1 lit. a) C.C.I.I.

26 Art. 2 Abs. 1 lit. a) C.C.I.I.; vgl. auch *Bitzer*, Länderberichte – Italien, in: *Kindler/Nachmann/Bitzer* (Hrsg.), Handbuch Insolvenzrecht in Europa, 5. Aufl., Rn. 31.

27 In Art. 13 C.C.I.I. nennt das künftige italienische Insolvenzgesetz einige Indikatoren für eine Krise, allerdings in erster Linie zum Zwecke des in den Art. 12 ff. C.C.I.I. geregelten Frühwarnsystems und der assistierten Krisenbewältigung (siehe auch unter III.A.2.).

28 Vgl. Art. 13 C.C.I.I.

Zahlungsverzug gehören zu den Indikatoren einer Krise.[29] Zwar ist in den vorgenannten Definitionen und Kriterien die – auch bezweckte – Betonung des vor die Insolvenz gelagerten Charakters des Krisenzustands oder dessen Indikatoren zu erkennen.[30] Zur Erfassung von *distressed M&A*-Transaktionen dürfte insbesondere der Begriff der Krise noch etwas zu eng sein. Auch ein Zustand, in dem eine Zahlungsunfähigkeit noch nicht wahrscheinlich ist, kann als Fall einer *distressed M&A*-Transaktion wahrgenommen werden. Zudem ist nicht zwingend davon auszugehen, dass sich bereits Vermögens- oder Einkommensungleichgewichte oder wiederholt vorkommende Fälle von Zahlungsverzug erkennen lassen.

Außerhalb der Insolvenzordnung gibt es im deutschen Recht mehrere Tatbestände, die für die Identifizierung einer Krise von Bedeutung sind. Beispiele sind die Unterbilanz i. S. d. § 30 Abs. 1 GmbHG, „Risiken" in §§ 289 Abs. 1, 315 Abs. 1, 317 Abs. 2 HGB[31] oder die (fort-)bestandsgefährdenden Tatsachen gemäß § 321 Abs. 1 S. 3 HGB[32] oder § 91 Abs. 2 AktG[33].

Zudem hatte die Rechtslehre und die Rechtsprechung in Deutschland für die Legaldefinition der Krise einer GmbH i. S. d. § 32a GmbHG a. F.[34] das rechtliche Kriterium der Kreditunwürdigkeit herausgearbeitet. Diese sollte dann vorliegen, wenn eine Gesellschaft von einem Dritten keinen zur Fortführung der Gesellschaft notwendigen Kredit zu marktüblichen Bedingungen erhalten würde und ohne Kapitalzufuhr (der Gesellschafter) liquidiert werden müsste.[35]

---

29 a.a.O.

30 *Avolio/Di Majo*, Compendio di diritto della crisi di impresa e dell'insolvenza, 13. Aufl., S. 25.

31 *Sinz*, Krisenvermeidung, Krisenfrüherkennung und Krisenbewältigung – Begriff und Ursachen der Krise, in: *Schmidt/Uhlenbruck*, Die GmbH in der Krise, Sanierung und Insolvenz, Rn. 1.10.

32 *Gras*, in: *Nerlich/Kreplin* (Hrsg.), Münchener AnwaltsHandbuch Insolvenz und Sanierung, 3., überarb. und erw. Aufl., Teil A 1. Abschnitt § 2 Rn. 2.

33 *Sinz*, Krisenvermeidung, Krisenfrüherkennung und Krisenbewältigung – Begriff und Ursachen der Krise, in: *Schmidt/Uhlenbruck*, Die GmbH in der Krise, Sanierung und Insolvenz Rn. 1.10.

34 § 32a GmbHG a. F. betrifft das Recht des Eigenkapitalersatzes, das nach den Übergangsregelungen auf Altfälle noch anwendbar ist, vgl. *Fastrich*, in: *Baumbach/Hueck/Beurskens u. a.* (Hrsg.), Gesetz betreffend die Gesellschaften mit beschränkter Haftung, 21. Aufl., Anhang nach § 30, Rn. 58.

35 *Heidinger*, in: *Michalski* (Hrsg.), Kommentar zum Gesetz betreffend die Gesellschaften mit beschränkter Haftung (GmbH-Gesetz), 2., neu bearb. Aufl., § 32b Rn. 44 ff.; *BGH*, Urt. v. 18.7.2013 – IX ZR 219/11 (erhältlich in NZI 2013, 742).

Diese Tatbestände sind jedoch einzeln genommen zu eng und zu spezifisch, um alle Fälle einer *distressed M&A*-Transaktion zu erfassen. In ihrer Gesamtschau hätten diese Tatbestände vermutlich einen kaum existenten Anwendungsbereich. Die Kreditunwürdigkeit wäre zudem ein nur schwer festzulegender Zustand, sodass hier erhebliche Rechtsunsicherheit bestünde[36] und im Zweifelsfall ein Nachweis erforderlich wäre. Aufgrund der damit verbundenen Beweisschwierigkeiten ist dieses Kriterium – trotz von der Rechtsprechung anerkannter Indizien – für die hier vorzunehmende Abgrenzung nicht geeignet.

3. Betriebswirtschaftliche Krise

Grundsätzlich versteht man unter einer Krise im betriebswirtschaftlichen Sinne einen Zustand, der die Existenz eines Unternehmens bedroht.[37] Eine Krise wird dabei nach ihrem typischen Verlauf in die folgenden (Grund-)Stadien unterteilt:[38]

- Strategische Krise
- Erfolgskrise
- Liquiditätskrise

Der IDW S 6[39] nimmt eine etwas detailliertere Unterteilung vor und unterscheidet zwischen den folgenden fünf bzw. sechs Krisenstadien:[40]

- Stakeholder-Krise
- strategische Krise
- Produkt- und Absatzkrise
- Erfolgs- bzw. Ergebniskrise
- Liquiditätskrise

---

36 *Sinz*, Krisenvermeidung, Krisenfrüherkennung und Krisenbewältigung – Begriff und Ursachen der Krise, in: *Schmidt/Uhlenbruck*, Die GmbH in der Krise, Sanierung und Insolvenz, Rn. 1.14.

37 *Harz/Hub/Schlarb*, Sanierungs-Management, S. 28.

38 *Richter/Timmreck*, Effizientes Sanierungsmanagement, S. 311; *Eberhard*, Die Personengesellschaft in Krise, Sanierung und Insolvenz, in: *Prinz*, Beck'sches Handbuch der Personengesellschaften, § 12 Rn. 2.

39 Herausgegeben vom Institut der Wirtschaftsprüfer (IDW), beinhaltet Anforderungen an die Erstellung von Sanierungskonzepten.

40 Institut der Wirtschaftsprüfer, IDW S 6, S. 14 ff.; *Sinz*, Krisenvermeidung, Krisenfrüherkennung und Krisenbewältigung – Begriff und Ursachen der Krise, in: *Schmidt/Uhlenbruck*, Die GmbH in der Krise, Sanierung und Insolvenz, Rn. 1.2.

- (Insolvenz)

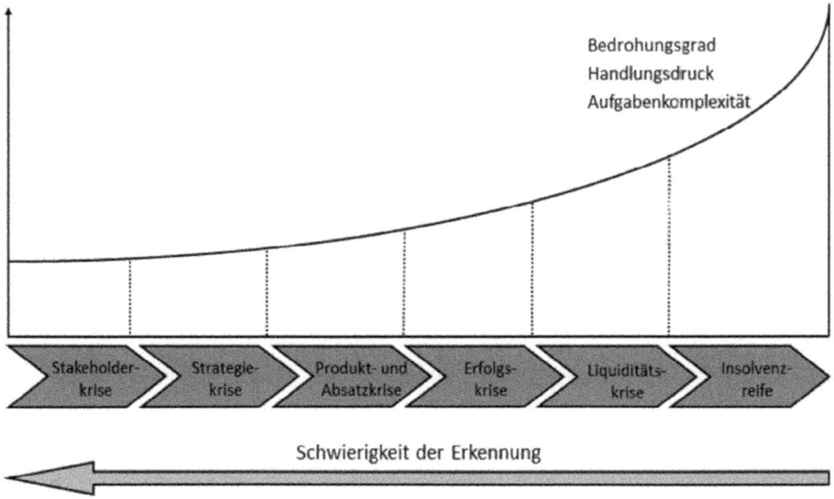

Abb. 1: Krisenstadien nach dem IDW S 6

Zur genaueren Abgrenzung können Krisen – neben dem Krisenstadium – auch nach den folgenden Kategorien abgegrenzt werden:[41]

- Krisenursprung[42]
- Exogene Ursachen
- Endogene Ursachen
- Krisenart
- Existenzbedrohende Krise
- Existenzvernichtende Krise

Schon allein aufgrund der weiten Fassung der betriebswirtschaftlichen Definition der Krise ist diese für sich genommen wenig geeignet, um den Begriff der Transaktionen von Unternehmen in *distress* einzugrenzen. Nicht jede Existenzbedrohung, insbesondere im Anfangsstadium, rechtfertigt die Annahme, es handele sich um die Übertragung eines Betriebes in bzw. aufgrund des *financial*

41 *Gras*, in: *Nerlich/Kreplin* (Hrsg.), Münchener AnwaltsHandbuch Insolvenz und Sanierung, 3., überarb. und erw. Aufl., Teil A 1. Abschnitt § 2 Rn. 2 ff.

42 Vgl. unten unter I.F.1.

distress. Zudem sind nicht alle Unternehmenskrisen unmittelbar existenzgefährdend und treten in der Regel weit vor dem Vorliegen insolvenzrechtlicher Tatbestände ein.[43]

4. Fachliteratur

In der deutschsprachigen Fachliteratur sind beispielsweise nach Weigert unter dem Begriff *distressed M&A* Übernahmen von Unternehmen zu verstehen, die sich in „einer nachhaltigen Ergebniskrise, Liquiditätskrise oder der Insolvenz befinden“[44]. Auch wenn dieser Ansatz der Zielrichtung dieser Abhandlung schon ziemlich nahe kommt, ist er noch nicht ganz passend. Probleme ergeben sich insbesondere im Hinblick auf die genannten Krisenstadien. Für eine *distressed M&A*-Transaktion dürfte in Einzelfällen bereits eine entsprechend ernstzunehmende Absatzkrise oder gar strategische Krise ausreichen, also vorgelagerte Krisenstadien. Das Erfordernis der Nachhaltigkeit ist zum einen nur schwer einzugrenzen, zum anderen sind auch nur kurzfristige Krisen geeignet, um eine Unternehmensübertragung in eine *distressed M&A*-Landschaft einzubetten.

In der italienischsprachigen Literatur wird der englische Terminus *distressed M&A* eher zurückhaltend verwendet. Hier sind vielmehr die Begriffe Krise (*crisi*) und Insolvenz (*insolvenza*) zu finden. Dabei wird die Krise bspw. als Oberbegriff für ein Missverhältnis zwischen Einnahmen und Ausgaben, d. h. ein Operieren unterhalb der Wirtschaftlichkeit[45] verwendet. Auch ein Vermögenszustand, der in wirtschaftlicher und finanzieller Hinsicht ein Insolvenzrisiko darstellt,[46] gilt als Krise. Eine solche Definition entspricht weitestgehend dem insolvenzrechtlichen Verständnis einer Krise und ist für das vorliegende Thema etwas zu eng. Wie bereits dargestellt, bedarf es für die Annahme einer *distressed M&A*-Transaktion nicht zwingend eines Insolvenzrisikos oder fehlender Wirtschaftlichkeit.

---

43 *Buchta*, Unternehmen in Krise und Insolvenz, in: *Hölters* (Hrsg.), Handbuch Unternehmenskauf, 9., neu bearbeitete und erweiterte Auflage, Rn. 16.26.

44 *Weigert,* Distressed M&A im Mittelstand, S. 27.

45 *Guglielmucci/Padovini,* Diritto fallimentare, S. 2.

46 *Prascina* – Sul concetto di crisi e sullo stato di insolvenza. Il nuovo presupposto oggettivo del concordato preventivo alla luce della riforma del diritto fallimentare, https://www.ordineavvocatitrani.it/2006/02/02/sul-concetto-di-crisi-e-sullo-stato-di-insolvenzail-nuovo-presupposto-oggettivo-del-concordato-preventivo-alla-luce-della-riforma-del-diritto-fall imentaredi-emanuella-prascina/, m.w.N. (Fz. 1).

5. Eigener Ansatz

Nach Auffassung des Autors wäre eine mögliche, für die vorliegende Arbeit zutreffende Definition des Begriffs *distressed M&A* die folgende:

> „Die Gesamtheit von Erwerbsvorgängen von Geschäftsanteilen an oder Vermögensgegenständen von Unternehmen oder Betrieben, die sich vor dem Hintergrund liquider oder finanzieller Schwierigkeiten des Zielunternehmens abspielen und von diesen ganz oder vordergründig motiviert sind."

Diese Definition unterscheidet sich von den vorgenannten insbesondere darin, dass die Krisensituation als Auslöser bzw. (Mit-)Grund für die konkrete Transaktion in die Beschreibung aufgenommen wird. Sie konvergiert in etwa mit der fortgeschrittenen Krise, wie sie bei Gottwald beschrieben wird.[47] Zwar ist die Definition der Unternehmenskrise (*„Zustand [...], in der (sic!) es der Unternehmensleitung nicht mehr gelingt, durch geeignete Entscheidungen im Investitions- und Finanzbereich den Unternehmensgesamtwert zu steigern oder auf dem einmal erreichten Niveau zu halten"*) noch zeitlich zu weit nach vorne gelegt. Das Kriterium der Notwendigkeit von *corrective actions* (d. h. Maßnahmen, die ohne die Krise nicht getroffen worden wären), welche wiederum den *financial distress* belegt, ist weitaus treffender.

Ein *distressed M&A*-Vorgang ist mit anderen Worten immer dann gegeben, wenn der Verkauf von der Krise derart motiviert war, dass er ohne sie nicht oder nicht in der Form stattgefunden hätte.

6. Verwendung in der Praxis

Das vorgefundene Ergebnis wird von der Verwendung in der Praxis bestätigt. Dort wird der Begriff vorwiegend genutzt, um Szenarien des Verkaufs von Unternehmen vor dem Hintergrund einer finanziellen Krisensituation zu erfassen.[48] Dabei kann die finanzielle Krise, die den Verkäufer zur Veräußerung bewegt oder gar zwingt, vorinsolvenzrechtlich sein oder bereits zur Eröffnung des Insolvenzverfahrens geführt haben.[49]

---

47 *Drukarczyk/Schöntag*, § 2 Krise und Krisenfrüherkennung, in: *Gottwald/Adolphsen/Haas* (Hrsg.), Insolvenzrechts-Handbuch, 6., vollständig überarbeitete Auflage, Rn. 6.

48 *Gallon et al.* – Key issues to consider when undertaking distressed M&A, https://www.dlapiper.com/en/us/insights/publications/2020/04/key-issues-to-consider-when-undertaking-distressed-m-and-a/.

49 *Fröhlich/Bachstädt*, § 22 Distressed Mergers & Acquisitions, in: *Buth/Hermanns*, Restrukturierung, Sanierung, Insolvenz, Rn. 4.

D. Abgrenzung zu „konventionellem" *M&A*

Vor dem Hintergrund, dass eine allgemeingültige Definition des Begriffes *distressed M&A* bisher nicht existiert und die üblicherweise herangezogenen Kriterien auslegungsfähig sind, ist eine Abgrenzung zu sonstigen *M&A*-Geschäften nicht unproblematisch.[50]

Bei Vorliegen einer Krise im insolvenzrechtlichen Sinne[51] oder bereits eingeleiteter insolvenzrechtlicher Schritte (bspw. Stellung des Antrags auf Eröffnung des Insolvenz- oder Schutzschirmverfahrens)[52] wird die Abgrenzung eher unproblematisch sein. Schwieriger ist sie bei vorinsolvenzlichen Verkaufsvorgängen. Dann befindet sich das Zielunternehmen in einer Notsituation, welche sich aufgrund eines niedrigen Unternehmenswerts und damit Kaufpreises durchaus als (nur) einer von mehreren Beweggründen für den Verkauf/Erwerb des Unternehmens herausstellen kann. Dies allein führt jedoch nicht automatisch zum Vorliegen eines *distressed M&A*-Falls.

Denn wie bereits dargelegt, begründet nicht jede Krise im ökonomischen Sinne[53] der Existenzbedrohung ein Szenario, bei dem ein „Versilbern" von Unternehmensanteilen oder -vermögen die Charakteristika eines *distressed M&A*-Verkaufs aufweist.

Voraussetzung dürfte vielmehr sein, dass die finanzielle Notsituation zeitlich und auch hinsichtlich ihrer Gravität ein gewisses Gewicht hat. Es dürfen sich neben dem Erhalt von frischem Kapital durch einen *M&A*-Vorgang kaum oder keinerlei weitere, realisierbare Möglichkeiten finden, die Krisensituation zu überwinden oder zu entschärfen. Dem entspricht, dass der Verkauf eines notleidenden Unternehmens auch vom Management oftmals als einer der letzten Auswege aus der Krise gesehen werden wird.[54]

---

50 *Fröhlich/Bachstädt*, § 22 Distressed Mergers & Acquisitions, in: *Buth/Hermanns*, Restrukturierung, Sanierung, Insolvenz, Rn. 6.

51 D. h. Vorliegen einer (drohenden) Zahlungsunfähigkeit oder Überschuldung, siehe I.C.

52 *Schauerte*, in: *Bauer/Düsterlho* (Hrsg.), Distressed Mergers & Acquisitions, 2. Aufl.

53 S.o. unter I.C, so wird bei Unterscheidung nach Art der Krise in Stakeholderkrise, strategische Krise, Vermögens- und schließlich Ertragskrise insbesondere im Fall der Stakeholderkrise oder der strategischen Krise die Überwindung dieser durchaus wahrscheinlich sein, weshalb ein Verkauf während einer solchen Krise nicht zwangsläufig als *distressed M&A*-Verkauf einzustufen ist.

54 *Schauerte*, in: *Bauer/Düsterlho* (Hrsg.), Distressed Mergers & Acquisitions, 2. Aufl.

E. Besonderheiten bei einem *distressed M&A*

Eine der vordergründigsten und dringlichsten Besonderheiten bei *distressed M&A*-Verkäufen ist mit Sicherheit der erhöhte Zeitdruck aufgrund drohender Verschärfung der Krise (die zum Eintritt der Insolvenz führen kann) oder der Insolvenz.[55]

Bei konventionellen Unternehmenserwerbungen wird die möglichst zügige Durchführung des *M&A*-Prozesses eher von den Interessen der Parteien (Kostenminimierung, zeitliche Nähe zu relevanten Stichpunkten, etc.) bestimmt. Dagegen sind bei *distressed M&A*-Transaktionen diese äußeren Umstände einer drohenden Zahlungsunfähigkeit und der daraus resultierenden Nachteile für das Zielunternehmen die Gründe für eine beschleunigte Vorgehensweise.

Die Zeit zur Durchführung einer *distressed M&A*-Transaktion beträgt daher im Vergleich zu konventionellen *M&A*-Geschäften nur etwa ein Sechstel des für deren Umsetzung üblichen Zeitrahmens.[56]

Dazu kommen einige Sonderfaktoren, insbesondere die Notwendigkeit der Einbindung weiterer[57] Interessenvertreter, vom Betriebsrat und den Gewerkschaften, über die Finanzgeber, Kunden und Lieferanten, bis zum (vorläufigen) Insolvenzverwalter. Die ersten beiden Gruppen sind vor allem für die Verhandlung und Übereinkunft bei etwaigen Restrukturierungsmaßnahmen (Forderungsverzicht, Zahlungszieländerung, etc.), aber auch aufgrund eines möglichen Zustimmungserfordernisses relevant. Die Miteinbeziehung des Insolvenzverwalters ergibt sich bei insolvenzlichen oder -nahen Sachverhalten aus dessen Verfügungsbefugnis oder zur Minimierung des insolvenzrechtlichen Anfechtungsrisikos.

Zu beachten ist zudem, dass insbesondere bei einem Verkauf aus der Insolvenz der Verkäufer (regelmäßig der Insolvenzverwalter) nicht bereit sein wird, weitgehende oder überhaupt Gewährleistungen oder Garantien abzugeben.

Schließlich sind (versteckte) bilanzielle und außerbilanzielle Verbindlichkeiten und Risiken bei Unternehmen in finanzieller Notlage in der Regel eine

---

55 *Fröhlich/Bachstädt*, § 22 Distressed Mergers & Acquisitions, in: *Buth/Hermanns*, Restrukturierung, Sanierung, Insolvenz, Rn. 1.

56 *Schauerte*, in: *Bauer/Düsterlho* (Hrsg.), Distressed Mergers & Acquisitions, 2. Aufl., S. 7; *Fröhlich/Bachstädt*, § 22 Distressed Mergers & Acquisitions, in: *Buth/Hermanns*, Restrukturierung, Sanierung, Insolvenz, Rn. 8.

57 Die Unternehmensführung, Bei- bzw. Aufsichtsräte oder die Gesellschafter sind – abhängig von der Transaktionsart – in aller Regel bei jeder M&A-Transaktion einzubinden.

größere Gefahr als bei gesunden Unternehmen. Dies hat meist zwei Auswirkungen: Zum einen ist auf die Einschätzung und Handhabung solcher Risiken ein besonderes Augenmerk bei der *due diligence* und der späteren Vertragsgestaltung zu legen. Dem steht allerdings meist der erhöhte Zeitdruck entgegen, der eine tiefgehende *due diligence*-Prüfung in den seltensten Fällen zulassen wird. Des Weiteren führen versteckte Risiken zu einer geringen Verlässlichkeit der Finanzkennzahlen als Grundlage für die Kaufpreisberechnung, weshalb die Tendenz gesehen werden kann, auf definierbare und mit möglichst wenig Risiko behaftete Güter zurückzugreifen.[58]

Abgesehen von den soeben angesprochenen Besonderheiten, von denen einige allein auf den gesteigerten Zeitdruck zurückzuführen sind, sind die Unterschiede zu konventionellen *M&A*-Transaktionen eher gering.[59]

F. Insolvenzursachen und aktuelle Insolvenzlage in Deutschland, Italien und Europa

1. Allgemeine Ursachen von Insolvenzen

Mit den Ursachen einer Krise und einer Insolvenz eines Unternehmens beschäftigen sich zahlreiche Studien und Untersuchungen. Die Ursachen können sich aus Marktrisiken, Finanzrisiken, rechtlichen Risiken und Managementrisiken ergeben.[60]

Aus der betriebswirtschaftlichen Perspektive wird insofern auf einer ersten Stufe zwischen endogenen, d. h. unternehmensinternen und exogenen, also externen und nicht beherrschbaren Ursachen unterschieden.[61] Zu den internen Ursachen gehören insbesondere zu starke Verschuldung oder Umsatzorientierung, Überdimensionierung der Belegschaft, keine oder unzureichende Rückstellungen. Exogene Ursachen sind unter anderem Marktveränderungen.

---

58 Vgl. *Fröhlich/Bachstädt*, § 22 Distressed Mergers & Acquisitions, in: *Buth/Hermanns*, Restrukturierung, Sanierung, Insolvenz, Rn. 8.

59 Vgl. *Schauerte*, in: *Bauer/Düsterlho* (Hrsg.), Distressed Mergers & Acquisitions, 2. Aufl., S. 8, S. 21.

60 *Gras*, in: *Nerlich/Kreplin* (Hrsg.), Münchener AnwaltsHandbuch Insolvenz und Sanierung, 3., überarb. und erw. Aufl., Teil A 1. Abschnitt § 2 Rn. 11 ff.

61 *Prof. Dr. Reinhold Hölscher/Hornbach* – Unternehmenskrise: Begriff, Ursachen und Instrumente – 2.1 Überblick über die Sanierungsursachen, https://www.haufe.de/finance/haufe-finance-office-premium/unternehmenskrise-begriff-ursachen-und-instrumente-der-21-ueberblick-ueber-die-sanierungsursachen_idesk_PI20354_HI8026201.html.

In – zwar etwas älteren – Studien aus den Jahren 2006 und 2009[62] von Euler Hermes und dem Zentrum für Insolvenz und Sanierung der Universität Mannheim (*ZIS*), wurde eine Vielzahl von Experten (vor allem haupt- oder nebenberufliche Insolvenzverwalter) befragt. Daraus ergeben sich die nachstehenden Kerninformationen zu den häufigsten Insolvenzursachen in Deutschland:[63]

a) Interne Ursachen

- Fehlendes Controlling, in erster Linie fehlende Unternehmens- und unzureichende Kostenplanung;
- Finanzierungslücken, vor allem unzureichendes Eigenkapital, fehlende Kreditwürdigkeit und zu hohe Zinsbelastungen, verbunden mit zu geringen Rücklagen;[64]
- Schlechtes Debitorenmanagement, welches wiederum mit zu kurzen (Zwischen-) Finanzierungen bzw. fehlender Abstimmung dieser Finanzierungen auf Forderungsbeibringung korreliert;
- Festhalten an ausgedienten Unternehmenskonzepten und falsche strategische Ausrichtung.

Weitere Ursachen sind nach der Auffassung der Experten autoritäre Führung, ungenügende Transparenz und Kommunikation sowie Fehler bei der Planung der Produktion, fehlende Marktflexibilität sowie Fehlverhalten oder Fehleinschätzungen bei Investitionen. Bei den internen Ursachen handelt es sich erkennbar in erster Linie um Fehlentscheidungen und -verhalten auf Ebene der Geschäftsführung und -leitung. Dies ganz besonders im Hinblick auf die Verwendung des oder den Umgang mit dem zur Verfügung stehenden Kapital. Es entsteht außerdem der Eindruck, dass eine beachtliche Zahl von Insolvenzen hätte verhindert oder zumindest abgemildert werden können. Dafür hätten bei der Führung des Unternehmens mehr unternehmerische Weitsicht oder buchhalterische Sorgfalt angewandt werden müssen. Als ein Beispiel kann die Annahme von hochvolumigen, verlustträchtigen Aufträgen nur aufgrund der Hoffnung auf Folgeaufträge genannt werden. Ein weiteres Beispiel ist das Fehlen

---

62 Die Unterschiede zwischen der Ausgangsstudie 2006 und der Fortführung im Jahre 2009 betreffen lediglich die Rangfolge, in der die befragten Insolvenzverwalter die Ursachen für die Insolvenzen gesehen haben; an der Natur der Ursachen hatte sich dagegen nichts geändert.

63 *Euler Hermes Kreditversicherungs AG*, Ursachen von Insolvenzen, Wirtschaft konkret 2006.

64 *Hohberger/Damlachi*, Sanierung im Mittelstand, S. 5.

von ordnungsgemäßer Überwachung und Eintreibung offener Forderungen, also eines funktionierenden Debitorenmanagements. Zuletzt ist auch ein defizitärer Führungsstil (zuvorderst kaum oder keine Flexibilität, zu wenig Transparenz, zu hohe Kompetenzbündelung) ein weiterer vermeidbarer Insolvenzgrund.

b) *Externe Ursachen*

- Zahlungsmoral der Kunden und Auftragsrückgang;
- Bürokratische Anwendung des Arbeits- und Sozialrechts und Hindernisse bei personellen Restrukturierungen aufgrund des starken Arbeitnehmerschutzes;
- Negativer Einfluss bestimmter (regulierungs-)rechtlicher Vorgaben, bspw. in der Vergangenheit der Basel-II-Verordnung[65], d. h. der europaweiten Eigenkapitalvorschriften der Kredit- und Finanzdienstleistungsinstitute;
- Makro- und mikroökonomische Marktveränderungen (Marktsättigung, steigender Wettbewerb, Handelsstreitigkeiten, Globalisierung), Konjunktureinflüsse, Rohstoffveränderungen, etc.[66]

Weitere Faktoren sind z. B. Probleme bei Auslandsbezug, die negative Wahrnehmung von insolventen Unternehmen in der Öffentlichkeit (vgl. unten unter I.G) oder auch das Fehlen eines Kapitalmarktes für GmbHs zur Finanzierung von Wachstumsideen.

Externe Faktoren dürften jedoch in der Regel eine Insolvenz lediglich beschleunigen oder mitbedingen, als alleiniger Umstand kommen sie – selbst bei kumuliertem Auftreten – wohl eher selten in Betracht.

---

65 Basel II beinhaltete die Summe aller Eigenkapitalvorschriften, die vom Basler Ausschuss für Bankenaufsicht vorgeschlagen wurden und deren ursprüngliche Fassung im Juni 2004 publiziert wurde. Die bindende Anwendung in den Mitgliedstaaten der Europäischen Union für alle Kredit- und Finanzdienstleistungsinstitute wurde in der Bankenrichtlinie (2006/48/EG) und der Kapitaladäquanzrichtlinie (2006/49/EG) geregelt. Beide Richtlinien sind inzwischen durch die Basel III umsetzende Eigenkapitalrichtlinie (2013/36/EU), welche wiederum die Kapitaladäquanzverordnung (Verordnung (EU) Nr. 573/2013) ergänzt, ersetzt worden.

66 *Sinz*, Krisenvermeidung, Krisenfrüherkennung und Krisenbewältigung – Begriff und Ursachen der Krise, in: *Schmidt/Uhlenbruck*, Die GmbH in der Krise, Sanierung und Insolvenz, Rn. 1.21.

c) Ergänzende Studien

Laut einer Studie der Managementberatung A.T. Kearney aus dem Jahre 2009, basierend auf der Untersuchung von etwa 1.200 europaweiten Insolvenzfällen, liegen die vordergründigen Ursachen einer Insolvenz bei:[67]

- Falschen Strategie- und Investitionsentscheidungen;
- Unausgewogenen Kostenstrukturen;
- Liquiditätsengpässen;
- Verspäteten oder unzureichenden Reaktionen auf Krisensituationen.

Auch bei dieser zweiten Studie, die vor dem Hintergrund der Finanzkrise erstellt wurde, sind somit interne, managementbezogene Fehler die meistverbreitete Ursache für Insolvenzfälle.

Eine wiederum etwas länger zurückliegende Untersuchung von Sydney Finkelstein aus dem Jahre 2004[68] beschäftigt sich vorrangig mit den Hintergründen und Ursachen geschäftsleitender Fehlentscheidungen. Bei den untersuchten Beispielen (u. a. Enron, Tyco, Worldcom) fanden sich die folgenden sieben Eigenschaften bei allen Entscheidungsträgern wieder:[69]

- Überlegenheitsgefühl;
- Übertriebene Identifikation mit dem Unternehmen;
- Eingebildete Allwissenheit;
- Ausblendung/Ausschaltung jeglicher Kritik(er);
- Besessenheit vom Image der eigenen Firma;
- Unterschätzung von Hindernissen/Problemen;
- Blindes Verlassen auf Bewährtes/keine Innovationsbereitschaft.

Einige der von Finkelstein genannten Punkte beruhen durchaus auf *good intentions*, führen jedoch in der Extremität ihrer Umsetzung zu Problemen, wie sich besonders in prominenten Fällen gescheiterter Unternehmen gezeigt hat.

Es bleibt festzuhalten, dass die Ursachen für Insolvenzen größtenteils aus menschlichen Fehlentscheidungen oder -verhalten resultieren und gleichzeitig untrennbar mit der Natur des Risikos unternehmerischer Betätigung und Entscheidungen zusammenhängen.

---

67 *A.T. Kearney*, Sustainable Restructuring, S. 4.

68 *Finkelstein*, Why smart executives fail.

69 *Jackson*, The Seven Habits of Spectacularly Unsuccessful Executives.

Die Insolvenz oder finanzielle Schwierigkeiten von Unternehmen wird daher auch weiterhin ein oft gesehenes Phänomen unserer Ökonomie bleiben. Jedoch können mit geeigneten Anpassungen der insolvenzrechtlichen Strukturen und Werkzeuge und einer weniger makelbehafteten öffentlichen Wahrnehmung der Insolvenz die Chancen auf Sanierung notleidender Unternehmen erhöht werden.

2. Insolvenzsituation in Deutschland

Dem Statistischen Bundesamt[70] zur Folge lag die Zahl der Insolvenzen in 2019 bei insgesamt 104.069 (minus 5 % zum Vorjahr), wovon 18.749 (minus 2,9 % zum Vorjahr) Unternehmen betrafen. Auch im Jahr 2020 sind die Zahlen weiter rückläufig (Insolvenzverfahren: 75.044, Unternehmensinsolvenzen: 15.841). Im Jahr 2018 waren es insgesamt 109.584 Insolvenzfälle, davon 19.552 Unternehmensinsolvenzen. Gegenüber dem Ganzjahreszeitraum 2017, in dem die Anzahl der Insolvenzfälle 115.632 erreichte, wovon 20.093 Fälle Unternehmen betrafen, bedeutet dies einen Rückgang von 5,2 % bzw. 3,9 % bei Unternehmensinsolvenzen.

Insgesamt ist seit dem Jahre 2010 (168.458 Unternehmensinsolvenzen) ein stetiger Rückgang der Unternehmensinsolvenzfälle zu beobachten (um insgesamt 34,95 %), während diese zuvor teils stark angestiegen waren. Mittlerweile bewegen sich die Insolvenzzahlen wieder auf dem Niveau der Vorkrisenjahre um 2007 bis 2009 bzw. darunter.

Dieser Trend scheint sich (noch) fortzusetzen. Im ersten Quartal 2020 gab es 3,7 % weniger Unternehmensinsolvenzen als im Vorjahr[71]. Im weiteren Jahresverlauf sank die Zahl der Unternehmensinsolvenzen im Vergleich zum Vorjahr sogar noch weiter[72].

70 *Statistisches Bundesamt,* Gesamtwirtschaft & Umwelt – Insolvenzen – Statistisches Bundesamt (Destatis).

71 *Statistisches Bundesamt* – 1. Quartal 2020: 3,7 % weniger Unternehmensinsolvenzen als im 1. Quartal 2019, https://www.destatis.de/DE/Presse/Pressemitteilungen/2020/06/PD20_205_52411.html.

72 *Statistisches Bundesamt* – Gewerbemeldungen und Insolvenzen, https://www.destatis.de/DE/Themen/Branchen-Unternehmen/Unternehmen/Gewerbemeldungen-Insolvenzen/_inhalt.html Die Aussagekraft der Zahlen aus 2020 dürfte jedoch aufgrund der „Corona-Gesetzgebung", die u. a. eine Aussetzung der Insolvenzantragspflicht vorsieht (vgl. § 1 Gesetz zur vorübergehenden Aussetzung der Insolvenzantragspflicht und zur Begrenzung der Organhaftung bei einer durch die COVID-19-Pandemie bedingten Insolvenz (COVID-19-Insolvenzaussetzungsgesetz – COVInsAG)), nicht unerheblich gemindert sein.

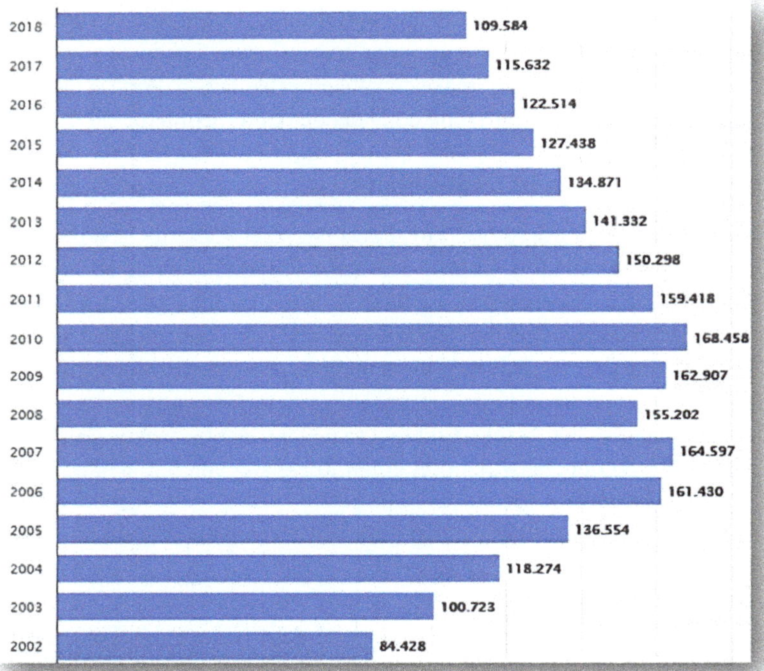

Abb. 2.: Zahl der Unternehmensinsolvenzen in Deutschland zwischen 2002 und 2018 (Quelle: Statistisches Bundesamt).

Die oben dargestellte historische Entwicklung ist sicherlich mit der Finanzkrise und der Erholung der deutschen Wirtschaft nach deren Überwindung und der sich anschließenden guten Konjunkturphase zu erklären. Ein weiterer Grund für die zurückgehenden Insolvenzzahlen dürfte in den eher verhaltenen Neugründungen[73] von Unternehmen liegen, die gewöhnlich als vergleichsweise insolvenzgefährdet gelten.

Des Weiteren kann davon ausgegangen werden, dass die anhaltende Niedrigzinspolitik die Finanzierung auch kriselnder und innovationsscheuer Unternehmen begünstigt und diese daher länger am Markt gehalten werden.

73 *Institut für Mittelstandsforschung Bonn*, Gründungen und Unternehmensschließungen.

Es darf jedoch angenommen werden, dass sich dieses Bild mittel- bis langfristig wandeln wird, bspw. mit der Veränderung der Zinslandschaft. Dann könnten wettbewerbsunfähige Unternehmen mit unangemessener Struktur oder schlechtem Geschäftsmodell, die nur aufgrund der günstigen Fremdfinanzierungsmöglichkeit noch am Markt sind, vergleichsweise schnell in Insolvenznähe geraten. Von diesen Unternehmen könnten anschließend gesündere Unternehmen, die den Forderungsausfall nicht oder nicht zinsgünstig refinanzieren können, ebenfalls mit in die Zahlungsunfähigkeit gezogen werden.

Erste Anzeichen für strengere Marktumstände für Unternehmen, wie etwa die allgemein abgekühlte Konjunkturlage, kriselnde Kernindustrien und daraus resultierende Probleme für deren Zuliefererunternehmen, Handelsstreitigkeiten, die Auswirkungen und die Umsetzung des *Brexits* oder höhere Arbeitskosten haben sich bereits bemerkbar gemacht. In der zweiten Jahreshälfte 2019 ist Deutschland nur knapp einer Rezession entgangen, im Jahr 2020 trat diese den Prognosen[74] entsprechend ein[75]. Ob und inwiefern es zu einem dauerhaften Abschwung der Konjunktur kommt und wie sich ein solcher im Zusammenspiel mit der COVID-19-Pandemie[76] auf die gesamtkonjunkturelle Lage und die Entwicklung der Insolvenzzahlen auswirken wird, ist schwer vorherzusagen. Alles in allem ist aber ein Ende oder zumindest eine Stagnation der positiven Entwicklung der Insolvenzfälle – trotz gegenwirkender Maßnahmen auf nationaler und internationaler Ebene – in naher Zukunft wahrscheinlich[77].

3. Insolvenzsituation in Italien

Bezüglich der Tendenz zeichnete sich in Italien bis vor kurzem ein mit Deutschland vergleichbares Bild ab: Auch hier war die Zahl der Unternehmensinsolvenzen rückläufig, im Jahr 2018 gingen sie im Vergleich zum Vorjahr um 5,9 % (von

---

74 *Statista* – BIP in Deutschland: Wirtschaftswachstum bis 2021, https://de.statista.com/statistik/daten/studie/74644/umfrage/prognose-zur-entwicklung-des-bip-in-deutschland/.

75 *Statistisches Bundesamt* – Bruttoinlandsprodukt im Jahr 2020 um 5,0 % gesunken, https://www.destatis.de/DE/Presse/Pressemitteilungen/2021/01/PD21_020_811.html.

76 Vgl. *Wikipedia* – COVID-19-Pandemie, https://de.wikipedia.org/wiki/COVID-19-Pandemie. Bei Redaktionsschluss existierten keine belastbaren Statistiken oder Einschätzungen zu den wirtschaftlichen (Spät-)Folgen der Pandemie. Diese und ihre Auswirkungen werden folglich bei der Bearbeitung nicht im Detail berücksichtigt.

77 So wird in Deutschland für 2021 mit bis zu 23.250 Unternehmensinsolvenzen gerechnet, *Amerland* – 2021 wird ein Jahr der Pleiten, https://www.springerprofessional.de/corona-krise/risikomanagement/2020-wird-das-jahr-der-pleiten/17985496.

11.939 auf 11.233) zurück.[78] Bereits in 2017[79] und 2016 war ein – sogar noch deutlicherer – Rückgang zu sehen.[80]

Entsprechend der langsamer voranschreitenden Erholung der italienischen Konjunktur[81] begann dieser positive Trend erst ab 2015, während davor die Zahl der Insolvenzfälle bei Unternehmen kontinuierlich anstieg.[82] Trotz des zuletzt positiven Trends stiegen die Unternehmensinsolvenzen insgesamt von 2009 bis 2015 um 53,6 %.[83] Im Vergleich zum Vorkrisenjahr in Italien 2009 besteht immer noch ein Anstieg von 19,7 %.[84]

Neben der sich erholenden Konjunktur (insbesondere Industrie und Baugewerbe)[85] in Italien, dürften die oben zu Deutschland genannten Gründe, insbesondere das niedrige Zinsniveau, mitursächlich für den Rückgang der Unternehmensinsolvenzen gewesen sein.

Bereits im Jahr 2019 ergab sich jedoch ein abweichendes Bild. Spätestens im dritten Quartal 2019 drehte sich – zum ersten Mal seit 2015 – die Entwicklung wieder in Richtung steigender Insolvenzzahlen (um 6 % im Vergleich zum Vorjahresquartal).[86]

Gegen Ende des Jahres 2019 zeichnete sich zudem auch in Italien ein konjunkturell eher abgekühltes Bild, mit Stagnation[87] oder nur leichtem

---

78 *Cribis* – Fallimenti 2018 in calo del 6 %, https://www.cribis.com/news/fallimenti-2018-in-calo-del-6/.

79 Um 11,3 % auf 11.939 Unternehmensinsolvenzen, vgl. *Cribis* – Buoni segnali dalle imprese – fallimenti in calo nel 2017, https://www.cribis.com/news/buoni-segnali-dalle-imprese-fallimenti-in-calo-nel-2017/.

80 *Unioncamere – Camere di commercio d'Italia*, Fallimenti in frenata nel 2016.

81 *Statistisches Bundesamt*, Italien – Wachstum des Bruttoinlandsprodukts (BIP) bis 2016 – Statistik
Auf die Hintergründe und Umstände, die mit Sicherheit auch politisch beeinflusst waren (Handlungsunfähigkeit der großen Koalition unter Enrico Letta), soll an dieser Stelle nicht näher eingegangen werden.

82 *Il fallimentarista*, Statistiche sui fallimenti 2014: in Italia è record negativo, in Germania sono ancora in calo; *Danea.it*, Fallimenti 2015: sempre meno aziende in crisi.

83 *Cribis/Dun & Bradstreet*, Fallimenti delle aziende in Italia, S. 3.

84 *Cribis* – Buoni segnali dalle imprese – fallimenti in calo nel 2017, https://www.cribis.com/news/buoni-segnali-dalle-imprese-fallimenti-in-calo-nel-2017/.

85 *IVG*, Crisi economica: in Italia fallimenti in calo – IVG.it.

86 *Siderweb* – Insolvenze aziendali in crescita, https://www.siderweb.com/articoli/news/705021-insolvenze-aziendali-in-crescita.

87 *Istituto Nazionale di Statistica* – Nota mensile sull'andamento dell'economia italiana (Agosto 2019), https://www.istat.it/it/archivio/233096.

Anstieg[88] des Bruttoinlandsprodukts, aber auch Erhöhung der Staatsverschuldung.[89] Zu Beginn des Jahres 2020 gab es zwar verhalten positive Signale, insgesamt waren die Prognosen für das Jahr 2020 – nicht zuletzt aufgrund der Auswirkungen der COVID-19-Pandemie negativ[90]. Zwar kam es nicht zu einer Erhöhung der Insolvenzen – im Gegenteil –, was jedoch in erheblichem Umfang auf die Maßnahmen der Regierung zur Abmilderung der Folgen der Pandemie zurückzuführen sein dürfte[91]. Insgesamt ist daher zu erwarten, dass sich die Insolvenzlage – zusammen mit der Gesamtwirtschaft – in Italien weiter verschlechtern und es – früher oder später – zu einem Anstieg der Insolvenzen kommen wird[92].

4. Insolvenzsituation in Europa

a) Statistik

Auf europäischer Ebene ist die anstehende wirtschaftliche Trendwende ebenfalls wahrnehmbar. Zwar gab es im Jahr 2019 wieder einen leichten Rückgang

88 *Istituto Nazionale di Statistica* – Nota mensile sull'andamento dell'economia italiana (Ottobre 2019), https://www.istat.it/it/archivio/235125.

89 *Marcon* – L'economia italiana sta per fare boom, ecco come evitare il botto, https://www.huffingtonpost.it/entry/leconomia-italiana-sta-per-fare-boom-ecco-come-evitare-il-botto_it_5cf93281e4b0e3e3df16aed1.

90 *Istituto Nazionale di Statistica* – Le prospettive per l'economia italiana nel 2020–2021, https://www.istat.it/it/archivio/243906; demnach gehen Schätzungen von einem Rückgang des Bruttoinlandsprodukts in 2020 um 8.3 % aus; Zudem gab es Indikatoren für eine Erhöhung der Insolvenzzahlen, *Affariitaliani.it* – Coronavirus, crescono le insolvenze aziendali in Italia, https://www.affaritaliani.it/economia/coronavirus-crescono-le-insolvenze-aziendali-in-italia-i-dati-663872.html?refresh_ce; *Finanza* – Euler Hermes, insolvenze aziendali in aumento del 6 % nel 2020 – MilanoFinanza.it, https://www.milanofinanza.it/news/euler-hermes-insolvenze-aziendali-in-aumento-del-6-nel-2020-202001151508229584.

91 *Balduzzi* – Meno aziende fallite nel 2020, ma non è una buona notizia, https://www.truenumbers.it/aziende-in-fallimento/.

92 *Balduzzi* – Meno aziende fallite nel 2020, ma non è una buona notizia, https://www.truenumbers.it/aziende-in-fallimento/; *Di Vignali* – Le insolvenze aziendali cresceranno del 26 % a causa del Covid-19, https://www.milanofinanza.it/news/le-insolvenze-aziendali-cresceranno-del-26-a-causa-del-covid-19-202011251230211676; *Giacomelli/Mocetti/Rodano* – Fallimenti d'impresa in epoca Covid, https://www.bancaditalia.it/pubblicazioni/note-covid-19/2021/2021.0.1.27-ciclo.economico.fallimenti-nota.covid.pdf.

der Unternehmensinsolvenzen um 1,0 % auf 163.548, dies stellt die niedrigste Anzahl seit 2008 dar und liegt weit unter dem Höchstwert von 2013 (192.769).[93] Im Jahr davor waren die Insolvenzen zum ersten Mal seit 2013 leicht angestiegen, von 164.798 auf 165.213.[94]

In Mittel- und Osteuropa sind die Insolvenzzahlen weiter rückläufig. In 2018 gab es mit 46.698 gemeldeten Insolvenzen 6,6 % weniger als im Jahr 2017,[95] welches wiederum einen Rückgang um 12,8 % im Vergleich zum Vorjahr verzeichnen konnte. Im Jahr 2019 wurden 48.648 Insolvenzen registriert, 4,5 Prozent weniger als 2018[96].

Allerdings ist zuletzt zu beobachten, dass sich die lange positive Konjunkturentwicklung in Europa verlangsamt, insbesondere in der Exportwirtschaft und im Außenhandel.[97] Zur Belastung ist dabei insbesondere der *Brexit* und eine lange bestehende Unklarheit bzw. fehlende Regelung bezüglich des Ausstiegs Großbritanniens aus der Europäischen Union geworden.[98] Dazu kam die insgesamt mäßige Gesamtkonjunktur sowie Handelskonflikte, insbesondere mit den USA, und die Auswirkungen der COVID-19-Pandemie.[99] Trotz zuletzt positiver

---

93 *Creditreform Wirtschaftsforschung* – Unternehmensinsolvenzen in Europa – Jahr 2019, https://www.creditreform.at/fileadmin/user_upload/Oesterreich/Downloads/Presse/Insolvenzstatistik_International/Analyse_EU-2019.pdf, S. 1.

94 *Creditreform Wirtschaftsforschung* – Unternehmensinsolvenzen in Europa – Jahr 2018/2019, https://www.creditreform.de/fileadmin/user_upload/central_files/News/News_Wirtschaftsforschung/2019/Analyse-Unternehmensinsolvenzen_Europa-2018-2019.pdf.

95 *Creditreform Wirtschaftsforschung* – Unternehmensinsolvenzen in Europa – Jahr 2018/2019, https://www.creditreform.de/fileadmin/user_upload/central_files/News/News_Wirtschaftsforschung/2019/Analyse-Unternehmensinsolvenzen_Europa-2018-2019.pdf, S. 19.

96 *Creditreform Wirtschaftsforschung* – Unternehmensinsolvenzen in Europa – Jahr 2019, https://www.creditreform.at/fileadmin/user_upload/Oesterreich/Downloads/Presse/Insolvenzstatistik_International/Analyse_EU-2019.pdf.

97 *Creditreform Wirtschaftsforschung* – Unternehmensinsolvenzen in Europa – Jahr 2019, https://www.creditreform.at/fileadmin/user_upload/Oesterreich/Downloads/Presse/Insolvenzstatistik_International/Analyse_EU-2019.pdf, S. 1.

98 *Creditreform Wirtschaftsforschung* – Unternehmensinsolvenzen in Europa – Jahr 2018/2019, https://www.creditreform.de/fileadmin/user_upload/central_files/News/News_Wirtschaftsforschung/2019/Analyse-Unternehmensinsolvenzen_Europa-2018-2019.pdf.

99 *Creditreform Wirtschaftsforschung* – Unternehmensinsolvenzen in Europa – Jahr 2019, https://www.creditreform.at/fileadmin/user_upload/Oesterreich/Downloads/Presse/Insolvenzstatistik_International/Analyse_EU-2019.pdf, S 1.

Entwicklung der Binnennachfrage sowohl in West- als auch in Mittel- und Osteuropa, ist mit einem nachteiligen gesamtwirtschaftlichen Umfeld und somit steigenden Unternehmensinsolvenzen zu rechnen.[100]

b) Überblick über EU-Insolvenzrecht

Das europäische Insolvenzrecht ist in Form der EG-Verordnung Nr. 1346/2000 am 31. Mai 2002 in Kraft getreten.[101] Dort und auch in den nachfolgenden Modifikationen der EUInsVO sind allerdings fast ausschließlich Regelungen zur Zuständigkeit, zum anwendbarem Recht und zur Anerkennung insolvenzrechtlicher Entscheidungen enthalten. Auch die grenzüberschreitenden Befugnisse von Insolvenzverwaltern und weitere, die Zusammenarbeit zwischen den Mitgliedstaaten regelnde Vorschriften, sind Inhalt der EUInsVO. Bindendes materielles Recht im Hinblick auf Insolvenzverfahren ist dagegen nicht zu finden. Zu den jüngeren Reformen – insbesondere der Richtlinie zu präventiven Restrukturierungen, zur zweiten Chance und zu Maßnahmen zur besseren Effizienz von Restrukturierungs-, Insolvenz und Entschuldungsverfahren – siehe unter IV.B. und II.A.2.

Zudem hat die Europäische Kommission am 8. Dezember 2022 einen Vorschlag einer Richtlinie zur Harmonisierung bestimmter Aspekte des Insolvenzrechts vorgelegt.[102] Neben Vorschriften zu Mindestharmonisierungen für Anfechtungsklagen, dem Aufspüren von zur Insolvenzmasse gehörenden Vermögenswerten (sog. *asset tracing*), Pflichten der Unternehmensleitung, für vereinfachte Liquidationsverfahren für Kleinstunternehmen sowie Bestimmungen über den Gläubigerausschuss und Maßnahmen zur Stärkung der Transparenz der nationalen Rechtsvorschriften über Insolvenzverfahren enthält der Richtlinienvorschlag Regelungen zum sogenannten *Pre-pack*-Verfahren (Art. 19 ff. RL-Vorschlag COM(2022) 702).

---

100 *Creditreform Wirtschaftsforschung* – Unternehmensinsolvenzen in Europa – Jahr 2019, https://www.creditreform.at/fileadmin/user_upload/Oesterreich/Downloads/Presse/Insolvenzstatistik_International/Analyse_EU-2019.pdf, S. 1 ff.; *Coface Deutschland* – Insolvenzen in Mittel- und Osteuropa noch stabil – Umfeld könnte Unternehmen schwächen, https://www.presseportal.de/pm/51597/4377132.

101 *Gottwald*, § 1 Einführung, in: *Gottwald/Adolphsen/Haas* (Hrsg.), Insolvenzrechts-Handbuch, 6., vollständig überarbeitete Auflage, Rn. 114.

102 Vorschlag für eine RICHTLINIE DES EUROPÄISCHEN PARLAMENTS UND DES RATES zur Harmonisierung bestimmter Aspekte des Insolvenzrechts, abrufbar unter https://eur-lex.europa.eu/legal-content/DE/TXT/?uri=COM:2022:702:FIN.

Dies ist gemäß Art. 2 lit. p) des RL-Vorschlags COM(2022) 702 als „zügiges Liquidationsverfahren, in dem der vollständige oder teilweise Verkauf des Unternehmens des Schuldners als fortgeführtes Unternehmen an den Bestbieter mit dem Ziel der Liquidation der Vermögenswerte des Schuldners infolge der festgestellten Insolvenz des Schuldners vorgesehen ist" definiert. Art. 19 des RL-Vorschlags COM(2022) 702 sieht dabei vor, dass dieser Verkaufsprozess in zwei Phasen aufgeteilt ist, in eine „Vorbereitungsphase" zur Suche nach einem geeigneten Käufer für das Schuldnerunternehmen, und eine „Liquidationsphase", in welcher der Verkauf genehmigt und ausgeführt sowie der Erlös an die Gläubiger verteilt wird. Die nachfolgenden Artikel 20 bis 35 des RL-Vorschlags COM(2022) 702 enthalten einzelne Vorgaben an die Mitgliedsstaaten, etwa in Hinblick auf die gerichtliche Zuständigkeit, den Ablauf, die Person des Sachwalters oder der Aussetzung von Einzelvollstreckungen. Ferner wird vorgegeben, wie der Verkauf umgesetzt werden soll. Dabei ist unter anderem vorgesehen, dass laufende, betrieblich erforderliche Verträge ohne Zustimmung des Dritten „abgetreten" werden können oder das Zielunternehmen schuldenfrei erworben werden soll. Schließlich finden sich in dem Richtlinienvorschlag einige Regelungen, die dem Schutz der Gläubigerinteressen oder der Verhinderung eines Interessenkonflikts bei Beteiligung nahestehender Personen dienen sollen.

Bei der Umsetzung werden sich einige Fragen stellen, etwa wie weit die Prüfungsbefugnis des Gerichts im Rahmen der Genehmigung des vorbereiteten Kaufs gehen soll, ob bzw. welche Mitspracherechte Gläubiger(gremien)[103] bekommen oder welche Art von Verträgen tatsächlich ohne Zustimmung des Gegenübers an den Käufer „abgetreten" werden können[104]. In verfahrensrechtlicher Hinsicht ist ebenfalls offen, ob insbesondere die Vorbereitungsphase als eigenes, neu zu schaffendes informelles Verfahrensstadium eingeführt wird oder in die bereits bestehende Systematik, bspw. das Eröffnungsverfahren im deutschen Recht oder eines der vorinsolvenzlichen Sanierungsinstrumente in Italien, eingebettet wird. Wenig bestrebenswert dürfte es außerdem sein, wenn durch

103 Der Richtlinienvorschlag sieht bisher lediglich ein nicht näher konkretisiertes „rechtliches Gehör" vor, vgl. Art. 34 Abs. 1 RL-Vorschlag COM(2022) 702.

104 Insbesondere im deutschen Recht dürfte diese Abtretung rechtlich und praktisch nicht unbedenklich sein, vgl. etwa Stellungnahme des VID – Verband Insolvenzverwalter und Sachwalter Deutschlands zum Vorschlag für eine RICHTLINIE DES EUROPÄISCHEN PARLAMENTS UND DES RATES zur Harmonisierung bestimmter Aspekte des Insolvenzrechts, S. 10 f. Im italienischen Recht dagegen dürfte sich die Änderung zur aktuellen Rechtslage aufgrund des Art. 2558 c.c. als weniger problematisch darstellen, vgl. dazu III.B.2.a)(4).

die Umsetzung des *Prepack*-Verfahrens bestehende Sanierungs- und Restrukturierungsinstrumente wie das Schutzschirmverfahren, das StaRUG oder die italienischen Sanierungsinstrumente[105] entwertet werden würden.[106]

G. Problem der mangelnden Akzeptanz/andauernden Makelbehaftung der Insolvenz

Ein weiterer Punkt, der an dieser Stelle in gebotener Kürze angesprochen werden soll, ist die bereits unter I.F.1 erwähnte abschätzige Wahrnehmung eines Insolvenzverfahrens und das oft fehlende Vertrauen in die (Sanierungs-)Möglichkeiten des Insolvenzrechts.

Dies führte laut der bereits thematisierten Studie der ZIS und Euler Hermes unter anderem dazu, dass Insolvenzanträge (nach Ansicht der befragten Insolvenzverwalter) zu spät gestellt wurden, weil sich die leitenden Organe der Unternehmen vor Bloßstellungen fürchteten.[107]

Zwar hat sich die Sicht auf die Insolvenz – nicht zuletzt aufgrund der Gesetzesnovellierungen – bereits gewandelt und diese wird nicht mehr als reines Liquidationsinstrument wahrgenommen. Dem entsprechen auch die Bemühungen in Italien und anderen europäischen Ländern, durch eine Anpassung der Terminologie den sozialen Misskredit abzuschwächen.[108]

Dennoch wird – auch heutzutage – oftmals das wirtschaftliche Scheitern eines Unternehmens oder Unternehmers mit der Beurteilung des persönlichen Erfolgs der leitungsbefugten Person gleichgestellt.[109] Dies stellt für viele Entscheidungsträger eine psychologische Hürde dar, früh (genug) einen Antrag auf Insolvenzeröffnung in Erwägung zu ziehen. Dadurch wird eine nicht unerhebliche Anzahl von Sanierungsmöglichkeiten verpasst oder zumindest erschwert.

Es wäre daher von Nöten, durch kontinuierlich bessere Öffentlichkeitsarbeit das negative Image des Insolvenzverfahrens aufzubessern, bei welchem es nicht (mehr) vorrangig um Zerschlagung und Verwertung des Unternehmens, sondern auch um Sanierung und Fortführung geht. Diese Betrachtungsweise

---

105 Siehe im Einzelnen unter III.C.

106 *Thole*, ZIP 2023, 389/396.

107 *Euler Hermes Kreditversicherungs AG*, Ursachen von Insolvenzen, Wirtschaft konkret 2006, S. 13.

108 Vgl. zur Reform des italienischen Insolvenzrechts durch das Decreto Legislativo n. 14 del 12 gennaio 2019 unter III.A.1.

109 *Gless/Undritz/Lambrecht*, Sanierung im Insolvenzverfahren, in: *Brühl/Göpfert*, Unternehmensrestrukturierung, S. 263 f.

scheint in der breiten Allgemeinheit so noch nicht angekommen zu sein.[110] Vielmehr ist das „Scheitern“ nach wie vor oftmals nicht gesellschaftsfähig, sodass sich gescheiterte Unternehmer in anonymen Gesprächskreisen treffen müssen.[111]

H. Gestaltungsoptionen für eine *distressed M&A*-Transaktion und grundsätzliche Unterscheidungen

In diesem Abschnitt sollen die Unterschiede zwischen den zur Verfügung stehenden Transaktionsstrukturen überblicksartig aufgezeigt werden. Bei einer *distressed M&A*-Transaktion stehen im Grunde die folgenden Optionen zur Auswahl:

- *Share Deal* (vor oder nach Eröffnung der Insolvenz);
- Kapitalerhöhung mit Beteiligung des Käufers (findet in aller Regel auch bei einem *debt-equity-swap* statt);
- *Debt-equity-swap*, auch durch Erwerb von Verbindlichkeiten bereits im Vorfeld (*loan-to-own*);
- *Asset Deal* vor der Insolvenz;
- Übertragende Sanierung (in Form des *Asset Deals*) in der Insolvenz (ggf. mittels Transfergesellschaft);
- Insolvenz- oder Sanierungsplan[112] ggf. mit Anteilsübertragung (*Share Deal*) und/oder *debt-equity-swap*.

110 Vgl. *Spiegel Online*, Tabuthema Insolvenz: Schulden machen schamhaft – SPIEGEL ONLINE – Wirtschaft; in genanntem Artikel geht es um eine Selbsthilfegruppe für insolvente Privatleute, Zitat: „Scheitern ist eines der letzten großen Tabus in Deutschland; Wir sind doch keine Verbrecher, werden aber so behandelt“.

111 *Lansfuß* – Anonyme Insolvenzler – Reden über die Pleite, https://www.deutschlandfunk.de/anonyme-insolvenzler-reden-ueber-die-pleite.680.de.html?dram:article_id=https://www.deutschlandfunk.de/anonyme-insolvenzler-reden-ueber-die-pleite.680.de.html?dram:article_id=434388.

112 Hierunter sind sowohl der Insolvenzplan im deutschen Recht als auch die diversen Sanierungsvereinbarungen im italienischen Recht zu verstehen.

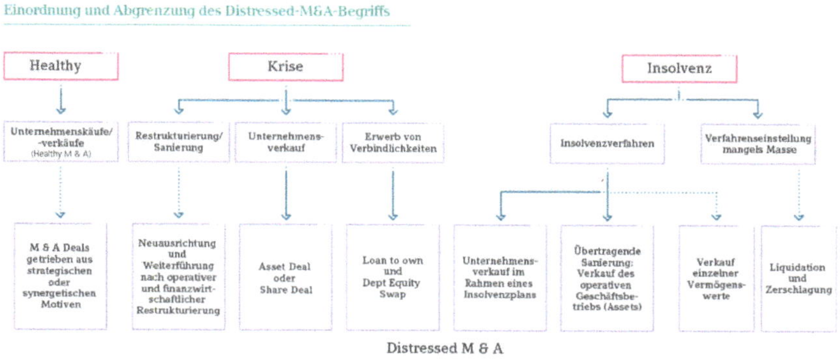

Abb. 3: Schematische Darstellung des Distressed-M&A-Begriffs (Quelle: Datev Magazin, https://www.datev-magazin.de/praxis/steuerberatung/verkauf-in-der-notlage-42227)

Dabei hängt die Entscheidung, welche Art des Erwerbs zu welchem Zeitpunkt idealerweise zu wählen ist, auch sehr stark von den jeweiligen Umständen und dem verfügbaren Sanierungskonzept ab. Die Sanierungsfähigkeit innerhalb oder außerhalb der Insolvenz ist daher ein wichtiger Punkt, der sorgfältig zu untersuchen ist, bevor weitere Überlegungen angestellt werden.[113] Weitere Erwägungen sind unter anderem haftungs-, steuer- und bilanzrechtliche Faktoren, von denen die wichtigsten in den folgenden Kapiteln dargestellt werden sollen.

Die Wahl der Art des Deals schließlich hat für die beteiligten Interessenvertreter, unter anderem die Eigentümer des Unternehmens, die Gläubiger, das Management, den Insolvenzverwalter und nicht zuletzt den Käufer erhebliche Auswirkungen. Im Folgenden werden die grundlegenden Charakteristika von *Share Deal*, *Asset Deal* und *debt-equity-swap* dargestellt.

1. *Asset Deal*

Beim *Asset Deal* wird nicht der Unternehmensträger als Gesamtheit übernommen, sondern lediglich ausgesuchte Aktiva, Passiva und sonstige rechtliche Beziehungen als eine Summe von Einzeltransaktionen.[114] Welche

---

113 *Hees*, Besonderheiten beim Kauf eines Unternehmens in Krise und Insolvenz, in: *Bergau*, Praxishandbuch Unternehmenskauf, Rn. 10.

114 *Kurney/Stelzel*, § 23 M&A in der Krise, in: *Buth/Hermanns* (Hrsg.), Restrukturierung, Sanierung, Insolvenz, 4., vollst. neu bearb. Aufl., Rn. 11.

Vermögensgegenstände im Einzelnen übertragen werden, ist abhängig vom Interesse des Käufers und den Verhandlungen zwischen den Beteiligten.

Neben der Möglichkeit der zügigen und unkomplizierten Umsetzung ist die der genauen und frei wählbaren Definition des Kaufgegenstandes[115] einer der größten Vorteile des Asset Deals. Dies ist insbesondere bei zahlungsunfähigen oder notleidenden Unternehmen mit hohen Verbindlichkeiten für den Kaufinteressenten attraktiv. Denn unerwünschte oder unerkannte Verbindlichkeiten sowie wertlose Vermögensgegenstände werden grundsätzlich nicht automatisch transferiert.[116]

Es bestehen jedoch auch beim Asset Deal einige Risiken durch gesetzliche Haftungsvorschriften (allen voran in Deutschland § 25 Abs. 1 HGB, § 75 AO oder § 613a BGB, in Italien beispielsweise Art. 2560 Abs. 2 c.c.). Diese greifen jedenfalls bis zur Eröffnung des Insolvenzverfahrens ohne Einschränkung. Ab Beginn des Insolvenzverfahrens gelten jedoch einige Besonderheiten (siehe im Einzelnen unter II.C.2.a) und III.D.1.c)(1)).[117]

2. *Share Deal*

Im Gegensatz zum *Asset Deal* erfolgt beim *Share Deal* die Übertragung des Eigentums am Unternehmen, entweder in vollem Umfang oder nur zu Teilen, in Form des Erwerbs von (einzelnen) Geschäftsanteilen.[118] Das Unternehmen selbst bleibt bei dieser Transaktionsform also bestehen. Die Anteile an ihm gehen im Rahmen eines (Rechts-)Kaufs[119] (sonstige Gegenstände gemäß § 453

---

115 *W. Ott*, Unternehmenskauf aus der Insolvenz, Kap. 3.2.2 S. 56.

116 *Kurney/Stelzel*, § 23 M&A in der Krise, in: *Buth/Hermanns* (Hrsg.), Restrukturierung, Sanierung, Insolvenz, 4., vollst. neu bearb. Aufl., Rn. 11.

117 *Kurney/Stelzel*, § 23 M&A in der Krise, in: *Buth/Hermanns* (Hrsg.), Restrukturierung, Sanierung, Insolvenz, 4., vollst. neu bearb. Aufl., Rn. 12.

118 *Fröhlich/Bachstädt*, § 22 Distressed Mergers & Acquisitions, in: *Buth/Hermanns* (Hrsg.), Restrukturierung, Sanierung, Insolvenz, 4., vollst. neu bearb. Aufl., Rn. 11.

119 *Picot*, § 21 Unternehmenskauf, Mergers & Acquisitions, in: *Römermann* (Hrsg.), Münchener Anwaltshandbuch GmbH-Recht, 4. überarbeitete und erweiterte Auflage, Rn. 86; *Bragantini/Laureti*, Il Finanziamento delle operazioni di acquisizione, in: *Gianni Origoni Grippo Cappeli & Partners* (Hrsg.), Contratti di finanziamento bancario, di investimento, assicurativi e derivati, 1.1.; *Giardino* – La cessione di partecipazione nelle società di capitali "chiuse" (Parte I): struttura del contratto e determinazione del prezzo della partecipazione, https://www.meliusform.it/la-cessione-di-partecipazione-nelle-societ-di-capitali-chiuse-parte-1-struttura-del-contratto-e-determinazione-del-prezzo-della-partecipazione.html.

BGB)[120] und (anschließender) Abtretung der Geschäftsanteile[121] (§ 15 GmbHG bzw. Art. 2469 c.c. i. V. m. Art. 1406 c.c.)[122] auf den Erwerber über. Mit den Anteilen gehen alle Rechte (einschließlich Lizenzen, Patente, Genehmigungen, etc.) und Verbindlichkeiten sowie bestehende Geschäftsbeziehungen als Gesamtheit (indirekt) auf den Käufer über.[123] Daher ändern sich in der Regel lediglich die Eigentümer des Zielunternehmens.

In der Übernahme aller Verbindlichkeiten liegt aber auch ein Nachteil des *Share Deals*, insbesondere beim Erwerb von kriselnden Unternehmen. Ein Auswählen der zu übernehmenden Gegenstände und Rechte (sogenanntes *cherry picking*) wie bei einem *Asset Deal* ist bei einem Anteilserwerb grundsätzlich nicht möglich.[124]

Zu den Vorteilen des *Share Deals* gehören unter anderem dessen steuerliche Begünstigung sowie der Erwerb des gesamten Betriebes inklusive des Firmenwerts (*goodwill*) oder personenbezogener Genehmigungen.[125] Darüber hinaus haftet der Erwerber dank des gesellschaftsrechtlichen Haftungsschildes nicht direkt für das übernommene Unternehmen.[126]

---

120 D. h., die Vorschriften über den Kauf von Sachen finden grundsätzlich entsprechende Anwendung, *Picot*, Das vorvertragliche Verhandlungsstadium bei der Durchführung von Mergers & Acquisitions, in: *Picot/Bäzner*, Handbuch Mergers & Acquisitions, S. 303; vgl. auch die Begründung zur Schuldrechtsmodernisierung in BT-Drs. 14/6040, S. 227, 242.

121 *Heckschen*, Unternehmenskauf in der Insolvenz – Distressed M&A, in: *Reul/Heckschen/Wienberg* (Hrsg.), Insolvenzrecht in der Gestaltungspraxis, 2. Aufl., Rn. 1351.

122 *Pluris*, Codice civile commentato, Art. 2469, 5.; *La legge per tutti* – Art. 2469 codice civile: Trasferimento delle partecipazioni, https://www.laleggepertutti.it/codice-civile/art-2469-codice-civile-trasferimento-delle-partecipazioni.

123 *Rossi* – Le operazioni di acquisizione (M&A) in Italia: share deal o asset deal, https://www.legalmondo.com/it/2019/09/operazioni-acquisizione-italia-share-deal-asset-deal/.

124 *Fröhlich/Bachstädt*, § 22 Distressed Mergers & Acquisitions, in: *Buth/Hermanns* (Hrsg.), Restrukturierung, Sanierung, Insolvenz, 4., vollst. neu bearb. Aufl., Rn. 11.

125 *Narr*, Besonderheiten beim Kauf aus der Insolvenz, in: *Bauer/Düsterlho* (Hrsg.), Distressed Mergers & Acquisitions, 2. Aufl., S. 156; *Rossi* – Le operazioni di acquisizione (M&A) in Italia: share deal o asset deal, https://www.legalmondo.com/it/2019/09/operazioni-acquisizione-italia-share-deal-asset-deal/.

126 *Kurney/Stelzel*, § 23 M&A in der Krise, in: *Buth/Hermanns* (Hrsg.), Restrukturierung, Sanierung, Insolvenz, 4., vollst. neu bearb. Aufl., Rn. 10.

3. *Debt-equity-swap*

Zuletzt stehen Kapitalmaßnahmen als Transaktionsstruktur bei einem krisenindizierten Unternehmenserwerb als in Betracht zu ziehende Alternative zur Verfügung. Neben der „reinen" Gewährung von neuen Geschäftsanteilen an den Erwerber im Wege von Kapitalerhöhungen, kann das Unternehmen auch mittels eines sogenannten *debt-equity-swaps* erworben werden.

Dabei handelt es sich um eine Sonderform der Unternehmenssanierung, bei der Forderungen in Anteile transformiert werden und so die *debt-to-equity-ratio* (Verschuldungsgrad) verbessert wird.[127]

Bei dieser Vorgehensweise bestehen einige Risiken und rechtliche Unsicherheiten in Bezug auf die Unterbilanzhaftung der eingebrachten Forderungen. Dazu kommen speziell nach deutschem Recht Risiken bezüglich verbliebener oder später neu gewährter Darlehen, insbesondere bei späterer Insolvenzanfechtung.[128]

Diese und andere Problemstellungen sowie die Vorteile eines *debt-equity-swaps* und der anderen Transaktionsarten werden im Fortgang dieser Arbeit an der jeweiligen Stelle für die beiden Rechtsordnungen untersucht.

---

127 Dies führt wiederum zu mehr Spielraum und sinkenden Kosten bei der Finanzierung; vgl. auch *Fröhlich/Bachstädt*, § 22 Distressed Mergers & Acquisitions, in: *Buth/Hermanns* (Hrsg.), Restrukturierung, Sanierung, Insolvenz, 4., vollst. neu bearb. Aufl., Rn. 13 f.; *Bruno/Castagna*, La conversione dei crediti bancari in capitale di rischio(debt for equity swap) nell'ambito del restructuring in Italia, Germania e UK, Le Società 2015, 272.

128 *Fröhlich/Bachstädt*, § 22 Distressed Mergers & Acquisitions, in: *Buth/Hermanns* (Hrsg.), Restrukturierung, Sanierung, Insolvenz, 4., vollst. neu bearb. Aufl., Rn. 14.

II. *Distressed M&A* in Deutschland

In diesem Kapitel soll zunächst ein kurzer Überblick über das deutsche Insolvenzrecht und dessen Funktionsweise sowie Zwecksetzung gegeben werden. In der weiteren Bearbeitung werden für die zwei Phasen vor und nach der Insolvenzeröffnung die Vor- und Nachteile sowie weitere Besonderheiten der zur Verfügung stehenden Transaktionsarten dargestellt.

A. Einführung in das deutsche Insolvenzrecht[129]

1. Begriff der Insolvenz

Allgemein wird die Insolvenz als Situation bezeichnet, in der das Vermögen des Schuldnerunternehmens nicht ausreicht, um alle Gläubiger befriedigen zu können.[130]

Der rechtliche Begriff der Insolvenz wird durch die Insolvenzeröffnungsgründe der §§ 17 ff. InsO festgelegt.[131] Dazu zählen der allgemeine Eröffnungsgrund der Zahlungsunfähigkeit (§ 17 InsO) sowie die spezielleren Eröffnungsgründe der drohenden Zahlungsunfähigkeit (§ 18 InsO) oder Überschuldung (§ 19 InsO).

Die Zahlungsunfähigkeit ist in § 17 Abs. 2 InsO definiert. Entscheidend ist demnach, dass der Schuldner nicht mehr in der Lage ist, seine fälligen Verbindlichkeiten zu erfüllen. Davon soll in der Regel auszugehen sein, wenn er seine Zahlungen eingestellt hat, § 17 Abs. 2 S. 2 InsO. Eine Zahlung ist aber nur fällig i. S. d. § 17 Abs. 2 S. 1 InsO, wenn eine Gläubigerhandlung vorliegt, die den Willen, vom Schuldner Zahlung zu fordern, erkennen lässt.[132] Abzugrenzen von dieser materiellen Illiquidität ist nach dem Bundesgerichtshof

---

129 Bei der Darstellung des Insolvenzrechts werden die zur Bewältigung bzw. Abschwächung der Folgen der COVID-19-Pandemie erlassene(n) Gesetzgebung, Gesetzesänderungen oder sonstige Maßnahmen aufgrund deren Zielrichtung (kurz-/mittelfristige Krisenbewältigung) und der damit verbundenen temporären Geltung außer Betracht gelassen.

130 *Bork*, Einführung in das Insolvenzrecht, 10. Aufl., § 1 Rn. 1; *Rechtswoerterbuch.de* – Insolvenz – Definition, Begriff und Erklärung, https://www.rechtswoerterbuch.de/recht/i/insolvenz/.

131 *Buchta*, Unternehmen in Krise und Insolvenz, in: *Hölters* (Hrsg.), Handbuch Unternehmenskauf, 9., neu bearbeitete und erweiterte Auflage, Rn. 16.9.

132 *Andres/Leithaus/Dahl* (Hrsg.), Insolvenzordnung (InsO), 4. Aufl., § 17 Rn. 2.

die Zahlungsstockung. Diese liegt nicht vor, wenn der Schuldner 10 % oder mehr seiner fälligen Verbindlichkeiten aktuell und mit den innerhalb von drei Wochen voraussichtlich zu generierenden Mitteln nicht befriedigen kann.[133] Bei Einwand der bloßen Zahlungsunwilligkeit ist der Schuldner beweisbelastet, dass eine Zahlungsfähigkeit gegeben ist.[134]

Bei Antragstellung durch den Schuldner genügt auch die drohende Zahlungsunfähigkeit, § 18 InsO. Deren Feststellung erfolgt auf Basis einer detaillierten Liquiditätsplanung. Bei der Prognose sind sämtliche fälligen oder zukünftig fällig werdenden Verbindlichkeiten[135] zu berücksichtigen.[136] Dazu kommen solche Verbindlichkeiten, die im Prognosezeitraum erst entstehen werden.[137] Bezüglich des Prognosezeitraums herrschte über längere Zeit Uneinigkeit. Nach richtiger Ansicht[138] sollte sich dieser grundsätzlich an dem Unternehmensgegenstand und an den zeitlichen Perioden orientieren, in denen bspw. Rechnungen gestellt oder Forderungen regelmäßig eingezogen werden. Der durch das SanInsFoG[139] eingeführte § 18 Abs. 2 S. 2 InsO schreibt künftig einen regelmäßigen Prognosezeitraum von 24 Monaten vor. Die Option der Antragstellung bei drohender Zahlungsunfähigkeit sollte kriselnden Unternehmen die Sanierung im Rahmen eines Insolvenzverfahrens ermöglichen. Wohl aufgrund der eingangs[140] dargestellten Makelbehaftung eines Insolvenzverfahrens wurde diese Chance eher selten genutzt.[141] § 18 InsO wird regelmäßig als Antragsrecht, nicht als Antragspflicht interpretiert, da die Norm in § 15a InsO nicht genannt ist. Eine Strafbarkeit nach §§ 283 ff. StGB kommt nach deren Wortlaut jedoch auch bei drohender Zahlungsunfähigkeit in Betracht.

Schließlich genügt bei einer juristischen Person auch die Überschuldung zur Eröffnung des Insolvenzverfahrens. Die Überschuldungsprüfung orientiert sich an der handelsrechtlichen Bilanz, erfährt aber eine insolvenzrechtliche

---

133 *Wolfer*, in: *Fridgen/Geiwitz/Göpfert* (Hrsg.), BeckOK InsO, 22. Edition, § 17 Rn. 13.

134 *Wolfer*, in: *Fridgen/Geiwitz/Göpfert* (Hrsg.), BeckOK InsO, 22. Edition, § 17 Rn. 13.

135 Voraussetzung ist, dass für das Fälligwerden eine überwiegende Wahrscheinlichkeit besteht, vgl. *BGH*, Urt. v. 5. Dezember 2013 – IX ZR 93/11 (erhältlich in NZI 2014, 259).

136 *Andres/Leithaus/Dahl* (Hrsg.), Insolvenzordnung (InsO), 4. Aufl., § 18 Rn. 4.

137 *BGH*, Urt. v. 5. Dezember 2013 – IX ZR 93/11 (erhältlich in NZI 2014, 259).

138 *Bußhardt*, in: *Braun/Bauch/Bäuerle u. a.* (Hrsg.), Insolvenzordnung (InsO), 8., neu bearbeitete Auflage, § 18 Rn. 8.

139 Vgl. im Detail unter IV.B.3.a).

140 Siehe unter I.G.

141 *Andres/Leithaus/Dahl* (Hrsg.), Insolvenzordnung (InsO), 4. Aufl., § 18 Rn. 2.

Betrachtung.[142] Eine rechnerische bilanzielle Überschuldung führt aber nur bei negativer Fortführungsprognose zur Überschuldung i. S. d. § 19 InsO,[143] vgl. § 19 Abs. 2 InsO. Die Fortführungsprognose bedarf eines ausreichenden Unternehmenskonzepts, eines darauf beruhenden Finanzplans sowie einer Fortbestehensprognose aus dem Ergebnis des Finanzplans.[144] Zur Ermittlung des Insolvenzgrundes der Überschuldung haben sich mehrere Methoden entwickelt. Nicht zuletzt aufgrund der offenen Formulierung des § 19 Abs. 2 InsO hinsichtlich des Inhalts und Zeitraums der Prognose und der daraus entstandenen Schwierigkeiten mit dem Umgang des § 19 InsO spielt er in der Praxis nur eine geringe Rolle.[145]

Wie bereits oben unter I.C dargestellt wurde, sind von diesem Insolvenzbegriff Krisen zu unterscheiden, die zwar ernstlich die Existenz bedrohen können, aber die Anforderungen der §§ 17 ff. InsO nicht erfüllen. In diesem Stadium können sich allenfalls haftungsrechtliche Konsequenzen für Leitungsorgane ergeben.[146]

2. Zweck des Insolvenzverfahrens

An sich dient das Insolvenzverfahren in Deutschland vorrangig der gemeinschaftlichen Befriedigung der Gläubiger des Schuldnerunternehmens.[147] Wie bereits § 1 InsO selbst darlegt, kann dies durch Verwertung des Schuldnervermögens und Verteilung des Erlöses oder durch Vereinbarung abweichender Regelungen im Insolvenzplan geschehen. Das Insolvenzrecht ordnet dazu eine Gesamtvollstreckung an, die im Vergleich zur Einzelvollstreckung einen „Wettlauf der Gläubiger“ ausschließt.[148] Ohne eine den Umgang mit insolventen

---

142 *Wolfer*, in: *Fridgen/Geiwitz/Göpfert* (Hrsg.), BeckOK InsO, 22. Edition, § 19 Rn. 2.

143 *Wolfer*, in: *Fridgen/Geiwitz/Göpfert* (Hrsg.), BeckOK InsO, 22. Edition, § 19 Rn. 8.

144 *Mock*, in: *Uhlenbruck* (Hrsg.), Insolvenzordnung, 15., völlig neu bearbeitete Auflage, § 19 Rn. 218 ff.; mit Einführung des SanInsFoG wird in § 19 Abs. 2 S. 1 InsO der Prognosezeitraum für die Fortführung mit 12 Monaten festgesetzt. Die verschiedenen Prognosezeiträume sollen dazu dienen, die Insolvenzgründe der § 18 InsO und § 19 InsO besser voneinander abgrenzen zu können, vgl. *Schelo et al.* – Stabilisierungs- und Restrukturierungsrahmen für Unternehmen, https://linklaters.de/wissen/themen/stabilisierungs-und-restrukturierungsrahmen-fuer-unternehmen.html.

145 *Drukarczyk/Schüler*, in: *Kirchhof* (Hrsg.), Münchener Kommentar zur Insolvenzordnung, [4. Aufl.], § 19 Rn. 21.

146 *G. Pape/Uhlenbruck/Voigt-Salus*, Insolvenzrecht, Kapitel 9, Rn. 1.

147 *Buchta*, Unternehmen in Krise und Insolvenz, in: *Hölters* (Hrsg.), Handbuch Unternehmenskauf, 9., neu bearbeitete und erweiterte Auflage, Rn. 16.8.

148 *Bork*, Einführung in das Insolvenzrecht, 10. Aufl., § 1 Rn. 1.

Unternehmen regelnde Rechtsvorschrift wie die Insolvenzordnung wären jene Gläubiger, die zügig und in werthaltige Vermögensgegenstände die Einzelvollstreckung betreiben, gegenüber anderen Gläubigern bevorteilt. Dies würde jedoch jeglichen Sanierungsversuchen den Wind aus den Segeln nehmen und wäre zudem ordnungspolitisch kaum hinnehmbar.[149]

Der Grundstein des Insolvenzrechts in seiner heute geltenden Fassung wurde durch die Einführung der Insolvenzordnung zum 1. Januar 1999 gelegt, welche die bis dahin geltende Konkursordnung ablöste. Die Insolvenzordnung hatte die grundlegende Aufgabe, das in den alten und neuen Bundesländern uneinheitliche Insolvenzrecht auf einen gleichen Nenner zu bringen.[150]

Wesentliches Ziel der Insolvenzordnung ist die bereits aus der Formulierung des § 1 InsO zu erkennende Stärkung der Autonomie der Gläubiger.[151] Diese können das Verfahren durch die insolvenzrechtlichen Organe, die Gläubigerversammlung und den Gläubigerausschuss, mitgestalten.[152] Zudem sollte das Problem der geringen Eröffnungsquote angegangen (unter der Konkursordnung lag diese zu Beginn der Reformbemühungen zum Teil bei nur 25 %)[153] und die Sanierung von Unternehmen erleichtert werden.[154] Insbesondere die Sanierungsmöglichkeit durch den Insolvenzplan sollte durch die letztendlich verabschiedete Fassung des § 1 InsO betont werden.[155]

Die Insolvenzordnung hat seit ihrer Einführung einige Änderungen erfahren, die verschiedene Ziele verfolgten. Hier ist insbesondere das im Jahre 2011 eingeführte „ESUG“ (*Gesetz zur (weiteren) Erleichterung der Unternehmenssanierung*) zu erwähnen, welches die mangelnde Praxisakzeptanz der Regelungen zum Insolvenzplanverfahren beheben sollte.[156]

---

149 *Hohberger/Damlachi*, Sanierung im Mittelstand, S. 246.

150 *Andres/Leithaus/Dahl* (Hrsg.), Insolvenzordnung (InsO), 4. Aufl., § 1 Rn. 5.

151 *Pape*, in: *Uhlenbruck* (Hrsg.), Insolvenzordnung, 15., völlig neu bearbeitete Auflage, § 1 Rn. 4.

152 *Buchta*, Unternehmen in Krise und Insolvenz, in: *Hölters* (Hrsg.), Handbuch Unternehmenskauf, 9., neu bearbeitete und erweiterte Auflage, Rn. 16.8.

153 *Bork*, Einführung in das Insolvenzrecht, 10. Aufl., § 2 Rn. 8.

154 *Gless/Undritz/Lambrecht*, Sanierung im Insolvenzverfahren, in: *Brühl/Göpfert*, Unternehmensrestrukturierung, S. 263.

155 *Deutscher Bundestag*, Beschlußempfehlung und Bericht – Entwurf einer Insolvenzordnung (InsO) v. 19. April 1994 – 12/7302, S. 155.

156 *Gottwald*, § 1 Einführung, in: *Gottwald/Adolphsen/Haas* (Hrsg.), Insolvenzrechts-Handbuch, 6., vollständig überarbeitete Auflage, Rn. 76 ff.

Schließlich sind Reformen auf nationaler und EU-Ebene zur punktuellen Nachbesserung der Insolvenzordnung bzw. des Insolvenzrechts zu beobachten.[157] Dazu gehören die Verbesserung der Zuständigkeitsregelungen und die kürzlich neu eingeführte Koordination von Konzerninsolvenzen,[158] also mehreren Insolvenzverfahren über rechtlich selbständige Gruppenunternehmen, vgl. §§ 269a ff. InsO. Dazu wurde insbesondere ein Gruppen-Gerichtsstand geschaffen, der unabhängig vom originären Gerichtsstand im Einzelfall ist. Ferner wurde die Möglichkeit der Bestellung eines einheitlichen Insolvenzverwalters eingeführt. Bei unterschiedlichen Insolvenzbeteiligten, insbesondere Gerichten und Insolvenzverwaltern, sind diese zur gegenseitigen Zusammenarbeit und Unterrichtung verpflichtet bzw. ein Koordinationsverfahren ist vorgesehen. Möglich ist auch die Bildung eines Gruppen-Gläubigerausschusses.

Die Reform des Insolvenzanfechtungsrechts wurde im Jahr 2017 durch das Gesetz zur Verbesserung der Rechtssicherheit bei Anfechtungen nach der Insolvenzordnung und dem Anfechtungsgesetz vorangetrieben.[159]

3. Prinzip der Gläubigergleichbehandlung (sogenanntes *par conditio creditorum*)

Der – in der Insolvenzordnung nicht explizit verankerte,[160] aber in §§ 1, 38 InsO zum Ausdruck kommende – Grundsatz der Gläubigergleichbehandlung und gleichmäßigen Gläubigerbefriedigung (*par conditio creditorum*) bedeutet zum einen, dass alle Gläubiger gemeinschaftlich aus der Haftungsmasse befriedigt werden. Zum anderen sieht der Grundsatz der Gläubigergleichbehandlung eine

---

157 Zur Richtlinie über präventive Restrukturierungsrahmen, über Entschuldung und über Tätigkeitsverbote sowie über Maßnahmen der Steigerung der Effizienz von Restrukturierungs-, Insolvenz- und Entschuldungsverfahren der Europäischen Union vom 28. März 2019 und deren Umsetzung durch Einführung des Gesetz über den Stabilisierungs- und Restrukturierungsrahmen für Unternehmen (Unternehmensstabilisierungs- und -restrukturierungsgesetz – ***StaRUG***) zum 1. Januar 2021 vgl. unter IV.B.

158 *Gottwald*, § 1 Einführung, in: *Gottwald/Adolphsen/Haas* (Hrsg.), Insolvenzrechts-Handbuch, 6., vollständig überarbeitete Auflage, Rn. 96 ff.; auf EU-Ebene wurden hierzu bereits Regelungen in Artikel 56 ff. der Neufassung der EU-InsVO (Verordnung (EG) Nr. 1346/2000) aufgenommen; Das Gesetz zur Erleichterung der Bewältigung von Konzernsinsolvenzen ist am 21. April 2017 im Bundesgesetzblatt veröffentlich worden und am 21. April 2018 in Kraft getreten, *BGBl Teil I Nr. 22, S. 866,* Bundesgesetzblatt Teil I Nr. 22.

159 Verkündet am 27. März 2017, in Kraft getreten am 5. April 2017 (BGBl. I, S. 654).

160 *Madaus* in BeckOK InsO, § 1 Rn. 31.

gleichmäßige Befriedigung vor, d. h. im Allgemeinen wird kein Gläubiger oder keine Gläubigergruppe bevorzugt.[161]

Es wird damit stets das gesamte Schuldnervermögen unter den Gläubigern nach dem nominellen Wert der jeweiligen Forderung aufgeteilt. Aufgrund der Tatsache, dass bei insolventen Unternehmen die Verbindlichkeiten höher sind als die verwertbaren Vermögensgegenstände, erhält jeder Gläubiger eine quotale Befriedigung seiner Forderung (sogenannte *Insolvenzquote*) entsprechend dem Nominalwert der Forderung.[162]

Wie noch zu zeigen sein wird, erfährt dieser Grundsatz aber – neben dem Rechtsinstitut der Insolvenzanfechtung und Befriedigungsabstufungen wie der Aus- und Absonderung oder den Masseverbindlichkeiten –[163] durch die verstärkte Gläubigerautonomie und den hiervon ermöglichten Spielraum Grenzen.

4. Phasen des Insolvenzverfahrens und die üblichen Beteiligten

a) Eröffnungsverfahren

Mit Antrag des Schuldners oder eines Gläubigers auf Eröffnung des Insolvenzverfahrens beginnt die Phase des Insolvenzeröffnungsverfahrens, siehe § 13 InsO.

Solange der Antrag nicht offensichtlich unzulässig ist, hat das Insolvenzgericht im Eröffnungsverfahren massesichernde Vorkehrungen zu treffen, insbesondere einen vorläufigen Insolvenzverwalter zu bestellen und dem Schuldner ein allgemeines Verfügungsverbot aufzuerlegen (d. h. Einsetzung eines „starken vorläufigen Insolvenzverwalters") oder anzuordnen, dass alle Verfügungen des Schuldners nur mit Zustimmung eines vorläufigen Insolvenzverwalters wirksam sind („schwacher vorläufiger Insolvenzverwalter"). Falls ein Antrag des Schuldners auf das besondere Schutzschirmverfahren (§ 270b InsO bzw. § 270d InsO n. F.) oder ein Insolvenzverfahren in Eigenverwaltung (§ 270 InsO) vorliegt, ist das Insolvenzgericht gehalten, von den genannten Maßnahmen abzusehen.[164]

---

161 *G. Pape/Uhlenbruck/Voigt-Salus*, Insolvenzrecht, Kapitel 12, Rn. 10.

162 *Madaus* in BeckOK InsO, § 1 Rn. 31.

163 Insbesondere die bevorzugten Befriedigungen sind notwendig und gerechtfertigt, um die jeweils zugrundeliegenden Rechtsinstitute, etwa die Vormerkung oder den Eigentumsvorbehalt, nicht zu unterlaufen.

164 *Buchta*, Unternehmen in Krise und Insolvenz, in: *Hölters* (Hrsg.), Handbuch Unternehmenskauf, 9., neu bearbeitete und erweiterte Auflage, Rn. 16.14.

b) Insolvenzverfahren

Ist der Antrag vom Schuldner oder Gläubiger[165] ordnungsgemäß gestellt worden und sind die übrigen Voraussetzungen[166] gegeben, eröffnet das Insolvenzgericht das Verfahren. In diesem Zuge bestimmt es den Insolvenzverwalter (in der Praxis in der Regel identisch mit dem vorläufigen Insolvenzverwalter)[167], auf den nach § 80 InsO die Verwaltungs- und Verfügungsbefugnis übergeht.

Darüber hinaus legt das Insolvenzgericht den Berichtstermin (für den Beschluss der Gläubigerversammlung über den Fortgang des Insolvenzverfahrens, insbesondere die Art der Verwertung, bspw. Liquidation oder Sanierung)[168] und den Prüfungstermin (für die Verhandlung über die und Prüfung der zur Tabelle angemeldeten Forderungen) fest.

c) Beteiligte – unter besonderer Berücksichtigung der distressed M&A-*Situation*

Die beteiligten Parteien sind bei einer *distressed M&A*-Transaktion grundsätzlich mit denen eines regulären, beispielsweise auf die Liquidation gerichteten Insolvenzverfahrens identisch. Beteiligte des Insolvenzverfahrens im formellen Sinne sind der Schuldner, das Insolvenzgericht, der Insolvenzverwalter und die (Insolvenz-)Gläubiger (einschließlich deren Organe – Gläubigerversammlung und Gläubigerausschuss).[169]

Aufgrund der Überlappung von Insolvenz und Unternehmensübertragung und abhängig von der Transaktion nehmen einige der Beteiligten jedoch zusätzliche Rollen ein und es sind Positionen von weiteren Beteiligten zu beachten, die nicht zu den formellen Beteiligten gehören. Diese grundlegenden Rollen und zusätzlichen Beteiligten sollen hier dargestellt werden.

---

165 Siehe § 14 InsO.

166 Insbesondere das – im Antrag glaubhaft zu machende – Vorliegen eines Insolvenzeröffnungsgrundes und einer ausreichender Haftungsmasse, §§ 26, 54 InsO.

167 *Gless/Undritz/Lambrecht*, Sanierung im Insolvenzverfahren, in: *Brühl/Göpfert*, Unternehmensrestrukturierung, S. 267.

168 *Bork*, Einführung in das Insolvenzrecht, 10. Aufl., § 4 Rn. 28.

169 *Denkhaus/Ziegenhagen*, Unternehmenskauf in Krise und Insolvenz, Rn. 172.

(1) Übertragende Sanierung (Asset Deal)

Bei der übertragenden Sanierung tritt der über das Schuldnervermögen verfügungsbefugte Insolvenzverwalter nach der (herrschenden) Amtstheorie im eigenen Namen aber mit Wirkung für und[170] gegen den Schuldner auf.

Hierbei hat er in erster Linie die Mehrung der Masse im Blick, um eine bestmögliche Gläubigerbefriedigung aus dem Verkaufserlös zu ermöglichen.[171]

Als potenzielle Käufer kommen hier (neben Außenstehenden) insbesondere Gläubiger, das Management oder gar die Eigentümer des Schuldnerunternehmens in Betracht,[172] die jeweils – abhängig vom konkreten Einzelfall und ihrer Position – unterschiedliche Interessen priorisieren dürften. Finanzinvestoren etwa geht es in erster Linie um den niedrigen Kaufpreis und das Renditepotenzial, bestehend aus zukünftigen Erträgen nach erfolgter Sanierung sowie dem Erlös aus einem späteren Verkauf des Unternehmens. Strategische Investoren haben unter anderem mögliche Synergieeffekte, Marktanteile, Know-how oder den Erwerb besonders interessanter Produkte im Visier.[173] Die Eigentümer wiederum erhoffen sich regelmäßig durch eine übertragende Sanierung den Erhalt „ihres Unternehmens“ (wenn auch einem anderen Rechtsträger gehörend) statt dessen Zerschlagung.

Besondere Beachtung finden in dieser Konstellation in der Praxis auch die Interessen von Kunden, Lieferanten und (Schlüssel-)Arbeitnehmern.[174] Durch den in der Insolvenz erlittenen Reputationsverlust sind diese für das Fortbestehen des Unternehmens essenziellen *stakeholder* oft nur schwer davon zu überzeugen, weiterhin mit beziehungsweise für das Schuldnerunternehmen zu arbeiten.[175] Dies kann zu erheblichen Beeinträchtigungen in Bezug auf die Weiterführung des Unternehmens und dessen Attraktivität für einen potenziellen Erwerber führen. Geschäftsbeziehungen und Schlüsselangestellte sind regelmäßig wertschöpfende Bestandteile von erheblicher Bedeutung für einen Betrieb.

---

170 *Kirchhof* (Hrsg.), Münchener Kommentar zur Insolvenzordnung, 3. Aufl., § 80 Rn. 27.

171 *Narr*, Besonderheiten beim Kauf aus der Insolvenz, in: *Bauer/Düsterlho* (Hrsg.), Distressed Mergers & Acquisitions, 2. Aufl., S. 154.

172 *Fröhlich/Bachstädt*, § 22 Distressed Mergers & Acquisitions, in: *Buth/Hermanns* (Hrsg.), Restrukturierung, Sanierung, Insolvenz, 4., vollst. neu bearb. Aufl., Rn. 40.

173 *Narr*, Besonderheiten beim Kauf aus der Insolvenz, in: *Bauer/Düsterlho* (Hrsg.), Distressed Mergers & Acquisitions, 2. Aufl., S. 153.

174 *Denkhaus/Ziegenhagen*, Unternehmenskauf in Krise und Insolvenz, Rn. 176.

175 *Narr*, Besonderheiten beim Kauf aus der Insolvenz, in: *Bauer/Düsterlho* (Hrsg.), Distressed Mergers & Acquisitions, 2. Aufl., S. 154.

*(2) Verkauf der Geschäftsanteile (*Share Deal*)*

Bei einem *Share Deal* erfolgt der Verkauf in der Regel durch die Gesellschafter des Schuldnerunternehmens.[176] Sie können auch nach Eröffnung des Insolvenzverfahrens über ihre Gesellschaft verfügen, ohne auf die Zustimmung von Gläubigern oder Vertragspartnern angewiesen zu sein (solange nicht der Gesellschafter selbst in Insolvenz geht).[177]

In der Praxis kommt bei eröffnetem Insolvenzverfahren aufgrund der Unattraktivität der uneingeschränkten Übernahme eines überschuldeten oder zahlungsunfähigen Unternehmens ein *Share Deal* fast nur in Verbindung mit einem Insolvenzplan vor.[178] Ein solcher Insolvenzplan unterliegt wiederum der Zustimmung der Gläubiger.[179]

Maßgeblich beteiligt sind außerdem in der Regel (neben den Anteilseignern als Verkäufern) potenzielle Käufer/Investoren, der Insolvenzverwalter und das den Insolvenzplan bestätigende Insolvenzgericht.

B. *Distressed M&A* vor der Insolvenzeröffnung

Der Erwerb eines Betriebes vor der Eröffnung des Insolvenzverfahrens kann Vorteile für eine oder beide der in Frage kommenden Transaktionsstrukturen (Anteilsübertragung oder Erwerb des Betriebsvermögens) bieten.

Einer der naheliegenden Vorteile ist in jedem Fall die Tatsache, dass sich keinerlei Einschränkungen bezüglich der Verfügungsbefugnis ergeben, der Schuldner kann – frei von Zustimmungs- oder Genehmigungserfordernissen – über sein Vermögen verfügen[180]. Dem potenziellen Käufer stehen als „Verhandlungsgegner" nur das Management beziehungsweise die Eigentümer der Gesellschaft gegenüber. Schließlich ist die Berücksichtigung der Interessen weiterer *stakeholder* in der Regel nicht erheblich komplexer als bei einer konventionellen Transaktion.

---

176 Zur Verwertungsmöglichkeit von Geschäftsanteilen durch den Insolvenzverwalter im Insolvenzplanverfahren siehe unten unter II.C.1.b).

177 *Kurney/Stelzel*, § 23 M&A in der Krise, in: *Buth/Hermanns* (Hrsg.), Restrukturierung, Sanierung, Insolvenz, 4., vollst. neu bearb. Aufl., Rn. 19.

178 *Heckschen*, Unternehmenskauf in der Insolvenz – Distressed M&A, in: *Reul/Heckschen/Wienberg* (Hrsg.), Insolvenzrecht in der Gestaltungspraxis, 2. Aufl., Rn. 1352.

179 Siehe unten unter II.C.1.b).

180 *Narr*, Besonderheiten beim Kauf aus der Insolvenz, in: *Bauer/Düsterlho* (Hrsg.), Distressed Mergers & Acquisitions, 2. Aufl., S. 163.

Außerdem ist in diesem Stadium das Unternehmen in der Regel noch marktverbundener; das heißt, Geschäftspartner und Angestellte sind im besten Fall noch komplett vorhanden, ebenso wie das Vertrauen der übrigen Marktangehörigen in das Unternehmen. Je frühzeitiger auf ein Krisenstadium reagiert wird, umso eher sind Kunden- und Lieferantenstamm sowie Arbeitnehmer noch nicht abgesprungen und weiterhin kooperationsbereit.

Darüber hinaus ist für die Vertretungsorgane des Kaufinteressenten mit steigender Insolvenznähe oder gar eröffnetem Insolvenzverfahren ein höherer Maßstab bezüglich der sie treffenden Sorgfaltspflichten anzulegen. Die Ermessensausübung bei der Kaufentscheidung hat sich mit anhaltender Krise oder Insolvenz in steigendem Maße an krisen- und insolvenzspezifischen Gesichtspunkten zu orientieren und die leitenden Organe müssen im Zweifel externe Expertise hinzuziehen.[181] Zwar sollte eine möglichst ausführliche *due diligence* unter Einschaltung externer Berater in jedem Fall eines Unternehmenskaufs durchgeführt werden,[182] um eine Haftung zu vermeiden.[183] Bei relativ gesunden Unternehmen ist eine genaue Analyse der Krisenursachen und der Wirtschaftlichkeitsberechnung nicht zwingend erforderlich, um sich im Rahmen der sogenannten *business judgement rule* zu bewegen. Der Umfang der *due diligence* kann also bei frühzeitigem Tätigwerden in der Regel geringer gehalten werden, ohne sich haftungsrechtlich in Gefahr zu bringen. Welcher Maßstab einer *due diligence* tatsächlich angebracht und erforderlich ist, hängt im Detail vom Einzelfall ab.

Des Weiteren ist aus einem geschäftspolitischen und strategischen Gesichtspunkt von Vorteil, dass Übernahmen außerhalb der Insolvenz weniger Interesse der Öffentlichkeit erregen und somit ohne allzu große Aufmerksamkeit Dritter ablaufen können.[184] Dies dürfte für einen *Share Deal* noch mehr gelten als für einen *Asset Deal*, bei welchem immerhin die Vertragspartner und auch die Arbeitnehmer (§ 613a Abs. 5 BGB) informiert werden müssen. Bei einem solchen ist die Gefahr einer ungewollten Veröffentlichung der Transaktion (*leakage*) also deutlich höher.

---

181 *Mielke*, Besondere Formen des Unternehmenskaufs, in: *Knott/Mielke* (Hrsg.), Unternehmenskauf, 4., neu bearb. Aufl., Rn. 515.

182 *Wössner/Hansen*, Due Diligence, in: *Schluck-Amend/Meyding*, Der Unternehmenskauf in Krise und Insolvenz, S. 61 Rn. 2.

183 *Picot*, Das vorvertragliche Verhandlungsstadium bei der Durchführung von Mergers & Acquisitions, in: *Picot/Bäzner*, Handbuch Mergers & Acquisitions, S. 254 ff.

184 *Tautorus/Janner*, Gesellschafts- und unternehmensrechtliche Fragestellungen, in: *Nerlich/Kreplin* (Hrsg.), Münchener AnwaltsHandbuch Insolvenz und Sanierung, 3., überarb. und erw. Aufl., § 20 Rn. 144.

Vorteilhaft gegenüber einem Erwerb vor Eintritt des Krisenstadiums ist möglicherweise, dass aufgrund des Bewusstseins für die Krise die Bereitschaft der Beteiligten zu einer zeitnahen Einigung im Vergleich zu „normalen" Transaktionen unter Umständen höher ist. Langwierige und kostspielige Verhandlungen sind daher weniger wahrscheinlich.

Mit diesem Vorteil korreliert jedoch auch der Nachteil des erheblichen Zeitdrucks, denn mit Verschärfung der Krise und zunehmender Insolvenznähe des Unternehmens sinken die *Assets* und damit der Wert und die Attraktivität des Unternehmens zusehends. Kommt es gar zur Eröffnung des Insolvenzverfahrens, droht die Insolvenzanfechtung oder die Nichterfüllung des Kaufvertrages,[185] beides ist zuvorderst für den Kauf anhand eines *Asset Deals* problematisch. Zudem wirkt sich der Zeitdruck negativ auf den Umfang und die Tiefe der *due diligence* aus, was die Gefahr erhöht, unentdeckte Risiken mitzuerwerben.[186]

Dazu kommen weitere transaktionsspezifische Risiken und Vorteile, die im Folgenden näher erläutert werden sollen.

1. Kauf des Schuldnerunternehmens im Wege eines *Share Deals*

a) Vorteile

(1) Erwerb des kompletten Unternehmens

Einer der überzeugendsten Vorteile eines *Share Deals* ist – wie bereits erwähnt – der Erwerb des kompletten Unternehmensträgers mit allen bestehenden Geschäftsbeziehungen, der Firma und den Vertragsverhältnissen.[187] Insbesondere bei einer Vielzahl von Verträgen oder wenn elementare Verträge des kriselnden Unternehmens zu günstigen Bedingungen abgeschlossen wurden, ist dies von erheblichem Mehrwert. Durch die Struktur des *Share Deals* kann dann verhindert werden, dass die jeweilige Gegenseite die Zustimmung zur Vertragsübergabe nur gegen eine für das Schuldnerunternehmen und die Sanierung nachteilige Vertragsanpassung zu gewähren bereit ist.[188]

---

185 *Elsässer*, Unternehmenskauf in der Krise und aus der Insolvenz, in: *Lang/Ossola-Haring*, Kauf, Verkauf und Übertragung von Unternehmen, 16. Teil 3.2.1.

186 *Schluck-Amend/Meyding*, Strategische Überlegungen, in: *Schluck-Amend/Meyding* (Hrsg.), Der Unternehmenskauf in Krise und Insolvenz, Rn. 5.

187 *Schluck-Amend/Meyding*, Strategische Überlegungen, in: *Schluck-Amend/Meyding* (Hrsg.), Der Unternehmenskauf in Krise und Insolvenz, Rn. 2.

188 *Streit/Morzfeld/Schultz*, Status: Recht vom 03/2009.

Des Weiteren werden gegebenenfalls eine bestehende Börsennotierung, Lizenzen, Konzessionen, öffentlich-rechtliche Genehmigungen und sonstige Rechte, einschließlich des Firmenwertes, übernommen.[189]

Der Erwerber erhält somit in jedem Fall ein komplettes Unternehmen, während beim *Asset Deal* insbesondere die genaue Zahl der übergehenden Vertragsverhältnisse und Arbeitnehmer bis zum Vollzugstag oft ungewiss ist.

(2) Einfache Vertragsgestaltung

Ein weiterer Vorteil eines *Share Deals* ist die einfachere Vertragsgestaltung, da der Verkauf und die Übertragung der Geschäftsanteile ausreichend sind.[190] Diese lassen sich dabei knapp und rechtssicher als Kaufgegenstand identifizieren.[191] Beim *Asset Deal* dagegen müssen die einzelnen Vermögensgegenstände in der Regel einzeln aufgelistet werden, um dem sachenrechtlichen Bestimmtheitsgrundsatz zu genügen.

Für den Übergang der Geschäftsanteile reicht es aus, diese im (notariell beglaubigten) Anteilskaufvertrag unter Bezeichnung der laufenden Nummer und der Angabe des Stammkapitals zu individualisieren. Der dingliche Übergang wird entweder bereits im Kaufvertrag aufschiebend bedingt erklärt oder erfolgt mittels einer separaten Abtretungserklärung am Vollzugstag.

(3) Haftungsschild

Ein zusätzlicher Vorteil für den Käufer ist bei den meisten Gesellschaftsformen der Haftungsschild der übernommenen Zielgesellschaft.[192] Gemeint ist die gesetzliche Haftungsbeschränkung der Gesellschafter,[193] beispielsweise bei der GmbH (§ 13 Abs. 2 GmbHG) oder des Kommanditisten einer Kommanditgesellschaft. Zwar gehen die Verbindlichkeiten des Zielunternehmers wirtschaftlich auf den Erwerber über, dessen direkte Haftung aus seiner Stellung als neuer Gesellschafter ergibt sich aber nur in besonderen Konstellationen[194] und

---

189 *Schluck-Amend/Meyding*, Strategische Überlegungen, in: *Schluck-Amend/Meyding* (Hrsg.), Der Unternehmenskauf in Krise und Insolvenz, Rn. 2.

190 *Weitnauer*, Handbuch Venture Capital, 6. Aufl., Teil I. Exit, Rn. 56.

191 *Kurney/Stelzel*, § 23 M&A in der Krise, in: *Buth/Hermanns* (Hrsg.), Restrukturierung, Sanierung, Insolvenz, 4., vollst. neu bearb. Aufl., Rn. 18.

192 *Kurney/Stelzel*, § 23 M&A in der Krise, in: *Buth/Hermanns* (Hrsg.), Restrukturierung, Sanierung, Insolvenz, 4., vollst. neu bearb. Aufl., Rn. 18.

193 *Becker/Voß*, Ablauf einer Unternehmensakquisition, in: *Knott/Becker* (Hrsg.), Unternehmenskauf, 6. völlig neu bearbeitete Auflage, Rn. 148.

194 *Holzapfel/Pöllath*, Unternehmenskauf in Recht und Praxis, 14. Aufl., Rn. 756.

abhängig von der Gesellschaftsform und dem auf den Erwerber anwendbaren Haftungsregime.[195]

(4) Keine Zustimmungserfordernisse

Ebenfalls bereits angesprochen wurde der Vorteil, dass sämtliche Vertragsverhältnisse und Geschäftsbeziehungen nach dem Erwerb beim Unternehmen verbleiben, ohne dass es (wie beim *Asset Deal*) der Zustimmung des jeweiligen Vertragspartners bedürfte. Der Verkauf berührt die Rechtsstellung des Unternehmens insofern nicht, es bleibt in der gleichen rechtlichen Position hinsichtlich seiner Verträge, Ansprüche und Verbindlichkeiten.[196]

Dieser Grundsatz erfährt jedoch insofern eine Einschränkung, als dass (insbesondere bei Kreditverträgen) es mitunter vorkommen kann, dass sich in den Verträgen sogenannte *change-of-control*-Klauseln (*CoC*-Klauseln) finden. Solche *CoC*-Klauseln bestimmen meist, dass sich der jeweilige Vertragspartner von dem Schuldverhältnis lösen kann, wenn sich die (direkten oder indirekten) Gesellschafterverhältnisse beim Zielunternehmen ändern.[197] Die genaue Ausgestaltung solcher Loslösungsrechte erstreckt sich bezüglich Anwendungsvoraussetzungen und Rechtsfolge (des Öfteren anzutreffen ist neben dem Sonderkündigungsrecht auch ein Zustimmungserfordernis) und deren Auslegung über ein weites Feld.

Auf die Identifizierung der Verträge mit *CoC*-Klauseln und den Erhalt von Verzichtserklärungen in Bezug auf die Sonderrechte (sogenannte *waiver*) ist daher bei einem *Share Deal* besonders zu achten.[198] Die Einholung des Verzichts aller oder der wichtigsten Vertragspartner sollte mit diesen im Vorfeld besprochen werden und kann und wird in der Regel als Vollzugsbedingung im Unternehmenskaufvertrag zu finden sein.

---

195 Zu diesen oder anderen Formen der (Durchgriffs-)Haftung als Ausnahme von dem dargelegten Grundsatz wird im Abschnitt zu den Risiken eines vorinsolvenzlichen *Share Deals* ausführlicher Stellung genommen, siehe unter II.B.1.b)(2).

196 *Kurney/Stelzel*, § 23 M&A in der Krise, in: *Buth/Hermanns* (Hrsg.), Restrukturierung, Sanierung, Insolvenz, 4., vollst. neu bearb. Aufl., Rn. 19.

197 *Meyding/Meckbach*, Zustimmungserfordernisse, in: *Schluck-Amend/Meyding*, Der Unternehmenskauf in Krise und Insolvenz, Rn. 41 f.

198 *Kurney/Stelzel*, § 23 M&A in der Krise, in: *Buth/Hermanns* (Hrsg.), Restrukturierung, Sanierung, Insolvenz, 4., vollst. neu bearb. Aufl., Rn. 19 ff.

(5) Geringes Anfechtungsrisiko

Im Vergleich zu einem *Asset Deal* ist in den meisten Konstellationen das Anfechtungsrisiko (nach der Insolvenzordnung oder dem Anfechtungsgesetz) weniger relevant. Das gilt insbesondere dann, wenn Kaufgegenstand das insolvenznahe Unternehmen ist und keine Konzerninsolvenz absehbar ist. Konstellationen, bei denen die Anfechtung relevant sein kann, werden unter II.B.1.b)(4) untersucht.

(6) Steuerliche Vorteile[199]

Die steuerlichen Vorteile bestehen in der Regel eher auf Seiten des Veräußerers, da der Verkaufsgewinn bei der verkaufenden Kapitalgesellschaft nach § 8b Abs. 2 KStG steuerfrei bleibt. Begründet wird dies damit, dass ein Veräußerungsgewinn regelmäßig auf offenen oder stillen Reserven beruht, die bereits der Steuer unterliegen. Eine Doppelbesteuerung soll aber vermieden werden.[200]

Allerdings erhöht der Veräußerungsgewinn nach § 8b Abs. 3 KStG i. H. v. 5 % als nichtabziehbare Betriebsausgabe den steuerpflichtigen Gewinn. Insgesamt ergibt sich so eine Steuerfreiheit in Höhe von 95 %, die sich auch auf die Gewerbesteuer bezieht.[201] Darüber hinaus ist ein *Share Deal* nach § 4 Nr. 8 lit. f) UStG umsatzsteuerbefreit.[202]

Dagegen ist der *Share Deal* steuerlich für den Erwerber vergleichsweise nachteilig, da für die Geschäftsanteile selbst keine Abschreibung des Kaufpreises[203] möglich ist. Lediglich das Zielunternehmen kann wie gewohnt die einzelnen

---

199 Die nachfolgenden Ausführungen beziehen sich auf die Übertragung von GmbH-Anteilen durch eine Kapitalgesellschaft. Die konkreten steuerlichen Konsequenzen hängen – neben der Gesellschaftsform des *targets* auch von der Identität des Veräußerers ab, vgl. die Übersicht in *Bisle*, Asset Deal versus Share Deal – Beurteilung aus steuerlicher Sicht, SteuK 2016, 311 ff. So sind bspw. Veräußerungsgewinne für GmbH-Anteile für Einzelunternehmer, Personengesellschaften und Privatpersonen (sofern keine wesentliche Beteiligung veräußert wird) zu 40 % steuerbefreit.

200 *Rengers*, in: *Blümich/Heuermann* (Hrsg.), Einkommensteuergesetz, Körperschaftsteuergesetz, Gewerbesteuergesetz, Stand: März 2021 (156. Erg.-Lfg.), § 8b Rn. 200.

201 *Risse/Tieben*, in: *Bergau*, Praxishandbuch Unternehmenskauf, Kapitel 4 Rn. 43.

202 *Bisle*, Asset Deal versus Share Deal – Beurteilung aus steuerlicher Sicht, SteuK 2016, 311 ff.

203 Abgeschrieben werden können dafür mit der Anschaffung verbundene Kosten wie Beratungskosten und – in bestimmten Konstellationen auch die zur Anschaffung aufgewendeten Finanzierungskosten, vgl. *Bisle*, Asset Deal versus Share Deal – Beurteilung aus steuerlicher Sicht, SteuK 2016, 311 ff.

Bilanzpositionen abschreiben.[204] Der Vollständigkeit halber sei § 1 Abs. 3 Nr. 1 GrEStG erwähnt, demzufolge Grunderwerbsteuer anfällt, wenn und sobald mindestens 95 % der Anteile einer Grundbesitz haltenden Kapitalgesellschaft übertragen werden.[205]

b) Nachteile

(1) Übernahme der (unerkannten) Verbindlichkeiten des Zielunternehmens

Einer der Nachteile des *Share Deals* ist das inhärente Risiko, dass beim Erwerb sämtlicher zum Unternehmen gehörender materieller und immaterieller Vermögensgegenstände auch umfangreiche Verbindlichkeiten miterworben werden.[206]

Der Erwerber läuft somit zum einen Gefahr, verborgene Risiken, die während der *due diligence* nicht erkannt wurden, mitzukaufen.[207] In erster Linie können sogenannte *contingent liabilities*, also Eventualverbindlichkeiten, beispielsweise aus gesetzlichen Vorschriften[208] unbemerkt übernommen werden. Diese tauchen möglicherweise weder in der Bilanz noch in anderen Unterlagen der Zielgesellschaft auf und können später beim Erwerber zu bösen Überraschungen führen.

Eine weitere auf gesetzlichen Vorschriften basierende Verbindlichkeit, die mit dem Erwerb des Zielunternehmens (wirtschaftlich) übergehen kann, ist die

---

204 *Pupeter*, Steuerliche Aspekte des Unternehmenskaufs, in: *Holzapfel/Pöllath/Engelhardt u. a.* (Hrsg.), Unternehmenskauf in Recht und Praxis, 15. Aufl., Rn. 305; zur Problematik rund um die Verlustvorträge und § 8c KStG vgl. unten in II.B.3.f)(2).

205 *Bisle*, Asset Deal versus Share Deal – Beurteilung aus steuerlicher Sicht, SteuK 2016, 311 ff.

206 *Fröhlich/Bachstädt*, § 22 Distressed Mergers & Acquisitions, in: *Buth/Hermanns* (Hrsg.), Restrukturierung, Sanierung, Insolvenz, 4., vollst. neu bearb. Aufl., Rn. 11.

207 *Elsässer*, Unternehmenskauf in der Krise und aus der Insolvenz, in: *Lang/Ossola-Haring*, Kauf, Verkauf und Übertragung von Unternehmen, 16. Teil S. 580.

208 Als Beispiel sei die umweltrechtliche Haftung nach § 4 Abs. 3 BBodSchG genannt, nach dem neben dem Verursacher auch der Gesamtrechtsnachfolger und der Eigentümer sowie auch derjenige, welcher aus handelsrechtlichem oder gesellschaftsrechtlichem Rechtsgrund für eine juristische Person einzustehen hat, welcher ein belastetes Grundstück gehört, haftet; vgl. *Tautorus/Janner*, Gesellschafts- und unternehmensrechtliche Fragestellungen, in: *Nerlich/Kreplin* (Hrsg.), Münchener AnwaltsHandbuch Insolvenz und Sanierung, 3., überarb. und erw. Aufl., Rn. 105.

Haftung des Zielunternehmens für Steuern des Veräußerers aus Organschaft nach § 73 AO.[209]

Dies setzt zunächst voraus, dass zwischen dem Zielunternehmen und dem Verkäufer eine Organschaft besteht. D. h. die Organgesellschaft (hier das zu verkaufende Unternehmen) muss dem Organträger (hier dem Verkäufer) derart untergeordnet sein, dass sie keinen eigenen Willen bilden kann.[210] In zeitlicher Hinsicht kommt es darauf an, dass die Steuern während des Bestehens der Organschaft entstanden sind. Bei der Körperschaftsteuer muss die Organschaft daher über das komplette Wirtschaftsjahr bestanden haben.[211] Bezüglich des Umfangs der Haftung gehen die Ansichten auseinander. Da eine detaillierte Abhandlung den Rahmen dieser Arbeit sprengen würde, sei darauf hingewiesen, dass die Haftung jedenfalls diejenigen Verbindlichkeiten des Verkäufer-Organkreises umfasst, die durch das Zielunternehmen verursacht worden sind.[212] Jedoch ist auch eine weitere Haftung für den gesamten Organkreis (d. h. für Steuern, die beim Organträger oder anderen Organgesellschaften entstanden sind) denkbar, was für den Käufer zu kaum überblickbaren Risiken führt.[213] Zur Veranschaulichung seien einige wenige umsatzsteuerrechtliche Haftungsrisiken dargestellt: Problematisch ist beispielsweise, wenn das Bestehen einer Organschaft nicht erkannt und daher auf Leistungen zwischen den Mitgliedern der Organschaft unter Beteiligung des Zielunternehmens fälschlicherweise Umsatzsteuer ausgewiesen wurde.[214] Folge hiervon ist nach § 14c Abs. 2 UStG, dass das ausweisende Unternehmen den ausgewiesenen Betrag schuldet. Dazu kommt, dass die Tochtergesellschaft auch nach Erwerb die Haftung aus umsatzsteuerlicher Organschaft trifft und somit auch für gegebenenfalls bei dem Verkäufer

---

209 *Tautorus/Janner*, Gesellschafts- und unternehmensrechtliche Fragestellungen, in: *Nerlich/Kreplin* (Hrsg.), Münchener AnwaltsHandbuch Insolvenz und Sanierung, 3., überarb. und erw. Aufl., Rn. 106.

210 *Rüsken*, in: *Klein* (Hrsg.), Abgabenordnung, 15., völlig neu bearbeitete Auflage, § 73 Rn. 3; auf die genauen Voraussetzungen der jeweiligen Gesetze (UStG, GewStG, KStG) wird an dieser Stelle nicht näher eingegangen.

211 *Intemann*, in: *Koenig*, Abgabenordnung, § 73 Rn. 8.

212 So wohl auch die überwiegende Ansicht, vgl. *Tautorus/Janner*, Gesellschafts- und unternehmensrechtliche Fragestellungen, in: *Nerlich/Kreplin* (Hrsg.), Münchener AnwaltsHandbuch Insolvenz und Sanierung, 3., überarb. und erw. Aufl., Rn. 106.

213 *Rüsken*, in: *Klein* (Hrsg.), Abgabenordnung, 15., völlig neu bearbeitete Auflage, § 73 Rn. 7.

214 *Haase*, Tax Due Dilligence – Besonderheiten bei Unternehmen in der Krise, in: *Bauer/Düsterlho* (Hrsg.), Distressed Mergers & Acquisitions, 2. Aufl., S. 115.

entstandene Vorsteuerberichtigungsansprüche, § 73 AO bzw. § 17 Abs. 2 S. 1 Nr. 1 i. V. m. Abs. 1 S. 1 Nr. 2 UStG.[215]

Im speziellen Fall der Übernahme eines kriselnden Unternehmens kommt hinzu, dass aufgrund der unveränderten Identität des Rechtsträgers sich seine finanzielle Situation nicht verändert hat. Daher muss ein möglicherweise bevorstehender Insolvenzgrund vom Erwerber beseitigt werden, um das Risiko der Insolvenzeröffnung auszuschließen.[216] Denn das Unternehmen behält alle seine Obliegenheiten und Verbindlichkeiten, eine Übernahme nur vereinzelter Passiva oder nur der Aktiva wie beim *Asset Deal* ist nicht möglich.[217] Zudem träfe die Organe des Zielunternehmens bzw. den persönlich haftenden Gesellschafter (vgl. § 15a Abs. 1 InsO) gegebenenfalls die (fortdauernde) strafbewehrte Pflicht zur Insolvenzantragsstellung oder der Tatbestand der Insolvenzverschleppung. Die Verwirklichung des Tatbestands[218] ist auch durch den oder die Neugesellschafter durchaus denkbar, da diese als Erwerber Kenntnis der Insolvenznähe haben werden.[219]

Somit benötigt der Erwerber grundsätzlich ein Sanierungskonzept für die *post-closing*-Phase, andernfalls wäre ein Anteilserwerb in der Krise in vielen Fällen zumindest wirtschaftlich zum Scheitern verurteilt.[220]

Die dargestellten Risiken können zwar durch entsprechende Regelungen zwischen den Parteien des Kaufvertrages abgemildert werden. So kann beispielsweise mit dem Verkäufer vereinbart werden, in welcher Höhe der Anteilserwerber Verbindlichkeiten der Gesellschaft zu übernehmen hat. Der Veräußerer hat dann die Gesellschaft (bis zum Vollzug) zu entschulden. Die Mittelzuführung für die Entschuldung bzw. Befriedigung von einzelnen Forderungen kann auch durch den Zufluss eines Teils des Kaufpreises in das Zielunternehmen

---

215 *W. Ott*, Unternehmenskauf aus der Insolvenz, Kap. 3.2.3 S. 58.

216 *Sinhart*, Unternehmenskauf bzw. -verkauf in der Krise und Insolvenz, in: *Picot/Derbort*, Unternehmenskauf und Restrukturierung, Rn. 13.

217 *Fröhlich/Bachstädt*, § 22 Distressed Mergers & Acquisitions, in: *Buth/Hermanns* (Hrsg.), Restrukturierung, Sanierung, Insolvenz, 4., vollst. neu bearb. Aufl., Rn. 11.

218 Bspw. in der Begehungsform der Beihilfe bei jedweder Förderung des Geschäftsführers beim Unterlassen der Antragstellung oder der Täterschaft bei Führungslosigkeit der Gesellschaft.

219 *Sinhart*, Unternehmenskauf bzw. -verkauf in der Krise und Insolvenz, in: *Picot/Derbort*, Unternehmenskauf und Restrukturierung, Rn. 13.

220 *Denkhaus/Ziegenhagen*, Unternehmenskauf in Krise und Insolvenz, Rn. 10.

vorgenommen werden.[221] Denkbar und üblich sind ferner verkäuferseitige Garantien im Hinblick auf die finanzielle und betriebswirtschaftliche Situation des Unternehmens.[222] Ähnliches ist auch möglich in Bezug auf bestehende Steuerverbindlichkeiten, Bodenverunreinigungen[223] oder anderweitige Eventualverbindlichkeiten. Zusätzlich können entsprechende, absichernde Freistellungen (bspw. für steuerliche Verbindlichkeiten aus dem Zeitraum bis zum Vollzugs-/Stichtag) seitens des Verkäufers vereinbart werden.[224]

Allerdings ist die Durchsetzbarkeit dieser bilateralen Ansprüche von der Zahlungsbereitschaft und -fähigkeit des Verkäufers abhängig, sodass sich die genannten Risiken trotz allem materialisieren können.

(2) Gesellschafterhaftung gegenüber dem Zielunternehmen oder Dritten

Der Erwerber als neuer Gesellschafter läuft unter Umständen Gefahr, aufgrund von unterschiedlichen gesetzlichen Vorschriften oder Rechtsinstituten im Verhältnis zu Dritten oder gegenüber dem Zielunternehmen zu haften. Diese sollen im Folgenden am Beispiel einer GmbH überblicksmäßig dargestellt werden.

i. Kapitalaufbringung bzw. -erhaltung

Kraft seiner Stellung als neuer Gesellschafter haftet der Erwerber nach § 16 Abs. 2 GmbHG neben dem Veräußerer für Einlagepflichten,[225] die dieser entgegen seiner Pflicht aus dem Anteilsübernahmevertrag nicht erfüllt hat.[226]

---

221 Vgl. *Demisch*, F. Unternehmenskauf und -verkauf in Krise und Insolvenz, in: *Ettinger/Jaques* (Hrsg.), Beck'sches Handbuch Unternehmenskauf im Mittelstand, 3., neubearbeitete Aufl., Rn. 108.

222 *Tautorus/Janner*, Gesellschafts- und unternehmensrechtliche Fragestellungen, in: *Nerlich/Kreplin* (Hrsg.), Münchener AnwaltsHandbuch Insolvenz und Sanierung, 3., überarb. und erw. Aufl., Rn. 79 ff.; hier dürfte vieles von der Verhandlungssituation und dem Einzelfall abhängen, insbesondere die Anzahl, Reichweite und Rechtsfolgen der abzugebenden Garantien.

223 Hier kann auch die Anwendbarkeit des internen Ausgleichsanspruchs nach § 24 Abs. 2 BBodschG ausdrücklich festgelegt werden, *Engelhardt*, Haftung, in: *Holzapfel/Pöllath/Engelhardt u. a.* (Hrsg.), Unternehmenskauf in Recht und Praxis, 15. Aufl., Rn. 894 ff.

224 *Engelhardt*, Haftung, in: *Holzapfel/Pöllath/Engelhardt u. a.* (Hrsg.), Unternehmenskauf in Recht und Praxis, 15. Aufl., Rn. 953 ff.

225 *Engelhardt*, Haftung, in: *Holzapfel/Pöllath/Engelhardt u. a.* (Hrsg.), Unternehmenskauf in Recht und Praxis, 15. Aufl., Rn. 989 ff.

226 *Kurney/Stelzel*, § 23 M&A in der Krise, in: *Buth/Hermanns* (Hrsg.), Restrukturierung, Sanierung, Insolvenz, 4., vollst. neu bearb. Aufl., Rn. 23.

Dies kann bei nicht oder nicht vollständiger Leistung der Einlage durch den Veräußerer oder bei Rückfluss der Einlage gegeben sein.[227] Relevant sind hier gegebenenfalls die Fälle der verdeckten Sacheinlage nach § 19 Abs. 4 GmbHG oder des sogenannten „Hin- und Herzahlens“ nach § 19 Abs. 5 GmbHG. Beide Konstellationen führen dazu, dass die Einlage (zunächst) nicht oder nur unter besonderen Umständen als erfüllt anzusehen ist.[228]

Sofern der Erwerber nicht alle Anteile an der Zielgesellschaft übernimmt, kommt auch die Pflicht zur Aufbringung von Fehlbeträgen der Einlagen der (neuen) Mitgesellschafter des Erwerbers nach § 24 GmbHG in Betracht. Diese Pflicht kann den Erwerber[229] ab dem Zeitpunkt der Eintragung in die Gesellschafterliste treffen.[230]

Weiterhin ist § 16 Abs. 2 GmbHG für alle anderen rückständigen Leistungen, die vor der Aufnahme des Käufers in die Gesellschafterliste fällig wurden, anwendbar. So haftet der Erwerber beispielsweise auch für die Differenzhaftung des Altgesellschafters bei Überbewertung der Sacheinlage[231], Unterbilanzhaftung[232] oder für Nachschüsse nach § 26 GmbHG[233].

Der Erstattungsanspruch für Rückzahlungen entgegen der Kapitalerhaltungsvorschrift des § 30 GmbHG gemäß § 31 Abs. 1 GmbHG trifft den Erwerber grundsätzlich nicht.[234] Hierzu müsste er zum Zeitpunkt des Entstehens des

227 *Kurney/Stelzel*, § 23 M&A in der Krise, in: *Buth/Hermanns* (Hrsg.), Restrukturierung, Sanierung, Insolvenz, 4., vollst. neu bearb. Aufl., Rn. 25.

228 *Fastrich*, in: *Baumbach/Beurskens/Fastrich u. a.* (Hrsg.), Gesetz betreffend die Gesellschaften mit beschränkter Haftung, 22. Aufl., § 19 Rn. 45 ff., 70 ff.; auf die Details der Voraussetzungen und Rechtsfolgen und der dazu ergangenen Rechtsprechung kann an dieser Stelle nicht detaillierter eingegangen werden.

229 Gegebenenfalls neben dem Veräußerer, wenn die Abtretung zwischen Fälligkeit der Einlageforderung und Fälligkeit des Ausgleichshaftungsanspruchs erfolgt.

230 *Schütz*, in: *Fleischer/Goette* (Hrsg.), Münchener Kommentar zum Gesetz betreffend die Gesellschaften mit beschränkter Haftung – GmbHG, 3. Aufl., § 24 Rn. 27.

231 *Engelhardt*, Haftung, in: *Holzapfel/Pöllath/Engelhardt u. a.* (Hrsg.), Unternehmenskauf in Recht und Praxis, 15. Aufl., Rn. 991.

232 *Tautorus/Janner*, Gesellschafts- und unternehmensrechtliche Fragestellungen, in: *Nerlich/Kreplin* (Hrsg.), Münchener AnwaltsHandbuch Insolvenz und Sanierung, 3., überarb. und erw. Aufl., Rn. 104.

233 *Ebbing*, in: *Michalski/Heidinger/Leible u. a.* (Hrsg.), Kommentar zum Gesetz betreffend die Gesellschaften mit beschränkter Haftung (GmbH-Gesetz), 3., neu bearbeitete Auflage, § 16 Rn. 136 f.

234 *Tautorus/Janner*, Gesellschafts- und unternehmensrechtliche Fragestellungen, in: *Nerlich/Kreplin* (Hrsg.), Münchener AnwaltsHandbuch Insolvenz und Sanierung, 3., überarb. und erw. Aufl., Rn. 104.

Anspruchs der Gesellschaft auf Zahlung Gesellschafter gewesen sein. Ausgenommen sind Sonderkonstellationen einer gesamtschuldnerischen Haftung von Erwerber und Veräußerer.[235] Darüber hinaus trifft den Erwerber die anteilige subsidiäre Haftung (für den Fall, dass vom Empfänger der verbotenen Rückzahlung die Erstattung nicht zu erlangen ist) nach § 31 Abs. 3 GmbHG.[236]

Eine Senkung dieser Risiken ist zwar durch die Aufnahme einer Garantie in den Kaufvertrag möglich. Darin versichert der Verkäufer etwa, dass die Einlagen voll eingezahlt wurden und keine Rückzahlung stattgefunden hat oder auch, dass keine sonstigen Umstände vorliegen, die eine Verpflichtung des Käufers zur Einlagenleistung auslösen könnten. Dies hilft dem Käufer jedoch nur im Innenverhältnis zum Verkäufer, d. h. der Käufer trägt insofern auch hier dessen Liquiditätsrisiko. Gegenüber der Gesellschaft kann der Erwerber keine Einwendungen geltend machen. § 16 Abs. 2 GmbHG ist zudem zwingendes Recht und kann im Verhältnis zwischen Gesellschaft und Gesellschafter nicht abbedungen werden.[237] Zwar kann sich der Erwerber durch zusätzliche Sicherheiten, bspw. ein *escrow*-Konto[238] oder einen Garantiegeber auf Verkäuferseite verstärkt absichern. Insbesondere für die Mithaftung nach §§ 16 Abs. 2, 24 GmbHG wird eine Bereitschaft hierzu seitens des Verkäufers nur schwer zu finden sein.[239]

---

235 Bspw. wenn bereits bei der Verpflichtung der Gesellschaft zur Auszahlung ein Zusammenhang mit der geplanten Gesellschafterstellung vorlag, z. B. bei sog. *Leveraged-Buyouts*, vgl. *Fastrich*, in: *Baumbach/Beurskens/Fastrich u. a.* (Hrsg.), Gesetz betreffend die Gesellschaften mit beschränkter Haftung, 22. Aufl., § 30 Rn. 23.

236 *Engelhardt*, Haftung, in: *Holzapfel/Pöllath/Engelhardt u. a.* (Hrsg.), Unternehmenskauf in Recht und Praxis, 15. Aufl., Rn. 992; *Tautorus/Janner*, Gesellschafts- und unternehmensrechtliche Fragestellungen, in: *Nerlich/Kreplin* (Hrsg.), Münchener Anwalts-Handbuch Insolvenz und Sanierung, 3., überarb. und erw. Aufl., Rn. 103.

237 *Ebbing*, in: *Michalski/Heidinger/Leible u. a.* (Hrsg.), Kommentar zum Gesetz betreffend die Gesellschaften mit beschränkter Haftung (GmbH-Gesetz), 3., neu bearbeitete Auflage, § 16 Rn. 156.

238 Dies bedeutet, dass ein Teil des Kaufpreises auf ein Treuhandkonto gezahlt wird und dort zur Befriedigung von Ansprüchen des Zielunternehmens auf Kapitalaufbringung bzw. -erhaltung für einen gewissen Zeitraum zur Verfügung steht; werden solche Ansprüche innerhalb eines festgelegten Zeitraums nicht geltend gemacht, werden die hinterlegten Beträge an den Verkäufer ausgezahlt.

239 *Kurney/Stelzel*, § 23 M&A in der Krise, in: *Buth/Hermanns* (Hrsg.), Restrukturierung, Sanierung, Insolvenz, 4., vollst. neu bearb. Aufl., Rn. 28.

ii. Keine Offenlegung der wirtschaftlichen Neugründung

Den Anteilserwerber kann zudem eine Haftung treffen, wenn eine Vorrats-[240] oder Mantelgesellschaft[241] (re-)aktiviert wird, die eine Unterbilanz aufweist und die (Re-)Aktivierung nicht rechtzeitig durch Registermeldung offengelegt wird.[242]

Insbesondere im Zuge einer Übertragung von GmbH-Anteilen und anschließender Satzungsänderung kann eine wirtschaftliche Neugründung ausgelöst werden. Die Abgrenzung speziell von der Sanierung ist jedoch teilweise schwierig; eine Neugründung kann wohl nur dann angenommen werden, wenn keine Anknüpfung an das aktive Unternehmen stattfindet.[243]

Bezogen auf den vorliegenden Themenkreis kommt eine solche Haftung in zweifacher Hinsicht in Betracht:

Zum einen könnte es sich bei dem Zielunternehmen um eine mittlerweile als stillgelegt anzusehende oder auf Vorrat gegründete Gesellschaft handeln. Beispielsweise zur Vorbereitung des *Share Deals*, etwa um im Rahmen einer internen Restrukturierung gewisse Verbindlichkeiten aus dem Zielunternehmen zu entfernen und dieses so attraktiver zu machen. Diese Gesellschaft wird nach Erwerb (wieder) in Betrieb genommen. Denkbar ist auch, dass bereits auf Seiten des Verkäufers eine wirtschaftliche Neugründung ohne Offenlegung stattgefunden hat und die korrespondierende Haftung auf den Erwerber übergeht.[244] Nach dem Bundesgerichtshof regelt § 16 Abs. 3 GmbHG a. F. diesen Übergang,[245] dem inhaltlich heute § 16 Abs. 2 GmbHG entspricht.

---

240 Eine auf Vorrat gegründete Gesellschaft nimmt erstmalig ihren Geschäftsbetrieb auf.

241 Eine existente, aber unternehmenslose Gesellschaft wird mit neuem Geschäftsbetrieb ausgestattet.

242 *Kurney/Stelzel*, § 23 M&A in der Krise, in: *Buth/Hermanns* (Hrsg.), Restrukturierung, Sanierung, Insolvenz, 4., vollst. neu bearb. Aufl., Rn. 30.

243 *Krafka*, Registerrecht, 11. Aufl., Teil 1. Handelsregister, Rn. 1109; *BGH*, Urt. v. 6. März 2012 – II ZR 56/10 (erhältlich in NJW 2012, 1875); der BGH stellt in seiner Rechtsprechung insbesondere darauf ab, „ob die Gesellschaft noch ein aktives Unternehmen betrieb, an das die Fortführung des Geschäftsbetriebs – sei es auch unter wesentlicher Umgestaltung, Einschränkung oder Erweiterung seines Tätigkeitsgebiets – in irgendeiner wirtschaftlich noch gewichtbaren Weise anknüpft oder ob es sich tatsächlich um einen *leer gewordenen Gesellschaftsmantel ohne Geschäftsbetrieb* handelt, der seinen – neuen oder alten – Gesellschaftern nur dazu dient, unter Vermeidung der rechtlichen Neugründung einer die beschränkte Haftung gewährleistenden Kapitalgesellschaft eine gänzlich neue Geschäftstätigkeit – ggf. wieder – aufzunehmen."

244 *Krafka*, Registerrecht, 11. Aufl., Teil 1. Handelsregister, Rn. 1109.

245 *BGH*, Urt. v. 6. März 2012 – II ZR 56/10 (erhältlich in NJW 2012, 1875).

Um die Gläubiger einer wirtschaftlich neugegründeten Gesellschaft vor einer möglichen mangelhaften Kapitalausstattung zu schützen, werden die Gründungsvorschriften auf die wirtschaftliche Neugründung angewendet. Allen voran die Haftung für Verbindlichkeiten der Gesellschaft in Höhe der Differenz zwischen dem Stammkapital laut Satzung und dem tatsächlichen Vermögen der Gesellschaft.[246] Maßgeblicher Zeitpunkt für die Beurteilung ist hierbei die Anmeldung der Satzungsänderung[247] oder die Publizität der Aufnahme der für die wirtschaftliche Neugründung maßgeblichen Aktivität nach außen.[248]

Von besonderer Relevanz für den hier analysierten Themenkreis ist die Tatsache, dass bei negativem Wert der Vermögensgegenstände der Gesellschaft die Haftung der Gesellschafter gerade nicht auf die Stammkapitalziffer begrenzt ist.[249] Ähnlich wie die Haftung für rückständige Einlagen besteht die Verpflichtung der Gesellschafter allerdings nur im Innenverhältnis, d. h. gegenüber der Gesellschaft.[250]

iii. Existenzvernichtender Eingriff

Schließlich kommt auch ein Fall der Haftung des Käufers wegen existenzvernichtenden Eingriffs[251] in Betracht, die sich insbesondere auf das Sanierungskonzept nach Übernahme der Zielgesellschaft auswirken kann.[252] Seit der

---

246 *Tautorus/Janner*, Gesellschafts- und unternehmensrechtliche Fragestellungen, in: *Nerlich/Kreplin* (Hrsg.), Münchener AnwaltsHandbuch Insolvenz und Sanierung, 3., überarb. und erw. Aufl., Rn. 32.

247 Auch wenn mit der Satzungsänderung die wirtschaftliche Neugründung offengelegt wurde und die Versicherungen nach § 8 Abs. 2 GmbHG abgegeben wurden, vgl. *BGH*, Urt. v. 6. März 2012 – II ZR 56/10 (erhältlich in NJW 2012, 1875).

248 *Kurney/Stelzel*, § 23 M&A in der Krise, in: *Buth/Hermanns* (Hrsg.), Restrukturierung, Sanierung, Insolvenz, 4., vollst. neu bearb. Aufl., Rn. 34.

249 *Kurney/Stelzel*, § 23 M&A in der Krise, in: *Buth/Hermanns* (Hrsg.), Restrukturierung, Sanierung, Insolvenz, 4., vollst. neu bearb. Aufl., Rn. 33.

250 *Merkt*, in: *Fleischer/Goette* (Hrsg.), Münchener Kommentar zum Gesetz betreffend die Gesellschaften mit beschränkter Haftung – GmbHG, 3. Aufl., § 11 Rn. 188; *Fastrich*, in: *Baumbach/Beurskens/Fastrich u. a.* (Hrsg.), Gesetz betreffend die Gesellschaften mit beschränkter Haftung, 22. Aufl., § 11 Rn. 61.

251 Der Schutzzweck des existenzvernichtenden Eingriffs ist die Schließung der Schutzlücke, die §§ 30, 31 GmbHG offen lässt, wenn es um zur Befriedigung von Gesellschaftsgläubigern erforderliches Gesellschaftsvermögen oberhalb der Stammkapitalziffer geht.

252 *Kurney/Stelzel*, § 23 M&A in der Krise, in: *Buth/Hermanns* (Hrsg.), Restrukturierung, Sanierung, Insolvenz, 4., vollst. neu bearb. Aufl., Rn. 37.

TRIHOTEL-Entscheidung des Bundesgerichtshofes ist der Anspruch aus der Rechtsfigur des existenzvernichtenden Eingriffs[253] als innergesellschaftlicher Anspruch der Gesellschaft ausgestaltet und fußt auf § 826 BGB.[254]

Die Haftung verlangt zunächst einen missbräuchlichen, kompensationslosen Eingriff des Gesellschafters in das zur vorrangigen Befriedigung der Gläubiger zweckgebundene Gesellschaftsvermögen.[255] Der Eingriff muss ferner die Insolvenz der Gesellschaft verursacht oder vertieft haben und daher insgesamt als sittenwidrig anzusehen sein.[256] Die Sittenwidrigkeit betrifft laut Bundesgerichtshof *„nicht nur die Fälle, in denen die Vermögensentziehung geschieht, um den Zugriff der Gläubiger auf dieses Vermögen zu verhindern, sondern ist auch dann anzunehmen, wenn die faktische dauerhafte Beeinträchtigung der Erfüllung der Verbindlichkeiten die voraussehbare Folge des Eingriffs ist und der Gesellschafter diese Rechtsfolge in Erkenntnis ihres möglichen Eintritts billigend in Kauf genommen hat.“*[257] Mit anderen Worten genügt ein bedingter Vorsatz hinsichtlich der Folge des Eingriffs in Form der niedrigeren Befriedigungschancen für die Gläubiger.

Solche Eingriffe können beispielsweise die Entnahme von Vermögensgegenständen, die Einziehung von Forderungen, die der Gesellschaft zuzuordnen sind, oder auch das Hinzufügen von Verbindlichkeiten sein.[258] Jedoch sind Managementfehler und Fehleinschätzungen nicht automatisch als ein solcher Eingriff zu sehen, solange die Maßnahmen noch als zur Verfolgung von Interessen der Gesellschaft bezweckt angesehen werden können.[259]

Als Schaden kommt jedenfalls der direkte Vermögensentzug in Betracht, auf dessen Ersatz die betroffene Gesellschaft Anspruch gegen den Gesellschafter hat.

---

253 Diese wurde vom BGH erstmals im sogenannten „Bremer Vulkan Urteil“ unter Abkehr von der Rechtsprechung zum qualifiziert faktischen Konzern entwickelt.

254 *Kurney/Stelzel*, § 23 M&A in der Krise, in: *Buth/Hermanns* (Hrsg.), Restrukturierung, Sanierung, Insolvenz, 4., vollst. neu bearb. Aufl., Rn. 41.

255 *J. Bauer*, Die GmbH in der Krise, 6. Aufl., Rn. 1203.

256 *J. Bauer*, Die GmbH in der Krise, 6. Aufl., Rn. 1212 f.; *Fastrich*, in: *Baumbach/Beurskens/Fastrich u. a.* (Hrsg.), Gesetz betreffend die Gesellschaften mit beschränkter Haftung, 22. Aufl., Rn. 66 f.

257 *BGH*, Urt. v. 16. Juli 2007 – II ZR 3/04 (erhältlich in NZG 2007, 667/672).

258 *Lieder*, in: *Michalski/Heidinger/Leible u. a.* (Hrsg.), Kommentar zum Gesetz betreffend die Gesellschaften mit beschränkter Haftung (GmbH-Gesetz), 3., neu bearbeitete Auflage, § 13 Rn. 443 ff.; *Heckschen*, Differenzhaftung und existenzvernichtender Eingriff bei der Verschmelzung in der Krise, NZG 2019, 561.

259 *Fastrich*, in: *Baumbach/Beurskens/Fastrich u. a.* (Hrsg.), Gesetz betreffend die Gesellschaften mit beschränkter Haftung, 22. Aufl., § 13 Rn. 67.

Ferner sind gegebenenfalls darüber hinausgehende Schäden im Gesellschaftsvermögen zu ersetzen, die aufgrund des Eingriffs entstanden sind.[260]

Da es sich hier um eine Verhaltenshaftung handelt,[261] kommt ein Einstehen des Erwerbers für existenzvernichtende Eingriffe anderer Gesellschafter, namentlich des Verkäufers, nur als Teilnehmer an dessen Tat in Betracht.[262]

Trotzdem hat ein Anteilserwerber dieses Haftungsinstitut vor allem in der *post-closing*-Phase im Auge zu behalten, um selbst ausgelöste unerwünschte Haftungsfolgen zu vermeiden. In Bezug auf den Anteilserwerb eines kriselnden Unternehmens kommt hier insbesondere der Einsatz von Gesellschaftsvermögen als Kreditsicherheiten oder die Neuverschuldung zur Durchführung eines Sanierungskonzepts in Betracht. Auch eine Trennung von Aktiva und Passiva nach Erwerb, sodass beim erworbenen Unternehmen nur Verbindlichkeiten und nicht werthaltige Vermögensgegenstände zurückbleiben, kann zu einer solchen Haftung führen.[263] Ein existenzvernichtender Eingriff kann zudem auch dann eintreten, wenn der Käufer dem erworbenen Unternehmen in ungebührendem Maße Personal, Geschäftsmöglichkeiten oder Aufträge entzieht.[264]

(3) Wahlrecht des Insolvenzverwalters nach § 103 InsO

i. Grundsätzliche Bedeutung des Insolvenzverwalterwahlrechts im Rahmen eines Share Deals

Die Insolvenzeröffnung über das Vermögen des *targets* begründet in aller Regel kein Wahlrecht des Insolvenzverwalters in Bezug auf den Verkauf des Zielunternehmens. Insbesondere ist die Eintragung des Käufers in die Gesellschafterliste nach § 16 Abs. 1 GmbHG keine materielle Wirksamkeitsvoraussetzung für die Abtretung der Anteile oder eine sonstige Verfügung.[265] Bei Insolvenz des Zielunternehmens kann der Insolvenzverwalter also kein Wahlrecht bezüglich

260 *Fastrich*, in: *Baumbach/Beurskens/Fastrich u. a.* (Hrsg.), Gesetz betreffend die Gesellschaften mit beschränkter Haftung, 22. Aufl., § 13 Rn. 68.

261 *Kurney/Stelzel*, § 23 M&A in der Krise, in: *Buth/Hermanns* (Hrsg.), Restrukturierung, Sanierung, Insolvenz, 4., vollst. neu bearb. Aufl., Rn. 37.

262 *J. Bauer*, Die GmbH in der Krise, 6. Aufl., Rn. 1217.

263 *Kurney/Stelzel*, § 23 M&A in der Krise, in: *Buth/Hermanns* (Hrsg.), Restrukturierung, Sanierung, Insolvenz, 4., vollst. neu bearb. Aufl., Rn. 37.

264 *Reul/H. Heckschen/Wienberg* (Hrsg.), Insolvenzrecht in der Gestaltungspraxis, § 4 Rn. 943.

265 *Fastrich*, in: *Baumbach/Beurskens/Fastrich u. a.* (Hrsg.), Gesetz betreffend die Gesellschaften mit beschränkter Haftung, 22. Aufl., § 16 Rn. 2.

der Eintragung ausüben und so den Erwerb der Anteile verhindern.[266] Auch im Übrigen hat eine Insolvenz des erworbenen Unternehmens in Bezug auf das Wahlrecht keine rechtlichen Auswirkungen auf den Erwerb oder den Käufer selbst.[267]

Die Problematik des Wahlrechts des Insolvenzverwalters ist bei einem *Share Deal* also in erster Linie bei Insolvenzeröffnung über das Vermögen des oder der Verkäufer[268] von Relevanz. Insgesamt ist dieses Risiko daher weniger naheliegend als bei einem Erwerb der einzelnen *Assets* vom kriselnden Unternehmen selbst.

ii. Wahlrecht zwischen Kaufvertragsabschluss und Vollzug

In der soeben erwähnten Insolvenz des Verkäufers kann dessen Insolvenzverwalter die Erfüllung des Anteilskaufvertrages verweigern, sofern dieser noch nicht von beiden Seiten vollständig erfüllt ist, vgl. § 103 Abs. 1 InsO. Dies ist zum einen dann der Fall, wenn der Verkäufer zwischen *Signing* und *Closing* in die Insolvenz geht, da zu diesem Zeitpunkt in der Regel noch keine Leistungen ausgetauscht wurden.[269] Verweigert dann der Insolvenzverwalter die Erfüllung, so kommt es nicht zum Vollzug des Vertrages. Dieser wird sozusagen eingefroren und dem weiteren Erfüllungsverlangen steht die Undurchsetzbarkeit entgegen.[270] Der Käufer kann lediglich gegebenenfalls Forderungen wegen der

---

266 Vgl. *Heckschen*, Unternehmenskauf in der Insolvenz – Distressed M&A, in: *Reul/Heckschen/Wienberg* (Hrsg.), Insolvenzrecht in der Gestaltungspraxis, 2. Aufl., § 4 Gesellschaftsrecht Rn. 1395; Aufgrund der Eintragungspflicht des Notars nach § 40 Abs. 2 GmbHG würde sich diese Thematik jedenfalls nur in seltenen Fällen stellen, etwa bei bedingter Abtretung (wenn der Notar über den Bedingungseintritt nicht informiert wird).

267 Unbeschadet davon kann die Insolvenz insbesondere vertragliche Loslösungs- oder Vertragsanpassungsrechte des Käufers auslösen (bspw. aufgrund wesentlich nachteiliger Veränderungen, sog. *material adverse change*, siehe *Hübner*, § 3 Unternehmensverkauf, in: *Scherer* (Hrsg.), Unternehmensnachfolge, 6. Aufl., Rn. 343 ff.).

268 Denkbar ist natürlich auch die Insolvenz des Käufers. In den untersuchten Konstellationen einer Veräußerung eines notleidenden Unternehmens ist die Insolvenz des/der verkaufenden Mutterunternehmen(s) jedoch das deutlich realistischere Szenario.

269 *Funk*, Das Erfüllungswahlrecht beim Unternehmenskauf, in: *Schluck-Amend/Meyding*, Der Unternehmenskauf in Krise und Insolvenz, Rn. 17.

270 *Wegener*, in: *Uhlenbruck* (Hrsg.), Insolvenzordnung, 15., völlig neu bearbeitete Auflage, § 103 Rn. 157.

Nichterfüllung (§ 103 Abs. 2 InsO – gerichtet auf das positive Interesse)[271] als Insolvenzforderungen geltend machen.

Wählt der Insolvenzverwalter dagegen die Erfüllung, so wird die Forderung des Käufers auf Übertragung der Vermögensgegenstände (d. h. der Anteile) zur Masseforderung und ist damit vorrangig zu befriedigen.[272]

Die Nichterfüllungswahl zu diesem Zeitpunkt und damit das Risiko vergeblich aufgewendeter Kosten und Arbeitszeiten durch den Käufer[273] kann insbesondere dadurch verhindert werden, dass der Kaufpreis nahe am Marktwert liegt. Bei niedrigen Kaufpreisen könnte der Insolvenzverwalter dagegen aufgrund der bestmöglichen Verwertungsobliegenheit faktisch zur Nichterfüllung gezwungen sein.

iii. Wahlrecht nach Vollzug des Kaufvertrages

Mit dem Vollzug des Kaufvertrages werden die Anteile in der Regel übertragen und der Kaufpreis bezahlt. Jedoch kann auch nach diesem Zeitpunkt der Vertrag noch nicht vollständig erfüllt sein, beispielsweise aufgrund von Kaufpreisanpassungen (inklusive Kaufpreiseinbehalte auf Treuhandkonten oder Gemeinschaftskonten)[274]. Auch Garantien in Verbindung mit deren Besicherung (z. B. Bürgschaften oder die Rücklage von Kaufpreisteilen auf Treuhandkonten) oder Wettbewerbsverbote können insofern problematisch sein.[275] Insbesondere Kaufpreisanpassungen in Gestalt von sogenannten *earn-out*-Klauseln (zusammen mit der teilweisen Einbehaltung des Kaufpreises) und Sicherungsinstrumente

---

271 *Kroth*, in: *Braun/Bauch/Bäuerle u. a.* (Hrsg.), Insolvenzordnung (InsO), 8., neu bearbeitete Auflage, § 103 Rn. 54.

272 *Rotthege*, Kapitel 12 – Unternehmenskauf in Krise und Insolvenz, in: *Rotthege/Bettag/Bienek u. a.* (Hrsg.), Unternehmenskauf bei der GmbH, 2., neu bearbeitete Auflage, Rn. 104.

273 Die Kosten für die *due diligence* oder bspw. Beurkundung sind wohl nur dann Masseforderungen, wenn der Verkäufer zur Übernahme vertraglich verpflichtet war; dies wird insbesondere bei den Kosten für die *due diligence* des Käufers nicht der Fall sein.

274 *Meyding/Grau*, Earn-out-Klauseln und Absicherung von Garantieansprüchen – „tickende Zeitbomben" bei Distressed M&A?, NZG 2011, 41; als erfüllungsschädliche Nebenpflicht des Verkäufers kommt hierzu die Mitwirkungspflicht bei der Bilanzerstellung in Betracht, die der Anpassung zugrunde liegt, vgl. *Denkhaus/Ziegenhagen*, Unternehmenskauf in Krise und Insolvenz, Rn. 32.

275 *Funk*, Erfüllungswahlrecht des Insolvenzverwalters, in: *Schluck-Amend/Meyding* (Hrsg.), Der Unternehmenskauf in Krise und Insolvenz, Rn. 15.

für Garantien sind im *distressed M&A*-Umfeld häufig anzutreffen.[276] Sie können die Folge haben, dass der Vertrag von beiden Seiten noch nicht vollständig erfüllt wurde. Zwar gibt es für *earn-out*-Klauseln und Sicherungsinstrumente vertragliche Möglichkeiten, die deren Erfüllungsschädlichkeit ausschließen oder minimieren sollen.[277] Jedoch sind diese Vorschläge zum Teil mangels höchstrichterlicher Stellungnahme unsicher, auf der anderen Seite teils praktisch kaum zu realisieren.[278] Daher bleibt auch bei entsprechender Vertragsgestaltung ein Restrisiko der beiderseitigen Nichterfüllung. Sollte die Gefahr einer Insolvenzeröffnung akut sein, so ist auch an einen (nachträglichen) Verzicht auf die dargestellten Rechte und Pflichten zu denken, d. h. der Käufer verzichtet z. B. auf Gewährleistungen, der Verkäufer auf die (positive) Kaufpreisanpassung.[279]

Besonders auf Seiten des Verkäufers existieren weitere Konstellationen der nicht vollständigen Erfüllung, etwa, dass eine eventuell bestehende Vinkulierung der verkauften Anteile nicht überwunden wurde. Dies kann beispielsweise aufgrund eines unwirksamen Gesellschafterbeschlusses der Fall sein.[280]

Auf der Folgenseite ergeben sich vor allem dann Schwierigkeiten, wenn eine Teilleistung oder Vorleistung erfolgt ist. So kann zum Beispiel bei einer Teilleistung des Verkäufers, etwa bei einem zeitlich gestreckten Übergang der Anteile, bei Nichterfüllungswahl die folgende Situation eintreten: Der Käufer erhält nur einen Teil der gekauften Anteile und muss dafür den Kaufpreis an die Insolvenzmasse zahlen,[281] obwohl ein Interesse an dieser Teilleistung nicht besteht. Wählt der Insolvenzverwalter die Erfüllung, so ist der Käufer mit seiner Forderung auf Übertragung der Anteile allenfalls[282] dann

276 *Meyding/Grau*, Earn-out-Klauseln und Absicherung von Garantieansprüchen – „tickende Zeitbomben“ bei Distressed M&A?, NZG 2011, 41.

277 *Meyding/Grau*, Earn-out-Klauseln und Absicherung von Garantieansprüchen – „tickende Zeitbomben“ bei Distressed M&A?, NZG 2011, 41.

278 So etwa das Rückzahlungsmodell, vgl. *Meyding/Grau*, Earn-out-Klauseln und Absicherung von Garantieansprüchen – „tickende Zeitbomben“ bei Distressed M&A?, NZG 2011, 41/43.

279 *Rotthege*, Kapitel 12 – Unternehmenskauf in Krise und Insolvenz, in: *Rotthege/Bettag/Bienek u. a.* (Hrsg.), Unternehmenskauf bei der GmbH, 2., neu bearbeitete Auflage, Rn. 113.

280 *Wessels*, Unternehmenskauf im Vorfeld der Verkäuferinsolvenz, Zeitschrift für Wirtschaftsrecht 2004, 1236/1241.

281 *Funk*, Das Erfüllungswahlrecht beim Unternehmenskauf, in: *Schluck-Amend/Meyding*, Der Unternehmenskauf in Krise und Insolvenz, Rn. 24.

282 Wenn man von einer Anwendung von § 105 InsO auf Geschäftsanteile ausgeht.

Massegläubiger, wenn er noch nicht für die Anteile bezahlt hat, andernfalls nur Insolvenzgläubiger.[283]

Geht man nicht davon aus, dass § 105 InsO auf Unternehmenskaufverträge anwendbar ist, so wäre auch der (im Rahmen einer Entschuldung der Zielgesellschaft) vorleistende Käufer bei Nichterfüllung Insolvenzgläubiger.[284] Folglich müsste er den Gegenanspruch auf (teilweise) Übertragung der Geschäftsanteile, ggf. nach § 45 InsO in Geld umgerechnet, als Insolvenzforderung geltend machen.[285]

Um eine solche Situation zu vermeiden, ist es empfehlenswert,[286] für den Fall der Insolvenzreife, Antragsstellung oder gar Nichterfüllungswahl ein (beidseitiges) außerordentliches Rücktrittsrecht in den Kaufvertrag zu integrieren.[287] Eine solche oder anderweitige Lösungsklauseln sind nach der überwiegenden Ansicht auch zulässig.[288]

iv. Analoge Anwendung des § 107 InsO?

In Betracht käme, dem Risiko einer Ablehnung der Vertragserfüllung aus Käufersicht gegebenenfalls durch die Sicherung der Übertragung der Anteile zuvorzukommen.

Hier kommt eine analoge Anwendung des § 107 InsO in Betracht, die im Schrifttum jedoch umstritten ist.[289] Wäre eine solche Analogie zu bejahen, wäre eine auf (vollständige) Kaufpreiszahlung aufschiebend bedingte Verfügung (hier

---

283 *Funk*, Erfüllungswahlrecht des Insolvenzverwalters, in: *Schluck-Amend/Meyding* (Hrsg.), Der Unternehmenskauf in Krise und Insolvenz, Rn. 21.

284 *Rotthege*, Kapitel 12 – Unternehmenskauf in Krise und Insolvenz, in: *Rotthege/Bettag/Bienek u. a.* (Hrsg.), Unternehmenskauf bei der GmbH, 2., neu bearbeitete Auflage, Rn. 104, 123.

285 *Funk*, Erfüllungswahlrecht des Insolvenzverwalters, in: *Schluck-Amend/Meyding* (Hrsg.), Der Unternehmenskauf in Krise und Insolvenz, Rn. 25.

286 Zusätzlich gäbe es die Möglichkeit des Bargeschäfts (sofortiger Austausch der Leistungen) oder der Vorauszahlung des Kaufpreises, welche jedoch in der Praxis für den Käufer nur selten eine Option sein dürften.

287 Vgl. *Wegener*, in: *Uhlenbruck* (Hrsg.), Insolvenzordnung, 15., völlig neu bearbeitete Auflage, § 103 Rn. 157.

288 *Rotthege*, Kapitel 12 – Unternehmenskauf in Krise und Insolvenz, in: *Rotthege/Bettag/Bienek u. a.* (Hrsg.), Unternehmenskauf bei der GmbH, 2., neu bearbeitete Auflage, Rn. 115.

289 *Funk*, Erfüllungswahlrecht des Insolvenzverwalters, in: *Schluck-Amend/Meyding* (Hrsg.), Der Unternehmenskauf in Krise und Insolvenz, Rn. 31.

die Abtretung der Anteile) seitens des Verkäufers möglich. Der Käufer könnte auch bei Eintritt der Insolvenz vor vollständiger Vertragserfüllung (unbeachtlich, ob vor oder nach dem Vollzugszeitpunkt, d. h. ob eine der Parteien bereits (Teil-)Leistungen erbracht hat) die Erfüllung verlangen. Eine solche aufschiebend bedingte Abtretung ist in Unternehmenskaufverträgen durchaus üblich,[290] jedoch in der Regel nicht nur an die Kaufpreiszahlung, sondern an weitere sogenannte *closing conditions* geknüpft.

Ginge man von der Anwendbarkeit des § 107 Abs. 1 InsO auf einen Rechtskauf aus, so stellt sich die Frage, ob und bei welcher Vertragsgestaltung ein Anwartschaftsrecht i. S. d. Norm bereits bei Unterzeichnung entsteht. Dies scheint insbesondere dann problematisch, wenn eine Vielzahl von *closing conditions* vereinbart wurde.

Selbst bei unterstellter analoger Anwendung auf eine aufschiebend bedingte Verfügung über das Recht[291] (hier: den Geschäftsanteil) ist Voraussetzung das Entstehen eines Anwartschaftsrechts aus der bedingten Verfügung.[292] D. h., der Käufer muss eine gesicherte Rechtsposition innehaben, die der Verkäufer nicht mehr einseitig zu zerstören vermag.[293]

In einem *Share Purchase Agreement* wäre daher darauf zu achten, dass nur solche Bedingungen für die Abtretung der Anteile ausschlaggebend sind, auf deren Eintritt der Verkäufer keinen (alleinigen) Einfluss hat. Dies sind neben der Kaufpreiszahlung[294] wohl nur noch die kartellrechtliche Freigabe.[295] Weitere Bedingungen, insbesondere auf Verkäuferseite, wie Verzicht auf Vorkaufsrechte oder Zustimmungserfordernisse (Aufsichtsrat, Gesellschafter bei Vinkulierung) sind dagegen für die Entstehung eines Anwartschaftsrechts schädlich. Zustimmungen von Personen, die weder aus der Käufer- noch der Verkäufersphäre kommen (bspw. Freigabe von Sicherheiten durch Banken, etc.) dürften dagegen unbeachtlich sein.

---

290 Alternativ zur Verpflichtung zur Abtretung im Kaufvertrag und Aufnahme der Abtretung als Vollzugsbedingung.

291 *Marotzke*, in: *Kayser/Thole/Brünkmans u. a.* (Hrsg.), Insolvenzordnung, 10., neu bearbeitete Auflage, § 107 Rn. 7.

292 *Wessels*, Unternehmenskauf im Vorfeld der Verkäuferinsolvenz, Zeitschrift für Wirtschaftsrecht 2004, 1237/1239; *Marotzke*, in: *Kayser/Thole/Brünkmans u. a.* (Hrsg.), Insolvenzordnung, 10., neu bearbeitete Auflage, § 107 Rn. 7.

293 Ständige Rspr. des BGH, vgl. BGHZ 49, 197/201 = NJW 1968, 493/494.

294 *BGH*, Urt. v. 21. März 1996 – III ZR 106/95 (erhältlich in DStR 1996, 1903).

295 *Wessels*, Unternehmenskauf im Vorfeld der Verkäuferinsolvenz, Zeitschrift für Wirtschaftsrecht 2004, 1237/1239.

Sollte sich eine derartige Ausgestaltung des Vertrages nicht realisieren lassen, so ist der Käufer gehalten, den Bedingungseintritt der anwartschaftsfeindlichen Ereignisse möglichst frühzeitig herbeizuführen, damit das Anwartschaftsrecht zeitnah zum *Signing* entstehen kann.

Voraussetzung ist jedoch, dass eine Analogie des § 107 InsO auf den Rechtskauf tatsächlich mit überzeugenden Argumenten angenommen werden kann.

01. Argumente gegen eine analoge Anwendung

Nach einer Auffassung ist die Vorschrift als Ausnahme zu § 103 InsO bereits grundsätzlich nicht analogiefähig,[296] nicht einmal auf kaufähnliche Verträge über bewegliche Sachen (etwa Leasing- oder Pachtverträge)[297]. Von der Mehrheit der Auffassungen wird jedoch eine grundsätzliche Analogiemöglichkeit bejaht, sofern jedenfalls ein Anwartschaftsrecht (d. h. im Falle einer bedingten Übereignung und nicht nur einer schuldrechtlichen Verpflichtung zur Übereignung) entstanden ist.[298]

Gegen eine Analogie bei (abtretbaren) Rechten wird zum einen der eindeutige Wortlaut der Norm ins Feld geführt,[299] wenn auch teilweise eine praktische Notwendigkeit einer Ausdehnung auf Unternehmenskäufe anerkannt wird.[300] Neben der beweglichen Sache ist in § 107 InsO die Besitzerlangung als Publizitätsakt vorgesehen, welche bei Rechten gerade nicht stattfindet. Daraus[301] und aus der Gesetzesbegründung[302] wird abgeleitet, dass nicht sämtliche Anwartschaftsrechte geschützt werden sollen, sondern nur solche, die sich aus dem Eigentumsvorbehaltsverkauf von Sachen des Schuldners ergeben.[303] Für eine

296 *Andres/Leithaus/Dahl* (Hrsg.), Insolvenzordnung (InsO), 4. Aufl., § 107 Rn. 6.

297 *Kroth*, in: *Braun/Bauch/Bäuerle u. a.* (Hrsg.), Insolvenzordnung (InsO), 8., neu bearbeitete Auflage, § 107 Rn. 18.

298 Statt vieler: *Berberich*, in: *Fridgen/Geiwitz/Göpfert* (Hrsg.), BeckOK InsO, 22. Edition, § 107 Rn. 10.

299 *Knof*, in: *Uhlenbruck* (Hrsg.), Insolvenzordnung, 15., völlig neu bearbeitete Auflage, § 107 Rn. 10.

300 *Wegener*, in: *Wimmer* (Hrsg.), FK-InsO Frankfurter Kommentar zur Insolvenzordnung, 9. Aufl., § 107 Rn. 5.

301 *Berberich*, in: *Fridgen/Geiwitz/Göpfert* (Hrsg.), BeckOK InsO, 22. Edition, § 107 Rn. 14.

302 RegE BT-Drs. 12/2443, S. 146.

303 *Knof*, in: *Uhlenbruck* (Hrsg.), Insolvenzordnung, 15., völlig neu bearbeitete Auflage, § 107 Rn. 10; *Vuia*, in: *Kirchhof* (Hrsg.), Münchener Kommentar zur Insolvenzordnung, [4. Aufl.], § 107 Rn. 7.

Analogie auf den Rechtskauf fehle es daher an einer planwidrigen Regelungslücke[304] und auch an einer vergleichbaren Interessenlage.[305]

Des Weiteren dürfte auch eine historische Betrachtung der Problematik gegen eine analoge Anwendung auf den Rechts-, speziell den Unternehmenskauf, sprechen: Unter Geltung des § 17 KO war bereits umstritten, ob der Insolvenzverwalter des unter Eigentumsvorbehalt veräußernden Verkäufers durch die Ausübung des Wahlrechts das Anwartschaftsrecht zu Fall bringen könnte. Hier waren also die Interessen des Vorbehaltskäufers gegen die des Insolvenzverwalters und der übrigen Insolvenzgläubiger abzuwägen. Die Rechtsprechung bejahte im Ergebnis grundsätzlich ein Wahlrecht des Insolvenzverwalters, jedoch zur Vermeidung von Unbilligkeiten unter Einschränkung durch § 242 BGB im Einzelfall.[306] Mit der Einführung der Insolvenzordnung hat der Gesetzgeber entgegen der Rechtsprechung die Streitfrage zugunsten eines Bestandsschutzes des Anwartschaftsrechts und damit zugunsten des Vorbehaltskäufers entschieden.[307] Dementsprechend liest sich auch die Begründung im Regierungsentwurf eher dahingehend, dass nur Kaufverträge über die Lieferung von Sachen (d. h. bewegliche Sachen) erfasst sind. Auch ist nicht zwingend davon auszugehen, dass die Rechtsprechung eine weitere Ausdehnung des § 107 InsO gutheißen wird.

02. Argumente für eine analoge Anwendung

Andererseits gibt es nicht von der Hand zu weisende Argumente, die für eine Anwendung auf den Rechts- und damit auf den Unternehmenskauf sprechen. Dazu gehören zum einen die bereits kurz angeführten, durchaus existenten praktischen Erwägungen,[308] den aufschiebend bedingten Erwerb eines Anteils insolvenzfest zu machen. Ferner wird die Rechtsposition der Anwartschaft des bedingt erwerbenden Zessionars in der Praxis als genauso schutzbedürftig angesehen wie die eines Käufers einer beweglichen Sache. Das rechtsgeschäftlich erworbene Anwartschaftsrecht kann seinen Erwerber nur dann sinnvoll

304 *Flöther/Wehner*, in: *Ahrens/Gehrlein/Ringstmeier*, Fachanwaltskommentar Insolvenzrecht, § 107 Rn. 5.

305 *Vuia*, in: *Kirchhof* (Hrsg.), Münchener Kommentar zur Insolvenzordnung, [4. Aufl.], § 107 Rn. 7.

306 *Vuia*, in: *Kirchhof* (Hrsg.), Münchener Kommentar zur Insolvenzordnung, [4. Aufl.], § 107 Rn. 2 ff.

307 RegE BT-Drs. 12/2443, S. 146.

308 *Wegener*, in: *Wimmer* (Hrsg.), FK-InsO Frankfurter Kommentar zur Insolvenzordnung, 9. Aufl., § 107 Rn. 5.

schützen, wenn es auch in der Insolvenz bestehen bleibt.[309] Nach Ansicht der Befürworter einer analogen Anwendung ist § 107 InsO ein Ausfluss des allgemeinen Grundsatzes des § 161 BGB, dass das entstandene Anwartschaftsrecht nicht durch den Insolvenzverwalter in seiner Existenz berührt werden kann.[310] Zudem setze das Wahlrecht voraus, dass der Verwalter über die vom Schuldner zu erbringende Leistung (hier: die Abtretung der Anteile) noch verfügen kann. Dies sei aber aufgrund des § 161 Abs. 1 BGB gerade nicht möglich.[311] Dazu wäre der Schuldner beziehungsweise dessen Gläubiger durch die Insolvenzeröffnung bevorteilt, wenn der Insolvenzverwalter denn Schutz des § 161 Abs. 1 BGB „durchbrechen" könnte. Außerhalb der Insolvenz wäre dies dagegen nicht möglich.[312]

Hier ist ein gewisser Widerspruch zwischen den Regelungen des Bürgerlichen Gesetzbuches und denen der Insolvenzordnung zu erkennen: Zwar kann der Insolvenzverwalter das Anwartschaftsrecht an Geschäftsanteilen nicht durch Verfügungen beeinträchtigen, jedoch durch die Wahl der Nichterfüllung vollkommen zum Erlöschen bringen.

Die eine Analogie bejahende Ansicht stellt weiter auf die Gleichstellung von Sach- und Rechtskauf gemäß § 453 BGB ab, welche sich auch in der Insolvenzordnung fortsetzen solle.[313] Zu beachten sei in diesem Zusammenhang auch, dass der Entwurf und die finale Fassung der Insolvenzordnung vor der Einführung des § 453 BGB existent waren. Damit kann das Argument des Gesetzgeberwillens und einer nicht vorhandenen planwidrigen Regelungslücke durchaus angegriffen werden.

03. Stellungnahme

Im Hinblick auf den Wortlaut und das Erfordernis des Besitzübergangs ist zunächst festzuhalten, dass in der Literatur an dieses Erfordernis größtenteils abgeschwächte Anforderungen gestellt werden. So herrscht weitgehend Einigkeit, dass die Übertragung mittelbaren Besitzes ausreichend ist.[314] Darüber

---

309 *Ringstmeier*, in: *Schmidt*, Insolvenzordnung, § 107 Rn. 18.

310 *Wessels*, Unternehmenskauf im Vorfeld der Verkäuferinsolvenz, Zeitschrift für Wirtschaftsrecht 2004, 1237/1244.

311 *Wessels*, Unternehmenskauf im Vorfeld der Verkäuferinsolvenz, Zeitschrift für Wirtschaftsrecht 2004, 1237/1244.

312 *Ringstmeier*, in: *Schmidt*, Insolvenzordnung, § 107 Rn. 19.

313 *Breitenbücher*, in: *Graf-Schlicker* (Hrsg.), InsO, 5., neu bearbeitete Auflage, § 107 Rn. 3.

314 *Kroth*, in: *Braun/Bauch/Bäuerle u. a.* (Hrsg.), Insolvenzordnung (InsO), 8., neu bearbeitete Auflage, § 107 Rn. 4.

hinaus wird klargestellt, dass es weniger auf den Besitzübergang (= Besitzverlust beim Verkäufer und Besitzerlangung beim Käufer) ankommt als auf die bedingte Eigentumsübertragung. Daher sei eine analoge Anwendung auf Fälle anderer vorbehaltener Rechtsinhaberschaft möglich.[315] Vereinzelt wird das Erfordernis des Besitzübergangs im Rahmen der wortlautübersteigenden Auslegung sogar als obsolet betrachtet.[316]

Weiterhin könnte die Insolvenz eines bedingt übereignenden Verkäufers eines Geschäftsanteils andernfalls nur durch die Vereinbarung eines Rücktrittsrechts wirtschaftlich in den Griff zu bekommen sein. Allerdings ist auch dann die bereits erworbene Rechtsposition nicht insolvenzfest, da der Kaufvertrag rückabzuwickeln wäre. Die aufschiebend bedingte Abtretung hätte bei entsprechender Formulierung die Transaktionssicherheit als großen Pluspunkt. Abgesehen davon ist die Transaktionsdokumentation bei der aufschiebend bedingten Abtretung vergleichsweise unkompliziert gegenüber einer separaten, am Vollzugstag zu erklärenden Abtretungsvereinbarung.

Im Ergebnis sprechen zwar gute Argumente, vor allem im Hinblick auf die praktische Relevanz, für eine analoge Anwendung des § 107 InsO auf den Rechtskauf. Allerdings erfährt diese zu Recht aufgrund des Wortlauts und der Gesetzesbegründung erheblichen Widerstand. Die Ansicht, der Gesetzgeber hätte Rechtskäufe planwidrig nicht in die Regelung des § 107 InsO aufgenommen, ist nur schwer zu vertreten. Der früheren Rechtsprechung (unter Anwendung des § 242 BGB) und dem Gesetzgeber ging es offenbar eher um Situationen, in denen der Vorbehaltskäufer die Ware bereits (weiter-)geliefert und mit dieser bereits gewirtschaftet hat. So sind auch der weitergeleitete und der nachgeschaltete Eigentumsvorbehalt sowie der Kontokorrentvorbehalt von § 107 InsO erfasst.[317] In all diesen Konstellationen konnte lediglich noch kein Vollrechtserwerb herbeigeführt werden. Daher ist davon auszugehen, dass in erster Linie der Rechtsverkehr geschützt werden sollte. Verhindert werden sollte wohl, dass bei Insolvenz nicht bewegliche Gegenstände, die sich nicht mehr beim Käufer befinden oder bereits verarbeitet wurden, in das Vermögen des Insolvenzschuldners zurückgeführt werden müssten. Dementsprechend verlangt § 107 InsO auch den

---

315 *Hess*, Kölner Kommentar zur Insolvenzordnung, 2. Aufl., § 107 Rn. 9.

316 *Marotzke*, in: *Kayser/Thole/Brünkmans u. a.* (Hrsg.), Insolvenzordnung, 10., neu bearbeitete Auflage, § 107 Rn. 6.

317 *Vuia*, in: *Kirchhof* (Hrsg.), Münchener Kommentar zur Insolvenzordnung, [4. Aufl.], § 107 Rn. 8; *Wegener*, in: *Wimmer* (Hrsg.), FK-InsO Frankfurter Kommentar zur Insolvenzordnung, 9. Aufl. § 107 Rn. 9.

Besitzübergang als Publizitätsakt. Solange sich der Gegenstand noch im Besitz des Schuldners befindet und dieser die tatsächliche Gewalt noch nicht aufgegeben hat, wird § 107 InsO als nicht einschlägig betrachtet.[318]

Dieser dargestellte Schutzzweck passt auf den Kauf von Geschäftsanteilen nicht. Weder sind diese Anteile im gleichen Maße wie bewegliche Gegenstände verkehrsfähig noch ist ein vergleichbarer Warenverkehr üblich. Zudem entfallen der Publizitätsakt des Besitzes und die Existenz schutzwürdiger Dritter, welche die Ware gegebenenfalls vom Vorbehaltskäufer erhalten und auf dessen Eigentum oder eigentumsähnliches Recht vertrauen.

Daher ist es bis zum Vorliegen einer obergerichtlichen Entscheidung oder eines Tätigwerdens des Gesetzgebers nicht anzuraten, sich auf die analoge Anwendung des § 107 InsO zu verlassen.

(4) (Insolvenz-)Anfechtung nach §§ 129 ff. InsO

Bezüglich der Insolvenzanfechtung gilt das zur Erfüllungswahl Gesagte entsprechend. Eine Anfechtung ist bei einem *Share Deal* für die vorliegende Betrachtung nur dann von Bedeutung, wenn der oder die Gesellschafter als Verkäufer der Anteile insolvent wird beziehungsweise werden.[319] Die Gefahr einer Anfechtung besteht zwar, ist aber bei *M&A*-Transaktionen in Form eines *Share Deals* (bei denen das *target*, nicht aber in allen Fällen auch der Verkäufer, in der Krise ist) nicht zwangsläufig gegeben. Das Risiko ist jedenfalls erheblich niedriger als bei einem *Asset Deal.*[320]

Beim Erwerb von Geschäftsanteilen von insolvenznahen Verkäufern kann das oben bereits erörterte Anwartschaftsrecht an einem Geschäftsanteil Relevanz erlangen: Sollten die oben aufgezeigten Voraussetzungen für das Anwartschaftsrecht gegeben sein, so liegt der für die insolvenzrechtliche Anfechtung maßgebliche Zeitpunkt nach § 140 Abs. 3 InsO im Moment der bedingten

---

318 Entscheidend ist daher die Aufgabe der tatsächlichen Gewalt über die Sache durch den Schuldner, siehe *Wegener*, in: *Wimmer* (Hrsg.), FK-InsO Frankfurter Kommentar zur Insolvenzordnung, 9. Aufl. § 107 Rn. 11.

319 *Sinhart*, Unternehmenskauf bzw. -verkauf in der Krise und Insolvenz, in: *Picot/Derbort*, Unternehmenskauf und Restrukturierung, § 16 Rn. 10; *Wössner/Hansen*, Vertragsgestaltung, in: *Schluck-Amend/Meyding*, Der Unternehmenskauf in Krise und Insolvenz, Rn. 51 f.; *Schluck-Amend/Sabina Krispenz*, Anfechtungsrisiken, in: *Schluck-Amend/Meyding*, Der Unternehmenskauf in Krise und Insolvenz, Rn. 1.

320 Zu den Voraussetzungen und Rechtsfolgen der §§ 129 ff. InsO siehe daher unter II.B.2.b)(2)ii.

Übereignung.[321] Bei entsprechender Ausgestaltung ist dies die Unterzeichnung des Kaufvertrages.[322] Dadurch kann der Zeitpunkt erheblich nach vorne verlagert werden, was das Anfechtungsrisiko beträchtlich schmälert.

Daneben kommt eine Anfechtung durch einen Gläubiger nach dem Anfechtungsgesetz (*AnfG*) in Betracht, insbesondere, aber nicht ausschließlich in Fällen, in denen das Insolvenzverfahren mangels Masse nicht eröffnet oder wieder eingestellt wird.[323] Voraussetzung für eine Anfechtung ist zuvorderst die vorsätzliche Gläubigerbenachteiligung (§ 3 AnfG). Auf Einzelheiten des Anfechtungsgesetzes ist im Rahmen dieser Bearbeitung mangels Relevanz nicht näher einzugehen.

(5) Anfechtung von Gesellschafterdarlehen

Eine weitere Besonderheit, die in Verbindung mit einem vorinsolvenzlichen *Share Deal* zu beachten sein kann, besteht, wenn der Verkäufer dem Zielunternehmen ein Gesellschafterdarlehen (sogenanntes *downstream*-Darlehen) gewährt hat. Erfolgt im Rahmen der Veräußerung eine Rückzahlung dieses Darlehens, wäre die Rückgewährung nach § 135 Abs. 1 Nr. 2 InsO unter Umständen anfechtbar. Zum einen, wenn das Zielunternehmen innerhalb eines Jahres nach der Rückzahlung in Insolvenz geht.[324] Alternativ bei Insolvenz innerhalb von zehn Jahren, wenn eine Sicherung für die Darlehensforderung gewährt wurde[325] und es durch die Rückgewährung oder Sicherung zu einer zumindest mittelbaren Gläubigerbenachteiligung kommt.[326] Es ist daher zu empfehlen, das Darlehen über den Kaufpreis zu vereinnahmen, sprich zu erwerben, und nicht eine Rückzahlung an den Verkäufer zu veranlassen.[327]

Darüber hinaus sollte sich der Käufer in der *due diligence* versichern, dass im vorangegangenen Zeitraum von einem Jahr keine Rückgewähr eines

---

321 *Büteröwe*, in: *Schmidt*, Insolvenzordnung, § 140 Rn. 36.

322 *Wessels*, Unternehmenskauf im Vorfeld der Verkäuferinsolvenz, Zeitschrift für Wirtschaftsrecht 2004, 1237/1238 f.

323 *Ek/Hoyenberg*, Unternehmenskauf und -verkauf, S. 205.

324 *Heckschen*, Unternehmenskauf in der Insolvenz – Distressed M&A, in: *Reul/Heckschen/Wienberg* (Hrsg.), Insolvenzrecht in der Gestaltungspraxis, 2. Aufl., Rn. 1360.

325 *Schulz* (Hrsg.), Restrukturierungspraxis, S. 37, 8.6.

326 *Gehrlein*, in: *Kirchhof* (Hrsg.), Münchener Kommentar zur Insolvenzordnung, [4. Aufl.], § 135 Rn. 17.

327 *Heckschen*, Unternehmenskauf in der Insolvenz – Distressed M&A, in: *Reul/Heckschen/Wienberg* (Hrsg.), Insolvenzrecht in der Gestaltungspraxis, 2. Aufl., Rn. 1359 mit weiteren Tipps zum Umgang mit dieser Problematik in der Praxis.

Gesellschafterdarlehens im Sinne des § 135 Abs. 1 Nr. 2 InsO stattgefunden hat. Hierfür sollte auch eine entsprechende Garantie des Verkäufers verlangt werden. Bei Anfechtung würde die Forderung des Verkäufers wieder aufleben, § 143 Abs. 1 InsO.[328] Auch und insbesondere der Verkäufer hat ein Interesse an der Vermeidung einer Anfechtung der vor Anteilsübertragung erfolgten Rückgewährung.[329] Denn sein dann wieder auflebender Rückzahlungsanspruch bestünde in derselben Form wie vor der Anfechtung.[330] Im Insolvenzfall dürfte der Rückzahlungsanspruch daher eine nach § 39 Abs. 1 Nr. 5 InsO nachrangige Insolvenzforderung darstellen.[331]

Ein übernommenes oder nach Erwerb gewährtes Darlehen sollte sich der Käufer grundsätzlich nicht auszahlen lassen, solange die Insolvenzeröffnung innerhalb Jahresfrist nicht mit hinreichender Sicherheit ausgeschlossen werden kann.

Gegebenenfalls hilft hier das Sanierungsprivileg des § 39 Abs. 4 InsO, welches nach § 135 Abs. 4 InsO auf die Anfechtung entsprechende Anwendung findet. Hierzu muss der Käufer das Unternehmen in nicht saniertem Zustand zum Zweck der Sanierung übernehmen, d. h. bei drohender oder eingetretener Zahlungsunfähigkeit oder Überschuldung erwerben.[332] Es muss, mit anderen

---

328 Die Rechtsposition des Käufers wäre zwar nicht unmittelbar beeinträchtigt, da zunächst Vermögen der Masse zugeführt wird; nachteilig kann jedoch die Existenz des Verkäufers als Insolvenzgläubiger sein, der (abhängig von der Höhe der Forderung) Sanierungsvorhaben des Zielunternehmens (im Rahmen eines Insolvenzplans) erschweren könnte.

329 Eine Haftung des Verkäufers neben dem Käufer bei Anfechtung der Rückgewährung nach Abtretung von Rückzahlungsanspruch und Gesellschaftsanteilen kommt nur dann in Betracht, wenn der Verkäufer nicht alle Anteile veräußert, siehe hierzu *BGH*, Urt. v. 21. Februar 2013 – IX ZR 32/12, DStR 2013, 925 und *S. Bauer/Farian*, Behandlung von abgetretenen Gesellschafterdarlehen im Insolvenzfall und deren Folgen, GmbHR 2015, 230.

330 *Prosteder/Dachner*, in: *Fridgen/Geiwitz/Göpfert* (Hrsg.), BeckOK InsO, 22. Edition, § 135 Rn. 35.

331 Maßgeblicher Zeitpunkt ist der der Gewährung des Darlehens, siehe *Hirte*, in: *Uhlenbruck* (Hrsg.), Insolvenzordnung, 15., völlig neu bearbeitete Auflage, § 39 Rn. 45. Sollte die darlehensgebende Verkäufergesellschaft zudem eine Rangrücktrittserklärung abgegeben haben (bspw. um die Überschuldung zu vermeiden), so tritt der Anspruch noch einen Rang zurück, vgl. *Haufe* – VI Das Kapital / 1.3.2 Inanspruchnahme benötigter Liquidität (Downstream-Loan) – Deutsches, https://www.haufe.de/recht/deutsches-anwalt-office-premium/vi-das-kapital-132-inanspruchnahme-benoetigter-liquiditaet-downstream-loan_idesk_PI17574_HI5564337.html.

332 *Hees*, Besonderheiten beim Kauf eines Unternehmens in Krise und Insolvenz, in: *Bergau*, Praxishandbuch Unternehmenskauf, Rn. 135.

Worten, Insolvenzreife vorliegen. Für die Übernahme und insbesondere Neugewährung von Darlehen kann dies auch nach der Begründung der Gesellschafterstellung erfolgen, solange noch ein zeitlich-sachlicher Zusammenhang mit dem Anteilserwerb besteht.[333] Sind diese Voraussetzungen erfüllt, ist eine Anfechtung (solange es nicht vor der Insolvenz zu einer vollständigen Sanierung kam) nicht möglich.[334]

(6) Rückforderung von Beihilfen

Ein weiteres potenzielles Haftungsrisiko, das den Erwerber eines Unternehmens möglicherweise nicht nur mittelbar, sondern sogar unmittelbar treffen kann, ist die Pflicht zur Rückzahlung von europarechtswidrigen Beihilfen. Die Gründe für eine solche Europarechtswidrigkeit sind an dieser Stelle nicht näher auszuführen.[335] Jedenfalls genügt bereits eine unterbliebene Durchführung des Notifizierungsverfahrens nach Art. 108 AEUV, um die grundsätzliche Rückforderungspflicht auszulösen (sofern die Kommission die Beihilfe für materiell rechtswidrig hält).[336]

Zum einen übernimmt der Käufer mit dem Rechtsträger des Unternehmens, welches Beihilfen erhalten hat, auch indirekt und damit jedenfalls wirtschaftlich potenzielle Beihilferückzahlungsverpflichtungen.[337]

Darüber hinaus nimmt die Europäische Kommission – dogmatisch etwas unsauber – unter Umständen auch den Erwerber von Geschäftsanteilen direkt in Anspruch. Dies soll – aus Umgehungsgefahrgesichtspunkten – vor allem dann gelten, wenn die Anteile unter Marktwert verkauft wurden.[338] Weitere Abwägungskriterien sind die Benachteiligung der Gläubiger des Beihilfeempfängers

---

333 *Prosteder/Dachner*, in: *Fridgen/Geiwitz/Göpfert*, BeckOK InsO, § 39 Rn. 103.

334 Vgl. insgesamt zum Thema der Anfechtung nach § 135 InsO die ergänzenden Ausführungen unter II.B.3.e).

335 Siehe hierzu unter II.B.2.b)(3)iii.

336 *Gundel*, in: *Gersdorf/Paal* (Hrsg.), Beck'scher Online-Kommentar Informations- und Medienrecht, 32. Edition, Art. 108 AEUV Rn. 9 f.

337 *T. Schneider/R. Wutzke*, Ausschluss der Übernehmerhaftung, in: *Schluck-Amend/ Meyding*, Der Unternehmenskauf in Krise und Insolvenz, Rn. 23 f.

338 *Neue Zeitschrift für Insolvenz- und Sanierungsrecht*, Keine Rückforderung gewährter Beihilfen für später insolventes Unternehmen von Drittem, NZI 2004, 392 (hier wurde die Entscheidung der Kommission aufgehoben); *Europäische Zeitschrift für Wirtschaftsrecht*, EuGH: Durchgriffshaftung bei Rückforderung von Beihilfen an Seleco, EuZW 2003, 368/374 f.

und die Transparenz und Offenheit des Verkaufs sowie Identität und Nähe des Erwerbers und Veräußerers.[339]

Hier besteht also gegebenenfalls ein stark einzelfallabhängiges Risiko, das der Käufer zwar durch eine Anfrage bei der Kommission schmälern kann. Jedoch dürfte ein solches Auskunftsverfahren dem kritischen Punkt der Zeitnot entgegenlaufen.

(7) Gesellschaftsrechtliche Zustimmung

Zwar bedarf der Erwerb mittels eines *Share Deals* an sich nicht der Zustimmung der Vertrags- und Geschäftspartner,[340] jedoch ist gegebenenfalls eine gesellschaftsrechtliche Zustimmung erforderlich. In erster Linie kommen notwendige Zustimmungen der Gesellschafter- oder Hauptversammlungen auf Käufer- oder Verkäuferseite in Betracht. Eine Zustimmungspflicht kann sich zum einen aufgrund von Satzungsvorschriften, auf Verkäuferseite also der Vinkulierung[341] der Geschäftsanteile, darüber hinaus für Käufer und Verkäufer möglicherweise wegen des Volumens der Transaktion, ergeben.

i. Zustimmungserfordernisse auf Verkäuferseite

Auf Verkäuferseite kommt zum einen § 179a AktG für die Aktiengesellschaft zur Anwendung. Die herrschende Meinung in der Literatur ging lange Zeit von einer analogen Anwendbarkeit der Norm auf die GmbH aus[342]. Allerdings hat der Bundesgerichtshof in einem jüngeren Urteil entgegen der vorherrschenden Meinung entschieden, dass eine analoge Anwendung des § 179a AktG auf die GmbH aufgrund unterschiedlicher Interessenlagen ausscheidet[343]. Dagegen

---

339 *Neue Zeitschrift für Insolvenz- und Sanierungsrecht*, Keine Rückforderung gewährter Beihilfen für später insolventes Unternehmen von Drittem, NZI 2004, 392/395; *Buchta*, Unternehmen in Krise und Insolvenz, in: *Hölters* (Hrsg.), Handbuch Unternehmenskauf, 9., neu bearbeitete und erweiterte Auflage, Rn. 16.66; auch hierzu in mehr Detail unter II.B.2.b(3)iii.

340 Zu den insbesondere bei Kreditverträgen relevanten *change-of-control* – Klauseln vgl. oben unter II.B.1.a)(4).

341 Satzungsmäßige Beschränkungen sollen hier nicht näher erörtert werden; regelmäßig erfordert eine in der Satzung vorgeschriebene Vinkulierung (vgl. § 15 Abs. 5 GmbHG) zur wirksamen Abtretung der Geschäftsanteile die Zustimmung der Gesellschaft/übrigen Gesellschafter, vgl. *Servatius*, in: *Baumbach/Beurskens/Fastrich u. a.* (Hrsg.), Gesetz betreffend die Gesellschaften mit beschränkter Haftung, 22. Aufl., § 15 Rn. 37.

342 *Stein*, in: *Goette/Habersack/Kalss* (Hrsg.), Münchener Kommentar zum Aktiengesetz, 5. Aufl., § 179a Rn. 14.

343 *BGH*, Urt. v. 8. Januar 2019 – II ZR 364/18 (erhältlich in NZG 2019, 505).

kann sich bei einem außergewöhnlichen Geschäft aus § 49 Abs. 2 GmbHG die Pflicht zur Einholung eines Zustimmungsbeschlusses ergeben, wenn die Interessen der Gesellschaft dies verlangen.

Ist demnach auf Verkäuferseite das verkaufte Unternehmen das gesamte Vermögen oder verbleibt nur ein unwesentlicher Vermögensteil beim Verkäufer,[344] könnte der Kaufvertrag ohne Zustimmung der Gesellschafterversammlung unwirksam sein.[345]

Daneben ist umstritten, ob die vom Bundesgerichtshof in der sogenannten „Holzmüller-Entscheidung" entwickelten Grundsätze auf einen *Share Deal* anwendbar sind. Dann bedürfte es einer Zustimmung auch, wenn der Kernbereich der Unternehmenstätigkeit berührt und insgesamt Mitgliedsrechte der Aktionäre ganz wesentlich beeinträchtigt werden, ohne dass die Schwelle des § 179a AktG erreicht wird.[346] Es geht also um den Fall des Verkaufs einer wesentlichen Beteiligung[347].

Das Holzmüller-Urteil des Bundesgerichtshofes betraf eine interne Ausgliederung auf eine Tochtergesellschaft. Auch die sog. „Gelatine-Entscheidungen" betrafen eine Umstrukturierung; hier entschied der Bundesgerichtshof jedoch, dass eine Zustimmung der Hauptversammlung nicht notwendig ist, da keine Veränderungen eintraten, die satzungsändernden Maßnahmen gleichkommen.[348]

In Fällen, in denen die Beteiligungsveräußerung den Kernbereich der (Aktien-)Gesellschaft berührt und diese dadurch derart beeinflusst, dass die Satzung dieser neuen Situation angepasst werden müsste, wäre eine Anwendung der Grundsätze der Holzmüller-Rechtsprechung durchaus denkbar und

---

344 *Haberstock/Greitemann*, in: *Hölters* (Hrsg.), Aktiengesetz, 3. Aufl., § 179a Rn. 4; in Hinblick auf den § 49 Abs. 2 GmbHG und das Gesamtvermögensgeschäft vgl. *Berkefeld*, Praktische Auswirkungen der Entscheidung des BGH v. 8.1.2019 – II ZR 364/18 zu § 179a AktG (analog), DNotZ 2020, 85.

345 *Hüffer/Koch*, Aktiengesetz, 15. Aufl., § 179a Rn. 13; bei einem Verstoß gegen § 49 Abs. 2 GmbHG folgt daraus allein noch keine Nichtigkeit. Allerdings kann unter Umständen (v.a. bei offensichtlicher Verletzung der Vertretungsmacht) der Käufer wegen Missbrauchs der Vertretungsmacht keine vertraglichen Rechte oder Einwendungen herleiten, vgl. *BGH*, Urt. v. 8. Januar 2019 – II ZR 364/18 (erhältlich in NZG 2019, 505).

346 *BGH*, Urt. v. 25. Februar 1982 – II ZR 174/80 (erhältlich in NJW 1982, 1703); *Meyding/Meckbach*, Zustimmungserfordernisse, in: *Schluck-Amend/Meyding*, Der Unternehmenskauf in Krise und Insolvenz, Rn. 36–40.

347 *D. Beisel et al.*, Der Unternehmenskauf, 7. Aufl., § 8 Rn. 81.

348 *D. Beisel et al.*, Der Unternehmenskauf, 7. Aufl., § 8 Rn. 80.

konsequent.[349] Auch kann dahingehend argumentiert werden, dass Zustimmungserfordernisse, die für die bloße Mediatisierung[350] eines Unternehmensteils vorliegen müssen, auch bei der Veräußerung zu verlangen sind[351]. In der Literatur ist diese Frage umstritten[352].

Der Bundesgerichtshof[353] selbst hat jedoch – ohne weitere Begründung – die Anwendung seines Dogmas aus dem Holzmüller-Urteil auf Anteilsverkäufe mangels Mediatisierungseffekts verneint.[354] Dem sind weitere oberinstanzliche Gerichte und mehrere Stimmen in der Literatur gefolgt.[355] Argumente gegen eine Ausdehnung der Kompetenzen der Hauptversammlung sind in erster Linie der anderweitige Schutz der Aktionäre (§ 93 Abs. 1 AktG) und die bereits genannte fehlende Mediatisierung.[356] Zuletzt auch der Wortlaut des § 179a AktG, der eine grundsätzliche Kompetenz des Vorstands zur Veräußerung verdeutlicht, die nicht ausgehöhlt werden darf.[357] Allerdings spricht nicht wenig dafür, die Anwendbarkeit der ungeschriebenen Hauptversammlungskompetenz nicht pauschal abzulehnen. Vielmehr sind die Auswirkungen der Veräußerung auf die Unternehmensstruktur und die quantitative Bedeutung der verkauften Anteile zu betrachten[358]. Ein Zustimmungserfordernis kann sich daneben

---

349 *D. Beisel et al.*, Der Unternehmenskauf, 7. Aufl., § 8 Rn. 81.

350 Unter dem Mediatisierungseffekt versteht man die Tatsache, dass Rechte der Aktionäre zur Kompetenz des Vorstands werden.

351 *Henze*, Festschrift für Peter Ulmer zum 70. Geburtstag am 2. Januar 2003, S. 211, 230.

352 *Krieger*, in: *Hoffmann-Becking/Austmann* (Hrsg.), Münchener Handbuch des Gesellschaftsrechts – Band 4: Aktiengesellschaft, 5., neubearbeitete Auflage, § 70 Rn. 10 m.w.N.

353 *BGH*, Beschluss v. 20. November 2006 – II ZR 226/05 (erhältlich in NJW-Spezial 2007, 124).

354 *Meyding/Meckbac*, Zustimmungserfordernisse beim Kauf in der Krise, in: *Schluck-Amend/Meyding*, Der Unternehmenskauf in Krise und Insolvenz, Rn. 10.

355 Neben dem BGH u. a. *OLG Stuttgart*, Urt. v. 13. Juli 2005 – 20 U 1/05 (erhältlich in BeckRS 2005, 08092).

356 *OLG Köln*, Urt. v. 15. Januar 2009 – 18 U 205/07 (erhältlich in CCZ 2009, 72).

357 *Krieger*, in: *Hoffmann-Becking/Austmann* (Hrsg.), Münchener Handbuch des Gesellschaftsrechts – Band 4: Aktiengesellschaft, 5., neubearbeitete Auflage, § 70 Rn. 10.

358 *Hoffmann*, in: *Henssler* (Hrsg.), beck-online.GROSSKOMMENTAR zum Aktienrecht, § 119 AktG Rn. 44. Dort wird die Hauptversammlungskompetenz zudem bereits ab einer Schwelle von 50 %, d. h. der Veräußerung von mehr als der Hälfte des Vermögens der Aktiengesellschaft, diskutiert.

aufgrund der Unterschreitung des Unternehmensgegenstandes oder aus §§ 47, 49 GmbHG ergeben[359].

Im Ergebnis scheint es daher empfehlenswert, bei entsprechender Dimension des *Share Deals* im Zweifelsfall einen Beschluss der Haupt- bzw. Gesellschafterversammlung einzuholen[360].

ii. *Zustimmungserfordernisse auf Käuferseite*

Auf Käuferseite werden grundsätzlich keine, insbesondere keine gesetzlichen Zustimmungserfordernisse der Gesellschafterversammlung ausgelöst. Allerdings wird für die Aktiengesellschaft im oben soeben dargestellten Zusammenhang auch ein Zustimmungserfordernis der Hauptversammlung des Käufers von Beteiligungen diskutiert. Dies wurde vom Bundesgerichtshof ausdrücklich offengelassen.[361] Argumentiert wird für eine Kompetenz der Hauptversammlung damit, dass die zum Erwerb eingesetzten Mittel den Aktionären entzogen werden und daher ein Mediatisierungseffekt eintritt.[362] Dagegen spricht neben der bereits erwähnten Leitungsbefugnis des Vorstands, dass bei anderweitiger Mittelverwendung die Aktionäre ebenfalls kein Mitspracherecht hätten.[363] Insgesamt ist daher auf Käuferseite ein Erfordernis der Zustimmung der Hauptversammlung eher abzulehnen. Auch hier gibt es jedoch aufgrund des offenen Diskussionsstands[364] keine Rechtssicherheit.

Im Zweifel kann es insgesamt von Vorteil sein, die Zustimmung der Haupt- bzw. Gesellschafterversammlung für beide Parteien in die Transaktionsdokumentation (als Vollzugsbedingung) aufzunehmen. Dies gilt insbesondere bei

---

359 *Meyding/Meckbac*, Zustimmungserfordernisse beim Kauf in der Krise, in: *Schluck-Amend/Meyding*, Der Unternehmenskauf in Krise und Insolvenz, Rn. 16.

360 *Heckschen et al.* (Hrsg.), Beck'sches Notar-Handbuch, 7. Aufl.; *Götze*, Karriereknick eines Fremdkörpers – Zur Nichtanwendbarkeit des § 179 a AktG in der GmbH, NZG 2019, 695.

361 *BGH*, Beschluss v. 7. Februar 2012 – II ZR 253/10 (erhältlich in NJW-Spezial 2012, 240).

362 *Priester*, Aktionärsentscheid zum Unternehmenserwerb, LSK 2011, 390832.

363 *Kubis*, in: *Goette/Habersack* (Hrsg.), Münchener Kommentar zum Aktiengesetz – Band 3, 4. Aufl., § 119 Rn. 71.

364 Ein Überblick, auch über weitere Konstellationen, ist bspw. zu finden in *Kubis*, in: *Goette/Habersack* (Hrsg.), Münchener Kommentar zum Aktiengesetz – Band 3, 4. Aufl., § 119 AktG Rn. 14. Für die grundsätzliche Anwendbarkeit spricht sich etwa *Hoffmann*, in: *Henssler* (Hrsg.), beck-online.GROSSKOMMENTAR zum Aktienrecht, § 119 AktG Rn. 39 aus.

entsprechenden Hinweisen auf satzungsmäßige Zustimmungserfordernisse oder wenn sich der Verkäufer in der Nähe der §§ 49 Abs. 2 GmbHG, 179a AktG oder der Schwellenwerte der Holzmüller-Entscheidung[365] bewegt. Durch eine solche vertragliche Regelung können das Risiko einer (ggf.) nach außen strahlenden Unwirksamkeit abgemildert, aber auch interne Haftungsfolgen vermieden werden.

(8) Konzernrechtliche Haftung

Eine solche kann relevant werden, wenn der Verkäufer Verbindlichkeiten übernommen hat, für welche die zu erwerbende Tochter Gesamtschuldnerin ist oder Sicherheiten gestellt hat. Dann ist darauf zu achten, die Freigabe dieser Sicherheiten bzw. die Entlassung aus der Gesamtschuld zu erreichen und dementsprechend den Kaufvertrag zu strukturieren. Andernfalls droht die Inanspruchnahme durch die Gläubiger des Verkäufers. Dieses Risiko intensiviert sich, sollte der Verkäufer im Rahmen eines Insolvenzverfahrens entschuldet werden, da hiervon nach § 254 Abs. 2 InsO auch der Rückgriffsanspruch des Zielunternehmens erfasst wäre.[366]

c) Fazit

Insgesamt ist ein *Share Deal* in der Krise für einen Käufer interessant, der den Unternehmensträger in seiner Gesamtheit und mit allen Rechtspositionen erwerben möchte. Er kann das Ertragspotenzial des Unternehmens als Ganzes durch Ausstattung mit eigenen Mitteln, verbesserte Managementstrukturen, Zuführung zusätzlichen Know-hows und weitere Maßnahmen ausschöpfen. Zudem sollte sichergestellt sein, dass die finanzielle Notlage durch Eigenleistungen des Verkäufers (Entschuldung) beziehungsweise Kapitalzufuhr des Käufers überwunden werden kann. Dafür ist ein genaues Erkennen und Analysieren der finanziellen Situation mittels vorhandener, gewissenhafter Buchführung und ausreichend detaillierter *due diligence* von hoher Bedeutung. Sind diese Voraussetzungen gegeben, sollte die Fortbestehensprognose für den Zeitraum nach Übernahme positiv ausfallen.[367]

---

365 Als Orientierungsgröße bietet sich ein Wert zwischen 75 % und 80 % der Aktiva an, im Einzelfall sollten weitere Kriterien wie etwa Bilanzsumme, Umsatz und Mitarbeiteranzahl berücksichtigt werden, vgl. *Liebscher*, in: *Henssler/Arnold/Strohn* (Hrsg.), Gesellschaftsrecht, 5. Aufl., § 119 AktG Rn. 15 f.

366 *W. Ott*, Unternehmenskauf aus der Insolvenz, S. 58.

367 *Hees*, Besonderheiten beim Kauf eines Unternehmens in Krise und Insolvenz, in: *Bergau*, Praxishandbuch Unternehmenskauf, Rn. 22.

Können anhand dieses Vorgehens die größten Risiken wie fortbestehende Insolvenzeröffnungsgefahr und Übernahme unerkannter Haftungen ausgeschlossen oder minimiert werden, stellt der *Share Deal* eine durchaus zu empfehlende, vergleichsweise unaufwendige Möglichkeit der Ausgestaltung einer *distressed M&A*-Transaktion aus der Krise dar.

2. Kauf des Schuldnerunternehmens im Wege eines *Asset Deals*

Im Folgenden soll der Erwerb von Unternehmensgegenständen eines kriselnden Betriebes im Wege eines *Asset Deals* untersucht werden. Dabei sind insbesondere hinsichtlich des Kaufgegenstandes verschiedene Konstellationen denkbar: Möglich ist der Erwerb des kompletten Betriebsvermögens, eines Teilbetriebes oder mehrerer oder einzelner betriebszugehöriger Vermögensgegenstände. In der Praxis wird jedoch häufig ein zusammengehörender und fortsetzungsfähiger (Teil-)Betrieb Gegenstand des *Asset Deals* sein.[368] Dabei werden – wie bereits eingangs erwähnt – die Passiva grundsätzlich nicht mitübernommen, sondern verbleiben beim Verkäufer. Insofern sind für die Durchführung an sich keine insolvenzrechtlichen Besonderheiten zu beachten,[369] jedoch können diese sich im Nachgang auf den Kauf auswirken. Daher sollen diese Spezialthemen – zusammen mit den grundsätzlichen Vor- und Nachteilen eines *Asset Deals* – nachfolgend dargestellt werden.

a) Vorteile

(1) Auswahl der zu übertragenden Vermögenswerte

Entsprechend der unter I.H.1 bereits erläuterten Grundsätze eines *Asset Deals* ist einer seiner Vorteile, dass die zu übertragenden Vermögensgegenstände einzeln ausgewählt werden können. (Insbesondere Bank-)Verbindlichkeiten müssen grundsätzlich nicht übernommen werden.[370] Somit kann der Erwerber nur die betriebsnotwendigen und/oder wirtschaftlich werthaltigen *Assets* erhalten. Ausnahme hiervon sind Verbindlichkeiten, die mit dem jeweiligen Vermögensgegenstand verbunden sind (längerfristige Mietverträge oder Lieferverträge,

---

368 *Reul/Heckschen/Wienberg* (Hrsg.), Insolvenzrecht in der Gestaltungspraxis, 2. Aufl., § 4 Gesellschaftsrecht Rn. 1362.

369 *Holzapfel/Pöllath*, Unternehmenskauf in Recht und Praxis, 14. Aufl., Rn. 225.

370 *Sinhart*, Unternehmenskauf bzw. -verkauf in der Krise und Insolvenz, in: *Picot/Derbort*, Unternehmenskauf und Restrukturierung, § 16 Rn. 16.

bodenrechtliche Verbindlichkeiten, etc.)[371]. Auch aus strategischen Erwägungen übernommene Verbindlichkeiten (z. B. Bindung des Vertragspartners) sind zuweilen Gegenstand der Übertragung. Im Übrigen können defizitäre Teile des Betriebes und Verbindlichkeiten zurückbleiben.[372] Insbesondere das Risiko, unerkannte Verbindlichkeiten mitzuübernehmen, ist deutlich geringer.[373]

(2) Steuerrechtliche Erwägungen

Im Vergleich zum *Share Deal* ist der *Asset Deal* – insbesondere für den Käufer – steuerlich interessanter.

Der Verkäufer muss den Gewinn für die Veräußerung zwar regelmäßig versteuern,[374] kann ihn aber mit vorhandenen Verlustvorträgen (deren Vorliegen bei sich einer in der Krise befindlichen Gesellschaft sehr wahrscheinlich ist) verrechnen.[375] Entsprechendes gilt für die Aufdeckung stiller Reserven, die noch den positiven Nebeneffekt haben, dass sie zur Verbesserung der Bilanz des Verkäufers führen.[376]

Für den Erwerber ist der *Asset Deal* besonders interessant, da – anders als bei einem *Share Deal* – die Abschreibung des Kaufpreises durch Allokation auf die gekauften Vermögensgegenstände (Buchwertaufstockung oder *step-up*) möglich ist.[377] Auch aufgedeckte stille Reserven kann der Erwerber steuerlich im Wege der Abschreibung nutzen.[378] Der nicht verteilte Kaufpreis wird als *goodwill* (Geschäftswert/Firmenwert) angesetzt. Es ist daher eine Kaufpreiszuordnung im

---

371 Zu beachten sind zudem die gesetzlichen Haftungsvorschriften, siehe unten unter II.B.2.b)(3).

372 *Buchta*, Unternehmen in Krise und Insolvenz, in: *Hölters* (Hrsg.), Handbuch Unternehmenskauf, 9., neu bearbeitete und erweiterte Auflage, Rn. 16.35.

373 *Hees*, Besonderheiten beim Kauf eines Unternehmens in Krise und Insolvenz, in: *Bergau*, Praxishandbuch Unternehmenskauf, Kapitel 10 Rn. 24.

374 Entsprechend der Ausführungen bei II.B.1.a)(6) beziehen sich diese Erläuterungen auf Ertragssteuern, bei einer Kapitalgesellschaft also Körperschafts- und Gewerbesteuer.

375 *Wassermann*, Kapitel 8 – Steuern beim Kauf und Verkauf einer GmbH, in: *Rotthege/Bettag/Bienek u. a.* (Hrsg.), Unternehmenskauf bei der GmbH, 2., neu bearbeitete Auflage, Rn. 125.

376 *Buchta*, Unternehmen in Krise und Insolvenz, in: *Hölters* (Hrsg.), Handbuch Unternehmenskauf, 9., neu bearbeitete und erweiterte Auflage, Rn. 16.36.

377 *Fröhlich/Bachstädt*, § 22 Distressed Mergers & Acquisitions, in: *Buth/Hermanns* (Hrsg.), Restrukturierung, Sanierung, Insolvenz, 4., vollst. neu bearb. Aufl., Rn. 110.

378 *Wegner*, Asset Deal versus Share Deal.

Kaufvertrag entsprechend dem Abschreibungspotenzial zu empfehlen. Andernfalls wird eine schätzungsweise Aufstockung vorgenommen.[379]

Hinzu kommt, dass mit dem Kauf zusammenhängende Aufwendungen, bspw. bei einer Finanzierung die Finanzierungskosten (insbesondere Zinsen)[380], als Betriebsausgaben abzugsfähig sind und damit die steuerpflichtigen Erträge des Käufers mindern.[381]

b) Nachteile

Die Risiken, Nachteile und Problemstellungen, die sich bei einem *Asset Deal* im Allgemeinen und bei einem Verkäufer in *financial distress* im Besonderen ergeben, sind teilweise erheblich und sollen im Folgenden näher beleuchtet werden.

(1) Bestimmtheitsgrundsatz

Einer der Nachteile, dem bei einem *Asset Deal* bei der Vertragsgestaltung mit erhöhter Vorsicht begegnet werden muss, ist der sachenrechtliche Bestimmtheitsgrundsatz. Dieser fordert für eine wirksame Übertragung grundsätzlich eine genaue Auflistung der im Wege der Einzelrechtsnachfolge zu übertragenden Vermögensgegenstände.[382] Die Bezeichnung des Unternehmens ist dagegen kein genau bestimmbares Objekt des Rechtsverkehrs und daher genügt eine Bezugnahme auf dieses oder auf dessen Teil nicht.[383]

In der Praxis wird dies jedoch erleichtert, da für die Bestimmbarkeit des zu übertragenden Vermögens der Verweis auf Grundbuchauszüge, Inventarlisten und Bilanzen ausreichend ist.[384] Lediglich Wirtschaftsgüter, die in keiner der Listen auftauchen (beispielsweise voll abgeschriebene Wirtschaftsgüter oder

---

379 *Pupeter*, Steuerliche Aspekte des Unternehmenskaufs, in: *Holzapfel/Pöllath/Engelhardt u. a.* (Hrsg.), Unternehmenskauf in Recht und Praxis, 15. Aufl., Rn. 195; auf die Details und die Vorgehensweise der – wohl zu bevorzugenden – modifizierten Stufentheorie kann hier nicht näher eingegangen werden, vgl. hierzu *Müller/Rödder* (Hrsg.), Beck'-sches Handbuch der AG, 2. Aufl., § 13 Rn. 543.

380 *Wassermann*, Kapitel 8 – Steuern beim Kauf und Verkauf einer GmbH, in: *Rotthege/Bettag/Bienek u. a.* (Hrsg.), Unternehmenskauf bei der GmbH, 2., neu bearbeitete Auflage, Rn. 140.

381 *Risse/Tieben*, in: *Bergau*, Praxishandbuch Unternehmenskauf, Kapitel 4 Rn. 53 ff.

382 *Narr*, Besonderheiten beim Kauf aus der Insolvenz, in: *Bauer/Düsterlho* (Hrsg.), Distressed Mergers & Acquisitions, 2. Aufl., S. 160.

383 *Denkhaus/Ziegenhagen*, Unternehmenskauf in Krise und Insolvenz, Rn. 322.

384 *Narr*, Besonderheiten beim Kauf aus der Insolvenz, in: *Bauer/Düsterlho* (Hrsg.), Distressed Mergers & Acquisitions, 2. Aufl., S. 160.

selbst geschaffenes Know-how, z. B. Patente), müssen gesondert aufgenommen werden.

Hilfreich, um den Erwerb des vollständigen Betriebes sicherzustellen, ist in der Praxis zudem eine Auffangnorm (sogenannte *catch-all*-Klausel). Diese umfasst – abhängig von der Formulierung im Einzelfall – materielle und immaterielle Gegenstände, die ausschließlich oder überwiegend dem zu erwerbenden Geschäftsbetrieb zuzuordnen und erforderlich sind, um diesen zu betreiben.[385]

Es gibt zudem auch Ausnahmen vom Erfordernis der individuellen Auflistung. So stellt beispielsweise § 27 Abs. 2 MarkenG die (widerlegbare) Vermutung auf, dass die Inhaberschaft des Rechts an der Marke dem Geschäftsbetrieb(-steil) folgt.[386]

(2) Insolvenzrechtliche Risiken

Bei einem Unternehmenserwerb aus der Krise ergeben sich Risiken – wie schon zum *Share Deal*[387] dargestellt – im Falle einer späteren Insolvenzeröffnung.[388] Dabei fokussiert sich dieser Abschnitt auf die bereits angesprochene Erfüllungswahl und die Insolvenzanfechtung. Aufgrund der sich anders gestaltenden Vertragskonstellation erfolgt die Betrachtung nachfolgend in höherem Detailgrad und bezogen auf die Insolvenz des verkaufenden Unternehmens.

i. Erfüllungswahl, §§ 103 ff. InsO

Das Rechtsinstitut der Erfüllungswahl des Insolvenzverwalters wurde in seinen Grundzügen bereits vorgestellt.[389] Die Voraussetzung der beiderseitigen Nichterfüllung des Vertrages gilt auch hier und kann sich im Rahmen des *Asset Deals* aus verschiedenen Gründen ergeben. Bezüglich der Thematik der erfüllungsschädlichen Garantieansprüche, Kaufpreisanpassungen, etc. sowie zu den Zeitpunkten vor und nach dem Vollzugsstichtag kann zunächst auf die Erläuterungen im Rahmen der Untersuchung der Risiken eines *Share Deals* verwiesen werden.

---

385 *Thurn/Ziegenhain*, in: *Walz* (Hrsg.), Beck'sches Formularbuch Zivil-, Wirtschafts- und Unternehmensrecht, 4., überarbeitete und erweiterte Auflage, Kapitel N, 4. Verkauf von Vermögensgegenständen (Asset-Deal, käuferfreundlich).

386 *Taxhet,* MarkenG, in: *Kur/Bomhard/AlbrechtTaxhet,* Markenrecht, § 27 Rn. 22.

387 Vgl. unter II.B.1.b)(3) und II.B.1.b)(4).

388 *Denkhaus/Ziegenhagen,* Unternehmenskauf in Krise und Insolvenz, Rn. 24.

389 Siehe unter II.B.1.b)(3).

Daneben kommen beim *Asset Deal* auch für den Zeitraum nach dem *Closing* bezüglich der Übertragung der einzelnen Vermögensgegenstände verschiedene Gründe für die Nichterfüllung in Betracht. Dazu gehören fehlende oder fehlerhafte Zustimmungserklärungen Dritter, gegenstandsabhängige Besonderheiten für eine wirksame Übertragung (insbesondere bei Auslandssachverhalten)[390] oder Eintragungsvoraussetzungen[391]. Es genügt auch die Nichterfüllung weniger bedeutsamer Nebenpflichten,[392] wobei der Grund für die fehlende Erfüllung irrelevant ist.

Bei Vorliegen eines dieser offenen Punkte ist bzw. kann der *Asset Deal* als nicht erfüllt angesehen werden, was zur Anwendbarkeit der §§ 103 ff. InsO führt. Das Risiko einer unvollständigen Vertragserfüllung ist daher bei einem *Asset Deal* weitaus höher, da jeder der Einzelakte mangelbehaftet sein könnte[393] und eine Erfüllung des Vertrages somit ausschließen kann.

Zwar wäre denkbar, den Vertrag als Bargeschäft nach § 142 InsO auszugestalten[394] oder zumindest den Kaufpreis vollständig (unter Verzicht auf Absicherungen wie den Kaufpreiseinbehalt) zu bezahlen.[395] Jedoch sind diese Lösungsmöglichkeiten nicht immer realisierbar. Bei einem komplexen Unternehmenserwerb wird insbesondere eine kurzfristige Übertragung (bspw. bei einer Vielzahl von Vertragspartnern, deren Zustimmung einzuholen ist) nur selten möglich sein.

Denkbar ist jedoch – anders als beim *Share Deal* – eine Absicherung der Käuferansprüche bezogen auf bestimmte Vermögensgegenstände. Dadurch ist eine Vorleistung des Kaufpreises hinsichtlich dieser Gegenstände und damit in weiterem Umfang als beim *Share Deal* risikofrei möglich.

---

390 *Wessels*, Unternehmenskauf im Vorfeld der Verkäuferinsolvenz, Zeitschrift für Wirtschaftsrecht 2004, 1237/1242.

391 Beispielsweise bei Grundstücken, beachte jedoch § 106 InsO, mit dem die endgültige Übereignung durch Eintragung einer Vormerkung insolvenzfest gemacht werden kann.

392 *Andres/Leithaus/Dahl* (Hrsg.), Insolvenzordnung (InsO), 4. Aufl., § 103 Rn. 16; für das Vertragsziel völlig unbedeutende Nebenpflichten sind dagegen erfüllungsunschädlich.

393 *Funk*, Erfüllungswahlrecht des Insolvenzverwalters, in: *Schluck-Amend/Meyding*, Der Unternehmenskauf in Krise und Insolvenz, Rn. 16.

394 D. h. den Austausch der geschuldeten Leistungen möglichst kurzfristig vorzunehmen, vgl. *Sinhart*, Unternehmenskauf bzw. -verkauf in der Krise und Insolvenz, in: *Picot/Derbort*, Unternehmenskauf und Restrukturierung, § 16 Rn. 50 f.

395 *Funk*, Erfüllungswahlrecht des Insolvenzverwalters, in: *Schluck-Amend/Meyding* (Hrsg.), Der Unternehmenskauf in Krise und Insolvenz, Rn. 28.

Bei Grundstücken kommt die Absicherung durch § 106 InsO in Betracht, indem eine Vormerkung zugunsten des Käufers eingetragen wird.[396] Dabei genügen zunächst die bewilligte Vormerkung und der Eintragungsantrag, eine Eintragung vor Insolvenzeröffnung ist nicht zwingend erforderlich.[397] Dies ergibt sich aus § 875 Abs. 2 BGB analog, nach dem auf den Eintragungsantrag abzustellen ist; ein Verlust der Verfügungsbefugnis (= Insolvenzeröffnung) vor Eintragung in das Grundbuch ist dann unbeachtlich.[398] Eine Bewilligung und ein Eintragungsantrag sind daher idealerweise bereits im Kaufvertrag vom Verkäufer zu erklären. Allerdings ist dann zu beachten, dass nach wohl überwiegender Auffassung in der Literatur der Verkäufer oder der Insolvenzverwalter den Antrag auf Eintragung einseitig zurücknehmen könnte.[399] Um dieses Risiko auszuschließen, sollte der Antrag auch im Namen des Käufers gestellt werden, um eine einseitige Vernichtung der Rechtsposition auszuschließen.

Für die Sicherung der Käuferansprüche im Hinblick auf bewegliche Gegenstände kommt der bereits thematisierte[400] § 107 InsO in Betracht. Danach kann der Käufer, dem der Verkäufer unter Eigentumsvorbehalt eine bewegliche Sache geliefert hat, die Erfüllung des Vertrages verlangen. Voraussetzung ist folglich zum einen, dass der Schuldner als Verkäufer die beweglichen Gegenstände (Vorräte, Fuhrpark, Betriebs- und Geschäftsausstattung)[401] unter der aufschiebenden Bedingung der vollständigen Kaufpreiszahlung übereignet. Eine solche aufschiebend bedingte Übereignung mag zwar – gegenüber einer separaten Übereignungsvereinbarung am Vollzugstag – nicht sehr üblich sein, kann aber durchaus als Alternative in einem *distressed Asset Deal* vorgesehen werden.[402]

Bezüglich der zweiten Voraussetzung der Besitzübertragung ist – wie bereits unter II.B.1.b)(3) erwähnt – festzuhalten, dass ein Erwerb des unmittelbaren Besitzes auf Erwerberseite nicht zwingend ist. Vielmehr sind auch die Besitzsurrogate des §§ 930, 931 BGB, die auch für die Entstehung des dinglichen

---

396 *Sinhart*, Unternehmenskauf bzw. -verkauf in der Krise und Insolvenz, in: *Picot/Derbort*, Unternehmenskauf und Restrukturierung, § 16 Rn. 48.

397 *Andres/Leithaus/Dahl* (Hrsg.), Insolvenzordnung (InsO), 4. Aufl., § 106 Rn. 4.

398 *Berberich*, in: *Fridgen/Geiwitz/Göpfert* (Hrsg.), BeckOK InsO, 22. Edition, § 106 Rn. 22.

399 *Wegener*, in: *Wimmer* (Hrsg.), FK-InsO Frankfurter Kommentar zur Insolvenzordnung, 9. Aufl., § 106 Rn. 15.

400 II.B.1.b)(3)iv.

401 Vgl. § 266 Abs. 2 HGB.

402 *Weigl* – Unternehmenskauf – Unternehmensverkauf, https://www.notare.bayern.de/fileadmin/files/notarhomepages/Weigl_Grob/unternehmenskauf.pdf, S 121.

Anwartschaftsrechts erforderlich sind, ausreichend.[403] Insbesondere die Vereinbarung eines Besitzkonstituts zwischen Verkäufer und Erwerber, nach dem der Verkäufer für den Erwerber besitzt und dieser mittelbaren Besitz erlangt, genügt daher für den Schutz des § 107 InsO.[404]

Denkbar ist aber auch die Abtretung eines Herausgabeanspruchs des Verkäufers gegen Dritte, beispielsweise bei Lagerung von Waren in Drittwaren- oder Konsignationslagern. Entsprechendes gilt bei vermieteten oder anderweitig Dritten überlassenen Vermögensgegenständen.

Problematisch ist – entsprechend zu den Ausführungen zur Anwendbarkeit von § 107 InsO auf Geschäftsanteile – die analoge Anwendung von § 107 InsO auf unkörperliche Vermögensgegenstände, z. B. Rechte oder Forderungen.[405] Aufgrund der aktuell ungeklärten Rechtslage und gewichtiger Gegenargumente (insbesondere Wortlaut der Norm und Regierungsbegründung) ist von einer analogen Anwendbarkeit nicht auszugehen.[406]

Bei einer optimalen Vertragsgestaltung und -durchführung sollten also Vormerkungen bewilligt und beantragt sowie bewegliche Sachen aufschiebend bedingt übereignet und an ihnen Besitz nach den §§ 929 ff. BGB verschafft werden. Im Hinblick auf die weiteren Vermögensgegenstände ist eine unbedingte Übertragung empfehlenswert. Der Kaufpreis könnte dann in dieser Konstellation bereits überwiesen werden. Eine Nichterfüllung durch den Insolvenzverwalter ist dann sehr unwahrscheinlich, da ihm eine Rückforderung der bereits übertragenden Vermögensgegenstände nicht möglich sein wird.[407] Der Käufer kann – bei eigener Vertragstreue – auch bei Nichterfüllungswahl die Übertragung der ausstehenden Grundstücke und beweglichen Sachen verlangen.

Allerdings ist vor einer allzu vorschnellen Durchführung des Vertrages schon allein wegen der Gefahr des Verstoßes gegen das kartellrechtliche

403 *Berberich*, in: *Fridgen/Geiwitz/Göpfert* (Hrsg.), BeckOK InsO, 22. Edition, § 107 Rn. 16.

404 *Oechsler*, in: *Säcker/Rixecker/Oetker*, Münchener Kommentar zum Bürgerlichen Gesetzbuch, § 930 Rn. 9.

405 *Funk*, Erfüllungswahlrecht des Insolvenzverwalters, in: *Schluck-Amend/Meyding*, Der Unternehmenskauf in Krise und Insolvenz, Rn. 31.

406 Siehe oben unter II.B.1.b)(3)iv.03.

407 Vgl. *Huber*, in: *Kirchhof* (Hrsg.), Münchener Kommentar zur Insolvenzordnung, [4. Aufl.], § 103 Rn. 32; 34; eine Rückforderung kommt nur ausnahmsweise in Betracht, wenn kein Interesse an der Teilleistung vorliegt, was bei Geldleistungen nur schwer anzunehmen sein wird.

Vollzugsverbot[408] zu warnen. Eine derart weitreichende Übernahme der Vermögensgegenstände, dass der Käufer Kontrolle über den Betrieb erlangt, ist zu vermeiden – jedenfalls, bis die erforderlichen kartellrechtlichen Freigaben erteilt wurden.

ii. Anfechtungsrecht

Ein weiteres Risiko, das sich insbesondere beim Kauf eines Betriebes in der Form des *Asset Deals* realisieren kann, ist die Anfechtung des Unternehmenskaufvertrages, auch nach vollständiger Erfüllung.[409]

Da hier in der Regel nur Aktiva übernommen werden, ist es nicht unwahrscheinlich, dass der Kaufpreis nicht zur Sanierung des Verkäufers ausreicht und es zur Insolvenzeröffnung kommt.[410] Dann muss und wird der Insolvenzverwalter in aller Regel prüfen, ob eine Anfechtung des Kaufvertrages oder einzelner Übertragungsakte möglich ist.[411] Im Zentrum dieser Überprüfung dürften dabei in erster Linie die Bewertung der Gegenstände und die Angemessenheit des Kaufpreises stehen.[412]

Grundvoraussetzung für eine Anfechtung nach der Insolvenzordnung ist zunächst eine Gläubigerbenachteiligung,[413] wobei bis auf die Fälle der §§ 132 Abs. 1 und 133 Abs. 2 InsO eine mittelbare Benachteiligung ausreicht.[414]

---

408 Sog. *gun jumping*; der EuGH hat in einer aktuelleren Entscheidung die Voraussetzungen präzisiert: Er hat entschieden, dass ein Vollzug nur dann anzunehmen ist, wenn der Erwerber tatsächlich Kontrolle über die Zielgesellschaft erwirbt bzw. Maßnahmen vornimmt, die zu einer Veränderung der Kontrollverhältnisse führen. Unerheblich sei, ob die Maßnahmen Auswirkungen auf den Markt haben oder unumkehrbar sind. vgl. EuGH, Urteil vom 31. Mai 2018 (Rechtssache C-633/16 – „Ernst & Young", BeckRS 2018, 9754).

409 *Heckschen*, Unternehmenskauf in der Insolvenz – Distressed M&A, in: *Reul/Heckschen/Wienberg* (Hrsg.), Insolvenzrecht in der Gestaltungspraxis, 2. Aufl., § 4 Gesellschaftsrecht, Rn. 1367.

410 *Schluck-Amend/Sabina Krispenz*, Anfechtungsrisiken, in: *Schluck-Amend/Meyding*, Der Unternehmenskauf in Krise und Insolvenz, Kap. Rn. 1.

411 *Sinhart*, Unternehmenskauf bzw. -verkauf in der Krise und Insolvenz, in: *Picot*, Unternehmenskauf und Restrukturierung, § 16 Rn. 15–46 f.

412 *Spahlinger*, Sanierung vor der Insolvenz, in: *Brühl/Göpfert*, Unternehmensrestrukturierung, S. 488.

413 *Rotthege*, Kapitel 12 – Unternehmenskauf in Krise und Insolvenz, in: *Rotthege/Bettag/Bienek u. a.* (Hrsg.), Unternehmenskauf bei der GmbH, 2., neu bearbeitete Auflage, Rn. 134.

414 *Denkhaus/Ziegenhagen*, Unternehmenskauf in Krise und Insolvenz, Rn. 35.

Eine solche Benachteiligung und ein Verstoß gegen den Grundsatz der Gläubigergleichbehandlung kommen insbesondere in Betracht, wenn im Rahmen des *Asset Deals* einige Verbindlichkeiten mitübernommen werden. Denn bei dadurch geringerem oder negativem Kaufpreis können die Inhaber der übernommenen Forderungen bessergestellt sein als die Gläubiger der Insolvenzmasse.[415] Dies gilt allerdings zunächst nur für die Verbindlichkeiten von Insolvenzgläubigern nach § 38 InsO, bei aus- und absonderungsberechtigten Gläubigern ist dies nie beziehungsweise seltener der Fall.[416]

Im Nachfolgenden soll auf die einzelnen Voraussetzungen der Anfechtungstatbestände nicht im Detail eingegangen, sondern diese vielmehr überblicksartig dargestellt werden. Dabei können die §§ 130, 131 InsO neben dem Kaufvertrag auch die Übertragungsakte erfassen. Die Tatbestände der §§ 132, 133 InsO konzentrieren sich auf den schuldrechtlichen Kaufvertrag.

01. § 130 InsO – Kongruente Deckung

§ 130 InsO regelt die Anfechtung von Rechtshandlungen in den letzten drei Monaten vor Insolvenzeröffnungsantragsstellung, wenn zum Zeitpunkt der Rechtshandlung Zahlungsunfähigkeit vorlag und der Käufer diese kannte. Als relevante Rechtshandlung kommt zum einen der Kaufvertragsschluss in Betracht, gegebenenfalls auch die darin enthaltenen Übertragungsakte. Im Hinblick auf einzelne Vermögensgegenstände ist der Zeitpunkt der Vornahme der Verfügung entscheidend, nicht der des wirksamen Abschlusses des Unternehmenskaufvertrages. Soweit Zahlungsunfähigkeit vorlag, dürfte bei einem *distressed M&A* aufgrund der vorvertraglichen *due diligence* auch die Kenntnis des Käufers gegeben sein.[417] Dies gilt insbesondere, da Kenntnis der Umstände ausreichend ist, § 130 Abs. 2 InsO. Klarstellend ist jedoch darauf hinzuweisen, dass der Käufer hier auch Insolvenzgläubiger sein muss.[418] In Betracht kommt § 130 InsO daher insbesondere, wenn der Kaufvertrag noch nicht vollständig abgewickelt wurde oder anderweitige Forderungen des Käufers gegenüber dem

---

415 *D. Beisel et al.*, Der Unternehmenskauf, 7. Aufl., § 5 Rn. 60 ff.

416 *Sinhart*, Unternehmenskauf bzw. -verkauf in der Krise und Insolvenz, in: *Picot/Derbort*, Unternehmenskauf und Restrukturierung, § 16 Rn. 25 f.; Grund hierfür ist, dass diese im Vergleich zu Insolvenzgläubigern in jedem Fall bevorzugt behandelt worden wären, auch bei Liquidation des Schuldnervermögens.

417 Vgl. *Sinhart*, Unternehmenskauf bzw. -verkauf in der Krise und Insolvenz, in: *Picot/Derbort*, Unternehmenskauf und Restrukturierung, § 16 Rn. 21.

418 *Andres/Leithaus/Dahl* (Hrsg.), Insolvenzordnung (InsO), 4. Aufl., § 130 Rn. 3.

Verkäufer bestehen. Denkbare Konstellationen sind bspw. der Erwerb durch einen Lieferanten oder Wettbewerber, Darlehensgeber, etc.

02. § 131 InsO – Inkongruente Deckung

Hiernach ist jede innerhalb des letzten Monats vor Antragsstellung vorgenommene Rechtshandlung anfechtbar, die so nicht geschuldet war.[419] Daher sind vorzeitige Erfüllungshandlungen oder die Bestellung von Sicherheiten[420] nicht empfehlenswert. Lag daneben Zahlungsunfähigkeit des Schuldners vor oder war dem Insolvenzgläubiger (= Käufer) die Benachteiligung der anderen Insolvenzgläubiger bekannt, verlängert sich der anfechtungsrelevante Zeitraum auf drei Monate.

03. § 132 InsO – Unmittelbar nachteilige Rechtshandlungen

Neben der Zahlungsunfähigkeit und der Kenntnis des Käufers (der hier nicht mehr selbst Insolvenzgläubiger sein muss)[421] ist bei § 132 InsO die unmittelbare Gläubigerbenachteiligung Voraussetzung. Rechtshandlungen in den letzten drei Monaten vor Antragstellung können angefochten werden. Eine unmittelbare Benachteiligung liegt vor, wenn dem Schuldner keine gleichwertige Gegenleistung aus dem Rechtsgeschäft zusteht.[422] Das betrifft insbesondere Fälle, in denen der Kaufpreis im Vergleich zu den Zerschlagungswerten der Vermögensgegenstände zu niedrig ist.

04. § 133 InsO – Vorsätzliche Benachteiligung

Nach dem Regelungsgehalt des § 133 InsO ist eine Anfechtung von Rechtshandlungen aus einen Zeitraum von bis zu zehn Jahren vor dem Antrag auf Eröffnung eines Insolvenzverfahrens möglich. Im Falle einer (kongruenten oder inkongruenten) Deckungshandlung (betrifft v. a. die Erfüllung, d. h. das *Closing*) ist der Anfechtungszeitraum seit der Insolvenzanfechtungsreform[423] auf vier Jahre

419 *Rotthege*, Kapitel 12 – Unternehmenskauf in Krise und Insolvenz, in: *Rotthege/Bettag/Bienek u. a.* (Hrsg.), Unternehmenskauf bei der GmbH, 2., neu bearbeitete Auflage, Rn. 149.

420 *Schluck-Amend/Sabrina Krispenz*, Anfechtungsrisiken, in: *Schluck-Amend/Meyding*, Der Unternehmenskauf in Krise und Insolvenz, Rn. 15.

421 *Raupach*, in: *Fridgen/Geiwitz/Göpfert* (Hrsg.), BeckOK InsO, 22. Edition, § 132 Rn. 9.

422 *Raupach*, in: *Fridgen/Geiwitz/Göpfert* (Hrsg.), BeckOK InsO, 22. Edition, § 132 Rn. 10 f.

423 Gesetz zur Verbesserung der Rechtssicherheit bei Anfechtungen nach der Insolvenzordnung und nach dem Anfechtungsgesetz vom 29. März 2017, BGBl. I, S. 654.

reduziert. Weitere Voraussetzung ist der Vorsatz des Verkäufers (= späteren Insolvenzschuldners), die Gläubiger zu benachteiligen. Zudem muss der Vertragspartner Kenntnis von diesem Benachteiligungsvorsatz haben.[424] Das Vorliegen eines solchen Vorsatzes wird wohl in erster Linie in Betracht kommen, wenn die Gegenleistung für das erworbene Unternehmen deutlich unterhalb des Verkehrswertes liegt.[425]

Von einiger Relevanz ist hier die Neuregelung des § 133 Abs. 3 InsO im Rahmen der jüngsten Reform des Anfechtungsrechts.[426] Danach ist nunmehr nicht die Kenntnis der drohenden, sondern der eingetretenen Zahlungsunfähigkeit für die Vermutung der Kenntnis des Benachteiligungsvorsatzes nach § 133 Abs. 1 S. 2 InsO ausschlaggebend. Allerdings ist das nur bei kongruenter Gewährung oder Ermöglichung einer Sicherung oder Befriedigung der Fall.[427] Für Erfüllungshandlungen beim *Closing* bedeutet dies eine erhebliche Verbesserung der Rechtssicherheit. Denn der Insolvenzverwalter müsste gerade die Zahlungsunfähigkeit und deren Kenntnis seitens des Käufers oder anderweitig einen Gläubigerbenachteiligungsvorsatz und die Kenntnis des Käufers nachweisen.[428] Des Weiteren wird die Nichtkenntnis der Zahlungsunfähigkeit des Schuldners seitens des Gläubigers widerlegbar vermutet, wenn dieser mit dem Schuldner eine Zahlungsvereinbarung trifft oder ihm sonst die Zahlung erleichtert, § 133 Abs. 3 S. 2 InsO. Jedoch ist diese Konstellation in der Praxis kaum denkbar.

05. Möglichkeit der Risikoreduzierung

Neben der Risikominimierung einer Anfechtung durch einen angemessenen Kaufpreis, eine reduzierte *financial due diligence* und keine vorfristigen Erfüllungshandlungen[429] ist das Bargeschäft nach § 142 InsO eine Alternative. Dieses

---

424 Zu beachten ist jedoch § 133 Abs. 1 Satz 2 InsO, nach dem die Kenntnis vermutet wird, wenn der andere Teil wusste, dass die Zahlungsunfähigkeit des Schuldners drohte und dass die Handlung die Gläubiger benachteiligte.

425 *Schluck-Amend/Sabrina Krispenz*, Anfechtungsrisiken, in: *Schluck-Amend/Meyding*, Der Unternehmenskauf in Krise und Insolvenz, Rn. 7.

426 Gesetz zur Verbesserung der Rechtssicherheit bei Anfechtungen nach der Insolvenzordnung und nach dem Anfechtungsgesetz vom 29. März 2017, BGBl. I, S. 654.

427 *Raupach*, in: *Fridgen/Geiwitz/Göpfert* (Hrsg.), BeckOK InsO, § 133 Rn. 28.

428 *Bressler*, Distressed M&A-Transaktionen nach der Insolvenzanfechtungsrechtsreform, NZG 2018, 321.

429 *Schluck-Amend/Sabrina Krispenz*, Anfechtungsrisiken, in: *Schluck-Amend/Meyding*, Der Unternehmenskauf in Krise und Insolvenz, Rn. 15 a.E.

ist von der Anfechtung nach §§ 130, 131 InsO ausgeschlossen.[430] Relevant ist das insbesondere für die am Vollzugstag vorzunehmenden Erfüllungshandlungen. Dies gilt umso mehr seit der Neuregelung des § 142 InsO, nach dem nun der Schuldner unlauter handeln und der Käufer davon Kenntnis haben muss. Für die Unlauterbarkeit von Vollzugshandlungen muss laut der Gesetzesbegründung eine besondere, gläubigerschädigende Gesinnung des Verkäufers vorliegen.[431] Um die Anfechtung der Übertragung einzelner Gegenstände zu vermeiden, ist es ratsam, den einzelnen *Assets* (angemessene) Teile des Kaufpreises zuzuordnen.[432] Wenn zusätzlich auf Ein- oder Rückbehalte des Kaufpreises verzichtet werden kann, ist die Unmittelbarkeit im Sinne des § 142 InsO in der Regel gegeben.[433] So können die einzelnen Vermögensgegenstände anfechtungsfest übertragen werden. In zeitlicher Hinsicht kann auch hier § 140 Abs. 3 InsO hilfreich sein, da bei bedingten Übereignungen der Bedingungseintritt unerheblich ist und der anfechtungsrelevante Zeitpunkt so nach vorne verlagert werden kann.[434]

Hilfreich ist des Weiteren unter Umständen die Einholung einer unabhängigen Bestätigung der Angemessenheit des Kaufpreises (sog. *fairness opinion*)[435]. Gegen eine solche oder das Abwarten der Anfechtungsfrist vor der Erfüllung (also dem *Closing*) dürften allerdings zeitliche Kriterien sprechen. Eine gewisse Sicherheit bietet auch eine Bestätigung eines Wirtschaftsprüfers, dass zum Zeitpunkt des Kaufvertragsschlusses keine Zahlungsunfähigkeit vorlag, i. d. R. nach dem IDW S 11 – Standard.[436] Dazu darf die Krise des Unternehmens tatsächlich noch nicht allzu weit fortgeschritten sein. Zudem ist fraglich, ob mit den oft

---

430 *Sinhart*, Unternehmenskauf bzw. -verkauf in der Krise und Insolvenz, in: *Picot*, Unternehmenskauf und Restrukturierung, § 16 Rn. 29–32.

431 Vgl. im Detail Begr. RegE, BT-Drs. 18/7054, S. 19.

432 *Sinhart*, Unternehmenskauf bzw. -verkauf in der Krise und Insolvenz, in: *Picot/Derbort* (Hrsg.), Unternehmenskauf und Restrukturierung, 4., völlig neu bearbeitete Auflage, § 16 Rn. 30.

433 *Sinhart*, Unternehmenskauf bzw. -verkauf in der Krise und Insolvenz, in: *Picot/Derbort* (Hrsg.), Unternehmenskauf und Restrukturierung, 4., völlig neu bearbeitete Auflage, § 16 Rn. 32.

434 *Elsässer*, Unternehmenskauf in der Krise und aus der Insolvenz, in: *Lang/Ossola-Haring*, Kauf, Verkauf und Übertragung von Unternehmen, 16. Teil 3.2.2 S. 582.

435 *Bressler*, Distressed M&A-Transaktionen nach der Insolvenzanfechtungsrechtsreform, NZG 2018, 321.

436 *Bressler*, Distressed M&A-Transaktionen nach der Insolvenzanfechtungsrechtsreform, NZG 2018, 321.

begrenzten Zeit- und Informationsressourcen ein belastbares Gutachten möglich ist.[437]

06. Ausschluss der Kenntnis und damit der Anfechtung bei Vorliegen eines Sanierungskonzepts

Eine weitere Möglichkeit, das Anfechtungsrisiko zu verringern, ist ein Unternehmenskauf im Rahmen eines Sanierungsplans (beispielsweise nach dem bereits in der Einleitung[438] vorgestellten IDW S 6 – Standard). Insbesondere im Rahmen des § 133 InsO kommt diese Risikoreduzierung in Betracht. Nach ständiger Rechtsprechung des Bundesgerichtshofes kann die Kenntnis der (drohenden) Zahlungsunfähigkeit als Indiz für den Benachteiligungsvorsatz des Schuldners und die Kenntnis des Käufers hiervon entfallen, wenn die angefochtene Rechtshandlung Bestandteil eines ernsthaften, letztlich jedoch fehlgeschlagenen Sanierungsversuches war.[439] Grund dafür ist die dann anfechtungsirrelevante Motivation der Rechtshandlung und das Zurücktreten des Benachteiligungsbewusstseins.[440]

Für das Vorliegen eines ausreichenden Sanierungskonzepts stellt der Bundesgerichtshof weniger strengere Anforderungen. Es müssen insbesondere die genannten IDW-Standards nicht formell eingehalten werden. Eine Prüfung der wirtschaftlichen Situation und der Vermögens-, Ertrags- und Finanzlage unter Berücksichtigung der Wirtschaftsbranche des Unternehmens sowie die Erfassung der Krisenursachen sind aber meist erforderlich. Insgesamt muss ein schlüssiges, von den tatsächlichen Begebenheiten ausgehendes Konzept vorliegen, welches zumindest in den Anfängen schon in die Tat umgesetzt war und eine begründete Aussicht auf Erfolg rechtfertigt.[441]

Im speziellen Fall der Ausgliederung eines Betriebszweiges wäre nach der Rechtsprechung des Bundesgerichtshofes erforderlich, dass aus dem damit verbundenen Sanierungskonzept die Eignung des Verkaufs hervorgeht, die wirtschaftliche Lage des Schuldnerunternehmens dauerhaft stabilisieren zu können.[442] Sollte also ein solcher Teilbetrieb veräußert werden und steht die künftige Insolvenz des Verkäufers im Raum, ist die Anfertigung eines solchen

---

437 *Bressler*, Distressed M&A-Transaktionen nach der Insolvenzanfechtungsrechtsreform, NZG 2018, 321.

438 I.C.3.

439 *BGH*, Urt. v. 12. Mai 2016 – IX ZR 65/14 (erhältlich in NZI 2016, 636) Rz. 14 m.w.N.

440 *BGH*, Urt. v. 21. Februar 2013 – IX ZR 52/10 (erhältlich in NZI 2013, 500), Rz. 11.

441 *BGH*, Urt. v. 12. Mai 2016 – IX ZR 65/14 (erhältlich in NZI 2016, 636), Rz. 15.

442 *BGH*, Urt. v. 21. Februar 2013 – IX ZR 52/10 (erhältlich in NZI 2013, 500), Rz. 13.

Sanierungsgutachtens eine Möglichkeit, die Rechtssicherheit des Kaufs zu erhöhen.

07. Rechtsfolgen der Anfechtung

Sollten die Voraussetzungen dennoch gegeben sein und ficht der Insolvenzverwalter den Kaufvertrag oder einzelne Übertragungsakte an, hat der Käufer alle oder die entsprechenden *Assets* zurückzugewähren, § 143 InsO.

Mit seiner Forderung auf Rückzahlung des Kaufpreises wird der Käufer in der Regel auf die Insolvenzquote zu verweisen sein.[443] Denn die Insolvenzmasse ist im Zweifel nicht mehr bereichert und der Kaufpreis wird nicht mehr unterscheidbar vorhanden sein (§ 144 Abs. 2 InsO). Bei Anfechtung von dinglichen Übertragungen lebt der Anspruch auf Übereignung wieder auf und wird zur Insolvenzforderung.[444]

Auf Seiten des Käufers ist es dagegen unerheblich, ob dieser noch bereichert ist. Die Rückgewährpflicht trifft ihn unabhängig hiervon. Außerdem kann der Grundsatz, dass die Insolvenzmasse durch die angefochtene Rechtshandlung weder begünstigt noch benachteiligt werden darf, für den Käufer problematisch sein. Wenn er nicht nachweisen kann, dass Wertminderungen auch bei Verbleib beim Schuldner eingetreten wären oder Wertsteigerungen durch den Schuldner nicht hätten erreicht werden können,[445] gehen diese Wertschwankungen zu seinen Lasten. D. h., der Käufer hat gegebenenfalls den geminderten Wert zu kompensieren bzw. erhält für den gesteigerten Wert keinen Ausgleich.

Die Frage nach der Rückgewähr von Gewinnen, die der Käufer erzielt hat, wird unterschiedlich beurteilt, sollte sich aber nach demselben Prinzip richten, dass die Insolvenzmasse keine Vorteile aus der Anfechtung ziehen soll. Es geht lediglich darum, die Vermögensschmälerung rückgängig zu machen.[446] Insbesondere überobligatorische Gewinne, die der Käufer selbst herbeigeführt hat, sind daher grundsätzlich nicht zurückzuerstatten, wobei

---

443 *Schluck-Amend/Meyding*, Strategische Überlegungen, in: *Schluck-Amend/Meyding* (Hrsg.), Der Unternehmenskauf in Krise und Insolvenz, Rn. 4–6.

444 *Sinhart*, Unternehmenskauf bzw. -verkauf in der Krise und Insolvenz, in: *Picot*, Unternehmenskauf und Restrukturierung, § 16 Rn. 37–46.

445 *Sinhart*, Unternehmenskauf bzw. -verkauf in der Krise und Insolvenz, in: *Picot/Derbort* (Hrsg.), Unternehmenskauf und Restrukturierung, 4., völlig neu bearbeitete Auflage, § 16 Rn. 39.

446 *Schluck-Amend/Sabrina Krispenz*, Anfechtungsrisiken, in: *Schluck-Amend/Meyding*, Der Unternehmenskauf in Krise und Insolvenz, Rn. 3.

die Abgrenzung und Beweislage für den Käufer eher problematisch sein dürfte.[447]

(3) Haftungsrechtlich

Im Falle eines Unternehmenskaufs kommen auch oder gerade bei einem *Asset Deal* Haftungstatbestände in Betracht, die kraft Gesetzes die Einstandspflicht des Käufers für bestehende Verbindlichkeiten zur Folge haben. Die wichtigsten unter diesen Tatbeständen sollen in diesem Abschnitt behandelt werden. Diese nachfolgend aufgeführten Regelungen sind keine insolvenzrechtlichen Besonderheiten, sondern kommen bei Unternehmenskäufen in Form eines *Asset Deals* allgemein zum Tragen.[448] Es gibt jedoch insbesondere zum *Asset Deal* aus der Insolvenz[449] Unterschiede, weshalb zur Gegenüberstellung hier die Grundsätze dargestellt werden sollen.

i. Haftung des Erwerbers bei Firmenfortführung gemäß § 25 HGB

Ein Problem, das insbesondere bei *Asset Deals* relevant ist,[450] ist die Haftung für Altverbindlichkeiten des Verkäufers, wenn der Käufer das Handelsgeschäft unter der bisherigen Firma fortführt, § 25 Abs. 1 S. 1 HGB.[451] Unerheblich ist dabei, ob dies mit oder ohne Beifügung eines das Nachfolgeverhältnis andeutenden Zusatzes geschieht.[452]

Die zentrale Voraussetzung des § 25 Abs. 1 S. 1 HGB ist die Fortsetzung der Firma, was insbesondere eine Beibehaltung des prägenden Teils der bestehenden Firma erfordert. Dadurch muss nach außen hin eine Kontinuität erkennbar werden und der Rechtsverkehr die vom Käufer verwendete mit

---

447 *Sinhart*, Unternehmenskauf bzw. -verkauf in der Krise und Insolvenz, in: *Picot/Derbort*, Unternehmenskauf und Restrukturierung, § 16 Rn. 43.

448 *Kurney/Stelzel*, § 23 M&A in der Krise, in: *Buth/Hermanns* (Hrsg.), Restrukturierung, Sanierung, Insolvenz, 4., vollst. neu bearb. Aufl., Rn. 45.

449 Siehe unter II.C.2.a)II.C.2.a)(1)II.C.2.a)(4).

450 *Spahlinger*, Sanierung vor der Insolvenz, in: *Brühl/Göpfert*, Unternehmensrestrukturierung, S. 489; Voraussetzung ist, dass ein Handelsgewerbe oder ein Teil eines solchen erworben wird; dies wird bei einem *Asset Deal* in der Krise häufig der Fall sein.

451 *Sinhart*, Unternehmenskauf bzw. -verkauf in der Krise und Insolvenz, in: *Picot*, Unternehmenskauf und Restrukturierung, § 16 Rn. 62–68.

452 *Sinhart*, Unternehmenskauf bzw. -verkauf in der Krise und Insolvenz, in: *Picot*, Unternehmenskauf und Restrukturierung, § 16 Rn. 62–68.

der alten Firma identifizieren.[453] Dies dürfte insbesondere dann der Fall sein, wenn der Käufer aus Image- oder Marketinggründen ein besonderes Interesse an der Fortführung der Firma hat.[454] Eine haftungsauslösende Firmenfortführung kann jedoch auch unbeabsichtigt oder gar ungewollt vorliegen. Soll dies vermieden werden, müssen nach dem Erwerb ausreichende Maßnahmen getroffen werden, um die Identifizierung auszuschließen. Geringfügige abgewandelte Firmenbezeichnungen oder Änderungen der Rechtsform reichen hierfür nicht aus.[455]

Um ein Restrisiko der Übernahme aller Geschäftsverbindlichkeiten endgültig auszuschließen, ist es ratsam, von der Möglichkeit des § 25 Abs. 2 HGB Gebrauch zu machen. Dieser besagt, dass ein Ausschluss der Haftung für Altverbindlichkeiten zwischen den Parteien vereinbart werden kann, welcher nach Eintragung ins Handelsregister auch gegenüber Dritten wirkt.

Erfolgt eine solche wirksame Eintragung[456] des Ausschlusses in das Handelsregister, ist dieser auch vor einer Anfechtung durch den Insolvenzverwalter sicher.[457]

---

453 *Kurney/Stelzel*, § 23 M&A in der Krise, in: *Buth/Hermanns* (Hrsg.), Restrukturierung, Sanierung, Insolvenz, 4., vollst. neu bearb. Aufl., Rn. 46. *Heckschen*, Unternehmenskauf in der Insolvenz – Distressed M&A, in: *Reul/Heckschen/Wienberg* (Hrsg.), Insolvenzrecht in der Gestaltungspraxis, 2. Aufl., § 4 Gesellschaftsrecht, Rn. 1374.

454 *Buchta*, Unternehmen in Krise und Insolvenz, in: *Hölters* (Hrsg.), Handbuch Unternehmenskauf, 9., neu bearbeitete und erweiterte Auflage, Rn. 16.58.

455 *Kurney/Stelzel*, § 23 M&A in der Krise, in: *Buth/Hermanns* (Hrsg.), Restrukturierung, Sanierung, Insolvenz, 4., vollst. neu bearb. Aufl., Rn. 46.

456 Insbesondere der zeitliche Faktor ist zu beachten: Der Haftungsausschluss muss zeitnah zum Unternehmenskauf (jedenfalls vor dem dinglichen Vollzug) vereinbart und unverzüglich nach Übernahme eingetragen werden, vgl. *Spahlinger*, Sanierung vor der Insolvenz, in: *Brühl/Göpfert*, Unternehmensrestrukturierung, S. 490; *Schneider/Wutzke*, Ausschluss der Übernehmerhaftung, in: *Schluck-Amend/Meyding*, Der Unternehmenskauf in Krise und Insolvenz, Rn. 3 f.

457 Grund hierfür ist, dass die Gläubiger des Verkäufers keinen Anspruch auf die Schuldnerstellung des Erwerbers haben, vgl. *Schneider/Wutzke*, Ausschluss der Übernehmerhaftung, in: *Schluck-Amend/Meyding* (Hrsg.), Der Unternehmenskauf in Krise und Insolvenz, Rn. 5.

ii. Haftung des Betriebsübernehmers nach § 75 AO

Ein weiterer gesetzlicher Haftungstatbestand im Falle einer Betriebsübernahme[458] in Form eines *Asset Deals*[459] ist in § 75 AO zu finden. Demnach haftet der Erwerber für Steuern, die sich auf den Betrieb des Unternehmens gründen. Davon umfasst sind in erster Linie Gewerbe-, Umsatz- und Verbrauchssteuern,[460] nicht dagegen beispielsweise Einkommensteuer, Körperschaftsteuer oder Grundsteuer.[461]

In zeitlicher Hinsicht ist die Haftung insofern beschränkt, dass nur Steuern erfasst sind, die im letzten vor der Übernahme liegenden Kalenderjahr entstanden sind.[462]

Grundvoraussetzung für die Haftung ist die Übernahme des (Teil-)Unternehmens „im Ganzen", von der Rechtsprechung wie folgt definiert: der „*Übergang des gesamten lebenden Unternehmens, d. h. der durch das Unternehmen repräsentierten organischen Zusammenfassung von Einrichtungen und dauernden Maßnahmen, die dem Unternehmen dienen oder zumindest seine wesentlichen Grundlagen ausmachen, so daß* [sic] *der Erwerber das Unternehmen ohne nennenswerte finanzielle Aufwendungen fortführen kann*"[463] .

Ein Ausschluss der Haftung ist – anders als bei § 25 HGB – gegenüber den Finanzbehörden nicht möglich. Eine Freistellungsvereinbarung ist zwar denkbar und in Unternehmenskaufverträgen häufig anzutreffen, wirkt aber nur zwischen den Parteien und schützt den Käufer nicht vor der Illiquidität des Verkäufers. Es bietet sich daher an, vor Vertragsschluss eine Auskunft bei dem zuständigen Finanzamt einzuholen, sofern dies mit dem Zeitplan und der Kooperationsbereitschaft des Verkäufers zu vereinbaren ist.[464]

---

458 Die Übernahme eines Teilbetriebs ist, wie bei anderen Haftungstatbeständen, ausreichend.

459 Bei einem *Share Deal* haftet nur das Zielunternehmen weiter, nicht aber der Erwerber persönlich, vgl. *Schneider/Wutzke*, Ausschluss der Übernehmerhaftung, in: *Schluck-Amend/Meyding*, Der Unternehmenskauf in Krise und Insolvenz, Rn. 9.

460 *Rotthege*, Kapitel 12 – Unternehmenskauf in Krise und Insolvenz, in: *Rotthege/Bettag/Bienek u. a.* (Hrsg.), Unternehmenskauf bei der GmbH, 2., neu bearbeitete Auflage, Rn. 71.

461 *Schneider/Wutzke*, Ausschluss der Übernehmerhaftung, in: *Schluck-Amend/Meyding*, Der Unternehmenskauf in Krise und Insolvenz, Rn. 15.

462 *Heckschen*, Unternehmenskauf in der Insolvenz – Distressed M&A, in: *Reul/Heckschen/Wienberg* (Hrsg.), Insolvenzrecht in der Gestaltungspraxis, 2. Aufl., Rn. 1383.

463 *BFH*, Urt. v. 11. Mai 1993 – VII R 86/92 (erhältlich in DStR 1993, 1256).

464 *Buchta*, Unternehmen in Krise und Insolvenz, in: *Hölters* (Hrsg.), Handbuch Unternehmenskauf, 9., neu bearbeitete und erweiterte Auflage, Rn. 16.63.

iii. Haftung für Rückforderung europarechtswidriger Beihilfen

Die Problematik der Rückforderung europarechtswidriger Beihilfen wurde bereits im Rahmen des *Share Deals* kurz angesprochen und erörtert.[465] Die Thematik stellt sich ebenso bei einem *Asset Deal.* Auch bei einem solchen ist die Europäische Kommission seit Ende des letzten Jahrhunderts dazu übergegangen, unter bestimmten Voraussetzungen den Erwerber neben dem Veräußerer und Beihilfeempfänger haften zu lassen. So soll eine sich perpetuierende Wettbewerbsverfälschung nach Eigentümerwechsel rückgängig gemacht werden können.[466]

Aus den Entscheidungen und einer Mitteilung[467] der Kommission sind Gründe und Kriterien für die Durchgriffshaftung abzuleiten, die vom EuG und vom EuGH grundsätzlich bestätigt wurden,[468] aber unter engen Voraussetzungen.[469] So entstanden die nachfolgend aufgeführten Abwägungspunkte, die in erster Linie dazu dienen, den Verdacht einer Umgehung der Rückzahlung und damit einer Perpetuierung der Wettbewerbsverzerrung nahezulegen.[470]

- Nicht marktgerechter Kaufpreis und Fehlen eines offenen, transparenten Verkaufsverfahrens

Ein nicht marktgerechter Kaufpreis ist eines der maßgeblichen Indizien für eine Umgehungsgefahr.[471] Wird dagegen zu einem marktüblichen Preis verkauft, so ist

---

465 Siehe oben unter II.B.1.b)(6).

466 *Schneider/Wutzke*, Ausschluss der Übernehmerhaftung, in: *Schluck-Amend/Meyding* (Hrsg.), Der Unternehmenskauf in Krise und Insolvenz, Rn. 26.

467 *Europäische Kommission*, Bekanntmachung v. 15. November 2007 – C 272/4; hier wird allgemein auf denjenigen abgestellt, der tatsächlich Nutzen von der Beihilfe hat, sowie auf die Marktüblichkeit des Preises, siehe Rn. 32, 33.

468 Siehe unter anderem *EuG*, Urt. v. 13. September 2010 – verb. Rs. T-415/05, T-416/05 und T-423/05 – Vereinbarkeit der Beihilfe mit dem Gemeinsamen Markt – Fluggesellschaften Olympic Airways und Olympic Airlines, Rn. 135, 146; *EuGH*, Urt. v. 8. Mai 2003 – verb. Rs. C-238/99 u. C-399/00 – Durchgriffshaftung bei Rückforderung von Beihilfen an Seleco (erhältlich in EuZW 2003, 368), Rn. 78, 80 und 85. Den Fokus legt insbesondere der EuGH auf die Marktgerechtigkeit des Kaufpreises, siehe *Cremer*, in: *Calliess/Ruffert/Blanke* (Hrsg.), EUV, AEUV, 5. Aufl., AEUV Art. 108 Rn. 35.

469 *C. Koenig/Ghazarian*, in: *Streinz/Michl* (Hrsg.), EUV/AEUV, 3. Aufl., AEUV Art. 108 Rn. 39.

470 *Schneider/Wutzke*, Ausschluss der Übernehmerhaftung, in: *Schluck-Amend/Meyding*, Der Unternehmenskauf in Krise und Insolvenz, Kapitel IV Rn. 27; *Cremer*, in: *Calliess/Ruffert/Blanke*, EUV, AEUV, Art. 108 AEUV Rn. 35.

471 *Buchta*, Unternehmen in Krise und Insolvenz, in: *Hölters* (Hrsg.), Handbuch Unternehmenskauf, 9., neu bearbeitete und erweiterte Auflage, Rn. 16.66.

die rechtswidrige Beihilfe als in den Verkaufspreis einkalkuliert anzusehen. Der Erlös aus dem Verkauf tritt an die Stelle der Beihilfe, welche daher nicht an den Erwerber weitergegeben wird.[472]

Entsprechendes gilt, wenn der Verkauf nicht offen, transparent sowie bedingungs- und diskriminierungsfrei gestaltet war und so einzelne Bieter bevorteilt oder potenzielle Bieter vom Verkaufsprozess ausgeschlossen wurden. Dann liegt es laut der Kommission nahe, dass gerade nicht zum Marktpreis verkauft wurde.[473] Auch kann ein Verkauf zum Marktpreis nicht sichergestellt werden, wenn im Verkaufsprozess nicht auf einzelne Vermögensgegenstände geboten werden kann.[474]

- Ökonomische Kontinuität

Hier prüft die Kommission – neben der Veräußerung zum Marktpreis – weitere Indizien, die auf die wirtschaftliche Fortführung der Beihilfe und eine Vermeidung der Rückzahlungspflicht durch Verkauf deuten.

- Gegenstand des Kaufvertrages

Eine ökonomische Kontinuität wird durch den Kaufgegenstand nahegelegt, wenn eine große Zahl der Vermögensgegenstände, die von der Rückzahlungspflicht betroffen sind, übertragen wird.[475] Dies dürfte bei einem *Asset Deal* insbesondere der Fall sein, wenn das Unternehmen als Ganzes oder in seiner wesentlichen Gestalt weitergeführt wird. Entscheidend dürfte der Erhalt betriebswesentlichen Vermögens sein (Aktiva und Passiva, Schlüsselangestellte, Betriebsstätten, Unternehmensstrategie).

- Identität zwischen Erwerber und Veräußerer

Liegt eine solche Identität vor, beispielsweise bei einer Unternehmensübertragung innerhalb einer Gruppe von Gesellschaften, ist stets ein erhöhtes Indiz für eine Umgehungsgefahr gegeben.[476]

---

472 *Buchta*, Unternehmen in Krise und Insolvenz, in: *Hölters* (Hrsg.), Handbuch Unternehmenskauf, 9., neu bearbeitete und erweiterte Auflage, Rn. 16.66.

473 *Europäische Kommission*, Entscheidung v. 15. Oktober 2014 – C (2014) 7359 (erhältlich in Amtsblatt der Europäischen Union, L 269/71), Rn. 139 f.

474 *Jüchser*, Und sie haften doch – Zur Haftung des Erwerbers für die Rückzahlung rechtswidriger Beihilfen beim Unternehmenserwerb im Wege des Asset-Deals, NZI 2015, 596/598.

475 *Europäische Kommission*, Entscheidung v. 15. Oktober 2014 – C (2014) 7359 (erhältlich in Amtsblatt der Europäischen Union, L 269/71), Rn. 149.

476 *Schneider/Wutzke*, Ausschluss der Übernehmerhaftung, in: *Schluck-Amend/Meyding*, Der Unternehmenskauf in Krise und Insolvenz, Rn. 27.

- Zeitpunkt

Bezüglich des Zeitpunkts des Unternehmensverkaufs liegt laut der Kommission dann ein Umgehungstatbestand nahe, wenn der Verkauf in zeitlicher Nähe zu dem Prüfverfahren oder der Rückforderung stattfindet.[477]

- Ökonomische Folgerichtigkeit

Unter diesem Punkt prüft die Kommission die wirtschaftlichen Gründe für den Erwerb. Dabei insbesondere, ob integrative oder strategische Erwägungen/Maßnahmen vorgenommen worden sind oder die Übertragung eher der Wiederherstellung des Wettbewerbs entgegensteht.[478]

Das Erfordernis einer Umgehungsabsicht hat der EuG dagegen abgelehnt, da der Rückforderungsschuldner nach objektiven Kriterien zu bestimmen sei.[479]

Bezogen auf die Praxis ergeben sich aus den bisherigen Entscheidungen der Kommission und der europäischen Gerichte erhebliche Unsicherheiten in Bezug auf die Erwerberhaftung. So sind insbesondere die Gewichtung und das Zusammenspiel[480] der Kriterien nicht immer klar und können im Einzelfall divergieren. Die wirklich entscheidenden Kriterien sind daher nur schwer abzuschätzen und eine rechtliche Bewertung, ob diese vorliegen, dürfte in der Regel problematisch sein. Insbesondere ist sehr zweifelhaft, ob bei einem Verkauf zum Marktpreis eine Rückforderung bereits per se ausscheidet. Dies wäre aber nach der eigenen Begründung der Kommission logisch, da dann die Wettbewerbsverzerrung beseitigt wurde und der Erlös daraus dem Markt (den Gläubigern des Verkäufers) zugeführt werden könnte.

Dem Käufer bleiben in der Regel zur Minimierung des Risikos neben der Sicherstellung der Marktüblichkeit und eines fairen Verkaufsprozesses in erster Linie vertragsrechtliche Instrumente. So wäre – ähnlich wie bei der Nichterfüllung

---

477 *Europäische Kommission*, Entscheidung v. 15. Oktober 2014 - C (2014) 7359 (erhältlich in Amtsblatt der Europäischen Union, L 269/71), Rn. 163.

478 *Jüchser*, Und sie haften doch – Zur Haftung des Erwerbers für die Rückzahlung rechtswidriger Beihilfen beim Unternehmenserwerb im Wege des Asset-Deals, NZI 2015, 596/599.

479 *EuG*, Urt. v. 13. September 2010 – T-415/05, T-416/05, T-423/05 – Vereinbarkeit der Beihilfe mit dem Gemeinsamen Markt – Fluggesellschaften Olympic Airways und Olympic Airlines (erhältlich in BeckRS 2012, 81851), Rn. 146.

480 *Schneider/Wutzke*, Ausschluss der Übernehmerhaftung, in: *Schluck-Amend/Meyding*, Der Unternehmenskauf in Krise und Insolvenz, Rn. 30.

des Insolvenzverwalters – ein Loslösungsrecht im Falle einer Rückforderung denkbar. Ein vertraglicher Haftungsausschluss wurde von der Kommission in einem speziellen Anteilskaufvertrag für unwirksam betrachtet.[481] Zwar mag dies nicht zwangsläufig für alle Kaufverträge, insbesondere *Asset Deals* gelten, jedoch ist hier ein gewisses, nicht unerhebliches Risiko vorhanden, dass eine vertragliche Risikoverteilung nicht greift.

Als weitere Möglichkeit kommt eine Auskunft bei der Kommission in Betracht, welche zwar keine rechtsverbindliche Bescheinigung erteilt, sich aber möglicherweise an ihre Auskunft gebunden fühlt.[482]

Schließlich kann der Käufer vorab die Vereinbarkeit als rechtswidrig in Betracht kommender Beihilfen mit dem Binnenmarkt anhand der Verordnung (EU) Nr. 651/2014[483] überprüfen. Voraussetzung hierfür ist, dass er im Rahmen der *due diligence* ausreichende Informationen über die Vorgänge, die eine unzulässige Beihilfe darstellen könnten, erhält.

iv. Haftung wegen Betriebsübergangs nach § 613a BGB

Ein oft gewichtiges Thema beim Erwerb eines Betriebes im Wege eines *Asset Deals*, insbesondere bei sanierungsbedürftigen Unternehmen[484] ist der Eintritt des Erwerbers in die Rechte und Pflichten aus den bestehenden Arbeitsverhältnissen. Diese zwingende, unabdingbare Vorschrift kann bereits in vielen Fällen die Übernahme eines kriselnden Unternehmens im Vorfeld der Insolvenz im Wege eines *Asset Deals* uninteressant machen.[485] Das insbesondere vor dem Hintergrund, dass es ab dem Zeitpunkt der Insolvenzeröffnung wesentliche Haftungsreduzierungen gibt.[486]

Da in den meisten Fällen eines *Asset Deals* der § 613a BGB anwendbar sein wird, sollen im Rahmen dieser Bearbeitung die Voraussetzungen und

---

481 *Europäische Kommission*, Entscheidung v. 25. März 1992 – 92/317/EWG (erhältlich in Abl. EG 1992 Nr. L 171 v. 26. Juni 1992), S. 54.

482 *Buchta*, Unternehmen in Krise und Insolvenz, in: *Hölters* (Hrsg.), Handbuch Unternehmenskauf, 9., neu bearbeitete und erweiterte Auflage, Rn. 16.67.

483 Verordnung (EU) Nr. 651/2014 vom 17. Juni 2014 zur Feststellung der Vereinbarkeit bestimmter Gruppen von Beihilfen mit dem Binnenmarkt in Anwendung der Artikel 107 und 108 des Vertrags über die Arbeitsweise der Europäischen Union.

484 *Cavaillès*, Übertragende Sanierung, in: *Schulz*, Restrukturierungspraxis, Kapitel 6 S. 163.

485 *Sinhart*, Unternehmenskauf bzw. -verkauf in der Krise und Insolvenz, in: *Picot*, Unternehmenskauf und Restrukturierung, § 16 Rn. 69–71.

486 Vgl. unten unter II.C.2.a).

Rechtsfolgen nur kurz dargestellt werden. Die gestaltungsrechtlichen Möglichkeiten zur Reduzierung der arbeitsrechtlichen „Lasten", die der Verkäufer übernimmt, werden etwas ausführlicher behandelt.

§ 613a BGB setzt zunächst den rechtsgeschäftlichen Übergang einer ihre Identität bewahrenden wirtschaftlichen Einheit voraus. Darunter versteht man eine organisierte Zusammenfassung von Ressourcen zur Verfolgung einer wirtschaftlichen Haupt- oder Nebentätigkeit mit eigener Zielsetzung.[487] Das dürfte bei einem Erwerb eines notleidenden Unternehmens in vielen Fällen zutreffen: Oftmals werden zusammengehörige Einzelgegenstände (beispielsweise Übergang der materiellen Aktiva, der immateriellen Betriebsmittel, der Kunden und Lieferantenbeziehungen)[488] oder gar das komplette betriebsnotwendige Vermögen übernommen. Ein Betriebsübergang im Sinne des § 613a BGB ist dann gegeben.[489] Kein Betriebsübergang liegt bspw. bei vorheriger Stilllegung[490] oder lediglich der Nachfolge in einzelnen Funktionen des alten Betriebes vor.[491]

Sind diese Voraussetzungen gegeben, so gehen alle zum Zeitpunkt des Betriebsübergangs bestehenden Arbeitsverhältnisse auf den Erwerber über. Dabei gelten kollektivrechtliche Regelungen grundsätzlich individualvertraglich fort, § 613a Abs. 1 S. 2 BGB.[492] Bezüglich der Möglichkeit, hiervon aufgrund eigener kollektivrechtlicher Vereinbarungen beim Erwerber gemäß § 613a Abs. 1 S. 3 BGB abzuweichen, stellt sich die Frage nach deren Konditionen im Vergleich zu den bisherigen Tarifregeln. Europarechtliche Bedenken oder ein allgemeines Verschlechterungsverbot erkennt das Bundesarbeitsgericht mit der herrschenden Meinung in den Regeln des § 613a Abs. 1 S. 3 BGB und der dazu ergangenen Rechtsprechung nicht.[493] Eine abschließende Klärung, ob diese

---

487 *Heckschen*, Unternehmenskauf in der Insolvenz – Distressed M&A, in: *Reul/Heckschen/Wienberg* (Hrsg.), Insolvenzrecht in der Gestaltungspraxis, 2. Aufl., § 4 Gesellschaftsrecht, Rn. 1387.

488 *Uhl*, Arbeitsrechtliche Aspekte, in: *Schluck-Amend/Meyding* (Hrsg.), Der Unternehmenskauf in Krise und Insolvenz, Rn. 1.

489 *Abel*, Gestaltungsmöglichkeiten zur Neuordnung der Personalstruktur beim Kauf von Unternehmen aus der Insolvenz, in: *Brühl/Göpfert*, Unternehmensrestrukturierung, S. 493.

490 *Uhl*, Arbeitsrechtliche Aspekte, in: *Schluck-Amend/Meyding* (Hrsg.), Der Unternehmenskauf in Krise und Insolvenz, Rn. 7.

491 *Heckschen*, Unternehmenskauf in der Insolvenz – Distressed M&A, in: *Reul/Heckschen/Wienberg* (Hrsg.), Insolvenzrecht in der Gestaltungspraxis, 2. Aufl., § 4 Gesellschaftsrecht, Rn. 1387.

492 *W. Ott*, Unternehmenskauf aus der Insolvenz, Kap. 8.3.2.5 S. 156 f.

493 *BAG*, Urt. v. 23. Januar 2019 – 4 AZR 445/17 (erhältlich in NZA 2019, 922).

Interpretation der deutschen Jurisprudenz zutreffend ist, steht allerdings unter Umständen noch aus.[494]

Maßgeblicher Zeitpunkt für den Übergang ist grundsätzlich der, zu dem der Erwerber tatsächlich den Betrieb fortführt,[495] in der Regel also der Vollzugsstichtag.

Die betroffenen Arbeitnehmer sind vor dem geplanten Übergang zu unterrichten und können dem Übergang der Arbeitsverhältnisse innerhalb eines Monats ab der Unterrichtung widersprechen, § 613a Abs. 5 BGB.

Von besonderer Bedeutung für den Erwerber dürfte regelmäßig die Kündigungsschutzvorschrift des § 613a Abs. 4 S. 1 BGB sein. Danach sind Kündigungen seitens des Erwerbers oder Veräußerers sowie sonstige, die Kündigung umgehende und das Arbeitsverhältnis wegen des Betriebsübergangs beendende Rechtsgeschäfte (z. B. Aufhebungsverträge) unwirksam.[496] Zu beachten ist jedoch, dass zur Erfüllung des Merkmals „wegen des Übergangs eines Betriebs" dieser der alleinige oder wesentliche Grund für die Kündigung gewesen sein muss.[497]

Möglich sind jedenfalls andere Beendigungen des Arbeitsverhältnisses (§ 613a Abs. 4 S. 2 BGB), d. h. neben personen- oder verhaltensbedingten auch betriebsbedingte Kündigungen.[498] Ferner Kündigungen, die objektiv auf anderen Gründen fußten, auch wenn der Betriebsübergang der äußerliche Anlass war.[499] Schließlich sind Kündigungen, die vor jeglicher Veräußerungsmöglichkeit ausgesprochen wurden, wirksam.[500]

---

494 *P. Hoffmann/Danylak*, 40 Jahre „übertragende Sanierung", NZI 2020, 705 Dazu müsste aber das Bundesverfassungsgericht das Bundesarbeitsgericht zur Vorlage verpflichten.

495 *Mansel*, in: *Jauernig/Stürner/Berger* (Hrsg.), Bürgerliches Gesetzbuch, 18. Aufl., § 613a Rn. 5.

496 *Uhl*, Arbeitsrechtliche Aspekte, in: *Schluck-Amend/Meyding* (Hrsg.), Der Unternehmenskauf in Krise und Insolvenz, Rn. 13.

497 *Gussen*, in: *Rolfs/Giesen/Kreikebohm u. a.* (Hrsg.), Beck'scher Online-Kommentar Arbeitsrecht, § 613a BGB Rn. 118.

498 *Müller-Gloge*, in: *Säcker/Rixecker/Oetker*, Münchener Kommentar zum Bürgerlichen Gesetzbuch, § 613a Rn. 190.

499 *Uhl*, Arbeitsrechtliche Aspekte, in: *Schluck-Amend/Meyding* (Hrsg.), Der Unternehmenskauf in Krise und Insolvenz, Rn. 14.

500 *Steffan*, in: *Ascheid/Preis/Schmidt u. a.* (Hrsg.), Kündigungsrecht, 6., neu bearbeitete Auflage, § 613a BGB Rn. 187.

Eine Besonderheit,[501] die den strengen Kündigungsschutz nach § 613a Abs. 4 BGB etwas aufweicht, ist die Möglichkeit der Kündigung bei sanierenden Betriebsübergängen. Ein solcher wird bei einem *Asset Deal* über ein kriselndes Unternehmen regelmäßig vorliegen. So ist der Veräußerer nicht durch § 613a Abs. 4 BGB gehindert, im Vorfeld eines geplanten Übergangs einen Abbau von Arbeitsplätzen vorzunehmen, der ihm ohnehin möglich gewesen wäre, um dadurch die Verkaufschancen zu erhöhen.[502] Laufen bereits Verhandlungen, so kann der Veräußerer ebenfalls unter der Voraussetzung kündigen, sein eigenes Sanierungskonzept verwirklichen zu wollen. Hier ist von Bedeutung, ob eine Kündigung von jedem Betriebsinhaber aus betriebsbedingten Gründen hätte durchgeführt werden müssen.[503] Weitgehend anerkannt ist auch das Recht zur Kündigung durch den Veräußerer aufgrund des entsprechenden Erwerberkonzepts.[504] Es muss aber mindestens ein verbindliches Sanierungskonzept vorliegen, um zu gewährleisten, dass das Konzept auch tatsächlich umgesetzt wird.[505]

Kann also der Erwerber und/oder Veräußerer ein solches Sanierungskonzept oder eine betriebsbedingte Notwendigkeit vorweisen, kann die Kündigungssperre des § 613a Abs. 4 BGB umgangen werden.

(4) Umsatzsteuerrechtlich

Eine Geschäftsveräußerung im Ganzen ist nach § 1 Abs. 1a S. 1 UStG nicht steuerbar. Ob die Voraussetzungen einer solchen aber tatsächlich gegeben sind, ist einzelfallabhängig und kann in bestimmten Konstellationen durchaus zweifelhaft sein. Auf die Einschätzung der Parteien oder deren dahingehende Vereinbarungen im Kaufvertrag kommt es nicht an.

Irren sich die Parteien in eine der beiden Richtungen, d. h. gehen sie entweder fälschlich von einer Geschäftsveräußerung im Ganzen oder irrtümlicherweise nicht von einer solchen aus, hat dies grundsätzlich für den Verkäufer

---

501 Die Möglichkeit des Einsatzes einer sogenannten Beschäftigungs- und Qualifizierungsgesellschaft (kurz: BQG), welcher auch in der Krise denkbar ist, wird unter II.C.2.e)(2) im Detail dargestellt.

502 *Uhl*, Arbeitsrechtliche Aspekte, in: *Schluck-Amend/Meyding* (Hrsg.), Der Unternehmenskauf in Krise und Insolvenz, Rn. 15.

503 *Steffan*, in: *Ascheid/Preis/Schmidt u. a.* (Hrsg.), Kündigungsrecht, 6., neu bearbeitete Auflage, § 613a BGB Rn. 188.

504 *BAG*, Urt. v. 20. März 2003 – 8 AZR 97/02 (erhältlich in NZA 2003, 1027), vgl. dazu auch unter II.C.2.e).

505 *Sappa*, Arbeitsrecht, in: *Holzapfel/Pöllath/Engelhardt u. a.* (Hrsg.), Unternehmenskauf in Recht und Praxis, 15. Aufl., Rn. 1567.

nachteiligere Folgen. Im ersten Fall schuldet er die nicht ausgewiesene Umsatzsteuer, in Letzterem muss er die zu Unrecht ausgewiesene Umsatzsteuer trotzdem tragen.[506]

Daher sollten die Parteien auch – wie üblicherweise in Unternehmenskaufverträgen zu finden – vereinbaren, wie für den Fall vorzugehen ist, dass ihre Auffassung und die des Finanzamtes divergieren. Unabhängig davon, wem dieses finanzielle Risiko aufzubürden ist, empfiehlt sich auch das Einholen einer Auskunft beim Finanzamt im Hinblick auf dessen Einschätzung des Sachverhalts.

(5) Zustimmungsproblematik

Der Problemkreis der Zustimmungsbedürftigkeit ist genau genommen keine Besonderheit einer *distressed M&A*-Transaktion, soll aber im Folgenden der Vollständigkeit halber kurz erläutert werden.

i. Gesellschaftsrechtlich

Bei der Frage, ob jedenfalls die Gesellschafter des verkaufenden Unternehmens zustimmen müssen, gilt das oben beim *Share Deal* zu den Grenzen des § 49 GmbHG sowie § 179a AktG und der Holzmüller-Rechtsprechung Gesagte.[507] Es hängt demnach in erster Linie davon ab, ob das ganze Gesellschaftsvermögen oder wesentliche Unternehmensteile veräußert werden.[508] Bei einem *Asset Deal* ist eine solche Konstellation jedoch etwas wahrscheinlicher, insbesondere bei einer übertragenden Sanierung in der Krise.

Üblicherweise kann davon ausgegangen werden, dass das komplette Unternehmen oder zumindest ein wesentlicher Teil (ohne Passiva) auf den Erwerber übertragen wird. Der Veräußerer wird nicht selten hinterher – nach der Befriedigung der Gläubiger mit dem Kauferlös und gegebenenfalls noch verfügbarem sonstigen Vermögen – liquidiert.

Die Einholung der Zustimmung der Gesellschafter mag daher im Einzelfall angezeigt sein, um nachteilige Folgen für die Wirksamkeit des Kaufvertrages oder die Einstandspflicht der Geschäftsführungsorgane zu vermeiden. Dies gilt speziell in Fällen, in denen die Satzung die Geschäftsführungskompetenz beschränkt und der Käufer dies (aufgrund der Durchsicht der Satzung während

---

506 *Schneider/Wutzke*, Ausschluss der Übernehmerhaftung, in: *Schluck-Amend/Meyding* (Hrsg.), Der Unternehmenskauf in Krise und Insolvenz, Rn. 52 f.

507 Vgl. unter II.B.1.b)(7).

508 *Meyding/Meckbach*, Zustimmungserfordernisse, in: *Schluck-Amend/Meyding*, Der Unternehmenskauf in Krise und Insolvenz, Rn. 6 f.

der *due diligence*) weiß oder es sich ihm aufdrängen müsste. So kann ein Fall des Missbrauchs der Vertretungsmacht vorliegen,[509] der zur Unwirksamkeit des Kaufvertrages führen könnte.[510]

ii. Schuldrechtlich

Ein weiterer Nachteil ist die bereits erwähnte Zustimmungspflicht Dritter auf schuldrechtlicher Ebene zum wirksamen Übergang einzelner Vertragsverhältnisse. Eine bloße Abtretung von Rechten des Käufers (soweit vertraglich zulässig) und eine Freistellung des Verkäufers durch den Käufer[511] entsprechen meist nicht der Interessenlage beider Parteien. Vielmehr sollen die Verträge komplett auf den Erwerber übergehen und der Verkäufer schuldbefreiend aus den Verträgen entlassen werden. Erforderlich ist somit eine Vertragsübernahme als dreiseitiges Rechtsgeschäft.[512] Abhängig von der Einstellung des dritten Vertragspartners zum Erwerber und weiteren Umständen,[513] sind diese Zustimmungen manchmal sehr unkompliziert zu erhalten. Sie können aber auch nur mit erhöhtem Überzeugungsaufwand oder gar nicht einholbar sein. Im Interesse der Transaktionssicherheit kann das häufig anzutreffende Vorgehen gewählt werden, Zustimmungen zu (wichtigen) Verträgen zur Vollzugsbedingung zu erheben.

Weiter können Erklärungen Dritter von Nöten sein, um bestehende Sicherheiten (Sicherungseigentum, Grundpfandrechte, Sicherungs-/Globalzession), die auf den Verkaufsgegenständen liegen, freizugeben.[514]

Es sei schließlich noch auf Fälle automatischer Vertragsübergänge ohne die Notwendigkeit einer Zustimmung hingewiesen: Neben dem bereits behandelten § 613a BGB gehören dazu §§ 95, 102 Abs. 2 VVG (Eintritt des Erwerbers einer

509 *Beurskens*, in: *Baumbach/Beurskens/Fastrich u. a.* (Hrsg.), Gesetz betreffend die Gesellschaften mit beschränkter Haftung, 22. Aufl., § 37 Rn. 70 ff. In eine vergleichbare Richtung geht die jüngst vom BGH anstelle der analogen Anwendung des § 179a AktG über § 49 Abs. 2 GmbHG entwickelte Lösung, vgl. hierzu unter II.B.1.b)(7).

510 *Meyding/Meckbach*, Zustimmungserfordernisse, in: *Schluck-Amend/Meyding* (Hrsg.), Der Unternehmenskauf in Krise und Insolvenz, Rn. 17.

511 *D. Beisel et al.*, Der Unternehmenskauf, 7. Aufl., § 9 Rn. 36.

512 *Meyding/Meckbach*, Zustimmungserfordernisse, in: *Schluck-Amend/Meyding*, Der Unternehmenskauf in Krise und Insolvenz, Rn. 23–27.

513 z. B. Laufzeit des Vertragsverhältnisses und Vorteilhaftigkeit der Vertragskonditionen.

514 *Meyding/Meckbach*, Zustimmungserfordernisse, in: *Schluck-Amend/Meyding* (Hrsg.), Der Unternehmenskauf in Krise und Insolvenz, Rn. 28 ff.

Sache in Sach- und Betriebshaftpflicht) und § 566 BGB (Eintritt des Erwerbers einer Immobilie in bestehende Mietverhältnisse).[515]

c) Fazit

Bei der Wahl eines *Asset Deals* vor Insolvenzeröffnung ergeben sich zahlreiche Problempunkte rechtlicher und wirtschaftlicher Art, sodass von dieser Vorgehensweise grundsätzlich abzuraten ist. Daher ist er auch in der Praxis im Krisenstadium weit seltener anzutreffen als der *Share Deal.*[516] Neben dem Risiko der Anfechtung oder Nichterfüllung stellen zahlreiche Haftungsrisiken oder auch das Erfordernis der Zustimmung Dritter eine erhebliche Schwierigkeit dar. Wie im weiteren Verlauf dieser Bearbeitung zu sehen sein wird, ist der *Asset Deal* aus der Insolvenz aufgrund vergleichsweise geringerer Haftungsrisiken für eine *distressed M&A*-Transaktion eher interessant. Demgegenüber wird er sich vor der Eröffnung des Insolvenzverfahrens nur in Ausnahmefällen als echte Alternative anbieten. Etwa, wenn aufgrund der überaus schlechten Finanzlage eine Insolvenz kurz bevorsteht, die Aktiva jedoch ein funktionierendes Unternehmen darstellen und der Käufer und/oder der Verkäufer kein Interesse an einem Insolvenzverfahren hat.[517]

3. ***Debt-equity-swap***

a) Einleitung

Der eingangs[518] kurz vorgestellte *debt-equity-swap* stellt eine weitere mögliche Form der vorinsolvenzlichen[519] Sanierung dar.

Beim *debt-equity-swap* wird Fremd- in Eigenkapital umgewandelt, d. h. der Gläubiger bringt seine Forderung als Sacheinlage ein oder verzichtet auf diese und erhält im Gegenzug hierfür Anteile an der Gesellschaft.[520] In nicht wenigen

---

515 *Meyding/Meckbach*, Zustimmungserfordernisse, in: *Schluck-Amend/Meyding* (Hrsg.), Der Unternehmenskauf in Krise und Insolvenz, Rn. 27.

516 *Sinhart*, Unternehmenskauf bzw. -verkauf in der Krise und Insolvenz, in: *Picot/Derbort*, Unternehmenskauf und Restrukturierung, § 16 Rn. 4.

517 *Hees*, Besonderheiten beim Kauf eines Unternehmens in Krise und Insolvenz, in: *Bergau*, Praxishandbuch Unternehmenskauf, Kapitel 10 Rn. 28 f.

518 Siehe unter I.H.3.

519 Seine Anwendung ist aber auch im eröffneten Insolvenzverfahren im Rahmen eines Insolvenzplans interessant, siehe hierzu unter II.C.1.b)(2).

520 *Spahlinger*, Sanierung vor der Insolvenz, in: *Brühl/Göpfert*, Unternehmensrestrukturierung, S. 485.

Fällen werden die Forderungen (insbesondere Bankverbindlichkeiten) bspw. von Investoren erworben, welche dann als Gläubiger der Gesellschaft diese Forderung in eine Beteiligung an der Gesellschaft umwandeln.[521] Die Interessen von solchen Käufern von *distressed debt* können dabei vorrangig auf einen im Vergleich zum Kaufpreis der Forderungen hohen Geldzufluss aus dem wieder gesundeten Unternehmen oder der Liquidation gerichtet sein. Zum Teil geht es ihnen auch um die Erlangung eines Kontrollanteils, um das Schicksal des notleidenden Unternehmens mitbestimmen zu können.[522]

Denkbar ist auch, dass ein Gesellschafter sein Gesellschafterdarlehen in (weitere) Anteile umwandelt oder das Darlehen ohne Gewährung von Anteilen in die Kapitalrücklage einbringt.[523]

Die Durchführung eines *debt-equity-swaps* hat den allgemeinen Vorteil, dass sich die wirtschaftliche Gesamtlage bessert, indem die Schuldenlast gemindert und so die Eigenkapitalquote erhöht wird. Ferner sinkt die Zinsbelastung und gegebenenfalls besicherte Vermögensgegenstände stehen als Sicherheiten für neue Finanzierungen oder zum Verkauf zur Verfügung. Dabei wird im Idealfall die Überschuldung beziehungsweise Zahlungsunfähigkeit beseitigt und damit die drohende Insolvenz verhindert.[524]

Von Interesse ist der *debt-equity-swap* insbesondere für (originäre oder derivative) Gläubiger von weniger besicherten, nachrangigen Forderungen (*junior debts*). Sie können ihre Position meist deutlich verbessern, wenn sie für ihre Forderungen (nach Abzug eines eventuellen Abschlags aufgrund der Nachrangigkeit) Anteile erhalten. Denn die Befriedigungsaussichten der *junior debts* und ihre Werthaltigkeit in einer möglichen Insolvenz sind in der Regel sehr niedrig.[525] Die (vergleichsweise günstig) neuerworbenen Anteile sind in einer

521 *Buchta*, Unternehmen in Krise und Insolvenz, in: *Hölters* (Hrsg.), Handbuch Unternehmenskauf, 9., neu bearbeitete und erweiterte Auflage, Rn. 16.42a.

522 *Krause*, Debt-Equity Swaps, in: *Bauer/Düsterlho* (Hrsg.), Distressed Mergers & Acquisitions, 2. Aufl., S. 122.

523 *Spahlinger*, Sanierung vor der Insolvenz, in: *Brühl/Göpfert*, Unternehmensrestrukturierung, S. 485.

524 *Eidenmüller/Engert*, Reformperspektiven einer Umwandlung von Fremd- in Eigenkapital (Debt-Equity Swap) im Insolvenzplanverfahren, ZIP 2009, 541.

525 *Knecht/Haghani*, § 18 Bilanzielle Restrukturierung und Financial Covenants, in: *Buth/Hermanns* (Hrsg.), Restrukturierung, Sanierung, Insolvenz, 4., vollst. neu bearb. Aufl., Rn. 48.

Insolvenz zwar in aller Regel wirtschaftlich wertlos, können jedoch bei erfolgreicher Sanierung ertragreich sein oder gewinnbringend veräußert werden.[526]

Besonders vorteilhaft bei einer Sanierung durch einen *debt-equity-swap* vor der Insolvenz des Unternehmens sind sicherlich die niedrigeren Kosten und die höhere Geräuschlosigkeit im Vergleich zur Durchführung in einem Insolvenzplan.[527]

Zu den generellen Nachteilen gehört gegebenenfalls ein gewisser Kontrollverlust der Altgesellschafter durch Entwertung ihrer Anteile, was wiederum zu entsprechendem Widerstand auf Gesellschafterebene führen kann. Darüber hinaus wird zwar das Eigenkapital erhöht, die Liquidität aber nur indirekt (durch die Senkung der Zinslast oder Möglichkeit neuer, konditionell verbesserter Finanzierungen).[528] Dazu kommen weitere Besonderheiten und Risiken, die speziell bei einem *debt-equity-swap* im vorinsolvenzlichen Stadium zu beachten und nachfolgend im Einzelnen dargestellt sind.[529]

b) Rechtliche Konstruktion

Zunächst soll die rechtliche Vorgehensweise dargestellt werden. Hier gibt es verschiedene Ausgestaltungsmöglichkeiten: Entweder wird die Forderung an die Schuldnergesellschaft abgetreten und erlischt aufgrund von Konfusion, oder es wird ein Erlassvertrag zwischen Schuldnergesellschaft und Gläubiger vereinbart.[530] Möglich, aber in der Praxis eher seltener anzutreffen, ist die Einbringung mittels einer Verrechnungsabrede.[531]

Als Gegenleistung erhält der einbringende Gläubiger Gesellschaftsanteile. Hier wird zwischen dem sogenannten „echten" (die Ausgabe neuer Anteile erfolgt im Rahmen einer Kapitalerhöhung oder eines Kapitalschnitts) und dem sogenannten „unechten" *debt-equity-swap* (bereits ausgegebene Anteile werden

---

526 *Fridgen*, in: *Boos/Fischer/Schulte-Mattler*, KWG CRR-VO, KredReorgG, § 9 Rn. 2.

527 *Krause*, Debt-Equity Swaps, in: *Bauer/Düsterlho* (Hrsg.), Distressed Mergers & Acquisitions, 2. Aufl., S. 122.

528 *Krause*, Debt-Equity Swaps, in: *Bauer/Düsterlho* (Hrsg.), Distressed Mergers & Acquisitions, 2. Aufl., S. 121.

529 Weitere, gesellschaftsformspezielle Risiken wie die Auslösung eines Pflichtangebots nach Maßgabe der §§ 35 ff. WpÜG werden an dieser Stelle nicht behandelt.

530 *Lieder*, in: *Fleischer/Goette* (Hrsg.), Münchener Kommentar zum Gesetz betreffend die Gesellschaften mit beschränkter Haftung – GmbHG, 3. Aufl., § 56 Rn. 19b.

531 *Scholz*, in: *Hoffmann-Becking/Austmann* (Hrsg.), Münchener Handbuch des Gesellschaftsrechts – Band 4: Aktiengesellschaft, 5., neubearbeitete Auflage, § 57 Rn. 85.

zugestanden)[532] unterschieden. Der „echte“ *debt-equity-swap* ist hierbei weitaus verbreiteter.[533] Da sich auch bei einem „unechten“ *debt-equity-swap* keine (zusätzlichen) Besonderheiten gegenüber einem „echten“ *debt-equity-swap* ergeben, soll im Folgenden letztere Konstellation näher beleuchtet werden.

In der Regel wird bei einem *debt-equity-swap* in Verbindung mit einer Kapitalerhöhung zunächst eine einfache[534] nominelle Kapitalherabsetzung (beispielsweise nach § 58a GmbHG) auf das tatsächlich noch vorhandene Eigenkapital oder auf null durchgeführt.[535] Dadurch wird das Bilanzbild verbessert und Vermögen, das für den Gläubigerschutz reserviert war, kann gegebenenfalls verwendet werden.[536] In der Kombination mit der dann folgenden Kapitalerhöhung durch Sacheinlage spricht man von einem Kapitalschnitt.[537]

Um die neuen Anteile auch tatsächlich den einbringenden Gläubigern zukommen lassen zu können, ist es ratsam, das Bezugsrecht der Altgesellschafter (gemäß § 186 AktG, gilt analog auch für die GmbH, oder gemäß der Satzung) auszuschließen. Dies ist nach allgemeinen Grundsätzen jedoch nur unter bestimmten Voraussetzungen zulässig, wozu in formeller Hinsicht ein Beschluss mit einer Mehrheit von 75 % der Gesellschafterversammlung gehört.

Inhaltlich sind gewisse Anforderungen an die Notwendigkeit des Ausschlusses, wiederum zu messen an Zweck, Geeignetheit, Erforderlichkeit sowie Verhältnismäßigkeit eines Bezugsrechtsausschlusses,[538] zu beachten. Zwar sind bei einem *debt-equity-swap* bei einer sanierungsbedürftigen Gesellschaft diese

---

532 *Spliedt*, in: *Schmidt*, Insolvenzordnung, § 225a Rn. 19.

533 *Krause*, Debt-Equity Swaps, in: *Bauer/Düsterlho* (Hrsg.), Distressed Mergers & Acquisitions, 2. Aufl., S. 123 f.

534 Eine formelle Kapitalherabsetzung ist aufgrund des auf sie folgenden Sperrjahres bei GmbHs gemäß § 58 Abs. 1 Nr. 3 GmbHG für Kapitalerhöhungen nicht zu empfehlen.

535 *Sinhart*, Unternehmenskauf bzw. -verkauf in der Krise und Insolvenz, in: *Picot/Derbort*, Unternehmenskauf und Restrukturierung, § 16 Rn. 83e; *D. Beisel et al.*, Der Unternehmenskauf, 7. Aufl., § 5 Rn. 11.

536 *Krause*, Debt-Equity Swaps, in: *Bauer/Düsterlho* (Hrsg.), Distressed Mergers & Acquisitions, 2. Aufl., S. 121.

537 *Heckschen*, Gesellschaftsrechtliche Instrumente zur Sanierung eines Unternehmens in der Krise, in: *Reul/Heckschen/Wienberg* (Hrsg.), Insolvenzrecht in der Gestaltungspraxis, 2. Aufl., § 4 Gesellschaftsrecht Rn. 406.

538 *Knecht/Haghani*, § 18 Bilanzielle Restrukturierung und Financial Covenants, in: *Buth/Hermanns* (Hrsg.), Restrukturierung, Sanierung, Insolvenz, 4., vollst. neu bearb. Aufl., Rn. 51.

materiellen Anforderungen an einen Bezugsrechtsausschluss oft erfüllt.[539] Insofern wird es in der Regel genügen, wenn sich der *debt-equity-swap* aus objektiver Sicht *ex ante* und unter Abwesenheit gesellschaftsfremder Erwägungen als im besten Interesse der Gesellschaft und Gesellschafter liegend erweist.[540]

Dennoch bleibt, neben dem Erfordernis der Kooperationsbereitschaft der Mehrheit der Eigentümer der Gesellschaft, auch das Risiko einer späteren gerichtlichen Überprüfung und Aufhebung des Bezugsrechtsausschlusses bei Anfechtung durch einen der Gesellschafter. Dies gilt insbesondere bei einer Kapitalherabsetzung auf null, hier ist ein Bezugsrechtsausschluss und damit ein Verdrängen der Altgesellschafter nur unter besonderen Umständen möglich.[541] Als Beispiel sei der Fall genannt, dass der einbringungswillige Investor den Ausschluss der Gesellschafter fordert und keinerlei Sanierungsalternativen vorliegen sowie die Wertlosigkeit der Altanteile offenbar ist.[542]

Daher gibt es – neben der generellen Möglichkeit zur Vereinbarung eines Anfechtungsverzichts – die Option einer gemischten Kapitalerhöhung mit einer Sach- und Barkapitalerhöhung.[543] Hier wird – in im Detail unterschiedlichen Konstellationen – den Altgesellschaftern im Rahmen einer Barkapitalerhöhung die Möglichkeit gegeben, Anteile zu erwerben. Nehmen sie diese nicht wahr, so wird der Bezugsrechtsausschluss bei der Sachkapitalerhöhung aufgrund des weniger schwerwiegenden Eingriffs in die Anteilseignerrechte der Altgesellschafter und deren geringerer Schutzbedürftigkeit materiell rechtmäßig sein.

Die Kapitalerhöhung selbst erfolgt entweder durch Ausgabe neuer Anteile im Rahmen des bereits genehmigten Kapitals oder bei Nichtvorliegen von sogenanntem *treasury stock*[544] durch Beschluss der Gesellschafter-/Hauptversammlung

---

539 *Sinhart*, Unternehmenskauf bzw. -verkauf in der Krise und Insolvenz, in: *Picot/Derbort*, Unternehmenskauf und Restrukturierung, § 16 Rn. 83m.

540 *Lieder*, in: *Fleischer/Goette* (Hrsg.), Münchener Kommentar zum Gesetz betreffend die Gesellschaften mit beschränkter Haftung – GmbHG, 3. Aufl., § 55 Rn. 95a.

541 *Jaffé*, in: *Wimmer* (Hrsg.), FK-InsO Frankfurter Kommentar zur Insolvenzordnung, 9. Aufl., § 225a Rn. 14.

542 *H.-J. Priester*, „Squeeze out" durch Herabsetzung des Stammkapitals auf Null?, DNotZ 1987, 236.

543 *Lieder*, in: *Fleischer/Goette* (Hrsg.), Münchener Kommentar zum Gesetz betreffend die Gesellschaften mit beschränkter Haftung – GmbHG, 3. Aufl., § 55 Rn. 95a; *Krause*, Debt-Equity Swaps, in: *Bauer/Düsterlho* (Hrsg.), Distressed Mergers & Acquisitions, 2. Aufl., S. 125 f.

544 Gemeint sind Anteile, die sich in der Hand der Gesellschaft befinden; insbesondere bei einer GmbH ist regelmäßig kein *treasury stock* vorhanden, vergleiche § 33 GmbHG.

zur Erhöhung des Stammkapitals. Für einen Kapitalerhöhungsbeschluss bedarf es einer Mehrheit von mindestens drei Viertel des bei der Beschlussfassung vertretenen Grund- oder Stammkapitals, §§ 182 Abs. 1 AktG, 53 Abs. 2 S. 1 GmbHG.

Von erheblicher praktischer Relevanz kann also das Blockadepotenzial der Altgesellschafter sein. In nur sehr seltenen Fällen werden die forderungseinlegenden Gläubiger bereits Anteile in Höhe von 75 % des Kapitals halten. Daher sind an einem *debt-equity-swap* interessierte Forderungsinhaber grundsätzlich von der Mitwirkung der Altgesellschafter abhängig.[545] Unter Umständen ergibt sich für die Gesellschafter jedoch aus der gesellschaftlichen Treuepflicht ein Mitwirkungsgebot, für das der Bundesgerichtshof die folgenden Voraussetzungen aufgestellt hat:[546]

Eine Zustimmungspflicht kommt dann in Frage, wenn sie mit Rücksicht auf das bestehende Gesellschaftsverhältnis dringend erforderlich und die Änderung des Gesellschaftsvertrages dem Gesellschafter zumutbar ist. Die Verpflichtung eines einzelnen Gesellschafters, einer Änderung des Gesellschaftsvertrages zuzustimmen, kann daher nur bejaht werden, wenn dieser Änderung schützenswerte Belange des ablehnenden Gesellschafters nicht entgegenstehen.

In Fortbildung dieser Argumentation hat der BGH in einer Entscheidung aus dem Jahr 2009 zu einer Publikumspersonengesellschaft (GmbH & Co. OHG) die Frage der Zustimmungspflicht behandelt. Demnach muss ein Gesellschafter einem Gesellschafterbeschluss, der das Kapital auf null herabsetzt und jedem Gesellschafter freistellt, sich an der anschließenden Kapitalerhöhung zu beteiligen oder aus der Gesellschaft auszuscheiden, unter bestimmten Voraussetzungen zustimmen: Die Gesellschaft muss sanierungsbedürftig und -fähig,[547] den Sanierungsbereiten der Verbleib der nicht Sanierungswilligen nicht zumutbar sein und die ausscheidenden Gesellschafter dürfen nicht unangemessen benachteiligt werden.[548] Letzteres gilt insbesondere im Hinblick auf die persönliche Haftungssumme der ausscheidenden Gesellschafter.[549] Die vom Bundesgerichtshof

---

545 *Krause*, Debt-Equity Swaps, in: *Bauer/Düsterlho* (Hrsg.), Distressed Mergers & Acquisitions, 2. Aufl., S. 130.

546 *BGH*, Urt. v. 26. Januar 1961 – II ZR 240/59 (erhältlich in NJW 1961, 724); Urt. v. 25. September 1986 – II ZR 262/85 (erhältlich in DNotZ 1987, 236); Urt. v. 10. Juni 1965 – II ZR 6/63 (erhältlich in NJW 1965, 1960).

547 D. h., die Sanierung ist erforderlich und das Sanierungskonzept wirtschaftlich sinnvoll.

548 „Sanieren oder Ausscheiden", *BGH*, Urt. v. 19. Oktober 2009 – II ZR 240/08 (erhältlich in DNotZ 2010, 378).

549 „Sanieren oder Ausscheiden", *BGH*, Urt. v. 19. Oktober 2009 – II ZR 240/08 (erhältlich in DNotZ 2010, 378).

aufgestellten Grundsätze können mit der überwiegenden Meinung in der Literatur auch auf Kapitalgesellschaften, etwa die GmbH, übertragen werden.[550] Insbesondere das „Trittbrettfahrerargument", also dass sich nicht an der Erhöhung beteiligende Gesellschafter an einem Sanierungserfolg „bereichern" können[551] und daher als einzige Alternative der Ausstieg aus der Gesellschaft bleibt, ist übertragbar.

Im Hinblick auf die Sanierung im Wege eines *debt-equity-swaps* kann im Ergebnis die Zustimmungsverpflichtung angenommen werden, wenn die Kapitalmaßnahme dringend geboten und geeignet ist.[552] Mit anderen Worten: Das Unternehmen muss objektiv sanierungsbedürftig, und der einzelne Gesellschafter darf unter Berücksichtigung seiner schützenswerten Interessen und der sonstigen Umstände des Einzelfalls nicht unzumutbar betroffen sein.[553] In Fällen weniger dringender Sanierungsbedürftigkeit und daher weiterer, mindestens ebenso erfolgversprechender Handlungsalternativen dürfte die Zustimmungspflicht jedoch nicht gegeben sein.

c) Bewertung der Forderung

Ein weiterer problematischer Punkt bei der Forderungseinbringung ist die Frage nach deren Bewertung, die insbesondere für eine mögliche Differenzhaftung von Bedeutung sein kann.[554] Nach der herrschenden Meinung sind Forderungen nicht nach dem Nennwert, sondern nach Maßgabe der

---

550 *Lieder*, in: *Fleischer/Goette* (Hrsg.), Münchener Kommentar zum Gesetz betreffend die Gesellschaften mit beschränkter Haftung – GmbHG, 3. Aufl., § 55 Rn. 33e m.w.N.

551 Wenn auch im Vergleich zu persönlich haftenden Gesellschaftern, die sich nicht an der Sanierung beteiligen, nur eingeschränkt, da Gesellschafter von Kapitalgesellschaften nicht persönlich haften und die Sanierung daher ihre Haftung nicht bereinigen kann; eine Bereicherung durch höhere Dividenden oder Verkaufserlöse bei erfolgreicher Sanierung ist jedoch denkbar.

552 Eine (gerichtliche) Durchsetzung dieser Verpflichtung dürfte aber in der Regel aus zeitlichen Gründen problematisch sein; zudem könnten die forderungseinbringenden Gläubiger diese Verpflichtung nicht durchsetzen, vgl. *Heckschen*, Gesellschaftsrechtliche Instrumente zur Sanierung eines Unternehmens in der Krise, in: *Reul/Heckschen/Wienberg* (Hrsg.), Insolvenzrecht in der Gestaltungspraxis, 2. Aufl., § 4 Gesellschaftsrecht, Rn. 414.

553 *Lieder*, in: *Fleischer/Goette* (Hrsg.), Münchener Kommentar zum Gesetz betreffend die Gesellschaften mit beschränkter Haftung – GmbHG, 3. Aufl., § 55 Rn. 33d.

554 Siehe nachstehend unter II.B.3.d).

Sachkapitalerhöhungsbestimmungen nach dem tatsächlichen Wert zu bewerten.[555] Zwar sprechen einige Gründe für das Nominalwertprinzip, allen voran die bilanzielle Betrachtung oder dessen praktischere Handhabung.[556] Da aber die Kapitaleinlagen, also auch die eingebrachte Forderung, als Haftungsmasse der Kapitalgesellschaften zur Verfügung stehen, ist eine realistische Bewertung von besonderer Bedeutung. Daher stellt auch der Gesetzgeber klar, dass nur der wertige Teil der Forderung relevant sein kann.[557] Der gemeine Wert des eingebrachten Verzichts orientiert sich nach dem Preis, den die Forderung im gewöhnlichen Geschäftsverkehr erzielen könnte, wobei die Liquidität und Zahlungsbereitschaft des Schuldners sowie die Absicherung und Rangstellung der Forderung[558] eine Rolle spielen.

Bei finanziell gesunden Unternehmen dürften der Nominalwert und der tatsächliche Wert in vielen Fällen identisch sein. Aber auch bei bilanzieller Überschuldung kann der gemeine Wert den Nominalwert erreichen, etwa bei hohen stillen Reserven oder ausreichender Besicherung der Forderung. Häufig wird sich bei insolvenznahen Unternehmen jedoch das Problem ergeben, dass die Werthaltigkeit der Forderung tatsächlich und mitunter deutlich unter dem Nominalwert liegt.

Der Wert der Forderung ist daher – zum Schutze der einbringenden Gläubiger vor einer Differenzhaftung – gutachterlich zu bestimmen. Dabei wird im konkreten Fall die Bewertung davon abhängen, ob eine Fortführung des Unternehmens geplant ist (bei einem *debt-equity-swap* ist dies in der Regel gegeben, dann ist der Fortführungswert der Forderung maßgeblich) oder dessen Zerschlagung (dann wäre der Liquidationswert der Forderung entscheidend).[559]

---

555 *Scholz*, in: *Hoffmann-Becking/Austmann* (Hrsg.), Münchener Handbuch des Gesellschaftsrechts – Band 4: Aktiengesellschaft, 5., neubearbeitete Auflage, § 57 Rn. 86; a.A. *Schwandtner*, in: *Fleischer/Goette* (Hrsg.), Münchener Kommentar zum Gesetz betreffend die Gesellschaften mit beschränkter Haftung – GmbHG, 3. Aufl., § 5 Rn. 127a ff. m.w.N., jedoch eingestehend, dass in der Praxis mit dem BGH und der herrschenden Meinung der objektive Wert anzusetzen ist.

556 *Schwandtner*, in: *Fleischer/Goette* (Hrsg.), Münchener Kommentar zum Gesetz betreffend die Gesellschaften mit beschränkter Haftung – GmbHG, 3. Aufl., § 5 Rn. 127b; *Cahn/S. Simon/Theiselmann*, Debt Equity Swap zum Nennwert!, DB 2010, 1629.

557 BR-Drs. 127/11, S. 45.

558 *Lieder*, in: *Fleischer/Goette* (Hrsg.), Münchener Kommentar zum Gesetz betreffend die Gesellschaften mit beschränkter Haftung – GmbHG, 3. Aufl., § 56 Rn. 19.

559 *D. Beisel et al.*, Der Unternehmenskauf, 7. Aufl., § 5 Rn. 18; *Knecht/Haghani*, § 18 Bilanzielle Restrukturierung und Financial Covenants, in: *Buth/Hermanns* (Hrsg.), Restrukturierung, Sanierung, Insolvenz, 4., vollst. neu bearb. Aufl., Rn. 52.

Insbesondere die Bewertung nach dem Liquidationswert bringt den Nachteil mit sich, dass dieser sehr niedrig sein wird und daher nur eine geringe Beteiligung erworben werden kann.[560]

d) Differenzhaftung

Für ein weiteres Risiko sorgt bei einem *debt-equity-swap* die bereits angesprochene Differenzhaftung.[561] Wird also – entweder durch falsche Beurteilung des Wertes oder durch Zugrundelegung des Nominalwertes – eine Forderung zu hoch bewertet, so haftet der Gläubiger als Neugesellschafter für den Differenzbetrag (§§ 56 Abs. 2, 9 Abs. 1 S. 1 GmbHG),[562] und zwar in Form einer die Sacheinlage ergänzenden Geldeinlagepflicht.[563]

Dieses Risiko kann unter Umständen durch den Abschluss eines Vorab-Vergleichs über die Höhe einer Differenzhaftung gemindert werden. Aufgrund der Effektivität der Kapitalerhaltung ist dies jedoch nur zulässig, wenn rechtliche oder tatsächliche Ungewissheiten über Bestehen und Höhe eines Differenzhaftungsanspruchs existieren und der Vergleich nicht eine verdeckte Befreiung[564] darstellt.[565] Sollten also diese Voraussetzungen der tatsächlichen oder rechtlichen Ungewissheiten gegeben sein, kann ein Vergleich – der allerdings den Bereich dieser Unsicherheiten nicht verlassen darf –[566] die inferierenden Gläubiger entlasten.

---

560 *Sinhart*, Unternehmenskauf bzw. -verkauf in der Krise und Insolvenz, in: *Picot/Derbort*, Unternehmenskauf und Restrukturierung, § 16 Rn. 83g.

561 *Krause*, Debt-Equity Swaps, in: *Bauer/Düsterlho* (Hrsg.), Distressed Mergers & Acquisitions, 2. Aufl., S. 133; hier bietet der *debt-equity-swap* im Rahmen eines Insolvenzplans aufgrund des § 254a Abs. 4 InsO erhebliche Vorteile, siehe unter II.C.1.b)(2).

562 *Krause*, Debt-Equity Swaps, in: *Bauer/Düsterlho* (Hrsg.), Distressed Mergers & Acquisitions, 2. Aufl., S. 133.

563 *Schwandtner*, in: *Fleischer/Goette* (Hrsg.), Münchener Kommentar zum Gesetz betreffend die Gesellschaften mit beschränkter Haftung – GmbHG, 3. Aufl., § 9 Rn. 5.

564 Eine solche könnte wiederum zu einem Verstoß gegen § 66 Abs. 1 AktG bzw. § 19 Abs. 2 GmbHG führen und wäre damit nicht wirksam, so dass die Leistungspflicht weiterhin besteht.

565 *BGH*, Urt. v. 6. Dezember 2011 – II ZR 149/10 (erhältlich in DNotZ 2012, 623).

566 *BGH*, Urt. v. 6. Dezember 2011 – II ZR 149/10 (erhältlich in DNotZ 2012, 623).

e) *Insolvenzrechtliche Anfechtung von Gesellschafterdarlehen und weitere Unsicherheiten*

Wie eingangs bereits skizziert, kommen als Inferenten neben Investoren oder dritten Gläubigern auch bereits vorhandene Gesellschafter in Betracht, die ihre Forderung(en) aus einem Gesellschafterdarlehen einbringen können. In diesem Fall ist jedoch zu beachten, dass es möglicherweise ernsthafte Zweifel an der Werthaltigkeit gibt, da ein Gesellschafterdarlehen in der Insolvenz nachrangig zu befriedigen ist,[567] sodass ein sinnvoller *debt-equity-swap* ausscheiden könnte.

War der Darlehensgeber Gesellschafter oder wird er es jedenfalls vor der Durchführung des *debt-equity-swaps,*[568] so liegt ein Gesellschafterdarlehen vor. Eine aus diesem Darlehen eingelegte Forderung des Gesellschafters gegen die Gesellschaft trägt nach dem bereits behandelten[569] § 135 Abs. 1 Nr. 2 InsO die Gefahr der Anfechtung mit sich, wenn die Gesellschaft innerhalb eines Jahres nach Durchführung des *debt-equity-swaps* in die Insolvenz geht.[570]

Da kein unmittelbarer Tausch von Darlehensforderung und Geschäftsanteilen (welche beide nachrangig im insolvenzrechtlichen Sinne sind) stattfindet, sondern der inferierende Gesellschafter eine Verpflichtung zur Einlage im Gegenzug zur Einbringung übernimmt, ist mit der überzeugenden Ansicht eine Befriedigung des Darlehens anzunehmen.[571] Der Anwendungsbereich des § 135 Abs. 1 Nr. 2 InsO wäre nach dieser Ansicht bis hierhin einschlägig.

Ungeachtet des Meinungsstreits über die Befriedigungswirkung wird die Anfechtung beim *debt-equity-swap* regelmäßig an einer fehlenden Gläubigerbenachteiligung scheitern. Zwar führt die Erfüllung einer Verbindlichkeit der Gesellschaft grundsätzlich zu einer anfechtbaren Gläubigerbenachteiligung. Im Falle des *debt-equity-swaps* erhält der Inferent jedoch einen Geschäftsanteil, der nachrangig nach allen anderen Gläubigern befriedigt wird, § 199 InsO. Zudem

---

567 *Spliedt*, in: *Schmidt*, Insolvenzordnung, § 225a Rn. 20.

568 Der *debt-equity-swap* eines externen Gläubigers erfüllt in der Regel den Tatbestand des § 135 InsO nicht, aufgrund des Erlöschens der Forderung vor Erwerb der Gesellschafterstellung fallen Gläubiger- und Gesellschafterposition nicht zusammen, siehe *Wirsch*, Debt Equity Swap und Risiko der Insolvenzanfechtung, NZG 2010, 1131/1132.

569 II.B.1.b)(5).

570 *Wirsch*, Debt Equity Swap und Risiko der Insolvenzanfechtung, NZG 2010, 1131.

571 *Wirsch*, Debt Equity Swap und Risiko der Insolvenzanfechtung, NZG 2010, 1131; zum Teil wird aufgrund der genannten Gleichrangigkeit von Darlehensforderung und Anteil eine Befriedigung des Gesellschafters ausgeschlossen; vgl. *H.-J. Priester/Tebben*, in: *Scholz* (Hrsg.), Kommentar zum GmbH-Gesetz, 12. Aufl., § 56 Rn. 13, 14.

übernimmt der Inferent als Gegenleistung die Pflicht zur Einlage, bei einer Differenz zwischen dem Wert der Forderung und dem übernommenem Kapital hilft in der Regel die Differenzhaftung über die Schmälerung des Gesellschaftsvermögens hinweg.[572]

In den Fällen eines *debt-equity-swaps* durch einen Gesellschafter, aber auch durch einen Gläubiger, der zunächst nur einen Teil seiner Forderungen in Anteile umwandelt oder nach der Umwandlung weitere Darlehen gewährt,[573] schützt gegebenenfalls das Sanierungsprivileg nach §§ 135 Abs. 4, 39 Abs. 4 InsO[574] vor der Anfechtung. Dabei ist zu beachten, dass bezüglich des Merkmals der „nachhaltigen Sanierung" erhebliche Rechtsunsicherheit besteht, da die Reichweite dieses Begriffs vom Gesetzgeber offengelassen wurde.[575] Nach der wohl überwiegenden Auffassung ist notwendig, dass nicht nur die Insolvenzgründe beseitigt werden, sondern für einen längeren Zeitraum von mindestens einem Jahr die Kreditwürdigkeit wiederhergestellt wurde.[576] Wird dieses Sanierungsziel nicht erreicht, greift auch das Sanierungsprivileg nicht.

f) Steuerliche Behandlung

Im Hinblick auf die steuerliche Behandlung eines *debt-equity-swaps* gibt es einige problematische Themenfelder, von denen die zwei größten - Verzichtsgewinn und Nutzung von Verlustvorträgen -[577] hier kurz behandelt werden sollen.

(1) Verzichtsgewinn und Sanierungserlass

In beiden Konstellationen, also sowohl bei der Einbringung der Forderung und anschließender Konfusion, als auch beim Forderungsverzicht, stellt sich die Frage, ob das Schuldnerunternehmen nicht einen zu besteuernden Gewinn erfährt. Es handelt sich letztlich bei beiden Vorgehensweisen um einen Verzicht auf die Forderung, sodass nach dem Bundesfinanzhof eine steuerneutrale Einlage nur insoweit gegeben ist, als die Forderung werthaltig ist (= Verkehrswert).[578]

---

572 *Wirsch*, Debt Equity Swap und Risiko der Insolvenzanfechtung, NZG 2010, 1131.

573 In solchen Fällen ist die Konstellation denkbar, dass weitere Anteilsumwandlungen erfolgen und dann grundsätzlich der § 135 Abs. 1 Nr. 2 InsO erfüllt ist.

574 *Braun/Frank*, in: *Braun/Bauch/Bäuerle u. a.* (Hrsg.), Insolvenzordnung (InsO), 8., neu bearbeitete Auflage, § 225a Rn. 14 f.

575 BR-Dr 127/11, S. 26.

576 *Spahlinger*, in: *Kübler*, InsO, § 225a Rn. 50.

577 *Krause*, Debt-Equity Swaps, in: *Bauer/Düsterlho* (Hrsg.), Distressed Mergers & Acquisitions, 2. Aufl., S. 139 ff.

578 *BFH*, Beschluss v. 9. Juni 1997 - GrS 1/94.

Daher würde aufgrund des Wegfallens einer Verbindlichkeit im Rahmen eines *debt-equity-swaps* grundsätzlich ein Gewinn vorliegen. Denn die eingebrachte Forderung wird zum Nominalwert ausgebucht, der Verkehrswert liegt in der Konstellation eines kriselnden Unternehmens aber häufig darunter.[579] Eine gangbare Lösung ist, die Forderung vor Einbringung – z. B. durch die Abgabe einer Patronatserklärung – werthaltiger zu machen und so den steuerbaren Ertrag möglichst gering zu halten oder auszuschließen. Ansonsten liegt nur bei identischem Buch- und gemeinem Wert der Forderung (also bei deren voller Werthaltigkeit) ein steuerneutraler Passivtausch vor.[580] Wie bereits aufgezeigt, ist eine derartige Konstellation bei einem *debt-equity-swap*, noch dazu bei angespannter Finanzlage des Unternehmens, eher selten.

Wenn also nach soeben dargestellten Grundsätzen ein Verzichtsgewinn in Höhe des nicht werthaltigen Teils der Forderung verbleibt,[581] so liegt eine Steuerschuld bei der Gesellschaft vor. Eine solche ist durchaus geeignet, eine Sanierung erheblich zu erschweren. Es bestand jedoch – nach der Abschaffung der gesetzlichen Steuerbefreiung für Sanierungsgewinne ab dem Jahre 1998 –[582] eine grundsätzliche Möglichkeit des Erlasses[583] der Einkommen- und Körperschaftsteuer aus Billigkeitsgründen anhand des sogenannten Sanierungserlasses. Dessen Voraussetzungen hat das Bundesfinanzministerium (*BMF*) in einem Schreiben vom 27. März 2003 festgelegt.[584] Dazu müssen eine unternehmensbezogene Sanierung,[585] ein

---

579 *Hardy Fischer*, Der debt-to-equity-swap in der steuerlichen Beratungspraxis, Juve Handbuch 2011/2012, S. 1.

580 *Buth/Hermanns* (Hrsg.), Restrukturierung, Sanierung, Insolvenz, 4. Aufl., § 35 Rn. 128.

581 Nach Verrechnung mit Verlusten des laufenden Geschäftsjahres und vermutlich bestehenden Verlustvorträgen, vgl. *Buth/Hermanns* (Hrsg.), Restrukturierung, Sanierung, Insolvenz, 4. Aufl., § 35 Rn. 92.

582 *Buth/Hermanns* (Hrsg.), Restrukturierung, Sanierung, Insolvenz, 4. Aufl., § 35 Rn. 65.

583 D. h. zunächst Stundung, bei anhaltendem Vorliegen der Voraussetzungen dann Verzicht.

584 *Bundesministerium für Finanzen*, Schreiben betr. ertragsteuerliche Behandlung von Sanierungsgewinnen; Steuerstundung und Steuererlass aus sachlichen Billigkeitsgründen (§§ 163, 222, 227 AO) v. 27. März 2003 – BMF IV A 6-S 2140-8/03.

585 An dieser Stelle ergeben sich Probleme bei der Abgrenzung zu unternehmerbezogenen Sanierung, insbesondere bei Personengesellschaften oder dem Erlass absichernder Gesellschafterdarlehen, auf die hier nicht näher eingegangen werden kann; ausdrücklich umfasst von der Sanierung sind jedoch *[…] außergerichtliche Sanierungen, bei denen sich die Gesellschafterstruktur des in die Krise geratenen, zu sanierenden Unternehmens (Personengesellschaft oder Kapitalgesellschaft) ändert […].*

Sanierungsgewinn,[586] eine Sanierungsbedürftigkeit und -fähigkeit des Unternehmens, die Sanierungsgeeignetheit sowie eine Sanierungsabsicht des Gläubigers vorliegen. Den Sanierungserlass hatte der Bundesfinanzhof in einem Urteil vom 14. Juli 2010 für grundsätzlich rechtmäßig erklärt.[587] Im Hinblick auf die Anwendbarkeit auf den *debt-equity-swap* gab es jedoch stets gewisse Unsicherheiten.[588]

Auf entsprechende Vorlage hin hatte schließlich der Große Senat des Bundesfinanzhofes am 28. November 2016 über die Rechtmäßigkeit des Sanierungserlasses zu entscheiden. In seinem Beschluss[589] kam der Bundesfinanzhof zu dem Ergebnis, dass der Sanierungserlass der Gesetzmäßigkeit der Verwaltung widerspricht, soweit dieser einen Billigkeitserlass über die gesetzlichen Voraussetzungen hinaus vorsieht. Nach dem Bundesfinanzhof entspricht der Sanierungserlass nicht den Voraussetzungen einer sachlichen Unbilligkeit nach §§ 163, 227 AO und stellt verallgemeinernde Regelungen auf, deren Festlegung allein dem Gesetzgeber vorbehalten ist.[590] Es fehlt nach Ansicht des Bundesfinanzhofes schlicht an einer Rechtsgrundlage für das exekutive Handeln.[591] Diese Auffassung ist durchaus nachvollziehbar, hat doch das Bundesfinanzministerium sozusagen durch die Hintertür den vom Gesetzgeber aufgehobenen Steuererlass für Sanierungsgewinne wieder eingeführt.

Daraufhin hatte das BMF mit Schreiben vom 27. April 2017[592] zum Ausdruck gebracht, dass es für Altfälle[593] ein schutzwürdiges Vertrauen der betroffenen Steuerpflichtigen in die Wirksamkeit der Sanierungserlasse gäbe. Zeitgleich wurden gesetzliche Regelungen zu Sanierungserträgen auf den Weg gebracht, allen voran

586 Darunter versteht das BMF die Erhöhung des Betriebsvermögens, die dadurch entsteht, dass Schulden zum Zweck der Sanierung ganz oder teilweise erlassen werden.

587 Vgl. *BFH*, Urt. v. 14. Juli 2010 – X R 34/08 (erhältlich in GWR 2010, 465).

588 *Hölzle*, in: *Kübler* (Hrsg.), HRI Handbuch Restrukturierung in der Insolvenz, 3. Aufl., § 31 Rn. 107.

589 *BFH*, Beschluss v. 28. November 2016 – GrS 1/15 (erhältlich in DStR 2017, 305).

590 *BFH*, Beschluss v. 28. November 2016 – GrS 1/15 (erhältlich in DStR 2017, 305).

591 *Sedlitz*, Das Ping-Pong um den Sanierungserlass, DStR 2017, 2785.

592 *Bundesministerium für Finanzen*, Schreiben v. 27. April 2017 – IV C 6 – S 2140/13/10003, DOK 2017/0322100 (erhältlich in DStR 2017, 986).

593 Solche vor der Veröffentlichung der Entscheidung des Bundesfinanzhofes vom 28. November 2016, d. h. Fälle vollzogener Forderungseinbringung bis einschließlich 8. Februar 2017.

§ 3a EStG.[594] Allerdings stand diese Norm zunächst unter dem Zustimmungsvorbehalt der EU-Kommission.[595] Den erwünschten Beschluss, dass es sich bei § 3a EStG um keine rechtswidrige Beihilfe handelt, hat die Kommission nicht erlassen, sondern einen sogenannten *comfort letter*. Darin vertritt sie die Ansicht, dass es sich bei § 3a EStG jedenfalls um eine Bestandsschutz genießende sogenannte Altbeihilfe handelt.[596] Der Gesetzgeber hat den Vorbehalt daraufhin aufgehoben,[597] sodass § 3a EStG für alle Fälle des Sanierungsertrags nach dem 8. Februar 2017 gilt.

Der Bundesfinanzhof hat in zwei Entscheidungen[598] festgestellt, dass das Schreiben des BMF vom 27. April 2017 und damit der Vertrauensschutz für Altfälle mit dem Grundsatz der Gesetzmäßigkeit der Verwaltung unvereinbar und daher unwirksam ist. Zur Begründung führte der Bundesfinanzhof in erster Linie an, dass es bezüglich der Wirksamkeit des Sanierungserlasses stets Unsicherheit und somit keinen Vertrauenstatbestand gegeben hätte. Zudem bedürfte es für die typisierende Regelung der Anwendbarkeit des Sanierungserlasses auf Altfälle einer gesetzlichen Grundlage. Schließlich stehe die Anwendbarkeit auf Altfälle im Widerspruch zum Gesetzgebungsverfahren, in dem gerade keine rückwirkende Regelung für Altfälle vor dem 8. Februar 2017 vorgesehen ist.[599]

Inzwischen liegt mit Schreiben vom 29. März 2018 ein Nichtanwendungserlass des BMF im Einvernehmen mit den obersten Finanzbehörden der Länder vor. Die Bundesfinanzverwaltung sieht sich aufgrund des Willens des Gesetzgebers[600] an das Schreiben vom 27. April 2017 gebunden und ordnet für Schulderlasse bis einschließlich 8. Februar 2017 die Anwendung des Sanierungserlasses

---

594 Eingeführt durch das „Gesetz gegen schädliche Steuerpraktiken im Zusammenhang mit Rechteüberlassungen" vom 27. Juni 2017 (BGBl. I S. 2074); das Konzept sieht eine Steuerbefreiung für Erträge, die sich durch einen Schuldenerlass im Rahmen einer unternehmensbezogenen Sanierung ergeben, vor; vgl. im Detail *Sistermann/Beutel*, Unternehmenssanierungen nach der Grundsatzentscheidung des Großen Senats des BFH, DStR 2017, 1065.

595 *Sedlitz*, in: Das Ping-Pong um den Sanierungserlass, DStR 2017, 2785.

596 *Krumm*, in: *Blümich/Heuermann* (Hrsg.), Einkommensteuergesetz, Körperschaftsteuergesetz, Gewerbesteuergesetz, Stand: März 2021 (156. Erg.-Lfg.), § 3a EStG Rn. 10.

597 Art. 19 JStG 2018 vom 11. Dezember 2018, BGBl. 18, 2338.

598 *BFH*, Urt. v. 23. August 2017 – I R 52/14 (erhältlich in NZI 2017, 936) und Urt. v. 23. August 2017 – X R 38/15 (erhältlich in DStR 2017, 2326).

599 Vgl. *Sedlitz*, Das Ping-Pong um den Sanierungserlass, DStR 2017, 2785.

600 Im Gesetzesentwurf wurde ausdrücklich auf die Vertrauensschutzregelung Bezug genommen; Altfälle sollten nach dem Entwurf gemäß des Schreibens vom 27. April 2017 behandelt werden, vgl. *Sedlitz*, Das Ping-Pong um den Sanierungserlass, DStR 2017, 2785.

gemäß Schreiben vom 27. März 2003 an.[601] Der Deutsche Bundestag hat sich dem angeschlossen und die Verfahrensweise gebilligt, womit die Vertrauensschutzregelung der Finanzverwaltung mittels beredten Schweigens vom Gesetzgeber akzeptiert sein dürfte.[602] Für vor dem 8. Februar 2017 vollzogene Forderungserlasse bestand zumindest vorübergehend Rechtssicherheit. Über die Frage der Verfassungskonformität des Sanierungserlasses und des BMF-Schreibens wurde das Bundesverfassungsgericht im Rahmen einer Verfassungsbeschwerde gegen das vorgenannte Urteil des Bundesfinanzhofes[603] angerufen. Mit Beschluss vom 17. Juli 2019 wurde beschlossen, die Verfassungsbeschwerde nicht zur Entscheidung anzunehmen. Damit dürfte weiterhin offen sein, wie diese Fälle zu beurteilen sind[604].

Für Forderungsverzichte unter der gesetzlichen Neuregelung des § 3a EStG ist die Rechtslage ebenfalls nicht ganz eindeutig, das Risiko einer Verpflichtung zur Rückzahlung aber geringer. Zum einen hatte der X. Senat des BFH in dem Verfahren, das zur Vorlage an den Großen Senat führte, eine Europarechtswidrigkeit verneint, da die Norm keine selektiv begünstigende Ausnahmeregel beinhalte und daher keine Beihilfe sei.[605] Bereits deshalb kann davon ausgegangen werden, dass die Neuregelung der Sanierungserträge (§ 3a EStG) als beihilferechtlich unbedenklich angesehen wird.[606] Ferner ist der *comfort letter* zwar für

601 *Lenger*, Sanierungserlass – encore une fois! – Nichtanwendungserlass des BMF, NZI 2018, 347.

602 *Lenger*, Sanierungserlass – encore une fois! – Nichtanwendungserlass des BMF, NZI 2018, 347; *Steuerberaterverband Niedersachsen Sachsen-Anhalt* – Sanierungsgewinne: BMF ordnet Nichtanwendungserlass an, https://steuerberater-verband.de/2018/04/04/sanierungsgewinne-bmf-ordnet-nichtanwendungserlass-an/.

603 *BFH*, Urt. v. 23. August 2017 – I R 52/14 (erhältlich in NZI 2017, 936).

604 Teilweise wird der Nichtanwendungserslass von Gerichten als nicht rechtsmäßig und daher nicht bindend angesehen, vgl. etwa *FG Rheinland-Pfalz*, Urt. v. 30. März 2021 – 5 K 1689/20 (erhältlich in becklink 2019617); in der Literatur dagegen wird an der Rechtsprechung des BFH Kritik geübt, vgl. *Krumm*, in: *Blümich/Heuermann* (Hrsg.), Einkommensteuergesetz, Körperschaftsteuergesetz, Gewerbesteuergesetz, Stand: März 2021 (156. Erg.-Lfg.), § 3a EstG Rn. 4.

605 *Bundesfinanzhof*, Beschluss v. 25. März 2015 – X R 23/13 (erhältlich in DStR 2015, 1443).

606 *Lenger*, Sanierungserlass – encore une fois! – Nichtanwendungserlass des BMF, NZI 2018, 347; *A. Ziegenhagen* – EuGH bestätigt die Rechtmäßigkeit der Sanierungsklausel im Rahmen des Anteilseignerwechsels – Verlustvorträge bleiben rückwirkend erhalten, https://blog.handelsblatt.com/steuerboard/2018/07/03/eugh-bestaetigt-die-recht maessigkeit-der-sanierungsklausel-im-rahmen-des-anteilseignerwechsels-verlustvo rtraege-bleiben-rueckwirkend-erhalten/.

den Einzelnen nicht verbindlich und klärt die Frage der Europarechtsmäßigkeit des § 3a EStG nicht, sodass ein gewisses Risiko besteht, dass ein damit befasstes Finanzgericht diese Frage dem EuGH vorlegt. Doch selbst wenn dieser eine rechtswidrige Beihilfe annähme, so dürfte der Rückabwicklung einer Beihilfe seit dem *comfort letter* der von der Kommission selbst gesetzte Vertrauenstatbestand entgegenstehen.[607] Betroffene können zur Sicherheit verbindliche Auskünfte in Form von Billigkeitsmaßnahmen außerhalb des Sanierungserlasses beantragen.[608] Der Präsident des BFH hatte früh klargestellt, dass der Erlass bei der Besteuerung von Sanierungsgewinnen zur Erleichterung von Sanierungen möglich ist, aber nur aufgrund von Einzelfallentscheidungen.[609]

Im Hinblick auf die Gewerbesteuer kann davon ausgegangen werden, dass die zuständigen Gemeinden[610] oft den Finanzämtern folgen; auch hier ist jedoch ein Herantreten an die Behörde sinnvoll,[611] wobei auch eine verbindliche Auskunft keine Billigkeitsentscheidung ersetzt.

(2) Nutzung von Verlustvorträgen

Ein weiteres steuerliches Problem, das sich oft beim *debt-equity-swap*, aber auch beim Anteilserwerb stellen wird, ist die Frage der Nutzbarkeit von Verlustvorträgen der Zielgesellschaft.

Ausgangsbasis ist § 8c KStG, der in Abs. 1 besagt, dass bei einem Beteiligungserwerb über fünf Jahre von 25–50 % die Verlustvorträge quotal verloren gehen. Bei einem Erwerb einer Beteiligung von 50 % oder mehr können sämtliche Verlustvorträge nicht mehr genutzt werden.[612] Hintergrund dieser Regelung ist, dass

---

607 *Krumm*, in: *Blümich/Heuermann* (Hrsg.), Einkommensteuergesetz, Körperschaftsteuergesetz, Gewerbesteuergesetz, Stand: März 2021 (156. Erg.-Lfg.), Rn. 10.

608 *Lenger*, Sanierungserlass - encore une fois! - Nichtanwendungserlass des BMF, NZI 2018, 347.

609 *Beck-aktuell* - Bundesfinanzhof kippt Sanierungserlass des Finanzministeriums, https://rsw.beck.de/aktuell/daily/meldung/detail/bundesfinanzhof-kippt-sanierung serlass-des-finanzministeriums.

610 Vgl. auch Verfügung betr. gewerbesteuerliche Behandlung von Sanierungsgewinnen; hier: Steuerstundung und Steuererlass aus sachlichen Billigkeitsgründen durch die Gemeinde vom 2006; die Zuständigkeit war zwischenzeitlich umstritten, wurde nun aber vom BFH geklärt, vgl. *BFH*, Urt. v. 25. April 2012 - I R 24/11 (erhältlich in DStR 2012, 1544).

611 *Harder*, Gewerbesteuerliche Behandlung von Sanierungsgewinnen, ZInsO 2013 1070 2013, 1070 ff.

612 *Wutzke/Schneider*, Steuerliche Überlegungen, in: *Schluck-Amend/Meyding* (Hrsg.), Der Unternehmenskauf in Krise und Insolvenz, Rn. 28.

bei Änderung der wirtschaftlichen Identität, die bei entsprechendem Anteilseignerwechsel vermutet wird, die vor dieser Änderung begründeten Verluste nicht mehr nutzbar sein sollen.[613] Einem solchen Beteiligungserwerb stehen Kapitalerhöhungen mit veränderten Beteiligungen, wie sie bei einem *debt-equity-swap* regelmäßig auftreten, gleich.[614]

Sobald also ein Gläubiger, gegebenenfalls zusammen mit ihm nahestehenden Personen,[615] oder eine Gläubigergruppe i. S. d. § 8c Abs. 1 S. 2 KStG (d. h. eine Gruppe mit gleichgerichteten Interessen) eine dieser prozentualen Schwellen überschreitet, greift die Nichtnutzbarkeit der Verlustvorträge. Insbesondere kommt bei einem *debt-equity-swap* der Fall in Betracht, dass mehrere einlegende Gläubiger als Erwerbergruppe i. S. d. Norm angesehen werden. Um als Erwerbergruppe zu gelten, wird gefordert, dass die (späteren) Gesellschafter zusammenwirken, um die Kontrolle über die Gesellschaft zu erlangen.[616] Allerdings ist an das Zusammenwirken wohl eine etwas höhere Anforderung zu stellen, als dies bei mehreren zeitgleich einlegenden Gläubigern grundsätzlich vorliegt. Insbesondere müssten eine Abstimmung und das Zusammenwirken zur einheitlichen Willensbildung gegeben sein.[617]

An der Rechtmäßigkeit des § 8c Abs. 1 KStG sind seit seiner Einführung im Jahre 2009 erhebliche Zweifel geäußert worden, insbesondere im Hinblick auf die Vereinbarkeit mit dem Nettoprinzip als Teil des Leistungsfähigkeitsprinzips.[618] Das Finanzgericht Hamburg hat daher dem Bundesverfassungsgericht die Frage vorgelegt, ob § 8c Abs. 1 KStG (aufgrund des konkreten Falls eines Beteiligungserwerbs von 48 % bezieht sich die Vorlagefrage auf Satz 1 a. F. der Norm) mit Art. 3 GG vereinbar ist.[619] Das Bundesverfassungsgericht hat dies verneint und festgestellt, dass § 8c KStG in Teilen mit dem Grundgesetz unvereinbar ist.[620]

---

613 *Buth/Hermanns* (Hrsg.), Restrukturierung, Sanierung, Insolvenz, 4. Aufl., § 35 Rn. 26.

614 *Krause*, Debt-Equity Swaps, in: *Bauer/Düsterlho* (Hrsg.), Distressed Mergers & Acquisitions, 2. Aufl., S. 142.

615 Das Merkmal der nahestehenden Personen umfasst insbesondere Tochtergesellschaften, Organkreise, Gesellschafter des Erwerbers.

616 *Brandis*, in: *Blümich/Heuermann* (Hrsg.), Einkommensteuergesetz, Körperschaftsteuergesetz, Gewerbesteuergesetz, Stand: März 2021 (156. Erg.-Lfg.), § 8c KStG Rn. 52.

617 *Bundesministerium für Finanzen*, Schreiben v. 4. Juli 2008 – IV C /-S2745-a/08/10001 (erhältlich in BeckVerw 124056), Rn. 27.

618 *Wilcken*, Rettung der Sanierungsklausel durch einen neuen § 8d KStG?, NZI 2016, 996.

619 *FG Hamburg*, Beschluss v. 4. April 2011 – 2 K 33/10 (erhältlich in DStR 2011, 1172), Verfahren anhängig beim Bundesverfassungsgericht, BVerfG 22.6.2011 – 2 BvL 6/11, ANHVERF 2011.

620 *BVerfG*, Beschluss v. 29. März 2017 – 2 BvL 6/11 (erhältlich in DStR 2017, 1094).

Es fehle insbesondere an einem nachvollziehbaren Grund für die Ungleichbehandlung, die durch die Beschränkung des Verlustabzugs eintritt. Missbrauchskonstellationen, die durch die Regelung vermieden werden sollen, könnten nicht allein aufgrund einer Übertragung von 25 % der Gesellschaftsanteile beurteilt werden.[621]

Unabhängig von der Wirksamkeit des § 8c Abs. 1 KStG sieht die sogenannte Sanierungsklausel in § 8c Abs. 1a KStG eine Ausnahme von der Nichtnutzbarkeit von Verlustvorträgen vor, wenn der Beteiligungserwerb zu Zwecken der Sanierung stattfindet. Voraussetzung hierfür sind die Sanierungsbedürftigkeit[622] und die Sanierungsfähigkeit des Unternehmens sowie die Sanierungseignung der angedachten Maßnahmen.[623] Die Sanierung setzt zudem den Erhalt der wesentlichen Betriebsstrukturen voraus, wofür § 8c Abs. 1a S. 3 KStG konkrete Voraussetzungen aufstellt.

Die Sanierungsklausel wurde von der Europäischen Kommission und dem Europäischen Gericht für europarechtswidrig erklärt.[624] Sie verstoße gegen Europarecht, da sie eine selektive Ausnahme von § 8c Abs. 1 KStG und damit eine rechtswidrige Beihilfe i. S. d. Art. 107 AEUV darstelle. Der selektive Charakter wird damit begründet, dass von der Ausnahme des Referenzsystems des Verlustvortragswegfalls nicht alle Unternehmen betroffen sind, deren wesentliche

---

621 Das BVerfG hat den Gesetzgeber verpflichtet, spätestens bis zum 31.12.2018 eine gesetzliche Neuregelung zu treffen, die zudem rückwirkend zum 1. Januar 2008 gelten muss; andernfalls würde rückwirkend auf den 1. Januar 2008 die Nichtigkeit von § 8c Satz 1 bzw. § 8c Abs. 1 Satz 1 KStG eintreten; der Gesetzgeber hat daraufhin durch das JStG 2018 vom 11. Dezember 2018 § 8c Abs. 1 Satz 1 a. F. KStG rückwirkend ersatzlos gestrichen, so dass zumindest in noch nicht bestandskräftig veranlagten Zeiträumen der Verlustvortrag nutzbar ist (ggf. besteht auch bei bestandskräftigen Veranlassungen eine erfolgsversprechende Nutzbarkeit, vgl. *Brandis*, in: *Blümich/Heuermann* (Hrsg.), Einkommensteuergesetz, Körperschaftsteuergesetz, Gewerbesteuergesetz, Stand: März 2021 (156. Erg.-Lfg.), § 8 c KStG Rn. 11); da der Ausschluss von Verlustvorträgen nach § 8c Abs. 1 KStG für die vorliegende Behandlung nur von nachgeordneter Relevanz ist, wird hierauf nicht weiter eingegangen.

622 Dies entspricht in etwa dem früher verwendeten Begriff der Krise i. S. d. Eigenkapitalersatzrechts, vgl. I.C.2 und *Brandis*, in: *Blümich/Heuermann* (Hrsg.), Einkommensteuergesetz, Körperschaftsteuergesetz, Gewerbesteuergesetz, Stand: März 2021 (156. Erg.-Lfg.), § 8c KStG Rn. 72.

623 *Brandis*, in: *Blümich/Heuermann* (Hrsg.), Einkommensteuergesetz, Körperschaftsteuergesetz, Gewerbesteuergesetz, Stand: März 2021 (156. Erg.-Lfg.), § 8c KStG Rn. 72.

624 *Europäische Kommission*, Beschluss v. 26. Januar 2011 – C 7/2010; *EuG*, Urt. v. 4. Februar 2016 – T-287/11 – Sanierungsklausel, Beihilfe (erhältlich in BeckRS 2016, 80234).

Betriebsstrukturen erhalten wurden, sondern nur diejenigen, die sanierungsbedürftig sind. Der EuGH hat jedoch in mehreren Fällen entschieden, dass die Sanierungsklausel keine unionsrechtswidrige Beihilfe sei und den Beschluss der Kommission für nichtig erklärt.[625] Er bemängelt, dass der selektive Charakter der Sanierungsklausel anhand eines fehlerhaft bestimmten Referenzsystems beurteilt wurde. Es wurde fälschlich allein die Regel des Verfalls von Verlusten als maßgebliches Referenzsystem eingestuft und die allgemeine Regel des Verlustvortrags von diesem Referenzsystem ausgenommen.[626] Mit anderen Worten hat der EuGH erkannt, dass die Fortführung von Verlustvorträgen die Regel ist, § 8c Abs. 1 KStG hiervon die Ausnahme, die wiederum von der Sanierungsklausel beschränkt wird, nicht aber die Sanierungsklausel die (selektive) Ausnahme von der Regel.[627] Somit ist die Sanierungsklausel nach § 34 Abs. 6 KStG wieder rückwirkend anwendbar.[628]

Entsprechend den zwischenzeitlichen nationalen und europarechtlichen Bedenken gegen die Rechtmäßigkeit des § 8c Abs. 1a KStG hat der Gesetzgeber § 8d KStG mit Rückwirkung ab dem 1. Januar 2016 verabschiedet.[629] Dieser sieht eine Ausnahme von dem Nutzungsverlust der Verlustvorträge vor, wenn der Geschäftsbetrieb über die letzten drei Wirtschaftsjahre vor dem

---

625 *EuGH*, Urt. v. 28. Juni 2018 – C-208/16 P – Beihilferecht: Sanierungsklausel als staatliche Beihilfe (erhältlich in EuZW 2018, 686).

626 *Soltész* – Sanierungsklausel ist keine unzulässige Beihilfe, https://www.lto.de/recht/kanzleien-unternehmen/k/eugh-c203-16p-sanierungsklausel-verlustvortrag-unternehmen-steuerrecht-eu-kommission/.

627 *A. Ziegenhagen* – EuGH bestätigt die Rechtmäßigkeit der Sanierungsklausel im Rahmen des Anteilseignerwechsels – Verlustvorträge bleiben rückwirkend erhalten, https://blog.handelsblatt.com/steuerboard/2018/07/03/eugh-bestaetigt-die-rechtmaessigkeit-der-sanierungsklausel-im-rahmen-des-anteilseignerwechsels-verlustvortraege-bleiben-rueckwirkend-erhalten/; vgl. hierzu auch *Förster*, Stellungnahme zum Entwurf eines Gesetzes zur Weiterentwicklung der steuerlichen Verlustverrechnung bei Körperschaften, S. 3.

628 *A. Ziegenhagen* – EuGH bestätigt die Rechtmäßigkeit der Sanierungsklausel im Rahmen des Anteilseignerwechsels – Verlustvorträge bleiben rückwirkend erhalten, https://blog.handelsblatt.com/steuerboard/2018/07/03/eugh-bestaetigt-die-rechtmaessigkeit-der-sanierungsklausel-im-rahmen-des-anteilseignerwechsels-verlustvortraege-bleiben-rueckwirkend-erhalten/.

629 Gesetz zur Weiterentwicklung der steuerlichen Verlustrechnung bei Körperschaften vom 20. Dezember 2016 (BGBl. I 16, 2998).

Beteiligungserwerb fortgeführt wurde und danach nicht einer anderen Zweckbestimmung zugeführt wird.[630]

Diese Ausnahme soll also die Kontinuität von Betrieben privilegieren. Sie soll dabei neben den Ausnahmen der Konzernklausel (§ 8c Abs. 1 S. 5 KStG) und der Stille-Reserven-Klausel (§ 8c Abs. 1 S. 6 ff. KStG) stehen. Die vorgenannten Regelungen betreffen meist nur größere Unternehmen, die in Konzernstrukturen organisiert sind oder aufgrund ihrer Geschäftstätigkeit ausreichend stille Reserven gebildet haben. Dagegen soll § 8d KStG auch andere Unternehmen begünstigen, deren Finanzierungsbedarf den häufigen Wechsel von Gesellschaftern erfordert (gemeint dürften hier in erster Linie *start-ups* sein).[631]

Die von der Bundesregierung gewählte Formulierung ist im Hinblick auf Sanierungskonstellationen insofern zu begrüßen, als dass die Voraussetzungen der Ausnahme von § 8c Abs. 1 KStG in der Regel erfüllt sein dürften. Bei einer vorinsolvenzlichen Sanierung durch Anteilserwerb (ggf. verbunden mit Kapitalerhöhungsmaßnahmen) dürfte die dreijährige Betriebsfortführung in der Regel gegeben sein. Ausnahmen hiervon sind nur vorstellbar, wenn zur Abwendung der Krise Kurs- oder Strategiewechsel vorgenommen worden sind, welche die Einstufung des Geschäftsbetriebes berühren.[632]

Somit kann beim *debt-equity-swap* entweder nach der Sanierungsklausel des § 8c Abs. 1a KStG oder aufgrund der Kontinuität nach § 8d KStG die Steuerlast durch Verlustverrechnung reduziert werden, selbst wenn der Sanierungserlass nicht greift.[633] Vorhandene Verlustvorträge können mit dem entstehenden Verzichtsgewinn verrechnet werden, bevor die Kapitalerhöhung und vor allem die

---

630 Die Norm enthält in Abs. 1 Satz 3 und 4 eine detaillierte Beschreibung des Geschäftsbetriebs. Zu beachten sind ferner die Regelungen zum Untergang (Fortführungserfordernis nach dem schädlichen Beteiligungserwerb)/Ausschluss (bzgl. der Zeiträume vor dem Beteiligungserwerb) des Verlustvortrags in Abs. 1 S. 2 bzw. Abs. 2 (bspw. Einstellung des Geschäftsbetriebs), vgl. *Brandis*, in: *Blümich/Heuermann* (Hrsg.), Einkommensteuergesetz, Körperschaftsteuergesetz, Gewerbesteuergesetz, Stand: März 2021 (156. Erg.-Lfg.), § 8d KStG Rn. 1.

631 *Deutscher Bundestag*, Gesetzesentwurf v. 17. Oktober 2016 – BT-Drs. 18/9986.

632 Da hierzu insbesondere die angebotenen Dienstleistungen oder Produkte, der Kunden- und Lieferantenkreis, die bedienten Märkte und die Qualifikation der Arbeitnehmer gehören, dürften solche Fälle sehr selten sein.

633 Insofern ist auch § 8c Abs. 2 KStG zu beachten, der einen Vorrang des § 8c Abs. 1, 1a KStG gegenüber § 3a Abs. 3 EStG festlegt, vgl. *Brandis*, in: *Blümich/Heuermann* (Hrsg.), Einkommensteuergesetz, Körperschaftsteuergesetz, Gewerbesteuergesetz, Stand: März 2021 (156. Erg.-Lfg.), § 8c KStG Rn. 10, 79.

Zeichnung durch die einlegenden Gläubiger stattfindet. So kann ein zu versteuernder Sanierungsgewinn verringert werden.

g) *Fazit*

Der *debt-equity-swap* vor dem Stadium der Insolvenz ist nur dann sinnvoll, wenn die Kooperation der Beteiligten sichergestellt ist. Anders als im Insolvenzplanverfahren können hier die Rechte der Gläubiger und/oder Altgesellschafter nicht beschnitten oder übergangen werden.[634] Die bisherigen Anteilseigner müssen vielmehr der gewählten Kapitalmaßnahme zustimmen oder gegebenenfalls sogar gewillt sein, ihre Anteile abzugeben (bei einem „unechten" *debt-equity-swap*).

Die Interessen der Gläubiger sind deshalb von Bedeutung, da sie in den meisten Fällen nur dann zu einem *debt-equity-swap* bereit sein werden, wenn sie auf das Schuldnerunternehmen Einfluss ausüben können oder sogar die Kontrolle über dieses erhalten. Ein sogenannter *windfall profit*, bei dem nicht an der Sanierung beteiligte Anteilseigner im Falle dessen Erfolgs übergebührliche finanzielle Vorteile erhalten, wird von den Gläubigern in der Regel zu vermeiden versucht werden.

Jedoch ist anzunehmen, dass Gläubiger (um den negativen Einfluss der Insolvenzeröffnung auf die Befriedigungschance ihrer Forderung abzuwenden) und Gesellschafter (um ihre Rechtsposition zu sichern) in vielen Fällen an einer vorinsolvenzlichen Lösung interessiert sind, wodurch die Aussichten auf einen erfolgreichen *debt-equity-swap* steigen können.

C. Nach Insolvenzeröffnung

Die Gestaltung eines Unternehmenserwerbs aus der Insolvenz ist im Vergleich zu dem vor der Insolvenz anspruchsvoller, da die Unterschiede zu „regulären" Unternehmenskaufverträgen noch einmal größer sind.[635]

Zum einen muss beim Kauf vom Insolvenzverwalter das Interesse weiterer Beteiligter berücksichtigt werden, insbesondere der Gläubiger. Dabei haben unterschiedliche Gläubigergruppen (unter anderem Arbeitnehmer, Lieferanten/Kunden, Sicherungsgläubiger) oft differierende Interessen. Nicht zuletzt

634 Zur Situation im eröffneten Insolvenzverfahren siehe unter II.C.1.b)(2).

635 *Sinhart*, Unternehmenskauf bzw. -verkauf in der Krise und Insolvenz, in: *Picot/Derbort* (Hrsg.), Unternehmenskauf und Restrukturierung, 4., völlig neu bearbeitete Auflage, § 16 Rn. 74–76.

aufgrund von Zustimmungserfordernissen sind diese Interessen bestmöglich aufeinander abzustimmen.[636]

Problematisch ist auch, dass aufgrund der fortgeschrittenen Krise und der eröffneten Insolvenz die Reputation des Unternehmens – und damit der Firmenwert – unter Umständen schon gelitten hat. Auch können wichtige Vertragspartner oder Arbeitnehmer und Leitungsorgane[637] bereits abgesprungen oder jedenfalls deren Vertrauen in das Unternehmen stark gesunken sein. In vielen, insbesondere internationalen Verträgen, sind Loslösungsklauseln für den Fall der Insolvenzeröffnung vorgesehen, die den Vertragspartnern ein fristloses Kündigungsrecht einräumen.[638] Zwar ist ein gesunkener Firmenwert möglicherweise für den Käufer preislich vorteilhaft, jedoch mindert er auch die Sanierungschancen nach dem Erwerb.

Schließlich sind bei einem Kauf des Unternehmens vom Insolvenzverwalter Gewährleistungen und Garantien nur in sehr begrenztem Umfang zu erwarten.[639] Denn dieser wird die Haftung der Masse (und gegebenenfalls seine eigene) so weit wie möglich einschränken wollen.[640] Außerdem hat der Insolvenzverwalter oftmals keinen vollständigen Überblick über das Unternehmen und die darin enthaltenen oder nicht enthaltenen Vermögensgegenstände und (Eventual-)Verbindlichkeiten.[641]

Vorteilhaft bei einem Kauf von einem insolventen Verkäufer ist dagegen die Transaktionssicherheit, da das Risiko der Insolvenzanfechtung oder der Erfüllungswahl (insbesondere auch beim *Asset Deal*, siehe II.C.2.a)(5)) entfällt. Auch sind alle Verbindlichkeiten, die in der Insolvenz vom Insolvenzverwalter

---

636 *Narr*, Besonderheiten beim Kauf aus der Insolvenz, in: *Bauer/Düsterlho* (Hrsg.), Distressed Mergers & Acquisitions, 2. Aufl., S. 153; siehe auch ausführlicher unter II.C.2.b).

637 *Elsässer*, Unternehmenskauf in der Krise und aus der Insolvenz, in: *Lang/Ossola-Haring*, Kauf, Verkauf und Übertragung von Unternehmen, 16. Teil 4.1 S. 583.

638 Ausgenommen hiervon sind allerdings Miet- und Pachtverhältnisse, § 112 InsO.

639 *Narr*, Besonderheiten beim Kauf aus der Insolvenz, in: *Bauer/Düsterlho* (Hrsg.), Distressed Mergers & Acquisitions, 2. Aufl., S. 154; *Ott*, Unternehmenskauf aus der Insolvenz, 2. Aufl., Kap. 7.3.4 S. 134.

640 *Vossler*, in: *Oetker* (Hrsg.), Handelsgesetzbuch, 7. Aufl., §§ 25–28 Anh. Rechtsgeschäftliche Unternehmensübertragungen Rn. 52a.

641 *Sinhart*, Unternehmenskauf bzw. -verkauf in der Krise und Insolvenz, in: *Picot/Derbort* (Hrsg.), Unternehmenskauf und Restrukturierung, 4., völlig neu bearbeitete Auflage, § 16 Rn. 116.

begründet werden, Masseverbindlichkeiten, sodass der Käufer besser abgesichert ist als beim Kauf vor der Insolvenz.[642]

Diese und weitere Besonderheiten (unter anderem haftungsrechtlicher und arbeitsrechtlicher Art) werden im Folgenden einzeln dargestellt.

1. Kauf des Schuldnerunternehmens im Wege eines *Share Deals*

Entsprechend dem oben[643] Dargestellten, ist zwischen den Konstellationen zu unterscheiden, dass das insolvente Unternehmen von einem nicht-insolventen Verkäufer erworben wird oder aber, dass (auch) der Verkäufer der Unternehmensbeteiligungen insolvent ist. Gemäß der bisherigen Vorgehensweise soll jedoch der Erwerb des insolventen Unternehmens als Anteilserwerb priorisiert werden, sodass letztere Konstellation an dieser Stelle nicht näher behandelt werden soll. Dies gilt insbesondere, da sich beim Anteilsverkauf eines insolventen Verkäufers keine erheblichen Unterschiede zum *Asset Deal* ergeben,[644] beispielsweise ist die Problematik der Gewährleistung durch den Insolvenzverwalter identisch.[645]

In erstgenannter Konstellation erfolgt der Kauf nicht vom Insolvenzverwalter, da die Anteile an einem insolventen Unternehmen nicht in dessen Insolvenzmasse fallen.[646] Daher ist für die Übertragung aller oder einzelner Anteile der Gesellschaft die Mitwirkung der betroffenen oder aller Gesellschafter, nicht aber der Gläubiger[647] erforderlich.[648]

Allerdings besteht die Gefahr, dass der Insolvenzverwalter des erworbenen Unternehmens (wichtige) Teile des oder den kompletten Betrieb (im Wege eines *Asset Deals*) veräußert, sodass wirtschaftlich nur ein seiner wichtigsten

642 *Schluck-Amend/Meyding*, Strategische Überlegungen, in: *Schluck-Amend/Meyding* (Hrsg.), Der Unternehmenskauf in Krise und Insolvenz, Rn. 6.

643 Vgl. z. B. in II.B.1.b)(4).

644 *Wössner/Hansen*, Due Diligence, in: *Schluck-Amend/Meyding*, Der Unternehmenskauf in Krise und Insolvenz, Rn. 46; schließlich können Anteile an einem Unternehmen auch im Rahmen eines Asset Deals (als einer der Vermögensgegenstände) veräußert werden.

645 *Narr*, Besonderheiten beim Kauf aus der Insolvenz, in: *Bauer/Düsterlho* (Hrsg.), Distressed Mergers & Acquisitions, 2. Aufl., S. 156.

646 *Sinhart*, Unternehmenskauf bzw. -verkauf in der Krise und Insolvenz, in: *Picot/Derbort*, Unternehmenskauf und Restrukturierung, § 16 Rn. 74.

647 Siehe auch unter II.C.2.b)(1)i.

648 *G. Streit/Morzfeld/Schultz*, Maßnahmen zur Restrukturierung der Passivseite, Status: Recht 2009, 94.

Vermögensgegenstände entzogener Unternehmensträger bleibt.[649] Der das Management des Zielunternehmens ersetzende Insolvenzverwalter sollte beim Erwerb des *targets* – entsprechend der Beteiligung des Managements bei einem Kauf vor der Insolvenz – stets eingebunden werden.

Ein weiteres Problem ist, dass das Zielunternehmen grundsätzlich im unsanierten, überschuldeten oder zahlungsunfähigen Zustand übergeben werden würde, der Käufer also die Insolvenzgründe beseitigen müsste. Gelingt ihm das nicht, wird das Unternehmen liquidiert und anschließend gelöscht. Zuletzt hätte der Käufer auch das Problem, dass er bis zur Einstellung des Insolvenzverfahrens auf die Leitung des Unternehmens wenig Einfluss nehmen kann und die Gläubiger den Sanierungsmaßnahmen gegebenenfalls zustimmen müssen.[650]

Zwar hat ein *Share Deal* aufgrund der genannten Vorteile[651] (Erwerb des gesamten Betriebes inklusive wichtiger und zahlreicher Vertragsbeziehungen, Genehmigungen, Zertifizierungen, etc.)[652] auch im Stadium nach der Eröffnung des Insolvenzverfahrens Argumente für sich. Wegen der aufgezeigten Schwierigkeiten und Risiken ist er im Gegensatz zum Unternehmenskauf vor der Insolvenzeröffnung vorliegend eher die Ausnahme.[653]

Er erscheint vor allem in den zwei Konstellationen Zweckgesellschaft (*special purpose vehicle, SPV*) und Insolvenzplan[654] sinnvoll, weshalb diese im Folgenden vertieft behandelt werden sollen.

---

649 *Schluck-Amend/Schwarzer* – Target in der Krise – Unternehmenskauf aus insolvenzrechtlicher Sicht, https://www.cmshs-bloggt.de/rechtsthemen/distressed-ma/target-in-der-krise-was-aus-insolvenzrechtlicher-sicht-bei-einem-unternehmenskauf-zu-beachten-ist/.

650 *Sinhart*, Unternehmenskauf bzw. -verkauf in der Krise und Insolvenz, in: *Picot/Derbort*, Unternehmenskauf und Restrukturierung, § 16 Rn. 75.

651 II.B.1.a)(1).

652 *Hees*, Besonderheiten beim Kauf eines Unternehmens in Krise und Insolvenz, in: *Bergau*, Praxishandbuch Unternehmenskauf, Rn. 42.

653 *Mielke/Schäfer*, Kauf aus der Insolvenz, in: *Knott* (Hrsg.), Unternehmenskauf, 5., neu bearbeitete Auflage, Rn. 599.

654 *Schluck-Amend/Schwarzer* – Target in der Krise – Unternehmenskauf aus insolvenzrechtlicher Sicht, https://www.cmshs-bloggt.de/rechtsthemen/distressed-ma/target-in-der-krise-was-aus-insolvenzrechtlicher-sicht-bei-einem-unternehmenskauf-zu-beachten-ist/.

a) *Zweckgesellschaft*

Die erstgenannte Konstellation besteht im Erwerb in Form eines *Share Deals* mit vorausgehendem *Asset Deal* unter Zuhilfenahme einer Zweckgesellschaft, in welche in der Regel die einzelnen Vermögensgegenstände vor dem Verkauf eingebracht werden.[655] Zwar existiert die Möglichkeit dieser Vorgehensweise natürlich bereits vor Eröffnung des Insolvenzverfahrens. Zu diesem Zeitpunkt wird die Zweckgesellschaft aber vielerorts kritisiert, da befürchtet wird, dass die Gläubiger in ihrer Gesamtheit benachteiligt werden, wenn nur der Zerschlagungswert als Teilungsmasse angeboten wird.[656] Abgesehen davon bestehen bei der Einbringung von Vermögen in die Zweckgesellschaft vor der Insolvenz die oben dargestellten Risiken[657] eines *Asset Deals*.

Beim Erwerb in der Insolvenz gründet der Insolvenzverwalter eine solche Zweckgesellschaft (auch Betriebsübernahmegesellschaft genannt) und überträgt ihr die sanierungs- und überlebensfähigen Vermögensgegenstände des Insolvenzschuldners. Die Zweckgesellschaft wird dann vom Insolvenzverwalter im Rahmen eines *Share Deals* an den Käufer veräußert. Aufgrund der Beteiligung der Gläubigergremien im Insolvenzverfahren wird das Problem der Benachteiligung der Gläubiger nicht relevant.[658] Der Vorteil gegenüber einem *Asset Deal* direkt auf den Käufer ist, dass die Schwierigkeiten der Abwicklung des *Asset Deals* den Käufer nicht treffen, er vielmehr eine selbstständige, betriebsbereite und schuldenfreie Gesellschaft erhält.[659]

Das dargestellte Vorgehen kann außerdem steuerliche Vorteile haben, insbesondere die Möglichkeit der Buchwertfortführung nach § 20 Abs. 2 UmwStG. Die auf Antrag zu gewährende Bewertung nach dem Buchwert verhindert die Aufdeckung stiller Reserven, sodass eine steuerneutrale Übertragung auf die

---

655 *Dr. Ralf Morshäuser/Dr. Tobias Falkner, LL.M.*, Unternehmenskauf aus der Insolvenz, NZG 2010, 881, NZG 2010, 881/883.

656 *K. Schmidt*, Außergerichtliche Unternehmenssanierung – übertragende Sanierung, in: *Schmidt/Uhlenbruck* (Hrsg.), Die GmbH in der Krise, Sanierung und Insolvenz, 5., neu bearb. und erw. Aufl., Rn. 2.231; diese Kritik gilt für die übertragende Sanierung insgesamt, insbesondere aber mittels Einschaltung einer Auffanggesellschaft.

657 I.B.2.b).

658 *K. Schmidt*, Außergerichtliche Unternehmenssanierung – übertragende Sanierung, in: *Schmidt/Uhlenbruck* (Hrsg.), Die GmbH in der Krise, Sanierung und Insolvenz, 5., neu bearb. und erw. Aufl., Rn. 2.231.

659 *Buchta*, Unternehmen in Krise und Insolvenz, in: *Hölters* (Hrsg.), Handbuch Unternehmenskauf, 9., neu bearbeitete und erweiterte Auflage, Rn. 16.135.

Zweckgesellschaft möglich ist. Da dies aber sehr einzelfallabhängig ist, sollte hierzu beim zuständigen Finanzamt eine verbindliche Auskunft eingeholt werden.[660]

Das Risiko beim Einsatz eines *SPV* ist zum einen, dass noch nicht höchstrichterlich geklärt zu sein scheint, ob die Einschränkung des § 613a BGB wie sonst beim Kauf vom Insolvenzverwalter gelten sollen, d. h. auf die Zweckgesellschaft nur die Verbindlichkeiten ab dem Zeitpunkt der Eröffnung des Insolvenzverfahrens übergehen.[661] Das Hauptargument des Bundesarbeitsgerichts, die zu vermeidende Besserstellung der Arbeitnehmer[662] gegenüber den anderen Gläubigern, wird aber in der Mehrheit der Fälle auch auf die Konstellation des Erwerbs mittels Zweckgesellschaft zutreffen.[663] Denn es ist davon auszugehen, dass die Zweckgesellschaft deutlich solventer als die Insolvenzschuldnerin ist und zumindest mittelfristig entweder mit zusätzlichem Kapital ausgestattet oder selbst werbend am Markt tätig wird und so zusätzliche Liquidität generiert. Hiervon würden die übertragenen Arbeitnehmer gegenüber den Gläubigern der Insolvenzschuldnerin profitieren. Damit liegt jedenfalls ein Ausschluss der teleologischen Reduktion des § 613a BGB fern.

Vorsicht sollte auch im Hinblick auf neu begründete Verbindlichkeiten der Zweckgesellschaft, insbesondere bezüglich des Zeitpunkts und der Einflussmöglichkeiten des Erwerbers auf die Zweckgesellschaft angewendet werden. Um diese neuen Verbindlichkeiten möglichst gering zu halten und Überraschungen zu vermeiden, sollte das zu erwerbende Geschäft erst kurz vor dem Erwerb[664] selbst in die Zweckgesellschaft eingebracht werden. Vorteilhaft ist zudem, wenn sich der Erwerber möglichst großen Einfluss auf die Geschäftsführer sichern kann.[665]

b) Insolvenzplan

Die Neuregelung des bereits in der ursprünglichen Fassung der Insolvenzordnung enthaltenen Insolvenzplans durch das ESUG wurde als Kernstück der damaligen Insolvenzrechtsreform bezeichnet.[666] Die Ausgangsnorm des § 217

---

660 *Morshäuser/Falkner*, Unternehmenskauf aus der Insolvenz, NZG 2010, 881.

661 II.C.2.a).

662 *BAG*, Urt. v. 30. Oktober 2008 – 8 AZR 54/07 (erhältlich in NZA 2009, 432).

663 *Morshäuser/Falkner*, Unternehmenskauf aus der Insolvenz, NZG 2010, 881/883.

664 Sowie im Idealfall nach fusionsrechtlicher Freigabe, um nicht gegen Zusammenschlusskontrollregelungen zu verstoßen.

665 *Morshäuser/Falkner*, Unternehmenskauf aus der Insolvenz, NZG 2010, 881/883.

666 *J. Bauer*, Die GmbH in der Krise, 6. Aufl., Rn. 2133.

InsO regelt, dass die Befriedigung der absonderungsberechtigten Gläubiger und der Insolvenzgläubiger, die Verwertung der Insolvenzmasse und deren Verteilung sowie die Haftung des Schuldners in einem Insolvenzplan abweichend von den Vorschriften der Insolvenzordnung geregelt werden können. Sowohl für die Sanierung als auch die Verwertung steht es damit den Beteiligten offen, Alternativen für eine bestmögliche Befriedigung und Rettung des Unternehmens zu finden.

Im Folgenden sollen überblicksartig das Verfahren der Aufstellung und Bestätigung des Plans sowie dessen notwendiger Inhalt dargestellt werden. Anschließend werden die Besonderheiten in Bezug auf Unternehmensübertragungen, speziell die durch das ESUG eingeführten Erleichterungen, aufgezeigt. Diese können aus dem Insolvenzplan eine echte Alternative für den Kauf aus der Insolvenz zur übertragenden Sanierung machen,[667] insbesondere wenn der insolvente Unternehmensträger erhalten und saniert aus dem Insolvenzverfahren geführt werden soll.[668]

(1) Verfahren und Inhalt des Insolvenzplans

Der Ablauf des Insolvenzplanverfahrens und der notwendige Inhalt des Plans ergeben sich größtenteils und stringent aus dem Gesetzesaufbau:

i. Einreichung und Inhalt des Plans, §§ 218 ff. InsO

Zur Einreichung des Plans ist der Schuldner oder der Insolvenzverwalter befugt. Die Gläubiger sind gegebenenfalls auch in diesem Stadium bereits beteiligt. So kann die Gläubigerversammlung den Verwalter zur Planausarbeitung beauftragen, ein bestellter Gläubigerausschuss wirkt bei der Erstellung durch den Insolvenzverwalter mit. Bezüglich des Inhalts stellt das Gesetz in den §§ 219 ff. InsO klare Anforderungen auf. Erforderlich ist demnach ein darstellender Teil, der mindestens die nach der Eröffnung des Insolvenzverfahrens vorgenommenen Maßnahmen aufzeigt und solche, die noch zu treffen sind, um die im gestaltenden Teil dargelegten Ziele zu erreichen.[669] Die geplanten Rechtsänderungen

---

667 *Kurney/Stelzel*, § 23 M&A in der Krise, in: *Buth/Hermanns* (Hrsg.), Restrukturierung, Sanierung, Insolvenz, 4., vollst. neu bearb. Aufl., Rn. 74–97.

668 *Sinhart*, Unternehmenskauf bzw. -verkauf in der Krise und Insolvenz, in: *Picot/Derbort*, Unternehmenskauf und Restrukturierung, § 16 Rn. 82; *Narr*, Besonderheiten beim Kauf aus der Insolvenz, in: *Bauer/Düsterlho* (Hrsg.), Distressed Mergers & Acquisitions, 2. Aufl., S. 157.

669 *Spliedt*, in: *Schmidt*, Insolvenzordnung, § 220 Rn. 2.

sind zu erklären und dabei insbesondere die wirtschaftlichen Folgen für die Beteiligten darzulegen. Hierfür sind wiederum Informationen zur Gruppenbildung erforderlich.[670] Daneben sind sämtliche Angaben zwingend, die für die Entscheidung der Beteiligten über die Zustimmung zum Plan und für dessen gerichtliche Bestätigung erheblich sind.[671]

Im bereits erwähnten gestaltenden Teil ist exakt darzustellen, wie sich die Rechtsstellungen der Beteiligten[672] durch die Plandurchführung ändern werden. Es ist dabei zu empfehlen, den Inhalt des Plans vollstreckungsfähig auszugestalten, sodass seine Bestimmungen gegebenenfalls zwangsmäßig durchgesetzt werden können.[673] Zudem sind hier die Gruppenbildung von Gläubigern nach den gesetzlich aufgestellten Kategorien sowie eine fakultative Unterteilung[674] in weitere Gruppen mit jeweils vergleichbaren Rechtsstellungen vorzunehmen. Mischgruppen, z. B. mit Inhabern von werthaltigen und nicht werthaltigen Absonderungsrechten sind ebenso wenig zulässig wie eine hohe Zahl von Kleingläubigergruppen.[675] Durch die Reform des SanInsFoG ist zudem vorgeschrieben, dass vorgerechnet wird, wie sich der Plan auf die voraussichtliche Befriedigung auswirkt.[676]

---

670 *Andres/Leithaus/Dahl* (Hrsg.), Insolvenzordnung (InsO), 4. Aufl., § 221 Rn. 4.

671 *BGH*, Beschluss v. 13. Oktober 2011 – IX ZB 37/08 (erhältlich in NZI 2012, 139), Rn. 9, 10.

672 Erfasst sind die Planunterworfenen, d. h. die absonderungsberechtigten Gläubiger (§ 223 InsO), die Insolvenzgläubiger (§§ 224, 225 InsO), der Schuldner (§ 227 InsO) sowie die am Schuldner beteiligten Personen (§ 225a InsO) und bei Anzeige der Masseunzulänglichkeit die Altmassegläubiger; nicht Beteiligte i. S. d. Norm sind die Aussonderungsberechtigten, die Massegläubiger (außer im Fall des § 210a InsO), der Insolvenzverwalter und die (künftigen) Neugläubiger (es sei denn, sie stimmen dem Plan zu). Der Vollständigkeit halber sei angemerkt, dass aufgrund der Änderung des § 217 InsO durch das SanInsFoG gemäß § 217 Abs. 2 InsO nunmehr auch Gläubigerrechte bezüglich gruppeninterner Drittsicherheiten (d. h. in Fällen, in denen ein verbundenes Unternehmen gesamtschuldnerisch/akzessorisch für das Schuldnerunternehmen haftet) in den Plan mitaufgenommen werden können, vgl. Art. 5 Nr. 21 SanInsFoG. Weitere Regelungen zu diesen Gläubigern finden sich v.a. im neu eingeführten § 223a InsO, der eine Entschädigung für den Fall vorsieht, dass der Plan Rechte aus gruppeninternen Sicherheiten berührt, und in § 245 Abs. 2a InsO, der für das Obstruktionsverbot die Bedingung aufstellt, dass eine angemessene Entschädigung für den Rechtseingriff erfolgt.

673 *Spliedt*, in: *Schmidt*, Insolvenzordnung, § 221 Rn. 4.

674 *Andres/Leithaus/Dahl* (Hrsg.), Insolvenzordnung (InsO), 4. Aufl., § 222 Rn. 1.

675 *J. Bauer*, Die GmbH in der Krise, 6. Aufl., Rn. 2180.

676 § 220 Abs. 2 S. 2 ff. InsO.

ii. *Gerichtliche Vorprüfung, §§ 231, 232 InsO*

Das Gericht prüft nach Einreichung den Plan auf Gründe für eine eventuelle Zurückweisung. Solche können zum Beispiel bei vom Schuldner selbst vorgelegten Plänen die offensichtlich fehlenden Erfolgsaussichten auf Bestätigung des Plans sein.[677] Wirtschaftliche Erfolgsaussichten bleiben dagegen außer Betracht.[678] Gegen die Zurückweisung ist das Rechtsmittel der sofortigen Beschwerde zulässig.[679]

iii. *Erörterungs- und Abstimmungstermin, §§ 235 ff. InsO*

In einem vom Insolvenzgericht zu bestimmenden Erörterungs- und Abstimmungstermin wird von den Gläubigern in den eingeteilten Gruppen sowie den Anteilseignern des Schuldners über den Plan abgestimmt.

Dabei ist nach § 244 InsO zum einen erforderlich, dass in jeder Gruppe die Mehrheit der Gläubiger dem Plan zustimmt. Gleichzeitig muss die Summe der Ansprüche dieser Gläubiger in jeder Gruppe mehr als die Hälfte der Summe der Ansprüche der abstimmenden Gläubiger ausmachen. Erforderlich ist also eine Kopf- und Summenmehrheit in jeder der Gläubigergruppen.[680] Für die Gesellschafter gilt Entsprechendes, lediglich ist hier allein die Mehrheit der Beteiligungen, nicht der Ansprüche, maßgeblich, § 244 Abs. 3 InsO, und es bedarf keiner Kopfmehrheit.[681]

Gegen die Blockierung des Plans durch Ablehnung oder Nichtabgabe der Stimme (insbesondere von Großgläubigern) hilft unter Umständen die Zustimmungsfiktion aus § 245 InsO. Hierfür kommt es im Wesentlichen darauf an, dass

- die Mehrheit der abstimmenden Gruppen den Plan mit der erforderlichen Mehrheit angenommen hat,
- kein widersprechender Gläubiger oder Anteilseigner durch den Plan schlechter gestellt wird und
- die nicht zustimmende Gruppe angemessen beteiligt wird.[682]

---

677 *Braun/Frank*, in: *Braun/Bauch/Bäuerle u. a.* (Hrsg.), Insolvenzordnung (InsO), 8., neu bearbeitete Auflage, § 231 Rn. 5.

678 *J. Bauer*, Die GmbH in der Krise, 6. Aufl., Rn. 2146.

679 *Breuer*, in: *Kirchhof* (Hrsg.), Münchener Kommentar zur Insolvenzordnung, [4. Aufl.], § 231 Rn. 29.

680 *Andres/Leithaus/Dahl* (Hrsg.), Insolvenzordnung (InsO), 4. Aufl., § 244 Rn. 2 ff.

681 *Lüer/Streit*, in: *Uhlenbruck* (Hrsg.), Insolvenzordnung, 15., völlig neu bearbeitete Auflage, § 244 Rn. 8.

682 *Andres/Leithaus/Dahl* (Hrsg.), Insolvenzordnung (InsO), 4. Aufl., § 245 Rn. 1.

Diese angemessene Beteiligung am Mehrwert des Insolvenzplans wird vom Gesetz für Gläubiger und Anteilseigner unterschiedlich geregelt. Beiden ist gemein, dass kein anderer Gläubiger Werte erhält, die den Betrag seines Anspruchs übersteigen. Bei den Gläubigern ist weiter Voraussetzung, dass weder der Schuldner noch nachrangige Insolvenzgläubiger etwas erhalten und kein dem Gläubiger ohne den Insolvenzplan gleichgestellter Gläubiger bevorzugt wird. Für Anteilseigner ist das weitere Kriterium, dass kein Anteilsinhaber mehr erhält, als er ohne Insolvenz verlangen könnte.[683] Diese Gleichstellung der Gesellschafter bezieht sich auf die Gewinn- und Überschussverteilung, weshalb in vielen Fällen eine Gleichstellung ohne Plan gegeben sein wird.[684]

Problematisch können gegebenenfalls die Minderheitenrechte der bei der Planbestätigung überstimmten Gesellschafter oder Gläubiger sein, die gegen diese Bestätigung vorgehen können. Allerdings sind die Rechtsschutzmöglichkeiten eingeschränkt. Insbesondere die sofortige Beschwerde hat seit der Einführung des ESUG erhöhte Voraussetzungen, etwa die Glaubhaftmachung einer nicht durch Zahlung nach § 251 Abs. 3 InsO ausgleichbaren Schlechterstellung.[685]

iv. Bestätigung durch das Insolvenzgericht, §§ 248 ff. InsO

Nach der Annahme durch die Gläubiger hat das Gericht bei Vorliegen der Voraussetzungen der §§ 248–251 InsO den Plan zu bestätigen, ein Ermessen besteht insofern nicht.[686] Mit der Bestätigung und der Rechtskraft des Plans treten die in ihm enthaltenen gestaltenden Wirkungen ein. Dies gilt auch gegenüber denjenigen Beteiligten, die dem Plan nicht zugestimmt haben, sowie gegenüber unbekannten Insolvenzgläubigern.[687]

(2) Neuerungen durch das ESUG

Im Mittelpunkt der Reform im Jahre 2011[688] stand die Einführung des § 225a InsO, insbesondere die Kodifizierung des *debt-equity-swaps* in § 225a Abs. 2

---

683 *Kurney/Stelzel*, § 23 M&A in der Krise, in: *Buth/Hermanns* (Hrsg.), Restrukturierung, Sanierung, Insolvenz, 4., vollst. neu bearb. Aufl., Rn. 96.

684 Ausgenommen sind Fälle von Vorzugsanteilen oder reine Stimmrechtsanteile mit ausgeschlossenen Bezugsrechten.

685 *J. Bauer*, Die GmbH in der Krise, 6. Aufl., Rn. 2164.

686 *Andres/Leithaus/Dahl* (Hrsg.), Insolvenzordnung (InsO), 4. Aufl., § 248 Rn. 4.

687 *J. Bauer*, Die GmbH in der Krise, 6. Aufl., Rn. 2154.

688 Gesetz zur weiteren Erleichterung der Sanierung von Unternehmen vom 7. Dezember 2011, BGBl. I 2011, S. 2582.

InsO, den die Regierungsbegründung selbst als *„zentrales Mittel für ein attraktives Sanierungsverfahren“*[689] sieht.

i. Ausschluss von Sonderloslösungsrechten

Für die Praxis bedeutsam und daher vorwegzunehmen ist die Tatsache, dass bei den nachfolgend dargestellten Maßnahmen nach § 225a Abs. 2 und 3 InsO aufgrund der Regelung des § 225a Abs. 4 S. 3 InsO *change-of-control*-Klauseln nicht genutzt werden können. Darüber hinaus sind auch gesetzliche Rücktritts- oder Beendigungsgründe von Verträgen mit dem Schuldner nicht anwendbar, vgl. § 225a Abs. 4 S. 1 InsO.

Von der Regelung erfasst sind allgemein *change-of-control*-Klauseln, die entweder ein Loslösungsrecht enthalten oder anderweitig eine Beendigung des Vertragsverhältnisses ermöglichen. Wie weit die Reichweite des § 225 Abs. 4 S. 3 InsO hinsichtlich der Rechtsfolge der Klausel konkret geht, ist dagegen unklar. Insbesondere wird deren Anwendbarkeit auf die in Kreditverträgen üblichen Rechte zur Vorfälligkeit diskutiert.[690] Eine solche Anwendbarkeit ist jedoch grundsätzlich zu befürworten. Die Fälligkeitsstellung des Darlehens ist das Pendant zur Beendigung. Der Zweck, sich bei Wechsel der Gesellschafterstruktur und damit verbundenem Vertrauensverlust von langfristigen Bindungen zu lösen, ist bei Kündigungsrechten derselbe wie bei einem Recht zur sofortigen Rückzahlung des Darlehens.

Dabei dürfte eindeutig sein, dass sich die *change-of-control*-Klausel nicht auf einen *debt-equity-swap* beziehen muss, zumal auch die Übertragungen nach § 225a Abs. 3 InsO in dessen Abs. 4 genannt sind. *Change-of-control*-Klauseln stellen üblicherweise auf einen (in-)direkten Kontrollwechsel bei der kontrahierenden Gesellschaft ab. Werden die entsprechenden Schwellen, die von den *change-of-control*-Klauseln aufgestellt werden, im Rahmen eines *debt-equity-swaps* oder einer Übertragung erreicht, so sind diese Klauseln nach § 225 Abs. 4 S. 3 InsO grundsätzlich unwirksam. Auch wenn die jeweilige Regelung an weitergehende Pflichtverletzungen anknüpfen sollte,[691] so ist jedenfalls die vertragliche Vereinbarung, die Kündigung aufgrund des Kontrollwechsels zu erklären, nichtig. Umgekehrt sind Beendigungen der Verträge aufgrund anderweitiger

689 BT-Drs. 17/5712, S. 31.

690 *Längsfeld*, (Un-)Wirksamkeit von Change-of-Control-Klauseln, NZI 2014, 734.

691 *Jaffé*, in: *Wimmer* (Hrsg.), FK-InsO Frankfurter Kommentar zur Insolvenzordnung, 9. Aufl., § 225a Rn. 40.

Pflichtverletzungen, die sich nicht in der Anteilsumwandlung oder -übertragung erschöpfen, gemäß § 225a Abs. 4 S. 4 InsO möglich.

Weiterhin ist nicht davon auszugehen, dass die angeordnete Unwirksamkeit auch außerhalb des Insolvenzverfahrens anwendbar ist.[692] Eine solche Auslegung würde zu weit gehen und das wieder sanierte Unternehmen übergebührend bevorteilen, gleichzeitig die Vertragspartner gegenüber zukünftigen Kontroll- oder Mehrheitsänderungen schutzlos lassen.

ii. Anteilsrechte als Kaufgegenstand

Durch das ESUG wurde erstmalig die Möglichkeit eingeführt, auch in die Rechte der Gesellschafter einzugreifen.[693] Möglich sind nach dem neu eingeführten § 225a InsO, genauer dessen Abs. 3, alle gesellschaftsrechtlich zulässigen Maßnahmen, unter anderem auch die Übertragung von Anteils- oder Mitgliedschaftsrechten. Hintergrund war das bis dahin im Insolvenzplanverfahren vorhandene Blockadepotenzial der Altgesellschafter, auf deren Rechte nicht zugegriffen werden konnte und die oftmals den Eintritt neuer Investoren behindert oder verteuert hatten.[694]

Nunmehr kann also auch eine Übertragung von Geschäftsanteilen im Insolvenzplan geregelt werden, insbesondere von Anteilen an der Schuldnerin selbst,[695] was für eine *M&A*-Transaktion besonders interessant ist. In Kombination mit dem bereits kennengelernten Obstruktionsverbot (§ 245 InsO) ist eine solche Übertragung auch gegen den Willen des oder der jeweiligen Anteilseigner möglich. Da diese aufgrund des § 199 InsO im Plan nur selten weniger erhalten als im Regelverfahren,[696] ist die Erfüllung der Voraussetzungen des § 245 InsO in nicht wenigen Fällen realisierbar. Es ergeben sich zwar einige Bedenken im Hinblick auf die Zulässigkeit eines solchen „insolvenzrechtlichen *squeeze-outs*", insbesondere bei sanierungsfähigen und -willigen Gesellschaftern. So wird teilweise vertreten, dass ein Insolvenzplan, der sanierungswillige Gesellschafter zur Übertragung zwingt, diese in ihren Rechten aus Art. 14 GG verletzt und daher

---

692 Vgl. insgesamt *Längsfeld*, (Un-)Wirksamkeit von Change-of-Control-Klauseln, NZI 2014, 734.

693 *Kurney/Stelzel*, § 23 M&A in der Krise, in: *Buth/Hermanns* (Hrsg.), Restrukturierung, Sanierung, Insolvenz, 4., vollst. neu bearb. Aufl., Rn. 82.

694 *Andres/Leithaus/Dahl* (Hrsg.), Insolvenzordnung (InsO), 4. Aufl., § 225a Rn. 1.

695 *Geiwitz/Danckelmann*, in: *Fridgen/Geiwitz/Göpfert*, BeckOK InsO, § 225a Rn. 18.

696 *Spliedt*, in: *Schmidt*, Insolvenzordnung, § 225a Rn. 6.

inhaltlich fehlerhaft ist.[697] Jedoch scheint die überwiegende Meinung davon auszugehen, dass auch dies möglich ist.[698] Dabei ist zu beachten, dass nach dem Willen des Gesetzgebers dem seinen Anteil verlierenden Gesellschafter eine Kompensation zu gewähren ist, soweit dieser Anteil noch werthaltig war.[699] Werthaltigkeit ist anzunehmen, wenn dem Gesellschafter nach § 199 Abs. 2 InsO ein solcher Wert im Regelverfahren zustehen würde.[700] Dies ist in der Regel aber nicht der Fall, insbesondere, da bei der Bewertung wieder der Zerschlagungswert anzusetzen ist.[701] Dennoch kann aufgrund dieser Kompensation insgesamt nicht von einer Grundrechtsverletzung ausgegangen werden. Die Sanierungsfähigkeit und -willigkeit dürfte außerdem im Einzelfall schwer nachzuweisen sein. Daher sollte im Interesse einer effektiven Sanierung, unabhängig von der inneren Einstellung des Anteilseigners, eine Übertragung der Anteile stets gegen dessen Willen möglich sein. Auch im Übrigen bestehen nach der hier vertretenen Ansicht keine durchgreifenden Bedenken verfassungsrechtlicher, insolvenzrechtlicher oder europarechtlicher Art.[702]

iii. Debt-equity-swap

Wie bereits erwähnt, war die von vielen Seiten geforderte Einführung des *debt-equity-swaps* im Rahmen des Insolvenzplans ein zentraler Punkt der Insolvenzrechtsreform durch das ESUG.[703] Die fehlende zwangsweise gesellschaftsrechtliche Restrukturierung durch Einbeziehung der Eingriffe in Anteilsrechte war – insbesondere auch im Vergleich zu anderen Rechtsordnungen – als Schwachpunkt der deutschen Insolvenzordnung identifiziert worden.[704]

---

697 *Simon/Merkelbach*, Gesellschaftsrechtliche Strukturmaßnahmen im Insolvenzplanverfahren nach dem ESUG, NZG 2012, 121/127.

698 *Geiwitz/Danckelmann*, in: *Fridgen/Geiwitz/Göpfert*, BeckOK InsO, § 225 Rn. 18; *Spliedt*, in: *Schmidt*, Insolvenzordnung, § 225a Rn. 46; *Eidenmüller*, in: *Kirchhof* (Hrsg.), Münchener Kommentar zur Insolvenzordnung, [4. Aufl.], § 225a Rn. 87.

699 BT-Drs. 17/5712, S. 32.

700 *Jaffé*, in: *Wimmer* (Hrsg.), FK-InsO Frankfurter Kommentar zur Insolvenzordnung, 9. Aufl., § 225a Rn. 30.

701 *Simon/Merkelbach*, Gesellschaftsrechtliche Strukturmaßnahmen im Insolvenzplanverfahren nach dem ESUG, NZG 2012, 121/125.

702 Vgl. zu solchen *Haas*, Mehr Gesellschaftsrecht im Insolvenzplanverfahren, NZG 2012, 961/963.

703 *G. Hölzle*, Die „erleichterte Sanierung von Unternehmen" in der Nomenklatur der InsO – ein hehres Regelungsziel des RefE-ESUG, NZI 2011, 124/128.

704 *J. Schmidt*, Der Debt Equity Swap als Sanierungsinstrument im Fokus des Gesetzgebers, GWR 2010, 568/569.

Der *debt-equity-swap* selbst ist in § 225a Abs. 2 InsO geregelt, d. h. die Umwandlung von Forderungen in Anteile so wie die üblicherweise notwendigen Schritte (Kapitalschnitt, Ausschluss von Bezugsrechten, Abfindung der Altgesellschafter)[705]. Ferner wird als Ausfluss der negativen Vereinigungsfreiheit[706] festgelegt, dass keinem Gläubiger gegen seinen Willen eine Mitgliedschaft aufgezwungen werden kann, § 225a Abs. 2 S. 2 InsO. Möglich ist unter § 225a Abs. 2 InsO auch ein unechter *debt-equity-swap*, der die Vorteile hat, dass keine Kapitalmaßnahmen erforderlich sind und sich die Problematik der Bewertung der Forderung[707] der Gläubiger nicht stellt.[708]

Mit der relevanteste und offensichtlichste Unterschied zum *debt-equity-swap* vor der Insolvenz ist, dass ein sonst erforderlicher Gesellschafterbeschluss durch den Insolvenzplan ersetzt wird,[709] siehe die Regelung des § 254a Abs. 2 InsO.

Wie beim *debt-equity-swap* außerhalb der Insolvenz stellt sich auch hier die Frage nach der Bewertung der einzubringenden Forderung. Demnach ist – auch nach dem Willen des Gesetzgebers – die Wertigkeit der Forderung maßgeblich, die mit der vorherrschenden Meinung nach dem Zerschlagungswert zu bemessen ist.[710]

Eine Besonderheit bei einem *debt-equity-swap* im Insolvenzplanverfahren ist die Regelung des § 254 Abs. 4 InsO, mit dem der Gesetzgeber die Problematik der Überbewertung der eingebrachten Forderung beheben wollte.[711] Nach der genannten Vorschrift kann der Schuldner nach der gerichtlichen Bestätigung des Plans Ansprüche wegen einer Überwertung der eingebrachten Forderungen

---

705 *Sinhart*, Unternehmenskauf bzw. -verkauf in der Krise und Insolvenz, in: *Picot/Derbort* (Hrsg.), Unternehmenskauf und Restrukturierung, 4., völlig neu bearbeitete Auflage, § 16 Rn. 83a–83n.

706 *Haas*, Mehr Gesellschaftsrecht im Insolvenzplanverfahren, NZG 2012, 961/965.

707 Es stellt sich im Rahmen der dargestellten Kompensation allerdings die bereits angesprochene Frage der Bewertung der Anteile der Altgesellschafter, auch hier geht der Gesetzgeber von einer Bewertung nach dem Zerschlagungswert aus, siehe BT-Drs. 17/5712, S. 32.

708 *Eidenmüller*, in: *Kirchhof* (Hrsg.), Münchener Kommentar zur Insolvenzordnung, [4. Aufl.], § 225a Rn. 87.

709 *Kurney/Stelzel*, § 23 M&A in der Krise, in: *Buth/Hermanns* (Hrsg.), Restrukturierung, Sanierung, Insolvenz, 4., vollst. neu bearb. Aufl., Rn. 83 ff.

710 *Simon/Merkelbach*, Gesellschaftsrechtliche Strukturmaßnahmen im Insolvenzplanverfahren nach dem ESUG, NZG 2012, 121/124.

711 *Kurney/Stelzel*, § 23 M&A in der Krise, in: *Buth/Hermanns* (Hrsg.), Restrukturierung, Sanierung, Insolvenz, 4., vollst. neu bearb. Aufl., Rn. 81 ff.

gegen die einbringenden Gläubiger nicht mehr geltend machen. Die Gläubiger sind dadurch vor einer Nachschusspflicht aufgrund der Differenzhaftung geschützt.[712] Mit den besseren Argumenten ist auch eine Erstreckung der Haftungsfreistellung auf die die Kapitalerhöhung anmeldenden Geschäftsführer oder den Insolvenzverwalter anzunehmen (§ 254 Abs. 4 InsO analog). Andernfalls könnte durch den inneren Ausgleichsanspruch der Geschäftsführer gegenüber den Gläubigern die Regelung des § 254 Abs. 4 InsO unterlaufen werden.[713]

Die mögliche Haftung des Insolvenzverwalters nach § 60 InsO, wenn er die Einlage zu bewerten hat und diese falsch bewertet, ist dagegen nicht ausgeschlossen.[714] Allerdings umfasst der Anspruch gegen den Insolvenzverwalter nicht die Neugläubiger als eigentlich schützenswertesten Personenkreis.[715] Auch wenn daher bei einer Überbewertung wenige Konstellationen denkbar sind, in denen eine Haftung des Insolvenzverwalters gegenüber einem tauglichen, geschädigten Anspruchsinhaber gegeben ist, so ist er gut beraten, eine gutachterliche Bewertung der Forderung(en) einzuholen.

Der bereits unter II.B.3.b) behandelte Bezugsrechtsausschluss ist auch im Insolvenzplanverfahren möglich, siehe § 225a Abs. 2 S. 3 InsO. Für die oben angesprochene Problematik des vollkommenen Ausschlusses auch sanierungsbereiter Gesellschafter gilt im Ergebnis das bereits unter Gliederungspunkt ii. dieses Abschnitts Gesagte. Zwar mag ein Ausschluss des Bezugsrechts, der in Kombination mit der Kapitalherabsetzung auf null sogar zu einem zwangsweisen Verlust der Mitgliedschaft führen kann, den Gesellschafter mitunter hart treffen. Dennoch ist mit den besseren Argumenten davon auszugehen, dass dies bei Vorliegen einer sachlichen Rechtfertigung möglich ist. Erforderlich ist eine zuungunsten der Altgesellschafter zu entscheidende Abwägung deren mit den Interessen der einbringenden Gläubiger sowie das Vorliegen der Verhältnismäßigkeit.[716] Dies liegt insbesondere daran, dass sich der Wert der Altgeschäftsanteile wirtschaftlich in der Regel gegen null bewegt und auch

712 *Spahlinger*, in: *Kübler*, InsO, § 254 Rn. 23.

713 *Spliedt*, in: *Schmidt*, Insolvenzordnung, § 254 Rn. 15; *Spahlinger*, in: *Kübler*, InsO, § 254 Rn. 26.

714 *Spahlinger*, in: *Kübler*, InsO, § 254 Rn. 28; die Möglichkeit einer solchen nennt auch der Gesetzesentwurf, BT-Drs. 17/5712, S. 36.

715 *Spliedt*, in: *Schmidt*, Insolvenzordnung, § 254 Rn. 18.

716 *Jaffé*, in: *Wimmer* (Hrsg.), FK-InsO Frankfurter Kommentar zur Insolvenzordnung, 9. Aufl., § 225a Rn. 14, 15.

das Mitgliedschaftsrecht im Insolvenzverfahren auf die Mitwirkung im Planverfahren reduziert ist.[717] Der Schutz von einzelnen Gesellschaftern tritt daher hinter dem Interesse einer effizienten insolvenzlichen Behandlung (Auflösung oder Sanierung) der Gesellschaft zurück. Er beschränkt sich – neben dem Mitwirkungsrecht bezüglich des Insolvenzplans – auf einen Vermögensschutz des möglicherweise noch bestehenden Restwertes der Mitgliedschaftsrechte.[718] In extremen Fällen, in denen der komplette Ausschluss der Mitgliedschaft als unverhältnismäßiger Eingriff in die Rechte des Gesellschafters zu sehen ist, ist die sachliche Rechtfertigung allerdings zu versagen. Dies ist insbesondere denkbar bei gesellschaftergeführten Familien- oder Mittelstandsunternehmen, wenn der oder die Altgesellschafter tatsächlich sanierungswillig und -fähig sind und den Investoren deren Verbleib mit einer gewissen Beteiligung auch unter Berücksichtigung des Sanierungsvorhabens nicht unzumutbar ist.

Den Gesellschaftern steht zur Verteidigung der Antrag auf Versagung der Planbestätigung nach § 251 InsO sowie die bereits dargestellte sofortige Beschwerde zur Verfügung.[719] Deren Erfolgsaussichten sind jedoch für die Anteilseigner besonders niedrig. Denn nach § 253 Abs. 4 InsO kann der Insolvenzverwalter die Zurückweisung auch einer zulässigen und begründeten Beschwerde beantragen,[720] wenn die Nachteile einer Verzögerung des Planvollzugs die Nachteile des beschwerdeeinlegenden Gesellschafters überwiegen. Dies dürfte aufgrund der wertmäßig schwachen Stellung des Beschwerdeführers oftmals der Fall sein,[721] insbesondere wenn auf der Gegenseite die Möglichkeit einer Betriebsfortführung und Sicherung einer Mehrzahl von Arbeitsplätzen besteht.[722] Den Altgesellschaftern bleibt dann immerhin noch die Aussicht auf Schadensersatz nach § 253 Abs. 4 S. 3 InsO, der einen durch den Insolvenzplan hervorgerufenen

---

717 *Jaffé*, in: *Wimmer* (Hrsg.), FK-InsO Frankfurter Kommentar zur Insolvenzordnung, 9. Aufl., § 225a Rn. 16.

718 Mittels der Gewährung einer Kompensation bei Werthaltigkeit vgl. BT-Drs. 17/5712, S. 32; *Decher/Voland*, Kapitalschnitt und Bezugsrechtsausschluss im Insolvenzplan – Kalte Enteignung oder Konsequenz des ESUG?, ZIP 2013, 103/106.

719 *Simon/Merkelbach*, Gesellschaftsrechtliche Strukturmaßnahmen im Insolvenzplanverfahren nach dem ESUG, NZG 2012, 121/122.

720 *Sinz*, in: *Kirchhof* (Hrsg.), Münchener Kommentar zur Insolvenzordnung, [4. Aufl.], § 253 Rn. 58.

721 *Jaffé*, in: *Wimmer* (Hrsg.), FK-InsO Frankfurter Kommentar zur Insolvenzordnung, 9. Aufl., § 253 Rn. 20.

722 *Braun/Frank*, in: *Braun/Bauch/Bäuerle u. a.* (Hrsg.), Insolvenzordnung (InsO), 8., neu bearbeitete Auflage, § 253 Rn. 18.

Vermögensschaden ersetzt. Verlangt werden kann insbesondere die Differenz zwischen Plan- und Regelabwicklungswert.[723]

c) *Fazit*

Ein „klassischer" *Share Deal* aus der Insolvenz ist aufgrund der zahlreichen Risiken nur in sehr seltenen Fällen zu empfehlen und wird daher dementsprechend zu diesem Zeitpunkt nur ausnahmsweise gewählt. In Kombination mit einer vorherigen Einbringung des Unternehmens in eine Zweckgesellschaft können hingegen viele dieser Nachteile ausgeschlossen oder abgemildert werden. Zusätzlich ist – solange die Mitwirkung der Gläubiger in ausreichendem Maße gesichert ist – der Verkauf oder die Übertragung im Rahmen eines *debt-equity-swaps* innerhalb eines Insolvenzplans ein geeignetes und individuell anpassbares Mittel, um Eigentum an oder Kontrolle über ein insolventes Unternehmen zu erhalten.

2. Kauf des Schuldnerunternehmens im Wege eines *Asset Deals* (sog. „übertragende Sanierung")

Aufgrund der soeben dargestellten, erheblichen Nachteile eines *Share Deals* nach Eröffnung des Insolvenzverfahrens war der *Asset Deal* traditionell die bevorzugte und am häufigsten genutzte Transaktionsstruktur.[724] Zwar bietet das Insolvenzplanverfahren, insbesondere mit den Neuerungen des ESUG, eine interessante Alternative. Jedoch kann der *Asset Deal* einige Vorteile insbesondere haftungsrechtlicher Art aufweisen, die nahelegen, dass er auch weiterhin eine starke Rolle bei Unternehmenskäufen in der Insolvenz spielt und spielen wird.

Der Erwerb der *Assets* kann entweder durch den Käufer direkt erfolgen (dies ist insbesondere bei einer geplanten Integration des Betriebes in den des Käufers der Fall (strategischer Investor)) oder mittels einer Zweckgesellschaft (Kombination aus *Share* und *Asset Deal*, vgl. unter II.C.1.a), dies eher bei Finanzinvestoren).

---

723 *Rühle*, in: *Nerlich/Römermann* (Hrsg.), Insolvenzordnung, 42. Aufl., Losebl.-Ausg, § 253 Rn. 51.

724 *Fröhlich/Bachstädt*, § 22 Distressed Mergers & Acquisitions, in: *Buth/Hermanns*, Restrukturierung, Sanierung, Insolvenz, Rn. 19; *Sinhart*, Unternehmenskauf bzw. -verkauf in der Krise und Insolvenz, in: *Picot/Derbort* (Hrsg.), Unternehmenskauf und Restrukturierung, 4., völlig neu bearb. Aufl., § 16 Rn. 77.

Im folgenden Abschnitt sollen zunächst die allgemeinen Vor- und Nachteile dargestellt, sowie im Anschluss daran einige besondere Themengebiete vertieft besprochen werden.

a) Vorteile

(1) Keine Haftung für Betriebssteuern, § 75 Abs. 2 AO

Die Unanwendbarkeit des § 75 Abs. 1 AO ergibt sich aus dem Gesetz selbst, und zwar aus § 75 Abs. 2 AO: Demnach gilt die Haftung für Betriebssteuern nicht beim Erwerb aus der Insolvenzmasse.[725] Dazu zählen allerdings nicht ab- oder ausgesonderte Gegenstände nach §§ 47–49 InsO,[726] da sie nicht zur Insolvenzmasse gehören und daher kein Erwerb aus dieser im Sinne des § 75 Abs. 2 AO vorliegt.[727] Die Frage, ob und für wie viele Gegenstände des Unternehmens ein Aus- oder Absonderungsrecht nach §§ 47–49 InsO in Betracht kommt, sollte daher in der *due diligence* möglichst umfassend untersucht werden.

Problematisch ist die Anwendbarkeit von § 75 Abs. 2 AO beim Kauf vom vorläufigen Insolvenzverwalter.[728] Ein direkter Rückgriff auf die Rechtsprechung des Bundesfinanzhofes[729] zur Konkursordnung kann nicht erfolgen, da die Insolvenzordnung im Unterschied zur Konkursordnung keine Zustimmung des Insolvenzgerichts verlangt.[730] In seinem Urteil betont der Bundesfinanzhof aber gerade den Verkauf (durch den Sequester) im Einvernehmen auch mit dem Insolvenzgericht.[731] Dennoch wird überwiegend die Anwendbarkeit des § 75 Abs. 2 AO auf den vorläufigen Insolvenzverwalter angenommen.[732] Da der Bundesfinanzhof in seinem erwähnten Urteil die Ausdehnung auf den Sequester besonders mit dem Zweck des § 75 Abs. 2 AO, den Erwerb des überschuldeten

---

725 *Kurney/Stelzel*, § 23 M&A in der Krise, in: *Buth/Hermanns* (Hrsg.), Restrukturierung, Sanierung, Insolvenz, 4., vollst. neu bearb. Aufl., Rn. 59–66.

726 *Rüsken*, in: *Klein* (Hrsg.), Abgabenordnung, 15., völlig neu bearbeitete Auflage, § 75 Rn. 45; zur Verfügungsbefugnis des Insolvenzverwalters siehe II.C.2.b)(2).

727 *Intemann*, in: *Koenig*, Abgabenordnung, § 75 Rn. 61.

728 Zur grundsätzlichen Möglichkeit des Erwerbs vom vorläufigen Insolvenzverwalter siehe unten unter II.C.2.d).

729 *BFH*, Urt. v. 23. Juli 1998 – VII R 145-97 (erhältlich in DStR 1998, 1600), S. 1603.

730 *Schneider/Wutzke*, Ausschluss der Übernehmerhaftung, in: *Schluck-Amend/Meyding* (Hrsg.), Der Unternehmenskauf in Krise und Insolvenz, Rn. 17–19.

731 *BFH*, Urt. v. 23. Juli 1998 – VII R 145-97 (erhältlich in DStR 1998, 1600).

732 *Rüsken*, in: *Klein* (Hrsg.), Abgabenordnung, 15., völlig neu bearbeitete Auflage, § 75 Rn. 45; *Intemann*, in: *Koenig*, Abgabenordnung, § 75 Rn. 62.

Unternehmens zu erleichtern, und dem weiten Anwendungsbereich bei Erwerb im Vollstreckungsverfahren begründet,[733] ist dieser Ansicht zu folgen. Dies gilt zweifelsohne dann, wenn sich das Insolvenzverfahren unmittelbar anschließt.[734]

(2) Keine Haftung aufgrund Betriebsübernahme nach § 25 HGB

Neben der gesetzlich angeordneten Unanwendbarkeit des § 75 Abs. 1 AO ist auch die Haftung nach § 25 HGB nach allgemeiner Meinung in Literatur und Rechtsprechung ausgeschlossen.[735] Eine solche Haftung würde gegen den Grundsatz der Gläubigergleichbehandlung verstoßen[736] und die Chancen auf einen Kaufinteressenten erheblich reduzieren, sodass im Endeffekt nur noch die Zerschlagung bleiben würde.[737]

Die vorgenannten Gründe sind laut Bundesgerichtshof auf eine Veräußerung durch den Schuldner in Eigenverwaltung übertragbar, weshalb auch hier die Haftung gemäß § 25 Abs. 1 HGB nicht greift.[738]

Beim (theoretischen) Erwerb vom vorläufigen Insolvenzverwalter dagegen gilt § 25 HGB nach der überwiegenden Meinung, da der maßgebliche Grund der Gläubigergleichbehandlung hier (noch) nicht greift.[739]

Sollte also aus diesem oder anderen Gründen (etwa, wenn nur einzelne Vermögensgegenstände erworben werden) die Anwendbarkeit ernsthaft in Betracht kommen, so empfiehlt sich die Eintragung des Ausschlusses nach § 25 Abs. 2 HGB.[740]

---

733 *BFH*, Urt. v. 23. Juli 1998 – VII R 145-97 (erhältlich in DStR 1998, 1600), S. 1602.

734 *Intemann*, in: *Koenig* (Hrsg.), Abgabenordnung, 3., völlig neu bearbeitete Auflage, § 75 Rn. 62.

735 *BGH*, Urt. v. 4. November 1991 – II ZR 85/91 (erhältlich in NJW 1992, 911); *D. Beisel et al.*, Der Unternehmenskauf, 7. Aufl., § 5 Rn. 34, 36; *Schneider/Wutzke*, Ausschluss der Übernehmerhaftung, in: *Schluck-Amend/Meyding* (Hrsg.), Der Unternehmenskauf in Krise und Insolvenz, Rn. 7.

736 *Mielke/Schäfer*, Kauf aus der Insolvenz, in: *Knott* (Hrsg.), Unternehmenskauf, 5., neu bearbeitete Auflage, Rn. 619.

737 So bereits zur Konkursordnung *BGH*, Urt. v. 11. April 1988 – II ZR 313/87 (erhältlich in NJW 1988, 1912); *Bömeke*, in: *Häublein/Hoffmann-Theinert*, Beck'scher OK HGB, § 25 Rn. 18.

738 *BGH*, Urt. v. 3. Dezember 2019 – II ZR 457/18.

739 *Bömeke*, in: *Häublein/Hoffmann-Theinert*, Beck'scher OK HGB, § 25 Rn. 18; *H. Oetker* (Hrsg.), Handelsgesetzbuch, 7. Aufl., § 25 Rn. 21.

740 *Heckschen*, Unternehmenskauf in der Insolvenz – Distressed M&A, in: *Reul/Heckschen/Wienberg* (Hrsg.), Insolvenzrecht in der Gestaltungspraxis, 2. Aufl., § 4 Gesellschaftsrecht, Rn. 1417.

(3) *Einschränkung der Haftung für europarechtswidrige Beihilfen, Art. 107 AEUV*

Die bereits dargestellte Haftung für europarechtswidrige Beihilfen kann nach der Rechtsprechung des EuGH grundsätzlich auch beim *Asset Deal* auf den Erwerber übergehen.[741] Jedoch können Haftungserleichterungen Anwendung finden, deren Voraussetzungen der EuGH aufgestellt hat.

Danach greift die Haftung nicht, wenn die Veräußerung durch einen gerichtlich beaufsichtigten Insolvenzverwalter in einem offenen und transparenten Verfahren vorgenommen und die Beihilfeforderung zur Tabelle angemeldet wurde[742] sowie der Verkauf zum Marktpreis erfolgte.[743]

Bezüglich des Verkaufs durch den vorläufigen Insolvenzverwalter ergibt sich das Problem, dass eine Anmeldung der Forderung noch nicht stattgefunden hat. Daher ist trotz des Verkaufs zum Marktpreis die Gleichbehandlung der Gläubiger noch nicht sichergestellt. Jedenfalls in Fällen, in denen die Anmeldung im späteren Verlauf noch eintritt, stehen einer Anwendung auf den vorläufigen Insolvenzverwalter keine durchgreifenden Bedenken entgegen.[744]

(4) *Teleologische Reduktion der Haftung nach § 613a BGB*

Die grundsätzliche Anwendbarkeit des § 613a BGB ist zwar – obwohl dies unionsrechtlich zulässig wäre –[745] nicht wie die des § 75 AO oder § 25 HGB ausgeschlossen. Jedoch begrenzt das Bundesarbeitsgericht[746] im Wege der

---

741 II.B.2.b)(3)iii.

742 All diese Punkte sind insbesondere für den Ausschluss einer Umgehungsgefahr von Bedeutung.

743 *EuGH*, Urt. v. 29. April 2004 – C-277/00 – Keine Rückforderung gewährter Beihilfen für später insolventes Unternehmen von Drittem (erhältlich in NZI 2004, 392).

744 Im Ergebnis so auch *Narr*, Besonderheiten beim Kauf aus der Insolvenz, in: *Bauer/Düsterlho* (Hrsg.), Distressed Mergers & Acquisitions, 2. Aufl., S. 166.

745 Vgl. Art. 5 Abs. 1 (bei Liquidation) und Abs. 2 sowie Art. 3 Abs. 4 (für Betriebsrentenansprüche) RL 2001/23; insofern hat der EuGH dem deutschen Gesetzgeber attestiert, die Vorgaben der RL 2001/23 zu Lasten der Arbeitgeber übererfüllt zu haben, vgl. *EuGH*, Urt. v. 9. September 2020 – C-674/18, C-675/18 – Insolvenzsicherungsschutz von Betriebsrenten bei Betriebsübergang (erhältlich in NZA 2020, 1531), Rn. 58; *Göpfert/Brune*, Zur Haftung des Betriebserwerbers in der Insolvenz für Anwartschaften auf betriebliche Altersversorgung aus Beschäftigungszeiten vor der Verfahrenseröffnung, EWiR 2021, 247/248, näheres dazu nachfolgend.

746 *Preis*, in: *Müller-Glöge/Preis/Schmidt u. a.* (Hrsg.), Erfurter Kommentar zum Arbeitsrecht, 21., neu bearbeitete Auflage, § 613a BGB Rn. 146; insoweit entspricht die Rechtsprechung des Bundesarbeitsgerichts Art. 5 Abs. 1 und 2 der RL 2001/23/EG.

teleologischen Reduktion die Haftungsübernahme auf Verbindlichkeiten, die nach Insolvenzeröffnung entstanden sind.[747] Dies hat der Gesetzgeber mittlerweile in § 128 InsO grundsätzlich bestätigt.[748] § 613a BGB ist somit anwendbar, wenn es um den Schutz der Arbeitsplätze, nicht jedoch, soweit es um die Haftung des Erwerbers für bereits entstandene Ansprüche geht.[749]

Neben den Ansprüchen, die während des Insolvenzverfahrens entstehen (also Masseforderungen nach § 55 InsO), sind logischerweise Ansprüche, die erst nach Betriebsübergang entstehen,[750] demnach vom Erwerber zu erfüllen.

Die genannte Einschränkung gebietet bereits der Grundsatz der Gläubigergleichbehandlung. Sonst würden die Arbeitnehmer gegenüber anderen Gläubigern, zu denen auch die ausgeschiedenen Arbeitnehmer (beispielsweise, weil sie dem Übergang widersprechen) gehören, bevorzugt.[751] Diese müssten den Vorteil der übergehenden Arbeitnehmer insofern finanzieren, als dass die Übernahme bestehender Verbindlichkeiten den Kaufpreis reduzieren würde.[752] Die Arbeitnehmer dagegen bekämen einen neuen, solventeren Schuldner für die Geltendmachung ihrer Altverbindlichkeiten. Außerdem sind die Arbeitnehmer des Schuldnerunternehmens bereits durch das Insolvenzgeld gesichert, §§ 183 ff. SGB III, sodass keine weitergehende Schutzbedürftigkeit gegeben ist.[753]

Im Hinblick auf die betriebliche Altersvorsorge tritt der Erwerber aus der Insolvenz in bestehende Versorgungsanwartschaften ein, haftet im Versorgungsfall jedoch nur für die bei ihm erdienten Leistungen. Unbeachtlich ist dabei, ob es sich um verfallbare oder bereits unverfallbare Anwartschaften handelt.[754]

---

747 *BAG*, Urt. v. 30. Oktober 2008 – 8 AZR 54/07 (erhältlich in NZA 2009, 432); Urt. v. 20. Juni 2002 – 8 AZR 459/01 (erhältlich in NZA 2003, 318); Urt. v. 16. Februar 1993 – 3 AZR 247/92 (erhältlich in NJW 1993, 2259); Urt. v. 17. Januar 1980 – 3 AZR 160/79 (erhältlich in NJW 1980, 1124).

748 *Steffan*, in: *Ascheid/Preis/Schmidt u. a.* (Hrsg.), Kündigungsrecht, 6., neu bearbeitete Auflage, § 613a BGB Rn. 235.

749 *Gussen*, in: *Rolfs/Giesen/Kreikebohm/Udsching*, Beck'scher Online-Kommentar Arbeitsrecht, § 613a BGB Rn. 75.

750 Einschließlich Urlaubs- und Arbeitszeitkontenansprüche oder tariflicher Sonderzahlungen.

751 *Uhl*, Arbeitsrechtliche Aspekte, in: *Schluck-Amend/Meyding* (Hrsg.), Der Unternehmenskauf in Krise und Insolvenz, Rn. 23–33.

752 *Steffan*, in: *Ascheid/Preis/Schmidt u. a.* (Hrsg.), Kündigungsrecht, 6., neu bearbeitete Auflage, § 613a BGB Rn. 235.

753 *D. Beisel et al.*, Der Unternehmenskauf, 7. Aufl., § 5 Rn. 32.

754 *Uhl*, Arbeitsrechtliche Aspekte, in: *Schluck-Amend/Meyding* (Hrsg.), Der Unternehmenskauf in Krise und Insolvenz, Rn. 25.

Der Pensionssicherungsverein übernimmt dagegen sämtliche Pensionsverbindlichkeiten, die sich auf den Zeitraum vor der Eröffnung beziehen.[755] Der Insolvenzverwalter schließlich steht für diejenigen Anwartschaften ein, die nach der Eröffnung entstanden sind, deren begünstigte Arbeitnehmer jedoch nicht auf den Betrieb des Erwerbers übergegangen sind.[756]

Aufgrund der Aufteilung der Einstandspflicht zwischen Pensionssicherungsverein und Betriebsübernehmer entstehen aus Sicht des Arbeitnehmers in gewissen Konstellationen Lücken:[757] So haftet weder der Übernehmer noch der Pensionssicherungsverein, wenn bei Insolvenzeröffnung noch keine gesetzlich unverfallbare Anwartschaft vorliegt. Ferner erbringt der Pensionssicherungsverein bei einer Versorgungszusage mit endgehaltsbezogener Dynamik nur die Versorgungsleistung, die sich ergibt, wenn das Gehalt bei Insolvenzeröffnung zugrunde gelegt wird. Das Bundesarbeitsgericht hatte daher seine bisherige Rechtsprechungspraxis dem EuGH zur Prüfung vorgelegt. Dieser hat die Vereinbarkeit der oben dargestellten gefestigten Rechtsprechung in Deutschland bestätigt[758]. Für die Beträge, für die der Erwerber nicht haftet, müsse der Arbeitnehmer aber seitens des Mitgliedsstaates insofern geschützt werden, als dass ihm mindestens die Hälfte seiner zu errechnenden Betriebsrentenansprüche[759] verbleiben und eine Rentenkürzung keine schwerwiegende Beeinträchtigung nach sich zieht[760]. Das Bundesarbeitsgericht hat dies in seine Rechtsprechung übernommen und den EuGH so verstanden, dass der Anspruch gegen den als dem Staat gleichgestellt anzusehenden Pensionssicherungsverein für die Gewährung

---

755 *Heckschen*, Unternehmenskauf in der Insolvenz – Distressed M&A, in: *Reul/Heckschen/Wienberg* (Hrsg.), Insolvenzrecht in der Gestaltungspraxis, 2. Aufl., § 4 Gesellschaftsrecht, Rn. 1434.

756 Insbesondere aufgrund Widerspruchs oder Ausscheidens zwischen Eröffnung des Insolvenzverfahrens und Betriebsübergang; *Müller-Glöge*, in: *Säcker/Rixecker/Oetker* (Hrsg.), Münchener Kommentar zum Bürgerlichen Gesetzbuch, 8. Aufl., § 613a Rn. 182.

757 *Polloczek/Rein*, Risikosteigerung bei Betriebsübergang aus der Insolvenz? Haftung des Erwerbers und des PSV für Versorgungsanwartschaften auf dem unionsrechtlichen Prüfstand, NZI 2019, 65/66.

758 *EuGH*, Urt. v. 9. September 2020 – C-674/18, C-675/18 – Insolvenzsicherungsschutz von Betriebsrenten bei Betriebsübergang (erhältlich in NZA 2020, 1531).

759 Bei Zugrundelegung der gesamten im Arbeitsverhältnis erbrachten Beschäftigungszeit und der zuletzt bezogenen Bruttomonatsvergütung.

760 *Göpfert/Brune*, Zur Haftung des Betriebserwerbers in der Insolvenz für Anwartschaften auf betriebliche Altersversorgung aus Beschäftigungszeiten vor der Verfahrenseröffnung, EWiR 2021, 247/248.

des Mindestschutzes ausreichend ist[761]. Eine Haftung des Erwerbers scheidet daher aus[762].

Waren Arbeitnehmer in Altersteilzeit beschäftigt, so ist für den Fall des am häufigsten anzutreffenden Blockmodells der Erwerber nur für solche Ansprüche haftbar, die Arbeitsphasen entsprechen, die nach Insolvenzeröffnung geleistet wurden. Befindet sich ein Arbeitnehmer bereits vor der Eröffnung des Insolvenzverfahrens in der Freistellungsphase, so gehen die restlichen Vergütungsansprüche für diesen Zeitraum nicht auf den Erwerber über.[763]

Das Bundesarbeitsgericht hat zudem in ständiger Rechtsprechung die Haftung für Abfindungsansprüche aufgrund vor der Eröffnung (des Konkursverfahrens) geschlossener Sozialpläne ausgeschlossen.[764] In seinem Urteil aus dem Jahre 2002 hat das Bundesarbeitsgericht wegen der Regelung der §§ 2, 4 SozplKonkG, welche die Berichtigung nach § 61 Abs. 1 Nr. 1 KO zu Konkursforderungen vorsah, den Ausschluss auch auf vom Konkursverwalter geschlossene Sozialpläne erstreckt.[765] Vor dem Hintergrund der insofern unterschiedlichen Regelung in § 123 Abs. 2 InsO dürfte dies unter der Geltung der Insolvenzordnung anders zu sehen sein. Vom Insolvenzverwalter geschlossene Sozialpläne dürften daher nicht mehr zum Ausschluss der Einstehpflicht für Abfindungsansprüche genügen.

Abschließend ist darauf hinzuweisen, dass die teleologische Reduktion keine Anwendung findet, wenn die Eröffnung des Insolvenzverfahrens mangels Masse abgelehnt wird.[766] Sie bleibt aber anwendbar, wenn ein eröffnetes Verfahren später mangels Massedeckung nach § 207 InsO eingestellt wird.[767]

761 *BAG*, Urt. v. 26. Januar 2021 – 3 AZR 877/16 (erhältlich in BeckRS 2021, 8781).

762 *Sabbagh Rechtsanwälte* – BAG: Haftung des Betriebserwerbers in der Insolvenz, Urt. v. 26.01.2021, Az. 3 AZR 139/17, https://www.sabbagh-rechtsanwalt.de/2021/02/15/bag-haftung-des-betriebserwerbers-in-der-insolvenz-urteil-vom-26-01-2021-az-3-azr-139-17/.

763 *BAG*, Urt. v. 30. Oktober 2008 – 8 AZR 54/07 (erhältlich in NZA 2009, 432).

764 Vgl. *BAG*, Urt. v. 15. Januar 2002 – 1 AZR 58/01 (erhältlich in NZA 2002, 1034).

765 *BAG*, Urt. v. 15. Januar 2002 – 1 AZR 58/01 (erhältlich in NZA 2002, 1034); *Müller-Glöge*, in: *Säcker/Rixecker/Oetker* (Hrsg.), Münchener Kommentar zum Bürgerlichen Gesetzbuch, 8. Aufl., § 613a BGB Rn. 179.

766 Relevant nur für den Erwerb vom vorläufigen Insolvenzverwalter, siehe hierzu II.C.2.d).

767 *D. Beisel et al.*, Der Unternehmenskauf, 7. Aufl., § 5 Rn. 38, 39.

Auf die weiteren arbeitsrechtlichen Besonderheiten und üblicherweise verfügbaren Gestaltungsmöglichkeiten wird aufgrund deren Komplexität unter II.C.2.e) separat eingegangen.

(5) Keine Gefahr des §§ 103 oder 129 ff. InsO

Ein Vorteil speziell gegenüber dem *Asset Deal* vor Insolvenzeröffnung ist der Ausschluss des Risikos der Erfüllungsablehnung oder der Insolvenzanfechtung des Kaufvertrages. Beides ist bei einem Erwerb vom Insolvenzverwalter denklogisch ausgeschlossen. Problematisch können diese Rechtsinstitute allenfalls für Handlungen oder Verträge werden, die der Schuldner vor Eröffnung des Insolvenzverfahrens getätigt beziehungsweise abgeschlossen hat.[768]

b) Nachteile

(1) Zustimmungsvorbehalt

Einer der relevantesten Nachteile beim Erwerb eines insolventen Unternehmens durch einen *Asset Deal* ist die Tatsache, dass der Insolvenzverwalter alleine das Unternehmen nicht veräußern darf, er benötigt vielmehr die Zustimmung der Gläubiger.[769] Diese ersetzt gewissermaßen die vorinsolvenzliche Zustimmung der Gesellschafterversammlung.[770] Der fakultative Gläubigerausschuss[771] und die stets vom Insolvenzgericht einzuberufende (§ 74 Abs. 1 S. 1 InsO) Gläubigerversammlung repräsentieren die Interessen der Gläubiger im Insolvenzverfahren. Diese Organe sind daher mit zum Teil umfassenden Rechten ausgestattet,[772] von denen insbesondere die Zustimmungserfordernisse nach §§ 159 ff. InsO für das vorliegende Themengebiet von Bedeutung sind.

---

768 II.C.2.b)(3).

769 *Heckschen*, Unternehmenskauf in der Insolvenz – Distressed M&A, in: *Reul/Heckschen/Wienberg* (Hrsg.), Insolvenzrecht in der Gestaltungspraxis, 2. Aufl., § 4 Gesellschaftsrecht, Rn. 1465.

770 *R. Kurney/Stelzel*, § 23 M&A in der Krise, in: *Buth/Hermanns*, Restrukturierung, Sanierung, Insolvenz, Rn. 73.

771 Nach § 67 InsO steht dessen Einsetzung im Ermessen des Insolvenzgerichts und ist nach § 68 InsO von der Gläubigerversammlung zu bestätigen.

772 *Meyding/Meckbach*, Zustimmungserfordernisse, in: *Schluck-Amend/Meyding*, Der Unternehmenskauf in Krise und Insolvenz, Rn. 48–70.

i. § 160 InsO

Neben der grundsätzlichen Befugnis des Insolvenzverwalters zur Verwertung nach § 159 InsO regelt § 160 InsO, dass unter anderem „*wenn das Unternehmen oder ein Betrieb, das Warenlager im ganzen, ein unbeweglicher Gegenstand aus freier Hand, die Beteiligung des Schuldners an einem anderen Unternehmen, die der Herstellung einer dauernden Verbindung zu diesem Unternehmen dienen soll, oder das Recht auf den Bezug wiederkehrender Einkünfte veräußert werden soll*“[773] die Zustimmung des Gläubigerausschusses oder – bei dessen Nichtbestehen – der Gläubigerversammlung einzuholen ist. Dies liegt insbesondere daran, dass die aufgezählten Handlungen die Fortführung des Unternehmens ausschließen. Die Gläubiger sollen daher die grundsätzliche Entscheidungsbefugnis über die Fortführung oder Zerschlagung haben.[774] Damit ist bereits bei der Unterzeichnung[775] des Unternehmenskaufvertrages in der Regel die Zustimmung erforderlich. Von dem Zustimmungserfordernis in § 160 Abs. 2 Nr. 1 InsO sind dabei auch Niederlassungen oder anderweitige Unternehmensteile umfasst.[776] Zu betonen ist allerdings, dass die Anteile am Schuldnerunternehmen nicht unter den Begriff des „Unternehmens“ nach §§ 160 ff. InsO fallen, der *Share Deal* hiervon also nicht erfasst ist.[777]

ii. § 162 InsO

Des Weiteren ist nach § 162 InsO bei einem Verkauf an nahestehende Personen und maßgebliche Gläubiger[778] oder einen solchen Verkauf umgehenden Konstellationen die Zustimmung besondere Voraussetzung. Bei § 162 InsO ist stets die Gläubigerversammlung entscheidungsbefugt, auch wenn ein Gläubigerausschuss bestellt wurde.[779] Zu den nahestehenden Personen gehören nach

---

773 § 160 Abs. 2 Nr. 1 InsO.

774 *Janssen*, in: *Kirchhof* (Hrsg.), Münchener Kommentar zur Insolvenzordnung, [4. Aufl.], § 160 Rn. 13.

775 *Meyding/Meckbach*, Zustimmungserfordernisse, in: *Schluck-Amend/Meyding* (Hrsg.), Der Unternehmenskauf in Krise und Insolvenz, Rn. 77.

776 *Jungmann*, in: *Schmidt*, Insolvenzordnung, § 160 Rn. 23.

777 *Zipperer*, in: *Uhlenbruck* (Hrsg.), Insolvenzordnung, 15., völlig neu bearbeitete Auflage, § 162 Rn. 3; *Verhoeven/Theiselmann*, in: *Fridgen/Geiwitz/Göpfert* (Hrsg.), BeckOK InsO, 22. Edition, § 162 Rn. 1.

778 Für die Frage der Maßgeblichkeit hat der Gesetzgeber parallel zu § 75 Abs. 1 Nr. 3 InsO die Schwelle bei 20 % der Absonderungsrechte und der Forderungen der (nicht nachrangigen) Insolvenzgläubiger gezogen, vgl. § 162 Abs. 1 Nr. 2 InsO.

779 *Meyding/Meckbach*, Zustimmungserfordernisse, in: *Schluck-Amend/Meyding*, Der Unternehmenskauf in Krise und Insolvenz, Rn. 85–90.

§ 138 Abs. 2 InsO unter anderem auch Organmitglieder des Insolvenzschuldners sowie leitende Angestellte (§ 138 Abs. 2 Nr. 1 InsO), sodass beispielsweise *management buy-out*[780]-Transaktionen hiervon erfasst sind.

iii. § 163 InsO

Schließlich kann auf Antrag des Schuldners oder einer qualifizierten Gläubigermehrheit nach § 75 Abs. 1 Nr. 3 InsO das Zustimmungserfordernis vom Insolvenzgericht angeordnet werden, wenn sich die angestrebte Veräußerung als Verkauf unter Wert herausstellt. Dazu muss der Antragssteller glaubhaft machen, dass eine ertragreichere Veräußerungsmöglichkeit als der geplante Verkauf besteht. Da über einen Verkauf des Unternehmens bereits nach § 160 InsO zu entscheiden ist, dürfte § 163 InsO nur von Relevanz sein, wenn ein Gläubigerausschuss eingesetzt und dieser nach § 160 InsO zur Entscheidung berufen ist; dann normiert § 163 InsO eine zusätzliche Entscheidungskompetenz der Gläubigerversammlung.[781]

iv. Rechtsfolgen eines Verstoßes gegen §§ 160 ff. InsO

Nach § 164 InsO berührt ein Verstoß gegen die Vorschriften der §§ 160 ff. InsO die rechtliche Wirksamkeit der Rechtshandlung nicht.[782] Dies gilt auch dann, wenn der Käufer Kenntnis von der fehlenden Zustimmung hat.[783] Insofern soll der Rechtsverkehr geschützt werden.[784] In der Praxis dürfte es allerdings schwierig sein, den Insolvenzverwalter ohne die Zustimmung der Gläubiger zum Verkauf zu bewegen, da er sich andernfalls nach § 60 InsO schadensersatzpflichtig machen würde.[785]

Von dem soeben dargestellten Grundsatz gibt es allerdings eine Ausnahme, bei der die Rechtshandlung nach außen unwirksam ist. Diese liegt vor, wenn der Insolvenzverwalter offensichtlich insolvenzzweckwidrig gehandelt hat und

---

780 Bei einem *Management-buy-out* handelt es sich um die Übernahme eines Unternehmens mittels Anteilserwerb durch das aktive Management.

781 *Meyding/Meckbach*, Zustimmungserfordernisse, in: *Schluck-Amend/Meyding*, Der Unternehmenskauf in Krise und Insolvenz, Rn. 91–96.

782 *Sinhart*, Unternehmenskauf bzw. -verkauf in der Krise und Insolvenz, in: *Picot/Derbort*, Unternehmenskauf und Restrukturierung, § 16 Rn. 87.

783 *Meyding/Meckbach*, Zustimmungserfordernisse, in: *Schluck-Amend/Meyding*, Der Unternehmenskauf in Krise und Insolvenz, Rn. 97–100.

784 *Zipperer*, in: *Uhlenbruck* (Hrsg.), Insolvenzordnung, 15., völlig neu bearbeitete Auflage, § 164 Rn. 2.

785 *W. Ott*, Unternehmenskauf aus der Insolvenz, Kap. 7.2 S. 128.

dem Käufer nach den Grundsätzen des Missbrauchs der Vertretungsmacht dies offenbar gewesen sein musste. Insolvenzzweckwidrigkeit liegt etwa vor, wenn der Verwalter gegen das Gebot der Gläubigergleichbehandlung verstoßen und einzelne Gläubiger bevorzugt oder Vermögensgegenstände schenkungsweise abgegeben hat.[786]

Aufgrund der Tatsache, dass die Zustimmung unter Umständen viel Zeit in Anspruch nimmt, ist es in der Praxis empfehlenswert und üblich, sie als Bedingung für den Vollzug des Kaufvertrages zu regeln (siehe auch unter II.C.2.d)).[787]

(2) Beschränkung der Verfügungsbefugnis

Ein zusätzlicher Nachteil der Einzelübertragung nach im Gegensatz zum Zeitpunkt vor der Insolvenzeröffnung sind einige zu beachtende Verfügungsbeschränkungen.

So kann der Insolvenzverwalter entgegen seiner allgemeinen Verfügungsbefugnis (§ 80 InsO) nicht über Gegenstände verfügen, die einem Aussonderungsrecht (§ 47 InsO) unterliegen.[788]

Gegenstände, an denen ein Absonderungsrecht besteht, kann der Insolvenzverwalter verwerten, solange er sie im Besitz hat, § 166 Abs. 1 InsO. Dies gilt auch für Forderungen, die der Schuldner zur Sicherung abgetreten hatte, § 166 Abs. 2 InsO. Jedoch ist zu beachten, dass der Insolvenzverwalter den absonderungsberechtigten Gläubiger nach § 168 InsO über die Verwertung unterrichten

---

786 *Zipperer*, in: *Uhlenbruck* (Hrsg.), Insolvenzordnung, 15., völlig neu bearbeitete Auflage, § 164 Rn. 3.

787 *Morshäuser/Falkner*, Unternehmenskauf aus der Insolvenz, NZG 2010, 881/882; *W. Ott*, Unternehmenskauf aus der Insolvenz, S. 162.

788 *J. Bauer*, Die GmbH in der Krise, 6. Aufl., Rn. 1993; bei unbefugter Verfügung hat der Gläubiger im Ergebnis ein Wahlrecht, der BGH geht hier (allerdings in einem etwas älteren Urteil zu § 46 KO) bei unwirksamer Verfügung unmittelbar von einem Wahlrecht aus (in dem konkreten Fall ging es um die Veräußerung einer unter Eigentumsvorbehalt verkauften Ware), vgl. *BGH*, Urt. v. 16. März 1977 – VIII ZR 215/75 (erhältlich in NJW 1977, 901), während in der Literatur die Genehmigung des Berechtigten gefordert wird, damit überhaupt ein Eingriff in dessen Rechte vorliegen kann, vgl. *Haneke*, in: *Fridgen/Geiwitz/Göpfert*, BeckOK InsO, § 48 Rn. 9. Letztgenannter Ansicht scheint sich der Bundesgerichtshof angeschlossen zu haben, vgl. *BGH*, Urt. v. 12. Dezember 2019 – IX ZR 27/19 (erhältlich in BeckRS 2019, 34375) Darin (vgl. Rn. 35 ff.) hat der Bundesgerichtshof festgehalten, dass das Wahlrecht wegen § 91 InsO insofern eingeschränkt ist, als dass eine Genehmigung von nach der Insolvenzeröffnung getätigter Verfügungen nicht möglich sein soll.

und eine von diesem aufgezeigte günstigere Verwertungsmöglichkeit wahrnehmen muss. Diese Vorgehensweise ist zum einen zeitintensiv und birgt zudem die Gefahr, dass der Insolvenzverwalter nicht das ganze Unternehmen veräußern kann, ohne sich gegenüber dem absonderungsberechtigten Gläubiger haftbar zu machen.[789]

Des Weiteren ist unter Umständen für Gegenstände, an denen Sicherungsrechte bestehen, die Zustimmung des Sicherungsnehmers erforderlich. Dies gilt (neben Vermögensgegenständen, die andernfalls nur belastet übergehen, wie beispielsweise besicherte Grundstücke) vor allem für Patente, Marken, Miteigentums- oder Gesellschaftsanteile. Deren eigenständige Verwertung ist nach hier vertretener Auffassung nicht durch § 166 InsO gestattet.[790] Aufgrund des eindeutigen Wortlautes käme allenfalls eine analoge Anwendung in Betracht. Jedoch ist wegen des § 173 InsO, der das Verwertungsrecht des Sicherungsgläubigers bei fehlender Verwertungsberechtigung des Insolvenzverwalters unberührt lässt, eine Analogie nur schwer zu begründen. Auch § 199 InsO, der in der Entwurfsform Nutzungs- und Verwertungsrechte für sonstige Rechte vorgesehen hatte,[791] spricht gegen eine Analogie. Bereits die Tatsache, dass der Gesetzgeber zur Sicherheit überlassene Rechte in Bezug auf die Herausgabe an und Verwertung durch den Insolvenzverwalter im Auge hatte, lässt nicht auf eine planwidrige Regelungslücke schließen. Nach der Begründung im Gesetzesentwurf geht es in § 199 Abs. 1 S. 2 InsO-E in erster Linie darum, dem Insolvenzverwalter nicht die Möglichkeit der Fortführung des Unternehmens zu entziehen, falls beispielsweise elementare Rechte gepfändet wurden. Die Verwertungsvorschrift in § 199 Abs. 2 InsO des Regierungsentwurfes dürfte sich nach der Gesetzesbegründung auch auf diese Rechte beziehen.[792] Zwar wurde § 199 InsO-E offenbar aus prozessökonomischen Gründen gestrichen. Da der Regelungsgehalt des Abs. 2 jedoch nicht anderweitig Eingang in die finale Fassung gefunden hat, ist eine Regelungslücke nur schwerlich anzunehmen. Eine Ausnahme mag dort anzuerkennen sein, wo das jeweilige Recht zur einheitlichen Fortführung

---

789 *Sinhart*, Unternehmenskauf bzw. -verkauf in der Krise und Insolvenz, in: *Picot/Derbort*, Unternehmenskauf und Restrukturierung, Rn. 90 f.

790 *Meyding/Meckbach*, Zustimmungserfordernisse, in: *Schluck-Amend/Meyding* (Hrsg.), Der Unternehmenskauf in Krise und Insolvenz, Rn. 46; *Sinz*, in: *Schmidt*, Insolvenzordnung, § 166 Rn. 34 m.w.N. Die fehlende Analogiefähigkeit auf verpfändete Forderungen hat der Bundesgerichtshof bestätigt, siehe *BGH*, Urt. v. 11. April 2013 – IX ZR 176/11 (erhältlich in NZI 2013, 596).

791 BT-Drs. 12/2443, 183.

792 BT-Drs. 12/2443, 183.

oder Sanierung des Unternehmens zwingend notwendig ist;[793] folglich also eine Verwertung durch den Sicherungsgläubiger die Fortführung oder Sanierung unmöglich machen würde.

(3) Wahlrecht bezüglich wichtiger Verträge

Wie bereits angesprochen,[794] besteht das Risiko der §§ 103 ff. InsO, also des Erfüllungswahlrechts des Insolvenzverwalters, nicht bezüglich des Unternehmenskaufvertrages, jedoch gegebenenfalls hinsichtlich (wichtiger) Verträge des Zielunternehmens. Daher ist grundsätzlich anzuraten, sich mit dem Insolvenzverwalter frühestmöglich im Hinblick auf die fortzuführenden Verträge zu einigen und dies im Kaufvertrag festzuhalten,[795] um eine Erfüllungsablehnung von möglicherweise für den Käufer elementaren Vertragsbeziehungen zu vermeiden. Der Insolvenzverwalter sollte sich auch spätestens nach Aufforderung der anderen Vertragspartei entsprechend erklären und die Vertragstreue kommunizieren. Andernfalls besteht das Risiko einer Kündigung durch den Vertragspartner aufgrund Unzumutbarkeit des Festhaltens am Vertrag bei Erfüllungsablehnung oder ausbleibender Antwort.[796]

Das Problem der Erfüllungswahl ist insbesondere für langfristige Verträge, denen eine unvollständige Erfüllung immanent ist, relevant. Die Insolvenzordnung kennt diesbezüglich einige Sonderregelungen, von denen die wichtigsten kurz dargestellt werden sollen:[797]

i. §§ 108 ff. InsO

§ 108 InsO regelt, dass Miet- und Pachtverhältnisse über unbewegliche Gegenstände und Räume, Dienstverhältnisse, Darlehensverträge mit dem Insolvenzschuldner als Darlehensnehmer sowie Miet- und Pachtverträge über bewegliche Gegenstände mit Leasingelementen (zugeschnitten auf den Schuldner als Leasinggeber)[798] nicht der Erfüllungswahl des Insolvenzverwalters unterliegen.

---

793 So auch *Sinz*, in: *Schmidt* (Hrsg.), Insolvenzordnung, 19. Aufl., § 166 Rn. 37.

794 Siehe unter II.C.2.a)(5).

795 *Funk*, Erfüllungswahlrecht des Insolvenzverwalters, in: *Schluck-Amend/Meyding*, Der Unternehmenskauf in Krise und Insolvenz, Rn. 38–53.

796 Außerordentliche Kündigungs- oder anderweitige Loslösungsrechte bleiben von der Erfüllungsablehnung unberührt, vgl. *BGH*, Urt. v. 17. November 2005 - IX ZR 162/04 (erhältlich in NZI 2006, 229), S. 231.

797 Zu den §§ 106, 107 InsO siehe II.B.2.b)(2)i.

798 *Ringstmeier*, in: *Schmidt* (Hrsg.), Insolvenzordnung, 19. Aufl., § 108 Rn. 35.

Bei Dienstverträgen ist mit der überwiegenden Auffassung und aufgrund des nicht anders lautenden Wortlautes davon auszugehen, dass es für § 108 InsO keine Rolle spielt, ob der Schuldner dienstberechtigt oder dienstverpflichtet ist.[799] Allerdings ist nach dem Bundesgerichtshof das Wahlrecht nach § 103 InsO bei Insolvenz des Dienstverpflichteten dann gegeben, wenn der Insolvenzverwalter zur Erfüllung der Pflicht erhebliche Aufwendungen aus der Masse zu erbringen hätte.[800]

Ungewollte Vertragsbindungen für den Käufer werden insofern abgemildert, als dass dem Insolvenzverwalter oder dem Käufer (vgl. § 111 InsO) zum Teil erleichterte Kündigungsmöglichkeiten zur Verfügung stehen. Deren Geltendmachung (insbesondere durch den Verwalter) kann gegebenenfalls im Kaufvertrag geregelt werden, um für den Käufer uninteressante Vertragsbeziehungen vor dem dinglichen Rechtsübergang zu beenden.

ii. Analoge Anwendung des § 108 InsO auf Lizenzverträge

Die Frage, ob der Verwalter ein Wahlrecht bezüglich laufender Lizenzverträge hat oder diese unter die analoge Anwendung des § 108 InsO fallen,[801] ist ein seit längerem umstrittener Punkt. Die Mehrheit der Lizenzverträge – mit eventueller Ausnahme von *buyout*-Verträgen – als klassische Lizenzverträge sind nicht beiderseitige erfüllte Dauerschuldverhältnisse und fallen daher grundsätzlich unter § 103 InsO.

Über die Folgen der Insolvenz und einer möglichen Nichterfüllung wurde in der Literatur reichlich diskutiert, wobei ein wirtschaftliches Bedürfnis für eine Regelung der Insolvenzfestigkeit von Lizenzen nicht abgestritten werden kann.[802] Dies gilt insbesondere für die Insolvenz des Lizenzgebers, denn auch nur diese kann § 108 Abs. 1 S. 2 InsO (Schuldner als Vermieter oder Verpächter) im Grundsatz gleichgestellt werden.[803] Eine Insolvenzfestigkeit wird mit verschiedenen Argumenten (§ 103 InsO sei nicht anwendbar im Hinblick auf Tatbestand oder Rechtsfolge, eine Erfüllungswahl aufgrund § 108 InsO analog

---

799 *Ringstmeier*, in: *Schmidt* (Hrsg.), Insolvenzordnung, 19. Aufl., § 108 Rn. 29.

800 *BGH*, Urt. v. 20. Oktober 2011 – IX ZR 10/11 (erhältlich in NZI 2011, 936).

801 *Funk*, Erfüllungswahlrecht des Insolvenzverwalters, in: *Schluck-Amend/Meyding* (Hrsg.), Der Unternehmenskauf in Krise und Insolvenz, Rn. 47.

802 *Wegener*, in: *Wimmer* (Hrsg.), FK-InsO Frankfurter Kommentar zur Insolvenzordnung, 9. Aufl., § 103 Rn. 24.

803 Eine direkte Anwendung des § 108 Abs. 1 Satz 2 InsO ist nur schwer konstruierbar, da bei einer Überlassung zur Sicherheit der Lizenznehmer die Nutzungsmöglichkeit verlieren würde.

oder der dinglichen Natur der Lizenz sei zu bejahen)[804] von einigen Stimmen angenommen. Der Bundesgerichtshof wiederum hat in einer Entscheidung im Jahre 2005 für aufschiebend bedingt übereignete Nutzungsrechte[805] die Insolvenzfestigkeit festgestellt.[806] Wenn dies auch primär auf den Besonderheiten des Falls beruhte,[807] hat der Bundesgerichtshof in dieser und späteren Entscheidungen festgestellt, dass Lizenzverträge als Dauerpachtverträge unter §§ 108, 112 InsO fallen.[808] Sie unterliegen also dem Wahlrecht des Insolvenzverwalters,[809] solange sie kein unbewegliches Vermögen betreffen. Daran ist nach hier vertretener Auffassung durchaus zu erkennen, dass der Bundesgerichtshof gegen eine analoge Anwendung des § 108 InsO zu tendieren scheint, insbesondere die Anwendbarkeit des § 108 Abs. 1 S. 2 InsO nicht diskutiert hat. Auf der anderen Seite hat der Bundesgerichtshof ein Urteil bestätigt, in dem das Oberlandesgericht München[810] die Insolvenzfestigkeit für einfache Lizenzen bejaht. Zumindest für solche, die unwiderruflich erteilt wurden und für die eine einmalige *royalty* oder der Kaufpreis vereinbart und entrichtet wurde, wurde eine vollständige Erfüllung (seitens der Insolvenzschuldnerin als Lizenzgeberin) und damit ein Ausschluss des § 103 InsO angenommen.[811]

Der Gesetzgeber hatte bereits zweimal die Einführung eines § 108a InsO geplant, der bei Insolvenz des Lizenzgebers die Insolvenzfestigkeit der Lizenz regeln sollte. Im Entwurf aus dem Jahre 2012 war vorgesehen, dass der Verwalter zwar ein Wahlrecht hat, jedoch der Lizenznehmer innerhalb von einem Monat

804 Zu den einzelnen Positionen vgl. *Berger*, Lizenzen in der Insolvenz des Lizenzgebers, GRUR 2013, 321.

805 Im zu entscheidenden Fall bedingt durch die Kündigung des Nutzungsvertrages.

806 *BGH*, Urt. v. 17. November 2005 – IX ZR 162/04 (erhältlich in NJW 2006, 915).

807 Entscheidend war, dass § 103 InsO auf das bedingt bereits vor Insolvenzeröffnung bestehende Nutzungsrecht keinerlei Auswirkungen hat. Auch konnte § 103 InsO den Eintritt der Bedingung nicht verhindern, da es nicht um die Durchsetzung noch offener schuldrechtlicher Forderungen ging, sondern um einen (bedingten) dinglichen Rechtsübergang; vgl. *BGH*, Urt. v. 17. November 2005 – IX ZR 162/04 (erhältlich in NJW 2006, 915)/916 a.E.

808 *BGH*, Urt. v. 21. Oktober 2015 – I ZR 173/14 (erhältlich in NZI 2016, 97).

809 Auch wenn hierin ein leichter Widerspruch liegt, die Anwendbarkeit von § 103 InsO hat der BGH deutlich klargestellt.

810 *OLG München*, Urt. v. 25. Juli 2013 – 6 U 541/12 (erhältlich in GRUR 2013, 1125); mit kritischen Anmerkungen insbesondere zur Erfüllung i. S. d. § 103 InsO *Dahl/Schmitz*, Die Insolvenzfestigkeit von Lizenzen in der Insolvenz des Lizenzgebers, NZI 2013, 878/879 ff.

811 *BGH*, Urt. v. 21. Oktober 2015 – I ZR 173/14 (erhältlich in NZI 2016, 97).

ab Zugang der Mitteilung über die Nichterfüllungswahl den Abschluss eines neuen Lizenzvertrages verlangen kann.[812] Im Gegensatz zum ersten Entwurf wurde also kein Ausschluss des Wahlrechts vorgesehen, was für die Lizenznehmer offenbar nachteiliger ist. Zu einer Umsetzung kam es jedoch bisher nicht, auch nicht im Rahmen des Gesetzes zur Verbesserung der Rechtssicherheit bei Anfechtungen nach der Insolvenzordnung und nach dem Anfechtungsgesetz.

Solange also der Gesetzgeber hier nicht tätig wird und kein klärendes Wort zur analogen Anwendbarkeit des § 108 InsO auf Lizenzen seitens der Rechtsprechung erfolgt, ist diese Frage nicht eindeutig zu beantworten. Dadurch ergeben sich bei der Wahl der Nichterfüllung aufgrund der unklaren Rechtslage für die Beteiligten Unsicherheiten im Hinblick auf das Schicksal der Lizenz sowie den Rechtsgrund und Zeitpunkt der Rückgewährung.[813] In der Praxis bleibt dem Lizenznehmer zur insolvenzfesten Absicherung für Lizenzen etwa, sich mit der aufschiebend bedingten Übertragung abzusichern, welche auf die Kündigung bei Unzumutbarkeit der Vertragsfortführung abstellt,[814] oder durch beiderseitige Erfüllung den § 103 InsO auszuschließen.[815]

(4) Datenschutzrechtliche Anforderungen

Im Rahmen der übertragenden Sanierung dürfte zudem in nicht wenigen Fällen eine datenschutzrechtliche Thematik auftreten, bspw. bei der Übertragung von Kundendaten vom Verkäufer auf den Erwerber. Eine solche Übertragung stellt eine

---

812 *Anwaltscontor,* Auszug aus dem Diskussionsentwurf des BMJ vom 18. Januar 2012, S. 1.

813 *Weber/Hötzel,* Das Schicksal der Softwarelizenz in der Lizenzkette bei Insolvenz des Lizenznehmers, NZI 2011, 432/435; Vertretbar scheint z. B. eine analoge Anwendung des § 9 Abs. 1 VerlG, da der Lizenzvertrag (mit Wahl der Nichterfüllung) faktisch beendet wird, (bei Insolvenz des Lizenznehmers) ein Aussonderungsrecht oder ein Rückgewähranspruch besteht, vgl. auch *Wegener,* in: *Wimmer* (Hrsg.), FK-InsO Frankfurter Kommentar zur Insolvenzordnung, 9. Aufl., § 103 Rn. 24; Alternativ wird schlicht eine Undurchsetzbarkeit angenommen, die die Weiternutzung der Lizenz ausschließt, vgl. *Dahl/Schmitz,* Die Insolvenzfestigkeit von Lizenzen in der Insolvenz des Lizenzgebers, NZI 2013, 878/879.

814 Wobei die Kündigungsgründe die Nichterfüllung des Insolvenzverwalters als Regelbeispiel nennen dürfen, ein Abstellen dagegen auf die Insolvenzeröffnung oder Insolvenzantragstellung verstoßen gegen § 112 InsO.

815 Daneben gibt es noch eine ganze Reihe weiterer Gestaltungsmöglichkeiten, um das Risiko abzufedern, etwa die Einbringung einer neu gegründeten Schutzrechtsholding als Lizenzgeberin, vgl. im Einzelnen *Berberich,* in: *Fridgen/Geiwitz/Göpfert* (Hrsg.), BeckOK InsO, 22. Edition, § 108 Rn. 87.1 ff.

Verarbeitung personenbezogener Daten gemäß Art. 4 Nr. 2 DSGVO dar, wofür ein Erlaubnistatbestand erforderlich ist, Art. 6 Abs. 1 DSGVO.[816]

Erfolgt die Verarbeitung der Daten ohne das Eingreifen eines solchen Erlaubnistatbestandes, drohen insbesondere empfindliche Bußgelder.[817]

Sofern keine Einwilligung des Betroffenen vorliegt oder unproblematisch eingeholt werden kann[818] – bspw. bei Bestandskunden ohne laufende Vertragsverhältnisse –[819] empfiehlt die Konferenz der unabhängigen Datenschutzaufsichtsbehörden ein sogenanntes *opt-out*-Modell mit ausreichend langer Widerspruchsfrist (etwa sechs Wochen)[820].

Schließlich kann die Übertragung der Daten auch aufgrund berechtigter Interessen des Erwerbers gemäß Art. 6 Abs. 1 S. 1 lit. f) DSGVO gerechtfertigt sein. Insbesondere wenn der Erwerber das Geschäftsmodell im Grundsatz weiterführen möchte und etwaige Verbindlichkeiten gegenüber den Kunden übernimmt, spricht einiges für ein überwiegendes Interesse des Erwerbers, wohingegen schützenswerte Interessen der Kunden nur in geringem Umfang bestehen.[821]

Bei offenen Forderungen dürfen die Daten mit Abtretung der Forderung – solange diese nicht ausgeschlossen ist – und gestützt auf Art. 6 Abs. 1 S. 1 lit. f) DSGVO übermittelt werden.

---

816 *P. Hoffmann/Danylak*, 40 Jahre „übertragende Sanierung", NZI 2020, 705.

817 Bspw. hat das Bayerische Landesamt in einer Pressemitteilung vom 30. Juli 2015 mitgeteilt, Bußgelder in fünfstelliger Höhe wegen der ungerechtfertigten Übertragung von Kundendaten im Rahmen eines *Asset Deals* verhängt zu haben, vgl. *Klinger* – Kundendaten beim Unternehmenskauf – ein Datenschutzproblem?, https://www.heuking.de/de/news-events/fachbeitraege/kundendaten-beim-unternehmenskauf-ein-datenschutzproblem.html.

818 Bei übergehenden Vertragsverhältnissen mit der Zustimmung des Vertragspartners kann bereits in dieser Zustimmung die Einwilligung zur Datenverarbeitung gesehen werden; jedenfalls dürfte eine ausdrückliche Einwilligung vergleichsweise unproblematisch einzuholen sein.

819 Zu beachten ist, dass Daten von Kunden, bei denen die letzte aktive Vertragsbeziehung mehr als drei Jahre zurückliegt, zwar gemäß Art. 6 Abs. 1 lit. c) DSGVO übermittelt werden dürfen, aber nur zur Erfüllung der gesetzlichen Aufbewahrungsfrist, vgl. *P. Hoffmann/Danylak*, 40 Jahre „übertragende Sanierung", NZI 2020, 705.

820 *Konferenz der unabhängigen Datenschutzaufsichtsbehörden des Bundes und der Länder* – Asset Deal – Katalog von Fallgruppen, https://www.datenschutzkonferenz-online.de/media/dskb/20190524_dskb_asset_deal.pdf.

821 *HÄRTING Rechtsanwälte* – Übertragung von Kundendaten beim Asset Deal nach der DSGVO – und wann auf eine Einwilligung verzichtet werden kann, https://www.haerting.de/neuigkeit/uebertragung-von-kundendaten-beim-asset-deal-nach-der-dsgvo-und-wann-auf-eine-einwilligung.

c) Befugnis des Insolvenzverwalters zum Verkauf vor dem Berichtstermin

Der Zeitpunkt der Veräußerung des Unternehmens kann insbesondere für den Käufer von hoher Relevanz sein. Ein Zuwarten auf die Einsetzung der Gläubigerversammlung oder des -ausschusses sowie die Festlegung des Berichtstermins (in dem sich der Insolvenzverwalter eine Zustimmung zum Verkauf erteilen lassen kann) kostet mitunter wertvolle Zeit.[822] Aufgrund einer möglichen weiteren negativen und damit wertmindernden Entwicklung des Unternehmens kann auch dem Insolvenzverwalter durchaus an einem raschen Verkauf gelegen sein.[823] Sobald das Insolvenzverfahren eröffnet ist, bestimmt § 158 InsO, dass der Verwalter vor dem Berichtstermin zur Veräußerung die Zustimmung des Gläubigerausschusses einholen muss.[824] Unterlässt der Insolvenzverwalter dies, so ist der Unternehmensverkauf zwar wirksam, jedoch macht er sich schadenersatzpflichtig. Ist dagegen kein Gläubigerausschuss bestellt, so kann der Verwalter ohne jegliches Zustimmungserfordernis das Unternehmen veräußern, muss jedoch den Schuldner informieren, § 158 Abs. 2 InsO.[825] Insbesondere zur Vorbeugung gegen Haftungsrisiken des Insolvenzverwalters ist zu empfehlen, das Insolvenzgericht um die Einsetzung eines vorläufigen Gläubigerausschusses zu ersuchen; eine Möglichkeit, die in § 22a InsO durch das ESUG eingeführt wurde.

d) Unternehmensverkauf durch den vorläufigen Insolvenzverwalter

Ebenso wie der Verkauf des Unternehmens nach Insolvenzeröffnung, aber vor dem Berichtstermin, wird zum Teil vertreten, dass der Kauf eines Unternehmens vom vorläufigen Insolvenzverwalter möglich ist.[826] Dies kommt nur

---

822 Ein üblicher Zeitraum zwischen Eröffnung und Berichtstermin liegt wohl bei circa 8 Wochen, darf nach § 29 InsO nicht mehr als drei Monate ab der Eröffnung des Insolvenzverfahrens betragen.

823 *Vorwerk*, Unternehmenskauf aus Krise und Insolvenz, in: *Holzapfel/Pöllath/Engelhardt u. a.* (Hrsg.), Unternehmenskauf in Recht und Praxis, 15. Aufl., Rn. 2361 f.; *OLG Rostock*, Urt. v. 8. April 2011 – 5 U 31/08 (erhältlich in NZI 2011, 488).

824 *Heckschen*, Unternehmenskauf in der Insolvenz – Distressed M&A, in: *Reul/Graf*, Insolvenzrecht in der Gestaltungspraxis, § 4 Gesellschaftsrecht, Rn. 1411.

825 *Wegener*, in: *Wimmer* (Hrsg.), FK-InsO Frankfurter Kommentar zur Insolvenzordnung, 9. Aufl., § 158 Rn. 10.

826 Unter gewissen Voraussetzungen angedacht in *Graf-Schlicker/Remmert*, Das Unternehmensinsolvenzrecht unter der Lupe: Änderungen und Zukunftsperspektiven zur Fussnote, NZI 2001, 569/574.

bei Einsetzung eines sogenannten starken vorläufigen Insolvenzverwalters in Betracht, dieser allein kann Rechtsgeschäfte mit Außenwirkung abschließen.[827]

Eine solche Unternehmensveräußerung wird zum Teil als Minusmaßnahme zur Stilllegung angesehen und damit zu den Befugnissen (ebenfalls mit Zustimmung des Insolvenzgerichts) aus § 22 Abs. 1 InsO gezählt.[828]

Es mag ein gewisses praktisches Bedürfnis bestehen, im Falle eines günstigen Verkaufsangebots während des Eröffnungsverfahrens das Schuldnerunternehmen zu veräußern. Jedoch sprechen gewichtige Gründe gegen eine solche Befugnis des vorläufigen Insolvenzverwalters:

Allem voran könnte dadurch die Position des Schuldners nachträglich beeinflusst werden, dem unter Umständen sein Unternehmen entzogen wird, obwohl kein Insolvenzgrund vorlag und es nicht zu einer Eröffnung des Insolvenzverfahrens kommt.[829] Aber auch die praktische Seite spricht nicht unbedingt für ein Erfordernis des Verkaufs im Eröffnungsstadium. Vielmehr kann die Zeit bis zur Eröffnung für Verhandlungen und die Durchführung der *due diligence* genutzt werden.[830] Schließlich kommen gewisse rechtliche Risiken hinzu, namentlich die Anfechtung oder Erfüllungsablehnung durch den endgültigen Insolvenzverwalter oder die Haftung nach § 25 HGB, § 613a BGB und § 75 AO.[831] Zudem geht die überwiegende Meinung davon aus, dass die Veräußerung als Form der Verwertung etwas qualitativ anderes als die Stilllegung darstellt.[832] Schließlich ist der vorläufige Insolvenzverwalter beauftragt, nach § 22 InsO das Vermögen des Schuldners zu sichern und zu erhalten.[833]

---

827 *Buchta*, Unternehmen in Krise und Insolvenz, in: *Hölters* (Hrsg.), Handbuch Unternehmenskauf, 9., neu bearbeitete und erweiterte Auflage, Rn. 16.107.

828 *Kammel*, Ausgewählte Probleme des Unternehmenskaufs aus der Insolvenz zur Fussnote, NZI 2000, 102/103, 104.

829 *Heckschen*, Unternehmenskauf in der Insolvenz – Distressed M&A, in: *Reul/Heckschen/Wienberg* (Hrsg.), Insolvenzrecht in der Gestaltungspraxis, 2. Aufl., § 4 Gesellschaftsrecht, Rn. 1409.

830 *Heckschen*, Unternehmenskauf in der Insolvenz – Distressed M&A, in: *Reul/Heckschen/Wienberg* (Hrsg.), Insolvenzrecht in der Gestaltungspraxis, 2. Aufl., § 4 Gesellschaftsrecht, Rn. 1410.

831 *Narr*, Besonderheiten beim Kauf aus der Insolvenz, in: *Bauer/Düsterlho* (Hrsg.), Distressed Mergers & Acquisitions, 2. Aufl., S. 164.

832 *Buchta*, Unternehmen in Krise und Insolvenz, in: *Hölters* (Hrsg.), Handbuch Unternehmenskauf, 9., neu bearbeitete und erweiterte Auflage, Rn. 16.109.

833 *Buchta*, Unternehmen in Krise und Insolvenz, in: *Hölters* (Hrsg.), Handbuch Unternehmenskauf, 9., neu bearbeitete und erweiterte Auflage, Rn. 16.109.

Daher geht die wohl herrschende Meinung insgesamt von der fehlenden Befugnis des vorläufigen Insolvenzverwalters zum Abschluss eines Unternehmenskaufvertrages vor Insolvenzeröffnung aus.[834]

Dem entspricht auch die Rechtsprechung des Bundesgerichtshofes, nach welcher der vorläufige Insolvenzverwalter grundsätzlich nicht zur Verwertung befugt ist.[835] Einer solchen Verwertungsbefugnis steht zudem der Wille des Gesetzgebers entgegen: Ursprünglich war in § 159 InsO die Veräußerung nach dem Berichtstermin vorgesehen. Ferner wurde bei der Einführung des § 158 InsO der § 22 InsO nicht bezüglich der Befugnisse des vorläufigen Insolvenzverwalters erweitert. Im Gegenteil hat der Gesetzgeber – anders als im Diskussionsentwurf, in dem noch eine Unternehmensveräußerung vorgesehen war –[836] in der Begründung des Gesetzesentwurfes zur Vereinfachung des Insolvenzrechts (*InsVerfVereinfG*) Beschränkungen angedeutet. Er führt in der Gesetzesbegründung aus, dass auch ein vorläufiger Insolvenzverwalter lediglich die Aufgabe hat, das Unternehmen fortzuführen, und dass dieser gegebenenfalls Notverwertungen vornehmen darf. Dies insbesondere, um erhebliche Wertminderungen von Massegegenständen zu verhindern. Von dieser Befugnis soll die Veräußerung des wesentlichen Teils oder des gesamten Betriebes des Schuldnerunternehmens nicht umfasst sein.[837]

Im Ergebnis bleibt lediglich eine – auch vom Gesetzgeber anerkannte –[838] Befugnis zur Notverwertung einzelner Gegenstände, wenn eine „exorbitant günstige Verwertungsmöglichkeit" besteht und die Veräußerung für die Erhaltung der Unternehmenswerte erforderlich ist.[839]

Für die Praxis empfiehlt es sich daher, soweit die oben genannte Ausnahme nicht greift, bis zur Entscheidung über den Insolvenzantrag abzuwarten. Alternativ kann der Kaufvertrag unter die aufschiebende Bedingung der Eröffnung des Insolvenzverfahrens gestellt oder das Unternehmen vorerst an den Käufer verpachtet werden.[840]

---

834 *Morshäuser/Falkner*, Unternehmenskauf aus der Insolvenz, NZG 2010, 881/882.

835 *BGH*, Urt. v. 22. Februar 2007 – IX ZR 2/06 (erhältlich in NZI 2007, 338), Rn. 12.

836 Vgl. *G. Pape*, ZInsO 2003, 389/391.

837 BT-Drs. 16/3227, S. 10.

838 BT-Drs. 16/3227, S. 10.

839 *Vallender*, in: *Uhlenbruck* (Hrsg.), Insolvenzordnung, 15., völlig neu bearbeitete Auflage, § 22 Rn. 46 f.

840 *Wegener*, in: *Wimmer* (Hrsg.), FK-InsO Frankfurter Kommentar zur Insolvenzordnung, 9. Aufl., § 158 Rn. 4.

e) *Arbeitsrechtliche Erwägungen und Gestaltungsmöglichkeiten, insbesondere Arbeitnehmerrestrukturierung*

Wie bereits kurz erwähnt, stehen dem Insolvenzverwalter für die Schuldverhältnisse, die nach § 108 InsO auch in der Insolvenz grundsätzlich fortbestehen, besondere Loslösungsmöglichkeiten zur Verfügung. Im Falle von Arbeitsverhältnissen greift nach § 113 InsO die besondere Kündigungsmöglichkeit mit einer Frist von drei Monaten, unbeachtlich etwaiger abweichender gesetzlicher oder vertraglicher Kündigungsfristen.[841] Erfolgt ein Betriebsübergang nach Ablauf dieser insolvenzbedingten Kündigungsfrist, so besteht kein Anspruch auf Wiedereinstellung oder Fortsetzung des Arbeitsverhältnisses.[842] Inhaltlich ist der Vorteil des angesprochenen Sonderkündigungsrechts nach § 113 Abs. 1 InsO jedoch begrenzt, da es keinen eigenen Kündigungsgrund beinhaltet[843] und die Kündigungsschutzvorschriften, hier insbesondere § 613a Abs. 4 BGB, voll greifen.[844] Kündigungen und andere Beendigungen (z. B. Aufhebungsverträge), die vom Insolvenzverwalter oder Käufer wegen des Betriebsübergangs ausgesprochen werden, sind grundsätzlich unwirksam.[845]

Es gibt jedoch einige arbeitsrechtliche Gestaltungsmöglichkeiten, die im Folgenden dargestellt werden:

(1) *Restrukturierung durch Insolvenzverwalter*

Eine dieser Gestaltungsmöglichkeiten ist die Kündigung durch den Insolvenzverwalter zur Restrukturierung oder nach dem Erwerberkonzept, die eine Unwirksamkeit der Kündigung nach § 613a Abs. 4 BGB ausschließt.[846]

Im Gesetz wird diese Vorgehensweise durch den sogenannten Interessenausgleich mit Namensliste nach § 125 InsO angelegt. Ist demnach eine Betriebsänderung geplant und kommt es zu einem Interessenausgleich zwischen Insolvenzverwalter und Betriebsrat, wird das Vorliegen der dringenden betrieblichen Gründe für eine Kündigung der namentlich genannten Arbeitnehmer

---

841 *Morshäuser/Falkner*, Unternehmenskauf aus der Insolvenz, NZG 2010, 881/884.

842 *BAG*, Urt. v. 28. Oktober 2004 – 8 AZR 199/04 (erhältlich in NZA 2005, 405).

843 *Ahrens*, in: *Schmidt* (Hrsg.), Insolvenzordnung, 19. Aufl., § 113 Rn. 3.

844 *Ahrens*, in: *Schmidt* (Hrsg.), Insolvenzordnung, 19. Aufl., § 113 Rn. 42. *Plössner*, in: *Rolfs/Giesen/Kreikebohm/Udsching*, Beck'scher Online-Kommentar Arbeitsrecht, § 613a BGB Rn. 31.

845 *Steffan*, in: *Ascheid/Preis/Schmidt u. a.* (Hrsg.), Kündigungsrecht, 6., neu bearbeitete Auflage, § 613a BGB Rn. 171, 173.

846 Vgl. die Ausführungen in II.B.2.b)(3)iv.

vermutet. Diese Vermutung gilt nach § 128 Abs. 2 InsO bei einem Betriebsübergang auch dafür, dass die Kündigung nicht wegen des Übergangs erfolgt ist.[847] Zu erreichen ist dabei jedoch die Schwelle der Betriebsänderung nach §§ 111, 112a BetrVG, die sich an § 17 KSchG orientiert und – abhängig von der Größe des Unternehmens – bei einer Entlassung von 5 % bis 20 % der Arbeitnehmer vorliegt.[848]

Einer möglichen Widerlegung der Vermutung kann durch das Aufstellen eines Sanierungskonzepts begegnet werden. Im Hinblick darauf ist eine Kündigung, die auf einem solchen vom Insolvenzverwalter aufgestellten Konzept beruht, auch bei zeitlichem Zusammenhang mit einem Betriebsübergang wirksam und stellt für sich genommen bereits einen sachlichen Kündigungsgrund dar.[849] Der Insolvenzverwalter ist nicht gehindert, durch Rationalisierungen die Verkaufsfähigkeit des Schuldnerunternehmens zu verbessern.[850] Der Schutzbereich des § 613a Abs. 4 BGB – bei Betriebsübergang eine Auslese zu verhindern, mit der man sich von zu teuren, älteren oder als überflüssig erachteten Arbeitnehmern lösen könnte –[851] ist hier nicht betroffen.

Ebenso ist ein verbindliches Konzept oder ein Sanierungsplan des Käufers, dessen Durchführung bei Kündigung bereits greifbare Formen entwickelt hat, für eine wirksame Kündigung durch den Insolvenzverwalter ausreichend, wobei es nicht darauf ankommt, ob das Konzept auch beim Insolvenzverwalter hätte durchgeführt werden können.[852]

---

847 *BAG*, Urt. v. 20. September 2006 – 6 AZR 249/05 (erhältlich in ZIP 2007, 595), Rn. 24 f.

848 *Gossak*, in: *Fridgen/Geiwitz/Göpfert* (Hrsg.), BeckOK InsO, 22. Edition, § 125 Rn. 8; *Annuß*, in: *Richardi/Dietz* (Hrsg.), Betriebsverfassungsgesetz, 16., neu bearbeitete Auflage, § 111 Rn. 73; vgl. auch § 112a BetrVG, allerdings gilt dieser nur für die obligatorische Aufstellung eines Sozialplans, notfalls durch die Einigungsstelle.

849 *BAG*, Urt. v. 20. September 2006 – 6 AZR 249/05 (erhältlich in ZIP 2007, 595), Rn. 29 ff.

850 *BAG*, Urt. v. 20. September 2006 – 6 AZR 249/05 (erhältlich in ZIP 2007, 595), Rn. 33.

851 Vgl. *BAG*, Urt. v. 26. Mai 1983 – 2 AZR 477/81 (erhältlich in NJW 1984, 627), S. 629.

852 *BAG*, Urt. v. 20. März 2003 – 8 AZR 97/02 (erhältlich in ZIP 2003, 1671).

(2) *Restrukturierung mittels einer Transfergesellschaft bzw. Beschäftigungs- und Qualifizierungsgesellschaft* (BQG)

Der Einsatz einer BQG ist eine in der Praxis beliebte Vorgehensweise.[853] Dabei werden die Arbeitsverhältnisse durch einen dreiseitigen Aufhebungs- und Weiterbeschäftigungsvertrag beendet und mit der Transfergesellschaft (gehalten und finanziert vom Schuldnerunternehmen) neu abgeschlossen.[854] Die Transfergesellschaft wird in der Regel dazu installiert, um von der Arbeitslosigkeit bedrohte Arbeitnehmer für einen befristeten Zeitraum anzustellen und deren Vermittlungsaussichten durch Weiterqualifizierung zu verbessern. Gleichzeitig wird die Insolvenzmasse entlastet.[855] Die Transfergesellschaft ist als Instrument in § 111 SGB III verankert. Ein Vorteil ist die Förderung dieser Maßnahme durch das in dieser Norm geregelte Transferkurzarbeitergeld,[856] das in der Regel in etwa dem Arbeitslosengeld (d. h. 60 bzw. 67 % des Nettolohnes) entspricht und für zwölf Monate gewährt wird.[857] Auch ist eine Aufstockung durch den Insolvenzverwalter möglich,[858] die jedoch nicht zu hoch ausfallen sollte, um den Vermittlungsanreiz nicht zu beeinträchtigen.[859]

Problematisch könnte hier allerdings die Vorschrift des § 111 Abs. 8 SGB III sein. Danach wird kein Transferkurzarbeitergeld gezahlt, wenn Arbeitnehmer nur vorübergehend in der BQG sind und anschließend einen anderen Arbeitsplatz in ihrem ursprünglichen, abgebenden Betrieb besetzen. Grund hierfür ist, dass dann kein endgültiger Abbau von Arbeitsplätzen vorliegt und das Transferkurzarbeitergeld keine internen Umstrukturierungen finanzieren soll.[860]

---

853 *D. Beisel et al.*, Der Unternehmenskauf, 7. Aufl., § 5 Rn. 31 *Bertram/Künzel*, in: *Gottwald/Adolphsen/Haas* (Hrsg.), Insolvenzrechts-Handbuch, 6., vollständig überarbeitete Auflage, § 104 Rn. 57a.

854 *D. Beisel et al.*, Der Unternehmenskauf, 7. Aufl., § 5 Rn. 31.

855 *Zobel*, in: *Beck/Depré* (Hrsg.), Praxis der Insolvenz, 3. Aufl., § 28 Rn. 301.

856 Auf die betrieblichen und persönlichen Voraussetzungen für die Gewährung des Transferkurzarbeitergeldes ist hier nicht näher einzugehen, siehe hierzu *Bissels/Jordan/Wisskirchen*, Sozialverträglicher Personalabbau durch den Einsatz von Transfergesellschaften, NZI 2009, 865/866 f.

857 *Zobel*, in: *Beck/Depré* (Hrsg.), Praxis der Insolvenz, 3. Aufl., § 28 Rn. 304.

858 *Bertram/Künzel*, in: *Gottwald/Adolphsen/Haas* (Hrsg.), Insolvenzrechts-Handbuch, 6., vollständig überarbeitete Auflage, § 104 Rn. 84.

859 *Bissels/Jordan/Wisskirchen*, Sozialverträglicher Personalabbau durch den Einsatz von Transfergesellschaften, NZI 2009, 865/867.

860 *Gagel/Bieback*, Sozialgesetzbuch II, Sozialgesetzbuch III, 80. Aufl., § 111 SGB III Rn. 104 f.

Denkbar wäre eine Anwendung dieser Vorschrift auch auf einen Erwerber, der den auf die BQG übergegangenen Arbeitnehmer wieder auf dem identischen Posten einstellt. Allerdings geht der Wortlaut von demselben oder einem anderen Betrieb des Unternehmens aus, wovon bei einem *Asset Deal*, bei dem der Unternehmensträger wechselt, nicht ausgegangen werden kann. In Betracht kommt allenfalls eine entsprechende Anwendung. Dies würde jedoch dem Zweck einer effektiven Sanierung zuwiderlaufen. Die Tatsache, dass der Arbeitnehmer nach Wechsel des Unternehmensinhabers wieder den identischen Posten einnimmt, kann daher nicht zu einem Ausschluss des Transferkurzarbeitergelds führen.

Weil nur die Arbeitnehmer auf die BQG übergehen, liegt an sich kein Betriebsübergang i. S. d. § 613a BGB vor. Der zu übernehmende Betrieb dagegen kann ohne oder mit nur wenigen Arbeitsverhältnissen übertragen werden und der Käufer kann dann später aus der BQG geeignete Arbeitnehmer übernehmen.[861] Es ist jedoch bei der Umsetzung zu beachten, dass keine betriebliche Kontinuität im Sinne des § 613a BGB entsteht. Daher ist es wichtig, den Arbeitnehmern bei Abschluss des Aufhebungsvertrages noch keine verbindliche Weiterbeschäftigung beim Erwerber in Aussicht zu stellen. Der Aufhebungsvertrag wäre sonst aufgrund der Umgehung des § 613a Abs. 1 BGB nichtig.[862] Hierbei ist auch zu bedenken, dass es nach der Rechtsprechung des Bundesarbeitsgerichts offenbar auf eine abstrakte Gesamtbetrachtung ankommt, nicht auf die Perspektive des einzelnen Arbeitnehmers.[863] Die Aussicht auf eine Weiterbeschäftigung sollte dabei möglichst vage sein, auch in Bezug auf die Gesamtheit der Arbeitnehmerschaft.[864]

Ein Indiz für eine Umgehung sieht das Bundesarbeitsgericht außerdem, wenn die Aufhebungsverträge kein endgültiges Ausscheiden darstellen, sondern nur geschlossen werden, damit der Erwerber neue Arbeitsverträge mit

---

861 *Bertram/Künzel*, in: *Gottwald/Adolphsen/Haas* (Hrsg.), Insolvenzrechts-Handbuch, 6., vollständig überarbeitete Auflage, § 104 Rn. 84.

862 Es muss also beim Abschluss des Aufhebungsvertrages ein „Risikogeschäft" bezüglich der zukünftigen Beschäftigung vorliegen, vgl. *BAG*, Urt. v. 18. August 2011 – 8 AZR 312/10 (erhältlich in NZA 2012, 152); diesbezüglich ist zu beachten, dass das BAG bei einem Losverfahren mit einer Chance von rund 77,9 % ein verbindliches in-Aussicht-stellen angenommen hat.

863 *Pils*, Umgehung von § BGB § 613 a BGB durch Einsatz einer Transfergesellschaft, NZA 2013, 125.

864 *Fuhlrott*, Zwischengeschaltete Transfergesellschaften zur Vermeidung von Betriebsübergängen, NZA 2012, 549/552; die Aussage, „ein Großteil werde übernommen" kann daher schon für einen Ausschluss des Risikogeschäfts genügen.

dem Arbeitnehmer schließen kann.[865] Ferner sind die nur (maßgeblich laut Bundesarbeitsgericht die geplante, nicht die tatsächliche) kurze Verweildauer in der Transfergesellschaft oder eine nur angekündigte Stilllegung aufgrund der Übernahme durch den Erwerber unzulässig.[866] Außerdem sind BQG, die sich als nur zum Schein eingerichtet darstellen,[867] für eine erfolgreiche und rechtlich einwandfreie arbeitsrechtliche Restrukturierung ungeeignet.[868] Auch darf die Sozialauswahl nicht umgangen werden,[869] deren Grundsätze müssen also im Rahmen der (endgültigen) Übernahme der Arbeitskräfte berücksichtigt werden.[870]

(3) Widerspruchslösung

Ein weiteres Mittel, um dem automatischen Vertragsübergang zu begegnen, ist der kollektive Widerspruch der Arbeitnehmer nach § 613a Abs. 6 BGB.[871] Der primäre Vorteil dieser Herangehensweise liegt darin, dass idealerweise eine übertragende Sanierung ohne Übernahme der Arbeitnehmer erfolgen kann, zudem ist sie schnell und kostengünstig.[872] Sie erfordert allerdings ein hohes Maß an Kooperationsbereitschaft innerhalb der Belegschaft.[873] Die Zulässigkeit dieses relativ jungen Lösungsansatzes ist höchstrichterlich noch nicht geklärt. Zweifel ergeben sich unter anderem bezüglich des Gebots der Gläubigergleichbehandlung, etwa wenn ein Teil der Belegschaft entgegen dem Plan des Insolvenzverwalters bzw. Erwerbers dem Übergang nicht widerspricht, viele andere sich aber an den Plan halten.[874] Zudem dürfte erforderlich sein, die Arbeitgeber

865 *BAG*, Urt. v. 28. Oktober 2004 – 8 AZR 199/04 (erhältlich in NZA 2005, 405), Rn. 43.

866 *Bertram/Künzel*, in: *Gottwald/Adolphsen/Haas* (Hrsg.), Insolvenzrechts-Handbuch, 6., vollständig überarbeitete Auflage, § 104 Rn. 84.

867 Etwa weil keine Transferleistung benötigt wird oder der Käufer sich bereits bei Abschluss des Aufhebungsvertrages hinsichtlich der Personalauswahl entschieden hatte.

868 *Pils*, Umgehung von § BGB § 613 a BGB durch Einsatz einer Transfergesellschaft, NZA 2013, 125/128.

869 *BAG*, Urt. v. 23. November 2006 – 8 AZR 349/06 (erhältlich in NZA 2007, 866), Rn. 24.

870 *ArbG Freiburg*, Urt. v. 9. Mai 2009 – 5 Ca 538/08 (erhältlich in BeckRS 2010, 69323).

871 *Willmer/Fuchs/Berner*, Der Widerspruch des Arbeitnehmers nach § 613a VI BGB als Sanierungsinstrument – Die Widerspruchslösung, NZI 2015, 263.

872 *P. Hoffmann/Danylak*, 40 Jahre „übertragende Sanierung", NZI 2020, 705.

873 *P. Hoffmann/Marquardt*, Der Übergang von Arbeitsverhältnissen bei der übertragenden Sanierung, NZI 2017, 513.

874 *P. Hoffmann/Marquardt*, Der Übergang von Arbeitsverhältnissen bei der übertragenden Sanierung, NZI 2017, 513.

umfänglich über die Vor- und Nachteile der Widerspruchslösung in Kenntnis zu setzen, um ihnen eine möglichst informierte Entscheidung zu ermöglichen und das Risiko einer Anfechtung der Widersprüche zu begrenzen.[875] Ob selbst dann ausgeschlossen werden kann, dass in der Widerspruchslösung eine Umgehung des § 613a BGB erkannt wird, scheint zumindest fraglich. Im Interesse der Transaktionssicherheit bzw. des Risikomanagements scheint es jedenfalls ratsam, die Erklärung des Widerspruchs zur Vollzugsbedingung zu machen bzw. ein Rücktrittsrecht vorzusehen, sollten die vorgesehenen Widerspruchsquoten nicht erreicht werden. Außerdem sollte eine finanzielle Regelung (z. B. Kaufpreisanpassung) für den Fall getroffen werden, dass es zum unmittelbaren Übergang (ggf. aufgrund einer Unwirksamkeit der Widerspruchslösung) aller oder einer Vielzahl von Beschäftigungsverhältnissen kommen sollte.

f) Übertragung Firmenname

Die Übertragung der Firma ist grundsätzlich möglich, jedoch nur zusammen mit dem Handelsgeschäft, § 23 HGB.[876] In der Insolvenz gehört die Firma wegen ihres heute anerkannten Vermögenswertes zur Masse.[877]

Mit der überwiegenden Meinung in der Literatur ist davon auszugehen, dass eine Zustimmung des Schuldners zur Übertragung des Firmennamens keine zwingende Voraussetzung ist, sondern der Insolvenzverwalter diesen übertragen kann.[878]

Veräußert also der Insolvenzverwalter die Firma mit, so hat das Schuldnerunternehmen die weitere Nutzung der Firma zu unterlassen und den Namen zu ändern.[879] Die hierzu erforderliche Satzungsänderung kann nach der überwiegenden Auffassung auch vom Insolvenzverwalter vorgenommen werden, ein Gesellschafterbeschluss ist nicht notwendig.[880]

---

875 *P. Hoffmann/Marquardt*, Der Übergang von Arbeitsverhältnissen bei der übertragenden Sanierung, NZI 2017, 513.

876 *Merkt*, in: *Baumbach/Hopt* (Hrsg.), Handelsgesetzbuch, 41. Aufl., § 17 Rn. 24, 47.

877 *Heidinger*, in: *Schmidt* (Hrsg.), Münchener Kommentar zum Handelsgesetzbuch Gesamtwerk, 5. Aufl., § 17 Rn. 78.

878 Dies gilt nach der vorherrschenden Literaturmeinung auch dann, wenn in dem Firmennamen der Familienname des Schuldners enthalten ist, vgl. *Niebel*, in: *Gsell/Krüger/Lorenz u. a.* (Hrsg.), beck-online.GROSSKOMMENTAR, § 12 BGB Rn. 81.

879 *D. Beisel et al.*, Der Unternehmenskauf, 7. Aufl., § 5 Rn. 22.

880 *Sinhart*, Unternehmenskauf bzw. -verkauf in der Krise und Insolvenz, in: *Picot/Derbort* (Hrsg.), Unternehmenskauf und Restrukturierung, 4., völlig neu bearbeitete Auflage, § 16 Rn. 105 (m.w.N.).

g) *Fazit*

Die deutlich reduzierten Haftungsfolgen für den Verkäufer für Steuern, Arbeitnehmerforderungen und allgemeine Verbindlichkeiten sind mit Sicherheit der größte Vorteil und damit Anreiz für die Wahl des *Asset Deals* aus der Insolvenz. Dazu kommen Erleichterungen bei der Umgestaltung der Arbeitsplätze und letztlich auch die Transaktionssicherheit. Vergleichbar mit dem *Share Deal* im Rahmen eines Insolvenzplans ist die Tatsache, dass neben dem Insolvenzverwalter auch die Gläubiger von dem Verkauf überzeugt werden müssen. Dafür ist bei der übertragenden Sanierung das Insolvenzgericht weniger stark involviert als bei der Vorprüfung und Bestätigung eines Insolvenzplans. Die Nachteile sind ansonsten überschau- und kalkulierbar, weshalb der *Asset Deal* auch weiterhin regelmäßig als empfehlenswerte Transaktionsstruktur für eine *M&A*-Transaktion aus der Insolvenz anzutreffen sein wird.

III. *Distressed M&A* in Italien

A. Einführung in das italienische Insolvenzrecht[881]

1. Begriff der Insolvenz

Im italienischen Recht war die Insolvenz unter Geltung des *legge fallimentare*[882] (*L.F.*) in dessen Art. 5 geregelt. Demnach liegt sie vor, wenn sich der Status der Zahlungsunfähigkeit durch die Nichterfüllung von Verbindlichkeiten oder andere objektive Kriterien, die offenbaren, dass der Schuldner nicht in der Lage ist, seine Verbindlichkeiten regelmäßig zu bedienen,[883] manifestiert. An der Definition ergibt sich auch unter der Geltung des D.Lgs. 14/2019 (*codice della crisi d'impresa e dell'insolvenza,* ***C.C.I.I.***) inhaltlich keine Änderung, vgl. die insofern wortgleiche Definition in Art. 2 Abs. 1 lit. b) C.C.I.I. Jedoch ersetzt die Reform den Begriff des *fallimento* und führt die Bezeichnung *liquidazione giudiziale* ein. Dies dient, wie bereits zu Beginn der Arbeit[884] erwähnt, der Beseitigung der negativen Einfärbung und damit des sozialen Misskredites.[885] Die „gerichtliche Liquidation" soll keinen wertenden Beiklang bezüglich verschuldeten oder gar betrügerisch verursachten Misserfolgs des Unternehmers innehaben, sondern

---

881 Bei der Darstellung des Insolvenzrechts werden (allein oder hauptsächlich) durch die COVID-19-Pandemie veranlasste Gesetzgebung, Gesetzesänderungen oder sonstige Maßnahmen aufgrund deren Zielrichtung (kurz-mittelfristige Krisenbewältigung) und der damit verbundenen temporären Geltung außer Betracht gelassen. Ein Überblick, insbesondere über die Verlängerung von Fristen im Rahmen von Sanierungsvorhaben, findet sich bspw. bei *Castagna/D'Attore*, Band 4 Länderberichte – Italien, in: *Kirchhof* (Hrsg.), Münchener Kommentar zur Insolvenzordnung, [4. Aufl.], Rn. 236 ff.

882 Regio Decreto 16 marzo 1942, n. 267; Das *legge fallimentare* ist noch bis zum 1. September 2021 anwendbar. Von da an wird es ersetzt durch die Neuregelungen des D.L. 14/2019 (*Codice della crisi d'impresa e dell'insolvenza*), modifiziert durch das sogenannte *decreto correttivo* (D.Lgs. 147/2020).

883 Art. 5 Abs. 2 L.F.

884 Siehe unter I.G.

885 *D'andrea* – Riforma fallimento, è legge il nuovo codice crisi d'impresa. Novità e testo in Gazzetta Ufficiale, https://www.informazionefiscale.it/riforma-fallimento-novita-testo-codice-crisi-impresa-insolvenza.

schlicht Regelungen für den aufgrund unternehmerischen Risikos möglichen Fall des Misserfolges bereithalten.[886]

Eines der Hauptziele der Insolvenzrechtsreform war es zudem, die aufgrund der Vielzahl von Gesetzesänderungen entstandene Uneinheitlichkeit und nicht-lineare Struktur zu beheben.[887] Durch den C.C.I.I. wurden daher insbesondere die Verfahrensvorschriften des „klassischen" Insolvenzverfahrens (*liquidazione giudiziale)* und der Krisenbewältigungsinstrumente vereinheitlicht[888] und vereinfacht.[889] In diesem Abschnitt sollen zunächst die Voraussetzungen für die Eröffnung des gerichtlichen Liquidationsverfahrens und dessen Ablauf dargestellt werden; auf die Krisenbewältigungsinstrumente wird im weiteren Verlauf gesondert eingegangen.[890]

Die für die Insolvenz zentrale Nichterfüllung von Verbindlichkeiten wird allgemein dahingehend konkretisiert, dass der Schuldner nicht in der Lage ist, diese regelmäßig mit ordentlichen Mitteln zu den vereinbarten Fälligkeitsterminen zu bezahlen.[891] Die Einstufung als ordentliche Mittel bezieht sich sowohl auf deren Herkunft als auch deren Modalitäten, sodass auch Bankfinanzierungen im Einzelfall ungewöhnlich und daher zum Ausschluss der Zahlungsunfähigkeit ungeeignet sein können.[892] Zudem ist – vergleichbar zum deutschen Insolvenzbegriff –[893] eine gewisse Dauerhaftigkeit der Zahlungsunfähigkeit erforderlich, und nicht nur eine bloße Zahlungsstockung.[894] Die genannten anderen objektiven Kriterien können unter anderem der Liquidationsverkauf, Verkauf wesentlicher Betriebsgüter[895] oder auch der Verkauf nicht-wesentlicher Güter zu äußerst niedrigen Preisen[896] sein. Weitere Indizien sind beispielsweise

---

886 *Avolio/Di Majo*, Compendio di diritto della crisi di impresa e dell'insolvenza, 13. Aufl., S. 152.

887 *Avolio/Di Majo*, Compendio di diritto della crisi di impresa e dell'insolvenza, 13. Aufl., S. 5.

888 Vgl. Art. 37 ff. C.C.I.I.

889 *F. Bitzer*, 2. Teil: Länderberichte – Italien, in: Handbuch Insolvenzrecht in Europa: Handbuch InsR Europa, Rn. 16.

890 Siehe unter III.C.

891 *Guglielmucci/Padovini*, Diritto fallimentare, 7. Aufl., S. 32.

892 *Guglielmucci/Padovini*, Diritto fallimentare, S. 33.

893 Vgl. II.A.1.

894 *Guglielmucci/Padovini*, Diritto fallimentare, S. 32; *Wolfer*, in: *Fridgen/Geiwitz/Göpfert*, BeckOK InsO, § 17 Rn. 13.

895 *Guglielmucci/Padovini*, Diritto fallimentare, S. 31.

896 *Guglielmucci/Padovini*, Diritto fallimentare, S. 36.

die Flucht des Schuldners, Massenentlassungen oder die Schließung des Geschäftslokals.[897]

Die Nichterfüllung kann sich offenbaren aus Einsprüchen gegen betitelte Forderungen (unter anderem Bankschecks) oder Zwangsvollstreckungsverfahren und Zwangshypotheken.[898] Dabei bedeutet die Nichterfüllung von einzelnen Forderungen nicht zwangsläufig einen Rückschluss auf die Zahlungsunfähigkeit des Schuldners. Jedem Schuldner ist es erlaubt, aus seiner Sicht unbegründete Forderungen nicht zu begleichen oder gegen diese und sie beinhaltende Titel vorzugehen. Bei einer Vielzahl solcher Anzeichen für die Nichterfüllung einzelner Forderungen oder bei sogar systematischer Nichterfüllung liegt dagegen der Status der Zahlungsunfähigkeit erheblich näher.[899]

Gelingt es dem Schuldner jedoch, von allen oder der Mehrheit seiner Gläubiger einen Zahlungsaufschub zu erhalten (*pactum de non petendo*), so kann dadurch der Insolvenzstatus ausgeschlossen werden.[900] Ein solcher Zahlungsaufschub kann insbesondere in die unter III.C dargestellten Sanierungsvereinbarungen eingebaut werden.

Der Vermögenszustand oder die Gewinn- und Verlustrechnung und damit auch eine bilanzielle Überschuldung haben dagegen im italienischen Insolvenzrecht keine direkte Bedeutung für die Bejahung der Insolvenz des Schuldners.[901] Sie werden jedoch zum Teil bei der Feststellung der Zahlungsunfähigkeit ergänzend herangezogen (insbesondere durch das *current ratio*,

---

897 *Santonocito-Pluta/Mare-Ehlers*, Band 4 Länderberichte – Italien, in: *Kirchhof* (Hrsg.), Münchener Kommentar zur Insolvenzordnung, [3. Aufl.], Rn. 12; *F. Bitzer*, 2. Teil: Länderberichte – Italien, in: Handbuch Insolvenzrecht in Europa: Handbuch InsR Europa, Rn. 32.

898 *Guglielmucci/Padovini*, Diritto fallimentare, S. 35.

899 *Guglielmucci/Padovini*, Diritto fallimentare, S. 35.

900 Vgl. – inter alia – *Corte (suprema) di cassazione civile*, Urt. v. 26. Februar 1990 – 26 febbraio 1990, n. 1439.

901 *Kindler/Conow*, Länderberichte – Italien, in: *Kindler/Nachmann* (Hrsg.), Handbuch Insolvenzrecht in Europa, 4. Erg.-Lfg, III Rn. 59. In Art. 2 Abs. 1 lit. c) C.C.I.I. wird die Überschuldung zwar nunmehr aufgeführt, enthält aber keine inhaltliche Konkretisierung und findet nur Anwendung auf Verbraucher, Freiberufler, Kleinunternehmer, landwirtschaftliche Betriebe, bestimmte *start-ups* und weitere Schuldner, die insbesondere nicht dem gerichtlichen Liquidationsverfahren unterliegen, vgl. *F. Bitzer*, 2. Teil: Länderberichte – Italien, in: Handbuch Insolvenzrecht in Europa: Handbuch InsR Europa, Rn. 34.

also die Gegenüberstellung von *current assets* und *current liabilities*)[902].[903] Bezüglich der Bedeutung der Überschuldung für die festzustellende Zahlungsunfähigkeit kann es zwar vorkommen, dass auch bei guter Vermögenslage die Liquidität nicht in jedem Fall automatisch sichergestellt ist. Beispielsweise, weil ein Großteil der Aktiva nicht kurzfristig verwertet werden kann oder soll und deren Nutzung zur Kreditgewinnung vom Willen der Kreditgeber abhängt. Auf der anderen Seite kann es vorkommen, dass bei Überschreitung der Aktiva durch die Passiva die Liquidität trotzdem gegeben sein kann. Etwa, weil Kredite aufgrund positiver Prognosen oder Garantien durch Dritte gewährt werden.[904] Diese vorgenannten Konstellationen mögen in der Theorie oder in einzelnen Fällen zutreffen, dürften aber in der Mehrheit der Fälle nicht der Realität entsprechen. Nach der hier vertretenen Auffassung wäre es daher überzeugender, den Tatbestand der Überschuldung als eigenen Insolvenzgrund zu betrachten. Mangels entsprechender Gesetzesregelung sollte die Überschuldung jedenfalls bei der Bewertung der Zahlungsunfähigkeit als (mit entscheidendes) Kriterium berücksichtigt werden.

Zusammenfassend ist für die Eröffnung des Insolvenzverfahrens die Manifestation der Zahlungsunfähigkeit erforderlich. Die gerichtlich anzustellende Prognose erfolgt in erster Linie anhand der Nichterfüllung der Verbindlichkeiten mit ordentlichen Mitteln für einen erheblichen Zeitraum, aber auch unter Zuhilfenahme weiterer Umstände. Für die Feststellung der Insolvenz sind alle diese Punkte, deren ansteigende Häufung eine Zahlungsunfähigkeit immer näher liegender scheinen lässt, im Einzelfall zu untersuchen.[905]

Im Laufe der Zeit wurde die bereits in der Praxis gelebte Tendenz, bei moderaten Schulden die Insolvenzeröffnung abzulehnen, durch den mehrmals angepassten[906] Art. 15 L.F. gesetzlich festgelegt. Aktuell ist geregelt,[907] dass die Schulden mindestens EUR 30.000,00 betragen müssen.[908] Dadurch soll

902 Vgl. die Definition auf http://www.investopedia.com/terms/c/currentratio.asp.
903 *Guglielmucci/Padovini*, Diritto fallimentare, S. 36.
904 Vgl. *Guglielmucci/Padovini*, Diritto fallimentare, S. 34.
905 *Guglielmucci/Padovini*, Diritto fallimentare, S. 36.
906 Insbesondere durch das D.Lgs. 5/2006 und durch das D.Lgs. 169/2007.
907 Eine periodische Anpassung alle drei Jahre durch ministerielles Dekret ist möglich, vgl. *Santonocito-Pluta/Mare-Ehlers*, Band 4 Länderberichte – Italien, in: *Kirchhof* (Hrsg.), Münchener Kommentar zur Insolvenzordnung, [3. Aufl.], Rn. 12 Fz. 10.
908 Art. 15 Abs. 9 L.F. bzw. Art. 49 Abs. 5 C.C.I.I.

verhindert werden, dass Insolvenzverfahren stattfinden, deren Kosten die verteilbaren Erlöse voraussichtlich übersteigen werden.[909]

Abschließend sei erwähnt, dass nach dem *legge fallimentare* öffentliche Körperschaften und Kleinunternehmer,[910] Handwerker und Landwirte,[911] *start-ups*,[912] Verbraucher sowie Unternehmen, die kraft Sonderzuweisung einem Verfahren im Verwaltungsweg unterliegen, nicht insolvenzfähig i. S. des Gesetzes waren.[913] Für diese und weitere Fälle gab es unter anderem die Verbraucherinsolvenz,[914] die Verwaltungszwangsliquidation (*liquidazione coatta amministrativa*)[915] und den Zwangsvergleich. Für bestimmte Großunternehmen bestand außerdem die Möglichkeit der Sanierung durch die außerordentliche Verwaltung (*amministrazione straordinaria*)[916].

Seit der Reform regelt Art. 121 C.C.I.I. die Eröffnung des Insolvenzverfahrens und hat dessen Anwendungsbereich nur unwesentlich verändert.[917] Nach wie vor ist der kaufmännische Unternehmer oberhalb der Kleinunternehmerschwelle

---

909 *Guglielmucci/Padovini*, Diritto fallimentare, S. 31.

910 Der Kleinunternehmer ist in Art. 1 Abs. 2 lit. a)–c) L.F. bzw. Art. 2 Abs. 1 lit. d) C.C.I.I. geregelt: Das gesamte Aktivvermögen muss unter EUR 300.000,00 pro Jahr über die letzten drei Jahre liegen, der Bruttogewinn in den letzten drei Jahren nur jeweils maximal EUR 200.000,00 betragen und die Schulden dürfen nicht über EUR 500.000,00 betragen.

911 Sowohl für Landwirte als auch Handwerker gibt es jedoch Sonderreglungen bezüglich des Zugangs zum Insolvenzverfahren bzw. zu Sanierungsinstrumenten, vgl. *Avolio/Di Majo*, Compendio di diritto della crisi di impresa e dell'insolvenza, 13. Aufl., S. 12 f.

912 Diese sind – sofern sie die dort geregelten Voraussetzungen erfüllen – einem eigenen Insolvenzsystem unterworfen, welches im Legge 3/2012 enthalten ist.

913 *Kindler/Conow*, Länderberichte – Italien, in: *Kindler/Nachmann* (Hrsg.), Handbuch Insolvenzrecht in Europa, 4. Erg.-Lfg, Rn. 64 ff.

914 Geregelt in legge 27 gennaio 2012 n. 3 sul sovra indebitamento.

915 Hier gelten fortan – sofern die einschlägigen Sondergesetzte nichts anderes vorsehen – gemäß Art. 1 Abs. 2 lit. b) C.C.I.I. die Art. 293 ff. C.C.I.I., nach Art. 295 C.C.I.I. ist die gerichtliche Liquidation grundsätzlich nicht einschlägig.

916 *Santonocito-Pluta/Mare-Ehlers*, Band 4 Länderberichte – Italien, in: *Kirchhof* (Hrsg.), Münchener Kommentar zur Insolvenzordnung, [3. Aufl.], Rn. 10.

917 Vgl. *Bitzer*, Länderberichte – Italien, in: *Kindler/Nachmann/Bitzer* (Hrsg.), Handbuch Insolvenzrecht in Europa, 5. Aufl., Rn. 24. Zu beachten ist, dass es für die einzelnen Sanierungsinstrumente unterschiedliche, hiervon abweichende Zugangsregelungen geben kann.

der *liquidazione giudiziale* unterworfen.[918] Ausgeschlossen sind insbesondere der Kleinunternehmer und der Landwirt.[919]

Darüber hinaus wurde unter Geltung des neuen Insolvenzrechts gemäß Art. 1 C.C.I.I. dessen Anwendungsbereich im Vergleich zum *legge fallimentare* erweitert. Mit Ausnahme des Staates und der öffentlichen Körperschaften (*società pubbliche*) sowie der Unternehmen, die dem Anwendungsbereich der *amminstrazione straordinaria*[920] unterfallen, ist die Insolvenz bzw. Krisenbewältigung aller Unternehmer und Verbraucher im C.C.I.I. geregelt.[921] Diese Bearbeitung konzentriert sich entsprechend dem untersuchten Thema auf die unternehmensbezogenen Insolvenz- bzw. Sanierungsverfahren, weshalb auf diese Regelungen für spezielle Personen- bzw. Unternehmensgruppen nicht näher eingegangen wird.

2. Zweck des Insolvenzverfahrens

Ähnlich wie im deutschen Recht ist eines der Ziele die Zerschlagung und Verwertung des Schuldnerunternehmens und die Aufteilung der Erlöse auf die Gläubiger.[922] Wie das deutsche dient auch das italienische Insolvenzrecht deren möglichst gleichmäßigen Befriedigung; Einzelvollstreckungen und damit ein Wettlauf der Gläubiger dürfen nach Insolvenzeröffnung grundsätzlich nicht

---

918 *Avolio/Di Majo*, Compendio di diritto della crisi di impresa e dell'insolvenza, 13. Aufl., S. 153.

919 Zumindest solange die landwirtschaftlichen Tätigkeiten im Vergleich zu etwaigen Begleittätigkeiten überwiegen, dürften Landwirte nicht als Unternehmer (*imprenditori commerciali*) i. S. d. Art. 1 L.F. bzw. Art. 121 C.C.I.I. gelten, vgl. *Andriulo* – L'imprenditore agricolo può fallire?, https://www.affaritaliani.it/blog/il-cruscotto/l-imprendit ore-agricolo-puo-fallire-617327.html.

920 Gemäß Art. 1 Abs. 2 lit. a) C.C.I.I. können diese Unternehmen jedoch ergänzend zu den Spezialregelungen auf die Verfahren des C.C.I.I. zurückgreifen.

921 Gleichwohl werden einige spezielle Schuldnergruppen entsprechend der besonderen Umstände unterschiedlich behandelt, bspw. Verbraucher oder Kleinunternehmer (vgl. Art. 2 lit. c) C.C.I: für diese Gruppen kommt – statt der *liquidazione giudiziale* zum einen weiterhin das sogenannte Überschuldungsverfahren (*procedura di sovraindebitamento*) zur Anwendung, vgl. Art. 6 L. 3/2012 bzw. Art. 65 C.C.I.I., oder ihnen ist der Zugang zu bestimmten Sanierungsmaßnahmen ermöglicht, z. B. der *concordato minore* als Sanierungsplan vgl. Artt. 74–83 C.C.I.I.).

922 *Guglielmucci/Padovini*, Diritto fallimentare, S. 31; *Kindler/Conow*, Länderberichte – Italien, in: *Kindler/Nachmann* (Hrsg.), Handbuch Insolvenzrecht in Europa, 4. Erg.-Lfg, III. Rn. 61 f.

begonnen oder fortgesetzt werden.[923] Allerdings ist auch im italienischen Recht seit einiger Zeit ein deutlicher Trend zur Stärkung der Gläubigerpositionen und gleichzeitigen Reduzierung des gerichtlichen Einflusses sowie zur Sanierung als Alternative zur Zerschlagung erkennbar.

Insbesondere stellt das italienische Insolvenzrecht nach mehreren Reformen einige größtenteils voneinander unabhängige Verfahrensmöglichkeiten zur Verfügung, bei denen gleichwertig zur Verwertung die Sanierung und Fortführung des Unternehmens bezweckt werden. Hier sind insbesondere die vorinsolvenzlichen Sanierungsinstrumente kurz vorzustellen: Dazu zählen der konkursabwendende Vergleich (*concordato preventivo*), die Umschuldungsvereinbarung (*accordo di ristrutturazione dei debiti*), der Sanierungsplan (*piano di risanamento*)[924] und das Frühwarnsystem mit betreuter Krisenbewältigung (*procedura di allerta e di composizione assistita della crisi*)[925].

Die Stärkung der Sanierung findet sich auch in der neuesten Reform und gleichzeitig Neugestaltung des Insolvenzrechts wieder. Es sieht unter anderem vor, dass Vorschläge zur Sanierung mit garantierter Unternehmensfortführung und besserer Gläubigerbefriedigung vorrangig behandelt werden. Dabei kann die Fortführung auch durch einen anderen Unternehmer erfolgen,[926] d. h. Unternehmensübertragungen sind als Sanierungsmöglichkeit ausdrücklich vorgesehen. Die Insolvenz soll nur eröffnet werden, wenn ein solcher geeigneter Vorschlag fehlt[927] bzw. die präventiven Sanierungsinstrumente keinen Erfolg gebracht haben.[928]

---

923 Art. 51 L.F. bzw. Art. 150 C.C.I.I.; Ausnahmen hiervon sind Gegenstände des Schuldnervermögens nach Art. 213 Abs. 2 C.C.I.I./Art. 104-ter Abs. 7 L.F. oder die Aufhebung des Vollstreckungsverbots für bestimmte bevorrechtigte Gläubiger, vgl. *Bitzer*, Länderberichte – Italien, in: *Kindler/Nachmann/Bitzer* (Hrsg.), Handbuch Insolvenzrecht in Europa, 5. Aufl., Rn. 130.

924 *Kindler/Conow*, Länderberichte – Italien, in: *Kindler/Nachmann*, Handbuch Insolvenzrecht in Europa, Rn. 6; siehe zu den einzelnen Verfahren im weiteren Verlauf der Bearbeitung unter III.C.

925 Ergänzende Verfahrensarten, bspw. die Stundungsvereinbarung (*convenzione di moratoria*, Art. 62 C.C.I.I.), werden aufgrund fehlender Relevant für Unternehmenstransaktionen nicht behandelt.

926 Art. 2 Abs. 1 lit. g) Legge 19 ottobre 2017, n. 155, Art. 84 Abs. 2 C.C.I.I.

927 *Altalex* – Crisi di impresa: in Gazzetta la delega per la riforma della legge fallimentare, https://www.altalex.com/documents/leggi/2017/10/11/delega-riforma-legge-falli mentare; Art. 7 Abs. 2 C.C.I.I.

928 *Avolio/Di Majo*, Compendio di diritto della crisi di impresa e dell'insolvenza, 13. Aufl., S. 153.

3. Prinzip der Gläubigergleichbehandlung

Eines der vorherrschenden Prinzipien ist auch im italienischen Insolvenzverfahren der Grundsatz der Gläubigergleichbehandlung.[929] Ausgenommen hiervon sind „bevorzugte" Gläubiger (*prelazione* im Sinne eines *diritto del creditore privilegiato*): Das italienische Insolvenzrecht kennt neben den einfachen Insolvenzgläubigern (*creditori chirografari*) und nachrangigen Forderungen (*crediti postergati*) wie das deutsche Recht Gläubiger von Masseforderungen (*crediti prededucibili*). Ferner existieren aussonderungsberechtigte Gläubiger[930] und die in zwei Unterkategorien eingeteilten gesicherten und bevorzugten Insolvenzgläubiger:[931] Zum einen die *creditori privilegiati* mit Hypothek, Pfandrecht oder *privilegio speciale*[932] (besonderes Vorrecht); zum anderen die Gläubiger mit einem *privilegio generale*[933] (allgemeines, nicht auf einen bestimmten Vermögensgegenstand bezogenes Vorrecht, hierzu zählen beispielsweise die Arbeitnehmer nach Art. 2751-bis Nr. 1 c.c.)[934]. Die Massegläubiger und anschließend die Gläubiger mit Vorzugsrechten werden zuerst befriedigt.[935] Gläubiger mit Pfandrecht oder einem Vorzugsrecht[936] auf bewegliche Sachen können zur Verwertung des jeweiligen Gegenstands ermächtigt werden oder beantragen, dass ihnen der Gegenstand zugewiesen wird.[937] Ferner ist vorgeschrieben, dass Gläubiger mit einem Pfandrecht, einer Hypothek oder einem

---

929 Vgl. Art. 2741 c.c. und Art. 52 L.F. bzw. Art. 151 C.C.I.I.

930 Solche Inhaber von dinglichen Rechten an Sachen im Besitz des Schuldners können die Verwertungsaussetzung und die Herausgabe der Güter verlangen, siehe Art. 93 Abs. 1, 7 L.F. und Art. 87-bis L.F. bzw. Artt. 201 Abs. 1, 7, 210 C.C.I.I. und Art. 196 C.C.I.I. (*domanda di restituzione o rivendicazione*).

931 Die Vorzugsrechte werden *crediti con prelazione* genannt, Art. 111 I. Nr. 2 L.F. bzw. Art. 221 Abs. 1 lit. b) C.C.I.I.

932 Art. 111-quater Abs. 2 L.F. bzw. Artt. 221 Abs. 1 lit. b), 224 Abs. 2 C.C.I.I.

933 Art. 111-quater Abs. 1 L.F. bzw. Artt. 221 Abs. 1 lit. b), 224 Abs. 1 C.C.I.I.

934 *Santonocito-Pluta/Mare-Ehlers*, Band 4 Länderberichte – Italien, in: *Kirchhof* (Hrsg.), Münchener Kommentar zur Insolvenzordnung, [3. Aufl.], Rn. 65 ff.; *Kindler/Conow*, Länderberichte – Italien, in: *Kindler/Nachmann* (Hrsg.), Handbuch Insolvenzrecht in Europa, 4. Erg.-Lfg, Rn. 89 ff.

935 Art. 111 L.F. bzw. Art. 221 C.C.I.I.

936 Das Insolvenzrecht verweist auf die Vorzugsrechte nach Art. 2756 c.c. (Forderungen für Leistungen und Aufwendungen zur Erhaltung und Verbesserung) und Art. 2761 c.c. (Forderungen des Beförderers, des Beauftragten, des Verwahrers und des Streitverwahrers).

937 Art. 53 L.F. bzw. Art. 152 C.C.I.I.; die Möglichkeit der Zuteilung wurde erst mit dem *codice della crisi d'impresa de dell'insolvenza* eingeführt.

Vorzugsrecht bei Verwertung des besicherten Gegenstands bevorzugt zu befriedigen sind.[938] Um nicht durch eine späte, nicht ausreichende Verwertung des Gegenstands benachteiligt zu werden, steht ihnen darüber hinaus das Recht zu, zusammen mit den einfachen Insolvenzgläubigern an dem Erlös der übrigen Insolvenzmasse beteiligt zu werden.[939]

4. Ablauf des Insolvenzverfahrens und die üblichen Beteiligten

Die Antragstellung auf Eröffnung des Insolvenzverfahrens kann von einem Gläubiger, dem Schuldner selbst[940] und seit der Insolvenzrechtsreform auch von internen Organen und Verwaltungsbehörden mit Kontroll-/Überwachungsfunktion[941] gegenüber dem Schuldnerunternehmen erfolgen.[942] Dadurch kommt die neue zentrale Funktion zum Ausdruck, die der Gesetzgeber mit der Reform Funktionsträgern wie etwa der Buchhaltung oder Wirtschaftsprüfungsgesellschaften zuordnet.[943] Gläubiger können den Antrag auf Eröffnung auch dann stellen, wenn ihre eigene Forderung noch nicht fällig ist[944] oder sie gar nur Inhaber eines aufschiebend bedingten oder Eventualanspruchs sind.[945]

Daneben ist die Eröffnung durch die Staatsanwaltschaft bei Kenntnis der Zahlungsunfähigkeit vorgesehen. Diese Kenntnis kann sich etwa aus einem Strafprozess,

---

938 Art. 54 Abs. 1 L.F. bzw. Art. 153 Abs. 1 C.C.I.I.

939 Art. 54 Abs. 2 L.F. bzw. Art. 153 Abs. 2 C.C.I.I.

940 Die Verfahren zur Krisenbewältigung dagegen können nur vom Schuldner initiiert werden, vgl. Art. 37 Abs. 1 C.C.I.I.

941 Letzteres betrifft v.a. öffentliche Körperschaften, die einer Überwachungsbehörde unterstehen. Zu den Behörden dürfte bspw. die italienische Börsenaufsicht (*Commissione nazionale per le società e la borsa (CONSOB)*) oder die Versicherungsaufsicht (*vigilanza sulle assicurazioni private e di interesse collettivo (ISVAP)*) gehören, vgl. eine Aufzählung solcher Behörden in *Lombardo*, Le autorità amministrative indipendenti nella prospettiva dell'e-government.

942 Diese und weitere Kompetenzen der Verwaltungsbehörden mit Krisenüberwachungskompetenz sind in Art. 316 C.C.I.I. geregelt.

943 *Avolio/Di Majo*, Compendio di diritto della crisi di impresa e dell'insolvenza, 13. Aufl., S. 104; Zusätzlich sind sie verpflichtet, die finanzielle Performance des Unternehmers zu überwachen, das Verwaltungsorgan bei Problemen zu benachrichtigen und schließlich im Rahmen des Frühwarnsystems das *OCRI* (vgl. unter III.C.2) zu informieren, wenn ihre Warnungen nicht oder nicht in geeigneter Weise beantwortet werden, Art. 14 C.C.I.I.

944 Umgekehrt ist jedoch die Insolvenz des Schuldners per Gesetz ein Grund für die sofortige Fälligstellung von Verbindlichkeiten, vgl. Art. 1186, 1184 c.c.

945 *Guglielmucci/Padovini,* Diritto fallimentare, S. 40.

der Flucht des Schuldners, der Schließung des Geschäftslokals oder aufgrund eines Hinweises aus einem Zivilprozess ergeben.[946] Seit der Reform ist auch bei entsprechendem Schuldnerverhalten während der betreuten Krisenbewältigung ein Hinweis an die Staatsanwaltschaft vorgesehen.[947]

Eine Pflicht des Staatsanwaltes bei Hinweis eines Zivilrichters wurde unter der Geltung des *legge fallimentare* nicht angenommen. Vielmehr sollte dem antragsbefugten Organ auch die Kompetenz bleiben, die Voraussetzungen und mögliche Ausschlussumstände zu prüfen.[948] Diese Prüfungsbefugnis bei entsprechendem Hinweis während der betreuten Krisenbewältigung bestätigt bspw. Art. 22 Abs. 2 C.C.I.I.

Die früher geregelte Verfahrenseröffnung kraft Amtes durch das zuständige Gericht wurde aus verfassungsrechtlichen Bedenken gestrichen.[949]

Eine Verpflichtung des Schuldners zur Antragstellung ergibt sich, wie bei der Insolvenzverschleppung, nicht aus den Verfahrensvorschriften, sondern aus der strafbewehrten Haftung, wenn er durch die Nichtstellung des Antrags den Vermögensverfall verschlimmert.[950] In solchen Fällen ist daher eine Antragspflicht anzunehmen.[951] Bei Gesellschaften sind Adressaten dieser Antragspflicht die Geschäftsführer oder anderweitig zur Geschäftsführung berufene Organe.[952]

a) Eröffnungsverfahren

Im Eröffnungsverfahren prüft das zuständige Landgericht (*tribunale*), ob die Voraussetzungen für die *liquidazione giudiziale* tatsächlich gegeben sind. Zu diesem

946 Vgl. die Vorgängerregelung des Art. 38 C.C.I.I., den Art. 7 L.F.

947 Art. 22 C.C.I.I.

948 So auch grundsätzlich *Guglielmucci/Padovini,* Diritto fallimentare, S. 42; außerdem *Kindler/Conow*, Länderberichte – Italien, in: *Kindler/Nachmann* (Hrsg.), Handbuch Insolvenzrecht in Europa, 4. Erg.-Lfg, Rn. 16; *Santonocito-Pluta/Mare-Ehlers*, Band 4 Länderberichte – Italien, in: *Kirchhof* (Hrsg.), Münchener Kommentar zur Insolvenzordnung, [3. Aufl.], Rn. 29.

949 Berührt ist hier das *„principio di terzietá"* des Richters, also der richterlichen Unparteilichkeit, welches Niederschlag bspw. in Art. 51 ff. c.p.c. findet; dort ist die Befangenheit des Richters geregelt.

950 Art. 217 Abs. 1 Nr. 4 L.F. bzw. Art. 323 Abs. 1 lit. d) C.C.I.I.

951 *Bitzer*, Länderberichte – Italien, in: *Kindler/Nachmann/Bitzer* (Hrsg.), Handbuch Insolvenzrecht in Europa, 5. Aufl., Rn. 38.

952 *F. Bitzer*, 2. Teil: Länderberichte – Italien, in: Handbuch Insolvenzrecht in Europa: Handbuch InsR Europa; *Bitzer*, Länderberichte – Italien, in: *Kindler/Nachmann/Bitzer* (Hrsg.), Handbuch Insolvenzrecht in Europa, 5. Aufl., Rn. 39 m.w.N.

Zweck hält es einen Termin mit dem Schuldner und den gegebenenfalls antragstellenden Gläubigern und/oder dem Staatsanwalt ab.[953]

Durch die Reform wird das Verfahren zur Einleitung sämtlicher Insolvenz- und Krisenbewältigungsverfahren vereinheitlicht.[954] Vom Schuldner sind stets die folgenden Unterlagen vorzulegen,[955] welche vor der Reform derart detailliert nur für die Krisenbewältigungsinstrumente[956] vorgesehen waren:

- die (gesetzlich) vorgeschriebenen Buchhaltungs- und Steuerunterlagen,
- die Einkommen-, Umsatz- und Gewerbesteuererklärung[957] sowie Bilanzen der letzten drei Jahre,
- eine aktuelle Aufstellung der Vermögens-, Wirtschafts- und Finanzlage des Schuldnerunternehmens,
- ein detailliertes Vermögensverzeichnis mit Schätzwerten,
- eine Auflistung der Gläubiger mit den jeweiligen Forderungen und Vorzugsrechten sowie von Inhabern von persönlichen und dinglichen Rechten im Hinblick auf Gegenstände im Eigentum oder Besitz des Schuldners, daneben Angaben über die Gegenstände und die Forderung, aus der sich das Recht ableitet,
- eine geeignete Bestätigung über Steuerschulden, offene Beitragspflichten und Versicherungsbeiträge,
- eine Zusammenfassung der außerordentlichen Verwaltungsmaßnahmen der letzten fünf Jahre.

Neben dem Schuldner können auch die beteiligten Parteien Dokumente und Schriftsätze einreichen.[958] Daneben kann das Gericht auch von Amts wegen Informationen einholen oder Beweise erheben,[959] sodass der Antragssteller nicht beweisbelastet ist.[960]

---

953 *Guglielmucci/Padovini,* Diritto fallimentare, S. 45; vgl. Art. 41 Abs. 1 C.C.I.I.

954 *Avolio/Di Majo*, Compendio di diritto della crisi di impresa e dell'insolvenza, 13. Aufl., S. 104.

955 Die Auflistung der erforderlichen Unterlagen findet sich in Art. 39 C.C.I.I.

956 Insbesondere für den *concordato preventivo,* vgl. Art. 161 Abs. 2 L.F.

957 Die Vorlage der Umsatz- und Gewerbesteuererklärung (*dichiarazioni IRAP e dichiarazioni annuali IVA*) wurde durch das *decreto correttivo* zusätzlich aufgenommen.

958 Vgl. Art. 41 Abs. 4 C.C.I.I.

959 *Guglielmucci/Padovini,* Diritto fallimentare, S. 47.

960 *Kindler/Conow*, Länderberichte – Italien, in: *Kindler/Nachmann* (Hrsg.), Handbuch Insolvenzrecht in Europa, 4. Erg.-Lfg; *Bitzer*, Länderberichte – Italien, in: *Kindler/Nachmann/Bitzer* (Hrsg.), Handbuch Insolvenzrecht in Europa, 5. Aufl., Rn. 145; im Unterschied hierzu hat der Antragsteller nach deutschem Recht (d. h. insbesondere

Das Gericht prüft sodann - neben der Insolvenzfähigkeit - das Vorliegen der oben genannten Eröffnungsvoraussetzungen.[961] Es kann zudem auf Antrag Sicherungs- und Beschlagnahmeverfügungen erlassen.[962] Solche Maßnahmen können Verfügungsbeschränkungen gegen den Schuldner oder Vollstreckungsverbote gegen die Gläubiger sein und müssen geeignet sein, die Wirkungen einer späteren Verfahrenseröffnung sicherzustellen. Bereits unter dem *legge fallimentare* wurde davon ausgegangen, dass - in besonders gravierenden Fällen - auch eine Art vorläufiger Insolvenzverwalter möglich sein soll.[963] Die Ernennung eines solchen ist nunmehr - ohne besondere Voraussetzungen - im Gesetz geregelt.[964]

b) Insolvenzverfahren

Bejaht das Insolvenzgericht das Vorliegen der Voraussetzungen, eröffnet es das Insolvenzverfahren durch Urteil (*sentenza dichiarativa di fallimento (L.F.)/sentenza di apertura della liquidazione (C.C.I.I.)*)[965]. Darin wird unter anderem der beauftragte Richter (*giudice delegato*) und der Masseverwalter (*curatore (fallimentare (L.F.))*) ernannt und ein Termin für die Prüfung der Forderungen innerhalb von 120 Tagen nach Hinterlegung des Urteils festgesetzt.[966]

Per Dekret lehnt das Gericht die Eröffnung des Verfahrens ab für den Fall, dass die Voraussetzungen nicht vorliegen (*decreto di rigetto*)[967] oder der

---

der Gläubiger) das Vorliegen des Insolvenzgrunds glaubhaft zu machen bzw. der Gläubiger muss auch das Vorliegen seiner Forderung glaubhaft machen und ein rechtliches Interesse vorweisen können, § 14 InsO.

961 *Kindler/Conow*, Länderberichte - Italien, in: *Kindler/Nachmann* (Hrsg.), Handbuch Insolvenzrecht in Europa, 4. Erg.-Lfg; *Bitzer*, Länderberichte - Italien, in: *Kindler/Nachmann/Bitzer* (Hrsg.), Handbuch Insolvenzrecht in Europa, 5. Aufl., Rn. 145 f.

962 Art. 15 Abs. 8 L.F. bzw. Art. 54 C.C.I.I. *Castagna/D'Attore*, Band 4 Länderberichte - Italien, in: *Kirchhof* (Hrsg.), Münchener Kommentar zur Insolvenzordnung, [4. Aufl.], Rn. 60 f.; ein Tätigwerden von Amts wegen wie im deutschen Insolvenzrecht ist dem Gericht in der zuletzt geltenden Fassung des L.F. und nach dem C.C.I.I. nicht (mehr) möglich.

963 *Guglielmucci/Padovini*, Diritto fallimentare, S. 48.

964 Art. 54 Abs. 1 C.C.I.I.

965 Art. 16 L.F. bzw. Art. 49 Abs. 1 C.C.I.I.

966 Art. 16 Abs. 1 Nrn. 1, 2 und 4 L.F. bzw. Art. 49 Abs. 3 lit. a), b) und d) C.C.I.I.; *Santonocito-Pluta/Mare-Ehlers*, Band 4 Länderberichte - Italien, in: *Kirchhof* (Hrsg.), Münchener Kommentar zur Insolvenzordnung, [3. Aufl.], Rn. 33.

967 Art. 50 C.C.I.I.

beantragende Gläubiger den Antrag zurücknimmt (*decreto di archiviazione*)[968]. Bei Unzuständigkeit ergeht eine entsprechende Verfügung (*provvedimento/ordinanza che dichiara l'incompetenza*)[969].

Mit der Eröffnung des Insolvenzverfahrens geht wie im deutschen Recht die Verwaltungs- und Verfügungsbefugnis auf den Masseverwalter über.[970] Vom Schuldner nach Eröffnung vorgenommene Handlungen – gleich welcher Natur – sind unwirksam.[971]

c) *Übliche Beteiligte und deren Rollen im* distressed M&A

Die Beteiligten im italienischen Insolvenzverfahren sind zum einen die bereits kennengelernten, der beauftragte Richter (*giudice delegato*), der Masseverwalter (*curatore*) und das Insolvenzgericht (*tribunale concorsuale*). Dazu kommt der Gläubigerausschuss (*comitato dei creditori*) sowie bei den Sanierungsverfahren der Vergleichsverwalter (*commissario giudiziale*). Zuletzt sei – wenn auch kein formeller Beteiligter – die Gläubigerversammlung (*assemblea dei creditori*) genannt.

Das Insolvenzgericht ernennt den beauftragten Richter und ihm obliegt die Verfahrensleitung und -überwachung.[972] Dazu kann es den Verwalter, den Schuldner oder den Gläubigerausschuss anhören. Es kann ferner jederzeit beteiligte Organe austauschen und Kontroversen zwischen den Beteiligten entscheiden, soweit nicht der beauftragte Richter ausdrücklich zuständig ist.[973] Darüber hinaus kann es Handlungen des beauftragten Richters jederzeit durch eigene ersetzen oder bei dessen Untätigkeit an seiner Stelle vornehmen.[974]

968 Art. 43 C.C.I.I.

969 Art. 9-bis L.F. bzw. Art. 29 C.C.I.I. bzw. *Guglielmucci/Padovini,* Diritto fallimentare, S. 49.

970 Art. 42 L.F. i. V. m. Art. 31 L.F. bzw. Art. 142 C.C.I.I. und Art. 128 C.C.I.I.; *Castagna/D'Attore*, Band 4 Länderberichte – Italien, in: *Kirchhof* (Hrsg.), Münchener Kommentar zur Insolvenzordnung, [4. Aufl.], Rn. 157.

971 *Avolio/Di Majo*, Compendio di diritto della crisi di impresa e dell'insolvenza, 13. Aufl., S. 159.

972 *Bitzer*, Länderberichte – Italien, in: *Kindler/Nachmann/Bitzer* (Hrsg.), Handbuch Insolvenzrecht in Europa, 5. Aufl., Rn. 117.

973 Art. 23 L.F. bzw. Art. 122 C.C.I.I.

974 Dies gilt aber nur, solange das L.F. nicht die jeweilige Aufgabe exklusiv dem beauftragten Richter zuschreibt, vgl. *Pluris,* Codice del fallimento commentato, Art. 23 V.4 S. 7.

Der beauftragte Richter unternimmt die eigentliche Überwachung und Kontrolle des Verfahrens.[975] Hierzu stehen ihm unter anderem Informationspflichten des Verwalters[976] oder die Möglichkeit der Einberufung des Verwalters und des Gläubigerausschusses zur Verfügung.[977] Er kann auch Eilentscheidungen der zuständigen Stellen einholen oder solche Entscheidungen selbst treffen.[978] Zudem ist für bestimmte Maßnahmen eine Zustimmung des beauftragten Richters erforderlich, z. B. für die Verpachtung des Unternehmens.[979] Außerdem entscheidet er über Anfechtungen von Handlungen des Verwalters oder des Gläubigerkomitees.[980] Er kann im Rahmen der Überwachung ferner die Entscheidungen des Gläubigerkomitees ersetzen (nicht jedoch dessen Stellungnahmen), wenn dieses untätig oder nicht funktionsfähig ist.[981] Trotz dieser umfangreichen Rechte ist die Stellung des beauftragten Richters im Gegensatz zur früheren Kompetenzverteilung, bei welcher der beauftragte Richter gegenüber dem Verwalter weisungsberechtigt war, eingeschränkt worden.[982] Insgesamt sind die Kompetenzen des beauftragten Richters im Laufe der Zeit insbesondere zugunsten des Verwalters immer weiter eingeschränkt worden.[983]

Der Verwalter, der vom Insolvenzgericht ernannt wird,[984] entspricht weitestgehend dem Insolvenzverwalter im deutschen Recht. Auf ihn geht die Verwaltungs- und Verfügungsbefugnis über und ihm obliegt die Führung und Verwertung des Schuldnerunternehmens.[985] Dem Verwalter kommt dabei eine

---

975 *Guglielmucci/Padovini,* Diritto fallimentare, S. 73; *Avolio/Di Majo*, Compendio di diritto della crisi di impresa e dell'insolvenza, 13. Aufl., S. 154.

976 Art. 33. L.F. bzw. Art. 130 C.C.I.I.

977 Art. 25 L.F. bzw. Art. 123 Abs. 1 lit. c) C.C.I.I.

978 Art. 123 Abs. 1 lit. b) C.C.I.I.

979 Art. 104-bis L.F. bzw. Art. 212 C.C.I.I.

980 Art. 123 Abs. 1 lit. e) C.C.I.I.

981 Art. 41 Abs. 4 L.F. bzw. Art. 140 Abs. 4 L.F.

982 *Guglielmucci/Padovini,* Diritto fallimentare, S. 78.

983 Seit der Insolvenzrechtsreform durch das C.C.I.I. prüft beispielsweise der Verwalter, nicht der beauftragte Richter, die gesicherten Forderungen, Insolvenzforderungen und Herausgabeansprüche, vgl. Art. 203 C.C.I.I. im Gegensatz zu Art. 95 L.F.; *Bitzer*, Länderberichte – Italien, in: *Kindler/Nachmann/Bitzer* (Hrsg.), Handbuch Insolvenzrecht in Europa, 5. Aufl., Rn. 121.

984 *Castagna/D'Attore*, Band 4 Länderberichte – Italien, in: *Kirchhof* (Hrsg.), Münchener Kommentar zur Insolvenzordnung, [4. Aufl.], Rn. 154; *Bitzer*, Länderberichte – Italien, in: *Kindler/Nachmann/Bitzer* (Hrsg.), Handbuch Insolvenzrecht in Europa, 5. Aufl., Rn. 117.

985 Vgl. Art. 31 L.F. bzw. Art. 128 C.C.I.I.; *Guglielmucci/Padovini,* Diritto fallimentare, S. 78.

einigermaßen weite Autonomie[986] zu, im Gegenzug dazu werden an seine Person (im Vergleich zum deutschen Recht) erhöhte Anforderungen gestellt. Er steht zudem unter der Überwachung durch das Gläubigerkomitee und den beauftragten Richter. Aufgabe des Verwalters ist es, das Liquidationsprogramm zur Genehmigung durch das Gläubigerkomitee vorzulegen.[987] Durch die jüngste Reform wurden die Befugnisse des Verwalters etwas erweitert.[988] So wurden einige Kompetenzen von den Gesellschaftern oder den Gesellschaftsgläubigern auf ihn übertragen. Dazu gehören in erster Linie die Geltendmachung von Ansprüchen gegen die Geschäftsführer(-gesellschaften) oder Gesellschafter.[989] Ferner kann der Verwalter nach Ermächtigung durch das Insolvenzgericht auf gewisse Datenbanken (öffentliche Verwaltung, Banken, Steuerkartei) zugreifen.[990]

Der *commissario giudiziale* wird ebenfalls vom Gericht ernannt[991] und ist im Prinzip das Pendant zum Verwalter für die Verfahren des *concordato preventivo* (und eventuell des *accordo di ristrutturazione*,[992] daneben auch der *amministrazione controllata*). Dort hat er aber primär überwachende und informative Funktion (gegenüber dem Insolvenzgericht) und kann im Unterschied zum Verwalter weder das Unternehmen führen noch Schuldner oder Gläubiger vertreten.[993]

Der Gläubigerausschuss wird vom beauftragten Richter nominiert. Ihm kommen in erster Linie die Funktion der Überwachung des Verwalters und die Genehmigung bestimmter Handlungen durch diesen zu.[994] Im Detail hat

---

986 Er bedarf allerdings neben der Prozessführung insbesondere zum Erlass von Forderungen, für Freigaben etc. die Ermächtigung des Insolvenzgerichts oder des beauftragten Richters (zum Teil unter Einbindung des Gläubigerausschusses), vgl. *Bitzer*, Länderberichte – Italien, in: *Kindler/Nachmann/Bitzer* (Hrsg.), Handbuch Insolvenzrecht in Europa, 5. Aufl., Rn. 127; *Castagna/D'Attore*, Band 4 Länderberichte – Italien, in: *Kirchhof* (Hrsg.), Münchener Kommentar zur Insolvenzordnung, [4. Aufl.], Rn. 155.

987 Art. 33 Abs. 1 L.F. bzw. Art. 213 Abs. 1 C.C.I.I.

988 *Avolio/Di Majo*, Compendio di diritto della crisi di impresa e dell'insolvenza, 13. Aufl., S. 155.

989 Geschäftsführerhaftung, Art. 2394 c.c., Art. 2497 c.c. (bei geschäftsführenden Gesellschaften); Gesellschafterhaftung aus vorsätzlicher Schädigung, Art. 2476, Abs. 7 c.c.

990 Art. 49 Abs. 3 lit. f) C.C.I.I.

991 Art. 44 Abs. 1 lit. b) C.C.I.I.

992 Die Ernennung eines *commissario giudiziale* ist dort nur vorgesehen, wenn Anträge auf Eröffnung der *liquidazione giudiziale* vorliegen, Art. 44 Abs. 4 C.C.I.I.

993 *Bankpedia*, COMMISSARIO GIUDIZIALE.

994 *Avolio/Di Majo*, Compendio di diritto della crisi di impresa e dell'insolvenza, 13. Aufl., S. 156.

der Ausschuss insbesondere Antragsrechte (Anfechtung der Beschlüsse des beauftragten Richters und Antrag auf Abberufung des Verwalters)[995] sowie Informations- und Einsichtsrechte[996]. Hinzukommen Mitsprache-[997] und Mitentscheidungsrechte (etwa Zustimmungserfordernisse bei Zuhilfenahme von Dritten durch den Verwalter oder bei außergewöhnlichen Maßnahmen)[998]. Hierzu gehören auch (verbindliche und unverbindliche) Stellungnahmen, durch die der Gläubigerausschuss dem beauftragten Richter bzw. dem Verwalter teils bindende Handlungsvorgaben machen kann.[999] Die vorgenannten Befugnisse dienen dazu, die dem Gläubigerausschuss zustehende Überwachungsfunktion zu erfüllen.

Die Gläubigerversammlung ist als solche nicht als Beteiligter im formellen Sinn anzusehen, da sie nicht als Organ des Insolvenzverfahrens behandelt wird. Sie ist in erster Linie beim Antrag auf Austausch des Verwalters und bei der Besetzung des Gläubigerausschusses tätig.[1000]

Im Hinblick auf die Rollen der einzelnen Beteiligten bei einer *distressed M&A*-Transaktion ergeben sich keine durchgreifenden Besonderheiten zu dem unter II.A.4.c) Dargestellten. Auf einzelne Zustimmungserfordernisse und sonstige Besonderheiten wird an geeigneter Stelle im weiteren Verlauf der Bearbeitung eingegangen.

B. *Distressed M&A* vor der Insolvenzeröffnung

Die Übertragung eines Unternehmens kann auch nach italienischem Recht in der Form des *Asset Deals* oder des *Share Deals* stattfinden, wobei die vertragliche und rechtliche Vorgehensweise in der Praxis der in anderen europäischen Ländern ähnelt.[1001] Neben einigen Besonderheiten sollen dennoch die Grundzüge von *Share Deal* und *Asset Deal* dargestellt werden, zusammen mit den Risiken von deren Durchführung vor der Insolvenzeröffnung. Trotz einiger Vorteile werden deutlich mehr Unternehmenskäufe mittels des *Share Deals*

995 Artt. 26, 37 Abs. 1 L.F. bzw. Artt. 124, 134 Abs. 1 C.C.I.I.
996 Art. 41 Abs. 5 L.F. bzw. Art. 140 Abs. 5 C.C.I.I.
997 Art. 41 Abs. 1 L.F. bzw. Art. 140 Abs. 1 C.C.I.I.
998 Art. 32 Abs. 1 L.F. bzw. Art. 129 Abs. 1 C.C.I.I., Art. 35 Abs. 1 L.F. bzw. Art. 132 Abs. 1 C.C.I.I.; *Guglielmucci/Padovini*, Diritto fallimentare, S. 76.
999 *Bitzer*, Länderberichte – Italien, in: *Kindler/Nachmann/Bitzer* (Hrsg.), Handbuch Insolvenzrecht in Europa, 5. Aufl., Rn. 140 f.
1000 *Guglielmucci/Padovini*, Diritto fallimentare, S. 75.
1001 *Cattani*, Negotiated M&A Guide Italy, S. 1.

durchgeführt: In 2019 gab es 128.741 solcher Anteilskaufverträge, *Asset Deals* dagegen nur 37.067.[1002] Es ist jedoch davon auszugehen, dass sich das Verhältnis im *distressed M&A*-Umfeld etwas verschiebt.

Hinsichtlich der allgemeinen Vor- und Nachteile einer Unternehmensveräußerung vor der Eröffnung der Insolvenz kann auf die Ausführungen im einleitenden Teil der Arbeit verwiesen werden. Die bessere Position des Unternehmens (im Hinblick auf Marktverbundenheit und Vertrauen der Geschäftspartner) oder alleinige Verfügungsbefugnis des Schuldners stehen dem erhöhten Zeitdruck und einer eventuellen Anfechtungsgefahr gegenüber.[1003]

1. Kauf des Schuldnerunternehmens im Wege eines Share Deals

Der *Share Deal* (*cessione di partecipazioni (sociali)*) ist im italienischen Gesetz nicht ausdrücklich geregelt und richtet sich daher primär nach den Vorschriften über den Kauf.[1004]

In der Praxis wird bei Geschäftsanteilen nicht selten ein *letter of intent* oder gar ein Vorvertrag (*preliminare*) mit aufschiebenden Bedingungen zum Abschluss des endgültigen Vertrages geschlossen; bei Aktien wiederum der endgültige Vertrag mit aufschiebenden Bedingungen für die Übertragung nach Art. 2355 c.c.[1005] Insbesondere aus Käufersicht sollte man bezüglich der daraus resultierenden Verpflichtungen und möglichen Schadensersatzansprüche, falls man (ohne sachlichen Grund) vom Vertrag Abstand nimmt, Vorsicht walten lassen.[1006]

1002 *Consiglio nazionale del notariato*, Dati statistici notarili – Anno 2019.

1003 Zu diesen und den weiteren in Betracht kommenden Vor- und Nachteilen siehe unter II.B.

1004 *101Proessionisti,* Cessione di partecipazioni – Aspetti generali (Conferimento d'Azienda e quote) –; *Cattani,* Italy – Negotiated M&A Guide, S. 5.

1005 *Z. Caponi,* I contratti di trasferimento d'azienda e di cessione delle partecipazioni societarie, S. 37; Art. 2355 c.c. regelt, dass der Übergang gegenüber der Gesellschaft erst mit der Eintragung im Gesellschafterbuch Wirkung entfaltet.

1006 *Derra* – Italien – Kaufen, Verkaufen, Investieren, https://www.derra.eu/around4/media/documents/publikation/Leitfaden_Italien_07_17.pdf, S. 56.

a) Vorteile

(1) Erwerb des gesamten Unternehmens

Die Vorteilhaftigkeit des *Share Deals* im Hinblick auf den Erwerb des kompletten Unternehmens mit Genehmigungen, Lizenzen, Zertifizierungen, Vertragsbeziehungen und Arbeitnehmern wurde bereits dargestellt.[1007]

(2) Einfachere Vertragsgestaltung

Auch in der italienischen Literatur wird einer der Vorteile des *Share Deals* in dessen simpleren Anforderungen an die Durchführung gesehen.[1008] Die Anteile[1009] sind – vorbehaltlich abweichender Regelungen im Gesellschaftsvertrag – grundsätzlich frei übertragbar, Art. 2469 c.c.[1010] Vor allem weil die einzelnen Formanforderungen zur Übertragung der verschiedenen Vermögensgegenstände, etwa Genehmigungen, Lizenzen, Zertifizierungen, etc. nicht separat eingehalten werden müssen, stellt sich der *Share Deal* wesentlich einfacher dar.[1011]

(3) Haftungsschild

Auch hier ist festzuhalten, dass (bis auf wenige, bspw. die in III.B.1.b)(2) dargestellten Ausnahmen) der Käufer keine direkte rechtliche Haftung eingeht, da der Unternehmensträger gekauft wird und damit unverändert der einzige Träger aller Rechte und Pflichten bleibt.

1007 Vgl. unter I.H.2 und II.B.1.a)(1).

1008 *101Proessionisti,* Cessione di partecipazioni – Aspetti generali (Conferimento d'Azienda e quote).

1009 Gegenstand ist hierbei die Position des Gesellschafters in der Gesellschaft mit Hinblick auf den ihm zugewiesenen Teil des Stammkapitals bzw. die Gesamtheit der Rechte, die der Gesellschafter als solcher erwirbt, siehe *CNDCEC,* Circolare n. 6/IR del 22 Ottobre 2008, S. 3.

1010 *Genghini e Associati,* Cessione di quote di S.R.L.; in formeller Hinsicht ist die Übertragung von einem Notar oder eingetragenen Wirtschaftsprüfer (*dottore commercialista*) zu beurkunden (Art. 2470 c.c. bzw. Art. 36 Abs. 1-bis D.L. 112/2008); zudem ist der Unternehmenskaufvertrag innerhalb von 30 Tagen beim Handelsregister anzumelden, erst dann entfaltet die Übertragung gegenüber der Gesellschaft (und gegenüber Dritten) Wirkung, Art. 2470 c.c. (vergleichbar mit § 16 Abs. 1 GmbHG).

1011 *Conca,* Le acquisizioni, 3. Aufl., S. 261, 12.4.

(4) Zustimmungserfordernisse

Wenngleich dieser Vorteil gegenüber dem *Asset Deal* grundsätzlich besteht, ist er nicht so evident wie im deutschen Recht. Dies liegt insbesondere daran, dass in vielen Fällen eines *Asset Deals* zumindest die nicht-persönlichen Verträge, die zur Ausübung der unternehmerischen Aktivität geschlossen wurden (hiervon dürften so gut wie alle relevanten Verträge umfasst sein), automatisch mitübergehen, siehe III.B.2.a)(4).

(5) Geringeres Anfechtungsrisiko

Entsprechend dem Ansatz dieser Arbeit ist auch bei einem *Share Deal* in Italien das Anfechtungsrisiko im Vergleich zu einem *Asset Deal* über dasselbe Unternehmen als geringer einzustufen. Solange nicht auch der oder die Gesellschafter des Zielunternehmens insolvenzbedroht sind (vor allem bei Konzernsachverhalten denkbar), ist eine Anfechtung nicht wahrscheinlich.

(6) Steuerrechtlich

Aus der steuerlichen Perspektive betrachtet ist der *Share Deal* gegenüber dem *Asset Deal* im Ergebnis vorteilhafter.[1012] Dies ergibt sich insbesondere aus den folgenden Punkten:

i. Erwerber

Die steuerliche Situation stellt sich hier grundsätzlich wie im deutschen Recht dar, es besteht – im Gegensatz zum *Asset Deal* – keine Möglichkeit der Abschreibung des Verkaufserlöses durch Kaufpreisverteilung auf die einzelnen Vermögensgegenstände. Ebenfalls nicht möglich ist eine steuerliche Anerkennung von stillen Reserven.[1013]

ii. Umsatzsteuer

Auch der *Share Deal* unterliegt nicht der Umsatzsteuer. Bei natürlichen, nicht gewerblich tätigen Personen scheidet der Anwendungsbereich der Umsatzsteuer

---

1012 *Rossi* – Le operazioni di acquisizione (M&A) in Italia: share deal o asset deal, https://www.legalmondo.com/it/2019/09/operazioni-acquisizione-italia-share-deal-asset-deal/.

1013 *De Rosa*, I profili fiscali delle acquisizioni, in: *Conca* (Hrsg.), Le acquisizioni, 4. ed., 13.5.2.

aus. Im Übrigen entfällt die IVA[1014]-Steuerbarkeit gemäß Art. 10 Abs. 1 Nr. 4 des D.P.R. 633/1972[1015].

iii. Veräußerer

Ähnlich wie im deutschen Recht erfährt der *Share Deal* eine bevorzugte steuerrechtliche Behandlung.[1016] Diese unterscheidet sich grob nach Steuersubjekten, die unter die IRPEF[1017] fallen und solchen, die ihre Gewinne nach dem IRES[1018] versteuern müssen.

Für natürliche Personen (ohne gewerbliche Tätigkeit) wird der Verkaufserlös – unabhängig von der Höhe – mit 26 % besteuert.[1019] Mit dem Bilanzgesetz 2018 ist zum 1. Januar 2019 die Differenzierung zwischen qualifizierten[1020] und

---

1014 *Imposta sul valore aggiunto*, kurz: IVA (entspricht der deutschen Mehrwertsteuer).

1015 Präsidialdekret vom 26. Oktober 1972 über Grundlagen und Anwendung (*istituzione e disciplina*) der IVA; Art. 10 Abs. 1 Nr. 4 schließt Handlungen in Bezug auf Beteiligungen und Anteile aus; diese Ausnahme ergibt sich aus der Möglichkeit, Anteilsübertragungen der Übertragung von (Teil-)Vermögen nach Art. 5 Abs. 8 der Sechsten Richtlinie 77/388 in der durch die Richtlinie 95/7 geänderten Fassung oder nach Art. 19 Abs. 1 der Richtlinie 2006/112 gleichzustellen, sodass diese Übertragungen nicht unter die Mehrwertsteuer fallen, vgl. *EuGH*, Urt. v. 29. Oktober 2009 – C-29/08 (erhältlich in DStR 2009, 2311).

1016 *Speranzin*, Vendita della partecipazione di "controllo" e garanzie contrattuali, Kapitel 1, S. 2.

1017 *Imposta sul reddito delle persone fisiche*; Italienische(s) Einkommenssteuer(gesetz), unter das alle natürliche Personen fallen, vgl. *Lobis*, Überblick über das Steuerrecht Italiens, in: *Wassermeyer/Kaesner/Schwenke u. a.* (Hrsg.), Doppelbesteuerung, Rn. 41 ff.

1018 *Imposta sul reddito delle società*; Italienisches Körperschaftssteuergesetz, vgl. *Lobis*, Überblick über das Steuerrecht Italiens, in: *Wassermeyer/Kaesner/Schwenke u. a.* (Hrsg.), Doppelbesteuerung, Rn. 84.

1019 *Fisco e tasse* – La cessione delle quote sociali dal 1 gennaio 2019 sconta una tassazione unificata sia per le partecipazioni qualificate che non qualificate, https://www.fiscoetasse.com/rassegna-stampa/26323-cessione-quote-sociali-tassazione-plusvalenza-dal-1-gennaio-2019.html; hierbei handelt es sich um eine Ersatzsteuer (*imposizione sostituivo*), die bisher nur für Gewinne bei Veräußerung nicht qualifizierter Anteile galt; die Gewinne aus Veräußerung qualifizierter Anteile unterlagen der IRPEF, wenn auch nur zu einem prozentualen Anteil.

1020 Mehr als 25 % der Anteile oder 20 % der Stimmrechte für nicht börsennotierte Gesellschaften, mehr als 5 % der Anteile oder 2 % der Stimmrechte für börsennotierte Gesellschaften, vgl. Art. 67 Abs. 1 lit. c) TUIR. Gewinne aus qualifizierten Anteile waren zuletzt (2018) mit einem Anteil von 58,14 % in die nach IRFEP zu versteuernden Gewinne einzurechnen, Gewinne aus nicht qualifizierten Anteilen

nicht-qualifizierten Anteilen entfallen.[1021] Bei Personengesellschaften hängt der Steuersatz von der steuerlichen Qualifikation des Gesellschafters ab. Bei Kapitalgesellschaften beträgt der Steuersatz auf den anzusetzenden Verkaufserlös 24 %.[1022]

Seit der Einführung der *participation exemption*[1023] kann die nach IRES/IRPEF zu besteuernde Basis reduziert werden. Bei IRES handelt es sich nur um 5 % des Verkaufserlöses, bei IRPEF um 49,72 %[1024].

Für die Reduzierung sind die folgenden Voraussetzungen[1025] zu erfüllen:

- Ununterbrochenes Eigentum der Anteile während der letzten zwölf Monate vor der Übertragung.
- Die Anteile müssen in ihrer ersten Bilanzierung als (langfristige) Finanzanlagen (*immobilizzazione finanziarie*) klassifiziert sein.[1026]

---

unterfiel bereits vorher der Ersatzsteuer, vgl. *Associazione Italiana Dottori Commercialisti ed Esperti Contabili* – Il nuovo regime fiscale dei dividendi e delle plusvalenze da partecipazioni, https://www.caravatipagani.it/wp-content/uploads/2018/03/Circolare-AIDC-n.5-2018-Il-nuovo-regime-fiscale-dei-dividendi-e-delle-plus valenze-da-partecipazioni.pdf, S. 14 f.

1021 *Migliorini* – Cessione di partecipazioni persone fisiche: la tassazione, https://fiscomania.com/cessione-di-partecipazioni/.

1022 *Rossi* – Le operazioni di acquisizione (M&A) in Italia: share deal o asset deal, https://www.legalmondo.com/it/2019/09/operazioni-acquisizione-italia-share-deal-asset-deal/.

1023 Art. 87 TUIR.

1024 *Soldioggi.it* – Regime PEX 2021: cos'è, a chi spetta, cessione di partecipazione, tassazione – Soldioggi, https://www.soldioggi.it/regime-pex-19921.html; *Migliorini* – Partecipation Exemption esenzione fiscale delle plusvalenze, https://fiscomania.com/pex-partecipation-exemption/; unter dem IRPEF aufgrund der Neuerung des Bilanzgesetzes 2018 bei natürlichen Personen ohne Unternehmereigenschaft nur für Gewinne aus qualifizierten Anteilen, die vor dem 1. Januar 2019 erzielt wurden.

1025 *Fiscomania,* Conferimento d'azienda e cessione di partecipazioni; *Conca* (Hrsg.), Le acquisizioni, 4. Aufl.; *De Rosa,* I profili fiscali delle acquisizioni, in: *Conca* (Hrsg.), Le acquisizioni, 4. ed., 13.16.

1026 Eine spätere Reklassifizierung ist grundsätzlich unbeachtlich, allerdings kann das Finanzamt die erstmalige Klassifikation beanstanden, wenn sie nicht von nachvollziehbaren Erwägungen getragen wurde (=nicht innerhalb des ordnungsgemäßen Buchhaltungsermessen erfolgt ist).

- Die gehaltene Gesellschaft, deren Anteile übertragen werden, darf in den drei dem Verkaufserlös vorangehenden Steuerperioden ihren Sitz nicht in einem Land, welches als Land mit privilegierter Besteuerung gilt, gehabt haben.[1027]
- Die beteiligte Gesellschaft muss mindestens über die letzten drei steuerlichen Zeiträume vor der Realisierung des Verkaufserlöses eine gewerbliche (*impresa commerciale*) Tätigkeit im steuerrechtlichen Sinne[1028] ausgeübt haben. Es wird unwiderleglich vermutet, dass dieses Kriterium bei reinen Immobilienholdinggesellschaften ohne Konstruktions- oder Tradingzwecke von Immobilien nicht vorliegt.

Hintergrund dieser Regelung ist (vergleichbar zum deutschen Recht)[1029] die Vermutung, dass die erzielten Verkaufserlöse von bereits besteuerten Gewinnrücklagen abhängen. Daher soll bei Vorliegen der oben genannten Voraussetzungen eine Doppelbesteuerung vermieden werden.[1030]

Sind die Voraussetzungen der *participation exemption* nicht gegeben, ist es möglich, den Verkaufserlös zu gleichen Anteilen auf einen Fünfjahreszeitraum zu strecken, falls die Beteiligung in den vorangegangenen drei Bilanzen als Finanzanlage (*immobilizzazioni finanziarie*) ausgewiesen wurde.[1031]

1027 Dieses Kriterium kann im Falle des Sitzes in einem solchen Steuerparadies erfüllt werden, wenn mittels geeignetem Antrag nachgewiesen wird, dass der große Teil aller Einkünfte der Besteuerung ordnungsgemäß in Nicht-Steuerparadiesen unterliegt.

1028 Dieser nimmt zwar Bezug auf den zivilrechtlichen Begriff der gewerblichen Tätigkeit, vgl. Art. 55 TUIR, ist aber insgesamt etwas weiter. Insbesondere sind die Anforderungen an den Umfang und die Einrichtung des Gewerbebetriebs geringer, es genügen Einkünfte aus gelegentlicher Arbeit ohne die Einrichtung eines Unternehmens, vgl. *FiscoOggi.it* – Impresa commerciale, non c'è coincidenza tra nozione civilistica e quella fiscale, https://www.fiscooggi.it/rubrica/giurisprudenza/articolo/impresa-commerciale-non-ce-coincidenza-nozione-civilistica-e-quella.

1029 Nach der Gesetzesbegründung (siehe Begründung zu Art. 3 des Regierungsentwurfes, BT-Drs. 14/3074) soll eine doppelte Erfassung vermieden werden, die dadurch entstehen würde, dass Veräußerungsgewinne regelmäßig auch auf offenen oder stillen Reserven beruhen, nach dem BFH tritt der Gewinn aufgesummt an die Stelle der anderweitig verdienten oder zu verdienenden Dividenden, vgl. *Rengers*, in: *Blümich/Heuermann* (Hrsg.), Einkommensteuergesetz, Körperschaftsteuergesetz, Gewerbesteuergesetz, Stand: März 2021 (156. Erg.-Lfg.), § 8b KStG Rn. 200.

1030 *Fiscomania,* Conferimento d'azienda e cessione di partecipazioni.

1031 *Conca*, Le acquisizioni, 3. Aufl., S. 261, 262, 12.4.1.; *Ceppellini Lugano & Associati* – Participation Exemption, http://claconsulting.it/wp-content/uploads/2018/05/Strumento-CLA-PARTICIPATION-EXEMPTION.pdf, S. 5, 7.

Ein weiterer Nachteil, der beim Verkauf kriselnder Unternehmen sogar häufiger auftreten dürfte, ist, dass mögliche Verluste bei der Veräußerung der Anteile nicht nach IRES[1032] abzugsfähig sind, solange die oben dargestellten Voraussetzungen der *participation exemption* vorliegen.[1033] Außerhalb der *participation exemption* sind die Verluste regulär nach Art. 101 Abs. 1 TUIR[1034] abzugsfähig.[1035]

Der Verkaufserlös unterfällt grundsätzlich nicht der Gewerbesteuer (*imposta regionale sulle attività produttive,* kurz: IRAP),[1036] außer er kommt zur Eintragung in Sektion A der Gewinn- und Verlustrechnung des Verkäufers.[1037]

iv. Registersteuer

Hier liegt ein weiterer Vorteil des *Share Deals* gegenüber dem *Asset Deal*: Die notwendige Eintragung der Anteilsübertragung unterliegt einer Gebühr,[1038] die nicht proportional zu den Anteilen ist, sondern sich auf nur wenige hundert Euro beläuft.[1039] Insbesondere bei Unternehmen, zu denen eintragungspflichtige

---

1032 Nach IRPEF ist eine Anrechnung möglich, *Il societario,* Srl, tasse su perdite e svalutazioni su partecipazioni, ab dem 1. Januar 2018 mit 58,14 %.

1033 *Il societario,* Srl, tasse su perdite e svalutazioni su partecipazioni.

1034 Testo Unico delle Imposte sui Redditi (DPR 22 dicembre 1986, n. 917, ***TUIR***).

1035 *Agenzia delle Entrate* – Cessione di Partecipazione, https://emiliaromagna.agenziaentrate.it/sites/emiliaromagna/files/private/documenti/2018/cessione_di_partecipazioni_5_aprile.pdf, S. 10.

1036 *Pellegrino/Valcarenghi*, Componenti straordinari rilevanti ai fini Irap, Euroconference News.

1037 Sezione A enthält die „Valore de Produzione“, d. h. den Umsatzerlös; damit dürfte der Verkauf der Gewerbesteuer unterliegen, wenn er als Umsatzerlös aus normaler Geschäftstätigkeit zu qualifizieren ist (bspw. bei reinen Investmentgesellschaften). Abzustellen ist auf die Einordnung seitens der Geschäftsführung, ob es sich um langfristige, auf Kontrolle, Beherrschung, Einfluss oder wirtschaftliche Vorteile gerichtete Investition handelt oder nicht. In den letzteren Fällen wären die Anteile als *partecipazioni non immobilizzata* als Handelsware einzustufen und folglich dem Umlaufvermögen zuzuordnen, vgl. *Tesionline*, I titoli e le partecipazioni sociali non immobilizzate; *Consiglio nazionale dottori commercialisti – Consiglio nazionale ragionieri commercialisti ed economisti d'impresa*, Titoli e partecipazioni.

1038 Sogenannte Börsensteuer, vgl. *Derra* – Italien – Kaufen, Verkaufen, Investieren, https://www.derra.eu/around4/media/documents/publikation/Leitfaden_Italien_07_17.pdf, S. 56.

1039 *Conca,* Le acquisizioni, S. 263, 12.4.3; in 2020 lag dieser bei EUR 200,00, siehe Teil 1 Artikel 2 Nr. 2 der Gebührentabelle des DPR 131/86; diese Frage war lange umstritten, sowohl die Verwaltung als auch die Gerichte waren dazu übergegangen, Anteilsübertragungen wie einen *Asset Deal* zu behandeln und stützten sich dabei

Gegenstände gehören (etwa Grundstücke), stellt der *Share Deal* im Hinblick auf die Registersteuer in der Regel die deutlich günstigere Variante dar.[1040]

b) Nachteile

(1) Übernahme (unerkannter) Verbindlichkeiten

Als Gegenstück zum vorteilhaften *cherry picking* beim *Asset Deal* ist hier der Nachteil zu erwähnen, dass sämtliche – und damit mehr als beim *Asset Deal* – Verbindlichkeiten und Risiken vollständig mit übernommen werden.[1041] Dies ungeachtet der Tatsache, ob sie aus den Bilanzen der Gesellschaft hervorgehen oder nicht.[1042] Das Risiko kann – neben einer den engen Zeitrahmen berücksichtigenden möglichst intensiven *due diligence* – in erster Linie durch die vorhergehende Einbringung[1043] gemildert, wenn auch nicht komplett ausgeschlossen werden.[1044]

(2) Gesellschafterhaftung (Durchgriffshaftung)

Auch nach italienischem Recht sind Fälle denkbar, in denen der Käufer als neuer Gesellschafter gegenüber der Gesellschaft haftet.

i. Kapitalaufbringung

Im italienischen Recht ist die Einlage der Gesellschafter in Artt. 2464 ff. c.c. geregelt. Demnach bleibt der rückständige Gesellschafter für die Erbringung der Einlage verantwortlich, vgl. Art. 2466 c.c. Im Falle einer Übertragung des Anteils bestimmt Art. 2472 c.c., dass der Veräußerer für einen Zeitraum von drei Jahren ab der Eintragung in das Gesellschaftsbuch gesamtschuldnerisch mit

---

auf die Umgehungsgefahr sowie die wirtschaftliche Vergleichbarkeit, vgl. *Guarnerio*, Contratto di cessionde d'azienda: si applica l'imposta proporzionale di registro?, Il fisco 2017. Mit dem sog. Bilanzgesetz 2018 (*legge di bilancio 2018 (legge 27 dicembre 2017, n. 205)*) hat der Gesetzgeber den maßgeblichen Art. 20 T.U.R. konkretisiert, weshalb eine solche Umdeutung nicht mehr möglich sein sollte, vgl. *Escalar*, Escalar e Associati – Studio Legale e Tributario vom 01.10.2018.

1040 *Fiscomania,* Conferimento d'azienda e cessione di partecipazioni.

1041 *Rossi* – Le operazioni di acquisizione (M&A) in Italia: share deal o asset deal, https://www.legalmondo.com/it/2019/09/operazioni-acquisizione-italia-share-deal-asset-deal/.

1042 *Conca*, Le acquisizioni, 3. Aufl., S. 260, 12.4.

1043 Vgl. hierzu unter III.D.2.a).

1044 *Brambilla*, Il contratto di acquisizione, in: *Conca* (Hrsg.), Le acquisizioni, 4. ed., 14.1.

dem Erwerber für alle noch fälligen Einzahlungen (*versamenti*) haftet. Der Veräußerer kann aber erst in Anspruch genommen werden, wenn die Eintreibung der Zahlung beim säumigen Gesellschafter unfruchtbar geblieben ist, Art. 2472 Abs. 2 c.c.

Zwar ist das Risiko des (endgültigen) Einstehenmüssens für fehlende Einlagen in Italien aufgrund der gesetzlich vorgeschriebenen gesamtschuldnerischen Haftung des Verkäufers etwas geringer. Dem Käufer steht bei Inanspruchnahme der Einwand zu, dass (auch) der Verkäufer in Anspruch genommen wird. Eine vertragliche Einstandspflicht im Unternehmenskaufvertrag kann der Gesellschaft dagegen nicht entgegengehalten werden. Somit ist der Erwerber nach den italienischen Vorschriften etwas besser geschützt. Im Falle der fehlenden Liquidität des Verkäufers ergeben sich aber im Vergleich zur nur vertraglichen Absicherung keine Unterschiede, da dann den Käufer die volle Haftung treffen wird.

ii. Fiktive Leistung oder Erhöhung des Stammkapitals

Als eine Art Sonderfall zum Gebot der Kapitalaufbringung kann das Verbot der fiktiven Leistung oder Erhöhung des Stammkapitals (*formazione fittizia del capitale*, Art. 2632 c.c.) gesehen werden. Geschützt werden soll hier das Stammkapital der Gesellschaft, welchem keine ausreichenden Ressourcen gegenüberstehen und das dadurch künstlich aufgebläht wird.[1045]

Tatbestandlich erfasst ist zum einen die Einbringung von Anteilen für eine Summe, die unter ihrem Nominalwert liegt. Ferner die gegenseitige Zeichnung von Anteilen und die Überbewertung von Sach- oder Bareinlagen oder des Vermögens bei Umwandlung der Gesellschaft.[1046] Die Haftung betrifft jedoch nur die einlegenden Gesellschafter (*soci conferenti*) und wird als Straftatbestand (*reato*, Haftstrafe von bis zu einem Jahr) nicht auf den Erwerber übertragen.

Weitere Haftungstatbestände von Gesellschaftern, die auf den Erwerber übergehen, sind nicht ersichtlich. Insbesondere ist die dem existenzvernichtenden Eingriff vergleichbare Vornahme von gläubigerschädigenden Handlungen (*operazioni in pregiudizio dei creditori*, Art. 2629 c.c.), hierunter auch die Durchführung einer Herabsetzung des Stammkapitals, nur durch Geschäftsführer begehbar.[1047]

1045 *Pluris*, Codice civile commentato, Art. 2632, I.2.

1046 *L. Martinelli/F. Martinelli*, La società a responsabilità limitata, S. 392 f.

1047 Auch in Italien liegt die Befugnis zur Kapitalerhöhung oder -herabsetzung grundsätzlich bei den Gesellschaftern, vgl. Art. 2480, 2481, 2482 c.c. Zur Erhöhung können die Geschäftsführer in der Satzung unter Angabe der Umstände und der Höhe ermächtigt sein, nicht aber zur Herabsetzung.

(3) Wahlrecht des Verwalters

Das Wahlrecht wird auch hier nur dann interessant, wenn der Verkäufer selbst insolvent werden sollte, was im Rahmen dieser Bearbeitung aber nicht im Fokus der Analyse steht. Insofern wird auf die Ausführungen zum *Asset Deal* verwiesen.[1048] Nach den dort dargestellten Grundsätzen kommt eine Ausnahme vom Wahlrecht dann in Betracht, wenn das Eigentum bereits übertragen wurde.[1049] Häufig wird es jedoch so sein, dass unter Eigentumsvorbehalt verkauft oder der Übergang der Anteile am *Closing* unter der aufschiebenden Bedingung des *Closings* vereinbart wurde, sodass eine Erfüllungswahl unter Umständen möglich ist. Durch entsprechende Vertragsgestaltung wäre das Risiko aber auch hier beherrschbar.[1050]

(4) Insolvenzanfechtung

Im Hinblick auf die Insolvenzanfechtung gilt Entsprechendes. Der *Share Deal* kann vom Verwalter oder den Gläubigern des Zielunternehmens nicht angefochten werden, es müsste vielmehr über das Vermögen der oder des Gesellschafter(s) des Zielunternehmens das Insolvenzverfahren eröffnet werden.

(5) Automatische Unwirksamkeit Gesellschafterdarlehen

Im Hinblick auf die Rückzahlung von Gesellschafterdarlehen stellt sich eine mit der Anfechtung nach § 135 InsO[1051] vergleichbare Problematik.

Im italienischen Recht ist eine Rückzahlung von Finanzierungen (*finanziamenti*) an den Gesellschafter im Jahr vor Stellung des Antrags auf Eröffnung des Liquidationsverfahrens nach Art. 164 Abs. 2 und 3 C.C.I.I. i. V. m. Art. 2467 c.c. *ipso iure* unwirksam.[1052] Ist die Darlehensrückzahlung nicht fällig, verlängert sich der Zeitraum auf zwei Jahre, Art. 164 Abs. 1 C.C.I.I.[1053]

Für eine wirksame Durchsetzung des Rückzahlungsanspruchs gegen den Gesellschafter muss der Verwalter nach Art. 2467 Abs. 2 c.c. darlegen, dass zum Zeitpunkt der Leistung der Finanzierung ein übermäßiges Ungleichgewicht von

---

1048 III.B.2.b)(2).

1049 Art. 72 Abs. 1 a.E. L.F. bzw. Art. 172 Abs. 1 C.C.I.I.

1050 Siehe zu den Einzelheiten unter III.B.2.b)(2).

1051 II.B.1.b)(5).

1052 *Bitzer*, Länderberichte – Italien, in: *Kindler/Nachmann/Bitzer* (Hrsg.), Handbuch Insolvenzrecht in Europa, 5. Aufl., Rn. 337.

1053 Art. 164 Abs. 1 C.C.I.I. ist nach seinem Wortlaut auf die Rückzahlung von Darlehensforderungen insgesamt anwendbar.

Verschuldung und Nettovermögen vorlag oder eine Einlage (*conferimento*) aufgrund der Finanzlage der Gesellschaft sinnvoll gewesen wäre.[1054] Der Gesellschafter kann dann die Rückzahlung der rückgewährten Finanzierung nur im Insolvenzverfahren geltend machen und wird – ähnlich wie in der Insolvenzordnung – nachrangig gegenüber sonstigen Insolvenzgläubigern behandelt.[1055]

Neben der automatischen Unwirksamkeit kommt auch eine Anfechtung nach den weiter unten[1056] dargestellten Grundsätzen (Insolvenzanfechtung oder ordentliche Anfechtungsklage) in Betracht.

(6) Haftung für Rückzahlung europarechtswidriger Beihilfen

Auch hier kann auf die Ausführungen im Teil zur Situation in Deutschland verwiesen werden.[1057]

(7) Gesetzliches Wettbewerbsverbot

Das gesetzliche Wettbewerbsverbot gemäß Art. 2557 c.c. wird ausführlicher im Rahmen des *Asset Deals* behandelt[1058]. Eine analoge Anwendung auf den *Share Deal* kommt dann in Betracht, wenn unter Würdigung aller Umstände des konkreten Falls die Übertragung der Anteile einen vergleichbaren Fall wie die Übertragung eines Unternehmens darstellt.[1059] Dies dürfte bei Unternehmenskäufen im Wege eines Anteilskaufs in den hier behandelten Konstellationen regelmäßig zu bejahen sein.

2. Kauf des Schuldnerunternehmens im Wege eines *Asset Deals*

Der *Asset Deal* funktioniert im italienischen Recht im Grundsatz identisch zum deutschen Recht, es geht also um den Erwerb der einzelnen *Assets*, d. h. des Betriebsvermögens selbst.[1060] Dieser erfolgt meist mittels Vertrag nach Art. 2556 c.c. über den Kauf eines Betriebes (*azienda*). Dieser ist in Art. 2555 c.c. definiert

1054 *Bitzer*, Länderberichte – Italien, in: *Kindler/Nachmann/Bitzer* (Hrsg.), Handbuch Insolvenzrecht in Europa, 5. Aufl., Rn. 339.

1055 *Bitzer*, Länderberichte – Italien, in: *Kindler/Nachmann/Bitzer* (Hrsg.), Handbuch Insolvenzrecht in Europa, 5. Aufl., Rn. 341.

1056 III.B.2.b)(3).

1057 II.B.1.b)(6).

1058 III.B.2.b)(5).

1059 *Cass. Civ. Sez. I*, Urt. v. 4. Februar 2009 – 2717/2009; *Tribunale di Milano*, Urt. v. 29. Mai 2013 – 7229/2013.

1060 *Brambilla*, Il contratto di acquisizione, in: *Conca* (Hrsg.), Le acquisizioni, 4. ed., 14.1.

als Gesamtheit der Güter, welche vom Unternehmer zum Betrieb des Unternehmens eingerichtet wurden. Unternehmer ist nach Art. 2082 c.c. derjenige, der professionell eine wirtschaftliche Tätigkeit ausübt, die auf die Herstellung von Produkten oder Erbringung von Dienstleistungen gerichtet ist.[1061]

Für die Eröffnung des Anwendungsbereichs genügt auch die Übernahme von einzelnen Betriebsteilen (*ramo d'azienda*).[1062] Denkbar ist auch die Übernahme einer einzelnen (aber nicht lediglich potenziellen) Produktionseinheit aus dem Betrieb oder dem Betriebsteil, solange diese eine rudimentäre Organisationsstruktur darstellt, die geeignet ist, einen Betrieb auszuführen.[1063] Ferner ist es unschädlich, wenn beim Verkäufer nicht wesentliche oder nicht akzessorische Vermögensgegenstände zurückbleiben.[1064] Bei *Asset Deals* vor dem Hintergrund eines Unternehmens im *financial distress* ist vom Vorliegen dieser Voraussetzungen grundsätzlich auszugehen. Sowohl im *codice civile* als auch in Spezialgesetzen sind Vorschriften für den Übergang eines Unternehmens zu finden. Unterhalb der Voraussetzungen einer Unternehmensübertragung und ergänzend zu vertraglichen oder spezialgesetzlichen Regelungen finden die Bestimmungen über den Kauf Anwendung, Artt. 1376, 1470 c.c.

a) Vorteile

(1) Auswahl der zu erwerbenden Gegenstände

Wie auch im deutschen Recht,[1065] ist ein Vorteil des *Asset Deals*, dass der Käufer sich die zu übertragenden Gegenstände aussuchen kann (*cherry picking*)[1066]. Verbindlichkeiten können daher ebenso beim Veräußerer belassen werden wie wirtschaftlich wertlose oder für den Käufer nutzlose Vermögensgegenstände. Zu beachten sind jedoch die automatischen (Vertrags-)Übergänge bzw. Haftungstatbestände bei einem Betriebsübergang.[1067]

1061 *Z. Caponi,* I contratti di trasferimento d'azienda e di cessione delle partecipazioni societarie, S. 5.

1062 *Pluris,* Codice civile commentato, Art. 2556, III.2; vgl. (zu Art. 2112 c.c.) *Cass. civile, Sez. Lavoro,* Urt. v. 14. Dezember 1998 - 12719/2008.

1063 *Cass. civile, Sez. I,* Urt. v. 28. April 1998 - 4319/1998; *Cass. Civ. Sez. I,* Urt. v. 9. Oktober 2009 - 21481/2009; *Cass. Sez. Trib.*, Urt. v. 19. November 2007 - 23857/2007.

1064 Vgl. *Brocardi.it* - Art. 1470 codice civile - Nozione, https://www.brocardi.it/codice-civile/libro-quarto/titolo-iii/capo-i/sezione-i/art1470.html.

1065 S.o. unter II.B.2.a)(1).

1066 *Stanzione,* "Asset deal" vs "share deal": vantaggi e svantaggi a confronto, con particolare attenzione all'aspetto fiscale.

1067 Siehe die Ausführungen in III.B.2.a)(4) und III.B.2.b)(4).

(2) Keine Haftung für versteckte Verbindlichkeiten

Ein bedeutender Vorteil ist, dass aufgrund der vorstehend aufgezeigten Wahlmöglichkeit grundsätzlich kein Risiko der Haftung für ungewollte und unerkannte Verbindlichkeiten besteht.[1068] Hiervon gibt es jedoch zu beachtende Ausnahmen, etwa die gesetzlich angeordnete Gesamtschuldnerhaftung nach Art. 2560 c.c.[1069]

(3) Forderungsübergang

Bezüglich der mit übergehenden Forderungen existiert ein Unterschied zum deutschen Recht, bei dem entweder alle Forderungen oder nur solche aus bestimmten Vertragsverhältnissen und regelmäßig nur ab dem wirtschaftlichen Stichtag übergehen. Art. 2559 c.c. ordnet den Übergang der zum Betrieb gehörenden Forderungen an, der ohne Zustimmung oder Kenntnis des Schuldners mit Eintragung in das Firmenregister Dritten gegenüber wirksam wird.[1070]

(4) Automatische Vertragsübernahme

Weiterhin ordnet Art. 2558 c.c. an, dass der Erwerber in alle Verträge eintritt, die zur Ausführung der unternehmerischen Aktivität abgeschlossen wurden und keinen persönlichen Charakter haben.[1071] Dies gilt unabhängig von einer dahingehenden vertraglichen Vereinbarung oder der Kenntnis des Käufers von diesen Vertragsverhältnissen.[1072] Bemerkenswert ist insofern, dass es sich um eine Abweichung vom auch im italienischen Recht verankerten Prinzip handelt, dass Verträge nur mit der Zustimmung des Vertragspartners übertragen werden können, Art. 1406 c.c.[1073] Der Dritte kann allerdings innerhalb von drei Monaten ab der Mitteilung des Übergangs vom Vertrag aus wichtigem Grund zurücktreten,

---

1068 *Brambilla*, Il contratto di acquisizione, in: *Conca* (Hrsg.), Le acquisizioni, 4. ed., 14.1.

1069 Siehe III.B.2.b)(4).

1070 Vergleichbar zur Abtretung und dem § 406 BGB ist der Schuldner von der Leistungspflicht befreit, wenn er im guten Glauben an den Verkäufer leistet, Art. 2559 Abs. 1 S. 2 c.c.

1071 *Z. Caponi*, I contratti di trasferimento d'azienda e di cessione delle partecipazioni societarie, S. 18; Verträge mit persönlichem Charakter sind in der Praxis eher selten, etwa bei intellektuellen oder künstlerischen Leistungen, s. *Minussi*, Cessione d'azienda e successione nei contratti – WikiJus.

1072 *Cass. Civ. Sez. II*, Urt. v. 19. Juni 1996 – 5636/1996, Il Foro Italiano 1997, 2272/2275 (B.).

1073 *Balbi/Livatino/Cella*, Gestione delle crisi aziendali, S. 317, 13.2.

Art. 2558 Abs. 2 c.c. In diesem Fall haftet der Veräußerer nach der vorgenannten Norm dem Käufer für den gescheiterten Übergang des Vertrags.[1074]

Somit ist das Einholen der Zustimmung des Vertragspartners für die von Art. 2558 c.c. umfassten Verträge nicht erforderlich. Gleichzeitig kann individualvertraglich auch ein eigentlich unter Art. 2558 c.c. fallender Vertrag unberücksichtigt bleiben,[1075] falls dies dem Interesse der Parteien entspricht.

(5) Steuerliche Erwägungen

i. Erwerber

Der Erwerb eines Unternehmens im Wege eines *Asset Deals* ist auch nach dem italienischen Steuersystem für den Erwerber vorteilhaft, insbesondere verglichen mit einem *Share Deal*. Er kann den gezahlten Kaufpreis auf die einzelnen Vermögensgegenstände allozieren, einen eventuellen Mehrpreis dann auf den Geschäftswert.[1076] Diese Bilanzposten können über die nächsten Jahre abgeschrieben, die Abschreibungskosten gewinnmindernd und dadurch steuerreduzierend angesetzt werden.[1077] Dies betrifft neben der Körperschaft- (*IRES*) oder Einkommensteuer (*IRPEF*, für Personengesellschaften oder Kaufmänner) auch die regionale Ebene der Gewerbesteuer (*IRAP*[1078]).[1079] Der Vorteil für den Erwerber ist, dass durch die aufgezeigte Vorgehensweise auch stille Reserven (*plusvalenze latenti*) steuerlich anerkannt und in Abzug gebracht werden können.

ii. Umsatzsteuer

Die Übertragung eines Betriebes ist keine Übertragung von Gütern im Sinne des Art. 2 Abs. 3 lit. b) DPR 633/72 und damit ebenso wie in Deutschland nicht umsatzsteuerpflichtig.[1080]

1074 *Pluris*, Codice civile commentato, Art. 2558, VIII.6.

1075 Der Ausschluss ist im Ergebnis nicht möglich bei Unternehmensverträgen i.e.S., deren Gegenstand elementare Betriebsgüter sind. Vergleichbares gilt auch für solche Verträge, ohne deren Übernahme der Erwerber das Unternehmen nicht fortführen könnte, vgl. *Cian et al.*, Commentario breve al Codice civile, Art. 2558 I.7, III.7.

1076 *Agenzia delle Entrate*, Risposta n. 81 v. 21. März 2019, S. 8.

1077 Vgl. Art. 103 TUIR.

1078 Geregelt im *Decreto Legislativo 15 dicembre 1997, n. 446*.

1079 *Conca*, Le acquisizioni, 3. Aufl., S. 257, 12.3.2.

1080 *Cass. civ. Sez. V*, Urt. v. 19. Dezember 2012 – n. 23584/2012; *Agenzia delle Entrate*, Risposta n. 81 v. 21. März 2019, S. 8 f.

Daher ist es wichtig, dass die zu übertragenden Gegenstände tatsächlich einen Betriebsübergang (Abzugrenzen vom Kauf einzelner Gegenstände, Formen des *outsourcing* oder der Betriebsüberlassung (*conferimento*)[1081]) darstellen. Hierbei kommt es im Prinzip auf die Geeignetheit an, nicht darauf, ob der Betrieb momentan produziert und z. B. alle erforderlichen Lizenzen oder Genehmigungen vorhanden sind.

iii. Veräußerer

Der Veräußerer hat dagegen einen möglichen Gewinn, welcher sich aus einem Überschuss des Kaufpreises im Vergleich zum Nettobuchwert ergibt, zu versteuern. Steuerbar ist der Verkauf nach dem IRES bei Kapitalgesellschaften oder nach dem IRPEF bei Personengesellschaften/Kaufmännern, dagegen nicht nach der IRAP, dem Pendant zur deutschen Gewerbesteuer.[1082] Die Gewinn- bzw. Körperschaftsteuer hinsichtlich Unternehmensübertragungen richtet sich nach Art. 86 Abs. 2 TUIR (für Gesellschaften außer der Personengesellschaft) bzw. Art. 58 Abs. 1 TUIR (für Privatpersonen/Personengesellschaften).

Unter Geltung des IRPEF[1083] ist eine separate Besteuerung nach Art. 17 Abs. 1 lit. g) TUIR auf Antrag möglich, um eine zu hohe Steuerbelastung unter dem IRPEF aufgrund dessen Progressivität für das entsprechende Jahr zu vermeiden.[1084] Voraussetzung hierfür ist, dass der Betrieb mindestens fünf Jahre im Eigentum des Veräußerers stand, Art. 17 Abs. 1 lit. g) TUIR. Dann wird der

1081 Cessione dell'azienda – WikiJus.

1082 *De Rosa*, I profili fiscali delle acquisizioni, in: *Conca* (Hrsg.), Le acquisizioni, 4. ed., 13.5.1; Grund hierfür war bis ins Jahr 2016 die außergewöhnliche Natur der Transaktion; am Ergebnis ändert sich auch durch die Reform der Bilanzierungsregeln im Jahre 2016 nichts, nach der Gewinne oder Verluste aus Unternehmensverkäufen aufgrund der Abschaffung des Buchungskontos „außergewöhnliche Aktivitäten" nunmehr bei den gewöhnlichen Vorgängen zu verbuchen sind, da die steuerliche Irrelevanz in Art. 13-bis Abs. 3, 4 des D.L. 244/2016 geregelt wird, siehe *Cerato*, Plusvalenze trasferimento d'azienda: esclusione da Irap e ROL.

1083 Die Optierungsmöglichkeit für die *tassazione separata* besteht allerdings nur für natürliche Personen, vgl. *Diritto.it* – La tassazione separata: modalità, redditi soggetti, redditi esclusi, https://www.diritto.it/la-tassazione-separata-modalita-redditi-sogge tti-redditi-esclusi/.

1084 *Migliorini* – Redditi soggetti a tassazione separata – Fiscomania, https://fiscomania. com/redditi-soggetti-a-tassazione-separata/; Hintergrund der *tassaszione separata* ist, dass der erhaltene und zu versteuernde Betrag in der Regel über einen längeren Zeitraum „verdient" wurde, vgl. *Easytax Assistant*, EasyTax Assistant vom 5.9.2018.

Verkaufserlös mit einem Steuersatz entsprechend dem fiktiven Einkommen der Hälfte des deklarierten Erlöses im Zweijahreszeitraum vor Erhalt des Verkaufserlöses besteuert, vgl. Art. 21 Abs. 1 S. 2 TUIR.

Sowohl unter dem IRES als auch dem IRPEF – so lange nicht für eine separate Besteuerung optiert wird – besteht außerdem die Möglichkeit der Ratenfestsetzung. Gemäß Artt. 86 Abs. 4, 58 Abs. 1 TUIR können die Gewinne aus der Betriebsveräußerung auf das aktuelle und die nächsten vier Geschäftsjahre aufgeteilt werden, wenn das Unternehmen mindestens drei Jahre im Besitz des Verkäufers war. Dazu müssen in diesen Zeiträumen aber unternehmensspezifische Einkommen vorliegen, weshalb diese Möglichkeit bei Veräußerung des einzigen Unternehmens durch einen Einzelunternehmer ausscheidet.[1085]

Schließlich kann der Verkaufsgewinn mit gegebenenfalls vorhandenen Verlustvorträgen gemindert werden.[1086] Eventuelle Verkaufsverluste können wiederum gewinnmindernd angesetzt werden, Art. 101 TUIR.

iv. Registersteuer

Das Registersteuergesetz[1087] regelt, dass gewisse Übertragungsvorgänge, darunter auch die Übertragung von unbeweglichen Gegenständen, der Registersteuer unterliegen, Artt. 1, 2 Abs. 1 lit. a.) DPR 131/1986 i. V. m. der Gebührentabelle (siehe beispielsweise für gewerbliche Grundstücke Teil 1 Art. 1 Nr. 1 der Gebührentabelle zu DPR 131/86 (aktuell beträgt die Registersteuer hierfür 9 %)). Für bewegliche Gegenstände und immaterielle Vermögenswerte gilt ein Steuersatz von 3 %.[1088]

Im Hinblick auf die einzelnen Güter wird also in der Regel eine prozentuale Registersteuer fällig, weshalb den Gütern eine Gegenleistung und damit ein besteuerbarer Wert zugeordnet werden sollte. Andernfalls wird auf den gesamten Wert des Unternehmens die Registersteuer mit der höchsten Prozentzahl gelegt, siehe Art. 23 Abs. 1 DPR 131/86.[1089]

1085 *Migliorini* – Cessione di azienda: disciplina civilistica e fiscale, https://fiscomania.com/cessione-di-azienda-plusvalenza/.

1086 *Conca*, Le acquisizioni, 3. Aufl., S. 259, 12.3.4.

1087 *Decreto del presidente della repubblica* 26 aprile 1986, n. 131 – Testo unico delle disposizioni concernenti l'imposta di registro (DPR 131/1986).

1088 *Agenzia delle Entrate*, Risposta a interpello n. 432 del 2019.

1089 *Conca*, Le acquisizioni, 3. Aufl., S. 258, 12.3.3; *Fiscomania,* Cessione d'azienda e imposta di registro.

Im Hinblick auf die Steuerbasis wird nach Artt. 43 i. V. m. 51 Abs. 1 DPR 131/86 für Güter und Rechte als Wert grundsätzlich die zwischen den Parteien vereinbarte oder eine höhere gewährte Gegenleistung angenommen. Bei unbeweglichen Gegenständen oder Betrieben ist jedoch der Marktwert (*valore venale*) anzusetzen, Art. 51 Abs. 2 DPR 131/86. Die jeweiligen Register können nach Art. 51 Abs. 4 DPR 131/86 bei Unternehmenstransaktionen diese Werte insbesondere im Hinblick auf den Wert aller zum Unternehmen gehörenden Gegenstände überprüfen. Höhere Steuern können dort angesetzt werden, wo die Register den zugeordneten Wert für unter dem *valore venale* liegend halten. Dies gilt in der Praxis offenbar besonders häufig für die Bewertung des Firmenwerts (zu besteuern ebenfalls mit 3 %), wobei die Finanzämter hier mindestens das Doppelte des Dreijahresdurchschnitts des Rohertrags zugrunde legen.[1090]

Jedoch hat eine solche Korrektur durch die Registerämter keine automatische Vermutung für die Steuer auf den erzielten Gewinn, siehe Art. 5 des D.Lgs. 2015/147, welcher in Bezug auf die Neuregelung des Art. 110 TUIR eine solche automatische Vermutung ausschließt.

Die Registersteuer für einzutragende Gegenstände kann daher, abhängig vom Transaktionsvolumen, beachtliche Summen erreichen. Diese Summen stehen gegebenenfalls erst durch die Festsetzung des Marktwertes durch das Finanzamt konkret fest. Vor allem bei Immobilien sollte auf die Registersteuer geachtet und durch Allokation vermieden werden, dass der gesamte Kaufpreis mit den hohen Prozentsätzen für die Immobilien besteuert wird.[1091]

Im Ergebnis bleibt festzuhalten, dass sich Unterschiede zum *Share Deal* insbesondere hinsichtlich der Registersteuer, der Abschreibbarkeit des Mehrpreises und der stillen Reserven ergeben.

1090 Dies geschieht unter Rückgriff auf Art. 2 Abs. 4 des DPR 460/1996, der in der Regel das 3fache der Steuer der letzten drei Jahre ansetzt, aber für einige Fälle eine Reduzierung auf das 2fache vorsieht, siehe *Fiscomania,* Cessione d'azienda e imposta di registro; *Ingrosso,* Calcolo dell'avviamento in base al DPR 460/96; *Giordano,* Determinazione del valore dell'avviamento; die Zugrundelegung des DPR 460/1996 wurde vom Kassationsgericht in einer jüngeren Entscheidung bestätigt, siehe *Cass. Civ. Sez. V*, Urt. v. 11. Mai 2016 – 9584/2016.

1091 *Derra* – Italien – Kaufen, Verkaufen, Investieren, https://www.derra.eu/around4/media/documents/publikation/Leitfaden_Italien_07_17.pdf, S. 55.

b) Nachteile

(1) Bestimmtheit der zu übertragenden Gegenstände

Wie bereits bei den Vorteilen angesprochen, ist aufgrund einiger automatischer Übergangsvorschriften das Problem der Bestimmtheit der einzelnen zu übertragenden Vermögensgegenstände im italienischen Recht weniger relevant als im deutschen. Denn unbeschadet anderweitiger vertraglicher Regelungen gehen beinahe alle Vermögensgegenstände, die als zum Betrieb gehörend anzusehen sind, automatisch auf den Erwerber über.[1092] Dennoch ist es übliche Praxis, jedenfalls bestimmte Vermögensgegenstände, auch zum Zweck der Kaufpreisallokation, detailliert aufzuführen.[1093]

Nicht von diesem Automatismus umfasst ist die Firma (*ditta*), diese muss explizit mit Zustimmung des Veräußerers übertragen werden, Art. 2565 Abs. 2 c.c. Marken wiederum sind separat übertrag- oder lizenzierbar nach Art. 2573 c.c. Des Weiteren sind Genehmigungen, Konzessionen, Lizenzen und Ähnliches nicht automatisch übertragbar und müssen daher separat gehandhabt werden.[1094]

Im Interesse der Rechtssicherheit ist es generell zu empfehlen und in der Praxis auch üblich, die zu übertragenden Gegenstände (Inventar, Betriebsausstattung, Gebäude und Maschinen, etc.) im Vertrag zu bezeichnen.[1095]

(2) Erfüllungswahl

Im Hinblick auf noch nicht oder noch nicht vollständig erfüllte Verträge sieht das italienische Pendant der Erfüllungswahl nach §§ 103 ff. InsO unterschiedliche Regelungen vor.[1096] Auch hier werden beiderseits (bezüglich der

---

1092 III.B.2.a)(3) und III.B.2.a)(4).

1093 *Derra* – Italien – Kaufen, Verkaufen, Investieren, https://www.derra.eu/around4/media/documents/publikation/Leitfaden_Italien_07_17.pdf, S. 54.

1094 *Z. Caponi,* I contratti di trasferimento d'azienda e di cessione delle partecipazioni societarie, S. 20; die Gewerbegenehmigung (*licenza commerciale*) kann vom Erwerber genutzt werden, bis diesem selbst eine solche Genehmigung erteilt wurde, *Pluris,* Codice civile commentato, Art. 2558, II.10.

1095 *Minussi,* Cessione dell'azienda.

1096 Geregelt in den Artt. 72 ff. L.F. bzw. Artt. 172 ff. C.C.I.I.; *Kindler/Conow*, Länderberichte – Italien, in: *Kindler/Nachmann* (Hrsg.), Handbuch Insolvenzrecht in Europa, 4. Erg.-Lfg, Rn. 118; Wie sich bereits aus den Gesetzesmaterialien ergibt, wurde das System der laufenden Verträge und der Erfüllungswahl durch die Insolvenzrechtsreform im Jahr 2019 nicht bedeutend geändert, vgl. *Pluris*, Codice del fallimento commentato, Art. 72, XXVI.1.

Hauptleistungspflichten)[1097] nicht vollständig erfüllte Verträge grundsätzlich[1098] stillgelegt (*sospensione*, d. h. keine der Parteien schuldet Erfüllung)[1099], bis der Verwalter in diese eintritt oder sie auflöst.[1100] Ein grundsätzlicher Unterschied zum deutschen Insolvenzverwalter ist hier, dass nach Art. 172 Abs. 1 C.C.I.I. der italienische Verwalter stets die Zustimmung des Gläubigerkomitees benötigt, will er einen Vertrag fortführen.

Für den *Asset Deal* vor Insolvenzeröffnung ist die Frage relevant, was mit einem nicht oder noch nicht vollständig erfüllten Unternehmenskaufvertrag geschieht. Wählt der Verwalter die Nichterfüllung, so kann der Vertragspartner zwar seinen Anspruch auf Erfüllung anmelden, aber keinen Schadensersatz wegen der Nichterfüllung geltend machen.[1101] Eine Loslösung vom Vertrag für den Fall der Insolvenzeröffnung ist dagegen anders als im deutschen Recht nicht möglich.[1102] Eine vor der Eröffnung gegenüber dem nicht erfüllenden Schuldner erklärte und gerichtlich geltend gemachte Abstandnahme vom Vertrag ist dagegen zulässig und entfaltet auch gegenüber dem Insolvenzverwalter Wirkung.[1103] In diesem Fall, anders als bei der Auflösung durch den Verwalter, kann der Käufer neben Rückforderungs- auch Schadensersatzansprüche geltend machen.[1104]

1097 Art. 172 Abs. 1 C.C.I.I.; mit der Aufnahme des Zusatzes der Hauptleistungspflichten hat der Gesetzgeber die von der Rechtsprechung bereits überwiegend angewandte Auslegung des Art. 72 L.F. bestätigt, *Pluris*, Codice del fallimento commentato, Art. 72, XXVI.11.

1098 Einige Verträge werden kraft Gesetzes aufgelöst oder es kommt zu einem automatischen Eintritt des Verwalters (*subingresso automatico*), vgl. *F. Bitzer*, 2. Teil: Länderberichte – Italien, in: Handbuch Insolvenzrecht in Europa: Handbuch InsR Europa; *Bitzer*, Länderberichte – Italien, in: *Kindler/Nachmann/Bitzer* (Hrsg.), Handbuch Insolvenzrecht in Europa, 5. Aufl., Rn. 207 ff.

1099 *Guglielmucci/Padovini,* Diritto fallimentare: die *sospesione* wird gemeinhin auf das System der Art. 1460 c.c. (Einrede des nicht erfüllten Vertrages) und Art. 1461 c.c. (Einrede der die Vertragsdurchführung gefährdenden Vermögensverschlechterung des Vertragspartners) zurückgeführt.

1100 Art. 72 Abs. 1 L.F. bzw. Art. 172 Abs. 1 C.C.I.I.

1101 Art. 72 Abs. 4 L.F. bzw. Art. 172 Abs. 4 C.C.I.I.

1102 Art. 72 Abs. 6 L.F. bzw. Art. 172 Abs. 6 C.C.I.I.

1103 Art. 72 Abs. 5 S. 1 L.F. Art. 172 Abs. 5 S. 1 C.C.I.I.

1104 Art. 72 Abs. 5 S. 2 L.F. bzw. Art. 172 Abs. 5 S. 2 C.C.I.I., vgl. auch *Guglielmucci/ Padovini,* Diritto fallimentare, S. 125.

Zu untersuchen ist im Folgenden, ob sich die Frage des Zeitpunkts der Erfüllung eines Unternehmenskaufvertrages in Form eines *Asset Deals* ebenso darstellt wie im deutschen Recht.[1105]

Im Ausgangspunkt besteht insofern ein Unterschied, als dass im italienischen Recht das Eigentum nach dem Konsensualprinzip (Art. 1376 c.c.) übergeht. Der Verkäufer schuldet aber auch die Übergabe nach Art. 1476 Nr. 1 c.c.,[1106] welche in der Regel erst mit dem *Closing* eintreten dürfte. Somit könnte auch hier jedenfalls bis zu diesem Zeitpunkt die Gefahr der Ablehnung der Vertragserfüllung bestehen bleiben. Allerdings ist in Art. 172 Abs. 1 a. E. C.C.I.I. geregelt, dass die Auflösung des Vertrages in Fällen, in denen das Recht bei sogenannten *contratti ad effetti reali* – zu denen auch der *Asset Deal* als Spezieskauf zählt – bereits übergegangen ist, ausgeschlossen ist. Mit anderen Worten kann der Verwalter Kaufverträge, bei denen die Eigentumsübertragung schon vor Eröffnung der *liquidazione giudiziale* erfolgte, nicht auflösen.[1107] Diese Regelung entspricht dem Prinzip, dass der Verwalter Gegenstände, die bereits das Schuldnervermögen verlassen haben, allenfalls über die Insolvenzanfechtung wieder zur Insolvenzmasse ziehen kann, nicht durch die Auflösung des Vertrages.[1108] In dieser Konstellation dürfte der Kaufvertrag weiterlaufen und wäre nicht auflösbar. Der Verwalter wäre insofern an den Vertrag gebunden.[1109] Zu beachten ist jedoch, dass der Kaufvertrag, um „insolvenzfest" zu sein, (formell) wirksam vor der Eröffnung des Konkursverfahrens abgeschlossen und die Erfordernisse erfüllt

---

1105 Vgl. unter II.B.2.b)(2)i.

1106 *Santonocito-Pluta/Mare-Ehlers*, Band 4 Länderberichte – Italien, in: *Kirchhof* (Hrsg.), Münchener Kommentar zur Insolvenzordnung, [3. Aufl.], Rn. 76; *Kindler*, Einführung in das italienische Recht, S. 153.

1107 *Santonocito-Pluta/Mare-Ehlers*, Band 4 Länderberichte – Italien, in: *Kirchhof*, Münchener Kommentar zur Insolvenzordnung, Rn. 78; verallgemeinernd so auch *Castagna/D'Attore*, Band 4 Länderberichte – Italien, in: *Kirchhof* (Hrsg.), Münchener Kommentar zur Insolvenzordnung, [4. Aufl.], Rn. 162.

1108 *Guglielmucci/Padovini*, Diritto fallimentare, S. 116.

1109 *Santonocito-Pluta/Mare-Ehlers*, Band 4 Länderberichte – Italien, in: *Kirchhof* (Hrsg.), Münchener Kommentar zur Insolvenzordnung, [3. Aufl.], Rn. 78; *Pluris*, Codice del fallimento commentato, XI.3, der allerdings davon ausgeht, dass weitere Verpflichtungen aus dem Vertrag nicht zwingend zu erfüllen sind, bis der Vertrag vom Verwalter aufgenommen wird oder aufgelöst wird. Da eine Abstandnahme vom Restvertrag insbesondere wirtschaftlich uninteressant sein dürfte, sorgt die Eigentumsübertragung vor der Eröffnung der Insolvenz in jedem Fall für eine erhöhte Insolvenzfestigkeit.

sein müssen, damit er gegenüber Dritten wirksam ist.[1110] Bei Grundstücken bedeutet dies, dass der Eigentumsübergang im Grundbuch einzutragen ist (Publizitätsakt), Artt. 2643 ff. c.c. Gehört zum übertragenden Unternehmen also ein Grundstück, empfiehlt es sich, die Eintragung alsbald vorzunehmen, da andernfalls der gesamte Kaufvertrag als noch nicht vollständig erfüllt angesehen werden könnte. Eine Vormerkung zur Absicherung des Eigentumsübergangs gibt es in Italien in dieser Form nicht.[1111]

In der Praxis dürfte bei Unternehmenskaufverträgen jedoch nicht selten der Verkauf unter Eigentumsvorbehalt (*patto di riservato dominio*) bis zur vollständigen Kaufpreiszahlung am oder nach *Closing* vereinbart werden.[1112] Ein solcher ist nach Artt. 1523 ff. c.c. möglich und führt dazu, dass das Eigentum erst mit vollständiger Zahlung übergeht.[1113] Dies gilt auch im Hinblick auf das Erfordernis der Eintragung beim Grundstückserwerb. Auch ein solcher Erwerb unter Eigentumsvorbehalt ist mit einem entsprechenden Vermerk ins Grundbuch einzutragen.[1114] Jedoch ändert der Eigentumsvorbehalt nichts am Ergebnis, denn bei Konkurs des verkaufenden Schuldners kann auch bei Eigentumsvorbehalt der Vertrag nicht aufgelöst werden.[1115] Der Vorbehaltskäufer wird also dem sofort Eigentum erwerbenden Käufer gleichgestellt. Aufgrund der Tatsache, dass der Vollerwerb in aller Regel nur vom Käufer abhängt, scheint dies auch interessengerecht.

Lediglich bei einem Unternehmenskaufvertrag, der unter weitere (aufschiebende) Bedingungen gestellt wird, liegt bei Eröffnung des Insolvenzverfahrens vor Bedingungseintritt eine Konstellation vor, in welcher der Insolvenzverwalter ein Wahlrecht hat.[1116] Bei einem insolvenznahen Verkäufer sollten derartige aufschiebende Bedingungen daher mit Bedacht gewählt werden. Stellt man den Kaufvertrag unter auflösende Bedingungen (z. B. der Nichteintritt aller

1110 *Guglielmucci/Padovini*, Diritto fallimentare, S. 116 Fz. 8; *Kindler/Conow*, Länderberichte – Italien, in: *Kindler/Nachmann* (Hrsg.), Handbuch Insolvenzrecht in Europa, 4. Erg.-Lfg, Rn. 118.

1111 Die Möglichkeit, einen Vorvertrag abzuschließen und diesen in das Immobilienregister eintragen zu lassen, soll hier außen vor bleiben.

1112 *Tonalini*, La vendita con riserva di proprietá.

1113 *Kindler*, Einführung in das italienische Recht, S. 279 Rn. 21.

1114 *Tonalini*, La vendita con riserva di proprietá.

1115 Art. 73 Abs. 3 L.F. bzw. Art. 178 Abs. 2 C.C.I.I.; *Guglielmucci/Padovini*, Diritto fallimentare, S. 117. *Pluris*, Codice del fallimento commentato, Art. 73 IV.1.

1116 *Pluris*, Codice del fallimento commentato, Art. 72 VII.4.

conditions precedent bis zum Datum x), ist der Anwendungsbereich der Erfüllungswahl ebenfalls vermieden.[1117]

Insgesamt ist das Risiko der Erfüllungsablehnung daher im italienischen Recht deutlich geringer und durch entsprechende Vertragsgestaltung gut beherrschbar. Die Thematik der erfüllungshindernden Wirkungen von Kaufpreisabsicherungen, Garantien und anderen Pflichten (bspw. Wettbewerbsverboten) stellt sich hier daher nicht.

(3) Insolvenzanfechtung

Die Insolvenzanfechtung ist auch in Italien ein viel diskutiertes und überarbeitetes Rechtsinstitut. Im Rahmen der Neukodifizierung des Insolvenzrechts wurde bspw. der Beginn des Anfechtungszeitraums von der Eröffnung des Insolvenzverfahrens auf die Einreichung des Eröffnungsantrags vorverlegt.[1118] Der Zweck ist – identisch zur deutschen Insolvenzanfechtung – die Wiedereingliederung von Gegenständen oder Rechten in das Vermögen des Insolvenzschuldners unter bestimmten Voraussetzungen. Auch in Italien steht die gläubigerbenachteiligende Natur der anzufechtenden Rechtshandlung im Vordergrund.[1119]

i. Unwirksamkeit bestimmter Rechtshandlungen von Gesetz wegen

Die Unwirksamkeit von unentgeltlichen Verfügungen, Zahlung nicht fälliger Schulden und Rückzahlung von Gesellschafterdarlehen[1120] ist für die vorliegende Thematik ohne Relevanz und wird daher nicht vertieft behandelt: Bei

---

1117 *Giudi* – Gli effetti del fallimento sui rapporti giuridici preesistenti -art. 72 e 72 bis L.F., https://www.odcec.pistoia.it/images/sito/documenti/commissioni/commissioni_di_studio_fallimento/16_05_2013_materiali_evento/Gli%20art%20%2072%20e%2072-bis%20della%20Legge%20Fallimentare.pdf, S. 4.

1118 Durch diese Änderung soll verhindert werden, dass eine Verzögerung im Eröffnungsverfahren, in dem der Schuldner nach Art. 142 Abs. 1 C.C.I.I. noch verfügungsbefugt ist, zu Lasten der Gläubigergemeinschaft geht, vgl. *Avolio/Di Majo*, Compendio di diritto della crisi di impresa e dell'insolvenza, 13. Aufl., S. 160; weiterhin umfasst von den Anfechtungstatbeständen sind daher nach dem Gesetzeswortlaut der Artt. 163 C.C.I.I. ff. Handlungen, die nach Einreichung des Eröffnungsantrages vorgenommen werden.

1119 *Castagna/D'Attore*, Band 4 Länderberichte – Italien, in: *Kirchhof* (Hrsg.), Münchener Kommentar zur Insolvenzordnung, [4. Aufl.], Rn. 160; *Avolio/Di Majo*, Compendio di diritto della crisi di impresa e dell'insolvenza, 13. Aufl., S. 160.

1120 Nach Artt. 64, 65 L.F. bzw. Art. 163 C.C.I.I., die Unwirksamkeit der Rückzahlung von Gesellschafterdarlehen hat die jüngste Insolvenzrechtsreform eingeführt.

einem *Asset Deal* über ein Unternehmen ist kaum denkbar, dass der Verkäufer unentgeltlich verfügt oder auf eine nicht fällige Schuld Zahlung leistet. Selbst wenn der Kaufpreis als Gegenleistung nur symbolisch ist (beispielsweise 1 Euro), kann regelmäßig nicht von einer Unentgeltlichkeit ausgegangen werden, bei der überhaupt keine Gegenleistung vorgesehen ist.[1121] Auch die Rückzahlung von Gesellschafterdarlehen hat in dem vorliegenden Kontext kaum Relevanz.

ii. Ordentliche Anfechtung (revocatoria ordinaria)[1122]

Die ordentliche Anfechtung kann sich gegen Handlungen des Schuldners richten. In Betracht kommt insofern die Anfechtung des Unternehmenskaufvertrages selbst. Erfüllungsleistungen auf fällige Forderungen können demgegenüber nur mit der Insolvenzanfechtung rückgängig gemacht werden (siehe in diesem Abschnitt unter iii)[1123], vgl. Art. 2901 Abs. 3 c.c. Für den Unternehmenskaufvertrag in Form des *Asset Deals* ist daher unter Umständen ein Vorvertrag ein gangbarer Weg, da dann der Abschluss des Kaufvertrages nicht rückgängig gemacht werden kann.[1124] Art. 2901 c.c. fordert des Weiteren, dass die Verfügung gläubigerbenachteiligend[1125] und dem Schuldner sowie (bei entgeltlichen Verfügungen) dem Dritten dies bewusst ist.[1126]

Der anfechtungsrelevante Zeitraum ist mit fünf Jahren[1127] deutlich länger als bei der Insolvenzanfechtung. Die Erklärung hat nach Insolvenzeröffnung durch

1121 *Pluris,* Codice del fallimento commentato, Art. 64 III. 1 ff.; dies gilt insbesondere unter Berücksichtigung der Tatsache, dass der Käufer in vielen Fällen zusätzlich freiwillig Verbindlichkeiten übernimmt und dadurch der Kaufpreis reduziert wird.

1122 Art. 66 L.F. bzw. Art. 165 C.C.I.I. i. V. m. Art. 2901 ff. c.c.

1123 *Guglielmucci/Padovini,* Diritto fallimentare, S. 179 f.

1124 *Guglielmucci/Padovini,* Diritto fallimentare, S. 180; anfechtbar wäre dagegen der Vorvertrag selbst, sofern die Voraussetzungen für die Anfechtung vorliegen.

1125 Eine Verletzung des Gleichbehandlungsgrundsatzes genügt nicht, vielmehr ist anhand einer *ex-ante* Betrachtung zu bestimmen, dass aufgrund der Verfügung das Schuldnervermögen nicht mehr ausreicht, um eine Befriedigung der Gläubiger zu gewährleisten, vgl. *F. Bitzer,* 2. Teil: Länderberichte – Italien, in: Handbuch Insolvenzrecht in Europa: Handbuch InsR Europa; *Bitzer,* Länderberichte – Italien, in: *Kindler/Nachmann/Bitzer* (Hrsg.), Handbuch Insolvenzrecht in Europa, 5. Aufl., Rn. 299.

1126 *Bitzer*, Länderberichte – Italien, in: *Kindler/Nachmann/Bitzer* (Hrsg.), Handbuch Insolvenzrecht in Europa, 5. Aufl., Rn. 299.

1127 *Guglielmucci/Padovini,* Diritto fallimentare, S. 179; *Santonocito-Pluta/Mare-Ehlers,* Band 4 Länderberichte – Italien, in: *Kirchhof,* Münchener Kommentar zur Insolvenzordnung, Rn. 92; allerdings handelt es sich nicht um einen von der Norm festgelegten Zeitraum, vielmehr unterliegt die Anfechtungsklage einer fünfjährigen Verjährungsfrist ab dem Tag der Rechtshandlung, Art. 2903 c.c.

den Verwalter zu erfolgen, selbst wenn die Handlung bereits vor Eröffnung von einem Gläubiger angefochten wurde.[1128]

Ficht der Insolvenzverwalter die Übertragung erfolgreich an, so kann der Käufer abweichend von Art. 2902 c.c. nach Art. 70 Abs. 2 L.F. bzw. Art. 171 Abs. 2 C.C.I.I. seinen gegebenenfalls noch bestehenden Anspruch auf (Rück-)Übertragung lediglich im Insolvenzverfahren anmelden.[1129]

iii. Insolvenzanfechtung

Bei entgeltlichen Leistungen kommt eine Anfechtung nach dem Insolvenzrecht[1130] in Betracht.[1131] Als solche sind Vermögensübertragungen im Austausch mit einer Gegenleistung und damit grundsätzlich auch Kaufverträge, mit denen der Schuldner Vermögen an Dritte übertragen hat, zu verstehen.[1132] Darunter fällt auch der hier behandelte *Asset Deal*. Nachfolgend werden die in Betracht kommenden Tatbestände dargestellt.

01. Relevant für den *Asset Deal* können in erster Linie Art. 67 Abs. 1 Nr. 1 L.F. bzw. Art. 166 Abs. 1 lit. a) C.C.I.I.[1133] werden, die bei Ungleichgewicht zwischen Leistung und Gegenleistung zulasten des Schuldners einschlägig sind. Dies wäre beispielsweise der Fall, wenn der Wert des Unternehmens den Kaufpreis um ein Viertel übersteigt.[1134] Im Vergleich zur ordentlichen Anfechtung findet eine Beweislastumkehr statt. Es wird die widerlegbare Vermutung aufgestellt, dass der Käufer die Zahlungsunfähigkeit des Verkäufers kannte.[1135] Der anfechtungsrelevante Zeitraum ist ein Jahr. Die

---

1128 *Guglielmucci/Padovini,* Diritto fallimentare, S. 180.

1129 *Guglielmucci/Padovini,* Diritto fallimentare, S. 180; *Bitzer*, Länderberichte - Italien, in: *Kindler/Nachmann/Bitzer* (Hrsg.), Handbuch Insolvenzrecht in Europa, 5. Aufl., Rn. 330.

1130 Art. 67 L.F. bzw. Art. 166 C.C.I.I.; im Gegensatz zur ordentlichen Anfechtungsklage ist zu Anfechtungen nach den insolvenzrechtlichen Vorschriften nur der Verwalter berechtigt.

1131 *Guglielmucci/Padovini,* Diritto fallimentare, S. 171.

1132 *Guglielmucci/Padovini,* Diritto fallimentare, S. 171.

1133 Abgesehen von der Vorverlagerung des Anfechtungszeitraums auf die Einreichung des Eröffnungsantrages bestehen keine relevanten Unterschiede zwischen den Regelungen des *legge fallimentare* und des *codice della crisi d'impresa e dell'insolvenza*.

1134 Vgl. *Bitzer*, Länderberichte – Italien, in: *Kindler/Nachmann/Bitzer* (Hrsg.), Handbuch Insolvenzrecht in Europa, 5. Aufl., Rn. 308.

1135 Der Käufer als Anfechtungsgegner müsste also seine Unkenntnis der Zahlungsunfähigkeit nachweisen, siehe auch *Bitzer*, Länderberichte – Italien, in: *Kindler/Nachmann/*

Bewertung des Unternehmens im Vorfeld des Kaufvertrages ist aufgrund dieser Norm von erheblicher Wichtigkeit, um anschließend einen angemessenen, insolvenzfesten Kaufpreis zu vereinbaren.

02. Liegt kein solches Ungleichgewicht vor, kann ein *Asset Deal* nach Art. 67 Abs. 2 L.F. bzw. Art. 166 Abs. 2 C.C.I.I. innerhalb von sechs Monaten[1136] angefochten werden, wenn der Verwalter die Kenntnis von der Zahlungsunfähigkeit nachweisen kann.[1137] Hier stellt sich das bereits an anderer Stelle erläuterte Problem der vorvertraglich in der Regel durchgeführten *due diligence*. Während dieser werden die Vermögensverhältnisse des Verkäufers meist detailliert durchleuchtet. Daher dürfte es dem Verwalter – abhängig von der tatsächlichen Detailtiefe – leichter fallen, die Kenntnis der Zahlungsunfähigkeit nachzuweisen, als bei anderen Vertragsarten.

03. Das Vorliegen eines besonderen Vermögensschadens ist bei der Insolvenzanfechtung nach den vorgenannten Normen nicht erforderlich, für die Gläubigerbenachteiligung genügt die Vornahme einer der aufgeführten Handlungen.[1138] Ein durch diese verursachter Schaden in Form der Verletzung des Gleichbehandlungsgrundsatzes wird nach der Rechtsprechung unwiderleglich vermutet.[1139] Nicht zuletzt, da im Insolvenzgesetz anders als

---

Bitzer (Hrsg.), Handbuch Insolvenzrecht in Europa, 5. Aufl., Rn. 311; *R. Caponi*, Das italienische Insolvenzverfahren nach der Europäischen Verordnung, in: *Grunsky*, Verbraucherkauf, Umwelthaftung, Insolvenzrecht, Wirtschaftsrecht, S. 47.

1136 Mit der Insolvenzrechtsreform wird der entscheidende Zeitpunkt für die Berechnung des 6-Monats-Zeitraums auf die Einreichung des Eröffnungsantrags vorverlegt, vgl. *F. Bitzer*, 2. Teil: Länderberichte – Italien, in: Handbuch Insolvenzrecht in Europa: Handbuch InsR Europa; *Bitzer*, Länderberichte – Italien, in: *Kindler/Nachmann/Bitzer* (Hrsg.), Handbuch Insolvenzrecht in Europa, 5. Aufl., Rn. 317.

1137 *F. Bitzer*, 2. Teil: Länderberichte – Italien, in: Handbuch Insolvenzrecht in Europa: Handbuch InsR Europa; *Bitzer*, Länderberichte – Italien, in: *Kindler/Nachmann/Bitzer* (Hrsg.), Handbuch Insolvenzrecht in Europa, 5. Aufl., Rn. 311 ff. Eine abstrakte oder objektive Erkennbarkeit genügt lediglich bei Banken als Käufer, andernfalls ist Voraussetzung, dass eine tatsächliche Kenntnis vorliegt.

1138 *Kindler/Conow*, Länderberichte – Italien, in: *Kindler/Nachmann* (Hrsg.), Handbuch Insolvenzrecht in Europa, 4. Erg.-Lfg, Rn. 216; *Santonocito-Pluta/Mare-Ehlers*, Band 4 Länderberichte – Italien, in: *Kirchhof* (Hrsg.), Münchener Kommentar zur Insolvenzordnung, [3. Aufl.], Rn. 93.

1139 *Bitzer*, Länderberichte – Italien, in: *Kindler/Nachmann/Bitzer* (Hrsg.), Handbuch Insolvenzrecht in Europa, 5. Aufl., Rn. 292.

bei Art. 2901 c.c. die Benachteiligung auch nicht im Wortlaut der Norm aufgeführt ist, ist dieses Ergebnis zu befürworten.

iv. Rechtsfolge

Die Rechtsfolge der Anfechtung des *Asset Deals* ist die relative Unwirksamkeit gegenüber den Gläubigern,[1140] entweder automatisch[1141] oder aufgrund entsprechender gerichtlicher Erklärung.[1142] Der Käufer muss also das Unternehmen zur Masse zurückgeben.[1143] Er kann dann die von ihm gegebenenfalls bereits geleisteten Kaufpreiszahlungen im Insolvenzverfahren geltend machen.[1144]

(4) Haftungsrechtlich

i. Gesetzliche Haftung für Altverbindlichkeiten

Vergleichbar zu § 25 HGB haftet der Erwerber nach Art. 2560 Abs. 2 c.c. solidarisch mit dem Verkäufer für alle dem Betrieb innewohnenden Verbindlichkeiten, wenn diese aus den Büchern des Betriebes ersichtlich sind.[1145] Auf die tatsächliche Kenntnis des Käufers kommt es dabei weder in positiver noch in negativer Hinsicht an.[1146]

Sofern solche Verbindlichkeiten nach dem Kaufvertrag nicht übernommen werden sollen, kann versucht werden, vom Gläubiger eine Haftungsbefreiung zu erlangen oder die Begleichung der Schulden als *closing condition* aufzunehmen. Alternativ kann sich der Käufer durch Einbehalt eines Teils des Kaufpreises

---

1140 Vgl. zu den Rechtsfolgen der Anfechtung allgemein *Santonocito-Pluta/Mare-Ehlers*, Band 4 Länderberichte – Italien, in: *Kirchhof*, Münchener Kommentar zur Insolvenzordnung, Rn. 98.

1141 In den Fällen der Artt. 64, 65 L.F. bzw. Artt. 163, 164 C.C.I.I.

1142 In den Fällen der Artt. 66, 67 L.F. bzw. Art. 166 C.C.I; vgl. zu den unterschiedlichen Rechtsfolgen und der gerichtlichen Durchsetzung auch *F. Bitzer*, 2. Teil: Länderberichte – Italien, in: Handbuch Insolvenzrecht in Europa: Handbuch InsR Europa; *Bitzer*, Länderberichte – Italien, in: *Kindler/Nachmann/Bitzer* (Hrsg.), Handbuch Insolvenzrecht in Europa, 5. Aufl., Rn. 328.

1143 Vgl. *Santonocito-Pluta/Mare-Ehlers*, Band 4 Länderberichte – Italien, in: *Kirchhof*, Münchener Kommentar zur Insolvenzordnung, Rn. 98.

1144 Art. 70 Abs. 2 L.F. bzw. Art. 171 Abs. 2 C.C.I.I.; *Guglielmucci/Padovini*, Diritto fallimentare, S. 167.

1145 *Buse*, Rechtliche Rahmenbedingungen in Italien im Vergleich zu Deutschland, S. 56.

1146 *Pluris*, Codice civile commentato, Art. 2560 IV.7; *Cass. Civ. Sez. I*, Urt. v. 9 Oktober 2009 – 21481/2009.

oder Hinterlegung in einen *escrow account* absichern, falls er bezüglich solcher bestehenden Verbindlichkeiten in Anspruch genommen wird.[1147]

ii. Haftung für Steuerschulden

Gemäß Art. 14 D.Lgs. 472/1997 haftet der Käufer für Steuerschulden[1148] des Jahres der Übertragung und der zwei vorhergehenden Jahre[1149] (jedoch nur bis zur Höhe des Werts des Unternehmens). Die Haftung greift gemäß Art. 14 Abs. 5-ter D.Lgs. 472/1997 für alle Formen der Übertragung, auch die Einbringung.[1150]

Der Käufer kann sich schützen, indem er bei den Finanzbehörden ein Zertifikat über die Zahlungsrückstände und/oder anhängigen Verfahren, gerichtet auf die Feststellung einer Steuerschuld (*contestazioni*), beantragt. Bei Nichtausstellung innerhalb von 40 Tagen oder bei negativer Bescheidung ist der Käufer von seiner gesamtschuldnerischen Haftung befreit, Art. 14 Abs. 3 D.Lgs. 472/1997.[1151]

iii. Haftung für Rückzahlung europarechtswidriger Beihilfen

Im Hinblick auf die Rückzahlung europarechtswidriger Beihilfen kann auf das oben unter II.B.2.b)(3)iii Dargestellte verwiesen werden.

1147 *Rossi* – Le operazioni di acquisizione (M&A) in Italia: share deal o asset deal, https://www.legalmondo.com/it/2019/09/operazioni-acquisizione-italia-share-deal-asset-deal/.

1148 Gesamtschuldnerisch mit dem Verkäufer, wobei dieser zuerst in Anspruch genommen werden muss.

1149 *Stanzione* – "Asset deal" vs "share deal": vantaggi e svantaggi a confronto, con particolare attenzione all'aspetto fiscale, http://www.diritto24.ilsole24ore.com/avvocatoAffari/mercatiImpresa/2013/01/asset-deal-vs-share-deal-vantaggi-e-svantaggi-a-confronto-con-particolare-attenzione-allaspetto-scale-.php?refresh_ce=1.

1150 *Albè/Vagnatta* – Responsabilità tributaria solidale del cessionario d'azienda, https://www.albeeassociati.it/responsabilita-tributaria-solidale-del-cessionario-dazienda/; Abs. 5-bis des Art. 14 D.Lgs. 472/1997 wurde durch das D.Lgs. 158/2015 mit Wirkung zum 1. Januar 2016 eingeführt. Zu beachten ist ferner, dass nach dem Finanzamt (vgl. interpello 277 e 276 del 2019) die Haftung sämtliche Steuerschulden des Zedenten umfasst, selbst wenn nur ein Teil des Betriebs übertragen wird, vgl. *Leoni/Melotti Caccia* – Debiti tributari e responsabilità solidale del cessionario d'azienda, https://www.orrick.com/it-IT/insights/2019/09/debiti-tributari-e-responsabilita-solidale-del-cessionario-d-azienda.

1151 *Conca*, Le acquisizioni, 3. Aufl., S. 260, 12.3.4.

(5) *Gesetzliches Wettbewerbsverbot*

Ein nicht zu vernachlässigender Nachteil des *Asset Deals* ist das automatische Wettbewerbsverbot nach Art. 2557 c.c. Danach darf der Verkäufer für den Zeitraum von fünf Jahren kein neues Unternehmen starten, das die Kunden von dem übertragenen Betrieb aufgrund des Unternehmenszwecks, der Lage oder anderer Umstände abwerben könnte. Das Verbot kann von den Parteien allerdings ausgeschlossen[1152] oder in Nuancen gelockert oder verschärft werden.[1153]

(6) *Zustimmungsproblematik*

i. Schuldrechtlich

Wie bereits oben unter III.B.2.a)(4) dargestellt, gehen die zum Betrieb gehörigen Verträge grundsätzlich automatisch auf den Erwerber über. Daher sind die Zustimmungen der Vertragspartner (Artt. 1406 ff. c.c.) nur bei ergänzenden Verträgen notwendig. Insbesondere in Zweifelsfällen empfiehlt es sich jedoch, die Zustimmung sicherheitshalber zusätzlich zum automatischen Rechtsübergang nach Art. 2558 c.c. einzuholen.[1154] Beachtenswert ist, dass der Anwendungsbereich der Artt. 1406 ff. c.c. gegenüber dem des Art. 2558 c.c. eingeschränkt ist. Während im ersten Fall nur Verträge erfasst sind, in denen die jeweiligen Leistungen noch nicht ausgetauscht wurden, erfolgt im Rahmen des Art. 2558 c.c. der Übergang des Vertrages unabhängig von dessen (Erfüllungs-)Stadium.[1155]

ii. Gesellschaftsrechtlich

Für den Verkauf des gesamten Unternehmens oder eines Betriebszweigs ist unter bestimmten Voraussetzungen und unabhängig von der Satzung die Zustimmung der Gesellschafter erforderlich. Dies ergibt sich aus Art. 2479 Abs. 5 c.c., der die Kompetenz für Handlungen, die eine substanzielle Änderung des Gesellschaftszwecks mit sich bringen oder die Gesellschafterrechte erheblich beeinflussen. Diese Voraussetzungen können bei einem Betriebsverkauf – abhängig

---

1152 *Z. Caponi*, I contratti di trasferimento d'azienda e di cessione delle partecipazioni societarie, S. 28.

1153 Bei der Verschärfung ist jedoch das Maximum von fünf Jahren zu beachten, Art. 2557 Abs. 3 c.c.

1154 Ähnlich wie im deutschen Recht handelt es sich bei der Vertragsübernahme nach der vorherrschenden Auffassung um ein dreiseitiges Rechtsgeschäft, vgl. *Pluris*, Codice civile commentato, Art. 2560 IV. 3, Art. 1406 III.2., 4.

1155 *Cass. Civ. Sez. II*, Urt. v. 11. August 1990 – 8219/1990 (erhältlich in Giur. It., 1991, I,1).

von den Umständen – problemlos vorliegen.[1156] Fehlt die in solchen Fällen folglich notwendige Zustimmung der Gläubigerversammlung, ist der Kaufvertrag unwirksam.

c) Arbeitsrechtliche Erwägungen

Auch im italienischen Recht sind das Schicksal der bestehenden Arbeitsverhältnisse, der Kündigungsschutz, die Mitwirkungsbefugnisse der Arbeitnehmervertretungen und die Haftung von Käufer und Verkäufer beim Übergang eines Betrieb(teil)s besonders geregelt.[1157]

Der italienische Gesetzgeber hat die europäische Vorgabe aus den Richtlinien 77/187/EWG[1158] und 2001/23/EG ab dem Jahre 1990 unter anderem mit der Neuformulierung des Art. 2112 c.c. umgesetzt. In der Richtlinie 2001/23/EG ist unter anderem geregelt, dass zum Zeitpunkt des Übergangs bestehende Arbeitsverhältnisse auf den Erwerber übergehen[1159] und nicht wegen des Betriebsübergangs gekündigt werden können.[1160]

(1) Übergang der Arbeitsverhältnisse

Der Übergang der Arbeitsverhältnisse bei Betriebsübergang ist in Art. 2112 Abs. 1 c.c. geregelt. Dieser enthält in Abs. 5 eine ausführlichere Definition des Betriebsübergangs: Umfasst sind sämtliche Vorgänge, die in der Folge eines vertraglichen Übergangs oder einer Fusion zu einem die Identität des Betriebes nicht berührenden Inhaberwechsel einer bestehenden organisierten wirtschaftlichen Tätigkeit[1161] führen. Der Charakter oder die rechtliche Grundlage des Übergangs sind dabei unbeachtlich. Ferner sind auch Teilbetriebe (im Sinne eines funktionell selbstständigen Glieds einer organisierten wirtschaftlichen Tätigkeit) umfasst, die erst im Moment des Übergangs als solche von den

---

1156 *Tribunale di Piacenza*, Urt. v. 14. März 2016 – 140/2016 2016; *Pluris*, Codice civile commentato, Art. 2479, II.10.

1157 *Balbi/Livatino/Cella*, Gestione delle crisi aziendali, S. 316, 13.1.

1158 Richtlinie 77/187/EWG des Rates vom 14. Februar 1977 zur Angleichung der Rechtsvorschriften der Mitgliedstaaten über die Wahrung von Ansprüchen der Arbeitnehmer beim Übergang von Unternehmen, Betrieben oder Betriebsteilen, mittlerweile ersetzt von der Richtlinie 2001/23/EG vom 12. März 2001, siehe *Haufe*, Europäisches Arbeitsrecht / 5.2 Betriebsübergang.

1159 Art. 3. RL 2001/23/EG.

1160 Art. 4 RL 2001/23/EG.

1161 Eine Gewinnerzielungsabsicht ist in diesem Kontext nicht von Bedeutung.

Parteien identifiziert (nicht definiert oder erschaffen)[1162] werden. Hintergrund für diese Regelung war der in der Rechtsprechung und Praxis übliche Bezug zum „Betrieb" (*azienda*) im Sinne des Art. 2555 c.c. Dieser erfordert allerdings den Übergang von Gütern (also ein materielles Element), die nicht mit Unternehmen (*impresa*, Art. 2088 c.c.) als wirtschaftliche Einheit gleichgesetzt werden können. Daher schied die Anwendbarkeit des Art. 2112 c.c. in einigen Fällen, in denen keinerlei Güter übertragen wurden (sondern beispielsweise nur Know-how, Personal, Verträge) – entgegen dem Ansatz und Verständnis auf europarechtlicher Ebene – aus.[1163] Der arbeitsrechtliche Begriff des Betriebes weicht daher von dem handelsrechtlichen nach Art. 2555 c.c. ab[1164] und umfasst sogar Fälle, in denen nur Personal übergeht, welches ohne jegliche Hilfsmittel dieselbe Aktivität beim Erwerber ausüben kann.[1165] Vergleichbar zur deutschen Rechtslage[1166] dürften beim Erwerb eines kriselnden Unternehmens mittels eines *Asset Deals* die Voraussetzungen eines Betriebsübergangs nach Art. 2112 c.c. in der Regel gegeben sein.

Die Möglichkeit, den Anwendungsbereich des Art. 2112 c.c. durch eine Übereinkunft[1167] über den Erhalt zumindest eines Teils der Arbeitsplätze einzuschränken,[1168] entfällt unter der Geltung des *codice della crisi d'impresa e dell'insolvenza.*

Auf der Rechtsfolgenseite läuft der Arbeitsvertrag unverändert mit dem Käufer weiter und der Arbeitnehmer behält alle seine bestehenden Rechte.[1169] Ein besonderes Risiko ist auch das Einstehenmüssen des Käufers für eventuell bestehende Wiedereinstellungsansprüche aufgrund für unwirksam erklärter Kündigungen des Verkäufers.[1170] Das Vorliegen solcher Wiedereinstellungsansprüche

---

1162 *Balbi/Livatino/Cella,* Gestione delle crisi aziendali, S. 326, 13.5; die Anforderungen an einen Betriebsteil sind objektiv zu beurteilen und stehen nicht zur Disposition der Parteien.

1163 *Balbi/Livatino/Cella,* Gestione delle crisi aziendali, S. 320 f., 13.3.

1164 *Balbi/Livatino/Cella,* Gestione delle crisi aziendali, S. 322, 13.4.

1165 *Cass. civile, Sez. Lavoro,* Urt. v. 23. Juli 2002 – 10761/2002; Urt. v. 5. März 2008 – 5392/2008.

1166 II.B.2.b)(3)iv.

1167 Hierbei muss es sich jedoch um eine Übereinkunft nach dem Verfahren nach Abs. 1 und 2 des Art. 47 legge 428/90 handeln, also eine gewerkschaftlich ausgehandelt und vereinbarte Übereinkunft.

1168 Art. 47 Abs. 4-bis legge 428/90 in der bis zum 1. September 2021 gültigen Fassung.

1169 *Balbi/Livatino/Cella,* Gestione delle crisi aziendali, S. 344, 15.1.

1170 *Balbi/Livatino/Cella,* Gestione delle crisi aziendali. S. 344, 15.1.

sollte jedoch bei einer sorgfältigen *due diligence* erkannt und zumindest grundsätzlich bewertet werden können. Kollektivrechtlich hat der Käufer (insbesondere falls er dieselbe Art von Kollektivverträgen anwendet) die bestehenden Normen beizubehalten oder er kann diese mit eigenen des gleichen Levels ersetzen, siehe Art. 2112 Abs. 3 c.c. Dadurch wird sichergestellt, dass der Arbeitnehmer nicht schlechter steht als vor dem Übergang, und dass der neue Arbeitgeber trotzdem einheitliche kollektivrechtliche Regelungen anwenden kann.[1171] Nach dem *Corte di Cassazione* war anzunehmen, dass das Vorliegen eines kollektivrechtlichen Vertrages beim Käufer ausreichend ist, um die diesbezüglichen Vorschriften auf Verkäuferseite zu ersetzen.[1172] Dies ist jedoch, wie bereits eingangs erwähnt, insofern einzugrenzen, als dass im Jahre 2001 das einschränkende Erfordernis der Ebenbürtigkeit der kollektivrechtlichen Verträge eingeführt wurde.[1173] In Fällen von uneinheitlichen Verträgen ist im Rahmen der Beratung mit den Gewerkschaften (Art. 47 legge 428/1990) ein sogenannter Harmonisierungsvertrag auszuhandeln.[1174]

Zum Zweck des Schutzes des Arbeitnehmers, der durch den Betriebsübergang nicht schlechter gestellt werden soll,[1175] haften der Käufer und Verkäufer für alle zum Zeitpunkt des Übergangs bestehenden Ansprüche solidarisch, Art. 2112 Abs. 2 S. 1 c.c. Dies gilt nicht, wenn, der Arbeitnehmer die Befreiung des Verkäufers nach Art. 2112 Abs. 2 S. 2 c.c. erklärt. Auf die Kenntnis des Käufers von den Ansprüchen oder deren Erkennbarkeit aus den Büchern des Betriebes kommt es dabei nicht an.[1176]

(2) Kündigungsrecht

Ähnlich wie im deutschen ist auch im italienischen Recht festgelegt, dass der Betriebsübergang kein Kündigungsgrund ist, Art. 2112 Abs. 4 S. 1 c.c. Jedoch ist auch hier festzuhalten, dass Kündigungen, die unabhängig vom Betriebsübergang wirksam möglich wären bzw. sind,[1177] nicht vom Kündigungsausschluss

---

1171 *Balbi/Livatino/Cella,* Gestione delle crisi aziendali, S. 356, 15.7.
1172 *Cass. civile, Sez. Lavoro,* Urt. v. 8. September 1999 - 9545/1999.
1173 *Balbi/Livatino/Cella,* Gestione delle crisi aziendali, S. 357, 15.7.
1174 *Balbi/Livatino/Cella,* Gestione delle crisi aziendali, S. 357, 15.7.
1175 *Balbi/Livatino/Cella,* Gestione delle crisi aziendali, S. 350, 15.3.
1176 *Balbi/Livatino/Cella,* Gestione delle crisi aziendali, S. 351, 15.3.
1177 *Cass. civ. Sez. lavoro,* Urt. v. 11.6.2008 – n. 154495 2008.

erfasst sind. Das Verbot soll lediglich eine Erweiterung der Kündigungsmöglichkeiten verhindern, nicht jedoch sonstige Kündigungsrechte einschränken.[1178]

Im Rahmen der Umsetzung der Richtlinie 98/50/EC wurde der Art. 2112 c.c. um das Kündigungsrecht des Arbeitnehmers ergänzt, dessen Arbeitsbedingungen sich nach dem Übergang substanziell anders darstellen.[1179] Hier handelt es sich in Abgrenzung zur Kündigung aus wichtigem Grund um jede Art von Änderung, auch legitime Modifikationen, solange sie die Erheblichkeitsschwelle erreichen.[1180]

Auch im italienischen Recht besteht das Verbot der Umgehung dieses gesetzlichen Kündigungsschutzes. Beendigungen der Arbeitsverträge und anschließende Wiedereinstellungen sind daher allenfalls zulässig, wenn der Arbeitgeber nachweisen kann, dass die Auflösung nicht durch den Betriebsübergang bedingt war.[1181] Möglich sind außerdem gewerkschaftliche Vereinbarungen, nach denen der Arbeitnehmer das Arbeitsverhältnis mit dem Verkäufer beendet und mit dem Käufer ein neues eingeht.[1182] Möglich ist umgekehrt auch, dass der Arbeitnehmer dem Übergang widerspricht und beim Verkäufer verbleibt.[1183]

1178 *Balbi/Livatino/Cella,* Gestione delle crisi aziendali, S. 345, 15.2; so auch der EuGH bereits zu Art. 4 Nr. 1 der Richtlinie 77/187/EWG, siehe *EuGH* – Urt. des Gerichtshofes (Sechste Kammer) vom 12. März 1998. Jules Dethier Équipement SA gegen Jules Dassy und Sovam SPRL. Ersuchen um Vorabentscheidung: Cour du travail de Liège – Belgien. Wahrung von Ansprüchen der Arbeitnehmer beim Übergang von Unternehmen, Betrieben oder Betriebsteilen – Übergang eines Unternehmens, das sich im Verfahren der freiwilligen oder gerichtlichen Liquidation befindet – Befugnis des Veräußerers und des Erwerbers zur Kündigung von Arbeitnehmern aus wirtschaftlichen, technischen oder organisatorischen Gründen – Kurz vor dem Übergang gekündigte und vom Erwerber nicht übernommene Arbeitnehmer. Rechtssache C-319/94.

1179 *Balbi/Livatino/Cella,* Gestione delle crisi aziendali, S. 317 13.2.

1180 *Balbi/Livatino/Cella,* Gestione delle crisi aziendali, S. 349, 15.2.

1181 *Pluris*, Codice civile commentato, Art. 2112, IX. 15 f.

1182 *Pluris*, Codice civile commentato, Art. 2112, IX.3.; *Balbi/Livatino/Cella,* Gestione delle crisi aziendali, S. 354/355 f., 15.6 m.w.N.; aufgrund der weitreichenden Folgen für den Arbeitnehmer sind solche Vereinbarungen (ebenso wie ein Verzicht des Übergangs bestehender Forderungen auf den Käufer) nur unter Einhaltung besonderer Formvorschriften (Artt. 185, 410, 411 c.p.c.) wirksam.

1183 *Pluris*, Codice civile commentato, Art. 2112, IX.22–24; das Erfordernis einer ausdrücklichen Zustimmung dagegen hat der *Suprema Corte* abgelehnt, vgl. *Cass. civ. Sez. lavoro*, Urt. v. 10. Januar 2004 – 206/2004 (erhältlich in Mass. Giur. It., 2004).

(3) Mitteilungspflichten

Art. 47 Abs. 1 des legge 428/90 enthält Mitteilungspflichten bei einem Betriebsübergang, wenn beim Betrieb des Verkäufers insgesamt mehr als 15 Arbeitnehmer beschäftigt sind.[1184] Der Käufer und der Verkäufer müssen mindestens 25 Tage vor dem Übergang oder einer dahingehenden verbindlichen Übereinkunft die Gewerkschaftsvertretungen schriftlich informieren. Zusätzlich legt die Norm einen Mindestinhalt dieser Mitteilung fest. Auf Verlangen der Gewerkschaft haben sich die Parteien außerdem mit dieser zu Beratungen zu treffen, Art. 47 Abs. 2 des legge 428/90. Ein Verstoß gegen diese Informations- und Beratungspflichten stellt ein gewerkschaftsfeindliches Verhalten dar. Dieses führt entgegen einem Teil der Rechtsprechung nach der überwiegenden Auffassung und dem *Corte di Cassazione* jedoch nicht zur Unwirksamkeit des *Asset Deals.*[1185]

d) Fazit

Insbesondere im Vergleich zur deutschen Rechtslage stellt sich der *Asset Deal* in Italien im Hinblick auf Zustimmungserfordernisse, aber auch beim Einstehen für bestehende Verbindlichkeiten etwas käuferfreundlicher dar. Auch die Erfüllungswahl ist im italienischen Recht weitaus weniger risikobehaftet. Die Gefahr der Anfechtung besteht dagegen genauso wie im deutschen Recht und dürfte eine erhebliche Erwägung darstellen, die gegen einen *Asset Deal* im Stadium der Vorinsolvenz spricht. Trotz der Vorteile gegenüber einem *Asset Deal* nach deutschem Recht dürfte daher in der Situation des kriselnden Unternehmens der *Share Deal* auch bei Geltung der italienischen Vorschriften vorzugswürdig sein.

C. Unternehmenssanierung außerhalb des Liquidationsverfahrens

1. Einführung

An dieser Stelle der Bearbeitung sollen die verschiedenen Verfahren untersucht werden, die vor der Eröffnung des Insolvenzverfahrens eingeleitet werden können, um die Liquidation abzuwenden. Statt ihrer kann die Fortführung des Unternehmens mittels zwischen den Betroffenen privatautonom vereinbarter

1184 *Balbi/Livatino/Cella,* Gestione delle crisi aziendali, S. 360, 16.1.

1185 *Balbi/Livatino/Cella,* Gestione delle crisi aziendali, S. 365, 16.3; das gewerkschaftsfeindliche Verhalten kann durch strafbewehrte Unterlassungs- und Wiederherstellungsverfügung des zuständigen Amtsrichters sanktioniert werden.

Übereinkunft erreicht werden.[1186] Namentlich handelt es sich dabei insbesondere um den *concordato preventivo* (konkursabwendender Vergleich), den *accordo di ristrutturazione* (Vereinbarung über die Umschuldung) und den *piano attestato di risanamento* (bestätigter Sanierungsplan). Ergänzt werden diese durch die *composizione assistita della crisi* (betreute Krisenbewältigung), welche im Rahmen der Insolvenzrechtsreform durch den C.C.I.I. eingeführt wurde, und die Zahlungsaufschubsvereinbarung (*convenzione di moratoria*)[1187]. Den Verfahren zur Unternehmenssanierung muss unter der Geltung des C.C.I.I. ein Frühwarnsystem (*strumenti di allerta*) vorgeschaltet sein, vgl. Artt. 12 ff. C.C.I.I. Bei diesen Verfahren zur rechtsgeschäftlichen Krisenbewältigung ist eine investive oder übertragende Sanierung denkbar;[1188] sie ermöglichen daher auch eine Übertragung von Teilen oder des gesamten Schuldnerunternehmens. Deshalb sind sie für die vorliegende Behandlung von besonderer Bedeutung. *Distressed M&A*-Transaktionen werden in Italien folglich vorrangig im Rahmen dieser insolvenzrechtlich normierten Vorgehensalternativen durchgeführt.[1189] Sie haben den zusätzlichen Vorteil, dass sie bei ordnungsgemäßer Bestätigung durch die Gläubiger beziehungsweise das Insolvenzgericht Anfechtungsrisiken und einige Straftatbestände ausschließen können.[1190] Die genannten Instrumente sollen in diesem Kapitel separat dargestellt und insbesondere hinsichtlich ihrer Vor- und Nachteile für die Übertragung eines sich in der Krise befindlichen Unternehmens beleuchtet werden.

Die Verfahren zur Unternehmenssanierung sind das Ergebnis eines seit dem Jahre 2005 einsetzenden Umdenkens des italienischen Gesetzgebers hinsichtlich der Ziele und der Natur des Insolvenzrechts.[1191] Das italienische Insolvenzgesetz

---

1186 *Kindler/Conow*, Länderberichte – Italien, in: *Kindler/Nachmann* (Hrsg.), Handbuch Insolvenzrecht in Europa, 4. Erg.-Lfg, Rn. 246.

1187 Bei der Zahlungsaufschubsvereinbarung handelt es sich lediglich um eine solche mit potentieller Wirkung für weitere Geldgeber, die eingesetzt werden kann, um ggf. ausreichend Zeit für die Analyse der Krise und Ausarbeitung eines Sanierungsplans zu bekommen, vgl. *Cammarata* – Cos'è la convenzione di moratoria?, https://www.tma-italia.it/news/la-convenzione-di-moratoria/. Für die vorliegende Betrachtung kann sie daher außen vorgelassen werden und wurde nur aus Vollständigkeitsgründen genannt.

1188 *Kindler/Conow*, Länderberichte – Italien, in: *Kindler/Nachmann* (Hrsg.), Handbuch Insolvenzrecht in Europa, 4. Erg.-Lfg, Rn. 246.

1189 *Papa* – Distressed M&A, S. 5.

1190 *Papa* – Distressed M&A, S. 3, 4.

1191 *Avolio/Di Majo*, Compendio di diritto della crisi di impresa e dell'insolvenza, 13. Aufl., S. 6.

war in seiner Urform geprägt vom den Schuldner bestrafenden Charakter und dem Vermögensschutz der Gläubiger.[1192] Zwar waren bereits im Gesetz von 1942 Möglichkeiten zur Fortführung des Unternehmens vorgesehen,[1193] jedoch waren diese aufgrund der starken Blockademöglichkeit der Gläubiger und unzureichender Regelung der Voraussetzungen faktisch kaum existent.[1194]

Die vorhandenen Regelungen stellten sich folglich im Laufe der Zeit als zu streng und für die geänderten Anforderungen an ein zeitgenössisches Insolvenzrecht unangemessen heraus,[1195] weshalb es bereits einige Zeit vor dem tatsächlichen Beginn der Neuregelungen zu den erwähnten Reformbestrebungen und -forderungen kam.[1196]

Mit der Umsetzung des D.L. 35/2005 wurde schließlich die Umorientierung zu einer Stärkung der privatautonomen Instrumente[1197] zur Überwindung von Krise und Zahlungsunfähigkeit unter gleichzeitiger Aufgabe oder Einschränkung der gerichtlichen Kontrolle[1198] eingeleitet. Die Reform war auf eine höhere Flexibilität und frühzeitigere Herangehensweise gerichtet, um Unternehmen mittelfristig zu retten und um mit den wieder erstarkten Einnahmequellen die Gläubiger – in höherem Umfang als im Falle einer Zerschlagung – befriedigen zu können.[1199] Die neuen, vor allem die außergerichtlichen Instrumente sollten zudem die in der Praxis oft verwendeten, aber uneinheitlichen außergerichtlichen Übereinkommen zur Krisenbewältigung (*soluzioni stragiudiziali*, auch *corporate workouts* genannt) vereinheitlichen bzw. ersetzen.[1200] Diese waren aufgrund der hohen Risiken (sowohl strafrechtlicher Art (Stichwort

1192 *Capizzi,* Crisi d'impresa e ristrutturazione del debito, S. 65.

1193 Der *concordato preventivo*, Art. 160 L.F., war bspw. bereits vorgesehen, ebenso wie die – mittlerweile abgeschaffte Geschäftsaufsicht (*amministrazione controllata*, Art. 187 ff. L.F. a. F.), vgl. *Kindler/Conow*, Länderberichte – Italien, in: *Kindler/Nachmann* (Hrsg.), Handbuch Insolvenzrecht in Europa, 4. Erg.-Lfg, Rn. 246/247.

1194 *Capizzi,* Crisi d'impresa e ristrutturazione del debito, S. 65.

1195 *Capizzi,* Crisi d'impresa e ristrutturazione del debito, S. 65.

1196 *Busch,* Zerschlagungsabwendende Verfahren im deutschen und italienischen Insolvenzrecht, S. 92 f.

1197 *Pluris,* Codice del fallimento commentato, Art. 182-bis, II.

1198 *Posca/Abate/Grasseli,* Manuale pratico della procedura fallimentare, Kapitel XV, S. 284 Fz. 1; *Rinaldi*, Gli accordi di ristrutturazione dei debiti, in: *Di Schiano Pepe*, Il diritto fallimentare riformato, S. 659.

1199 *Capizzi,* Crisi d'impresa e ristrutturazione del debito, S. 65.

1200 *Posca/Abate/Grasseli,* Manuale pratico della procedura fallimentare, Kapitel XV, S. 290.

missbräuchliche Kreditgewährung) als auch im Hinblick auf die Insolvenzanfechtung) nur schwer umzusetzen.[1201]

Der bereits genannte C.C.I.I. stellt den neuesten Teil der Reformbemühungen dar und hat - neben der Einführung des Frühwarnsystems und der betreuten Krisenbewältigung - (Neu-)Regelungen für die übrigen Sanierungsinstrumente sowie zur Harmonisierung, Förderung, Effizienzsteigerung und Kostensenkung der Verfahren gebracht. Im Vergleich zum ursprünglichen Insolvenzrecht wird spätestens mit dem C.C.I.I. der klare Fokus auf die Rettung und Fortführung der Unternehmen gelegt und die Liquidation zur Ausnahme erklärt, falls alle anderen Sanierungsmaßnahmen scheitern.[1202]

2. Frühwarnsystem und betreute Krisenbewältigung *(procedure di allerta e di composizione assistita delle crisi)*

Diese beiden neu geschaffenen Verfahren dienen in erster Linie der frühzeitigen Erkennung, Mitteilung und anschließenden Prävention bzw. Überwindung der Krise. Dabei spielen die Regelungen zum Frühwarnsystem für die vorliegende Arbeit keine Rolle und sollen daher nicht vertieft behandelt werden.

Die betreute Krisenbeilegung sieht vor, dass der von der Einrichtung für Krisenbeilegung (*organismo di composizione della crisi d'impresa* (*OCRI*)) eingesetzte Expertenrat (*collegio*) beginnt, zusammen mit dem Schuldnerunternehmen nach Lösungen für die Überwindung der Krise zu suchen. Dabei können - falls betriebliche Maßnahmen allein nicht helfen und unter Einbindung des Expertenrats als Vermittler - auch Strategien mit den Gläubigern besprochen werden. Inhalt einer solchen einvernehmlichen Lösung kann auch die Übertragung von Betrieb(steil)en oder Geschäftsanteilen sein. Eine gefundene Vereinbarung mit den Gläubigern hat gemäß Art. 19 Abs. 4 C.C.I.I. dieselben Effekte wie die Vereinbarung eines Sanierungsplans.[1203] Ferner besteht die Möglichkeit, auf Antrag des Schuldners die zur Durchführung der Verhandlungen notwendigen Schutzmaßnahmen zu veranlassen, Art. 20 C.C.I.I. Die Art der Schutzmaßnahmen wird nicht im Einzelnen genannt, auch nicht durch die Legaldefinition in Art. 2 Abs. 1 lit. p) C.C.I.I. Nach dieser Definition sind - ähnlich wie bspw. bei der Vereinbarung über die Umschuldung - jedenfalls Maßnahmen umfasst, die

---

1201 *Rinaldi*, Gli accordi di ristrutturazione dei debiti, in: *Di Schiano Pepe*, Il diritto fallimentare riformato, S. 659.

1202 *Avolio/Di Majo*, Compendio di diritto della crisi di impresa e dell'insolvenza, 13. Aufl., S. 6.

1203 Vgl. unter III.C.3.

vor den Verhandlungserfolg schädigenden Gläubigerhandlungen schützen sollen. In Betracht kommt insbesondere das Verbot der Einzelvollstreckung.[1204] Zudem kann der Schuldner die Verpflichtungen im Hinblick auf eine Kapitalherabsetzung für die Dauer des Verfahrens der betreuten Krisenbewältigung aufschieben.[1205] Von Vorteil ist ferner, dass bei Initiierung der betreuten Krisenbewältigung durch den Schuldner oder das OCRI der Antrag auf Erlass der Sicherungsmaßnahmen nur auf Antrag des Schuldners im Handelsregister veröffentlicht wird, Art. 54 Abs. 4 C.C.I.I.

Einen interessanten Vorteil für eine avisierte Unternehmensübertragung im Stadium der betreuten Krisenbewältigung stellt sicherlich das Belohnungssystem nach Art. 25 C.C.I.I. dar. Demnach werden Steuerschulden unter bestimmten Voraussetzungen reduziert, vgl. Art. 25 Abs. 1 lit. a) bis c) C.C.I.I. Ferner wird und soll bei einem Scheitern der betreuten Krisenbewältigung in aller Regel ein Antrag auf eines der nachfolgenden Sanierungsinstrumente (oder Eröffnung des Insolvenzverfahrens) zu stellen sein. Die während des betreuten Krisenbewältigungsverfahrens erstellten Vermögensunterlagen können dafür verwendet werden, die angefallenen Kosten sind nach Art. 6 Abs. 1 lit. a) C.C.I.I. im weiteren Verlauf vorab zu erstatten.

Neben den dargestellten Schutzmaßnahmen dürften insbesondere die fehlende Beteiligung des Gerichts und die Vertraulichkeit der betreuten Krisenbewältigung für *Distressed M&A*-Transaktionen interessant sein. Insgesamt kann so ein zwar schwächelndes, von der Insolvenz aber noch relativ weit entferntes Unternehmen allein unter Mitwirkung der Gläubiger und der OCRI-Experten verhältnismäßig unkompliziert und geräuschlos erworben werden. Von Nachteil ist sicherlich die Tatsache, dass nur zustimmende Gläubiger gebunden werden. Sofern die Beteiligung sämtlicher oder der (betragsmäßig) weit überwiegenden Gläubiger realistisch scheint, dürfte die betreute Krisenbewältigung ein gangbarer Weg für eine *Distressed M&A*-Transaktion sein.

1204 *Salerno*, La riforma della crisi d'impresa, S. 30; vgl. auch unter III.C.4.b)(1), vgl. Art. 54 Abs. 2 C.C.I.I. bzw. Art. 182-bis Abs. 3 L.F. (dort ist das Verbot der Einzelvollstreckung als Folge der Einreichung und Veröffentlichung eines Antrags auf Bestätigungen eines *accordo di ristrutturazione* geregelt, vgl. unter III.C.4.b)(1)).

1205 Art. 182-sexies L.F. bzw. vgl. Art. 20 Abs. 4 C.C.I.I.

3. Der bestätigte Sanierungsplan (*Piano attestato (di risanamento)*)[1206]

Der mit dem D.L. Nummer 35/2005 (*decreto per la competività*) eingeführte[1207] *piano di risanamento* stellt ein rein außergerichtliches und kein konkursrechtliches Verfahren[1208] mit den geringsten Anforderungen dar. Weder das Insolvenzgericht noch die Gläubiger müssen dem Plan zwingend zustimmen beziehungsweise ihn genehmigen.[1209] Dem entspricht auch die Tatsache, dass es sich bei dem Plan um einen einseitigen Akt des Schuldners handelt, der jedoch regelmäßig von entsprechenden Vereinbarungen mit den Gläubigern begleitet wird.[1210] Zwar ist in der Praxis das vom Gesetz ausgegebene Ziel der Erholung des Unternehmens oft nicht ohne die Einbeziehung wichtiger Partner wie Kunden, Lieferanten, Finanzierungsgeber und (weiterer) Gläubiger[1211] zu erreichen, zwingend erforderlich ist dies jedoch nicht.

Der bestätigte Sanierungsplan war bis zur Insolvenzrechtsreform in Art. 67 Abs. 3 lit. d) L.F. erwähnt. Dort ist lediglich der Anfechtungsschutz von unter dem *piano di risanamento* vorgenommenen Handlungen vorgesehen.[1212] Abgesehen davon waren und sind die Regelungen zum bestätigten Sanierungsplan insbesondere im Vergleich zu den übrigen außerinsolvenzlichen Verfahrensarten eher knapp gehalten. Durch die Insolvenzrechtsreform erhält der *piano di attestato* eine eigene Norm (Art. 56 C.C.I.I.), erhebliche inhaltliche Änderungen ergeben sich aber nicht.

Der bestätigte Sanierungsplan muss geeignet sein, die Beseitigung der Verschuldung und Wiederherstellung des finanziellen Gleichgewichts des

---

1206 Diese Ausführungen beziehen sich in Teilen auf die noch bis 1. September 2021 geltenden Vorschriften des *legge fallimentare*. Sofern sich durch die Insolvenzrechtsreform relevante Änderungen ergeben, wird hierauf mit Nennung der jeweiligen Norm im Text oder den entsprechenden Fußnoten verwiesen. Der *piano attestato di risanamento* ist künftig in Art. 56 C.C.I.I. geregelt, verfahrensbezogene Vorschriften finden sich zudem in Artt. 40 ff. C.C.I.I.

1207 *Capizzi*, Crisi d'impresa e ristrutturazione del debito, S. 74, 3.3.3.

1208 *Università di Firenze/Consiglio Nazionale dei Dottori Commercialisti e degli Esperti Contabili/Assonime*, Linee-Guida per il finanziamento delle imprese in crisi, S. 7.

1209 *Kindler/Conow*, Länderberichte – Italien, in: *Kindler/Nachmann*, Handbuch Insolvenzrecht in Europa, Rn. 248.

1210 *Pluris*, Codice del fallimento commentato, Art. 67, XI.

1211 *Pluris*, Codice del fallimento commentato, Art. 67, XI.

1212 *Bitzer*, Länderberichte – Italien, in: *Kindler/Nachmann/Bitzer* (Hrsg.), Handbuch Insolvenzrecht in Europa, 5. Aufl., Rn. 75.

Schuldnerunternehmens zu ermöglichen.[1213] Darüber hinaus stellt das Gesetz nur die Voraussetzung einer Bestätigung der Geschäftsdaten und der Machbarkeit des Plans durch einen unabhängigen, vom Schuldner ernannten Wirtschaftsprüfer auf.[1214] Weitere Voraussetzungen oder Anforderungen an den Inhalt wurden erst durch die Neuordnung des Insolvenzrechts kodifiziert.[1215] Gewisse Mindestanforderungen ergeben sich jedoch auch unter dem vor der Insolvenzrechtsreform geltenden Recht aus den bereits vorhandenen Formulierungen und der sich dazu entwickelten Rechtsprechung und Literatur:

a) Voraussetzungen

Im Folgenden sollen die Voraussetzungen eines *piano di risanamento* dargestellt werden, die von einem Gericht im Falle einer späteren Insolvenz überprüft werden[1216] und deren Fehlen den Sanierungsplan unwirksam machen könnte.

(1) Bestätigung durch Wirtschaftsprüfer[1217]

Art. 67 Abs. 3 lit. d) L.F. bzw. Art. 56 Abs. 4 C.C.I.I. verlangen die Bestätigung der Korrektheit der betrieblichen Daten und der (unter dem C.C.I.I. juristischen und wirtschaftlichen) Realisierbarkeit des Plans durch einen unabhängigen, vom Schuldner ausgewählten[1218]

1213 Die Übersetzung ins Deutsche orientiert sich größtenteils an *M. W. Bauer* (Hrsg.), Das neue italienische Gesetz über Konkurs und andere Insolvenzverfahren, S. 68 Art. 67; dieser entspricht insoweit Art. 56 Abs. 1 C.C.I.I.

1214 Die Bestätigung durch den Wirtschaftsprüfer findet sich in Art. 67 Abs. 3 lit. d) L.F. bzw. Art. 56 Abs. 4 i. V. m. Art. 2 Abs. 1 lit. o) C.C.I.I. Bedeutende Änderungen ergeben sich unter den zukünftigen Normen nicht.

1215 Vgl. z. B. die Anforderung an den Inhalt und die Begleitdokumentation sowie Formerfordernisse für die im Plan vorgesehen ein- oder zweiseitigen Rechtsgeschäfte in Art. 56 Abs. 2, 3 und 6 C.C.I.I.

1216 *Pluris,* Codice del fallimento commentato, Art. 67 XI.

1217 Der C.C.I.I. definiert die Anforderungen an den unabhängigen Wirtschaftsprüfer in Art. 2 Abs. 1 lit. o) C.C.I.I. Demnach ergeben sich keine gravierenden Änderungen zum L.F.; so ist z. B. lediglich die Eintragung (neben der in das Register der Wirtschaftsprüfer) in das Register der Krisen- und Insolvenzverwalter erforderlich.

1218 In der Praxis ist jedoch üblich und empfehlenswert, dass der Schuldner den (verhandlungsbereiten) Gläubigern einige Vorschläge unterbreitet und die endgültige Wahl mit diesen abgestimmt wird, vgl. *Pluris,* Codice del fallimento commentato, Art. 67, XII.

Experten.[1219] Der an sich bereits wenig Mehrwert bringende Verweis auf Art. 2501bis c.c.[1220] wurde ebenso ersetzt wie die etwas unklare Formulierung der *ragionevolezza* (übersetzbar am treffendsten mit Erfolgsaussichten)[1221], die nun mit Machbarkeit (*fattibilità*) zwar weniger schwammig ausgedrückt ist, aber im Grundsatz mit der früheren Formulierung gleichbedeutend sein[1222] und im Einzelfall doch Fragen offenlassen dürfte.[1223] Umfasst dürfte neben der konkreten Machbarkeit im Einzelfall auch die abstrakte Geeignetheit des Plans zur Sanierung des Unternehmens in rechtlicher, betrieblicher, vermögens- und finanzieller Hinsicht sein,[1224] also die Wiederaufnahme der normalen wirtschaftlichen Tätigkeit, verbunden mit der Befriedigung aller Gläubiger (unbeschadet gewährter Nachlässe, Stundungen, etc.)[1225]. Die Bestätigung sowohl der Unternehmensdaten als auch der prognostischen Erfolgsaussichten ist denklogisch miteinander verbunden, eine Bestätigung nur der Machbarkeit ohne ausdrückliche Verifizierung der Ausgangsdaten wäre wenig hilfreich und ist nach allgemeiner Ansicht unzulässig.[1226] Es genügt hierbei nicht, dass der Experte die Übereinstimmung des Plans mit den Abschlüssen des Unternehmens bestätigt, vielmehr muss er eine eigene Bewertung der (für den Plan relevanten) Unternehmensdaten vornehmen.[1227] Auf Basis dieser Daten erfolgt dann eine prognostizierende Einschätzung bezüglich der Machbarkeit des Plans und der Wahrscheinlichkeit des Eintritts der zugrunde gelegten Annahmen.[1228] Aufgrund der Rechtsprechung des *Suprema Corte di Cassazione* zur weiten Prüfungskompetenz des

---

1219 Art. 67 Abs. 3 lit. d) L.F. bzw. Art. 2 Abs. 1 lit. o) C.C.I.I. enthalten weitere Vorschriften zu den Anforderungen an den Wirtschaftsprüfer, insbesondere bezüglich dessen beruflicher Eignung.

1220 In diesem ist geregelt, dass bei bestimmten Fusionen ein Bericht eines externen oder internen Rechnungsprüfers beigelegt werden muss; eine solche Regelung ist mit dem neu eingeführten Kriterium der Unabhängigkeit nicht vereinbar.

1221 *M. W. Bauer* (Hrsg.), Das neue italienische Gesetz über Konkurs und andere Insolvenzverfahren, S. 69 Art. 67.

1222 *Pluris,* Codice del fallimento commentato, Art. 67, XIV.

1223 Die *fattabilità* dürfte, wie im Übrigen auch die *attualità* bzgl. des accordo di ristrutturazione, am ehesten dem englischen „*feasibility*" entsprechen.

1224 *Università di Firenze/Consiglio Nazionale dei Dottori Commercialisti e degli Esperti Contabili/Assonime*, Linee-Guida per il finanziamento delle imprese in crisi, S. 10; *Lo Cascio*, Codice commentato del fallimento, 2. Aufl., Art. 67 Abs. 3°lit. d), S. 568 Rn. 3.

1225 *Pluris,* Codice del fallimento commentato, Art. 67, XIV.

1226 *Pluris,* Codice del fallimento commentato, Art. 67, XIII.

1227 *Pluris,* Codice del fallimento commentato, Art. 67, XIII.

1228 *Pluris,* Codice del fallimento commentato, Art. 67, XIII.

Insolvenzrichters im Falle der späteren Insolvenzeröffnung ist auf die Darstellung der Machbarkeit und der wahrheitsgetreuen und umsetzbaren Voraussetzungen und Perspektiven ein besonderes Augenmerk zu richten.[1229] Bezüglich des Vorgehens bei der Prüfung und Abgabe der Einschätzung existiert eine Art Leitlinie der italienischen Akademie für Unternehmenswirtschaft (*Accademia italiana di economia aziendale*). Dort hat eine Arbeitsgruppe (*Gruppo di Studio e di Attenzione*) auf dem Gebiet der Prinzipien für die Handhabung der Krise (*principi di gestione della crisi*) – zusammen mit unter anderem Wirtschaftsprüferverbänden[1230] – ein Arbeitspapier über die Grundlagen der Bestätigung eines *piano di risanamento* herausgebracht (*principi di attestazione dei piani di risanamento*). Dieses wird bzw. wurde zum Teil von der Rechtsprechung herangezogen und vom Nationalrat der Doktoren in Wirtschaftswissenschaften und Buchhaltungsexperten (*Consiglio nazionale dei Dottori Commercialisti e degli Esperti Contabili,* kurz: CNDCEC) überarbeitet und aktualisiert.[1231] Der Wirtschaftsprüfer kann bei seiner Arbeit darauf zurückgreifen, um das Risiko einer späteren Aufhebung der Bestätigung zu verringern.

Für die Unabhängigkeit ist erforderlich, dass der Wirtschaftsprüfer in keiner persönlichen oder beruflichen Verbindung stehen darf, die seine Neutralität beeinträchtigen könnte.[1232] Eine solche Verbindung kann mit dem Schuldnerunternehmen oder mit Personen, die ein Interesse an der Sanierung haben, bestehen.[1233] Weiterhin darf er während der letzten fünf Jahre nicht als Angestellter oder selbstständiger Unternehmer entweder in eigener Person oder durch mit ihm beruflich Verbundene für das Unternehmen gearbeitet haben. Ferner darf er während desselben Zeitraums nicht Mitglied eines Geschäftsführungs- oder Kontrollorgans gewesen sein. Durch Art. 2 Abs. 1 lit. o) C.C.I.I.

1229 *Aiello et al.* – Il piano attestato di risanamento e l'accordo di ristrutturazione dei debiti nella riforma del diritto concorsuale, http://www.dirittobancario.it/riforma-fallimentare/il-piano-attestato-di-risanamento-e-l-accordo-di-ristrutturazione-dei-debiti-nella-riforma.

1230 *Ex multis* etwa die Assocazione Nazionale Direttori Amministrativi e Finanziari (ANDAF) und die Associazione Professionisti Risanamento Imprese (APRI).

1231 *IPSOA* – Piani di risanamento: in consultazione i principi di attestazione, https://www.ipsoa.it/documents/impresa/contratti-dimpresa/quotidiano/2020/10/15/piani-risanamento-consultazione-principi-attestazione.

1232 In Hinblick auf die Unabhängigkeit übernimmt Art. 2 Abs. 1 lit. o) C.C.I.I. den Großteil der bestehenden Regelungen; hinzukommt etwa das Verbot der Beteiligung an der Gesellschaft innerhalb der 5 vorhergehenden Jahre.

1233 Vgl. Art. 67 Abs. 3 lit. d) 3. HS L.F. bzw. Art. 2 Abs. 1 lit. o) Nr. 3 C.C.I.I.

wird ergänzt, dass der Wirtschaftsprüfer im gleichen Zeitraum keine Anteile an dem Schuldnerunternehmen gehalten haben darf. Schließlich darf er keines der Ausschlusskriterien für die Wahl in den Aufsichtsrat einer Aktiengesellschaft nach Art. 2399 c.c. erfüllen. Diese Kriterien umfassen zum einen Geschäftsunfähigkeit und beschränkte Geschäftsfähigkeit,[1234] Insolvenz und Personen, denen die Befähigung oder der Zugang zu öffentlichen Ämtern abgesprochen wurde. Daneben sind auch verbundene Personen ausgeschlossen, z. B. Ehegatten, Verwandte und Verschwägerte bis zum 4. Grade von Geschäftsführern. Die Unabhängigkeit ist insbesondere problematisch bei mehreren, aufeinanderfolgenden Rettungsversuchen anhand sukzessiver Sanierungspläne oder anderer Sanierungsinstrumente. In solchen Fällen ist ein besonderes Augenmerk darauf zu richten, dass die Unabhängigkeit und Neutralität weiterhin gewährleistet ist.[1235]

(2) Inhalt

Im Hinblick auf die inhaltlichen Maßnahmen ist nicht erforderlich, dass diese zwingend auf die im Gesetz genannte Bereinigung der Schuldenlast oder Herstellung einer ausgeglichenen Finanzlage gerichtet sind. Vielmehr sind dies nur zwei häufig auftretende Indikatoren einer Unternehmenskrise, die Maßnahmen im Plan können sich auch auf andere strukturelle und finanzielle Ziele richten.[1236]

Durch die Insolvenzrechtsreform werden die Anforderungen an den Inhalt konkretisiert.[1237] Danach muss der Plan die finanzielle Situation, die

---

1234 Übersetzung nach *Strambaci/Mariani,* Wörterbuch Recht, Wirtschaft & Politik, S. 777.

1235 *Pluris,* Codice del fallimento commentato, Art. 67, XII.

1236 *Lo Cascio,* Codice commentato del fallimento, Art. 67 Abs. 3 lit. d), Rn. 2; hier gibt es offenbar Gegenansichten, die verlangen, dass der *piano di risanamento* streng nach dem Wortlaut offensichtlich geeignet ist, die Beseitigung der Verschuldung und die Wiederherstellung des finanziellen Gleichgewichts zu erreichen: *Leaders,* Piano attestato di risanamento, 4.; jedenfalls für die Realisierbarkeit des Plans ist dessen Geeignetheit zur Beseitigung der Verschuldung und zur Wiederherstellung des finanziellen Gleichgewichts sicherzustellen, andernfalls kann auch eine Bestätigung durch den Experten nicht erfolgen.

1237 Durch das *decreto correttivo* wurde zuletzt festgelegt, dass im Plan eine Auflistung der nicht teilnehmenden Gläubiger und der zu deren Befriedigung vorgesehenen Mittel enthalten ist, vgl. *Serra* – Codice della crisi d'impresa: le novità del decreto correttivo, https://www.altalex.com/documents/news/2020/11/16/codice-crisi-di-impresa-novita-del-decreto-correttivo#p15.

Hauptgründe für die Krise, die Sanierungsstrategie und -zeit, umzuschuldende Verbindlichkeiten und den diesbezüglichen Verhandlungsstand, frische Finanzmittel sowie den Zeitrahmen für den Vollzug der Aktionen nebst Anpassungsmaßnahmen bei Abweichungen darstellen (Art. 56 Abs. 2 C.C.I.I.). Zudem müssen die Bilanzen und weiteren Unterlagen gemäß Art. 39 C.C.I.I. eingereicht werden.[1238] Die zur Umsetzung des Plans vorzunehmenden Verträge und einseitigen Rechtsgeschäfte sind in Schriftform zu schließen. Bei einem Unternehmenskaufvertrag ist dies ohnehin üblich.

*(3) Krisensituation (*stato di crisi*)*

Als eine der objektiven Voraussetzungen wurde schon unter Geltung des *legge fallimentare* zum Teil – auch wenn dies nicht ausdrücklich normiert ist – das Vorliegen einer vom Normalzustand abweichenden wirtschaftlich-finanziellen Schwierigkeit gefordert.[1239] In Art. 56 C.C.I.I. ist zukünftig geregelt, dass sich das Schuldnerunternehmen in einem Zustand der Krise oder Insolvenz befinden muss. Unter beiden Gesetzesregimes dürfte genügen, dass es sich lediglich um eine vorübergehende und umkehrbare Krise[1240] handelt, d. h. eine weniger manifeste Zerrüttung im Vergleich zur endgültigen und unumkehrbaren Zahlungsunfähigkeit.[1241]

(4) Insolvenzfähigkeit

Zuletzt soll die allgemeine Voraussetzung der Insolvenzfähigkeit betont werden.[1242] Unter dem *legge fallimentare* können Unternehmen oder Individualpersonen, die nicht dem Insolvenzverfahren unterfallen, auch nicht auf die Möglichkeit eines *piano di risanamento* zurückgreifen.[1243] Im Geltungsbereich des C.C.I.I. ist in Art. 56 eine subjektive Einschränkung – anders als in Art. 57 C.C.I.I. oder Art. 121 C.C.I.I. – nicht anzutreffen. Folglich ist davon auszugehen,

---

1238 Vgl. auch unter III.A.4.a).

1239 *Leaders,* Piano attestato di risanamento.

1240 *Avolio/Di Majo*, Compendio di diritto della crisi di impresa e dell'insolvenza, 13. Aufl., S. 26; *Avolio/Di Majo*, Compendio di diritto della crisi di impresa e dell'insolvenza, 13. Aufl.; *Serra* – Piano attestato di risanamento – Altalex, https://www.altalex.com/documents/altalexpedia/2019/03/26/piano-attestato-di-risanamento.

1241 *Capizzi,* Crisi d'impresa e ristrutturazione del debito, S. 74/75; a.A. *Leaders,* Piano attestato di risanamento.

1242 *Leaders,* Piano attestato di risanamento; bezüglich der neuen Rechtslage vgl. *Salerno*, La riforma della crisi d'impresa, S. 125.

1243 *Capizzi,* Crisi d'impresa e ristrutturazione del debito, S. 74, 3.3.3.

dass unter dem C.C.I.I. der Zugang zu einem *piano di risanamento* unabhängig von dem Umfang oder der Art der Geschäftsausübung möglich ist.[1244]

b) Vorteile

(1) Anfechtungsschutz

Einer der wohl bedeutendsten und offensichtlichsten Vorteile ist der Schutz vor der Anfechtung der Handlungen, die bei der Durchführung des Planes umgesetzt werden, Art. 67 Abs. 3 lit. d) L.F. bzw. Art. 166 Abs. 3 lit. d) C.C.I.I. Es ist empfehlenswert, diese Akte im Plan möglichst individuell darzustellen, damit keine Unklarheiten bezüglich der Funktionalität einzelner Handlungen für die Umsetzung des Plans aufkommen.[1245] Zwar bedeutet dies einen höheren Aufwand bei der Gestaltung des Plans. Es hat aber den Vorteil, dass bei Scheitern des Plans und Meinungsverschiedenheiten über dessen Umfang mit Blick auf einzelne Handlungen deren Notwendigkeit zur Umsetzung leichter dargelegt werden kann. Dies ist nicht zuletzt vor dem Hintergrund der Rechtsprechung des *Suprema Corte di Cassazione*[1246] zur umfangreichen Überprüfbarkeit der offensichtlichen Geeignetheit des *piano di risanamento* durch den Insolvenzrichter von Bedeutung. Im Einzelfall sind also Rechtssicherheit und Dauer sowie Kosten für die Planerstellung abzuwägen, wobei besonders wichtige, hochsummige Handlungen möglichst genau in den *piano di risanamento* aufgenommen werden sollten. Diese Abwägung dürfte im Fall einer *distressed M&A*-Transaktion meist oder immer zu deren Gunsten ausfallen. Auf die Darstellung des Unternehmensverkaufs und seiner Funktionalität für die Sanierung sollte daher ein besonderes Augenmerk gelegt werden.

Die Ausnahme von der Möglichkeit der Anfechtung umfasste nach der strittigen, aber wohl h. M. nur die insolvenzrechtliche, nicht die allgemeine Anfechtung (*revocatoria ordinaria*, Art. 66 L.F. i. V. m. Artt. 2901 ff. c.c.)[1247]. Dies war aufgrund der systematischen Verortung des *piano di risanamento* in Art. 67 L.F. auch durchaus überzeugender als die Ausweitung des Anfechtungsschutzes auf Art. 66 L.F. oder Art. 2901 c.c. Unter der neuen Insolvenzordnung stellt sich

---

1244 *Pollimeni* – Il piano attestato di risanamento ex art. 56 Codice della crisi d'impresa, https://giuricivile.it/il-piano-attestato-di-risanamento-ex-art-56-codice-della-crisi-dimpresa/.

1245 *Università di Firenze/Consiglio Nazionale dei Dottori Commercialisti e degli Esperti Contabili/Assonime*, Linee-Guida per il finanziamento delle imprese in crisi, S. 42.

1246 *Cass. Civ. Sez. VI*, Urt. v. 5. Juli 2016 – 13719/2016.

1247 *Pluris,* Codice del fallimento commentato, Art. 67, X.1. m.w.N.

diese Frage allerdings nicht mehr: Art. 166 Abs. 3 lit. d) S. 3 C.C.I.I. stellt klar, dass der Anfechtungsschutz auch die allgemeine Anfechtung umfasst.

(2) Strafrechtliche Privilegierung

Um einen zusätzlichen Anreiz für eine größere Akzeptanz des *piano di risanamento* zu schaffen, wurde im Jahre 2010 mit dem D.L. 78/2010 eine strafrechtliche Privilegierung eingeführt. Demnach genügen die zur Planausführung durchgeführten Operationen nicht dem Tatbestand des einfachen oder betrügerischen Bankrotts, siehe Art. 217-bis L.F.[1248] Diese Privilegierung gilt gemäß Art. 324 C.C.I.I. fort.

(3) Geheimhaltungsinteresse

Vorteilhaft ist bei einem *piano di risanamento* des Weiteren, dass grundsätzlich kein Erfordernis besteht, diesen öffentlich bekannt zu machen.[1249] So können Medieninteresse sowie Skepsis und Nervosität bei Vertragspartnern und Banken gegebenenfalls vermieden werden. Lediglich bei einer späteren Insolvenz ist der Sanierungsplan im Unternehmensregister zu veröffentlichen. Allerdings hat sich das Vorgehen entwickelt, den *piano di risanamento* und die Machbarkeitsbestätigung bei einem Notar zu hinterlegen oder unmittelbar im Unternehmensregister öffentlich zu machen.[1250] So können insbesondere das Risiko einer möglichen Anfechtung der unter dem *piano di risanamento* vorgenommenen Handlungen und Streitfragen über die zeitliche Reihenfolge[1251] abgemildert werden. Denn nur im Plan enthaltene und nach dessen Ausfertigung durchgeführte Handlungen genießen den Schutz vor einer nachträglichen Anfechtung. Durch das geschilderte Vorgehen können Zweifelsfragen bezüglich inhaltlicher und zeitlicher Zugehörigkeit der (wichtigsten) Sanierungsmaßnahmen zu dem bestätigten Sanierungsplan verhindert werden.[1252]

(4) Steuerrecht

Eine Anregung für eine Veröffentlichung im Unternehmensregister ist unter Umständen die Gewährung von steuerlichen Privilegien. Konkret die fehlende

---

1248 *Bonfatti*, Le procedure di composizione negoziale delle crisi d'impresa: opportunità e responsibilità.

1249 *Capizzi*, Crisi d'impresa e ristrutturazione del debito, S. 95.

1250 *Capizzi*, Crisi d'impresa e ristrutturazione del debito, S. 75.

1251 *Lo Cascio*, Codice commentato del fallimento, Art. 67 Abs. 3 lit. d), S. 570. Rn. 5.

1252 *Pluris*, Codice del fallimento commentato, Art. 67 XIV.

Steuerbarkeit von Erträgen, die durch einen Schuldenerlass im Plan entstehen und die Verluste (aktuelle und vorangegangene) überschreiten,[1253] geregelt in Art. 88 Abs. 4-ter TUIR.

Strittig war lange Zeit, ob die Abzugsfähigkeit *ex lege*[1254] der gegenläufigen Verluste der Gläubiger aufgrund Forderungsverlusts oder -verzichts für den *piano di risanamento* gilt. Geregelt war diese in Art. 101 Abs. 5 TUIR unter anderem für den *accordo di ristrutturazione* und das Insolvenzverfahren inklusive den *concordato preventivo*, eine ausdrückliche Regelung bzgl. des *piano di risanamento* fehlte. Gegen eine Ausdehnung auf diesen sprach insofern der klare Wortlaut sowie die fehlende gerichtliche Bestätigung des *piano di risanamento*. Für eine Anwendung ist die Tatsache anzuführen, dass er sämtliche Erfordernisse aufweist, die vom *Corte di Cassazione* und von den Finanzämtern theoretisch verlangt werden.[1255] Mit dem sogenannten *decreto di internazionalizzaione* hat der Gesetzgeber ab dem Veranlagungszeitraum 2015 die automatische Abzugsmöglichkeit auch für den *piano di risanamento* in Art. 101 Abs. 5 TUIR festgeschrieben.[1256] Somit dürften sich sowohl für das Schuldnerunternehmen als auch für Gläubiger, bspw. bei Forderungseinbringung, steuerlich vorteilhafte Gestaltungsmöglichkeiten ergeben.[1257]

Ein weiterer Vorteil ist die Begünstigung bei der Haftung für Steuerschulden im Falle einer Betriebsübertragung (im Wege eines *Asset Deals*).[1258] Gemäß Art. 14 Abs. 5-bis D.Lgs. 472/1997 in seiner aktuellen Fassung[1259] gilt die gesamtschuldnerische Haftung des Übernehmers eines Betriebs(-zweigs) unter anderem nicht bei einem *piano di risanamento*.

1253 *Università di Firenze/Consiglio Nazionale dei Dottori Commercialisti e degli Esperti Contabili/Assonime*, Linee-Guida per il finanziamento delle imprese in crisi, S. 8 (inkl. Fz. 4).

1254 D. h. die Verluste sind abzugsfähig, ohne dass das Bestehen von konkreten und sicheren Merkmalen bewiesen werden muss, wie es Art. 101 Abs. 5 TUIR grundsätzlich vorsieht.

1255 *Capizzi*, Crisi d'impresa e ristrutturazione del debito, S. 75, 76.

1256 Art. 13 Abs. 1 lit. c) D.Lgs. 147/2015.

1257 Vgl. weitere Einzelheiten zur steuerlichen Behandlung im Rahmen eines *debt equity swaps* unter III.C.6.b)(1).

1258 Vgl. hierzu die Ausführungen unter III.B.2.b)(4)ii.

1259 Art. 14 Abs. 5-bis D.Lgs. 472/1997 wurde vom D.Lgs. 158/2015 eingeführt und gilt seit dem 1. Januar 2016.

(5) *Flexibilität*

Der *piano di risanamento* ist gegenüber dem *concordato preventivo* und *accordo di ristrutturazione* flexibler, insbesondere weil die Handhabung der Beziehung zu den Gläubigern einfacher ist. Diese müssen weder zusammenwirken noch ist der Privilegierungsgrad zwingend einzuhalten.[1260] Hierunter zu zählen ist auch die bereits angesprochene inhaltliche Flexibilität. Denn je nach den für notwendig gehaltenen Maßnahmen können nur die Beziehungen zu allen oder einzelnen Gläubigern,[1261] zu Dritten (zum Beispiel Neuinvestoren) oder auch nur zwischen Gesellschaft und Gesellschafter geregelt werden.[1262] Auch sonst ist der Inhalt und Aufbau in vollem Umfang frei wählbar,[1263] eine übliche Struktur ähnelt einem *business plan*, d. h. enthält vor allem operative und finanzielle Elemente[1264] und könnte etwa wie folgt aussehen:[1265]

- Unternehmensüberblick mit Geschichte (insbesondere der Umsatzentwicklung) und den finanziellen Kennzahlen sowie Geschäftsberichten und Bilanzen.
- Analyse der Ursachen für die Krise, Unterteilung in externe (sektorenimmanente oder makroökonomische Krise, politische Instabilitäten) und interne (Investitionsfehlentscheidungen, fehlerhaftes *working capital*-Management, verpasste Kostenreduktion) Faktoren.
- Beschreibungen der Strategien, sowohl der schon durchgeführten als auch der zu realisierenden. Hierunter fällt beispielsweise die Reduktion von nicht-essenziellen Gütern oder Geschäftsbereichen, Rationalisierungsmaßnahmen, aber auch die Schuldenverminderung (neue Mittel von Gesellschaftern, Zinsverkürzung, *debt-equity-swap*[1266], Stundung, *datio in solutum*).

1260 *Pluris,* Codice del fallimento commentato, Art. 67, X.

1261 Vgl. im Detail, insbesondere zu den Argumenten gegen eine Beschränkung auf eine einseitige Maßnahme des Schuldners ohne Vereinbarungen mit Gläubigern *Lo Cascio,* Codice commentato del fallimento, Art. 67 Abs. 3, lit. d), S. 566. Rn. 2

1262 *Capizzi,* Crisi d'impresa e ristrutturazione del debito, S. 76; *Università di Firenze/ Consiglio Nazionale dei Dottori Commercialisti e degli Esperti Contabili/Assonime,* Linee-Guida per il finanziamento delle imprese in crisi, S. 9.

1263 *Selva,* Le operazioni straordinarie nell'ambito della risoluzione della crisi d'impresa, S. 86.

1264 *Bromm,* Unternehmenskauf im Vorfeld der Insolvenz – den faulen Apfel schmackhaft machen, ZRP 2010, 79/80.

1265 *Capizzi,* Crisi d'impresa e ristrutturazione del debito, S. 76 f.

1266 III.C.6.

- Beschreibung der Annahmen, Eckpunkte und Methodologie für den Plan; in zeitlicher Hinsicht wird wohl nicht immer eine auf den Tag genaue Bestimmung der Machbarkeit möglich sein, jedoch muss eine gewisse zeitliche Bestimmtheit vorliegen (in der Praxis sind etwa drei bis fünf Jahre üblich); andernfalls wird der Plan zu hypothetisch.[1267]
- *Corporate governance*-Plan mit Beschreibung der vorgesehenen Rollen der Gläubiger.
- Kontrolle des Planfortschritts und der Ergebnisse, konstante Überwachung[1268], entweder durch interne oder externe Gremien/Komitees.[1269]
- Zusammenfassender Abschnitt mit einer vergleichenden Betrachtung zu den Alternativen, speziell zur Liquidation, und Darstellung von zu erwartenden Finanzkennziffern (EBITDA, *working capital*, *debt-equity ratio*, etc.) sowohl für den *best* als auch für den *worst case*.

(6) Verfügungs- und Verwaltungsbefugnis

Des Weiteren ist der bestätigte Sanierungsplan im Hinblick auf die Führung des Unternehmens vorteilhaft – insbesondere gegenüber einer Sanierung während des eröffneten Insolvenzverfahrens, aber auch gegenüber dem *concordato preventivo*. Der Schuldner behält den Besitz und die Kontrolle über das Unternehmen, ohne Überwachung des *commissario giudiziale* oder Planbestätigung durch das Gericht für außergewöhnliche Verfügungen.

(7) Zeitfaktor

Schließlich ist der *piano di risanamento* über seine höhere Flexibilität hinaus in der Regel auch weniger zeitaufwendig (dies wiederum bereits einer geringeren Komplexität geschuldet) und kostengünstiger. Dies schon allein deshalb, da in der Regel auf Seiten des Schuldners weniger externe Berater erforderlich sind.[1270]

1267 *Lo Cascio*, Codice commentato del fallimento, Art. 67, Abs. 3 lit. d), S. 566 Rn. 2.

1268 *Lo Cascio*, Codice commentato del fallimento, Art. 67 Abs. 3 lit. d), S. 566 Rn. 2.

1269 *Università di Firenze/Consiglio Nazionale dei Dottori Commercialisti e degli Esperti Contabili/Assonime*, Linee-Guida per il finanziamento delle imprese in crisi, S. 45.

1270 *Capizzi*, Crisi d'impresa e ristrutturazione del debito, S. 79.

c) Nachteile

(1) Fehlender Vollstreckungs- und Pfändungsschutz

Einer der bedeutenden Nachteile des Sanierungsplans ist das Fehlen eines Vollstreckungs-, Pfändungs- und Stundungsschutzes (*moratoria dei pagamenti*)[1271] (im Unterschied zum *concordato preventivo* und auch zum *accordo di ristrutturazione*). Somit können einzelne Gläubiger, die dem *piano di risanamento* nicht beigetreten sind, weiterhin ihre Forderungen geltend machen und Einzelvollstreckung betreiben.[1272] Das C.C.I.I. sieht auch in Zukunft die Möglichkeit eines gerichtlichen Vollstreckungs- und Pfändungsschutzes nur bei einem *concordato preventivo* oder *accordo di ristrutturazione* vor, vgl. Art. 54 C.C.I.I.[1273] Das ist insofern konsequent, als dass eine Intervention des Insolvenzgerichts beim bestätigten Sanierungsplan grundsätzlich nicht vorgesehen ist.

(2) Keine Vorabbefriedigung neuer Verbindlichkeiten

Ein Nachteil für die Gläubiger, insbesondere gegenüber dem *concordato preventivo* und dem *accordo di ristrutturazione* ist die fehlende vorrangige Befriedigung (*prededuzione*)[1274] für neu gewährte Finanzierungen oder der nicht vorhandene Anfechtungsschutz für Zahlungen an „strategische Gläubiger“[1275]. Vergleichbares gilt für die Kosten des Wirtschaftsexperten oder von Beratern bezüglich der Bestätigung oder Vorbereitung des Plans; auch diese sind keine vorrangig zu befriedigenden Masseforderungen.[1276]

1271 *Leaders,* Piano attestato di risanamento.

1272 *Busch,* Zerschlagungsabwendende Verfahren im deutschen und italienischen Insolvenzrecht, S. 206.

1273 *Marelli* – Attuata la riforma: il nuovo Codice della Crisi e dell'Insolvenza ("CCI") – Nctm, https://www.agenziaentrate.gov.it/portale/documents/20143/299827/Circolare+42+del+05+08+2011_circolare+42E.pdf/4313975d-fe80-02fc-a52e-6841844ff6e7.

1274 Vgl. zum *concordato preventivo* in III.C.5.b)(5), zum *accordo di ristrutturazione* in III.C.4.b)(6).

1275 *Pluris,* Codice del fallimento commentato, Art. 67, XI.

1276 *Pluris,* Codice del fallimento commentato, Art. 67, VIII.

(3) *Nur Wirkung im Innenverhältnis*

Als Kehrseite der Flexibilität und niedrigen Komplexität bietet der *piano di risanamento* keine Verbindlichkeit *erga omnes* an, sondern nur für die sich dem Plan anschließenden Gläubiger.[1277]

(4) *Steuerrecht*

Als Nachteil ist zu werten, dass die unter III.C.3.b)(4) angesprochene steuerliche Privilegierung von Forderungsverzichterträgen des Schuldners nur im Falle der (freiwilligen) Veröffentlichung greift.[1278] Außerdem ist es nicht möglich, im Rahmen einer *transazione fiscale* die Begleichung von Steuerverbindlichkeiten zu regeln, wie dies beim *accordo di ristrutturazione* und beim *concordato preventivo* der Fall ist.[1279]

(5) *Kapitalherabsetzung*

Dem Schuldner, der sich eines bestätigten Sanierungsplans bedient, ist es – anders als beim *concordato preventivo*[1280] und *accordo di ristrutturazione*[1281] – verwehrt, von der Möglichkeit Gebrauch zu machen, die Verpflichtung zur Kapitalherabsetzung vorübergehend auszusetzen.[1282]

(6) *Haftungsrisiken*

Der attestierende Experte riskiert neben einem Reputationsverlust eine persönliche strafrechtliche Haftung[1283] oder eine Schadensersatzhaftung gegenüber Dritten. Letztere greift, wenn sich seine Einschätzung als *ex ante* grob fehlerhaft erweist, Erstere bis zur Insolvenzrechtsreform bei in der Bestätigung enthaltenen

---

1277 *Pluris*, Codice del fallimento commentato, Art. 67, X.

1278 *Pluris*, Codice del fallimento commentato, Art. 182-bis, VIII.6.

1279 *Capizzi*, Crisi d'impresa e ristrutturazione del debito, S. 95.

1280 Vgl. unter III.C.5.b)(12).

1281 Vgl. unter III.C.4.b)(8).

1282 *La lente sul fisco – L'Aggiornamento Professionale online* – Il piano attestato di risanamento, https://www.lalentesulfisco.it/rubriche/le-daily-news/il-piano-attestato-di-risanamento,3,40933; *Pluris*, Codice del fallimento commentato, Art. 67, XI.

1283 Dies ist allerdings kein exklusiver Nachteil des *piano di risanamento*, auch beim *concordato preventivo* und beim *accordo di ristrutturazione* treffen den Wirtschaftsprüfer diese Risiken.

fehler- oder lückenhaften Informationen;[1284] der seit der Reform einschlägige Art. 342 C.C.I.I. begrenzt die strafrechtliche Haftung ausdrücklich für fehlerhafte oder unterlassene Informationswiedergabe bezüglich der im Plan oder in der beigefügten Dokumentation enthaltenen Daten.

Für Kreditinstitute besteht die Gefahr der Strafbarkeit wegen missbräuchlicher Kreditgewährung,[1285] wenn die Aufrechterhaltung oder Neugewährung von Darlehen dazu beiträgt, den Vermögensverfall zu verdecken und Dritte dazu veranlasst, Geschäftsbeziehungen mit dem Schuldner einzugehen oder aufrechtzuerhalten.[1286] Zur Abwendung einer solchen Haftung eines Finanzinstituts sind die vernünftigerweise zu erwartenden Erfolgsaussichten des *piano di risanamento* elementar wichtig und sollten von der Bank auch selbstständig analysiert und bewertet werden.[1287] Zusätzlich wird gefordert, dass eine gewährende Bank die Ausführung des *piano di risanamento* überwacht und auf bestimmte Situationen reagiert. Beispielsweise, wenn sich die Bestätigung des Wirtschaftsprüfers als für einen objektiven Betrachter unzuverlässig herausstellt oder sich die Situation als schlechter als vom Wirtschaftsprüfer angenommen darstellt.[1288] Diese Punkte dürften bei der Suche nach und Einbeziehung von Finanzierungsgebern für eine *distressed M&A*-Transaktion von erheblicher Bedeutung sein.

d) *Einkleidung des* distressed M&A *in den* piano di risanamento

Insbesondere der Verkauf oder die Übertragung auch von elementaren Vermögensgegenständen kann als eines der strategischen Mittel im *piano di risanamento* vorgesehen werden.[1289] So kann ein kriselnder Teil des Unternehmens oder ein Geschäftsbereich vor der Insolvenz veräußert werden, ohne dass die

1284 *Università di Firenze/Consiglio Nazionale dei Dottori Commercialisti e degli Esperti Contabili/Assonime*, Linee-Guida per il finanziamento delle imprese in crisi, S. 22; *CNDCEC*, Principi di attestazione dei piani di risanamento, S. 9, 1.5.

1285 Insbesondere ggü. Dritten (Gläubigern des Schuldners) kommt eine Verantwortlichkeit nach Art. 2043 c.c. wegen Verletzung des Prinzips des neminem laedere in Betracht, vgl. *Altalex*, Banche: la concessione abusiva del credito a cliente insolvente.

1286 *Pluris*, Codice del fallimento commentato, Art. 67, X.; *Capizzi*, Crisi d'impresa e ristrutturazione del debito, S. 75.

1287 *Capizzi*, Crisi d'impresa e ristrutturazione del debito, S. 78.

1288 *Capizzi*, Crisi d'impresa e ristrutturazione del debito, S. 78.

1289 *Capizzi*, Crisi d'impresa e ristrutturazione del debito, S. 77 (Nummer 3.); *Lo Cascio*, Codice commentato del fallimento, Art. 67 Abs. 3 lit. d), S. 565 Rn. 2; *Leaders*, Piano attestato di risanamento.

Anfechtung der Transaktion befürchtet werden muss.[1290] Naheliegender ist dabei die Übertragung des kriselnden Unternehmens selbst im Wege eines *Asset Deals*. Die Miteinbeziehung der Gesellschafter und damit die Ausgestaltung des Unternehmenskaufs als *Share Deal* kommt bei gesellschaftsübergreifenden finanziellen Schwierigkeiten und damit einer Krise (auch) bei der Muttergesellschaft in Betracht. Dies dürfte vor allem sinnvoll sein, wenn diese (Darlehens-) Forderungen gegenüber der Tochter hat, welche übernommen und gegebenenfalls als Gegenleistung für neue Anteile eingebracht werden können.

Problematisch könnte allein die Veräußerung des kompletten Vermögens sein, da diese einer liquidatorischen Maßnahme gleicht, die dem Zweck der Firmenkontinuität des *piano di risanamento* widersprechen und unzulässig sein könnte.[1291] Da ein solcher Plan, der die Veräußerung des gesamten Betriebsvermögens umfasst, nicht auf den Fortbestand des Unternehmens abzielt, könnte ein solcher nicht unter Art. 67 Abs. 3 lit. d) L.F. bzw. Art. 56 C.C.I.I. fallen.[1292] Hierfür spricht auch das Fehlen einer Regelung wie in Art. 186-bis L.F. bzw. Art. 84 C.C.I.I., welche die Übertragung (oder Einbringung) des Unternehmens ausdrücklich vorsehen. Daher geht die herrschende Meinung von der Unzulässigkeit eines Planes aus, der auf die reine Liquidation abzielt.[1293] Als zulässig wird allerdings eine liquidierende Veräußerung für den Fall der Erfolglosigkeit oder des Nichterreichens bestimmter Ziele erachtet.[1294]

Darüber hinaus dürfte eine einheitliche Übertragung des Betriebskomplexes auf einen neuen Unternehmer der Fortführung nicht im Wege stehen. Dies ergibt sich bspw. aus Art. 14 Abs. 5-bis D.Lgs. 472/1997, der die Übertragung eines Unternehmens auch mittels eines bestätigten Sanierungsplans vorsieht.[1295] Eine solche Übertragung stellt ferner keine Liquidation im herkömmlichen Sinne dar. Zudem ist die Firmenkontinuität, wenn auch unter einem anderen (indirekten) Eigentümer, gewahrt. Letztlich spricht das Interesse an der Erhaltung des Betriebes und der Arbeitsplätze – sofern in angemessenem Umfang gewährleistet – für die Zulässigkeit einer solchen Maßnahme im *piano di risanamento*.

1290 *Bromm*, Unternehmenskauf im Vorfeld der Insolvenz – den faulen Apfel schmackhaft machen, ZRP 2010, 79/80.

1291 *Selva*, Le operazioni straordinarie nell'ambito della risoluzione della crisi d'impresa, S. 89; *Pluris*, Codice del fallimento commentato, Art. 67, XI.

1292 *Leaders*, Piano attestato di risanamento, 9.

1293 *Pluris*, Codice del fallimento commentato, Art. 67, XI., m.w.N.

1294 *Leaders*, Piano attestato di risanamento, 9.

1295 Vgl. dazu unter III.C.3.b)(4).

e) *Fazit und Vergleich zum deutschen Recht*

Der *piano di risanamento* positioniert sich zwischen einer (ungeschützten) Vereinbarung des Unternehmens und seiner Gläubiger außerhalb insolvenzrechtlicher Regelungen und der insolvenzrechtlichen Ordnung der Gläubigerinteressen, wie sie etwa in einem betriebsfortführenden *concordato preventivo* zu finden ist.[1296] Er eignet sich daher gut zur betrieblichen Sanierung und Schuldenrestrukturierung bei eher moderaten Krisen[1297] durch Vereinbarungen mit einer Mehrzahl der Gläubiger, Veräußerung gewisser *Assets* und gegebenenfalls Zugang zu neuen Finanzierungen.[1298] Geschützt wird der Schuldner, der ohne bzw. mit überschaubarem Anfechtungsrisiko oder ohne strafrechtliche Konsequenzen seine Beziehungen mit den Gläubigern neu ordnen kann und möchte[1299] und dies ohne öffentliche Aufmerksamkeit angehen will. Für die Gläubiger sind der Schutz vor der Anfechtung und der strafrechtlichen Belangung des Schuldners für die Aufrechterhaltung der Geschäftsbeziehungen ebenfalls von großer Bedeutung.[1300] Aufgrund des fehlenden Vollstreckungsschutzes sollte jedoch die Anzahl der Gläubiger überschaubar bzw. eine Beteiligung der wichtigsten Gläubiger gesichert sein, um die Sanierung nicht durch Einzelvollstreckungsmaßnahmen zu gefährden.[1301] Der Schutz des Vermögens (Stichwort: Einzelvollstreckung) und die Sicherung neuer Finanzierungen sollten insgesamt weniger bedeutend sein.[1302] Zudem besteht stets ein Restrisiko, dass der Sanierungsplan von einem Gericht „gekippt" wird.

Liegen die genannten Umstände vor, kann der *piano di risanamento* zur relativ zügigen und einfachen Einleitung von Maßnahmen zur Rettung des Unternehmens sinnvoll sein. Insofern haben die Beteiligten, solange zumindest das formelle Erfordernis der Prüfung durch einen ordnungsgemäßen Experten sichergestellt und der *piano di risanamento* anfechtungsfest ausgestaltet werden kann, im Prinzip wenig zu verlieren. Aus der nicht erforderlichen Einbindung aller Gläubiger und der fehlenden gerichtlichen Kontrolle ergeben sich jedoch einige Bedenken im Hinblick auf die Gleichberechtigung der Gläubiger. Die

---

1296 *Pluris,* Codice del fallimento commentato, Art. 67, X.

1297 Dies auch vor dem Hintergrund der möglicherweise schwierigeren Finanzierung aufgrund der fehlenden Privilegierung neuer oder überbrückender Darlehen.

1298 *Pluris,* Codice del fallimento commentato, Art. 67, X.

1299 *Pluris,* Codice del fallimento commentato, Art. 67, X.

1300 *Pluris,* Codice del fallimento commentato, Art. 67, X.

1301 *Capizzi,* Crisi d'impresa e ristrutturazione del debito, S. 79.

1302 *Pluris,* Codice del fallimento commentato, Art. 67, XI.

Sanierung von Unternehmen wird womöglich in zu großem Umfang der Privatautonomie überlassen. Derartige Punkte sind augenscheinlich einer der Gründe, weshalb der *piano di risanamento* in der Praxis relativ selten vorkommt.

Eine vergleichbare gesetzliche Regelung gibt es im deutschen Recht nicht. Selbstverständlich kann ein kriselndes Unternehmen jederzeit versuchen, sich durch Vereinbarung mit seinen Gläubigern außergerichtlich zu sanieren. Einen Schutz vor Straftatbeständen oder einer späteren Anfechtung kann man so aber nicht unbedingt erreichen. Am ehesten vergleichbar wäre wohl noch ein Sanierungsplan, in der Praxis oft nach dem IDW S 6 Standard. Dieser ist ebenfalls komplett außergerichtlich, bietet unter Umständen einen Schutz vor der Insolvenzanfechtung[1303] sowie zivil- und strafrechtlichen Folgen für die Verantwortlichen[1304] und damit beinahe denselben Schutz wie der *piano di risanamento*. Die formellen Voraussetzungen, insbesondere an die Person und Unabhängigkeit des Erstellers des Konzepts,[1305] sind beim Sanierungskonzept nach dem IDW S 6 weniger strikt. Auf der anderen Seite sind die von der Rechtsprechung des Bundesgerichtshofes aufgestellten Anforderungen an den Inhalt eines Sanierungskonzepts – in Abgrenzung zu einer bloßen Hoffnung oder Aussicht auf Sanierung –, welches zu einer Widerlegung der Kenntnis des Vertragspartners und damit zu einem Ausschluss gewisser Anfechtungstatbestände führt, strenger.[1306]

1303 II.B.2.b)(2)ii.06.

1304 *Lappe/S. Ziegenhagen* – IDW S 6: Die Neufassung des IDW S 6 für Sanierungskonzepte, https://www.bdo.de/de-de/insights-de/newsletter/rechnungslegung-pruf ung-01-2019/die-neufassung-des-idw-s-6-fur-sanierungskonzepte-und-europarec htliche-aspekte-von-sanierungskonzept; Ansatzpunkt dürfte der fehlende Vorsatz bzw. die fehlende Fahrlässigkeit bspw. i.R.d. § 283 Abs. 1, 4, 5 StGB.

1305 Das Konzept kann vor allem bei kleineren Unternehmen und weniger komplexen Sachverhalten sogar intern beim Gläubiger erstellt werden, vgl. *Kemper*, § 3 Restrukturierungs-/Sanierungsmöglichkeiten aus der Sicht der finanzierenden Bank, in: *Buth/Hermanns* (Hrsg.), Restrukturierung, Sanierung, Insolvenz, 4., vollst. neu bearb. Aufl., Rn. 44.

1306 Siehe oben unter II.B.2.b)(2)ii.06; so fordert der BGH eine ernsthafte und begründete Aussicht auf Erfolg und dass das Konzept in den Anfängen bereits in die Tat umgesetzt wurde.

4. Vereinbarung über die Umschuldung (*accordo di ristrutturazione*)[1307]

Auch der *accordo di ristrutturazione dei debiti* (*accordo di ristrutturazione*) wurde mit dem D.L. 35/2005 eingeführt,[1308] stellt jedoch im Vergleich zum *piano di risanamento* ein formelleres, wenn auch schwerpunktmäßig immer noch privatautonomes Verfahren dar. Im *legge fallimentare* ist er in Artt. 182-bis ff. geregelt, der *codice della crisi d'impresa e dell'insolvenza* enthält die entsprechenden Normen in Artt. 57–61. Das Grundkonzept bleibt durch die Insolvenzrechtsreform unverändert. Lediglich in einigen Teilbereichen ergeben sich Änderungen, etwa bei der Ausdehnung der Wirkungen des *accordo di ristrutturazione* auf unbeteiligte Gläubiger, vgl. Art. 61 C.C.I.I. gegenüber dem bis zur Insolvenzrechtsreform gültigen Art. 182-septies L.F.[1309]

Wesentlicher Unterschied zum *piano di risanamento* ist, dass die Bestätigung des *accordo di ristrutturazione* durch das Gericht erforderlich ist.[1310] Der *accordo di ristrutturazione* kann als Zwischenform („Hybride"[1311]) zwischen den komplett privatautonom geregelten *corporate workouts* und der Sanierung durch den *piano di risanamento* auf der einen Seite und dem eher öffentlich-rechtlichen *concordato preventivo* gesehen werden. Insgesamt enthält er aber mehr privatrechtliche Komponenten. Außer der Bestätigung des Gerichts sind keine gerichtlichen oder insolvenzrechtlichen Elemente erkennbar. Insbesondere ist keine Eröffnung des Insolvenzverfahrens erforderlich, es gibt kein Gläubigerorgan, keinen Zwang der gleichmäßigen Gläubigerbefriedigung und grundsätzlich keine Bindung der nicht unterschreibenden Gläubiger. Mit den besseren

---

1307 Diese Ausführungen beziehen sich in Teilen auf die noch bis 1. September 2021 geltenden Vorschriften des *legge fallimentare*. Sofern sich durch die Insolvenzrechtsreform relevante Änderungen ergeben, wird hierauf mit Nennung der jeweiligen Norm im Text oder den entsprechenden Fußnoten verwiesen. Der *accordo di ritrutturazione* ist in Artt. 57 ff. C.C.I.I. geregelt, verfahrensbezogene Vorschriften finden sich zudem in Artt. 40 ff. C.C.I.I.

1308 Anschließend wurden Verbesserungen und Ergänzungen durch das D.Lgs. 169/2007, 78/2010 und D.L. 83/2012 vorgenommen.

1309 Siehe unter III.C.4.c)(1); der Unterschied besteht darin, dass unter dem *legge fallimentare* die Erstreckung nur bezüglich der Gläubigergruppe der Kreditgeber und -vermittler möglich ist, vgl. *Pluris*, Codice del fallimento commentato, Art. 182-septies, I.2; das C.C.I.I. kennt eine solche Einschränkung nicht.

1310 *Capizzi*, Crisi d'impresa e ristrutturazione del debito, S. 79, 3.3.4.

1311 *Guglielmucci/Padovini*, Diritto fallimentare, S. 350.

Argumenten ist er somit als privatrechtliches Instrument einzustufen.[1312] Dementsprechend hält entgegen einiger Stimmen in der Literatur die herrschende Ansicht den *accordo di ristrutturazione* für ein komplett autonomes Instrument und nicht für eine Unterform des *concordato preventivo*. Als ausschlaggebend werden hier schon allein die Hybridität und die ausgeprägte Verhandlungsphase gesehen.[1313]

Ziel des *accordo di ristrutturazione* ist es, den Krisenzustand des Schuldners zu überwinden. Die grundlegende Funktionsweise hierbei ist, dass durch die Vereinbarung mit der Mehrheit der Gläubiger finanzielle Ressourcen freigesetzt werden, anhand derer die unbeteiligten Gläubiger befriedigt werden können.[1314] Der Inhalt des *accordo di ristrutturazione* kann dabei weitestgehend frei gestaltet werden. Enthalten sein können beispielsweise die Umwandlung von Fremd- in Eigenkapital, Stillhaltevereinbarungen, Nachrangvereinbarungen, die Gewährung neuer Finanzmittel, usw.[1315] Von besonderem Interesse für die vorliegende Bearbeitung ist, dass der *accordo di ristrutturazione* als Ziel auch den Verkauf der Vermögensgegenstände haben kann.[1316] Einschränkend darf es sich nicht um eine reine, die Unternehmensfortführung ausschließende Liquidation handeln, sondern beispielsweise um die Übertragung des Betriebskomplexes auf einen anderen Unternehmer.[1317]

1312 *Inzitari*, Gli accordi di ristritturazione ex art. 182-bis l.fall.: natura, profili funzionali e limiti dell'opposizione degli estranei e dei terzi, S. 1, 2.

1313 Diese soll sich auch dadurch äußern, dass ein von allen Gläubigern wirksam unterschriebener *accordo di ristrutturazione* eingebracht werden muss und nicht lediglich die einzelnen Gläubiger wirksam den *accordo di ristrutturazione* verifizieren müssen, vgl. *Pluris*, Codice del fallimento commentato, Art. 182-bis, IV.; die autonome Natur bestätigend auch schon *Tribunale di Milano*, Urt. v. 24. Januar 2007.

1314 *Posca/Abate/Grasseli*, Manuale pratico della procedura fallimentare, Kapitel XV, S. 283.

1315 *Pluris*, Codice del fallimento commentato, Art. 182-bis, III.1.

1316 *Capizzi*, Crisi d'impresa e ristrutturazione del debito, S. 79, 3.3.4., Fz. 11; *Pluris*, Codice del fallimento commentato, Art. 182-bis, III.1., m.w.N.; a.A.: *Fauceglia*, Gli accordi di ristrutturazione dei debiti nella legge n. 80/2005, Il Fallimento 2005, 1445/1448; vgl. näher hierzu unten unter III.C.4.e).

1317 An der Möglichkeit eines rein liquidatorischen Inhalts hat bspw. auch das *Tribunale di Udine*, Urt. v. 22. Juni 2007, S. 9, erhebliche Zweifel. Im Falle eines *accordo di ristrutturazione* ist das Zerschlagungsverbot künftig in Art. 61 Abs. 2 lit. b) C.C.I.I. geregelt. Eine indirekte Fortführung des Betriebs fällt jedoch nicht unter das Verbot eines liquidatorischen Inhalts (vgl. bereits Art. 61 Abs. 2 lit. b) C.C.I.I.), so dass Unternehmensübertragungen hiervon nicht umfasst sein dürften.

a) Voraussetzungen

Neben dem Verweis auf die Dokumentation gemäß Art. 39 C.C.I.I.[1318] ergeben sich für den *accordo di ristrutturazione* die folgenden Voraussetzungen:

(1) Krisensituation (stato di crisi)

In Bezug auf die wirtschaftliche Situation kam nach der Einführung des Instituts des *accordo di ristrutturazione* Verwirrung auf, da bezüglich des Vorliegens einer Krise oder der Zahlungsunfähigkeit keine Regelung und kein Verweis auf andere Normen zu finden war.[1319] Dem hat der Gesetzgeber jedoch mit der Einfügung des Zusatzes „im Krisenzustand" (*in stato di crisi*) Abhilfe geschaffen.

An diesen Krisenzustand sind beim *accordo di ristrutturazione* keine allzu hohen Anforderungen zu stellen. Auch eine Situation, in der die finanziellen Schwierigkeiten nur vorhergesehen werden, jedoch aktuell noch keine Gläubigerforderung unerfüllt geblieben ist, kann unter Umständen ausreichen.[1320] Umgekehrt ging man auch beim *accordo di ristrutturazione* davon aus, dass neben dem Zustand der Krise des Unternehmens auch die Zahlungsunfähigkeit (*insolvenza*) den Anwendungsbereich eröffnet.[1321] In den neu gefassten Artt. 56 Abs. 1, 57 Abs. 1 C.C.I.I. ist die Zahlungsunfähigkeit ausdrücklich genannt.

(2) Unternehmereigenschaft (imprenditore)

Anders als in der Ursprungsversion[1322] des *accordo di ristrutturazione* war dieser unter dem *legge fallimentare* nur für Unternehmer eröffnet. Es kann also nicht jeder Schuldner auf das Instrument des *accordo di ristrutturazione* zurückgreifen.[1323] Erforderlich ist unter dem *legge fallimentare* neben der

---

1318 Siehe im Einzelnen unter III.A.4.a); bis zur Insolvenzrechtsreform wurde auf die Vorschriften des Art. 161 L.F. zum *concordato preventivo* verweisen. Durch die Insolvenzrechtsreform entfiel dieser Verweis, da der vorgelagerte Art. 39 C.C.I.I. für alle Krisen- und Insolvenzverfahren des C.C.I.I. gilt; auf ihn verweist Art. 57 Abs. 2 C.C.I.I. für den *accordo di ristrutturazione*.

1319 *Rinaldi*, Gli accordi di ristrutturazione dei debiti, in: *Di Schiano Pepe*, Il diritto fallimentare riformato, S. 663 m.w.N.

1320 *Capizzi*, Crisi d'impresa e ristrutturazione del debito, S. 79, 3.3.4, Fz. 11.

1321 *Pluris*, Codice del fallimento commentato, Art. 182-bis L.F., III.1.; *Guglielmucci/Padovini*, Diritto fallimentare, S. 350.

1322 Siehe die Fassung unter Berücksichtigung der Reformen bis zum Jahre 2006 in *M. W. Bauer* (Hrsg.), Das neue italienische Gesetz über Konkurs und andere Insolvenzverfahren, S. 180.

1323 *Pluris*, Codice del fallimento commentato, Art. 182-bis, IV.1.

generellen Unternehmenseigenschaft, dass der Unternehmer nicht aufgrund der Art der Aktivität bzw. deren Dimension nicht insolvenzfähig ist.[1324] Daran hat sich auch nach der Reform nichts Grundlegendes geändert. Einschlägig ist nunmehr Art. 56 Abs. 1 C.C.I.I., wobei dieser auch Landwirte[1325] und Handwerker erfasst. Ausgeschlossen bleiben dem Wortlaut[1326] nach die Kleinunternehmer.

(3) Beteiligung von 60 % der Gläubigerforderungen

Weitere Voraussetzung und zugleich Unterschied zum *piano di risanamento* ist eine gesetzlich vorgeschriebene prozentuale Beteiligung von Gläubigern an der Vereinbarung mit dem Schuldner. Diese muss mindestens 60 % der bestehenden Forderungen erreichen.[1327] Dabei wird der Anteil an der Gesamtsumme gemessen, unabhängig vom Rang der Forderungen.[1328] Die Beteiligung der öffentlichen Finanzverwaltung ist zur Erreichung der 60 % nicht erforderlich, wenn ausweislich des Plans und der Expertenbestätigung deren Befriedigung im Vergleich zum Insolvenzverfahren vorteilhafter ist. Das Gericht ist in diesen Fällen jedenfalls künftig gemäß Art. 48 Abs. 5 C.C.I.I. gehalten, den *accordo di ristrutturazione* zu genehmigen.[1329]

Von der Gläubigerbeteiligung ist auf der anderen Seite die Bestätigung der Gläubiger im *concordato preventivo* abzugrenzen, bei der es sich weniger um ein Verhandlungselement handelt als um eine klassische Abstimmung über den vorgelegten *concordato preventivo.*[1330]

1324 *Pluris,* Codice del fallimento commentato, Art. 182-bis, IV.1.; *Rinaldi,* Gli accordi di ristrutturazione dei debiti, in: *Di Schiano Pepe,* Il diritto fallimentare riformato, S. 663; zur Rechtslage unter Geltung des C.C.I.I. *Zanichelli,* La nuova disciplina degli accordi di ristrutturazione dei debiti, S. 13 ff.

1325 Str., vgl. *Zanichelli,* La nuova disciplina degli accordi di ristrutturazione dei debiti, S. 16 ff.

1326 Vgl. die Regelungen zum subjektiven Anwendungsbereich in Art. 57 Abs. 1 C.C.I.I. i. V. m. Art. 2 Abs. 1 lit. d) C.C.I.I.

1327 Art. 182-bis Abs. 1 L.F bzw. Art. 57 Abs. 1 C.C.I.I.

1328 *Abete,* La predisposizione del piano attestato e degli accordi di ristrutturazione dei debiti, Il Fallimento 2014, 1007/1017.

1329 Durch das *decreto correttivo* wurde in Art. 48 Abs. 5 C.C.I.I. der *concordato preventivo* insofern dem *accordo di ristrutturazione* gleichgestellt.

1330 *Pluris,* Codice del fallimento commentato, Art. 182-bis, III.1.

Eine unterschiedliche Behandlung der Gläubiger, auch solcher mit identischem Rang und homogenen wirtschaftlichen Interessen, ist als Ausfluss der Privatautonomie an sich problemlos möglich.[1331] In der Praxis werden regelmäßig zumindest die gleichen Gruppen gleich behandelt werden.[1332] Denn eine intransparente, willkürliche oder gar diskriminierende Behandlung der Gläubiger dürfte nur schwer in ausreichendem Ausmaß Zustimmung finden. Daher sind in der Praxis bisweilen mehrere einzelne Vereinbarungen mit den einzelnen Gläubiger(gruppe)n zu finden. Im Ergebnis muss es sich nicht um einen einzelnen Vertrag mit allen sich beteiligenden Gläubigern handeln. Allerdings ist Transparenz gegenüber jedem Verhandlungspartner bezüglich des Gesamtkonstrukts und der Vereinbarungen mit den übrigen Gläubigern unentbehrlich.[1333]

Der Anteil von 60 % muss nach der wohl noch vorherrschenden Auffassung in der Literatur vom Moment der Einreichung des *accordo di ristrutturazione* bis zur Bestätigung vorliegen.[1334] Der teilweise vertretenen Auffassung, dass aufgrund der Möglichkeit des späteren Beitritts weiterer Gläubiger ein Erreichen bei Bestätigung genügen könnte, ist von dieser Mehrheit bisher nicht gefolgt worden.[1335] Dabei hat diese Ansicht durchaus nicht von der Hand zu weisende Argumente für sich. Zum einen die insofern offene Formulierung des Gesetzes: Das Erreichen des Quorums ist eine Voraussetzung für die Bestätigung des *accordo di ristrutturazione*, nicht aber für dessen Einreichung oder Veröffentlichung im Handelsregister. Zudem kann eine spätere Modifizierung des *accordo di ristrutturazione* jederzeit – anders als beim *concordato preventivo*, bei dem eine Änderung nur bis 15 bzw. 20 Tage vor der Gläubigerabstimmung/-versammlung möglich ist[1336] – vorgenommen

1331 *Guglielmucci/Padovini*, Diritto fallimentare, S. 350.

1332 *Guglielmucci/Padovini*, Diritto fallimentare, S. 350.

1333 *Zanichelli*, La nuova disciplina degli accordi di ristrutturazione dei debiti, S. 29 f.

1334 *Capizzi*, Crisi d'impresa e ristrutturazione del debito, S. 80, 3.3.4, a.A. tendenziell *Guglielmucci/Padovini*, Diritto fallimentare, S. 359, der jedenfalls grundsätzlich das spätere Hinzukommen weiterer Gläubiger für möglich hält.

1335 So *Pluris*, Codice del fallimento commentato, Art. 182-bis, III.1. a.E. m.w.N.

1336 Vgl. Art. 172 Abs. 2 S. 3 L.F (15 Tage) bzw. Art. 90 Abs. 8 C.C.I.I. (20 Tage); v.a. in der Literatur wird diskutiert, ob hiervon nicht in bestimmten Fällen und insbesondere für Verbesserungen des Plans eine Ausnahme zu machen ist. Entsprechenden Tendenzen in der Rechtsprechung hat der *corte di cassazione* jedoch eine Absage erteilt, vgl. *Mainini* – Concordato preventivo: validità delle modifiche alla proposta concordataria, https://www.diritto.it/concordato-preventivo-validita-delle-modifiche-alla-proposta-concordataria/.

werden.[1337]

Nach der Reform reduziert sich die 60 %-Grenze um die Hälfte, wenn der Schuldner nicht ein Moratorium für Forderungen unbeteiligter Gläubiger vorschlägt und auf einstweilige Schutzmaßnahmen verzichtet und solche auch nicht beantragt hat, Art. 60 C.C.I.I.

(4) Vollständige Befriedigung der nicht am accordo di ristrutturazione *beteiligten Gläubiger*

Art. 57 Abs. 3 C.C.I.I. bzw. Art. 182-bis L.F. schreiben zudem vor, dass der *accordo di ristrutturazione* geeignet sein muss, die außenstehenden Gläubiger vollständig zu befriedigen.

Das Merkmal der Vollständigkeit wurde eingeführt, nachdem die ursprüngliche Formulierung der „ordnungsgemäßen" Befriedigung (*regolare pagamento*) zu einiger Unsicherheit führte. Sie wurde anfangs von einem Teil der Literatur mit der Befriedigung der am *accordo di ristrutturazione* teilnehmenden Gläubiger gleichgesetzt. Dadurch kam es zur Annahme einer weiten inhaltlichen Annäherung an den *concordato preventivo.*[1338] Hinzu kamen unterschiedliche Auffassungen bezüglich des Zeitpunkts der Befriedigung. So ging die vorherrschende Meinung bis zur Reform im Jahre 2012 davon aus, dass die unbeteiligten Gläubiger mit fälligen Forderungen sofort oder auf einfaches Anfordern, die übrigen bei Eintritt der Fälligkeit befriedigt werden müssten.[1339] In der nunmehr gültigen Form muss der vom Wirtschaftsprüfer bestätigte Plan die Eignung vorweisen, die unbeteiligten Gläubiger vollständig zu befriedigen. Dabei ist der folgende Zeitrahmen[1340] vorgesehen:

- 120 Tage ab der gerichtlichen Bestätigung bei bereits fälligen Verbindlichkeiten;
- innerhalb von 120 Tagen ab Fälligkeit, wenn diese bei der gerichtlichen Bestätigung noch nicht vorliegt.

Diese Fristen, die einer früheren Geltendmachung durch die unbeteiligten Gläubiger entgegenstehen, sind jedoch nicht starr und können vom Schuldner im

---

1337 Die Änderungen bzw. der geänderte Plan muss von den Gläubigern akzeptiert sowie vom Gericht und vom Wirtschaftsprüfer bestätigt werden, vgl. *Felicioni* – Accordi di ristrutturazione debiti modificabili in corsa, https://iusletter.com/oggi-sulla-stampa/accordi-di-ristrutturazione-debiti-modificabili-in-corsa/; die – für diese Arbeit nicht weiter relevante – Vorgehensweise bei Abänderung des *accordo di ristrutturazione* ist zukünftig in Art. 58 C.C.I.I. geregelt.

1338 *Pluris,* Codice del fallimento commentato, Art. 182-bis, V.1.

1339 *Pluris,* Codice del fallimento commentato, Art. 182-bis, V.1.

1340 Vgl. Art. 182-bis Abs. 1 lit. a), b) L.F. bzw. Art. 57 Abs. 3 C.C.I.I.

accordo di ristrutturazione zugrunde liegenden Sanierungsplan auch verkürzt werden.[1341]

(5) Einreichung bei Gericht und gerichtliche Bestätigung

Wie bereits angesprochen, macht das Erfordernis der gerichtlichen Bestätigung den *accordo di ristrutturazione* zu einer Art Hybride mit einem außergerichtlichen und einem gerichtlichen Teil.

Einzureichen sind neben dem *accordo di ristrutturazione* selbst die Bestätigung durch den Wirtschaftsprüfer und die Dokumente mit Unternehmensinformationen.[1342] Der *accordo di ristrutturazione* sollte in schriftlicher Form und mit beglaubigter Unterschrift (*assenso attestato da sottoscrizione autenticata e certificata*) beim zuständigen Gericht am Schuldnersitz[1343] eingereicht werden.[1344]

Die gerichtliche Beteiligung ist auf die Prüfung des *accordo di ristrutturazione,*[1345] der Bestätigung des Wirtschaftsprüfers und der begleitenden Dokumente, die Entscheidung über etwaige Einsprüche von Gläubigern oder anderweitig Betroffenen und die anschließende Genehmigung (oder Ablehnung) per Beschluss bzw. Urteil[1346] beschränkt. Die vorangegangene Verhandlung und die spätere Ausführung erfolgen ohne gerichtliche Beteiligung oder Aufsicht.[1347]

(6) Bestätigung durch Wirtschaftsprüfer

Wie beim *piano di risanamento* ist eine Bestätigung der Durchführbarkeit des Plans und der Korrektheit der Unternehmensdaten durch einen vom Schuldner

1341 *Ferro,* La legge fallimentare, Art. 182-bis, 2525.

1342 *Posca/Abate/Grasseli,* Manuale pratico della procedura fallimentare, Kapitel XV, S. 283/284; Einzelheiten siehe unter III.C.5.a)(5) und III.A.4.a); für mehr Details siehe auch *Rinaldi*, Gli accordi di ristrutturazione dei debiti, in: *Di Schiano Pepe*, Il diritto fallimentare riformato, S. 666; Art. 161 L.F bzw. Art. 57 Abs. 2 i. V. m. Artt. 56, 39 C.C.I.I.

1343 *Guglielmucci/Padovini,* Diritto fallimentare, S. 356.

1344 *Rinaldi*, Gli accordi di ristrutturazione dei debiti, in: *Di Schiano Pepe*, Il diritto fallimentare riformato, S. 661.

1345 Insbesondere bei Geltendmachung von Einwendungen seitens der Gläubiger oder anderweitig Betroffener ist auch die Sicherstellung der Befriedigung der nicht teilnehmenden Gläubiger Gegenstand der Prüfung des Gerichts, siehe *Kindler/Conow*, Länderberichte – Italien, in: *Kindler/Nachmann* (Hrsg.), Handbuch Insolvenzrecht in Europa, 4. Erg.-Lfg, Rn. 266; vgl. ausführlicher unter III.C.4.d).

1346 Vgl. Art. 182-bis Abs. 4 L.F. (Beschluss) bzw. Art. 48 Abs. 4 S. 3 C.C.I.I. (Urteil).

1347 *Capizzi,* Crisi d'impresa e ristrutturazione del debito, S. 81, 3.3.4.

auszuwählenden Wirtschaftsprüfer[1348] mit bestimmten beruflichen und schuldnerbezogenen Voraussetzungen[1349] erforderlich.[1350]

Zusätzlich muss der Wirtschaftsprüfer bestätigen, dass nach Durchführung noch genügend Mittel vorhanden sind, um die unbeteiligten Gläubiger vollständig zu befriedigen.[1351]

Wie schon im Hinblick auf den *piano di risanamento* hat sich in der Rechtsprechung die Auffassung verbreitet, dass sich der Wirtschaftsprüfer an die von AIDEA[1352] herausgegebenen Prinzipien[1353] halten sollte.[1354] Ein solches Vorgehen ist also im Zweifel zu empfehlen, um bezüglich der Wirksamkeit der Bestätigung im Hinblick auf Vollständigkeit, Analyse und Logik auf Nummer sicher zu gehen.

(7) Eintragung im Unternehmensregister

Nach Art. 182-bis Abs. 2 L.F. bzw. Art. 45 C.C.I.I. hat die Eintragung und Veröffentlichung des *accordo di ristrutturazione* im Handelsregister zu erfolgen, welche für dessen Wirksamkeit und Schutzwirkung maßgeblich ist.[1355] Frühestens nach Ablauf von 30 Tagen seit der Eintragung erfolgt die Bestätigung durch das Gericht.[1356] Die Tatsache, dass die unbeteiligten Gläubiger hiervon nicht unbedingt Kenntnis erhalten, ist aufgrund des doch geringen und nur temporären Eingriffs in ihre Rechte hinnehmbar.[1357] Denn es greift zunächst nur

1348 Art. 57 Abs. 4 i. V. m. Art. 2 Abs. 1 lit. o) C.C.I.I.

1349 vgl. oben unter III.C.3.a)).

1350 vgl. *Pluris,* Codice del fallimento commentato, Art. 67, XIV.; *Guiotto*, L'attestazione negli artt. 67 e 182bis: profili comparativi, Il Fallimento 2014, 1029/1035 f.

1351 *Santonocito-Pluta/Mare-Ehlers*, Band 4 Länderberichte – Italien, in: *Kirchhof* (Hrsg.), Münchener Kommentar zur Insolvenzordnung, [3. Aufl.], Rn. 119; vgl. 57 Abs. 4 C.C.I.I. und unter III.C.4.a)(4).

1352 Accademia Italiana di Economia Aziendale.

1353 *CNDCEC*, Principi di attestazione dei piani di risanamento.

1354 *Pluris,* Codice del fallimento commentato, Art. 182-bis, IV.5.

1355 *Pluris,* Codice del fallimento commentato, Art. 182-bis, VIII.1; *Guglielmucci/Padovini,* Diritto fallimentare, S. 357.

1356 *Kindler/Conow*, Länderberichte – Italien, in: *Kindler/Nachmann* (Hrsg.), Handbuch Insolvenzrecht in Europa, 4. Erg.-Lfg, IV. Rn. 266. Mit Eintragung des gerichtlich bestätigten *accordo di ristrutturazione* in das Handelsregister entfaltet dieser Wirkung gegenüber Dritten, vgl. *Bitzer*, Länderberichte – Italien, in: *Kindler/Nachmann/Bitzer* (Hrsg.), Handbuch Insolvenzrecht in Europa, 5. Aufl., Rn. 82.

1357 *Guglielmucci/Padovini,* Diritto fallimentare, S. 357.

die – nachfolgend dargestellte – Unzulässigkeit von Vollstreckungsmaßnahmen und von Maßnahmen des einstweiligen Rechtsschutzes.

b) Vorteile

(i) Verbot der Einzelvollstreckung

Ab der Veröffentlichung des *accordo di ristrutturazione* im Handelsregister galt bis zum Inkrafttreten der jüngsten Reform *ex lege* ein 60-tägiges Verbot der Vollstreckung oder Sicherstellung sowie Einräumung von Vorzugsrechten[1358] – auch gegenüber dem Fiskus.[1359] Eine bedeutende Neuerung der Insolvenzrechtsreform ist die Abschaffung des sogenannten *automatic stay*: Das Verbot der Vollstreckung ist ab dann nur noch auf entsprechenden Antrag des Schuldners gültig.[1360] Im Gegensatz zum *legge fallimentare* ist zudem notwendig, dass der als vorübergehend zu wertende Vollstreckungsschutz durch das Gericht bestätigt wird,[1361] andernfalls verliert er seine Wirkung.[1362]

Durch die verfahrensrechtliche Vereinheitlichung des eigentlichen Insolvenzverfahrens und der Sanierungsinstrumente können künftig zudem vorübergehende Sicherungsmaßnahmen auf Antrag der Parteien auch im Verfahren eines *accordo di ristrutturazione* erlassen werden, vgl. Art. 54 Abs. 1 C.C.I.I.

Das Vollstreckungsverbot gilt für Gläubiger, die nach Titel und rechtlicher Grundlage vor der Veröffentlichung als solche zu qualifizieren sind.[1363] Es gilt

---

1358 In Art. 54 Abs. 2 C.C.I.I. ist das Verbot der Einräumung von Vorzugsrechten zwar nicht mehr explizit aufgeführt (anders als in Art. 182-bis Abs. 3 L.F.). Zweifelsohne sollte der Schuldner diesen Schutz aber über Art. 54 Abs. 1 C.C.I.I. beantragen können.

1359 *Zanichelli*, La nuova disciplina degli accordi di ristrutturazione dei debiti, S. 115 f.

1360 *Zanichelli*, La nuova disciplina degli accordi di ristrutturazione dei debiti, S. 105 f.; Zudem sind ab dem Datum der Veröffentlichung die Verjährungs- und Verwirkungsvorschriften (auf Antrag) gehemmt, Art. 54 Abs. 2 a.E. C.C.I.I.

1361 Nach Art. 55 Abs. 3 C.C.I.I. bestätigt oder widerruft das Gericht diese Schutzmaßnahmen innerhalb von 30 Tagen.

1362 Art. 55 Abs. 3 a.E. C.C.I.I.; der Widerruf oder Ablauf der Schutzwirkung dürfte aber an der Nichtigkeit von Vollstreckungsmaßnahmen während des Verbots nichts ändern, vgl. *Zanichelli*, La nuova disciplina degli accordi di ristrutturazione dei debiti, S. 112.

1363 *Santonocito-Pluta/Mare-Ehlers*, Band 4 Länderberichte – Italien, in: *Kirchhof* (Hrsg.), Münchener Kommentar zur Insolvenzordnung, [3. Aufl.], Rn. 119; *Posca/Abate/Grasseli*, Manuale pratico della procedura fallimentare, Kapitel XV, S. 286.

ferner sowohl für bereits begonnene als auch noch zu beginnende Maßnahmen.[1364] Umfasst sind auch Maßnahmen geringerer Intensität, die tendenziell eher darauf gerichtet sind, Wegschaffungs- oder Zugriffserschwerungsmaßnahmen des Schuldners zu verhindern. Das Verbot gilt dagegen nicht für ordentliche Erkenntnisverfahren (*azione ordinaria di cognizione*)[1365] und auch nicht für Gegenstände, die auf keinster Weise vom *accordo di ristrutturazione* betroffen sind.[1366] Zuletzt greift der Schutz nicht bei Gegenständen Dritter, die dem Schuldner, auch im Rahmen und zur Erfüllung des *accordo di ristrutturazione,* überlassen wurden.[1367]

Problematisch an der früher vorgesehenen 60-Tages-Frist war, dass keine Regelung für den Fall getroffen wurde, dass die Entscheidung des Gerichts längere Zeit benötigt.[1368] Insbesondere fehlte der Verweis auf die entsprechende Vorschrift in Abs. 1 des Art. 168 L.F., nach dem der Schutz des Schuldnervermögens bis zur Entscheidung des Gerichts bestehen bleibt.[1369] Aufgrund der Systematik des C.C.I.I. stellt sich dieses Problem fortan nicht mehr. Die Schutzwirkung tritt mit Antrag des Schuldners ein. Ergeht innerhalb der dort geregelten Fristen kein Beschluss gemäß Art. 55 C.C.I.I., erlischt sie, siehe Art. 55 Abs. 3 C.C.I.I. Zu beachten sind die Befristungen für Einzelvollstreckungsverbote und sonstige Sicherungsmaßnahmen von drei, sechs bzw. allerhöchstens zwölf Monaten gemäß Art. 8 und Art. 20 Abs. 3 i. V. m. Art. 19 C.C.I.I. Dies ist vor allem beim Durchlaufen mehrerer Sanierungsverfahren kritisch,[1370] aber

1364 *Pluris,* Codice del fallimento commentato, Art. 182-bis, IX.II.; vgl. Art. 182-bis Abs. 3 L.F., eingeführt vom D.Lgs. 169/2007 und im Rahmen der späteren Reformen modfiziert, u. a. durch Ergänzung der Vorzugsrechte durch D.L. 83/2012., siehe *Capizzi,* Crisi d'impresa e ristrutturazione del debito, S. 82, 3.3.4.

1365 *Pluris,* Codice del fallimento commentato, Art. 182-bis, IX.2.

1366 *Pluris,* Codice del fallimento commentato, Art. 182-bis, IX.2, 3.

1367 *Pluris,* Codice del fallimento commentato, Art. 182-bis, IX.2.

1368 Mit der Reform ist keine zeitliche Begrenzung der Schutzmaßnahmen per se mehr vorgeschrieben, weshalb sich dieses Problem ab dem Geltungszeitraum des C.C.I.I. so nicht mehr stellen wird.

1369 In der Literatur wird z.T. vertreten, dass das Gericht den Schutz zumindest gegenüber Gläubigern, die durch das Einlegen von Einwenden den Schutz umgehen und so nach Ablauf von 60 Tagen das Schuldnervermögen und damit den Erfolg des *accordo di ristrutturazione* durch Vollstreckungsmaßnahmen gefährden können, verlängern kann, siehe *Verna,* I nuovi accordi di ristrutturazione (art. 182bis, legge fallim.), Dir. fall. 2007, 942/953.

1370 Ein vorgelagertes Frühwarnsystem dauert beispielsweise bis zu 6 Monate, erfolgt anschließend der Antrag auf Zulassung eines *concordato preventivo* (*in bianco*), so verstreichen mit den möglichen Fristverlängerungen weitere Monate. Im Ergebnis kann das Verfahren des *concordato preventivo* noch gar nicht eröffnet sein, die zwölfmonatige Höchstfrist aber bereits erreicht sein.

nicht zuletzt vor dem Hintergrund des Willens des europäischen Gesetzgebers zwingend einzuhalten.[1371]

Zur Erleichterung der Einleitung und Verhandlung eines *accordo di ristrutturazione* kann dieser Schutz unter bestimmten Voraussetzungen sogar auf die Phase vor Einreichung und Veröffentlichung erstreckt werden. Erforderlich ist hierzu nach Art. 182-bis Abs. 6 L.F. bzw. Art. 54 Abs. 3 C.C.I.I., dass der Schuldner dies beantragt und einen Entwurf eines *accordo di ristrutturazione* bei Gericht einreicht – zusammen mit weiteren Dokumenten nach Art. 161 L.F. bzw. Art. 54 Abs. 3 i. V. m. Art. 39 C.C.I.I. Beizufügen ist zum einen eine (Selbst-) Bescheinigung,[1372] dass Gläubiger mit 60 % der Forderungen an den Verhandlungen beteiligt sind. Zudem die Bestätigung eines Wirtschaftsprüfers, dass der Vorschlag geeignet ist, alle nicht an der Verhandlung beteiligten oder verhandlungsunwilligen Gläubiger vollständig zu befriedigen. Die Bestätigung zu diesem Zeitpunkt ist denklogisch weitaus prognostischer als die nach Art. 182-bis Abs. 1 L.F. bzw. Art. 57 Abs. 4 C.C.I.I. und zielt eher auf die abstrakte Geeignetheit ab, da eine finale Version des *accordo di ristrutturazione* noch nicht vorliegt.

Der Antrag auf Suspendierung der genannten Gläubigermaßnahmen wird im Handelsregister veröffentlicht und entfaltet ab diesem Zeitpunkt Wirkung.[1373] Das Gericht prüft den soeben dargestellten Antrag und sollte er im Hinblick

---

1371 Art. 6 Abs. 8 RL 2019/1023, vgl. auch *Panzani* – Il preventive restructuring framework nella Direttiva 2019/1023 del 20 giugno 2019 ed il codice della crisi. Assonanze e dissonanze., http://www.dirittobancario.it/approfondimenti/crisi-dimpresa/il-preventive-restructuring-framework-nella-direttiva-20191023-del-20-giugno-2019. Vgl. zur Anpassung des C.C.I.I. an die RL 2019/1023 durch das *decreto correttivo* auch *Serra* – Codice della crisi d'impresa: le novità del decreto correttivo, https://www.altalex.com/documents/news/2020/11/16/codice-crisi-di-impresa-novita-del-decreto-correttivo#p15. Anzumerken ist jedoch, dass die Begrenzung auf vier Monate in Art. 55 Abs. 3 C.C.I.I. über Art. 6 Abs. 8 der Richtlinie 2019/1023 hinauszugehen scheint, der eine Begrenzung auf vier Monate nur vorsieht, wenn „*der Mittelpunkt der hauptsächlichen Interessen des Schuldners innerhalb eines Zeitraums von drei Monaten vor Einreichung eines Antrags auf Eröffnung eines präventiven Restrukturierungsverfahrens in einen anderen Mitgliedstaat verlegt wurde.*" Entsprechend sieht das deutsche Recht in Umsetzung der Richtlinie 1023/2019 eine Begrenzung auf vier Monate nur für diesen Fall vor, vgl. § 53 Abs. 4 StaRUG. Im Übrigen ist in Art. 54 Abs. 4 C.C.I.I. i. V. m. Artt. 20 Abs. 3, 19 Abs. 1 und Art. 8 C.C.I.I. die viermonatige Grenze nach wie vor nicht ersichtlich.

1372 Unter der Geltung des C.C.I.I. wird diese ersetzt durch die Bescheinigung eines unabhängigen Wirtschaftsprüfers, vgl. Art. 54 Abs. 3 C.C.I.I.

1373 Art. 182-bis Abs. 6 S. 2 L.F. bzw. Art. 54 Abs. 2 i. V. m. Abs. 3 C.C.I.I.

auf die geforderte Dokumentation komplett sein, setzt es einen Termin innerhalb von 30 Tagen ab Antragseingang fest.[1374] Über diesen Termin werden alle, d. h. sowohl aus dem Antrag als auch aus der gesamten Dokumentation ersichtliche,[1375] Gläubiger in Kenntnis gesetzt. Ergibt sich bei der Prüfung der Unterlagen und bei diesem Termin, dass die Voraussetzungen der Übereinkunft mit der erforderlichen Mehrheit der Gläubiger und der vollständigen Befriedigung der übrigen Gläubiger gegeben sind, erlässt das Gericht das Verbot der Vollstreckungs-/Sicherungsmaßnahmen sowie des Gewährens von Vorzugsrechten. Es legt ferner eine Frist von 30–60 Tagen[1376] für die Einreichung des finalen *accordo di ristrutturazione* nebst Begleitdokumentation und Bestätigung des Wirtschaftsprüfers fest. Mit Veröffentlichung dieses Beschlusses tritt dessen (endgültige) Suspensivwirkung[1377] (für den genannten Zeitraum) im Hinblick auf die Maßnahmen der Gläubiger ein. Vorteilhaft ist auch, dass nach Art. 182-bis Abs. 8 L.F. bzw. Art. 54 Abs. 6 C.C.I.I. diese Wirkungen bestehen bleiben, wenn der Schuldner innerhalb der gesetzten Frist statt eines *accordo di ristrutturazione* einen *concordato preventivo* einreicht.[1378] Umgekehrt erzeugt die Einreichung eines unten näher aufgeführten *concordato in bianco* größtenteils die gleichen Schutzwirkungen,[1379] die auch erhalten bleiben, wenn statt dem finalen *concordato preventivo* ein *accordo di ristrutturazione* vorgelegt wird. Daher kann ein Schuldner, der einen *accordo di ristrutturazione* plant oder sich die Wahl des endgültigen Instruments offen halten will, einen Antrag auf einen *concordato preventivo* präsentieren und genießt ab dessen Veröffentlichung Vollstreckungsschutz.[1380] Ein

---

1374 Der prozessuale Ablauf erfährt durch die Insolvenzrechtsreform eine kleine Änderung: wie bereits weiter oben dargestellt, entscheidet das Gericht über die Bestätigung oder den Widerruf des Vollstreckungsverbots. Ein kontradiktorischer Termin ist nicht mehr vorgesehen, die Gläubiger können ihr Recht auf gerichtliches Gehör im Wege der Anfechtung des Beschlusses gemäß Art. 124 C.C.I.I. durchsetzen.

1375 *Pluris,* Codice del fallimento commentato, Art. 182-bis, IX.4.

1376 Bei besonderen Umständen ist die Frist einmalig um maximal 60 Tage verlängerbar, siehe Art. 44 Abs. 1 lit. a) C.C.I.I.; unter der Geltung des *legge fallimentare* war die Frist kürzer und Betrug 60 Tage, Art. 182-bis Abs. 7 L.F.

1377 Unter der neuen Insolvenzordnung tritt die Wirkung mit Veröffentlichung des Antrags ein und wird vom Gericht bestätigt oder aufgehoben, Art. 54 Abs. 3, 2 i. V. m. Art. 55 Abs. 3 C.I.I.; beide Systeme führen jedoch zu einem identischen Ergebnis.

1378 *Posca/Abate/Grasseli,* Manuale pratico della procedura fallimentare, Kapitel XV, S. 288; dieser Mechanismus besteht nach der Reform in Art. 54 Abs. 6 C.C.I.I. fort.

1379 Vgl. unter III.C.5.b)(1).

1380 *Guglielmucci/Padovini,* Diritto fallimentare, S. 354; siehe zu den Vorschriften zum concordato preventivo III.C.5.b)(1).

Wechsel zwischen diesen Instrumenten in beide Richtungen ist somit unproblematisch möglich.[1381]

Bei einem negativen Urteil über die Voraussetzungen erlässt das Gericht einen ablehnenden Bescheid, der den provisorischen Vollstreckungsschutz aufhebt.[1382]

Insgesamt bietet auch der neugeregelte Ansatz noch Raum für Kritik, insbesondere mit Blick auf die sehr hohe Öffentlichkeitswirkung der Veröffentlichung und Inkenntnissetzung aller, auch der nicht an den Verhandlungen beteiligten Gläubiger. Dem Problem der im Hinblick auf die Entscheidungszeiträume sehr optimistischen[1383] Beschränkung der Schutzwirkung seitens des Gesetzgebers auf 60 Tage[1384] ist dieser durch die Möglichkeit der Verlängerung auf 120 Tage unter dem *codice della crisi d'impresa e dell'insolvenza* entgegengetreten.

*(2) Vereinbarte Moratorien (*Standstill-*Vereinbarungen)*

Zusätzlich zu den oben genannten automatischen Wirkungen können diese auch privatautonom mit den Gläubigern vereinbart werden. Dies erfolgt in der Praxis anhand von *standstill agreements*, aufgrund derer sich die Gläubiger verpflichten, bis zu einem gewissen Zeitpunkt oder dem Eintritt einer Bedingung (beispielsweise gerichtliche Bestätigung/Ablehnung des *accordo di ristrutturazione*) keine Leistungen vom Schuldner zu verlangen.[1385] Gemäß Art. 1239 c.c. sind durch einen ebenfalls möglichen Forderungserlass auch die Bürgen von einer Inanspruchnahme durch die Gläubiger geschützt.[1386]

Derartige Stundungs- oder Vollstreckungsverzichtsvereinbarungen[1387] haben mit Wirksamwerden der Insolvenzrechtsreform unter gewissen Bedingungen

1381 Siehe hierzu auch unter III.C.5.b)(1).

1382 *Pluris,* Codice del fallimento commentato, Art. 182-bis, IX.4.; im Ergebnis ebenso die Regelung in Art. 55 Abs. 3 C.C.I.I.

1383 Vgl. *Pluris,* Codice del fallimento commentato, Art. 182-bis, IX.4.

1384 Es wird zwar angenommen, dass aufgrund der Vorschrift des Art. 182-bis Abs. 1 lit. a) und b) L.F. die Gläubiger erst nach Ablauf von 120 Tagen aus ihren Forderungen vorgehen können, vgl. Guglielmucci/Padovini, Diritto fallimentare, S. 353. Dies gilt jedoch nach hier vertretener Auffassung erst ab Bestätigung des *accordo di ristrutturazione*, so dass für den Zeitraum ab Tag 61 nach Veröffentlichung und der Entscheidung des Gerichts der Schutz nicht bestehen dürfte.

1385 *Capizzi,* Crisi d'impresa e ristrutturazione del debito, S. 82, 3.3.4.

1386 *Avolio/Di Majo*, Compendio di diritto della crisi di impresa e dell'insolvenza, 13. Aufl., S. 46.

1387 Nicht umfasst sind allerdings Vereinbarungen, die den Verzicht auf die Forderung beinhalten, vgl. Art. 62 Abs. 1 C.C.I.I.

auch Wirkung gegenüber nicht am *accordo di ristrutturazione* beteiligten Gläubigern der identischen Kategorie. Damit kann frühzeitig mit Gläubigern einer speziellen Gruppe ein Zahlungsaufschub oder Vollstreckungsverzicht vereinbart werden, welcher bei Beachtung der Vorschriften des Art. 62 C.C.I.I. auch gegenüber allen weiteren Gläubigern aus dieser Kategorie gilt.[1388]

(3) Schutz vor Insolvenzanfechtung und Bankrottstrafbarkeit

Die in Ausführung des *accordo di ristrutturazione* getätigten Handlungen sind – ähnlich wie beim *piano di risanamento* – von der Anfechtung ausgenommen.[1389] Davon unberührt ist im Übrigen die *inter-partes*-Wirkung der zugrunde liegenden Vereinbarung, diese kann und wird jedoch häufig von der Bestätigung des Gerichts abhängig gemacht.[1390]

Einen gewissen Schutz gibt es auch für Handlungen, die nicht in Ausführung des Plans, jedoch nach der Antragstellung rechtmäßig vorgenommen werden.[1391] Auch diese sind nicht anfechtbar. Die Feststellung, welche Handlungen hierzu gehören, dürfte jedoch mit einiger Rechtsunsicherheit verbunden sein.

Umfasst ist jedenfalls die insolvenzrechtliche Anfechtung, nach der Auffassung einiger auch die allgemeine Anfechtung.[1392] Art. 166 Abs. 3 lit. e) C.C.I.I. hat diesen Streit durch Klarstellung aufgelöst und umfasst auch die allgemeine Anfechtung. Diese Unterscheidung dürfte jedoch nicht von allzu großer Relevanz sein, da es kaum möglich sein wird, die für die allgemeine Anfechtung erforderliche Benachteiligungsabsicht[1393] einer Handlung, welche im Rahmen eines *accordo di ristrutturazione* vorgenommen wurde, nachzuweisen.[1394]

Interessanterweise sind beim *accordo di ristrutturazione* auch die Sicherheiten, die auf Gütern von Dritten gewährt wurden, von der Anfechtung ausgenommen, beim *piano di risanamento* dagegen nicht.[1395] Insofern stünden hier zur Absicherung

1388 Vgl. im Weiteren unter III.C.4.c)(1).

1389 Art. 67 Abs. 3 lit. e) L.F bzw. Art. 166 Abs. 3 lit. e) C.C.I.I.

1390 *Pluris,* Codice del fallimento commentato, Art. 182-bis, VIII.1.

1391 Art. 67 Abs. 3 lit. e) L.F bzw. Art. 166 Abs. 3 lit. e) C.C.I.I.

1392 Vgl. die Ausführungen unter III.C.3.b)(1)und *Pluris,* Codice del fallimento commentato, Art. 182-bis, VIII.1., m.w.N.: insbesondere das Gericht in Mailand tendiert hier gegen die herrschende Meinung, siehe bspw. *Tribunale di Milano,* Beschluss v. 2. März 2013 (erhältlich in Giur. It. 2013, 11, 2275).

1393 Vgl. Unter III.B.2.b)(3)ii.

1394 *Rinaldi,* Gli accordi di ristrutturazione dei debiti, in: *Di Schiano Pepe,* Il diritto fallimentare riformato, S. 671.

1395 Art. 67 Abs. 3 lit. d) und e) L.F. bzw. Art. 166 Abs. 3 lit. d) und e) C.C.I.I.

beispielsweise von Garantien des veräußernden Schuldners weitere Sicherungsgegenstände, gewährt von Dritten, zur Verfügung, die nicht der Insolvenzanfechtung unterlägen. In zeitlicher Hinsicht überzeugt es, den Beginn des Anfechtungsschutzes auf den Zeitraum ab Bestätigung zu legen.[1396] Andernfalls wären die Rechte der Gläubiger, insbesondere der unbeteiligten, unverhältnismäßig verkürzt, da diese sich erst während der Bestätigungsphase gegen den Plan wehren können.

Zu erwähnen ist schließlich, dass nach überzeugenderer Auffassung die Zahlungen zur Befriedigung der unbeteiligten Gläubiger nicht vom Schutz der Insolvenzanfechtung umfasst sind.[1397] Denn sie erfolgen nicht aufgrund des *accordo di ristrutturazione* an sich, sondern aufgrund vorangegangener Sachverhalte und Schuldverhältnisse.

Schließlich gelten auch für den *accordo di ristrutturazione* Art. 217-bis L.F. bzw. Art. 324 C.C.I.I., nach welchen eine Strafbarkeit wegen einfachem oder betrügerischem Bankrott ausgeschlossen ist.

*(4) Stundung/Ratenzahlung von Steuerschulden (*transazione fiscale*)*

Während der Phase der Verhandlung und Ausarbeitung kann der Schuldner außerdem mit den Finanzämtern eine Übereinkunft schließen. Darin kann die ratenweise Zahlung oder Stundung der festgesetzten Steuern (inklusive damit zusammenhängender Gebühren) vereinbart werden.[1398] Dem Vorteil der Konsolidierung der Steuerschulden und der Beendigung der laufenden

---

1396 Offenbar auch die vorherrschende Meinung in der Literatur, vgl. *D'Ambrosio*, in: *Di Marzio*, Il nuovo diritto della crisi di impresa e del fallimento, S. 473; a.A. *Rinaldi*, Gli accordi di ristrutturazione dei debiti, in: *Di Schiano Pepe*, Il diritto fallimentare riformato, S. 670.

1397 *Pluris,* Codice del fallimento commentato, Art. 182-bis, V.4. (etwas strittig), a.A. *Guglielmucci/Padovini,* Diritto fallimentare, S. 362.

1398 *Capizzi,* Crisi d'impresa e ristrutturazione del debito, S. 82, 3.3.4.; Aktuell ist die *transazione fiscale* in Art. 182-ter Abs. 6 L.F., zukünftig in Art. 63 C.C.I.I. zu finden. Für die vorliegende Bearbeitung relevante Unterschiede ergeben sich hieraus ebenso wenig wie durch die anhand des *decrecto correttivo* erfolgte Überarbeitung, die in erster Linie einer erhöhten Klarheit und Linearität dienen soll, in dem der Begriff *transazione fiscale* durch eine Beschreibung der umschuldbaren Forderungen ersetzt wird, vgl. *Associazione fra le società italiane per azioni* – Il decretto correttivo al codice della crisi e dell'insolvenza, http://www.assonime.it/_layouts/15/Assonime.CustomAction/GetPdfToUrl.aspx?PathPdf=http://www.assonime.it/Stampa/Documents/Scheda%20decreto%20correttivo.pdf, S. 3.

finanzgerichtlichen Verfahren steht dabei der Nachteil der (faktischen) verbindlichen Anerkennung der Steuerschuld gegenüber.[1399]

(5) Geringes Risiko der Insolvenzeröffnung

Grundsätzlich ist das Risiko der Insolvenzeröffnung aufgrund der vorgesehenen vollständigen Befriedigung der unbeteiligten Gläubiger eher niedrig.[1400] Die Möglichkeit der Insolvenzeröffnung ist auf einen Antrag seitens der nichtbeteiligten Gläubiger, falls diese nicht innerhalb der Frist vollständig befriedigt werden,[1401] beschränkt. Alternativ kommt ein Hinweis des Gerichts an die Staatsanwaltschaft nach Art. 7 L.F. bzw. Artt. 37 f. C.C.I.I. (sollte es bei der Prüfung des *accordo di ristrutturazione* zu dem Ergebnis kommen, dass die Voraussetzungen für die Eröffnung des Insolvenzverfahrens vorliegen) in Betracht. Ein schon vor oder gleichzeitig zum Antrag auf Bestätigung des *accordo di ristrutturazione* gestellter Antrag auf Insolvenzeröffnung wird bereits nach aktuell geltendem Recht[1402] zusammen mit diesem behandelt, da sich beide gegenseitig ausschließen. Eine Insolvenzeröffnung während der Bestätigungsphase ist daher nicht möglich.[1403]

Allerdings ist anzumerken, dass eine Insolvenz des Schuldners insbesondere für die Gläubiger, die zum Teil auf Forderungen verzichten, insofern nachteilig ist, als dass sie nur den nicht erlassenen Rest der Forderung im Insolvenzverfahren geltend machen können.[1404] In den meisten Fällen wird dieses Risiko den Käufer eines Unternehmens nicht vordergründig treffen. Denkbar ist eine solche Konstellation dennoch, bspw. bei Erwerb des Unternehmens oder von Anteilen daran durch Darlehensgläubiger oder Gesellschafter.

1399 *Santonocito-Pluta/Mare-Ehlers*, Band 4 Länderberichte – Italien, in: *Kirchhof* (Hrsg.), Münchener Kommentar zur Insolvenzordnung, [3. Aufl.], Rn. 123.

1400 *Capizzi,* Crisi d'impresa e ristrutturazione del debito, S. 95, 3.3.6.

1401 *Capizzi,* Crisi d'impresa e ristrutturazione del debito, S. 83, 3.3.4.

1402 Art. 7 C.C.I.I. regelt die mit der Reform eingeführte einheitliche Behandlung der Anträge auf Insolvenz- oder Krisenbewältigungseröffnung; den Verfahren, die auf Bewältigung der Krise und nicht auf Liquidation gerichtet sind, ist gemäß Art. 7 Abs. 1 C.C.I.I. Vorschub zu gewähren.

1403 *Pluris,* Codice del fallimento commentato, Art. 182-bis, VIII.3.

1404 *Rinaldi*, Gli accordi di ristrutturazione dei debiti, in: *Di Schiano Pepe*, Il diritto fallimentare riformato, S. 675.

(6) *Vorabbefriedigung* (prededuzione) *von Finanzierungen und damit zusammenhängende Vorteile*[1405]

Die vom D.L. 78/2010 und D.L. 83/2012 eingeführten bzw. modifizierten[1406] Artt. 182-quater und -quinquies L.F., im reformierten Insolvenzgesetz in Artt. 99 ff. C.C.I.I. fortgeführt, regeln und erleichtern die Gewährung von Zwischen-, Ausführungs- und Gesellschafterfinanzierungen. Diese genießen unter den normierten Voraussetzungen das Recht auf Vorabbefriedigung gemäß dem Plan oder in einem eventuellen Insolvenzverfahren gemäß Art. 111 L.F. bzw. Art. 98 i. V. m. Art. 221 C.C.I.I.[1407] Dadurch soll die Bereitschaft der jeweiligen potenziellen Kreditgeber erhöht werden, neue Liquiditäten zur Verfügung zu stellen. Durch die Insolvenzrechtsreform gelten allerdings die Regelungen zur Befriedigung bestimmter bestehender Verbindlichkeiten nicht mehr.[1408]

Die Voraussetzungen und Gestaltungsmöglichkeiten stellen sich wie folgt dar:

i. Ausführungsfinanzierung

Nach Art. 182-quater Abs. 1 L.F. bzw. Art. 101 C.C.I.I. sind Finanzierungen, die in der Ausführung eines *accordo di ristrutturazione*, bei dem die Unternehmensfortführung vorgesehen ist, gewährt werden, nach Art. 111 L.F. bzw. Art. 221 C.C.I.I. der Vorabbefriedigung zugänglich.[1409] Dies ist insbesondere im Vergleich zum *piano di risanamento* ein erheblicher Vorteil, da die bewilligten Darlehen nicht zwangsläufig mit Sicherheiten abgesichert werden müssen.[1410]

1405 Die Ausführungen unter diesem Abschnitt gelten grundsätzlich gleichermaßen für den *concordato preventivo* (siehe unter III.C.5.b)(4).

1406 Die ursprüngliche Regelung wurde aufgrund fehlender steuerlicher Bestimmungen und fehlender Möglichkeiten für den Verhandlungszeitraum nur selten in Anspruch genommen.

1407 Art. 221 C.C.I.I. regelt die Rangfolge der Verteilung des Liquidationserlöses, wobei die *crediti prededucibili* als erstes bedient werden; *crediti prededucibli* können daher mit Masseforderungen gleichgesetzt werden.

1408 Vgl. unter III.C.5.b)(4).

1409 Gemäß Art. 182-quater Abs. 2 L.F. gilt Abs. 1 des Art. 182-quater L.F. auch für Finanzierungen, die zum Zwecke der Antragstellung erbracht wurden, sofern sie im *accordo di ristutturazione* (oder *concordato preventivo*) vorgesehen sind und die Vorabbefriedigung in der gerichtlichen Bestätigung wiedergegeben ist (sogenannte Brückenfinanzierungen (*finanziamenti ponte*)). Diese Regelung findet sich in dieser Gestalt im C.C.I.I. nicht mehr.

1410 *Guglielmucci/Padovini,* Diritto fallimentare, S. 352.

Zusätzlich sind für die Finanzierungen gewährte Sicherheiten insolvenzfest, da und soweit sie in Ausführung des *accordo di ristrutturazione* eingeräumt wurden.

Abzugrenzen hiervon sind Finanzierungen, die nach der Eröffnung des Verfahrens zum Abschluss eines *accordo di ristrutturazione*, aber vor der Bestätigung des Plans gewährt werden. Diese stellen keine Finanzierungen nach Abs. 1 (gilt nur für Finanzierungen ab der Bestätigung) oder Abs. 2 (diese müssen vor der Eröffnung des Verfahrens ausgegeben werden) des Art. 182-quater L.F. und/oder Art. 101 C.C.I.I. dar. Sie können lediglich nach und unter den Voraussetzungen des Art. 182-quinquies bzw. Art. 99 C.C.I.I. autorisiert werden.[1411]

ii. Zwischen- und Notfinanzierung vor Bestätigung

Das Problem dieser sogenannten Zwischenfinanzierung wurde von dem durch das D.L. 83/2012 neu eingeführten Art. 182-quinquies L.F. erstmals behandelt.[1412] In der neuen Insolvenzordnung ist Art. 99 C.C.I.I. einschlägig.[1413] Der Schuldner kann ab Einreichung des Antrags auf Zulassung zur Krisenbewältigung bzw. konkret zum *accordo di ristrutturazione*[1414] vom Gericht die Genehmigung erhalten, Finanzierungen bis zur Bestätigung oder Ausführung des *accordo di ristrutturazione* aufzunehmen. Voraussetzung hierfür ist, dass – zumindest vorübergehend – die Fortführung des Unternehmens vorgesehen ist und die Liquiditätsaufnahme der zeitweiligen Fortführung und der besseren Gläubigerbefriedigung dient. Dies ist von einem unabhängigen Experten zu bestätigen. Der Schuldner muss Angaben zum Zweck der Finanzmittel und zum Eintritt eines schwerwiegenden Nachteils für das Unternehmen oder das anzustrengende Verfahren bei Nichtaufnahme der Mittel machen. Das Gericht entscheidet hierüber nach summarischer Prüfung der vorliegenden Informationen

---

1411 *Pluris*, Codice del fallimento commentato, Art. 182-bis, III.4.

1412 *Capizzi*, Crisi d'impresa e ristrutturazione del debito, S. 84, 3.3.4.

1413 Die Vorschriften zum Ablauf und zu den Voraussetzungen sind in weiten Teilen unverändert geblieben. Lediglich die „Aufspaltung" in reguläre und Notkredite in Art. 182-quinquies Abs. 1 bzw. Abs. 3 L.F. ist in Art. 99 C.C.I.I. nicht mehr zu finden. Dieser stellt an den Genehmigungsantrag von Zwischenfinanzierungen stets die erhöhten Anforderungen bzgl. der Angaben zum Zweck der Finanzmittel und des drohenden schwerwiegenden Nachteils, vgl. Art. 99 Abs. 3 C.C.I.I.

1414 Erforderlich ist auch hierfür nicht, dass bereits der endverhandelte *accordo di ristrutturazione* vorliegt; Art. 182-quinquies Art. 1 und 3 L.F. i. V. m. Art. 182-bis Abs. 6 L.F. bzw. Art. 99 Abs. 1 i. V. m. Art. 44 C.C.I.I. lassen einen Antrag bereits im Verhandlungsstadium zu.

und ggf. nach Anhörung des *commissario giudiziale*[1415] und der Hauptgläubiger. Es kann dem Schuldner gestatten, zur Absicherung der Finanzierungen Sicherheiten wie Pfandrechte, Hypotheken oder Forderungsabtretungen zu gewähren.

Diese Möglichkeit der sehr frühen Aufnahme neuer Liquiditäten kann zur Deckung dringender betrieblicher Ausgaben bis zum Bestätigungstermin oder nur bis zum Termin zur endgültigen Einreichung des *accordo di ristrutturazione* genutzt werden. Eine solche frühe Finanzierung ist bei einer *distressed M&A*-Transaktion in der Regel im Interesse beider Vertragsparteien, um das Zielunternehmen nebst Schlüsselarbeitnehmern zu erhalten und eine Insolvenzeröffnung zu vermeiden. Die Darlehensgeber sind dabei durch das Recht auf vorzugsweise Befriedigung geschützt.

iii. Gesellschafterdarlehen

Des Weiteren gilt laut Art. 182-quater Abs. 3 L.F. bzw. Art. 102 C.C.I.I. und in Abweichung vom Nachrangigkeitsprinzip von Gesellschafterdarlehen (geregelt in Artt. 2467 und 2497-quinquies[1416] c.c.) das oben[1417] Niedergelegte auch für Gesellschafterdarlehen. Dies jedoch mit der Maßgabe, dass diese maximal bis zu einer Höhe von 80 % der jeweiligen Beteiligung bevorzugt befriedigt werden können. Der gewährte Kredit sollte also diese Summe nicht überschreiten bzw. für überschreitende Beträge wären im Idealfall Sicherheiten zu gewähren. Die Vorabbefriedigung gilt nach Art. 182-quater Abs. 3 S. 2 L.F. bzw. Art. 102 Abs. 2 C.C.I.I. auch für diejenigen, die während der Umsetzung des *accordo di ristrutturazione* den Gesellschafterstatus erwerben. Aufgrund eines fehlenden Verweises auf Art. 182-quater Abs. 3 S. 1 L.F. ging man vor der Geltung des C.C.I.I. davon aus, dass die 80 %-Grenze für die Neugesellschafter nicht gelten soll.[1418] Diese Leseart wird durch den Wortlaut des Art. 102 Abs. 2 C.C.I.I. (*per l'intero ammontare*) bestätigt.

Zwar haben die in diesem Abschnitt dargestellten Neuregelungen auf die von der Rechtslehre geforderten Missstände reagiert und die aufgezeigten Lücken

1415 Dessen Ernennung ist nur dann zwingend, wenn ein Antrag auf Insolvenzeröffnung vorliegt, Art. 44 Abs. 4 C.C.I.I.

1416 Dieser regelt streng genommen Finanzierungen durch geschäftsführend tätig werdende Gesellschaften (Regelungsziel sind Gesellschaftsgruppen/Konzerne, die unter einer einheitlichen Leitung stehen) und stellt diese Gesellschafterdarlehen gleich.

1417 D. h. zur Zwischen- und Ausführungsfinanzierung, siehe III.C.4.b)(6)i und III.C.4.b)(6)ii.

1418 *Guglielmucci/Padovini*, Diritto fallimentare, S. 352.

bezüglich der Inanspruchnahme von „*frischem Geld*" und insbesondere dessen Vorabbefriedigung größtenteils gefüllt. Dennoch bleiben kleinere Kritikpunkte, bei denen ein Nachjustieren des Gesetzgebers wünschenswert wäre: Beispielsweise wird kritisiert, dass die Notwendigkeit einer zeitlich begrenzten Umschuldung beim Schuldner nicht berücksichtigt wurde, welche wiederum der notwendigen Freisetzung von Liquidität zur Befriedigung der unbeteiligten Gläubiger dient.[1419]

(7) Steuerliche Erleichterungen

Die Inanspruchnahme des *accordo di ristrutturazione* wurde zudem durch steuerliche Erleichterungen unterstützt: Wie beim *piano di risanamento* gilt auch hier Art. 88 Abs. 4-ter TUIR, d. h. der Schuldenabbau stellt in der Höhe, in der er die aktuellen und vorgetragenen Verluste übersteigt, keinen steuerbaren Erlös dar.[1420] Ebenso ist bei der Übertragung des Unternehmens gemäß Art. 14 Abs. 5-bis D.Lgs. 472/1997 die gesamtschuldnerische Haftung für bestehende Steuerschulden ausgeschlossen. Für die Gläubiger erfolgt der Anreiz zur Teilnahme durch Art. 101 Abs. 5 TUIR, nach dem Forderungsverluste gegenüber einem Schuldner in der Krise gewinnmindernd in Ansatz gebracht werden können.[1421]

(8) Kapitalherabsetzung

Schließlich gilt ab der Einreichung des Bestätigungsantrags oder eines Antrags mit dem Ziel der Verhängung von Schutzmaßnahmen bezogen auf einen *accordo di ristrutturazione*[1422] und bis zu dessen Bestätigung, dass die Vorschriften über die Herabsetzung des Kapitals oder die Auflösung von Gesellschaften aufgrund von Verlusten in der Krise nicht anwendbar sind.[1423]

(9) Arbeitsrecht

Im Hinblick auf den Art. 2112 c.c. und den Übergang bestehender Arbeitsverhältnisse galt bis zur jüngsten Reform aufgrund des Art. 47 Abs. 4-bis lit. b-ter) des legge 428/90, dass im Falle der Bestätigung des *accordo di ristrutturazione* die Bestimmungen des Art. 2112 c.c. modifiziert werden können, soweit die

---

1419 *Guglielmucci/Padovini*, Diritto fallimentare, S. 352.

1420 *Capizzi*, Crisi d'impresa e ristrutturazione del debito, S. 84, 3.3.4.

1421 *Capizzi*, Crisi d'impresa e ristrutturazione del debito, S. 84, 3.3.4.

1422 Art. 182-bis Abs. 6 L.F. bzw. Art. 54 C.C.I.I.

1423 Art. 182-sexies L.F. (dort noch mit etwas abweichender Regelung bzgl. des Zeitraums) bzw. Art. 64 C.C.I.I.

(teilweise) Beibehaltung der Arbeitsplätze im Rahmen einer Vereinbarung[1424] ausgehandelt wurde. Dadurch gingen Arbeitsverhältnisse nur bei entsprechender Vereinbarung und in der in dieser festgehaltenen Form über. Gemäß Art. 368 Abs. 4 lit. b) C.C.I.I. besteht seit der Reform nur noch die Möglichkeit, bei nichtliquidatorischen *accordi di ristrutturazione* eine Vereinbarung hinsichtlich der Arbeitsbedingungen zu treffen.[1425] Mit diesen Änderungen dürften die Zweifel an der Europarechtskonformität[1426] der Vorgängerregelung größtenteils behoben sein.[1427] Für eine *distressed M&A*-Transaktion ist diese Änderung von nicht unerheblicher Bedeutung. Der Übergang der Arbeitsverhältnisse ist dann zwingend[1428], lediglich deren Inhalt kann ggf. modifiziert werden.

(10) Registersteuer

Neben den bereits dargestellten steuerlichen Vorteilen ist der *accordo di ristrutturazione* auch im Hinblick auf die Registersteuer grundsätzlich günstig. Die Veröffentlichung der Bestätigung des *accordo di ristrutturazione* unterliegt laut den Finanzämtern der reduzierten Registersteuer von EUR 200,00 (Art. 8, parte

---

1424 Art. 47 L. 428/1990 sieht die Verhandlung und ggf. Vereinbarung zwischen Veräußerer, Erwerber und Arbeitnehmervertretung vor. Dessen Anwendbarkeit im Falle einer Unternehmensübertragung schreibt Art. 191 C.C.I.I. vor.

1425 Vgl. im Detail hierzu unter III.D.1.c)(4).

1426 Art. 4 der VO 21/2003 garantiert den Erhalt des Arbeitsplatzes bei Betriebsübergang (keine Kündigung). Art. 5 Abs. 2 lit. b) i. V. m. Art. 5 Abs. 3 VO 21/2003 sieht lediglich die Möglichkeit der Anpassung der Arbeitsbedingungen durch Vereinbarung zwischen den Kaufvertragsparteien und der Arbeitnehmervertretung vor. Die grundsätzliche Ausnahme vom Übergang der Arbeitsverhältnisse gemäß Art. 5 Abs. 1 VO 21/2003 soll nur bei Konkursverfahren mit dem Ziel der Auflösung des Schuldnervemögens gelten.

1427 *Fieldfisher* – Codice della crisi di impresa e trasferimento di azienda, http://www.lavorosi.it/rapporti-di-lavoro/trasferimento-dazienda/codice-della-crisi-di-impresa-e-trasferimento-di-azienda/.

1428 In der Praxis wurde Art. 47 Abs. 4-bis des legge 428/90 bereits – entgegen des Wortlauts – vor dem Hintergrund der europarechtlichen Bestimmungen einschränkend dahingehend ausgelegt, dass die auszuhandelnden Beschränkungen nur den Inhalt der Arbeitsverträge betreffen, nicht aber den Übergang dieser auf den Erwerber, vgl. etwa *Tribunale di Milano – Sezione Lavorao*, Urt. v. 15. Oktober 2015 – 6039/2015 (erhältlich in https://www.wikilabour.it/wp-content/uploads/2021/02/20151020_Trib-Milano.pdf).

prima, lett. g) des Anhangs zum TUIR)[1429], es sei denn, hierin werden Immobilienrechte übertragen, dann ist die proportionale Registersteuer zu begleichen.[1430]

c) *Nachteile*

(1) *Keine bzw. erschwerte Bindungswirkung für unbeteiligte Gläubiger*

Einer der Nachteile, insbesondere gegenüber dem *concordato preventivo* ist bzw. war bis zur Insolvenzrechtsreform durch das C.C.I.I., dass Schulden mit sich nicht beteiligenden Gläubigern in der Regel kaum bis gar nicht verhandelbar sind, diese (immerhin bis zu 40 % der Schulden) vielmehr komplett befriedigt werden müssen.

Insofern ist anzumerken, dass mit der Novellierung des Insolvenzrechts der sogenannte „erweiterte" *accordo di ristrutturazione* bzgl. seines Anwendungsbereichs überarbeitet worden ist.[1431] Ein solcher, der auch Wirkung gegenüber außenstehenden Gläubigern innerhalb einer oder mehrerer Kategorien hat, kann unter den folgenden Voraussetzungen abgeschlossen werden:

- Alle der Kategorie angehörigen Gläubiger wurden über die Verhandlungen informiert, hatten Gelegenheit zur Teilnahme, und haben vollständige und aktuelle Informationen über die wirtschaftliche, finanzielle und vermögensrechtliche Lage des Schuldners sowie über den *accordo di ristrutturazione* und seine Wirkungen erhalten.
- Der *accordo di ristrutturazione* sieht eine direkte oder indirekte Unternehmensfortführung vor, keine Zerschlagung.
- Die Forderungen der Gläubiger aus der betreffenden Kategorie, die an dem *accordo di ristrutturazione* teilnehmen, belaufen sich auf 75 % aller Forderungen der Gläubiger aus dieser Kategorie.

1429 *Dottori Commercialisti e Esperti Contabili di Pisa* – Accordi di regolazione della crisi d'impresa, https://www.odcecpisa.it/images/odcec/documenti/commissioni/Commissione_Procedure_Concorsuali/Elaborato_Accordi_di_Regolazione_della_Crisi_dImpresa/ACCORDI_DI_RISTRUTTURAZIONE_DEI_DEBITI_EX_ART._182_BIS_L.F.pdf.

1430 *Pluris*, Codice del fallimento commentato, Art. 182-bis, VIII.5.

1431 *Accordo di ristrutturazione ad efficacia estesa*, Art. 61 C.C.I.I.; unter der Geltung des *legge fallimentare* war in Art. 182-septies Abs. 1–4 L.F. die Möglichkeit der Erstreckung der Wirkung des *accordo di ristrutturazione* lediglich für Gläubiger der Kategorien Banken und Finanzdienstleister (*banche e intermediari finanziari*) vorgesehen.

- Die nichtbeteiligten Gläubiger aus der bestimmten Kategorie werden durch den *accordo di ristrutturazione* nicht in geringerem Umfang befriedigt als bei einer Liquidation.
- Der Schuldner hat den außenstehenden Gläubigern, auf die sich der *accordo di ristrutturazione* erstrecken soll, diesen selbst und den Antrag auf Genehmigung mitsamt Begleitdokumenten zur Kenntnis gebracht.

Jedoch kann den außenstehenden Gläubigern durch den *accordo di ristrutturazione* nicht die Erbringung neuer Leistungen, die Einräumung von Sicherheiten oder der Möglichkeit der weiteren Nutzung bestehender Sicherheiten sowie die Gewährung neuer Finanzierungen auferlegt werden.[1432] Der Vollständigkeit halber sei erwähnt, dass es bei überwiegenden Bankverbindlichkeiten eine weitere Möglichkeit zur Erstreckung auf außenstehende Gläubiger gibt (Art. 61 Abs. 5 C.C.I.I.).

Auch insgesamt kann die 60 %-Hürde als nicht unproblematisch gesehen werden. Ein „Klumpenrisiko" bei wenigen, wichtigen Gläubigern, die dann ein hohes Verhandlungsgewicht haben, könnte sich sehr schnell realisieren. Auch dieser Nachteil wird durch die Insolvenzrechtsreform abgefedert, indem unter gewissen Voraussetzungen die Mindestprozentzahl auf 30 % sinkt.[1433]

(2) Aufwendigeres Verfahren

Auf der anderen Seite ist der *accordo di ristrutturazione* im Vergleich zum *piano di risanamento* kostspieliger, langwieriger und vor allem aufgrund der notwendigen gerichtlichen Bestätigung insgesamt aufwendiger.[1434]

(3) Verantwortlichkeit des Wirtschaftsprüfers

Die bereits im Rahmen des *piano di risanamento* angesprochene Verantwortlichkeit des Wirtschaftsprüfers ergibt sich auch hier in strafrechtlicher Hinsicht aus Art. 236-bis L.F. bzw. Art. 342 C.C.I.I. Sie greift bei falschen Informationen oder dem Weglassen relevanter Informationen in der Bestätigung des Wirtschaftsprüfers. Dazu kommt eine mögliche zivilrechtliche Haftung, welche gegenüber dem Schuldner aus dem zugrunde liegenden Vertragsverhältnis, gegenüber

1432 *Bitzer*, Länderberichte – Italien, in: *Kindler/Nachmann/Bitzer* (Hrsg.), Handbuch Insolvenzrecht in Europa, 5. Aufl., Rn. 80.

1433 Siehe unter III.C.4.a)(3).

1434 *Capizzi*, Crisi d'impresa e ristrutturazione del debito, S. 95, 3.3.6.

Dritten aus Deliktshaftung oder vertragsähnlicher Haftung (*contatto sociale*) resultieren kann.[1435]

(4) Verringerte Möglichkeit der Geheimhaltung

Ebenfalls gegenüber dem *piano di risanamento* nachteilig ist die Tatsache, dass ein *accordo di ristrutturazione* weniger geräuschlos abgewickelt wird.[1436]

d) Veröffentlichung, Bestätigungsbeschluss und Rechtsfolgen

Mit der Veröffentlichung im Handelsregister nach Art. 182-bis Abs. 2 L.F. bzw. Art. 44 Abs. 6 C.C.I.I. wird der Plan wirksam und Gläubiger können nur Einzelvollstreckungsmaßnahmen ergreifen, falls der Schuldner mit der Erfüllung des Plans in Verzug gerät.[1437] Zudem tritt mit der Veröffentlichung die bereits genannte Schutzwirkung vor Anfechtung in Kraft.[1438]

Nach dieser Veröffentlichung des *accordo di ristrutturazione*[1439] im Handelsregister haben die Gläubiger 30 Tage Zeit, um Einwendungen vorzubringen.[1440] Nach Ablauf dieser Zeitspanne entscheidet das Gericht und bestätigt den *accordo di ristrutturazione* oder weist ihn zurück.[1441] Im Übrigen sind neben den unbeteiligten Gläubigern und betroffenen Dritten (bspw. Garantiegeber des Schuldners, die auch weiterhin den Forderungen der Gläubiger unterliegen können)[1442] auch die beteiligten Gläubiger einwendungsbefugt. Vorgebracht werden können z. B. Zweifel an der Durchführbarkeit, die sich auf erst nach der Ratifizierung des *accordo di ristrutturazione* auftretende Umstände stützen oder

---

1435 *Pluris*, Codice del fallimento commentato, Art. 182-bis, IV.4.

1436 *Capizzi*, Crisi d'impresa e ristrutturazione del debito, S. 95, 3.3.6.

1437 *Capizzi*, Crisi d'impresa e ristrutturazione del debito, S. 83, 3.3.4.

1438 *Capizzi*, Crisi d'impresa e ristrutturazione del debito, S. 83, 3.3.4.

1439 Art. 48 Abs. 4 C.C.I.I. in der durch das *decreto correttivo* geltenden Fassung schreibt vor, dass für den Beginn der 30tägigen Frist auch die Veröffentlichung des Plans und der Bestätigung (des Wirtschaftsprüfers) maßgeblich ist.

1440 Art. 182-bis Abs. 4 L.F. bzw. Art. 48 Abs. 4 C.C.I.I.

1441 *Capizzi*, Crisi d'impresa e ristrutturazione del debito, S. 82/83, 3.3.4; ergibt sich außerdem aus der Sicht des Gerichts, dass der Schuldner insolvenz sein könnte, so gibt es einen entsprechenden Hinweis an den Staatsanwalt, Art. 7 L.F. bzw. Artt. 37, 38 Abs. 2 C.C.I.I. i. V. m. Art. 48 Abs. 7 C.C.I.I., vgl. *Rinaldi*, Gli accordi di ristrutturazione dei debiti, in: *Di Schiano Pepe*, Il diritto fallimentare riformato, S. 675.

1442 *Rinaldi*, Gli accordi di ristrutturazione dei debiti, in: *Di Schiano Pepe*, Il diritto fallimentare riformato, S. 667.

auf Veränderungen bei den Passiva des Schuldners, sodass die 60 % nicht mehr erreicht scheinen.[1443]

Bei fehlenden Einwänden erfolgt nach der umstrittenen, aber wohl vorherrschenden Literaturansicht kein Anhörungstermin (*udienza*)[1444]. Diesem Verständnis entspricht die neue Norm des Art. 48 Abs. 4 C.C.I.I., der im Gegensatz zum *concordato preventivo* und den diesbezüglichen Verfahrensvorschriften in Art. 48 Abs. 1 und 2 C.C.I.I. insgesamt keinen Anhörungstermin mehr vorsieht.

Wie bereits kurz angesprochen, ist die gerichtliche Überprüfungskompetenz vergleichsweise gering. Nach einer Auffassung erfolgt bei fehlenden Einwänden sogar überhaupt keine inhaltliche Überprüfung, sondern lediglich dahingehend, ob die 60 %-Schwelle erreicht wurde und ob eine geeignete Stellungnahme des Wirtschaftsprüfers, begleitet von den notwendigen Dokumenten, vorliegt.[1445] Dieser Auffassung ist nicht zu folgen. Immerhin fände dann eine Prüfung durch das Insolvenzgericht nur statt, wenn sich die Gläubiger entscheiden, Einwände gegen den Plan zu erheben. Die Prüfungsbefugnis eines Insolvenzgerichts, insbesondere hinsichtlich der Geeignetheit der Befriedigung der unbeteiligten Gläubiger, deren Schutz der Gesetzgeber offensichtlich vor Augen hatte, kann nicht von den Gläubigern abhängen.[1446] Es ist damit nach der auch hier vertretenen Ansicht eine eigenständige Prüfung der Machbarkeit des *accordo di ristrutturazione* durch das Gericht angezeigt. Diese Prüfung hat dabei auch die

1443 *Pluris,* Codice del fallimento commentato, Art. 182-bis, VII.3.; *Rinaldi,* Gli accordi di ristrutturazione dei debiti, in: *Di Schiano Pepe,* Il diritto fallimentare riformato, S. 667.

1444 *Pluris,* Codice del fallimento commentato, Art. 182-bis, VII.1.; *Guglielmucci/Padovini,* Diritto fallimentare S. 358; allerdings ist die Ansicht vorzugswürdig, die jedenfalls dem Gericht eine Befugnis einräumt, in Ausnahmefällen einen solchen doch anzuberaumen.

1445 *Pluris,* Codice del fallimento commentato, Art. 182-bis, VII. S. 17; *Guglielmucci/Padovini,* Diritto fallimentare, S. 358 (nach dem sogar die Prüfung des Quorums von 60 % der Forderungen nicht selbstverständlich ist); allerdings tendieren insbesondere unterinstanzliche Gerichte dazu, dies anders zu sehen und auch bei fehlenden Einwänden dem Gericht eine Prüfung des Inhalts und der Machbarkeit des Plans zuzugestehen, vgl. *Tribunale di Modena,* Beschluss v. 19. November 2014; *Tribunale di Avellino,* Beschluss v. 12. November 2014 (erhältlich in Massima redazionale, 2014); *Tribunale di Asti,* Beschluss v. 25. Juni 2014 (erhältlich in Fallimento, 2014, 11, 1237); weitere Nachweise bei *Kindler/Conow,* Länderberichte – Italien, in: *Kindler/Nachmann* (Hrsg.), Handbuch Insolvenzrecht in Europa, 4. Erg.-Lfg, Rn. 266.

1446 *Rinaldi,* Gli accordi di ristrutturazione dei debiti, in: *Di Schiano Pepe,* Il diritto fallimentare riformato, S. 668.

Geeignetheit, die vollständige Befriedigung der übrigen Gläubiger zu sichern, zu umfassen.[1447]

Um das Risiko einer Ablehnung des *accordo di ristrutturazione* zu vermeiden und da das Verhalten der Gläubiger schwer einzuschätzen sein wird, ist er idealerweise so zu gestalten, dass er auch einer inhaltlichen Prüfung durch die Gerichte standhält. Dies gilt umso mehr, da insbesondere diese stets zur Annahme einer umfangreichen Prüfungskompetenz tendieren.

Der Bestätigungs- oder Ablehnungsbeschluss[1448] kann innerhalb von 15 (bzw. 30, vgl. den neu eingeführten Art. 51 Abs. 1 C.C.I.I.) Tagen ab Veröffentlichung im Handelsregister mittels der Beschwerde angegriffen werden.[1449]

e) Einkleidung des distressed M&A *in den* accordo di ristrutturazione

Wie bereits ausgeführt, ist der mögliche Inhalt eines *accordo di ristrutturazione* vom Gesetz nur spärlich und nicht im Detail vorgegeben, wie die Umstrukturierung der Schulden vonstattengehen kann. Hieran wird sich auch nach der Insolvenzrechtsreform nichts ändern. Das ist allerdings auch nicht verwunderlich, immerhin entspricht die Möglichkeit der weitestgehend freien Ausgestaltung der privatrechtlichen Natur des *accordo di ristrutturazione.*

Eine liquidierende Gestaltung und damit der Verkauf auch aller Vermögensgegenstände des Unternehmens ist mit der überzeugenden Ansicht für grundsätzlich für möglich zu halten.[1450] Zwar ist – ähnlich wie beim *piano di risanamento* – aufgrund der Restrukturierung der Schulden ein kompletter (Liquidations-)Verkauf nur schwer unter die Zweckrichtung des *accordo di ristrutturazione* zu fassen.[1451] Immerhin ginge es dann nur noch um die Versilberung, welche zur Auflösung des Unternehmens führt. Eine solche Liquidation außerhalb des Insolvenzverfahrens ist in erster Linie dem *concordato preventivo* vorbehalten.[1452] Dies ändert jedoch nichts

---

1447 *Pluris,* Codice del fallimento commentato, Art. 182-bis, VII.1.

1448 Im reformierten Insolvenzrecht ist eine Bestätigung durch Urteil vorgesehen, vgl. Art. 48 Abs. 4 S. 3 C.C.I.I.

1449 *Capizzi,* Crisi d'impresa e ristrutturazione del debito, S. 83, 3.3.4.

1450 *Busch,* Zerschlagungsabwendende Verfahren im deutschen und italienischen Insolvenzrecht, S. 183 m.w.N; *Kindler/Conow,* Länderberichte – Italien, in: *Kindler/Nachmann* (Hrsg.), Handbuch Insolvenzrecht in Europa, 4. Erg.-Lfg, Rn. 265; *Pluris,* Codice del fallimento commentato, Art. 182-bis, III.1.; dies ergibt sich auch aus dem Umkehrschluss des Art. 61 Abs. 2 lit. b) C.C.I.I.

1451 Vgl. *Pluris,* Codice del fallimento commentato, Art. 182-bis, III.1.

1452 *Pluris,* Codice del fallimento commentato, Art. 182-bis, IV.2.

daran, dass die überwiegende Auffassung wohl – nicht zuletzt mangels anderweitiger gesetzlicher Vorschriften – von einer möglichen liquidatorischen Natur des *accordo di ristrutturazione* ausgeht. Das Ergebnis eines solchen kann also auch die Einstellung der Geschäftsaktivität des Schuldners sein, insbesondere die Veräußerung des Unternehmens.[1453] Die Möglichkeit einer *distressed M&A*-Transaktion ist unabhängig von der vorgenannten Problemstellung umso mehr zu bejahen, da und sofern auch in diesen Fällen (wie bereits beim *piano di risanamento* ausgeführt) in der Regel eine Unternehmenskontinuität vorliegt. Unproblematisch ist jedenfalls der Verkauf einzelner Bereiche, auch des Kerngeschäfts des Schuldnerunternehmens, möglich.[1454]

Insofern kann auch nach hier vertretener Auffassung ein Verkauf des (gesamten) Betriebes im Wege eines *Share Deals* oder *Asset Deals* erfolgen, wenn der Verkaufserlös zur Restrukturierung der Schulden erfolgt (dies dürfte auch die Begleichung derselben umfassen).

Bei einem *Share Deal* sind auch hier insbesondere Konstellationen denkbar, bei denen das verkaufende Mutterunternehmen ebenfalls kriselt und/oder hohe finanzielle Forderungen gegenüber dem Zielunternehmen hat. Alternativ können das Unternehmen oder einzelne Betriebsteile auch in (neu zu gründende) Gesellschaften eingebracht und anschließend die Anteile an den Verkäufer übertragen werden.

Ein *Share Deal* kommt bspw. dann in Betracht, wenn der Verkäufer als Gesellschafter zu den Gläubigern gehört (aufgrund der Gewährung von *downstream*-Gesellschafterdarlehen). Zwischen ihm, den übrigen Gläubigern und dem Käufer könnte vereinbart werden, dass der Kaufpreis (möglicherweise reduziert um die Valuta der vom Käufer abzulösenden Gesellschafterdarlehen) zur Sanierung des Zielunternehmens verwendet wird. Auch hier profitieren idealerweise die unbeteiligten Gläubiger und der Verkäufer von der Befriedigung. Die beteiligten und auf einen Teil ihrer Forderung verzichtenden Gläubiger profitieren von einem sanierten Vertragspartner, möglicherweise unterstützt von Garantien seitens des Käufers. Für das Zielunternehmen ist vor allem die Senkung der Schuldenlast von Vorteil.

Eine vergleichbare Konstellation, die sich besonders für eine Regelung anhand des *accordo di ristrutturazione* eignet, ist der Kauf innerhalb einer vertikalen Wertschöpfungskette, also eine vertikale Übernahme. Hier hat der Käufer als einer der Gläubiger offene Forderungen gegenüber dem Verkäufer. Im *accordo di ristrutturazione* kann dann die Übertragung des gesamten Betriebes oder eines Teils hiervon

---

1453 *Rinaldi*, Gli accordi di ristrutturazione dei debiti, in: *Di Schiano Pepe*, Il diritto fallimentare riformato, S. 660; *Guglielmucci/Padovini,* Diritto fallimentare, S. 356.

1454 *Pluris,* Codice del fallimento commentato, Art. 182-bis, III.1.

vereinbart werden. Der Kaufpreis könnte dann zur Befriedigung der unbeteiligten Gläubiger verwendet werden, während die beteiligten Gläubiger auf einen Teil ihrer Forderungen verzichten und die übrigen Schulden auf den Verkäufer übergehen. So erhält der Käufer ein erheblich entschuldetes Unternehmen, die unbeteiligten Gläubiger ihre Forderungen und die beteiligten Gläubiger einen solventen Schuldner und sie profitieren von der Insolvenzfestigkeit des Vorgangs.

f) Fazit und wertender Vergleich

Der *accordo di ristrutturazione* eignet sich aufgrund des üblichen Inhalts des Schuldenerlasses in erster Linie zur Überwindung von Krisen mit eher finanziellem Charakter. Diese können durch fortführende oder veräußernde Ausrichtung des *accordo di ristrutturazione* zu überwinden versucht werden.[1455] Interessant dürfte er für einen eher kleinen Gläubigerkreis mit Interesse an der Sanierung und hierbei – anders als der *piano di risanamento* – insbesondere für Banken oder andere Großgläubiger sein. Denn aufgrund seiner Voraussetzungen (gerichtliche Bestätigung, 60 %-Quorum, Befriedigung der außenstehenden Gläubiger) ist eine spätere Insolvenz und das Risiko einer Inanspruchnahme wegen missbräuchlicher Kreditgewährung geringer.[1456]

Positiv hervorzuheben sind im Gegensatz zur ursprünglichen Formulierung der bessere Schutz für die Ausarbeitungs- und Verhandlungsphase sowie Finanzierungserleichterungen für die wirtschaftliche Überbrückung. In der nun gültigen Fassung stellt der *accordo di ristrutturazione* ein durchaus valides Instrument zur Behebung von Überschuldung, auch durch den Verkauf des Unternehmens, dar.

Ebenso wie beim *piano di risanamento* (und auch beim *concordato preventivo*) gibt es im deutschen Recht keine vergleichbare Regelung zu einem außerinsolvenzlichen Sanierungsplan mit gerichtlicher Beteiligung.[1457] Zwar entfaltet die Sanierung nach einem IDW-Sanierungskonzept zum Teil vergleichbare Schutzwirkungen. Diese sind jedoch nicht Folge einer gesetzgeberischen Willensäußerung, sondern Rechtsfortbildung bzw. -interpretation durch die Gerichte. Ferner stehen außergerichtliche Sanierungsversuche in Deutschland vor der Hürde der Einstimmigkeit. Gegen den Willen auch nur einzelner Gläubiger können keinerlei Maßnahmen getroffen werden. Eine Ausnahme gilt nur für Unternehmensanleihen nach dem Schuldverschreibungsgesetz, siehe § 5 SchVG.

1455 *Capizzi,* Crisi d'impresa e ristrutturazione del debito, S. 84, 3.3.4.

1456 *Capizzi,* Crisi d'impresa e ristrutturazione del debito, S. 84, 3.3.4.

1457 Zu den zu erwartenden Änderungen aufgrund der anstehenden EU-Richtlinie siehe IV.B.

5. Konkursabwendender Vergleich (*concordato preventivo*)[1458]

Der *concordato preventivo* ermöglicht die Regelung einer Krise durch Vereinbarungen mit den Gläubigern im Hinblick auf die offenen Forderungen unter dem Schutz[1459] und der Überwachung des Gerichts. Die Bezeichnung *preventivo* begründet sich darin, dass der *concordato preventivo* im Gegensatz zum *concordato fallimentare* bereits vor der Erklärung des *fallimento* bzw. der *liquidazione guidiziale* (= Insolvenzeröffnung) abgeschlossen werden kann.[1460] Dabei ist grundsätzlich zwischen zwei Typen zu unterscheiden: Dem betriebsfortführenden (*concordato preventivo con continuità aziendale*) und dem liquidatorischen (*concordato preventivo liquidatorio*) *concordato preventivo.*[1461]

Der *concordato preventivo* war bereits in der Ursprungsversion des *legge fallimentare* aus dem Jahre 1942 enthalten und existierte auch zuvor in der italienischen Gesetzgebung, insgesamt bereits seit dem Jahre 1903.[1462] Er wurde aber durch das D.L. 35/2005 komplett überarbeitet.[1463] Dabei rückten im Vergleich zu der vorher gültigen Fassung die Interessen der Gläubiger und der Erhalt der betrieblichen Produktionseinheit, unter anderem durch Stärkung der Privatautonomie und Schwächung der Rolle des Richters, in den Fokus.[1464] Neu war hier insbesondere auch die Abschaffung einer etwas unlogischen Differenz zum *concordato fallimentare*, nämlich der fehlenden Möglichkeit der anteiligen, prozentualen Befriedigung vorrangiger Gläubiger. Diese ist nunmehr unter der Voraussetzung möglich, dass die Summe nicht unterhalb des Verkaufserlöses des besicherten Gegenstandes liegt.[1465] Auch nach der Insolvenzrechtsreform ist der *concordato preventivo* deutlich detaillierter geregelt als der *piano di risanamento* und der *accordo di ristrutturazione* und dürfte weiterhin das praktisch

---

1458 Diese Ausführungen beziehen sich in Teilen auf die noch bis 1. September 2021 geltenden Vorschriften des *legge fallimentare*. Sofern sich durch die Insolvenzrechtsreform relevante Änderungen ergeben, wird hierauf mit Nennung der jeweiligen Norm im Text oder den entsprechenden Fußnoten verwiesen. Der *concordato preventivo* ist in Artt. 84 ff. C.C.I.I. geregelt, die dazugehörigen Verfahrensvorschriften in Artt. 40 ff. C.C.I.I.

1459 *Guglielmucci/Padovini,* Diritto fallimentare, S. 313.

1460 *Capizzi,* Crisi d'impresa e ristrutturazione del debito, S. 85, 3.3.5.

1461 *Avolio/Di Majo*, Compendio di diritto della crisi di impresa e dell'insolvenza, 13. Aufl., S. 62.

1462 *Capizzi,* Crisi d'impresa e ristrutturazione del debito, S. 85, 3.3.5.

1463 *Posca/Abate/Grasseli,* Manuale pratico della procedura fallimentare, S. 267.

1464 *Guglielmucci/Padovini,* Diritto fallimentare, S. 317.

1465 *Posca/Abate/Grasseli,* Manuale pratico della procedura fallimentare, S. 270.

relevanteste Instrument zur Krisenbewältigung sein. Die ab September 2021 geltenden Normen der Artt. 84 ff. C.C.I.I. bringen teils erhebliche Änderungen mit sich.

Wie bereits mehrfach angedeutet, ist der *concordato preventivo* nach seiner Struktur und seinem Ablauf ein gerichtliches Verfahren und wird daher im Unterschied zum *piano di risanamento* und *accordo di ristrutturazione* weniger als Vertrag, sondern vielmehr als Akt der hoheitlichen Gewalt gesehen.[1466] Die weniger privatrechtliche Orientierung geht beispielsweise aus der Formulierung der Art. 166 L.F. bzw. Art. 47 Abs. 1 und 2 C.C.I.I. hervor (Veröffentlichung des Dekrets betreffend die Zulassung des Antrags auf einen *concordato preventivo*).

a) Voraussetzungen

*(1) Unternehmer in Insolvenz (Zahlungsunfähigkeit) oder Krisenzustand (*stato di crisi*)*

Neben der Voraussetzung des Unternehmers[1467], der sich in einem Krisenzustand befindet,[1468] hatte der italienische Gesetzgeber mit dem D.L. 273/2005 den Art. 160 L.F. um den Abs. 3 erweitert. Seitdem ist die Zahlungsunfähigkeit dem Krisenzustand gleichgestellt. Auch unter dem reformierten Insolvenzrecht ist ein Krisenzustand oder die Zahlungsunfähigkeit erforderlich, vgl. Art. 85 Abs. 1 C.C.I.I. Der Gesetzgeber hat sich damit der – wie beim *accordo di ristrutturazione* und *piano di risanamento* – vorherrschenden Meinung zur Gleichstellung von Zahlungsunfähigkeit und Krise als Voraussetzung für den Zugang zum *concordato preventivo*

1466 *Bitzer*, Länderberichte – Italien, in: *Kindler/Nachmann/Bitzer* (Hrsg.), Handbuch Insolvenzrecht in Europa, 5. Aufl., Rn. 85.

1467 Unter dem C.C.I.I. ist das Erfordernis der Gewinnerzielung in Art. 1 C.C.I ausgenommen, welches unter Geltung des *legge fallimentare* zumindest in abstrakter Form noch gefordert wurde, vgl. *Pluris,* Codice del fallimento commentato, Art. 160, II.10. Im Gegensatz bspw. zum *accordo di ristrutturazione* sind nur gewerbliche Unternehmer (oberhalb der Schwelle des Art. 2 Abs. 1 lit. d) C.C.I.I.) erfasst und damit Landwirte aus dem Anwendungsbereich des *concordato preventio* ausgenommen, vgl. *Avolio/Di Majo*, Compendio di diritto della crisi di impresa e dell'insolvenza, 13. Aufl., S. 62.

1468 Die „persönlichen" Kriterien des „würdig sein", etwa die Straffreiheit von Bankrotttatbeständen, sind mit der Reform im Jahre 2005 gestrichen worden, *Pluris,* Codice del fallimento commentato, Art. 160, I.1.

angeschlossen.[1469] Umfasst ist somit auch das Risiko der Zahlungsunfähigkeit und jede Situation, die in der Insolvenz münden kann,[1470] etwa die Überschuldung (wie in §§ 18, 19 InsO genannt)[1471]. Damit ist der Anwendungsbereich deutlich weiter als für die Eröffnung des Insolvenzverfahrens. Dieser erweiterte Anwendungsbereich wird noch verstärkt, da für das Kriterium des Unternehmers zwar die grundsätzlichen Vorschriften des Art. 1 L.F. bzw. Art. 121 C.C.I.I. i. V. m. Art. 2 C.C.I.I. anzuwenden sind,[1472] nicht jedoch die 30.000,00-Euro-Schuldenschwelle der Art. 15 L.F. bzw. Art. 49 Abs. 5 C.C.I.I., da auf diese nicht verwiesen wird.[1473] Bei dieser Grenze handelt es sich weniger um eine objektive Voraussetzung für die Anwendbarkeit des *fallimento* bzw. der *liquidazione giudiziale* als um eine Mindestschwelle aus prozessökonomischen Gründen.

(2) Inhalt

Den *concordato preventivo* zeichnet eine weitreichende inhaltliche Freiheit aus. Im Grundsatz gibt mit der Einführung des C.C.I.I. bereits dessen Art. 84 Abs. 1 vor, dass die Gläubigerbefriedigung durch einen betriebsfortführenden oder liquidatorischen *concordato preventivo* erfolgen kann. Nach Art. 85 Abs. 3 C.C.I.I.[1474] kann ein *concordato preventivo* die Restrukturierung der Schuldner und Befriedigung der Gläubiger auf jede beliebige Art und Weise vorsehen. Genannt werden beispielhaft die Übertragung von Gütern, die Schuldübernahme sowie die Übertragungen von Aktien oder anderen Geschäftsanteilen.

Darüber hinaus sind die Einteilung der Gläubiger in Gruppen – soweit vom Plan vorgesehen – anzugeben, die unterschiedliche Behandlung der Gruppen sowie nicht zuletzt die Befriedigungsmöglichkeiten gesicherter Gläubiger.[1475]

1469 *Kindler/Conow*, Länderberichte – Italien, in: *Kindler/Nachmann* (Hrsg.), Handbuch Insolvenzrecht in Europa, 4. Erg.-Lfg, Rn. 250; vgl. zu den Einzelheiten der Anforderungen an die Krise die Ausführungen beim *piano di risanamento* und *accordo di ristrutturazione*, auch hier werden einzelne Vollstreckungsmaßnahmen oder die Nichterfüllung einzelner Verbindlichkeiten als nicht ausreichend angesehen, vgl. im Detail *Pluris,* Codice del fallimento commentato, Art. 160, III.1 ff., m.w.N.

1470 *Tribunale Palermo*, Urt. v. 18. Mai 2007 – 612/2007.

1471 *Guglielmucci/Padovini,* Diritto fallimentare, S. 318/319, nach dem auch ein Unterschreiten des gesetzlichen Mindeststammkapitals die Voraussetzung des Art. 160 Abs. 1 L.F. erfüllt.

1472 Vgl. zur Insolvenzfähigkeit die kurzen Ausführungen in III.C.3.a)(4).

1473 *Pluris,* Codice del fallimento commentato, Art. 160, II.9.

1474 Bzw. dessen Vorgängernorm, Art. 160 Abs. 1 L.F.

1475 Einzelheiten siehe unter III.C.5.b)(10).

(3) Attestierung durch Wirtschaftsprüfer

Ebenso wie der *piano di risanamento* und der *accordo di ristrutturazione* ist auch der *concordato preventivo* hinsichtlich der Durchführbarkeit und Richtigkeit der Unternehmensdaten von einem Wirtschaftsprüfer zu bestätigen.[1476] Insofern kann auf die obenstehenden Ausführungen verwiesen werden. Im Falle der Unternehmensfortführung ist auch zu bescheinigen, dass diese zu einer besseren Befriedigung der Gläubiger führt.[1477]

(4) Abstimmung der Gläubiger

Die exklusiv für den *concordato preventivo* geltende zwingend erforderliche Abstimmung der Gläubiger ist in Artt. 174 ff. L.F. bzw. Artt. 104 ff. C.C.I.I. geregelt.

Die Bestätigung des *concordato preventivo* wird nach Überprüfung der vorgelegten Rechnungsunterlagen durch den *commissario giudiziale* durchgeführt und von diesem vorbereitet. Dazu erstellt er ein Vermögensverzeichnis und einen ausführlichen Bericht über den Vorschlag des *concordato preventivo*, die den Gläubigern angebotenen Sicherheiten, das Verhalten des Schuldners und die Gründe des Vermögensverfalls.[1478] Seit der Neuregelung des Art. 163 L.F. durch das D.L. 83/2015 können Gläubiger,[1479] die mindestens 10 % der Forderungen innehaben, einen Gegenvorschlag zum *concordato preventivo* und dem zugrundeliegenden Plan einreichen.[1480] Allerdings ist ein solcher Gegenvorschlag unzulässig, wenn die Bestätigung des Wirtschaftsprüfers ergibt, dass der Plan des Schuldners eine Befriedigung einer gewissen Prozentzahl[1481] der ungesicherten Gläubiger(-forderungen) sicherstellt. Von mehreren Vorschlägen gewinnt der mit Stimmenmehrheit oder – bei Gleichstand – der des Schuldners

1476 Art. 161 Abs. 3 L.F. bzw. Art. 87 Abs. 2 C.C.I.I.

1477 Art. 186-bis Abs. 2 lit. b) L.F. bzw. Art. 87 Abs. 3 C.C.I.I.

1478 *Kindler/Conow*, Länderberichte – Italien, in: *Kindler/Nachmann* (Hrsg.), Handbuch Insolvenzrecht in Europa, 4. Erg.-Lfg, Rn. 261; geregelt in Art. 172 L.F. bzw. Art. 105 C.C.I.I.

1479 Darunter auch Neugläubiger, deren Forderung erst nach der Einreichung des Antrags entstanden ist.

1480 Bei der Berechnung der 10 % kommt es auf die Vermögensverhältnisse an, wie sie sich aus der Eingabe des Schuldners darstellen; nicht mitgezählt werden Forderungen beherrschter oder beherrschender Unternehmen, siehe Art. 163 Abs. 4 L.F. bzw. Art. 90 C.C.I.I.

1481 40 % bzw. 30 % bei einem *concordato preventivo in continuità* nach Art. 186-bis L.F.; 30 % bzw. 20 % im Fall der Anstrengung des Frühwarnverfahrens oder der betreuten Krisenbewältigung nach Art. 90 Abs. 5 C.C.I.I.

bzw. (bei Gleichstand zwischen mehreren Vorschlägen von Gläubigern)der zuerst eingereichte Vorschlag eines Gläubigers.[1482]

Unter der Geltung des *legge fallimentare* war eine Gläubigerversammlung vorgesehen, in welcher der *commissario guidiziale* seinen Bericht und die endgültigen Vorschläge des Schuldners präsentiert und erläutert.[1483] Eine solche Versammlung und Erläuterung gibt es unter dem Anwendungsbereich des neuen Insolvenzgesetzes nicht mehr.[1484] Vielmehr erfolgen die Abstimmung und die vorgelagerte Mitteilung von Gegenvorschlägen, Einwänden oder Beobachtungen (vorab) auf elektronischem Wege.[1485] Hierbei ist auffällig, dass sich der Gesetzgeber für ein extrem kurz getaktetes Verfahren entschieden hat, dessen Praxistauglichkeit durchaus angezweifelt werden kann: Der Bericht des *commissario giudiziale* muss bis 45 Tage vor der Wahl erfolgen. Bis zehn Tage vor der Wahl sind Beobachtungen und Beanstandungen möglich, auf die der Schuldner ggf. antworten muss bzw. kann. Hierfür bleiben nur wenige Tage Zeit, dann werden die Beteiligten vom *commissario giudiziale* über die erfolgten Stellungnahmen informiert und es kommt weitere sieben Tage später zur Wahl.

Dabei ist es dem *concordato preventivo* nach gestattet, die Gläubiger in Gruppen einzuteilen.[1486] Eine solche Einteilung ist grundsätzlich nicht zwingend.[1487] In bestimmten Fällen wird durch das C.C.I.I. allerdings die Verpflichtung zur Bildung von Gläubigergruppen eingeführt.[1488] Darunter fallen die Gruppen der Gläubiger mit Sozialversicherungs- oder Steuerforderungen ohne vollständige Befriedigung, Gläubiger mit Garantien Dritter, die den Plan vorschlagenden Gläubiger sowie Gläubiger, die zumindest teilweise *in natura* befriedigt werden. Die Aufteilung darf aber nicht zu Rangänderungen einzelner Forderungen

---

1482 *Avolio/Di Majo*, Compendio di diritto della crisi di impresa e dell'insolvenza, 13. Aufl., S. 71.

1483 Art. 172 Abs. 2 L.F.

1484 *Avolio/Di Majo*, Compendio di diritto della crisi di impresa e dell'insolvenza, 13. Aufl., S. 69; *Bitzer*, Länderberichte – Italien, in: *Kindler/Nachmann/Bitzer* (Hrsg.), Handbuch Insolvenzrecht in Europa, 5. Aufl., Rn. 103.

1485 Artt. 104 f., 107 C.C.I.I.; *Avolio/Di Majo*, Compendio di diritto della crisi di impresa e dell'insolvenza, 13. Aufl., S. 70.

1486 Art. 160 Abs. 1 lit. c) L.F. bzw. Art. 85 Abs. 3 lit. c) C.C.I.I.

1487 *Pluris*, Codice del fallimento commentato, Art. 160, V.1., 2.; dies ergibt sich zudem aus dem Wortlaut des Art. 160 L.F. bzw. des Art. 85 Abs. 3 lit. c) C.C.I.I.

1488 Art. 85 Abs. 5 C.C.I.I.; vgl. auch *Castagna/D'Attore*, Band 4 Länderberichte – Italien, in: *Kirchhof* (Hrsg.), Münchener Kommentar zur Insolvenzordnung, [4. Aufl.], Rn. 93.

führen.[1489] Ferner sind Gläubiger mit Vorzugsrecht oder Pfand/Hypothek nicht in geringerem Umfang zu befriedigen als bei Verwertung des Sicherungsguts.[1490]

Die Aufteilung erfolgt im Übrigen nach homogener[1491] rechtlicher Position und wirtschaftlichem Interesse.[1492] So soll eine bestmögliche Unterteilung nach involvierten Interessen und Art der Forderungen erreicht werden.[1493] Allerdings findet diese Aufteilung als Abweichung vom Prinzip der gleichmäßigen Gläubigerbefriedigung Einschränkungen: Denn der Schuldner muss zum einen eine Begründung für die Einteilung abgeben und diese muss schlüssig zum *concordato preventivo* passen sowie für dessen Umsetzung nützlich sein.[1494] Außerdem können Gläubiger, die nicht unterschiedlich behandelt werden sollen, nicht in verschiedene Gruppen aufgeteilt werden.[1495]

Zur Annahme des *concordato preventivo* durch die Gläubigerversammlung bedarf es der Mehrheit der zur Abstimmung zugelassenen[1496]

1489 Art. 85 Abs. 6 C.C.I.I.

1490 Art. 85 Abs. 7 C.C.I.I.

1491 Die Homogenität bezieht sich auf beide Charakteristika, siehe *Lo Cascio*, Concordati, classi di creditori ed incertezze interpretative, Il Fallimento 2009, 1129; die Frage, ob der Schuldner bei der Gläubigereinteilung auch von diesen Kriterien abweichen kann, hat der *corte di cassazione* abschlägig beantwortet, vgl. *Cass. Civ. Sez. I*, Verfügung v. 16. April 2018 - 9378/18 (erhältlich in Fallimento 2018, 12, 1415).

1492 So ist beispielsweise eine Unterteilung in Kreditgeber, Kunden, Lieferanten, etc. möglich oder eine Einteilung nach den Rollen der Gläubiger im *concordato preventivo*, u. a. verzichtende oder einbringende Gläubiger, Vermögensgegenstände übernehmend Gläubiger, usw.

1493 *Posca/Abate/Grasseli,* Manuale pratico della procedura fallimentare, S. 271.

1494 *Pluris,* Codice del fallimento commentato, Art. 160, V.10., wobei der Richter die Zulässigkeit der gewählten Kriterien bewerten soll, nicht allerdings die tatsächliche Geeignetheit der Einteilung für die Umsetzung des cocncordato preventivo, vgl. *Pluris*, Codice del fallimento commentato, Art. 160, V.2, 10.

1495 *Tribunale ordinario di roma - sezione fallimentare*, Urt. v. 20. April 2010 - 6/2010; str. siehe *Pluris,* Codice del fallimento commentato, Art. 160, V.12 ff. und die Ausnahme in Art. 182-ter Abs. 1 L.F.

1496 Zugelassen sind neben den einfachen Gläubigern Mitverpflichtete, Bürgen und sonstige Regressschuldner des Unternehmens. Andererseits sind Gläubiger mit einem Vorzugsrecht, Pfand- und Hypothekengläubiger, deren vollkommene Befriedigung vorgesehen ist, nur dann stimmberechtigt, wenn sie auf ihr Vorzugsrecht verzichten, Art. 177 Abs. 2 L.F bzw. Art. 109 Abs. 3 C.C.I.I. Ausgeschlossen sind der Ehegatte, die Eltern und Verwandte bis zum 4. Grad des Schuldners, Art. 177 Abs. 4 L.F. (wobei die Gruppe der letztgenannten als Stellvertreter von Gesellschaften agieren kann, *Tribunale di Reggio Emilia*, Urt. v. 1. März 2007) sowie Konzerngesellschaften und sonstige Personen mit Interessenkonflikten, vgl. Art. 109 Abs. 5 C.C.I.I.

Gläubigerforderungen oder der abstimmenden Gläubigergruppen, sofern solche eingerichtet sind (d. h. Stimmenmehrheit in der Mehrheit der Gruppen). Nach Inkrafttreten der Reform kann auch eine „per-Kopf"-Mehrheit ausreichen, wenn ein Gläubiger die Mehrheit der zur Abstimmung zugelassenen Forderungen hält.[1497] Eine Neuerung ist auch die Behandlung des Stimmrechts von Gläubigern mit Vorzugsrechten, Hypotheken oder Pfandrechten, deren Zahlung gestundet wird.[1498] Sie sind mit ihrer Forderung in Höhe der Differenz zwischen ihrer Forderung (nebst gesetzlichen Zinsen) und dem Barwert der an sie vorgesehenen Zahlungen zur Wahl zugelassen.[1499]

Unter der Geltung des *legge fallimentare* können Gläubiger, die bei der Abstimmung ihr Wahlrecht nicht ausgeübt haben, dies innerhalb von 20 Tagen per Telefax, Brief oder Telegramm nachholen, andernfalls gilt ihre Zustimmung als stillschweigend erteilt.[1500] Aufgrund der Umstellung auf Abstimmung im schriftlichen Verfahren entfallen diese Möglichkeit und der stillschweigende Konsens mit der Reform.[1501]

Ein von den Gläubigern wirksam bestätigter *concordato preventivo* bindet – nach Bestätigung durch das Gericht (siehe unten) – im Gegensatz zum *accordo di ristrutturazione* und zur Grundform des *piano di risanamento* alle, auch die nicht zustimmenden Gläubiger.[1502]

Wird die erforderliche Mehrheit nicht erreicht, so informiert der *giudice delegato* das Insolvenzgericht, welches ggf. auf Antrag einer der berechtigten Stellen das Insolvenzverfahren einleitet.[1503]

(5) Bestätigung durch das Gericht

Die Anfrage auf Zulassung des *concordato preventivo* ist vom Schuldner per Antrag bei Gericht am Sitz des Schuldners einzulegen. Im Hinblick auf die beizufügende Dokumentation ergibt sich durch die Insolvenzrechtsreform eine

---

1497 Art. 109 Abs. 1 S. 2 C.C.I.I.

1498 Art. 86 Abs. 1 C.C.I.I.

1499 Art. 86 Abs. 1 C.C.I.I.

1500 *Guglielmucci/Padovini,* Diritto fallimentare, S. 340; Art. 178 Abs. 4 L:F.

1501 *Avolio/Di Majo*, Compendio di diritto della crisi di impresa e dell'insolvenza, 13. Aufl., S. 70.

1502 *Capizzi,* Crisi d'impresa e ristrutturazione del debito, S. 86, 3.3.5; Art. 117 Abs. 1 S. 1 C.C.I.I.

1503 Artt. 179, 162 Abs. 2 L.F. bzw. Artt. 110, 49 Abs. 1 C.C.I.I.

nicht unerhebliche Änderung.[1504] Neben den allgemein vorzulegenden Unterlagen[1505] sind demnach beizufügen:

- ein Plan[1506] mit der Beschreibung der vorgesehenen Schuldenrestrukturierung sowie der Erfüllungsmodalitäten und -zeitpunkte des *concordato preventivo*[1507] sowie der genau individualisierten und wirtschaftlich bezifferten Vorteile, die sich der einreichende Schuldner dem einzelnen Gläubiger zu gewähren verpflichtet,[1508]
- die Einteilung der Gläubiger in Gruppen und die unterschiedliche Behandlung der Gruppen, soweit vorgesehen,
- Angaben zu den Ursachen der Krise,
- die Definition der Strategie und ggf. die Zeitschiene bis zur Wiederherstellung des finanziellen Gleichgewichts sowie (beim *concordato con continuità*),
- Informationen zu neuen Finanzierungen, soweit vorhergesehen,

---

1504 Gemäß Art. 161 Abs. 2 lit. a)-e) L.F. war eine aktuelle Aufstellung der Vermögens-, Wirtschafts- und Finanzlage des Schuldnerunternehmens, ein analytisches Vermögensverzeichnis mit Schätzwerten, eine Auflistung der Gläubiger mit den jeweiligen Forderungen und Vorzugsrechten sowie von Inhabern von persönlichen und dinglichen Rechten im Hinblick auf Gegenstände im Eigentum oder Besitz des Schuldners, Angaben über den Wert der Gegenstände, eine Liste eventueller Gläubiger von persönlich haftenden Gesellschaftern und das Vorhaben selbst mit der Beschreibung der Erfüllungsmodalitäten und -zeitpunkte des *concordato preventivo* sowie der genau individualisierten und wirtschaftlich bezifferten Vorteile, die sich der einreichende Schuldner dem einzelnen Gläubiger zu gewähren verpflichtet, beizulegen.

1505 Art. 39 C.C.I.I. bzw. Art. 161 Abs. 2 L.F., siehe unter III.A.4.a).

1506 Dieser dem *concordato preventivo* zugrunde liegende Plan wird in der Literatur als *piano concordatorio* oder – trotz Verwechslungsgefahr – *piano di risanamento* bezeichnet und ist von herausragender Bedeutung für die Zulassung zum *concordato preventivo* und die Bestätigung der Machbarkeit des Vorhabens.

1507 An dieser Stelle kann etwa die Veräußerung von Gütern, die Übertragung von Anteilen, usw. geregelt werden, die inhaltliche Gestaltungsfreiheit ist beim *concordato preventivo* sehr ausgeprägt, vgl. *Avolio/Di Majo*, Compendio di diritto della crisi di impresa e dell'insolvenza, 13. Aufl., S. 67 und unter III.C.5.b)(10); das *decreto correttivo* hat an dieser Stelle für den *concordato in continuità* ergänzt, dass der gewerbliche Plan und die Hervorhebung seiner Effekte für den Finanzplan enthalten sein muss, Art. 13 Abs. 3 D.Lgs. 147/2020.

1508 *Santonocito-Pluta/Mare-Ehlers*, Band 4 Länderberichte – Italien, in: *Kirchhof* (Hrsg.), Münchener Kommentar zur Insolvenzordnung, [3. Aufl.], Rn. 102; *Kindler/Conow*, Länderberichte – Italien, in: *Kindler/Nachmann* (Hrsg.), Handbuch Insolvenzrecht in Europa, 4. Erg.-Lfg, Rn. 256.

- die geplante Geltendmachung von Erstattungsansprüchen und deren Erfolgsaussichten,
- Angaben zum Zeitrahmen der verschiedenen Vorhaben sowie Abhilfemaßnahmen bei Abweichung,
- bei Unternehmensfortführung die Begründung, weshalb diese zu besseren Befriedigungen der Gläubiger führt,
- eine analytische Darstellung der erwarteten Kosten und Erträge sowie erforderlichen Finanzierungsmittel und deren Beschaffung bei direkter Fortführung der Unternehmenstätigkeit.

Eine – ausdrücklich nur unter der Geltung des *legge fallimentare* vorgesehene – Angabe der Prozentsumme, mit der den Gläubigern die Erfüllung ihrer Forderungen in Aussicht gestellt wird, ist dabei nicht verbindlich[1509] und unterliegt auch nicht der Kontrolle des Gerichts.[1510] Dabei ist jedoch zu berücksichtigen, dass die Rechtsprechung (mit unterschiedlichen Schwellenwerten) zu niedrige Befriedigungsquoten oder zu lange Stundungen nicht akzeptiert.[1511] Insbesondere für den *concordato preventivo liquidatorio* ist Voraussetzung, dass neben dem Schuldnervermögen weitere Ressourcen verfügbar gemacht werden. Diese müssen eine um 10 % höhere Befriedigung im Vergleich zur Liquidation des Schuldnervermögens sicherstellen.[1512] Zusätzlich müssen ungesicherte Gläubiger seit dem D.L. 83/2015 in ihrer Gesamtheit zu mindestens 20 % befriedigt werden.[1513]

Nach Eingang aller erforderlichen Unterlagen entscheidet das Gericht über den Antrag auf Zulassung,[1514] wobei zum Prüfungsumfang jedenfalls mit der Reform neben den Formalia auch die Realisierbarkeit gehört.[1515] Bei positiver

---

1509 So zumindest *Corte di appello Genova*, Urt. v. 23. Oktober 2014 (erhältlich in Fallimento, 2015, 1233).

1510 *Pluris*, Codice del fallimento commentato, Art. 160, IV.9., m.w.N.

1511 Vgl. bei *Pluris*, Codice del fallimento commentato, Art. 160, IV.3.: Bspw. wurde eine Befriedigungsquote von 0,03 % für zu niedrig erachtet.

1512 Art. 84 Abs. 4 C.C.I.I.

1513 Art. 160 Abs. 4 L.F. bzw. Art. 84 Abs. 4 C.C.I, wobei die Sicherstellung nach dem *Tribunale di Firenze* zwischen der Zusicherung anhand einer Garantie und nur einer vernünftigen Annahme steht, vgl. *Tribunale di Firenze*, Urt. v. 8. Januar 2016 – 35/2015.

1514 *Capizzi*, Crisi d'impresa e ristrutturazione del debito, S. 89, 3.3.5.

1515 Vgl. *Avolio/Di Majo*, Compendio di diritto della crisi di impresa e dell'insolvenza, 13. Aufl., S. 62 ff. und Art. 47 Abs. 1 C.C.I.I.; unter dem *legge fallimentare* war auch die Prüfung der Richtigkeit der Einteilung der Gläubiger in Klassen vorgesehen, vgl. 163 Abs. 1 a.E. L.F.

Bescheidung setzt es den *giudice delegato* und den *commissario giudiziale*[1516] ein und bestimmt den Termin zur Abstimmung der Gläubiger.[1517] Sowohl der Antrag auf Zulassung als auch der Beschluss über die Verfahrenseröffnung ist im Handelsregister einzutragen und zu veröffentlichen.

Sind die Voraussetzungen dagegen nach Ansicht des Gerichts nicht gegeben, so erklärt es per Beschluss[1518] die Unzulässigkeit des Antrags. Alternativ auf Antrag eines Gläubigers oder des Staatsanwalts bei Vorliegen der diesbezüglichen Voraussetzungen[1519] die Eröffnung des Insolvenzverfahrens.[1520] Dieses Antragsrecht wird außerdem auch dem Schuldner selbst zugestanden.[1521] Die Eröffnung des Insolvenzverfahrens kann auch zu einem späteren Zeitpunkt erfolgen, wenn aufgrund von Fehlverhalten[1522] des Schuldners oder der Offenbarung des Nichtvorliegens der Voraussetzungen für die Zulassung zum *concordato preventivo* diese zurückgenommen wird[1523].

Das Gericht kann bereits bei der Eröffnung, insbesondere aber bei der späteren Bestätigung die Realisierbarkeit des *concordato preventivo* überprüfen.

1516 Unter dem *codice della crisi d'impresa e dell'insolvenza* ist – neben wenigen anderen Punkten – die Nominierung des *commissario giudiziale* bereits mit Eingang des Zulassungsantrags vorgesehen, Art. 44 C.C.I.I.

1517 *Santonocito-Pluta/Mare-Ehlers*, Band 4 Länderberichte – Italien, in: *Kirchhof* (Hrsg.), Münchener Kommentar zur Insolvenzordnung, [3. Aufl.], Rn. 106.

1518 Dieser Beschluss war unter dem *legge fallimentare* unanfechtbar, auch nicht durch Revision zum *corte di cassazione*, es sei denn, die Revision beruht bspw. auf fehlender Gerichtsbarkeit, vgl. *Cass. Civ. Sez. I*, Urt. v. 8. Mai 2014 – 9998/2014. Anfechtbar war lediglich das Urteil, mit dem die Insolvenz erklärt wurde, Art. 162 Abs. 3 L.F. Unter dem *codice della cirsi d'impresa e dell'insolvenza* ist die Anfechtbarkeit des ablehnenden Beschlusses in Art. 47 Abs. 4 C.C.I.I. vorgesehen.

1519 Art. 1 und 5 L.F. bzw. Art. 121 C.C.I.I. i. V. m. Artt. 1 ff., 49 C.C.I.I.

1520 Art. 162 Abs. 2 und 3 L.F bzw. Art. 47 Abs. 3 C.C.I.I.

1521 *Kindler/Conow*, Länderberichte – Italien, in: *Kindler/Nachmann* (Hrsg.), Handbuch Insolvenzrecht in Europa, 4. Erg.-Lfg, Rn. 257; *Bitzer*, Länderberichte – Italien, in: *Kindler/Nachmann/Bitzer* (Hrsg.), Handbuch Insolvenzrecht in Europa, 5. Aufl., Rn. 100.

1522 Neben den aufgezählten Tatbeständen wird unter Betrugshandlungen alles verstanden, was den Vermögensverfall verursacht oder beschleunigt und jeglicher unternehmensbezogener Rechtfertigung entbehrt und vom Schuldner mit gläubigerschädigender Absicht vorgenommen wurde, vgl. *Tribunale ordinario di roma – sezione fallimentare*, Urt. v. 20. April 2010 – 6/2010.

1523 *Castagna/D'Attore*, Band 4 Länderberichte – Italien, in: *Kirchhof* (Hrsg.), Münchener Kommentar zur Insolvenzordnung, [4. Aufl.], Rn. 150; siehe auch Art. 120 C.C.I.I.

Insbesondere dessen Geeignetheit, die Vorhaben des Schuldners durch abstrakt geeignete und juristisch zulässige Instrumente zu erreichen.[1524] Diese zum Teil strittige Befugnis der Überprüfung der Machbarkeit durch das Gericht ist durch die Reform des Insolvenzrechts ausdrücklich festgelegt worden.[1525] Des Weiteren hat das Gericht nach der Abstimmung die Bestätigung durch die Gläubiger zu überprüfen. Dies sowohl bezüglich des Erreichens der Mehrheit als auch der Wirksamkeit der Stimmen.[1526]

Nach der positiven Abstimmung der Gläubiger über den Plan setzt das Gericht einen Entscheidungstermin fest. Zu diesem gibt der *commissario giudiziale* eine begründete Stellungnahme ab, zu der sich auch der Schuldner, die nicht zustimmenden Gläubiger oder anderweitig Betroffene einlassen können.[1527] Den *concordato preventivo* ablehnende Gläubiger können sich dabei auf eine Reihe von Gründen stützen, allen voran die fehlende Mehrheit. Die zustimmenden Gläubiger haben eine Einwendungsbefugnis gegen die Bestätigung nach Art. 179 Abs. 2 L.F. bzw. Art. 110 Abs. 3 C.C.I.I. nur, wenn der *commissario giudiziale* erklärt, dass sich seit der Abstimmung die Konditionen der Machbarkeit des *concordato preventivo* geändert haben.[1528]

Die Entscheidung[1529] des Gerichts wird im Unternehmensregister eingetragen und bekanntgegeben, ab dann entfaltet sie ihre Wirkung gemäß Art. 133

1524 *Tribunale di Napoli, Settima Sezione Civile*, Urt. v. 15. Juni 2010 – 348/2010; die Absteckung des konkreten Prüfungsumfangs wird dabei unterschiedlich beurteilt, vgl. etwa *Kindler/Conow*, Länderberichte – Italien, in: *Kindler/Nachmann* (Hrsg.), Handbuch Insolvenzrecht in Europa, 4. Erg.-Lfg, Rn. 262 m.w.N. und *Bitzer*, Länderberichte – Italien, in: *Kindler/Nachmann/Bitzer* (Hrsg.), Handbuch Insolvenzrecht in Europa, 5. Aufl., Rn. 105 m.w.N, nach dem jedenfalls die Zweckmäßigkeit nicht durch das Gericht überprüft werden kann; zum genauen Umfang der Prüfungsbefugnis, auch beispielsweise im Hinblick auf den wirtschaftlichen Teil des *concordato preventivo*, vgl. *Guglielmucci/Padovini,* Diritto fallimentare, S. 332, Fz. 17 sowie *Cass. Civ. Sez. I*, Urt. v. 7. April 2017 - 9061/2017 und Urt. v. 27. Februar 2017 - 4915/2017. Die wirtschaftliche Prüfungsbefugnis ist demnach beschränkt auf das Vorliegen bzw. das offensichtliche Fehlen der Geeignetheit des Plans zur Erreichung der im Einzelfall festgesetzten Ziele.

1525 Art. 47 Abs. 1 C.C.I.I., Art. 48 Abs. 3 C.C.I.I.

1526 Art. 163 Abs. 1 L.F. a.E. bzw. Art. 48 Abs. 3 C.C.I.I.; siehe auch *Tribunale di Reggio Emilia*, Urt. v. 1. März 2007.

1527 Art. 180 Abs. 2 L.F bzw. Art. 48 Abs. 2 C.C.I.I.

1528 *Guglielmucci/Padovini,* Diritto fallimentare, S. 341.

1529 Unter dem *legge fallimentare* galt hier eine Frist von 6 Monaten – einmalig verlängerbar um 60 Tage – ab Einreichung des Antrages Art. 181 L.F.; allerdings soll es sich hier nach dem *corte di cassazione* nicht um eine Ausschlussfrist handeln, wenn

Abs. 1 c.p.c.[1530] Zu erwähnen ist zudem die Befugnis des Gerichts, bis zu 20 % der ablehnenden Gläubiger, welche die Geeignetheit des *concordato preventivo* bestreiten, zu überstimmen.[1531] Hierfür muss das Gericht der Auffassung sein, dass die betreffenden Forderungen durch den *concordato preventivo* bezüglich deren Befriedigungschancen insbesondere gegenüber der Liquidation nicht schlechter gestellt werden.

Wird der *concordato preventivo* vom Gericht nicht bestätigt, so eröffnet dieses auf Antrag das Insolvenzverfahren, ein Recht zur Eröffnung *ex officio* ist nicht vorgesehen.[1532]

b) Vorteile

(1) Concordato in bianco, concordato con riserva oder auch concordato preconcordato

Wie beim *accordo di ristrutturazione* besteht auch hier die Möglichkeit, bereits während der Verhandlungen eine Art Voranfrage einzureichen, um den Schutz vor Vollstreckungshandlungen und Insolvenzanfechtung sowie vor einer eventuellen Pflicht zur Herabsetzung des Stammkapitals zu erhalten.[1533] Geregelt ist dies für den *concordato preventivo* in Art. 161 Abs. 6 L.F. bzw. Art. 44 Abs. 1 C.C.I.I. Der entsprechende Antrag ist nur unter Vorlage der Bilanzen der letzten drei Jahre und einer Aufstellung der Gläubiger mit Höhe der jeweiligen Forderungen zu stellen.[1534] Der *concordato preventivo* selbst ist dann nebst den übrigen Unterlagen innerhalb einer vom Richter festzusetzenden Frist[1535] nachzureichen.[1536] Wie bereits

---

auch das Verfahren möglichst zügig durchzuführen ist, siehe *Posca/Abate/Grasseli*, Manuale pratico della procedura fallimentare, S. 280 Fz. 21.

1530 *Avolio/Di Majo*, Compendio di diritto della crisi di impresa e dell'insolvenza, 13. Aufl., S. 72.

1531 Art. 112 C.C.I.I. bzw. Art. 180 Abs. 4 L.F.

1532 *Avolio/Di Majo*, Compendio di diritto della crisi di impresa e dell'insolvenza, 13. Aufl., S. 72.

1533 *Capizzi*, Crisi d'impresa e ristrutturazione del debito, S. 86, 3.3.5.

1534 *Salerno*, La riforma della crisi d'impresa, S. 274.

1535 Unter dem *legge fallimentare* beträgt diese Frist zwischen 60 und 120 Tage und kann bei Vorliegen begründeter Umstände um weitere 60 Tage verlängert werden. Unter dem *codice della crisi d'impresa e dell'insolvenza* wurde sie auf 30 bis 60 Tage mit Option auf eine Verlängerung um 60 Tage verkürzt.

1536 *Santonocito-Pluta/Mare-Ehlers*, Band 4 Länderberichte – Italien, in: *Kirchhof* (Hrsg.), Münchener Kommentar zur Insolvenzordnung, [3. Aufl.], Rn. 103.

oben[1537] dargestellt, kann der Schuldner während dieser Zeit auch zu einem *accordo di ristrutturazione* „wechseln". Das Gericht kann zu diesem Zeitpunkt bereits einen *commissario giudiziale* ernennen, der die Tätigkeit des Unternehmens überwacht, Art. 161 Abs. 6 L.F. bzw. Art. 44 Abs. 1 lit. b) C.C.I.I.[1538]

Neben der Pflicht zur Vorlage der Bilanzen und der Gläubigerauflistung sowie dieser Möglichkeit der vorgezogenen Ernennung des *commissario giudiziale*[1539] ist in Art. 161 Abs. 8 L.F. bzw. Art. 44 Abs. 1 lit. c) C.C.I.I. eine periodische Informationspflicht geregelt, unter anderem über die finanzielle Situation des Unternehmens. Ziel all dieser Regelungen war die Verhinderung von missbräuchlicher, eine unumkehrbare Krise hinauszögernder Inanspruchnahme des *concordato in bianco.*[1540]

(2) Universelle Geltung

Zu betonen ist an dieser Stelle, dass der *concordato preventivo* als einziges[1541] der drei vorgestellten Sanierungsinstrumente vor der Insolvenz eine Bindung aller Gläubiger bietet, auch solcher, die nicht zu seinen Gunsten abgestimmt haben.[1542] Ihnen bleibt noch das Vorgehen gegen Mitschuldner, Bürgen oder Regressschuldner.

(3) Transazione fiscale

Die bereits im Rahmen des *accordo di ristrutturazione* dargestellte Möglichkeit, mit den Steuerbehörden über Stundungen oder den Teilerlass von Steuerverbindlichkeiten einen Vergleich zu schließen, besteht auch bei einem *concordato*

1537 III.C.4.b)(1)

1538 *Santonocito-Pluta/Mare-Ehlers*, Band 4 Länderberichte – Italien, in: *Kirchhof* (Hrsg.), Münchener Kommentar zur Insolvenzordnung, [3. Aufl.], Rn. 103.

1539 Dieser kann untersuchen, ob das Unternehmen tatsächlich die Befriedigung der Gläubiger vorbereitet oder vielmehr Verdunklungs- oder Verschleierungsaktionen durchführt; findet er ein solches Verhalten vor, muss er dies dem Gericht berichten, welches nach Überprüfung per Dekret die Unzulässigkeit des Antrags erklärt und auf entsprechenden Antrag die Insolvenz erklären kann, Art. 161 Abs. 6 letzter Satz i. V. m. Art. 173 L.F. bzw. Art. 44 Abs. 1 lit. b) i. V. m. Abs. 2 C.C.I.I.

1540 *Capizzi,* Crisi d'impresa e ristrutturazione del debito, S. 87, 3.3.5.

1541 Beim *accordo di ristrutturazione* ist eine vergleichbare Wirkung mittels des *accordo di ristrutturazione ad efficacia estesa* erreichbar, allerdings nur unter bestimmten Voraussetzungen, vgl. III.C.4.c)(1).

1542 *Capizzi,* Crisi d'impresa e ristrutturazione del debito, S. 96, 3.3.6.

preventivo.[1543] Umfasst sind auch die dazugehörigen Gebühren, ausgeschlossen jedoch Steuern, die als EU-Ressourcen anzusehen sind. Dabei kann eine den normalen oder privilegierten Gläubigern angepasste Begleichung der Schulden vereinbart werden.[1544] Der *concordato preventivo* kann auch eine teilweise und verzögerte Zahlung von öffentlichen Schulden vorsehen.[1545] Hierbei ist jedoch zu beachten, dass die Zahlung nicht unterhalb der bei der Zerschlagung zu erzielenden Beträge liegt. Ferner dürfen die öffentlichen Forderungen mit Rangstelle und Buchgläubiger nicht vergleichsweise schlechter behandelt werden als die ihnen nach- oder gleichgestellten.

(4) Ausschluss der Haftung nach Art. 2560 c.c.

Unter der Geltung des C.C.I.I. besteht für den *concordato preventivo* zudem der Vorteil, dass die Haftung für bestehende Verbindlichkeiten gemäß Art. 2560 c.c. nicht gilt, sofern eine solche nicht im *concordato preventivo* selbst vereinbart ist. Der Erwerber des Unternehmens haftet somit grundsätzlich nicht für vorangegangene Schulden[1546].

(5) Bevorzugte Befriedigung von Finanzierungen/Zahlung von Vergütungen

Artt. 99 ff. C.C.I.I. bzw. Art. 182-quater f. L.F. gelten wortgleich auch für den *concordato preventivo*, insofern kann auf die oben stehenden Ausführungen[1547] verwiesen werden. Vorabbefriedigungsfähig sind also auch hier u. a. Finanzierungen zur Ausführung des *concordato preventivo* und Zwischenfinanzierungen zur Ermöglichung der Einreichung des Antrags.

Darüber hinaus enthält Art. 100 C.C.I.I. eine Erleichterung für die im Plan vorgesehene Fortführung des Unternehmens (sogenannter *concordato con continuità aziendale*). Unter dem *legge fallimentare* bestand diese Möglichkeit auch für den *accordo di ristrutturazione*, vgl. Art. 182-quinquies Abs. 6 L.F. Unter der

---

1543 *Santonocito-Pluta/Mare-Ehlers*, Band 4 Länderberichte – Italien, in: *Kirchhof* (Hrsg.), Münchener Kommentar zur Insolvenzordnung, [3. Aufl.], Rn. 122; bei diesem bereits seit dem Jahre 2006, für den *accordo di ristrutturazione* wurde die Anwendbarkeit zum 1. Januar 2008 eingeführt.

1544 *Guglielmucci/Padovini*, Diritto fallimentare, S. 326.

1545 Vgl. Art. 88 C.C.I.I., der aufgrund fehlender Relevanz für das vorliegende Thema nicht vertieft behandelt wird.

1546 *Pluris*, Codice civile commentato, Art. 2560, VIII.6.

1547 III.C.4.b)(6).

Geltung des *codice della crisi d'impresa e dell'insolvenza* ist das dem Wortlaut nach nicht mehr der Fall.

Gemäß Art. 100 C.C.I.I. können Zahlungen von Vergütungen für Güter oder Dienstleistungen genehmigt werden, die im Zeitraum vor Einreichung des Zulassungsantrags zum *concordato preventivo* erbracht wurden. Erforderlich ist, dass ein unabhängiger Experte gemäß Art. 2 Abs. 1 lit. o) C.C.I.I. bestätigt, dass diese Leistungen für die Fortführung des Unternehmens essenziell sind und einer besseren Befriedigung der Gläubiger dienen. Auf die Bestätigung kann verzichtet werden, wenn Verbindlichkeiten nur bis zur Höhe neuer Finanzmittel getilgt werden, die entweder gar nicht oder nur nachrangig zurückzuzahlen sind. Explizit ist ferner die Genehmigung durch das Insolvenzgericht zur Zahlung der Vormonatslöhne für Arbeitnehmer des fortzuführenden Betriebes unter den vorgenannten Bedingungen geregelt, Art. 100 Abs. 1 S. 3 C.C.I.I. Weiterhin gilt das Vorstehende auch für die Zahlung von Kreditraten mit Realsicherheiten, solange die bisherigen Verpflichtungen des Schuldners erfüllt sind oder werden können. Der Experte muss in diesen Fällen auch bestätigen, dass das ausstehende Darlehen durch Verwertung beglichen werden könnte und die restlichen Gläubiger durch die reguläre Rückzahlung nicht benachteiligt werden, Art. 100 Abs. 2 C.C.I.I.

Die vorgenannten Regelungen stellen eine Ausnahme von dem Gebot des *par conditio creditorum* dar. Sie ist damit zu rechtfertigen, dass für den Betrieb elementare Vertragspartner sowie die Arbeitnehmer erhalten bleiben und der Schuldner nicht in die Situation kommt, neue Darlehensverträge zu möglicherweise ungünstigeren Konditionen abzuschließen.[1548]

Um darüber hinaus den Schutz vor der Insolvenzanfechtung zu genießen, sollten die vorgenannten Zahlungen in den Sanierungsplan mit aufgenommen werden, unabhängig davon, ob sie bereits unter den Schutz der nach Antragstellung zulässigerweise vorgenommenen Zahlungen gemäß Art. 166 Abs. 3 lit. e) S. 1 2. Alternative C.C.I.I. fallen.

(ε) Vollstreckungsschutz

Ab der Veröffentlichung des Zulassungsantrags (auch gerichtet auf einen *concordato in bianco*) im Handelsregister bis hin zur Rechtskraft der Bestätigung

1548 *Serra* – Concordato preventivo – Altalex, https://www.altalex.com/documents/altalexpedia/2019/04/16/concordato-preventivo#_Toc314153628.

durch das Gericht können Altgläubiger keine Vollstreckungsmaßnahmen oder Maßnahmen des einstweiligen Rechtsschutzes ergreifen.[1549]

Zudem können die Gläubiger nach Art. 168 Abs. 3 S. 1 L.F. keine Vorzugsrechte gegenüber Mitgläubigern erwerben, es sei denn mit Zustimmung des *giudice delegato*. Zwangshypotheken, die in den letzten 90 Tagen vor Veröffentlichung eingetragen wurden, sind gegenüber Altgläubigern unwirksam, Art. 168 Abs. 3 S. 2 L.F. Nicht umfasst von diesem Schutz ist dagegen das Vermögen der persönlich haftenden Gesellschafter, sodass sich die Gläubiger mittels Vollstreckungsmaßnahmen gegebenenfalls bei diesen schadlos halten können.[1550]

Darüber hinaus sind – jedenfalls nach der geltenden Rechtslage – auch solche Handlungen unwirksam, die notwendig sind, um Rechtsgeschäfte gegenüber Dritten einwendbar zu machen (z. B. Eintragungen in Register), wenn diese Handlungen nicht vor der Zulassung zum *concordato preventivo* vorgenommen werden.[1551]

Derartige oder vergleichbare Rechtsfolgen können unter dem C.C.I.I. nur auf entsprechenden Antrag herbeigeführt werden, vgl. Art. 54 Abs. 1 und 2 C.C.I.I. Über einen solchen entscheidet das zuständige Gericht, ggf. im Eilverfahren und (zunächst) ohne Anhörung der Parteien, vgl. Art. 55 Abs. 1 und 2 C.C.I.I.

Unter Geltung des C.C.I.I. ist schließlich eine Anfechtungsmöglichkeit u. a. durch die betroffenen Gläubiger vorgesehen, wenn sich herausstellt, dass das Schuldnervermögen zur Regelung der Krise bzw. der Zahlungsunfähigkeit nicht ausreichend ist.[1552]

(7) Schutz vor Insolvenzanfechtung

Handlungen, Zahlungen und Sicherheiten, die im Rahmen der Ausführung des *concordato preventivo* vorgenommen beziehungsweise gewährt werden,[1553] sind nach Art. 67 Abs. 3 lit. e) L.F. bzw. Art. 166 Abs. 3 lit. e) C.C.I.I. von der

---

1549 Zur noch geltenden Rechtslage *Kindler/Conow*, Länderberichte – Italien, in: *Kindler/Nachmann* (Hrsg.), Handbuch Insolvenzrecht in Europa, 4. Erg.-Lfg, Rn. 260; vgl. Art. 168 Abs. 1 L.F., Art. 180 L.F; wie bereits unter III.C.4.b)(1) aufgezeigt, tritt der Vollstreckungsschutz nach der Reform nur noch auf Antrag ein, Art. 54 Abs. 1, 2 C.C.I.I.

1550 *Guglielmucci/Padovini*, Diritto fallimentare, S. 334.

1551 Art. 45 L.F. i. V. m. Art. 169 L.F.; *Guglielmucci/Padovini*, Diritto fallimentare, S. 336.

1552 Art. 55 Abs. 4 C.C.I.I.

1553 Des Weiteren solche, die rechtmäßig nach der Einreichung vorgenommen worden sind, vgl. III.C.4.b)(3).

Insolvenzanfechtung ausgenommen.[1554] Dies gilt sowohl für eine unmittelbar folgende, sich während der Ausführung ergebende Insolvenz als auch für spätere, basierend auf anderen Unternehmenskrisen.[1555]

(8) Steuerliche Vorteile

Die steuerlichen Begünstigungen für vom Schuldner aufgrund des Erlassens von Verbindlichkeiten erzielte Erlöse und der gewinnreduzierende Abzug der Verluste auf Seiten der Gläubiger[1556] finden auch beim *concordato preventivo* Anwendung.

Allerdings ist der *concordato preventivo* in zweierlei Hinsicht gegenüber dem *piano di risanamento* und dem *accordo di ristrutturazione* vorteilhaft: Zum einen findet bei der Begünstigung von Erlassgewinnen gemäß Art. 88 Abs. 4-ter TUIR bei einem liquidatorischen *concordato preventivo* keine Begrenzung auf die Summe, welche die Verluste übersteigt, statt, vgl. Wortlaut des Art. 88 Abs. 4-ter TUIR. Außerdem stellen nach Art. 86 Abs. 5 TUIR Übertragungen an Gläubiger keine Erlöse oder Verluste dar, auch nicht im Hinblick auf Überschüsse oder den Firmenwert.[1557] Dies ist insbesondere bei Verkauf des Unternehmens oder Teilen davon an Gläubiger ein großer Vorteil.

Da es sich bei dem *concordato preventivo* um ein Konkursverfahren handelt, greift auch hier die Ausnahme von der gesamtschuldnerischen Haftung für Steuerschulden gemäß Art. 14 Abs. 5-bis D.Lgs. 472/1997.

(9) Fortbestehen von Verträgen mit der öffentlichen Verwaltung

Art. 95 C.C.I.I. bzw. Art. 186-bis Abs. 3 L.F. sehen vor, dass die Verträge mit der Verwaltung (bspw. aus öffentlichen Ausschreibungen) grundsätzlich fortbestehen, auch bei – dann nichtigen – anderweitigen Vereinbarungen. Voraussetzung ist, dass von einem Wirtschaftsprüfer die Konformität der Fortführung mit dem Planinhalt und die Kapazität zur Vertragserfüllung bestätigt wird. Die Weiterführung der Verträge ist – wie das Gesetz an dieser Stelle selbst vorsieht – insbesondere für eine übernehmende Gesellschaft von Vorteil, wenn diese Verträge übergehen sollen und die Gesellschaft die Voraussetzungen für die Zuteilung und Ausführung der Verträge erfüllt. Die Teilnahme an neuen Ausschreibungen

---

1554 Für mehr Einzelheiten vergleiche die Ausführungen hierzu beim *accordo di ristrutturazione* bzw. beim *piano di risanamento* unter III.C.3.b)(1) und III.C.4.b)(3).

1555 *Guglielmucci/Padovini,* Diritto fallimentare, S. 346.

1556 Vgl. III.C.4.b)(7).

1557 *Capizzi,* Crisi d'impresa e ristrutturazione del debito, S. 91, 3.3.5.

bedarf ebenfalls einer Bestätigung des Wirtschaftsprüfers und einer Freigabe durch das Insolvenzgericht bzw. den beauftragten Richter.

(10) Inhaltliche Gestaltungsmöglichkeiten

Seit der eingangs genannten Neuausrichtung des *concordato preventivo* ist dieser in Bezug auf den Inhalt ausgesprochen flexibel.[1558] Hier ist zunächst die bereits angesprochene Einteilung der Gläubiger nach juristischen Positionen und homogenen Interessen sowie eine unterschiedliche Behandlung der Klassen zu nennen.[1559]

Ein damit verbundener Vorteil ist, dass Vorzugsgläubiger nicht vollständig befriedigt werden müssen, solange die vorgesehene Befriedigung nicht unterhalb des realisierbaren Verwertungserlöses unter Berücksichtigung des Marktwertes des besicherten Gegenstandes liegt.[1560] Dies ist von einem Wirtschaftsprüfer[1561] zu attestieren.[1562] Etwas ausführlichere Regeln im Hinblick auf den erforderlichen Inhalt finden sich für den *concordato preventivo con continuità* nach Art. 186-bis L.F. bzw. Artt. 85 Abs. 3, 86, 87 Abs. 3, 100 C.C.I.I.[1563] Im Übrigen können neben dem Schuldenerlass und den Modalitäten der

1558 *Pluris,* Codice del fallimento commentato, Art. 160, IV.2.; *Bitzer*, Länderberichte – Italien, in: *Kindler/Nachmann/Bitzer* (Hrsg.), Handbuch Insolvenzrecht in Europa, 5. Aufl., Rn. 89.

1559 *Guglielmucci/Padovini,* Diritto fallimentare, S. 325.

1560 Art. 160 Abs. 2 L.F. bzw. Art. 85 Abs. 7 C.C.I.I.

1561 Nach der zu bevorzugenden Ansicht und aufgrund der erforderlichen Unabhängigkeit darf dieser nicht identisch mit dem Wirtschaftsprüfer sein, der den *concordato preventivo* selbst bestätigt, siehe *Pluris,* Codice del fallimento commentato, Art. 160, V.48 f.

1562 Zu weiteren Einzelheiten, insbesondere der strittigen Frage, ob neben den Inhabern besonderer Vorzugsrechte (*privilegio speciale*) auch die Gläubiger mit allgemeinem Vorzugsrecht (*privilegio generale*) von Art. 160 Abs. 2 L.F. erfasst sind, vgl. *Pluris,* Codice del fallimento commentato, Art. 160, V.19. Gegen einen Ausschluss der Gläubiger mit allgemeinem Vorzugsrecht spricht unter anderem, dass viele *concordati preventivi* dann nur eingeschränkt funktionieren könnten, sowie der Vergleich mit Art. 182-ter L.F. Der *corte di cassazione* hält eine teilweise Befriedigung der Gläubiger mit allgemeinem Vorzugsrecht für gerechtfertigt, wenn das bewegliche Vermögen zur Deckung nicht ausreichend ist (dahinter steckt das Argument, dass die Befriedigung der unbesicherten Gläubiger nicht vom Vorhandensein von (nicht besichertem) unbeweglichem Vermögen abhängen kann), vgl. *Cass. Civ. Sez. I*, Urt. v. 8. Juni 2020 – 10884/20 (erhältlich in Fallimento, 2020, 8–9, 1071).

1563 III.C.5.e).

Gläubigerbefriedigung beispielsweise die Veräußerung von Gegenständen oder Einstellung von Betriebsteilen geregelt werden. Auch Änderungen im Management, Personalabbau, Aufnahme von frischem Kapital, Umwandlungen (Abspaltungen, Verschmelzungen, etc.) usw. können in den *concordato preventivo* aufgenommen werden.[1564] Möglich ist auch die Stellung aller Arten von Sicherheiten durch den Schuldner oder Dritte, um die Überzeugungskraft des Vorschlags zu erhöhen.[1565]

Insgesamt kann daher die Befriedigung der Gläubiger „klassisch" durch Bezahlung eines bestimmten Teils der Schulden zu vereinbarten Zeiträumen, durch die Übertragung von Vermögensgütern an die Gläubiger oder durch Veräußerung an Dritte und Verteilung des Erlöses erfolgen.[1566] Dabei können die verschiedenen Möglichkeiten auch kombiniert werden. So kann z. B. eine Gläubigergruppe aus dem Erlös aus dem Verkauf eines Teilbetriebes befriedigt und auf eine andere Gläubigergruppe oder einen Dritten der Rest oder ein anderer Teil des Betriebes erfüllungshalber übertragen werden.[1567]

(11) Arbeitsrecht

Aufgrund des Art. 47 Abs. 4-bis lit. b-bis) des legge 428/90 galt vor der Insolvenzrechtsreform das zum *accordo di ristrutturazione* bereits Dargestellte[1568] für Unternehmen, die sich in einem eröffneten Verfahren zum Abschluss eines *concordato preventivo* befinden. Durch Vereinbarung mit der Arbeitnehmervertretung konnte (nur) ein Teil der Arbeitnehmer übernommen und Art. 2112 c.c. inhaltlich modifiziert werden.

Zudem war Art. 2112 c.c. nach Art. 47 Abs. 5 des legge 428/90 für einen genehmigten *concordato preventivo*, der die Übertragung von Vermögensgegenständen vorsieht, keine Fortführung des Unternehmens beinhaltet und bei dem eine Einigung zur Übernahme zumindest eines Teils der Arbeitskräfte stattgefunden hat, auf die übergehenden Arbeitsverhältnisse (d. h. dem Inhalt nach) nicht anwendbar.[1569]

1564 *Guglielmucci/Padovini,* Diritto fallimentare, S. 322; *Pluris,* Codice del fallimento commentato, Art. 160, IV.20 ff.

1565 *Bitzer*, Länderberichte – Italien, in: *Kindler/Nachmann/Bitzer* (Hrsg.), Handbuch Insolvenzrecht in Europa, 5. Aufl., Rn. 90.

1566 *Guglielmucci/Padovini,* Diritto fallimentare, S. 323.

1567 *Guglielmucci/Padovini,* Diritto fallimentare, S. 324.

1568 III.C.4.b)(9).

1569 Vgl. auch *Cass. civ. Sez. lavoro*, Beschluss v. 22. Februar 2019 – 5370/2019.

Der *codice della crisi d'impresa e dell'insolvenza* nimmt hier erhebliche Änderungen vor: Gemäß dem reformierten Art. 47 Abs. 4-bis des legge 428/90[1570] kann bei einem *concordato preventivo* mit indirekter Fortführung durch Übertragung die inhaltliche Änderung der Arbeitsverhältnisse durch Kollektivvereinbarung beschlossen werden. Der als Regel vorgesehene Übergang der Arbeitsverhältnisse selbst ist nur noch bei einem liquidatorischen *concordato preventivo* disponibel.[1571]

Zu erwähnen ist in arbeitsrechtlicher Hinsicht die Voraussetzung für einen *concordato con continuità indiretta*, dass nach der Übertragung des Betriebes die Hälfte der in den zwei vorhergegangenen Jahren angestellten Arbeitnehmer für ein weiteres Jahr nach der Bestätigung des *concordato preventivo* beschäftigt wird.[1572]

(12) Kapitalherabsetzung

Die Unanwendbarkeit der Normen des *codice civile* zur Kapitalherabsetzung ist auch beim *concordato preventivo* vorgesehen, Art. 182-sexies L.F. bzw. Art. 89 C.C.I.I.

c) Nachteile

(1) Dauer und Kosten

Der *concordato preventivo* ist – nicht zuletzt wegen des erheblichen Einflusses der gerichtlichen Kontroll- und Bestätigungsinstanzen – ein relativ langes, kostenaufwendiges und komplexes Verfahren.[1573] Insbesondere verglichen mit den anderen vorinsolvenzlichen Sanierungsverfahren, dem *accordo di*

1570 Art. 368 Abs. 4 lit. b) C.C.I.I.

1571 Vgl. auch unter III.D.1.c)(4).

1572 Vgl. Art. 84 Abs. 2 C.C.I.I. bzw. Art. 186-bis Art L.F. (dort ist der *concordato preventivo in continuità indiretta* definiert als *cessione dell'azienda in esercizio* oder *conferimento dell'azienda in esercizio in una o più società*, d. h. die Übertragung oder Einbringung des Betriebs, vgl. *Rocca/Acciaro*, Il concordato con continuità aziendale. Der Erhalt der Hälfte der Arbeitsplätze ist aber erst mit dem *codice della ciris d'impresa e dell'insolvenza* vorgeschrieben, vgl. *A. Bonelli* – Concordato in continuità: si rafforzano le tutele a garanzia dell'occupazione, https://www.ipsoa.it/documents/impresa/fallimento-e-procedure-concorsuali/quotidiano/2019/01/24/concordato-continuita-rafforzano-tutele-garanzia-occupazione.

1573 *Capizzi*, Crisi d'impresa e ristrutturazione del debito, S. 96, 3.3.6.

ristrutturazione und dem *piano di risanamento*, die in der Regel deutlich weniger komplex und damit kostspielig sein dürften.

(2) Missbrauchsgefahr

Ein Problem, mit dem sich der *concordato preventivo* (ebenso wie der *concordato fallimentare* und die übrigen Sanierungsinstrumente) zuweilen konfrontiert sehen, ist deren Missbrauchspotenzial. Im Vordergrund steht die Gefahr, dass die Verfahren eingeleitet werden, um beispielsweise unumkehrbare Unternehmenskrisen hinauszuzögern.[1574]

(3) Registersteuer

Als ein gewisser Nachteil ist die ggf. höhere Registersteuer anzusehen. Jedenfalls bei einer Übernahme der Aktiva und Passiva durch einen Dritten[1575] – dies dürfte bei einem *distressed M&A* durchaus nicht selten der Fall sein – dürfte entsprechend der Ansicht des Finanzamts für die Bestätigung des *concordato preventivo* aufgrund deren dinglicher Wirkung die proportionale Registersteuer einschlägig sein.[1576]

1574 *Pluris,* Codice del fallimento commentato, Art. 124, I.4. m.w.N.

1575 Die Rede ist vom „*terzo assuntore*", der die Verbindlichkeiten (gesamtschuldnerisch oder mit befreiender Wirkung) und das Vermögen des Schuldners übernimmt, vgl. bzgl. des *concordato fallimentare Fallimenti.it – La figura dell'assuntore nel concordato fallimentare, https://www.fallimenti.it/notizie/la-figura-dellassuntore-nel-con cordato-fallimentare.* Bei einer „bloßen" Übertragung von Gütern dagegen ist die pauschale Registersteuer anwendbar, vgl. *Agenzia delle Entrate*, Risoluzione n.27 v. 26. März 2012.

1576 *Agenzia delle Entrate*, Circolare n. 27 v. 21. Juni 2012; Für den *concordato fallimentare* hat diese Ansicht der *Corte di Cassazione* bestätigt, vgl. *Cass. Civ. Sez. VI*, Beschluss v. 1. Juli 2020 – 13352/20. Grund hierfür ist die rechtsübertragende Wirkung des Bestätigungsbeschlusses, vgl. *DailyTax* – Decreto di omologa del concordato con terzo assuntore: imposta di registro proporzionale, https://dailytax.it/decreto-di-omologa-del-concordato-con-terzo-assuntore-imposta-di-registro-proporzionale/ . Eine solche rechtsübertragende Wirkung hat die Bestätigung eines *concordato preventivo,* der die Übertragung verschiedener Güter an Dritte vorsieht, nicht – ebenso wenig wie die Bestätigung eines entsprechenden *accordo di ristrutturazione* –, wenn auch der Schuldner selbstverständlich zur Übertragung verpflichtet ist, vgl. *Pichirallo* – Cambia l'imposta di registro sull'omologa del concordato preventivo con garanzia e con cessione dei beni, https://collaudo.edotto.com/articolo/cambia-limpo sta-di-registro-sullomologa-del-concordato-preventivo-con-garanzia-e-con-cessi one-dei-beni/amp/. Eine Ausnahme – d. h. Anwendbarkeit der pauschalen Registersteuer – gilt auch bei einer Übernahme durch einen Dritten wiederum, wenn die zu besteuernden Übertragungen der Umsatzsteuer unterfallen, vgl. Art. 40 TUIR und *Agenzia delle Entrate*, Circolare n. 27 v. 21. Juni 2012.

d) Unternehmensführung

Der Schuldner behält während des Verfahrens bzw. ab Einreichung grundsätzlich die Verwaltungs- und Verfügungsbefugnis,[1577] jedoch unter der Überwachung des *commissario giudiziale*. Zudem besteht eine Einschränkung im Hinblick auf Handlungen außerhalb der gewöhnlichen Geschäftsführung.[1578] Demnach kann der Schuldner außergewöhnliche, dringliche Maßnahmen nur mit Zustimmung des Gerichts und gegebenenfalls Stellungnahme des *commissario giudiziale* (falls ein solcher bereits vorzeitig benannt wurde) durchführen.[1579] Ferner nennt das italienische Insolvenzrecht eine – nicht abschließende – Liste von Handlungen, die der Schuldner nur mit Genehmigung des beauftragten Richters vornehmen darf.[1580] Hier ist z. B. Der Verkauf von Immobilien oder Kontrollanteilen zu nennen. Die Veräußerung des Unternehmens hat zudem im Wege einer Auktion zu erfolgen (vgl. auch unter III.C.5.g)(1)).[1581] Dritte, die während dieser Zeit Forderungen gegen den Schuldner begründen, sind mit diesen vorab zu befriedigen.[1582] Zudem sind Rechtshandlungen, die zum ordentlichen Betrieb oder mit Genehmigung des Gerichts vorgenommen werden, nicht anfechtbar.[1583]

Eine derartige Einschränkung der unternehmerischen Freiheit gibt es weder beim *accordo di ristrutturazione*, noch beim *piano di risanamento*. Durch sie sollen in dieser Phase mögliche gläubigerschädigende Handlungen durch den Schuldner verhindert werden.

Laufende, noch nicht beidseitig erfüllte Verträge sind entweder fortzuführen oder mit der Zustimmung des Gerichts (zwischen Einreichung des Antrags und Zulassungsbeschluss) oder des *giudice delegato* (nach Zulassungsbeschluss)

1577 Art. 94 Abs. 1 C.C.I.I. bzw. Art. 161 Abs. 7 S. 2, Art. 167 Abs. 1 L.F. (der relevante Zeitpunkt liegt unter der Geltung des *legge fallimentare* mit der Verfahrenseröffnung statt der Einreichung des Zulassungsantrags etwas später).

1578 Art. 46 Abs. 1 C.C.I.I. bzw. Art. 161 Abs. 7 L.F.

1579 *Guglielmucci/Padovini*, Diritto fallimentare, S. 335.

1580 Art. 94 Abs. 2 C.C.I.I. bzw. Art. 167 Abs. 2 L.F.

1581 Vom Veröffentlichungs- und Auktionserfordernis kann das Gericht in (Not-)Fällen, in denen das Interesse der Gläubiger an einer bestmöglichen Befriedigung unreparierbar geschädigt werden kann, absehen, Art. 94 Abs. 6 C.C.I; die Regelungen zur Auktionsveräußerung im *codice della crisi d'impresa e dell'insolvenza* wurden vom L.F. (Art. 163-bis L.F.) weitestgehend übernommen und durch das *decreto correttivo* überarbeitet.

1582 Art. 161 Abs. 7 S. 3 L.F. bzw. Art. 46 Abs. 4 C.C.I.I.

1583 *Santonocito-Pluta/Mare-Ehlers*, Band 4 Länderberichte – Italien, in: *Kirchhof* (Hrsg.), Münchener Kommentar zur Insolvenzordnung, [3. Aufl.], Rn. 104.

aufzulösen;[1584] möglich ist auch eine Unterbrechung für maximal 120 Tage[1585] (vor Planeinreichung)[1586] bzw. bis 30 Tage[1587] nach Erlass des Eröffnungsbeschlusses (nach Planeinreichung)[1588], die bereits mit dem Zulassungsantrag – und damit vor Einreichung des Plans selbst – begehrt werden kann.[1589] Voraussetzung für die Unterbrechung oder Auflösung ist, dass die Fortsetzung nicht mit den Bestimmungen des Plans zusammenhängt und für dessen Durchführung nicht erforderlich ist.[1590]

Der Vertragspartner ist zum einen durch ein Widerspruchsrecht,[1591] zum anderen durch seinen Anspruch auf Erhalt einer Entschädigung geschützt.[1592] Er hat insbesondere bei Auflösung Anspruch auf einen Ersatz des ihm entstandenen Schadens,[1593] der jedoch nur wie eine reguläre, vor dem *concordato preventivo* entstandene Forderung zu befriedigen ist.[1594]

1584 Art. 97 C.C.I.I. bzw. Art. 169-bis L.F.; durch das *decreto correttivo* wurde die bereits im L.F. vorgesehene Unwirksamkeit von Loslösungsklauseln in das C.C.I.I. wieder eingeführt, vgl. Art. 15 Abs. 2 D.Lgs. 147/2020.

1585 Art. 169-bis Abs. 1 L.F.; die Regelungen zu den laufenden Verträgen sind durch das C.C.I.I. etwas abgeändert bzw. konkretisiert worden; erhebliche, für die vorliegende Abhandlung relevante inhaltliche Unterschiede sind jedoch nicht zu erkennen.

1586 Art. 97 Abs. 7 S. 1 C.C.I.I.

1587 Gemäß Art. 169-bis L.F. ist eine Unterbrechung von maximal 60 Tagen, einmal verlängerbar, möglich. Auch unter der aktuellen Gesetzeslage dürfte sich ein maximaler Zeitraum von 120 Tagen ergeben.

1588 Art. 97 Abs. 7 S. 2 C.C.I.I.

1589 Art. 97 Abs. 2 C.C.I.I.; der Antrag auf Auflösung dagegen erfordert die Einreichung des Sanierungsplans selbst.

1590 Art. 97 Abs. 1 C.C.I.I.

1591 Art. 97 Abs. 4 C.C.I.I. Er kann dagegen bzgl. Verbindlichkeiten, die nach Einreichung des Zulassungsantrags fällig geworden sind im Zeitraum zwischen Bekanntgabe des Antrags auf Auflösung oder Unterbrechung und der Entscheidung hierüber weder Erfüllung verlangen, noch Loslösungsrechte geltend machen, vgl. den durch das *decreto correttivo* neu formulierten Art. 97 Abs. 6 S. 2 C.C.I.I.

1592 Art. 97 Abs. 9 C.C.I.I. bzw. Art. 169-bis Abs. 2 L.F.

1593 *Castagna/D'Attore*, Band 4 Länderberichte – Italien, in: *Kirchhof* (Hrsg.), Münchener Kommentar zur Insolvenzordnung, [4. Aufl.], Rn. 123; dieser bestimmt sich der Höhe nach entsprechend des Schadens bei Nichterfüllung des Vertrages.

1594 Art. 97 Abs. 11 C.C.I.I. bzw. Art. 169-bis Abs. 2 L.F., vgl. *Guglielmucci/Padovini*, Diritto fallimentare, S. 336/337.

Ausgenommen sind Arbeitsverträge sowie gewisse Immobilienkauf- und Mietverträge sowie zweckbezogene Finanzierungen.[1595]

Insofern ist hier von besonderer Bedeutung, dass neben dem Unternehmenskauf selbst alle angedachten und notwendigen begleitenden Rechtshandlungen im *concordato preventivo* vorgesehen werden, um Verzögerungen und Schwierigkeiten bei der Durchführung zu vermeiden. Gemeint sind etwa Freigabe oder Gewährung von Sicherheiten, Verkauf anderer unbeweglicher Gegenstände oder sonstige außergewöhnliche Tätigkeiten. Ferner sollte die Auflösung unattraktiver Vertragsverhältnisse bereits in dem im *concordato preventivo* enthaltenen Sanierungsplan dargelegt werden.

e) Concordato preventivo *mit dem Ziel der Unternehmensfortführung (*concordato con continuità aziendale*)*

Der *concordato con continuità aziendale* als Sonderform des *concordato preventivo* ist in Art. 186-bis L.F. bzw. Art. 84 Abs. 2 C.C.I.I. geregelt und kann entweder durch den Schuldner (direkte Fortführung) oder – für die vorliegende Bearbeitung von größerer Bedeutung – im Wege der Übertragung (indirekte Fortführung) stattfinden.[1596] Dahinter stecken die Bemühungen des italienischen Gesetzgebers, die Sanierung gegenüber der Liquidation zu fördern und so ein möglichst weitgehend saniertes und/oder restrukturiertes Unternehmen wieder in den Markt einzugliedern.[1597]

Die inhaltlichen Anforderungen im Hinblick auf die Machbarkeit des Plans, geknüpft an die Geschäftstätigkeit und die Kostendeckung während des Planverfahrens, sind ausführlicher im Gesetz geregelt und wurden im Zuge der jüngsten Insolvenzrechtsreform zum Teil überarbeitet: Unter anderem ist dann Voraussetzung, dass die Hälfte des vorangehenden Zweijahresdurchschnitts der Arbeitnehmer ab Bestätigung des *concordato preventivo* für ein weiteres Jahr im Unternehmen verbleibt. Der Plan muss ferner darlegen, dass die fortgeführte Unternehmensaktivität der Wiederherstellung des finanziellen Gleichgewichts dem vorrangigen Interesse

---

1595 *Guglielmucci/Padovini*, Diritto fallimentare, S. 336; siehe auch Art. 169-bis Abs. 4 L.F. bzw. Art. 97 Abs. 13 C.C.I.I.

1596 Diese Form der Sanierung im Wege der indirekten Unternehmensfortführung sieht das Insolvenzrecht in Art. 84 Abs. 2 C.C.I.I. bzw. Art. 186-bis Abs. 1 L.F. ausdrücklich vor, dort werden zudem weitere Optionen der indirekten Fortführung (Nießbrauch, Pacht, Einbringung in andere Gesellschaft) aufgeführt.

1597 *Avolio/Di Majo*, Compendio di diritto della crisi di impresa e dell'insolvenza, 13. Aufl., S. 65.

der Gläubiger, und nicht dem des Schuldners, der Gesellschafter bzw. des neuen Inhabers bei Übertragung dient.[1598] Ferner muss jedem Gläubiger ein individueller und werthaltiger Vorteil zugesichert werden.[1599] Die Gläubiger sind im *concordato con continuità* vorrangig aus den Einkünften des fortgeführten Betriebes zu befriedigen.[1600] Dahinter steckt augenscheinlich die Motivation, den betriebsfortführenden *concordato preventivo* auch auf Situationen zu erstrecken, in denen neben der Fortführung die Veräußerung eines nicht-essenziellen Betriebsteils vorgesehen ist.[1601] Diese Option eines „gemischten" *concordato preventivo* kann für den vorliegenden Themenkreis relevant sein. So kann von einem kriselnden Unternehmen lediglich ein rentabler Betriebszweig übernommen werden. Oder ein indirekt betriebsfortführender *concordato con continuità* kann vorsehen, dass unrentable Teile abgestoßen werden.

Des Weiteren kann, damit nicht unmittelbar betriebsnotwendige Ressourcen entzogen werden, ein Moratorium von bis zu zwei Jahren ab Bestätigung des Plans für Zahlungen an Gläubiger mit Vorzugsrechten, Pfand oder Hypothek vereinbart werden.[1602] Im Gegenzug zur Verlängerung des Moratoriums von einem[1603] auf maximal zwei Jahre wird diesen Gläubigern ein Stimmrecht i. H. des Barwerts der Differenz zwischen der für sie vorgesehenen Zahlung und dem Wert ihrer Forderung zugestanden. Die Möglichkeit des Moratoriums gilt nicht, wenn die Gegenstände, auf die sich das Vorzugsrecht bezieht, liquidiert werden sollen[1604]. Art. 186-bis Abs. 2 lit. c) L.F. gilt nach der überwiegenden Meinung auch außerhalb von *concordati preventivi* zur Fortführung, insbesondere bei verwertenden Vorhaben.[1605] Da sich der Regelungsgehalt durch die Insolvenzrechtsreform nur unerheblich geändert hat, dürfte das auch weiterhin der Fall sein.

1598 Art. 84 Abs. 2 S. 2 C.C.I.I.

1599 Art. 84 Abs. 3 S. 3 C.C.I.I.

1600 Art. 84 Abs. 3 C.C.I.I., in der durch das *decreto correttivo* eingeführten Version gehören dazu aber nicht mehr die Erlöse aus der Veräußerung von Lagerware.

1601 *Avolio/Di Majo*, Compendio di diritto della crisi di impresa e dell'insolvenza, 13. Aufl., S. 66.

1602 Art. 86 Abs. 1 C.C.I.I. bzw. Art. 186-bis Abs. 2 lit. c) L.F., nach dem der Zeitraum maximal ein Jahr beträgt. Unter der Geltung des C.C.I.I. kommt es also zu einer nicht unbedeutenden Verlängerung des möglichen Moratoriumzeitraums, vgl. *Pluris*, Codice della crisi di impresa e dell'insolvenza, Art. 84, II.5.

1603 Unter Geltung des L.F., siehe Art. 186-bis Abs. 2 lit. c) L.F.

1604 *Capizzi*, Crisi d'impresa e ristrutturazione del debito, S. 89, 3.3.5; siehe auch Art. 86 Abs. 1 S. 1 C.C.I.I. bzw. Art. 186-bis Abs. 2 lit. c) L.F.

1605 *Pluris,* Codice del fallimento commentato, Art. 160, V.45.

Die Zulassung zum *concordato preventivo* zur (in)direkten Betriebsfortführung hindert im Übrigen in Ausnahme zur grundsätzlichen Regelung bei dessen Einleitung nicht, dass Verträge mit der öffentlichen Hand fortgeführt werden.[1606] Auch an Ausschreibungen für solche kann – nach entsprechender Genehmigung durch das Insolvenzgericht bzw. den -richter – teilgenommen werden, solange von einem Experten (*professionista*) bestätigt wird, dass beides mit dem *concordato preventivo* vereinbar und das Schuldnerunternehmen erfüllungsfähig ist.[1607] So wird einem Unternehmen, das (auch) mit öffentlichen Aufträgen operiert, nicht die Möglichkeit genommen, laufende Verträge zu erfüllen und neue zu akquirieren; der Ausschluss dieser Möglichkeiten wäre einer Fortführung des Betriebes nicht zuträglich.[1608] Streitig war diesbezüglich lange Zeit, ob v. a. letztere Möglichkeit auch bei einem *concordato in bianco* besteht. Die überwiegende Auffassung hat das mit Verweis auf den Schutz des Unternehmens und das Interesse an seiner Fortführung bejaht.[1609] Inzwischen hat der Gesetzgeber (erneut) und auch im Hinblick auf das C.C.I.I. klargestellt, dass die herrschende Auffassung zu befürworten ist.[1610]

1606 Vgl. hierzu bereits unter III.C.5.b)(9) und die entsprechenden Regelungen in Art. 186-bis Abs. 3 ff. L.F. bzw. Art. 95 C.C.I.I.

1607 *Capizzi,* Crisi d'impresa e ristrutturazione del debito, S, 90, 3.3.5; *Guglielmucci/Padovini,* Diritto fallimentare, S. 329.

1608 *Guglielmucci/Padovini,* Diritto fallimentare, S. 329.

1609 *Ex multis Consiglio di Stato* – n. 6303 del 22.12.2014, http://www.mediaconsult.it/newsletter/MC0115/21.pdf, nach dem der Antrag auf Zulassung ausreichend ist. Anderer Ansicht war dagegen das *Tribunale Amministrativo Regionale per il Lazio*, Urt. v. 22. Juli 2019 – 9782/2019 mit Verweis auf den im Vergleich zur Vorgängernorm etwas misslungenen Wortlaut des Art. 80 Abs. 5 lit. b) D.Lgs. 50/2016 (der sogenannte *Codice dei contratti*), den das Gericht so auslegt, dass sich das Unternehmen bereits im *concordato con continuità* befinden soll und daher die Einreichung eines Antrags auf Zulassung zu einem *concordato in bianco* einen Ausschlussgrund in einem Ausschreibungsverfahren gemäß Art. 80 Abs. 5 lit. b) D.Lgs. n. 50/2016 darstellt.

1610 D.L. 32/2019, modifiziert eingeführt vom *legge di conversione* 55/2019; geändert wurde Art. 80 Abs. 5 lit. b) D.Lgs. 50/2016; Unter Geltung dieser Neufassung – wie bereits unter Geltung des Vorgängergesetzes D.Lgs. 163/2006 (vgl. dort, Art. 38) – dürfte aufgrund des Verweises auf Art. 186-bis L.F. bzw. Art. 95 C.C.I.I. jedenfalls eine Teilnahme nach Beantragung eines *concordato in bianco* möglich sein, vgl. *LavoriPubblici* – Esclusione dalla gara e Concordato in bianco: nuove indicazioni dal TAR, https://www.lavoripubblici.it/news/2019/07/LAVORI-PUBBLICI/22405/Esclusione-dalla-gara-e-Concordato-in-bianco-nuove-indicazioni-dal-TAR.

f) *Ausführung und Aufhebung des* concordato

Im Hinblick auf die Ausführung, v. a. in Bezug auf die Abweichung von der Gesamtschuldnerhaftung in Art. 2560 c.c.[1611] und die Ermächtigung eines Dritten zur Vornahme der erforderlichen Handlungen für die Ausführung, aber auch die Annullierung und Aufhebung haben sich reformbedingte Neuregelungen ergeben.

Nach der Bestätigung des *concordato preventivo* durch das Gericht erfolgt die Ausführung unter der Überwachung des *commissario giudiziale.*[1612] Dieser kontrolliert die Einhaltung des Plans und informiert bei abweichenden und/oder gläubigerschädigenden Handlungen das Gericht, eine Aufhebungsbefugnis aus eigener Initiative steht ihm nicht zu.[1613] Das Gericht kann ihn aber autorisieren, die Erfüllungshandlungen an Stelle des Schuldners vorzunehmen.[1614] Zusätzlich können im *concordato preventivo* noch weitere Überwachungsmechanismen vereinbart werden (etwa eine Art Gläubigerausschuss), jedoch kann die Überwachungsfunktion des *commissario giudiziale* nicht komplett ersetzt werden.

Die Auflösung des *concordato preventivo* ist auf Antrag eines oder mehrerer Gläubiger möglich. Jedoch nur, wenn die Nichterfüllung mehr als eine geringe Bedeutung (*scarsa importanza*) hat[1615] und nicht ein Dritter die Verpflichtungen aus dem *concordato preventivo* mit schuldbefreiender Wirkung für den Schuldner übernommen hat.[1616] Seit der Reform steht auch dem *commissario giudiziale* auf Gesuch eines Gläubigers ein Antragsrecht auf Auflösung wegen Nichterfüllung zu.[1617]

Sollte sich während der Ausführung die Undurchführbarkeit des *concordato preventivo* herausstellen, obgleich aus nicht dem Schuldner zuzuschreibenden Umständen, so ist ebenfalls die Auflösung möglich.[1618] Im Fall der vorsätzlichen Überrepräsentation der Passiva oder der Verdeckung wesentlicher Teile der Aktiva kann der *concordato preventivo* auch annulliert werden.[1619]

1611 III.C.5.b)(4).

1612 Art. 185 L.F. bzw. Artt. 94 Abs. 1, 118 Abs. 1 C.C.I.I.

1613 *Guglielmucci/Padovini,* Diritto fallimentare, S. 343.

1614 Art. 185 Abs. 4 L.F. bzw. Art. 118 Abs. 4 C.C.I.I.

1615 Art. 186 Abs. 2 L.F. bzw. Art. 119 Abs. 3 C.C.I.I.

1616 Art. 119 Abs. 5 C.C.I.I. bzw. Art. 186 Abs. 4 L.F.

1617 Art. 119 Abs. 1 C.C.I.I.

1618 *Guglielmucci/Padovini,* Diritto fallimentare, S. 344, der zur Begründung auf die Verbraucherinsolvenz verweist; dort ist die Auflösung für diese Fälle positiv normiert, siehe Art. 14 L. 3/2012.

1619 Art. 120 C.C.I.I. bzw. Artt. 186 Abs. 5 i. V. m. Art. 138 L.F.

Die Pflicht der Gesellschaftsorgane zur fristgemäßen Umsetzung wird im *codice della crisi d'impresa e dell'insolvenza* durch die Möglichkeit ergänzt, einen provisorischen Verwalter einzusetzen.[1620] Von diesem Instrument kann bei verzögerndem oder behinderndem Verhalten der Organe der Gesellschaft Gebrauch gemacht werden.

Die Auflösung des *concordato preventivo* hat grundsätzlich Rückwirkung, wodurch die ursprünglichen Forderungen wieder aufleben.[1621] Jedoch sind Erfüllungshandlungen (auch solche mit Erfüllungswirkung nach Art. 1197 c.c., sogenanntes *datio in solutum*) wie Zahlungen unter dem *concordato preventivo* nicht rückgängig zu machen.[1622] Dies gilt auch für Erfüllungshandlungen seitens Dritter, die Befriedigung einzelner Gläubiger unter Abweichung vom *par conditio* oder für die vollständige Befriedigung einzelner Gläubiger. Hintergrund ist, dass die mitunter komplexen Maßnahmen, die regelkonform nach einem bestätigten Plan zu dessen Ausführung durchgeführt wurden, einen gewissen Stabilitätsschutz genießen sollen.[1623] Andernfalls stünden dem Abschluss eines *concordato preventivo* (ähnlich wie das Problem der Insolvenzanfechtung) erhebliche Bedenken der Gläubiger bezüglich der Rechtssicherheit gegenüber. Auf der anderen Seite führt dies aber im Extremfall zu sehr unsicheren Situationen für die Gläubiger, wenn im schlimmsten Fall der Auflösung und Insolvenz deren Mehrheit in erheblichem Maße benachteiligt wird. Diesem Risiko kann man nur anhand der Bestätigung und Kontrolle des Plans gerecht werden.[1624]

Eine Ausnahme vom soeben Dargestellten kann eintreten, wenn die Auflösung des *concordato preventivo* die Befriedigungswirkung entfallen lässt. Das ist etwa der Fall, wenn die Befriedigung in der Umwandlung von Fremd- in Eigenkapital an der nun doch nicht sanierten Gesellschaft bestand und dadurch die Eignung zur Befriedigung des Gläubigers entfällt.[1625]

1620 Art. 118 Abs. 5 und 6 C.C.I.I.

1621 *Salvato*, Questioni in tema di conversione del credito in capitale di rischio nel concordato preventivo, Il Fallimento 2015, 62 ff./67.

1622 vgl. Art. 140 Abs. 3 L.F. bzw. Art. 53 Abs. 1 C.C.I.I.

1623 *Salvato*, Questioni in tema di conversione del credito in capitale di rischio nel concordato preventivo, Il Fallimento 2015, 62 ff./69.

1624 *Salvato*, Questioni in tema di conversione del credito in capitale di rischio nel concordato preventivo, Il Fallimento 2015, 62 ff.

1625 *Guglielmucci/Padovini*, Diritto fallimentare, S. 345; dies ist überzeugenderweise nur der Fall, wenn spezielle Garantien hinsichtlich der Anteile abgegeben wurden, da dann die Erfüllungswirkung nach Art. 1197 Abs. 2 c.c. (abhängig von der Wahl des Gläubigers) nicht eintritt, vgl. *Salvato*, Questioni in tema di conversione del credito in capitale di rischio nel concordato preventivo, Il Fallimento 2015, 62 ff./70.

g) Einbindung der M&A-*Transaktion in den* concordato preventivo

Wie bereits erwähnt, bieten die Vorschriften zum *concordato preventivo* eine Vielzahl an Möglichkeiten, darunter auch für die Übertragung von Gegenständen, des Unternehmens oder von Geschäftsanteilen[1626].

In Betracht kommt etwa der Verkauf des Unternehmens oder eines Teils davon im Rahmen eines auf Liquidation angelegten *concordato preventivo.* Daneben ist seit der Einführung des Art. 186-bis L.F. auch die Übertragung des laufenden Betriebes im Rahmen dessen Fortführung möglich.

(1) Übertragung nach Art. 85 C.C.I.I.

Ein *concordato preventivo*, der die Übertragung von Vermögensgegenständen beziehungsweise des Unternehmens zum Inhalt hat, wird wie jeder andere zwischen Gläubigern und Schuldner vereinbart. Allerdings wird dann statt der regulären Befriedigung der Gläubiger die Aufteilung des Verkaufserlöses auf diese geregelt.[1627]

Im Gegensatz zum *piano di risanamento* und *accordo di ristrutturazione* ist für den *concordato preventivo* die Möglichkeit der Übertragung vorgesehen und geregelt.[1628] Dies betrifft Vermögensgegenstände und alle Arten von Anteilen[1629] oder das Unternehmen selbst (*attività dell'impresa*)[1630], auch auf Gläubiger, deren Gesellschaften oder Dritte.[1631] Dabei kann der Dritte auch eine während des Verfahrens gegründete Zweckgesellschaft sein, die von den Gläubigern übernommen werden soll. Damit können die Gläubiger Gegenstände oder Anteile auf sich oder von ihnen gehaltene Gesellschaften übertragen lassen, wobei diese Übertragung die Begleichung ihrer Forderungen darstellt. Die übrigen Gläubiger werden beispielsweise durch geldweise Erfüllung ihrer Forderungen – etwa durch die das Unternehmen übernehmenden Gläubiger oder Dritte – befriedigt.[1632] Analog dazu ist die Übertragung auf einen interessierten Dritten und die Befriedigung der Gläubiger durch entsprechende Zahlungen, die (befreiende

---

1626 *Castagna/D'Attore*, Band 4 Länderberichte – Italien, in: *Kirchhof* (Hrsg.), Münchener Kommentar zur Insolvenzordnung, [4. Aufl.], Rn. 91.

1627 *Posca/Abate/Grasseli,* Manuale pratico della procedura fallimentare, S. 272 Fz. 6 (*Tribunale civile e penale di Perugia*, Urt. v. 30. Mai 2007).

1628 Vgl. Art. 160 Abs. 1 L.F. bzw. Artt. 85 Abs. 3, 114, 116 C.C.I.I.

1629 Art. 85 Abs. 3 lit. a) C.C.I.I.

1630 Art. 85 Abs. 3 lit. b) C.C.I.I.

1631 Art. 85 Abs. 4 C.C.I.I.

1632 *Guglielmucci/Padovini,* Diritto fallimentare, S. 325.

oder gesamtschuldnerische) Schuldübernahme durch den Käufer oder die Gewährung von Anteilen an der *NewCo* möglich.[1633]

Jedoch sind abhängig von der konkreten Vorgehensweise weitere Voraussetzungen zu beachten. Hierzu gehören etwa der Ausschluss von Bezugsrechten (Art. 2441 Abs. 5 c.c.) der Altgesellschafter. Oder auch die gutachterliche Bestätigung, dass die Übernahme von neuen Anteilen für privilegierte Gläubiger nicht weniger vorteilhaft ist als die Verwertung der Aktiva und dass der notwendige Abbau von Verlusten vor der Kapitalerhöhung erfolgt.[1634]

Des Weiteren sind der mit D.L. 83/2015 eingeführte Art. 163-bis L.F. und der weitestgehend regelungsgleiche Nachfolgeartikel 91 C.C.I.I. zu beachten.[1635] Danach wird das Gericht, falls im vorgeschlagenen *concordato preventivo* bereits ein konkretes Angebot zur Übernahme durch den Käufer vorliegt oder ein Vertrag, der auf die Übernahme abzielt,[1636] einen Auktionsprozess initiieren. Es begibt sich so auf die Suche nach weiteren Interessenten, um den bestmöglichen Gegenwert für die Übertragung zu finden.[1637] Diese Vorschrift dürfte einen erheblichen Nachteil – insbesondere im Vergleich zum *accordo di ristrutturazione* und *piano di risanamento* – darstellen. Das Ausrufen einer Auktion zu verhindern, scheint in den Fällen, in denen ein bestimmter Interessent das Unternehmen oder einen Teil davon unter dem *concordato preventivo* erwerben will, so nicht möglich.[1638] Vielmehr ist in solchen Konstellationen im möglichst großen Umfang sicherzustellen, dass keine ernsthaften Konkurrenzangebote eingehen werden. Hierzu können etwa *standstill*-Vereinbarungen oder

---

1633 *Guglielmucci/Padovini,* Diritto fallimentare, S. 325; *Pluris,* Codice del fallimento commentato, Art. 160, IV.12 f., wobei bei einer Übernahme des Unternehmens nach Art. 160 Abs. 1 lit. b) L.F. die Schuldübernahme automatisch eintritt; dabei tendiert die Rechtsprechung allerdings zur Anwendung der Grundsätze des Art. 124 L.F., d. h. es sind nur die Verbindlichkeiten erfasst, die aus den kompletten und glaubwürdigen Büchern der Schuldnergesellschaft hervorgehen, vgl. *ex multis Tribunale di Bologna,* Urt. v. 25. Januar 2006 und *Kindler/Conow,* Länderberichte – Italien, in: *Kindler/Nachmann* (Hrsg.), Handbuch Insolvenzrecht in Europa, 4. Erg.-Lfg, Rn. 253.

1634 *Pluris,* Codice del fallimento commentato, Art. 160, IV.21.

1635 *Pluris,* Codice del fallimento commentato, Art. 163-bis, I.

1636 Denkbar scheinen hier auch Vorverträge, *Letters of Intent* oder *Non-Disclosure Agreements.*

1637 *Pluris,* Codice del fallimento commentato, Art. 163-bis, I.1.

1638 Eine Ausnahme vom Öffentlichkeits- und Auktionsgebot ist in Art. 94 Abs. 6 C.C.I nur für Notfälle vorgesehen, in denen das Befriedigungsinteresse der Gläubiger auf dem Spiel steht, siehe auch unter III.C.5.d).

vergleichbare Regelungen mit potenziellen Mitbietern getroffen werden. In der Praxis dürfte das jedoch in Einzelfällen äußerst schwierig zu realisieren sein. Sollte der ursprüngliche Kaufinteressent überboten werden, kann er lediglich Kosten und Aufwendungen bis zu 3 % der Angebotshöhe geltend machen.[1639]

(2) Concordato preventivo con continuità *mit Übertragung von Vermögensgegenständen*

Eine weitere Möglichkeit für die Durchführung einer *distressed M&A*-Transaktion im Rahmen eines *concordato preventivo* ist die Übertragung unter Fortführung des Unternehmens.[1640] Hier ist jedoch insofern Vorsicht geboten, dass die Übertragung nur eines Teils der Güter unter Umständen nicht als *concordato con continuità* angesehen wird.[1641]

(3) *Übertragung des Unternehmens im Rahmen eines liquidierenden* concordato preventivo

Weitere Regelungen für den Fall eines *concordato preventivo* mit vermögensveräußernden Elementen lassen sich in Art. 182 L.F. bzw. Art. 114 C.C.I.I. finden. Demnach nominiert in diesem Fall das Gericht im Bestätigungsbeschluss einen oder mehrere Liquidatoren und ein Komitee von drei bis fünf Gläubigern, um bei der Liquidierung zu unterstützen. Dadurch soll ein korrekter und effizienter Ablauf der Liquidation im Interesse der Gläubiger gesichert werden.[1642] Von diesen Vorschriften kann jedoch – und wird wohl auch üblicherweise[1643] – im *concordato preventivo* abgewichen werden, sodass auch eine Verwertung durch den Schuldner möglich ist.[1644] Mit der Insolvenzrechtsreform wurde eine weitere Bedingung eingeführt: Im Vergleich zum regulären Insolvenzverfahren muss die Unterstützung durch externe Ressourcen die Befriedigung vorzugsberechtigter

1639 Art. 163-bis Abs. 3 L.F. bzw. Art. 91 Abs. 8 C.C.I.I. Der Anspruch darauf wird immerhin als vorrangig zu befriedigende Massebefriedigung betrachtet, siehe *Pluris*, Codice del fallimento commentato, Art. 163-bis, I.19.

1640 Siehe zu den Voraussetzungen weiter oben unter III.C.5.d).

1641 *Tribunale di Milano*, Urt. v. 25. Januar 2010, Fallimento 2010, 624.

1642 *Posca/Abate/Grasseli*, Manuale pratico della procedura fallimentare, S. 281.

1643 *Guglielmucci/Padovini*, Diritto fallimentare, S. 342.

1644 *Kindler/Conow*, Länderberichte – Italien, in: *Kindler/Nachmann* (Hrsg.), Handbuch Insolvenzrecht in Europa, 4. Erg.-Lfg, Rn. 251.

Gläubiger um 10 %[1645] übersteigen; keinesfalls kann die Befriedigungsquote unter 20 % des Gesamtvolumens vorzugsberechtigter Gläubiger liegen.[1646]

Grundsätzlich erfolgt der Verkauf nach den Vorschriften im regulären Insolvenzverfahren,[1647] jedoch sind diese auch abdingbar.[1648]

(4) *Vorlage eines alternativen* concordato preventivo/*Abgabe eines Konkurrenzangebots*

Eine weitere, interessante Möglichkeit ist der Versuch, durch Vorlage eines alternativen *concordato preventivo* ein Unternehmen zu erwerben. Art. 90 C.C.I.I. bzw. Art. 163 Abs. 4 L.F. sehen das für Gläubiger vor, die – auch nach Einreichung des ursprünglichen *concordato preventivo* – mindestens 10 % der Forderungen gegen den Schuldner halten. Dieses Verfahren ist allerdings ausgeschlossen, wenn der Vorschlag des Schuldners die Befriedigung von Buchgläubigern zu 30 % bzw. 40 %[1649] vorsieht.

Auf diese Weise kann bspw. eine Übernahme eines Unternehmens angestrebt werden, an dem vorher kaum oder wenige Anteile gehalten werden. Hierfür sehen etwa Art. 90 Abs. 6 C.C.I.I. bzw. Art. 163 Abs. 5 L.F. durchaus Spielraum vor. Demnach kann bei einer Aktiengesellschaft sogar eine Kapitalerhöhung unter Ausschluss von Optionsrechten durchgeführt werden. Auf diese Art ist die Anteilsgewährung für das erwerbende Unternehmen oder Finanzdienstleister zu bewerkstelligen.

Ferner kann der bereits unter III.C.5.g)(1) dargestellte Auktionsprozess – sozusagen in der umgekehrten Konstellation – die Chance für einen außenstehenden, erwerbswilligen Dritten sein, ein Konkurrenzangebot abzugeben.

1645 Allerdings dürfen Konzernunternehmens des Schuldners nicht mitgezählt werden, Art. 90 Abs. 2 C.C.I.I.

1646 Art. 84 Abs. 4 C.C.I.I.

1647 Art. 105 ff. L.F. bzw. Art. 214 ff. C.C.I.I.

1648 *Kindler/Conow*, Länderberichte – Italien, in: *Kindler/Nachmann* (Hrsg.), Handbuch Insolvenzrecht in Europa, 4. Erg.-Lfg, Rn. 251; zu den Regelungen des Art. 105 L.F. vergleiche unten III.D.1.

1649 Art. 163 Abs. 5 L.F. sieht für einen nicht fortführenden *concordato preventivo* eine Quote von 40 % vor. Im Übrigen gilt nach Art. 163 Abs. 5 L.F. und Art. 90 Abs. 5 C.C.I.I. (unabhängig vom Typ des *concordato preventivo*) die 30 %-Grenze (nach dem C.C.I auf 20 % reduziert, sofern der Schuldner das Frühwarnsystem eingeleitet oder die betreute Krisenbewältigung angestrengt hat).

h) Fazit und wertender Vergleich

Der *concordato preventivo* hat sich von einem auf die Befriedigung der Gläubiger konzentrierenden zu einem eher krisenbewältigenden Instrument gewandelt und ist von den vorinsolvenzlichen Instrumenten am engsten mit dem Insolvenzplan verwandt.[1650] Beiden gemein ist die Notwendigkeit der Abstimmung durch die Gläubiger und durch das Gericht, auch die möglichen Inhalte (Liquidation oder Fortführung) sind grundsätzlich vergleichbar.

Insgesamt ist der *concordato preventivo* ein geeignetes Instrument, um schwere Krisen oder gar die Zahlungsunfähigkeit zu überwinden. Er weist zudem steuerliche Vergünstigungen auf und bietet durch die zeitliche Vorverlagerung des Schutzes vor Vollstreckungsmaßnahmen und des einstweiligen Rechtsschutzes (wie auch der *accordo di ristrutturazione*) erhöhten zeitlichen Verhandlungsspielraum an.[1651]

Bei gewissen Umwandlungsmaßnahmen (Umwandlung, Fusion oder Abspaltung) sieht die Insolvenzrechtsreform zusätzliche Regelungen[1652] vor, die an sich als transaktionsfreundlich eingestuft werden können:

- Der Widerspruch der Gläubiger gegen die Gültigkeit der genannten Schritte kann nur im Wege des Einspruchs gegen die Bestätigung erhoben werden.
- Die Wirkungen sind unumkehrbar, auch bei Auflösung oder Annullierung des *concordato preventivo*; geschädigten Gesellschaftern oder Gläubigern steht ein Schadensersatzanspruch nach Art. 2500-bis und Art. 2504-quater c.c. zu.
- Die Gesellschafter können nicht aufgrund von Veränderungen in der Organisation oder Finanzierungsstruktur austreten.

Die Relevanz dieser Änderungen für die hier schwerpunktmäßig behandelte rechtsgeschäftliche Übertragung dürfte allerdings überschaubar sein.

Besonders unvorteilhaft für eine in einen *concordato preventivo* eingekleidete *M&A*-Transaktion ist der von Amts wegen durchzuführende Auktionsprozess.

1650 *Guglielmucci/Padovini,* Diritto fallimentare, S. 322.

1651 *Capizzi,* Crisi d'impresa e ristrutturazione del debito, S. 91/92, 3.3.5.

1652 Art. 116 C.C.I.I.

6. *Debt-equity-swap*

a) *Einleitung, Vor- und Nachteile*

Die Umwandlung von Fremd- in Eigenkapital ist auch in Italien ein Instrument zur Sanierung durch Umstrukturierung der Schulden. Es kam bereits vor der Reform des *legge fallimentare* in erster Linie bei komplett privatautonomen Krisenbewältigungen zum Einsatz.[1653] Dabei kann diese Umwandlung insbesondere als Alternative zum (teilweisen) Forderungsverzicht gesehen werden. Vor allem, wenn es aufgrund der finanziellen Situation unwahrscheinlich erscheint, dass die Gesellschaft nach Durchlauf eines Sanierungsplans in der Lage sein wird, noch offene Forderungen zu begleichen, und daher eine Reduzierung der Schuldenlast notwendig ist.[1654]

Die Übertragung von Gesellschaftsanteilen an Gläubiger ist für den *concordato preventivo*[1655] und für den *concordato fallimentare*[1656] ausdrücklich vorgesehen. Um bei der Abstimmung über den Plan die Mehrheit der Gläubiger zu erreichen, empfiehlt es sich hier in der Praxis, diese in Gläubigergruppen einzuteilen. Für die an einer solchen Umwandlung interessierten Gläubiger ist insbesondere die Möglichkeit relevant, diese im Wege eines Gegenvorschlags zum Schuldnerangebot zu erreichen.[1657] Bestenfalls kann auf diese Weise ein erheblicher Anteil oder gar die Mehrheit an dem Schuldnerunternehmen erworben werden.

Weitere Regelungen insbesondere im Hinblick auf das Verfahren hat der italienische Gesetzgeber im Insolvenzrecht nicht vorgesehen, womit die Ausgestaltung den Beteiligten überlassen bleibt.[1658] Anwendbar ist neben dem Insolvenzrecht das Gesellschaftsrecht, welches die Gesellschaftereinlagen in Artt. 2464 ff. c.c. (für die italienische GmbH) regelt.

Der *debt-equity-swap* funktioniert in Italien ebenfalls per Umwandlung von Forderungen (bspw. von Kreditgläubigern) in (Risiko-)Kapital, *quasi-equity*-Anteile oder andere Instrumente, beispielsweise Optionsanleihen (*obbligazioni convertibili* bzw. *convertende*). Dabei kann unterschieden werden zwischen

---

1653 *Salvato*, Questioni in tema di conversione del credito in capitale di rischio nel concordato preventivo, Il Fallimento 2015, 62 ff., S. 62.

1654 *Oliviero*, "Conversione" del credito delle banche in capitale di rischio nel contesto della crisi dell'impresa, in: *Bonelli*, Crisi di imprese, S. 92, 93.

1655 *Gaddo*, La conversione dei crediti in capitale sociale nel concordato preventivo; Art. 160 Abs. 1 lit. a) L.F. bzw. Art. 85 Abs. 3 lit. a) C.C.I.I.

1656 Art. 124 Abs. 2 lit. c) L.F. bzw. Art. 240 Abs. 2 lit. c) C.C.I.I.

1657 Art. 163 Abs. 5 L.F. bzw. Art. 90 Abs. 6 C.C.I.I.

1658 *Gaddo*, La conversione dei crediti in capitale sociale nel concordato preventivo, S. 5.

einem „direkten“ *debt-equity-swap* und einem „indirekten“. Bei Letzterem wird nicht das Kapital der betroffenen Schuldnergesellschaft erhöht und die neu geschaffenen Anteile ausgegeben, vielmehr wird deren Vermögen in eine neue Gesellschaft eingebracht und die umwandelnden Gläubiger erhalten deren Anteile als Gegenleistung für die Forderungseinbringung bzw. den -erlass.[1659]

Die Gegenleistung für die Anteile oder Instrumente erfolgt in Form des (teilweisen) Erlasses der Forderung(en).

(1) Gestaltung der Forderungseinbringung

Hier kommen im Prinzip zwei Möglichkeiten in Betracht: Zum einen kann die Gewährung der Geschäftsanteile als Leistung an Erfüllung statt der Begleichung der Verbindlichkeit erfolgen (Art. 1197 c.c.). Oder die Zahlungsverpflichtung wird zuerst im Wege der objektiven Schuldumwandlung[1660] in die Verpflichtung zur Gewährung des Anteils geändert, wodurch eine reguläre Erfüllung eintritt.[1661]

Die Gegenleistung für die Gewährung kann entweder in der Einbringung der Forderung bestehen[1662] oder es kann eine Bareinlage vereinbart werden, die dann durch *conferimento mediante compensazione* erfüllt wird (vgl. Art. 1243 c.c.).[1663] Dabei ist nicht erforderlich, dass die Gesellschafterversammlung die

---

1659 *Di Cecco* – La conversione concordataria dei debiti in capitale di rischio: tre riflessioni (ed altrettante proposte) sulle peculiarità della disciplina applicabile alle operazioni di debt to equity swap, https://blog.ilcaso.it/news_736/18-10-18/La_conversione_concordataria_dei_debiti_in_capitale_di_rischio-_tre_riflessioni_(ed_altrettante_proposte)_sulle_peculiarita_della_disciplina_applicabile_alle_operazioni_di_debt_to_equity_swap.

1660 Sogenannte *Novazione oggetiva*, Art. 1230 ff. c.c.

1661 *Gaddo*, La conversione dei crediti in capitale sociale nel concordato preventivo, S. 7.

1662 Die Möglichkeit der Einbringung einer Forderung gegen die Gesellschaft selbst als Gegenleistung zum erhaltenen Gesellschaftsanteil wird von der Literatur und der vorherrschenden Rechtsprechung anerkannt, vgl. *Di Russo* – Cassazione civile, Sez. I, 19 Marzo 2009 – Compensazione del credito per conferimenti con il credito del socio – IlCaso.it, http://mobile.ilcaso.it/sentenze/ultime/1733.

1663 *Gaddo*, La conversione dei crediti in capitale sociale nel concordato preventivo, S. 7, vgl. dort S. 65 ff. für eine detailliertere Darstellung, welche der beiden Vorgehensweisen vorzugswürdig ist; in der Regel scheint die *conferimento mediante compensazione* die korrektere Vorgehensweise, vgl. auch *Oliviero*, “Conversione” del credito delle banche in capitale di rischio nel contesto della crisi dell’impresa, in: *Bonelli*, Crisi di imprese, S. 92/94; *Notai Detti Menchetti*, Aumento di capitale mediante compensazione e crediti postergati nella srl, S. 1 mit Ausführungen zur grundsätzlichen Möglichkeit der Erfüllung der Einlagepflicht durch Erlöschen der Forderung.

Erfüllung durch Einlage der Forderung vorsieht. Die Befugnis, diese als Kompensation anzunehmen, liegt vielmehr bei den Geschäftsführern.[1664] In beiden Fällen erlischt die Forderung des Gläubigers bei Einbringung (Konfusion).[1665] Denkbar ist – wie im deutschen Recht – auch ein Forderungsverzicht.[1666]

Wie bereits angedeutet, kann dies auch, und wird in der Praxis nicht selten, unter Einschaltung einer *NewCo* realisiert. In diese werden alle oder die gewünschten Aktiva eingebracht und die Gläubiger des Schuldnerunternehmens erhalten Anteile an der *NewCo* als Gegenleistung für den Erlass/die Einbringung der Forderung.[1667] Eine weitere Variante ist, dass die *NewCo* zunächst alle oder bestimmte Schulden der Zielgesellschaft übernimmt und deren Gläubigerin wird. Anschließend werden die Verbindlichkeiten in Anteile umgewandelt. Nach erfolgter Sanierung verkauft die *NewCo* die Anteile und kehrt den Erlös an die ursprünglichen Gläubiger aus. So werden diese nicht unmittelbar Gesellschafter, was im Hinblick auf gesellschaftsrechtliche Verpflichtungen unter Umständen vorteilhaft sein kann.

(2) Kapitalerhöhung und Ausschluss des Bezugsrechts

In der Vielzahl der Fälle werden den Gläubigern keine bestehenden Geschäftsanteile angeboten werden, sondern im Rahmen einer Kapitalerhöhung neu auszugebende.[1668]

1664 *Notai Detti Menchetti,* Aumento di capitale mediante compensazione e crediti postergati nella srl, S. 7; *Consiglio notarile di Milano,* Aumento di capitale e compensazione di crediti; dies gilt nicht, wenn die Forderung noch nicht fällig ist, dann bedarf es nach Art. 1252 c.c. einer Zustimmung zur Kompensation durch die Gesellschaft. Der Gesellschafterbeschluss darf allerdings die Erfüllung durch Kompensation auch nicht ausschließen, bspw. ausdrücklich nur die Bareinlage festsetzen. Es empfiehlt sich aber grundsätzlich, die Möglichkeit der Erfüllung der Einlagepflicht durch – in diesem Fall – Einlage der Forderung vorzusehen.

1665 *Notai Detti Menchetti,* Aumento di capitale mediante compensazione e crediti postergati nella srl, S. 6.

1666 *Fondazione Nazionale dei Commercialisti,* La rinuncia ai crediti dei soci verso la società e sua rilevanza tributaria.

1667 *Di Cecco* – La conversione concordataria dei debiti in capitale di rischio: tre riflessioni (ed altrettante proposte) sulle peculiarità della disciplina applicabile alle operazioni di debt to equity swap, https://blog.ilcaso.it/news_736/18-10-18/La_conversione_concordataria_dei_debiti_in_capitale_di_rischio-_tre_riflessioni_(ed_altrettante_proposte)_sulle_peculiarita_della_disciplina_applicabile_alle_operazioni_di_debt_to_equity_swap.

1668 *Gaddo,* La conversione dei crediti in capitale sociale nel concordato preventivo, S. 20.

Dazu ist eine Kapitalerhöhung notwendig, die in den meisten Fällen grundsätzlich in die Kompetenz der Gesellschafterversammlung fällt, vgl. für die italienische GmbH Art. 2481 c.c.[1669]

Die Kapitalerhöhung hat jedoch erst nach Ausgleich der (aktuellen und) vorgetragenen Verluste zu erfolgen.[1670] Nach der überzeugenden Ansicht jedoch nur, wenn die Verluste die Erheblichkeitsschwelle der Artt. 2482-bis c.c., 2482-ter c.c. und 2482-quater c.c. erreichen.[1671]

Ferner ist zu beachten, dass auch in Italien bei einer Kapitalerhöhung den vorhandenen Gesellschaftern zu deren Schutz vor Entwertung ihrer Beteiligung ein Bezugsrecht zusteht, Art. 2481-bis c.c. Ein solches Bezugsrecht kann jedoch grundsätzlich ausgeschlossen werden.[1672] So sieht beispielsweise auch das Insolvenzrecht – für Gegenvorschläge[1673] – ausdrücklich die Möglichkeit vor, dass im

1669 Laut Art. 2481 c.c. kann die Satzung die Kompetenz auch auf die Geschäftsführung übertragen.

1670 *Pluris*, Codice del fallimento commentato, Art. 160 IV.21.; dazu tendierend auch *Benedetti* – La posizione dei soci nel risanamento della società in crisi: dal potere di veto al dovere di sacrificarsi (o di sopportare(Aufopferungs- o Duldungspflicht)?, https://flore.unifi.it/retrieve/handle/2158/1130064/340411/la%20posizione%20dei%20sociRDS.pdf, S. 764 f. Das Vorgehen ist also mit einem Kapitalschnitt nach dem deutschen Recht vergleichbar.

1671 *Gaddo*, La conversione dei crediti in capitale sociale nel concordato preventivo, S. 30–32 m.w.N.; die Streitfrage hat in erster Linie bei Einleiten der Kapitalmaßnahme vor Bestätigung eines *concordato preventivo* Relevanz, nach dieser erfolgt in der Regel die Reduzierung der Verbindlichkeiten durch Erlass der Schulden seitens der Gläubiger.

1672 *Bruno/Castagna*, La conversione dei crediti bancari in capitale di rischio(debt for equity swap) nell'ambito del restructuring in Italia, Germania e UK, Le Società 2015, 272, 274; Für die italienische AG sind in Art. 2441 c.c., insbesondere Absatz 5, Fälle vorgesehen, in denen das Bezugsrecht ausgeschlossen werden kann (u. a. wenn das Interesse der AG dies erfordert); für die italienische GmbH dagegen gibt es eine solche Vorschrift nicht, daher ist grundsätzlich eine Entscheidung (ggf. Änderung der Satzung, vgl. Art. 2481-bis Abs. 1 S. 2 c.c.) der Gesellschafter erforderlich, vgl. Art. 2479 Abs. 2 Nr. 5 c.c. und *Di Domenico* – L'Aumento del capitale nelle società di capitali, http://www.notaiodidomenico.it/DOTTRINA/SOCIETA%27/aumento%20nelle%20SRL.htm. Insbesondere in Hinblick auf Art. 2441 c.c. wird jedoch vertreten, dass dessen Voraussetzungen bei insolvenzrechtlichen *debt-to-equity-swaps* nicht vorliegen müssen, vgl. *Benedetti* – La posizione dei soci nel risanamento della società in crisi: dal potere di veto al dovere di sacrificarsi (o di sopportare(Aufopferungs- o Duldungspflicht)?, https://flore.unifi.it/retrieve/handle/2158/1130064/340411/la%20posizione%20dei%20sociRDS.pdf., S. 751 ff.

1673 Art. 163 Abs. 5 L.F. bzw. Art. 90 Abs. 6 C.C.I.I.

concordato preventivo eine Erhöhung des Stammkapitals unter Ausschluss oder Einschränkung der Bezugsrechte geregelt wird.[1674]

(3) Blockademöglichkeit der Altgesellschafter

Eingriffe in die Anteile der Gesellschafter sind im Rahmen des *concordato preventivo* grundsätzlich nach den Vorschriften über dessen Bindungswirkung möglich.[1675] Unbegrenzt haftende Gesellschafter und alle Gläubiger sind somit an die Beschlüsse gebunden.[1676] Aufgrund der ausdrücklichen gesetzlichen Bestimmungen[1677] ist ein *debt-equity-swap* bei Gegenvorschlägen eines oder mehrerer Gläubiger mit entsprechender Wirkung für die Gesellschafter möglich.[1678] Vorgesehen ist ferner, dass bei ausbleibender Mitwirkung auf entsprechenden Antrag das Insolvenzgericht einen Verwalter einsetzt, der die

1674 *Pluris,* Codice del fallimento commentato, Art. 160, II.6.; dagegen scheint eher zweifelhaft, ob dies auch für den originären Vorschlag des *concordato preventivo* gilt. Aufgrund des Ausnahmecharakters der Regelung ist sein Anwendungsbereich wohl nicht ausdehnbar, vgl. *Tribunale Reggio Emilia*, Urt. v. 28. Juni 2017 (erhältlich in http://mobile.ilcaso.it/sentenze/ultime/18825), wenn auch durchaus Gründe für eine Anwendbarkeit auf den Vorschlag des Schuldnerunternehmens sprechen (etwa die Frage, weshalb außenstehende Dritte eine gesellschaftsrechtliche Umstrukturierung vorschlagen können, das Schuldnerunternehmen einen solchen Vorschlag nicht anbringen kann, vgl. *Benedetti* – La posizione dei soci nel risanamento della società in crisi: dal potere di veto al dovere di sacrificarsi (o di sopportare(Aufopferungs- o Duldungspflicht)?, https://flore.unifi.it/retrieve/handle/2158/1130064/340411/la%20posizione%20dei%20sociRDS.pdf, S. 749).

1675 Diskutiert wird auch ein weitergehendes Eingriffsrecht, bspw. die Übertragung bestehender Anteile an die Gläubiger, vgl. *Gaddo,* La conversione dei crediti in capitale sociale nel concordato preventivo, S. 20 m.w.N.

1676 Art. 117 C.C.I.I.

1677 Die Legalität dieser Möglichkeit, wodurch letztendlich in einem *concordato preventivo* das Schuldnerunternehmen selbst, genauer dessen Anteile, restrukturiert werden und nicht lediglich dessen Vermögen, wurde in der Literatur durchaus kritisch beurteilt, vgl. *Ranieli,* Proposte di concordato preven-tivo concorrenti, trasferimento del controllo ed esenzione dall'obbligo di opa per salvatag-gio "ostile", Rivista di diritto bancario 2017. Zum Schutz der Altgesellschafter wird daher vertreten, dass – jedenfalls solange das Gesellschaftsvermögen insgesamt noch werthaltig ist – der Gegenvorschlag Vorkehrung zur Interessenwahrung der Altgesellschafter vorsehen muss, bspw. in Form der Beteiligung an künftigen (Veräußerungs-)Gewinnen, vgl. *Di Cecco* – La riforma del fallimento e della crisi d'impresa, https://ugdcecroma.it/wp-content/uploads/2019/02/La-conversione-concordataria-dei-debiti.pdf.

1678 Art. 163 Abs. 5 L.F. bzw. Art. 90 Abs. 6 C.C.I.I.

Gesellschafterversammlung einberufen kann, um die im genehmigten Plan vorgesehene Kapitalerhöhung zu beschließen.[1679] Der Verwalter hat darüber hinaus die Befugnis, in der Gesellschafterversammlung anstelle der Gesellschafter abzustimmen.[1680]

Außerhalb der vorgenannten Konstellationen, also auch bei einem *piano di risanamento* oder *accordo di ristrutturazione* ist die Mitwirkungsbereitschaft der Gesellschafter erforderlich.[1681]

Für den *concordato fallimentare* gilt Vergleichbares. In diesem können Regelungen über das Vermögen des Schuldnerunternehmens getroffen werden, nicht jedoch über die Anteile an dem Unternehmen. Letztere bleiben in der Verfügungsbefugnis der Gesellschafter.[1682]

(4) Bewertung der eingebrachten Forderung

Im Allgemeinen ist im italienischen Recht die Bewertung von Sacheinlagen wie die einer Forderung anhand eines Expertengutachtens vorgesehen, Artt. 2343, 2465 c.c. Auf die vorliegende Konstruktion eines *debt-equity-swaps* sind diese Normen jedoch unanwendbar, da sie für die Einbringung einer Forderung eines Anteilszeichners gegen die Gesellschaft nicht gelten.[1683]

Grundsätzlich erfolgt hier die Bewertung nach dem *fair value* (bei Anwendung der IAS-Regeln). Die Bewertung der Forderung ist von Bedeutung für die Summe der Kapitalerhöhung und der jedem einlegenden Gläubiger zustehenden Anteile.[1684]

1679 Art. 185 Abs. 6 L.F. bzw. Art. 118 Abs. 6 C.C.I.I.

1680 *Ranieli*, Proposte di concordato preven-tivo concorrenti, trasferimento del controllo ed esenzione dall'obbligo di opa per salvatag-gio "ostile", Rivista di diritto bancario 2017, S. 6.

1681 *Ranieli*, Proposte di concordato preven-tivo concorrenti, trasferimento del controllo ed esenzione dall'obbligo di opa per salvatag-gio "ostile", Rivista di diritto bancario 2017, etwa auf S. 5.

1682 *Bruno/Castagna*, La conversione dei crediti bancari in capitale di rischio(debt for equity swap) nell'ambito del restructuring in Italia, Germania e UK, Le Società 2015, 272/280.

1683 *Oliviero*, "Conversione" del credito delle banche in capitale di rischio nel contesto della crisi dell'impresa, in: *Bonelli*, Crisi di imprese, S. 94 Fz. 4.

1684 *Gaddo*, La conversione dei crediti in capitale sociale nel concordato preventivo, S. 41; das Austauschverhältnis, also die Angabe wieviele Anteile die Gläubiger auf ihre Forderungen enthalten, ist in einem *concordato preventivo* genau anzugeben.

In diesem Zusammenhang soll kurz erwähnt werden, dass bei einem *concordato preventivo* eine Prüfung der Forderung – anders als bei der *amministrazione straordinaria speciale* – nicht erfolgt. Daher ist es durchaus möglich, dass bestreitbare Forderungen in Eigenkapital umgewandelt werden.[1685]

Die Folgen einer Überbewertung der Forderung führen auch hier dazu, dass der umwandelnde Gläubiger seinen Einlageverpflichtungen (Artt. 2465 ff. c.c.) nicht ausreichend nachgekommen ist.

(5) Kein Pflichtangebot

Jedenfalls im Rahmen eines der vorgenannten Restrukturierungspläne zur Rettung des Unternehmens dürfte die Umwandlung von Anteilen gemäß dem TUF[1686] (Gesetz über Finanzdienstleistungen) und dessen Durchführungsverordnung[1687] kein öffentliches Übernahmeangebot[1688] auslösen.[1689] In dieser von der italienischen Finanzaufsicht (*Commissione nazionale per le società e la borsa*) erlassenen Verordnung sind die Ausnahmen vom obligatorischen Pflichtangebot im Fall einer krisenbedingten Restrukturierung detailliert geregelt.[1690] Auch wenn dem Wortlaut nach eine Schuldenrestrukturierung im engen Sinne nicht mehr erforderlich ist,[1691] so ist laut der italienischen Finanzaufsicht Grundvoraussetzung, dass ein instrumentaler Zusammenhang zwischen der Unternehmensrettung und dem Überschreiten des Grenzwerts für ein öffentliches Angebot besteht.[1692]

(6) Obligatorische Kapitalherabsetzung

Im Umfeld einer unternehmerischen Krise stellt sich bei Kapitalmaßnahmen einer Gesellschaft die Frage, ob hier nicht die Artt. 2482-bis ff. c.c. im Wege stehen. Diese ordnen bei Vorliegen von Verlusten die Herabsetzung des

---

1685 *Pluris,* Codice del fallimento commentato, Art. 160, IV.17.

1686 D.Lgs. 58/1998 – Testo unico delle disposizioni in materia di intermediazione finanziaria, ai sensi degli articoli 8 e 21 della legge 6 febbraio 1996, n. 52; Die Möglichkeit der Ausnahmeregelung ist in Art. 106 Abs. 5 TUF vorgesehen.

1687 Regolamento Consob n. 11971/1999 (Emittenti).

1688 *Offerta publicca di acquisto,* kurz: *OPA,* geregelt in Art. 106 TUF.

1689 *Oliviero,* "Conversione" del credito delle banche in capitale di rischio nel contesto della crisi dell'impresa, in: *Bonelli,* Crisi di imprese, S. 100.

1690 Vgl. Art. 49 Abs. 1 lit. b) Regolamento Consob n. 11971/1999 (Emittenti).

1691 Ausreichend ist jede Maßnahme zur Wiederherstellung des finanziellen Gleichgewichts, vgl. Art. 49 Abs. 2 Regolamento Consob n. 11971/1999 (Emittenti).

1692 *Consob,* Comunicazione v. 2. April 2015 – 0025962/2015.

Stammkapitals im Verhältnis zu den Verlusten oder bis auf das gesetzliche Minimum an.[1693]

Insofern ist auf Artt. 64[1694], 89[1695] C.C.I.I. bzw. Art. 182-sexies L.F. hinzuweisen, die die Anwendbarkeit der Artt. 2446 Abs. 2, 3, 2447, 2482-bis Abs. 4–6, 2482-ter c.c. und der Vorschriften über die Auflösung der Gesellschaft aufgrund von Verlusten, Artt. 2484 Nr. 4, 2545-duodecies c.c., ausschließen. Somit bleibt die obligatorische Kapitalherabsetzung lediglich bei einem *piano di risanamento* bestehen.

(7) Flexible Gestaltung der Arten der Anteile

Bei einem *debt-equity-swap* ist von Vorteil, dass die Anteile im Hinblick auf Dividenden und Verlustausgleich flexibel gestaltet werden können. So können neue Investoren, die bevorzugt behandelt werden wollen und müssen, Anteile bekommen, welche vor denen der Altgesellschafter und der umwandelnden Banken Ausschüttungen aus Überschüssen oder aus der Liquidation erhalten.[1696] Bei den Verlusten und deren Ausgleich werden sie dagegen postponiert behandelt.[1697] Banken oder andere bereits existierende Gläubiger der Gesellschaft werden ebenfalls vor den Altgesellschaftern bevorzugt, müssen jedoch in der Regel neuen Investoren Vorrang einräumen.[1698]

Zusätzlich können anstatt regulärer Geschäftsanteile auch solche ohne oder mit beschränkten Stimmrechten ausgegeben werden. Diese Rechte können beispielsweise in einer Sonderversammlung ausgeübt werden, etwa im Hinblick auf besonders relevante und die Gläubiger betreffende Punkte. In Betracht kommen etwa die Benennung eines Mitglieds der Geschäftsführung oder des Aufsichtsrats, die Abstimmung oder Bezugsrechte bei Kapitalerhöhung, Veräußerung wesentlicher Teile oder der Gesamtheit des Unternehmens.[1699]

1693 *Gaddo*, La conversione dei crediti in capitale sociale nel concordato preventivo, S. 6.

1694 In Hinblick auf den *accordo di ristrutturazione*.

1695 In Hinblick auf den *concordato preventivo*.

1696 *Bruno/Castagna*, La conversione dei crediti bancari in capitale di rischio(debt for equity swap) nell'ambito del restructuring in Italia, Germania e UK, Le Società 2015, 272/280 f.

1697 *Oliviero*, "Conversione" del credito delle banche in capitale di rischio nel contesto della crisi dell'impresa, in: *Bonelli*, Crisi di imprese, S. 96.

1698 *Bruno/Castagna*, La conversione dei crediti bancari in capitale di rischio(debt for equity swap) nell'ambito del restructuring in Italia, Germania e UK, Le Società 2015, 272/273.

1699 *Oliviero*, "Conversione" del credito delle banche in capitale di rischio nel contesto della crisi dell'impresa, in: *Bonelli*, Crisi di imprese, S. 105.

(8) Behandlung von vorzugsberechtigten oder besicherten Gläubigern

Für einige Diskussion in der Fachliteratur sorgte die Frage, wie mit einem *debt-equity-swap* unter Beteiligung vorzugsberechtigter oder besicherter Gläubiger umzugehen ist. Eine Position ist der Ansicht, dass eine Umwandlung ohne die Zustimmung des jeweiligen Gläubigers unzulässig ist.[1700] Begründet wird dies mit dem Verbot der Rangfolgenänderung und der Befriedigung unbesicherter Gläubiger, bevor nicht sämtliche Vorzugsgläubiger voll umfänglich befriedigt wurden. Die – vorzugswürdige – Gegenansicht sieht in der Umwandlung kein Problem, so lange die Umstände der vorzeitigen Befriedigung angemessen geschützt und berücksichtigt werden und ein Stimmrecht eingeräumt wird.[1701] Entsprechend den Regelungen im Insolvenzrecht ist dabei lediglich sicherzustellen, dass die generelle Rangfolge nicht geändert wird und die vorzugsberechtigten Gläubiger gegenüber einer Verwertung des Sicherungsguts nicht benachteiligt werden.[1702] Dies kann entweder mittels einer quantitativen (bei Gewährung gleich werthaltiger Anteile) oder einer qualitativen (Gewährung von Anteilen mit einem höheren Wert) Privilegierung erreicht werden.[1703]

In der Praxis ist zu empfehlen, dem Entwurf des Sanierungsvorschlags ein Expertengutachten beizulegen. Darin ist zu bestätigen, dass die Anteilsgewährung gegenüber der Liquidation der einzelnen Gegenstände nicht nachteilig ist.

1700 *Di Marzio* – Il trattamento dei creditori prelatizi nei concordati, http://ilfallimentarista.it/articoli/blog/il-trattamento-dei-creditori-prelatizi-nei-concordati; *Di Marzio* – Il trattamento dei creditori prelatizi nei concordati, http://ilfallimentarista.it/articoli/blog/il-trattamento-dei-creditori-prelatizi-nei-concordati.

1701 *Di Cecco* – La conversione concordataria dei debiti in capitale di rischio: tre riflessioni (ed altrettante proposte) sulle peculiarità della disciplina applicabile alle operazioni di debt to equity swap, https://blog.ilcaso.it/news_736/18-10-18/La_conversione_concordataria_dei_debiti_in_capitale_di_rischio-_tre_riflessioni_(ed_altrettante_proposte)_sulle_peculiarita_della_disciplina_applicabile_alle_operazioni_di_debt_to_equity_swap.

1702 Vgl. Art. 160 Abs. 2 L.F., Artt. 67 Abs. 4, 85 Abs. 7 C.C.I.I.

1703 *Di Cecco* – La conversione concordataria dei debiti in capitale di rischio: tre riflessioni (ed altrettante proposte) sulle peculiarità della disciplina applicabile alle operazioni di debt to equity swap, https://blog.ilcaso.it/news_736/18-10-18/La_conversione_concordataria_dei_debiti_in_capitale_di_rischio-_tre_riflessioni_(ed_altrettante_proposte)_sulle_peculiarita_della_disciplina_applicabile_alle_operazioni_di_debt_to_equity_swap.

(9) Auflösung des concordato preventivo

Entsprechend den Rechtsfolgen, die unter III.C.5.f) dargestellt wurden, gilt auch für den *debt-equity-swap*, dass dieser bei ordnungsgemäßer Durchführung in einem *concordato preventivo* bei dessen Auflösung aufgrund von (anderweitiger) Nichterfüllung trotz der grundsätzlichen Rückwirkung der Auflösung nicht rückgängig zu machen ist. Vielmehr bleibt er wegen der regelmäßig eintretenden befriedigenden Wirkung (Art. 1197 c.c.) bestehen.[1704] Umwandelnde Gläubiger können daher nur noch Befriedigung (und damit Zulassung zu einem möglichen Insolvenzverfahren) ihrer Forderung für den nicht umgewandelten Teil verlangen.[1705]

Wie beim *concordato preventivo* ebenfalls kurz dargestellt, dürfte dies in den eher seltenen Fällen nicht gelten, wenn sich die fehlende Befriedigung des Gläubigers gerade aus der Umwandlung von Fremd- in Eigenkapital an einem nicht sanierten Unternehmen ergibt.

(10) Debt-equity-swap *seitens Kreditinstitute*

Ein offener Punkt war bis zur Entscheidung des *Corte di Cassazione*, ob Banken entgegen einer einschränkenden Regelung in einem Rundschreiben der *Banca d'Italia* (vom 21. April 1999) Forderungen in Kapital umwandeln dürfen. Die Regelung hat aufgrund einer entsprechenden Ermächtigung[1706] für die Banken in Italien verbindliche Wirkung. Dies hat das oberste italienische Gericht in seiner Entscheidung vom 7. Mai 2014 mit der Begründung bejaht, dass die genannten Regelungen nicht den Rang eines Gesetzes haben und damit den Anwendungsbereich des Insolvenzrechts nicht einschränken können.[1707]

(11) Garantien des Schuldners

Diesbezüglich ist festzustellen, dass der Schuldner in der Regel weder gewährleisten muss, dass die Gläubiger eine bestimmte Mehrheit durch die Umwandlung

---

1704 *Gentile,* Conversione del credito in capitale di rischio e risoluzione del concordato preventivo; *Tribunale di Reggio Emilia*, Urt. v. 16. April 2014, Il Fallimento 2015, 59; dafür spricht schon alleine der Schutz der Sanierungsbemühungen und das Vertrauen Dritter in die ordnungsgemäß umgesetzten Maßnahmen.

1705 *Salvato*, Questioni in tema di conversione del credito in capitale di rischio nel concordato preventivo, Il Fallimento 2015, 62 ff./68.

1706 Artt. 4, 53 Abs. 1 lit. c) des *testo unico delle leggi bancarie e creditizie* (D.Lgs. 385/1993).

1707 *Cass. Civ. Sez. I*, Urt. v. 7. Mai 2014 – 9841/2014, Il Fallimento 2015, 59.

erreichen, noch, dass die Anteile besonders umlauffähig sind. Ebenso wenig gibt er eine Garantie ab, dass die Anteile zu einer tatsächlichen Befriedigung der Gläubiger führen, also aufgrund der zukünftigen Entwicklung der Schuldnergesellschaft werthaltig sind.[1708] Allerdings wird eine Garantie bezüglich der wirksamen Ausgabe und Eigentumsverschaffung an den Anteilen verlangt werden.[1709]

b) Steuerliche Behandlung

(1) Allgemein

Zunächst ist festzuhalten, dass nach den nationalen italienischen Buchhaltungsregeln (*OIC*) der *debt-equity-swap* für den Gläubiger keine steuerlichen Konsequenzen hat, da hier Gleichlauf zwischen dem Wert der Forderung und der Geschäftsanteile angenommen wird.[1710] Entsprechendes gilt auch für das Schuldnerunternehmen, bei dem es lediglich zu einem Passivtausch in Form der Umwandlung einer Verbindlichkeit in einen Posten des Eigenkapitals kommt.

Wird dagegen nach den internationalen Standards (*International Accounting Standards, IAS)*[1711] bilanziert, so ist die Differenz zwischen dem Wert der eingebrachten Forderung und dem der Anteile sowohl in positiver als auch in negativer Hinsicht steuerlich relevant.[1712] Gemäß Art. 101 Abs. 5 TUIR i. V. m. Art. 88 Abs. 4-bis TUIR ist der Verlust zwischen dem steuerlichen Wert der Forderung und dem *fair value* der Anteile abzugsfähig.[1713]

1708 *Gaddo,* La conversione dei crediti in capitale sociale nel concordato preventivo, S. 44.

1709 *Gaddo,* La conversione dei crediti in capitale sociale nel concordato preventivo, S. 44.

1710 Paragraph 24, 26 OIC 21.

1711 Vgl. das sogenannte *principio di derivazione rafforzata* in Art. 83 Abs. 1 TUIR, nach dem Auswirkungen der abweichenden Qualifizierung, Veranlagungszeitraum und Klassifizierung (nicht aber der Bewertung) aus den IAS Auswirkungen auf die Besteuerung haben, sowie Art. 2 Abs. 1 der IAS-Vorschriften, nach dem IAS-Vorschriften, die Elemente bei der Berechnung der zu versteuernden Einkünfte miteinbeziehen oder ausschließen, auf entsprechende IAS-Sachverhalte Anwendung finden.

1712 IAS 39.41 bzw. IAS 39.25, 26 und IFRIC 19; in den meisten Fällen dürfte der Marktwert des Anteiles an dem Unternehmen unterhalb des Werts der Forderung liegen, so dass dem Schuldnerunternehmen ein Gewinn entsteht (sofern dieser nicht durch Verluste kompensiert wird).

1713 *Andreani/Tubelli* – Gli effetti fiscali della conversione del debito in capitale, https://www.transazione-fiscale.it/gli-effetti-fiscali-della-conversione-del-debito-in-capitale/.

Im Gegenzug kommt auf Ebene des Schuldnerunternehmens seit der Modifikation des Art. 88 TUIR durch das *decreto internazionalizzazione*[1714] eine steuerliche Relevanz der Differenz zwischen dem Nominalwert der Verbindlichkeit und dem steuerlichen Wert der Forderung in Betracht.[1715] Es handelt sich hierbei bilanziell um eine Untergruppe der Eventualforderungen. Dabei ist es unbeachtlich, ob IAS-Regeln oder nationale Regeln angewendet werden.[1716] Bei nach IAS bilanzierenden Unternehmen stellt sich anschließend die Frage, ob ein (in der Regel wahrscheinlicher) Verlust nicht nur bei der steuerlichen Bewertung der Anteile, sondern auch der umzuwandelnden Forderung und somit auf Ebene des Schuldnerunternehmens zu berücksichtigen ist. Die Gesamtbetrachtung und der gesetzgeberische Wille, die Verluste auf Ebene des Gläubigers und mögliche Gewinne auf Ebene des Schuldners in Relation zu setzen, sprechen für diese Leseart des Art. 88-4bis TUIR.[1717] Im Ergebnis führt diese Lösung

1714 D.Lgs. 147/2015; *Marco* – Rinuncia al credito: imponibile la quota che eccede il costo fiscale, https://www.agenziaentrate.gov.it/portale/documents/20143/299827/Circolare+42+del+05+08+2011_circolare+42E.pdf/4313975d-fe80-02fc-a52e-6841844ff6e7.

1715 Dies ergibt sich aus der Vorschrift des Art. 88 Abs. 4-bis TUIR: Der Verzicht auf oder die Einbringung einer Verbindlichkeit stellt demnach einen Gewinn dar, soweit der buchhalterische Wert den steuerlichen Wert überschreitet. Mangels anderweitiger Regelung entspricht der steuerliche Wert einer Darlehensforderung der Valuta bei Ausgabe. Nur wenn der buchhalterische Wert der Forderung dem Steuerwert der Schuld entspricht, so entsteht kein steuerbarer Überschuss. Das Gesetz setzt die Umwandlung einer Verbindlichkeit in Geschäftsanteile gleich einem Verzicht, so dass auch beim *debt-equity-swap* ein steuerbarer Überschuss in Höhe der Differenz zwischen Nominalwert der Verbindlichkeit und Steuerwert der Forderung des Gläubigers entsteht; vgl. *Andreani/Tubelli* – Gli effetti fiscali della conversione del debito in capitale, https://www.transazione-fiscale.it/gli-effetti-fiscali-della-conversione-del-debito-in-capitale/.

1716 *Andreani*, La disciplina fiscale della conversione dei crediti in azioni o in strumenti finanziari, S. 5, 16; ergibt sich bei Anwendung der IAS-Regeln ein abweichendes Ergebnis als nach Art. 88 Abs. 4-bis TUIR, so ist die bilanzielle Gewinn-/Verlustrechnung ggf. anzupassen, vgl. *Andreani/Tubelli* – Gli effetti fiscali della conversione del debito in capitale, https://www.transazione-fiscale.it/gli-effetti-fiscali-della-conversione-del-debito-in-capitale/.

1717 *Andreani/Tubelli* – Gli effetti fiscali della conversione del debito in capitale, https://www.transazione-fiscale.it/gli-effetti-fiscali-della-conversione-del-debito-in-capitale/.

auch zu einem Gleichlauf der steuerlichen und buchhalterischen Gewinn- und Verlustrechnung.[1718]

Unter bestimmten Umständen fällt aufgrund des Art. 88 Abs. 4 TUIR ein zu versteuernder Verzichtsgewinn bei Forderungsverzicht von Gesellschaftern und im Rahmen der dargestellten Sanierungspläne weg. Dazu muss der verzichtende Gläubiger allerdings bereits Gesellschafter sein, wobei bspw. eine Konstellation über eine Abtretung der Kreditforderung seitens der Bank an einen bereits existierenden Gesellschafter in Betracht kommt.[1719]

Der Vollständigkeit halber sei auf Art. 88 Abs. 4-ter TUIR verwiesen, der im Rahmen der vorstehend[1720] dargestellten Sanierungspläne Anwendung findet.[1721]

Ferner sind Gewinn- oder Verkaufserlöse unter den Voraussetzungen der *participation exemption* zu 95 % von der Besteuerung ausgenommen. Dies ist bei einer späteren Verwertung der umgewandelten Anteile vorteilhaft, da ein Gewinn gegenüber dem Nominalwert der Forderung bei Vorliegen der Voraussetzungen der *participation exemption* nur zu 5 % besteuert wird.[1722] Negative Folge dieser Tatsache ist auf der anderen Seite, dass Verluste im Hinblick auf die neu erhaltenen Anteile nach der Regelung der *participation exemption* in Art. 87 TUIR nicht gewinnmindernd angesetzt werden können.[1723]

(2) Debt-equity-swap *mit Bankverbindlichkeiten*

Der im Zuge der *Tremonti*-Reform (legge 344/2003) eingeführte Art. 113 TUIR stellt eine Besonderheit dar. Er ermöglicht Kreditinstituten, Bankkredite bei kriselnden Unternehmen in Eigenkapital an diesen umzuwandeln. Dabei können die negativen steuerlichen Konsequenzen, die eine solche Umwandlung im Hinblick auf sich wahrscheinlich ergebende

---

1718 *Andreani/Tubelli* – Gli effetti fiscali della conversione del debito in capitale, https://www.transazione-fiscale.it/gli-effetti-fiscali-della-conversione-del-debito-in-capitale/.

1719 *Andreani*, La disciplina fiscale della conversione dei crediti in azioni o in strumenti finanziari, S. 21.

1720 III.C.3–III.C.5.

1721 Vgl. im Einzelnen die Ausführungen unter III.C.4.b)(7).

1722 *Simontacchi*, La conversione dei cediti in partceipazioni sociali ex articolo 113 del tuir, in: *Bonelli* (Hrsg.), Crisi di imprese, S. 437.

1723 *Bruno/Castagna*, La conversione dei crediti bancari in capitale di rischio(debt for equity swap) nell'ambito del restructuring in Italia, Germania e UK, Le Società 2015, 272/281 f.

Verluste[1724] eigentlich mit sich bringen würde, vermieden werden. Dies geschieht, indem sich die betroffenen Institute eine Ausnahme von der Anwendung des Art. 87 TUIR einräumen lassen und diese Begünstigung vorher auf Anfrage (*interpello*)[1725] vom Finanzamt bestätigt wird.[1726]

Die Anforderungen an die Anfrage sind zum Teil etwas vage, bestehen aber in erster Linie in der Beschreibung der Beweggründe für den *debt-equity-swap* anstelle alternativer Vorgehensweisen. Ferner sind die Gründe für das Vertrauen auf die Sanierungsmöglichkeiten sowie die Eigenschaften des Sanierungsplans, der von den Hauptgeldgebern des Schuldners vorbereitet sein muss, darzustellen.[1727]

Die Folge der Ausnahmeregelung des Art. 113 TUIR ist die steuerliche Gleichstellung der erhaltenen Anteile mit Forderungen,[1728] d. h. die eingebrachte Forderung wird im Wert berichtigt[1729] und im Ergebnis bleibt die steuerliche Behandlung eines eventuellen Forderungsverlusts trotz Umwandlung bestehen.[1730] Diese Möglichkeit der Geltendmachung von Verlusten ist in

---

1724 Diese ergeben sich daraus, dass die Anteile, die nach IAS 39 grundsätzlich mit dem *fair value* anzusetzen sind, in der Regel im Wert unter der Forderung liegen, siehe bereits unter III.C.6.b)(1), oder ggf. bei einer späteren Weiterveräußerung der erhaltenen Anteile.

1725 Die zeitlichen und inhaltlichen Voraussetzungen sind – neben Art. 113 Abs. 2 TUIR – in Art. 11 des L. 212/2000 geregelt, u. a. muss die Anfrage vor Durchführung des *debt-equity swaps* und bei dem Kalenderjahr als Geschäftsjahr spätestens am 1. Juni des jeweiligen Jahres eingehen und die Bank muss den Verzicht auf nationale und internationale Konsolidierungsmöglichkeiten (Artt. 113 ff., 117 ff. TUIR) sowie auf steuerliche Transparenz (Art. 115 TUIR) erklären, *Andreani*, La disciplina fiscale della conversione dei crediti in azioni o in strumenti finanziari, S. 30.

1726 *Simontacchi*, La conversione dei cediti in partceipazioni sociali ex articolo 113 del tuir, in: *Bonelli*, Crisi di imprese, S. 427; die Voraussetzungen für die Anwendbarkeit des Art. 113 TUIR hat die Finanzverwaltung in einem Rundschrieben vom 3. August 2010 (Nr. 42/E) zusammengefasst.

1727 *Simontacchi*, La conversione dei cediti in partceipazioni sociali ex articolo 113 del tuir, in: *Bonelli*, Crisi di imprese, S. 430.

1728 *Simontacchi*, La conversione dei cediti in partceipazioni sociali ex articolo 113 del tuir, in: *Bonelli*, Crisi di imprese, S. 432.

1729 *Agenzia delle Entrate*, Circolare n. 42/E v. 3. August 2010, Absatz 5.

1730 *Bruno/Castagna*, La conversione dei crediti bancari in capitale di rischio(debt for equity swap) nell'ambito del restructuring in Italia, Germania e UK, Le Società 2015, 272/282.

Art. 113 Abs. 3 TUIR mit Verweisen auf Art. 101 Abs. 5 bzw. Art. 106 TUIR klargestellt.[1731]

Eine auf einen entsprechenden Antrag hin erfolgte (auch stillschweigende) Genehmigung/positive Beantwortung der Eingabe dürfte für das Finanzamt zu einer Bindungswirkung führen. Abgesehen von der Möglichkeit, die Stellungnahme zu korrigieren, dürfte es keine der Anfrage entgegenstehenden Entscheidungen erlassen können, solange der Sachverhalt der Anfrage und der Steuerentscheidung identisch bleiben.[1732]

(3) Registersteuer

Ergänzend ist darauf hinzuweisen, dass nach der höchstrichterlichen Rechtsprechung eine Registersteuer anfällt, da der Verzicht auf die Forderung die Äußerung einer Verfügung i. S. d. Art. 22 DPR 131/1986 darstellt und daher diese Steuer genauso fällig ist, als wenn der Verzicht in einem schriftlichen Vertrag festgehalten worden wäre.[1733]

7. *Concordato nella liquidazione giudiziale*

Der *concordato nella liquidazione giudiziale* ist das Pendant zum deutschen Insolvenzplan und soll daher in dieser Bearbeitung ebenfalls kurz behandelt werden, jedoch beschränkt auf die Punkte, die sich – neben der bereits erfolgten Eröffnung der Insolvenz – als wesentliche Unterschiede zum *concordato preventivo* darstellen.

Das insolvenzliche Gegenstück zum *concordato preventivo* mit vollständig öffentlich-rechtlicher Natur[1734] wurde wie dieser in den letzten Jahren und Jahrzehnten erheblich modifiziert (insbesondere vom D.Lgs. 5/2006). Er hat jedoch

---

1731 Beide Vorschriften sehen weitere Voraussetzungen vor (bspw. das Fehlen von Versicherungen für Kreditverluste oder die vollständige Übertragung des wirtschaftlichen Risikos der Anteile auf den Zessionar); dazu kommen weitere buchhalterische Besonderheiten, insbesondere im Hinblick auf den bilanziell relevanten Zeitraum, auf die hier nicht näher eingegangen werden kann.

1732 Vgl. *Simontacchi*, La conversione dei cediti in partceipazioni sociali ex articolo 113 del tuir, in: *Bonelli*, Crisi di imprese, S. 431 ff.

1733 *Notai Detti Menchetti,* Aumento di capitale mediante compensazione e crediti postergati nella s.r.l., S. 8 m.w.N.

1734 Hierzu gibt es unterschiedliche Meinungen in der Literatur, die Rechtsprechung geht von einem öffentlich-rechtlichen Institut aus, auf das der *codice civile* nicht anwendbar ist, siehe *Pluris,* Codice del fallimento commentato, Art. 124, I.5. m.w.N. zum Meinungsstand.

nicht die grundsätzliche Struktur und die Funktion seiner Ursprungsfassung verloren.[1735] Durch die Neufassung des Insolvenzrechts sind – abgesehen von der Umbenennung des *concordato fallimentare* – dagegen keine erheblichen Änderungen eingetreten. Der *concordato nella liquidazione giudiziale* ist fortan in Artt. 240 ff. C.C.I.I. geregelt.

Der *concordato nella liquidazione giudiziale* zielt allgemein darauf ab, in einem eröffneten Insolvenzverfahren die Befriedigung der Gläubiger abweichend von der insolvenzlichen Liquidation und Erlösverteilung zu regeln.[1736] Hierfür bietet er grundsätzlich im selben Umfang wie der *concordato preventivo* auch die „Rettung" des Unternehmens durch Vereinbarung zwischen den Beteiligten an.[1737]

Formell gibt es Unterschiede im Hinblick auf das Verfahren. So ist der Entwurf des *concordato nella liquidazione giudiziale* vor der Übermittlung an die Gläubiger und vor der Gläubigerabstimmung vom *giudice delegato*, vom Verwalter und vom Gläubigerausschuss[1738] einzuschätzen.[1739]

Zu erwähnen ist, dass der Antrag auf Zulassung zum *concordato nella liquidazione giudiziale* vor der Entscheidung über die Zulassung zur Insolvenztabelle (*decreto che rende esecutivo lo stato passivo*)[1740] eingereicht werden kann. Dies war aufgrund der Tatsache, dass zu diesem Zeitpunkt die zugelassenen Forderungen der Gläubiger und unzulässige Drittforderungen noch nicht bekannt waren, als nicht ganz unproblematisch angesehen worden.[1741] Um dieses Phänomen abzumildern verlangt das Insolvenzrecht,[1742] dass der Verwalter aus den verfügbaren Informationen (insbesondere der vom Schuldner geführten Buchhaltung) eine vorläufige Gläubigerliste erstellen kann.

1735 *Buffelli/D'Andrea,* Le crisi d'impresa, 2.1. S. 33.

1736 *Fallimenti.it* – Differenza tra concordato preventivo e concordato fallimentare, http://www.fallimenti.it/concordato-fallimentare/differenza-tra-concordato-preventivo-e-concordato-fallimentare-3343.

1737 *Pluris,* Codice del fallimento commentato, Art. 124, I.3.

1738 Bei Einteilung der Gläubiger in Gruppen kommt zusätzlich die Einschätzung des Gerichts hinzu, siehe Artikel 125 Abs. 3 L.F. bzw. Art. 241 Abs. 3 C.C.I.I.

1739 Art. 125 L.F. bzw. Art. 241 C.C.I.I.

1740 Das *decreto che rende esecutivo lo stato passivo* ist in Artt. 96 Abs. 1 L.F. und Art. 97 L.F. bzw. Artt. 204 Abs. 5 und 205 Abs. 1 C.C.I.I. normiert und regelt die Zulassung der Gläubigerforderungen zum Schuldnervermögen, somit zu vergleichen mit der Feststellung in der Insolvenztabelle nach § 178 InsO.

1741 *Pluris,* Codice del fallimento commentato, Art. 124, II.5.

1742 Art. 124 Abs. 1 S. 1 L.F. bzw. Art. 240 Abs. 1 S. 1 C.C.I.I.

Uneingeschränkt kann der Vorschlag eines *concordato nella liquidazione giudiziale* nur von einem oder mehreren Gläubigern oder einem betroffenen Dritten[1743] eingereicht werden.[1744] Der Schuldner selbst, der beim *concordato preventivo* allein vorschlagsbefugt ist, kann einen Antrag erst nach Ablauf eines Jahres seit Insolvenzeröffnung und vor Ablauf von zwei Jahren seit dem Erlass des *decreto che rende esecutivo lo stato passivo*[1745] stellen.[1746] Eine weitere Bedingung, eingeführt durch die Insolvenzrechtsreform, ist die Beibringung weiterer Ressourcen, die den Wert der Aktiva um mindestens 10 % erhöhen.[1747] Vorstehendes gilt auch für eine Gesellschaft, an welcher der Schuldner beteiligt ist oder die unter geteilter Kontrolle steht.

Auch wenn die Einbeziehung der Gläubiger in die Runde der Vorschlagsberechtigten eine gewisse Brisanz im Hinblick auf einen Interessenkonflikt hat, so ist dies im Grundsatz dadurch gerechtfertigt, dass neben dem Schuldner, der keine Initiative zur einvernehmlichen Krisenlösung zeigt, weitere Personen das „Heft in die Hand nehmen können"[1748].

Der *concordato nella liquidazione giudiziale* ist bezüglich seines Regelungsinhalts grundsätzlich ebenfalls flexibel und soll ein Mittel darstellen, welches den Beteiligten im Rahmen ihrer Privatautonomie Möglichkeiten eröffnet, die sich manifestierende Unternehmenskrise und eine mögliche Rückkehr des Unternehmens auf den Markt zu regeln.[1749] Genauso gut kann aber die Zerschlagung und Liquidation in einem *concordato nella liquidazione giudiziale* vorgesehen werden.[1750] Die Gläubiger können mit entsprechender Begründung in Gruppen eingeteilt werden, ihre Befriedigung kann abweichend vom Grundsatz der Gläubigergleichbehandlung geregelt werden; eine Mindestbefriedigungsquote gibt es ebenfalls nicht.[1751]

1743 Zum Teil wird diskutiert, ob hierzu auch der Verwalter selbst gehören soll; dies ist jedoch bereits aufgrund des Wortlauts und der Systematik und der historischen Entwicklung des Gesetzes, nach dem der Verwalter sonst ausdrücklich genannt wird und dies auch in Art. 129 L.F. a. F. früher war, abzulehnen, vgl. *Buffelli/D'Andrea,* Le crisi d'impresa, 2.1 S. 36; *Pluris,* Codice del fallimento commentato, Art. 124 II.4.

1744 Art. 124 Abs. 1 S. 1 L.F bzw. Art. 240 Abs. 1 S. 1 C.C.I.I.

1745 *Pluris,* Codice del fallimento commentato, Art. 124, II.13.

1746 Art. 124 Abs. 1 S. 2 L.F. bzw. Art. 240 Abs. 1 S. 2 C.C.I.I.

1747 *Pluris,* Codice del fallimento commentato, Art. 124, VI.

1748 *Pluris,* Codice del fallimento commentato, Art. 124 II.1.

1749 *Buffelli/D'Andrea,* Le crisi d'impresa, 2.1 S. 34.

1750 *Buffelli/D'Andrea,* Le crisi d'impresa, 2.1 S. 34.

1751 *Pluris,* Codice del fallimento commentato, Art. 124, III.9 ff.

Anzumerken ist darüber hinaus, dass die Übertragung von einzelnen Gütern,[1752] Geschäftsanteilen und gar von auf die Masse bezogenen einklagbaren Forderungen,[1753] die im Vermögen des Schuldners stehen, von Gläubigern oder einem Dritten vorgeschlagen werden kann. Hierbei kann die Haftung auf Verbindlichkeiten gegenüber den zur Insolvenz zugelassenen, den zum Zeitpunkt des Antrags der Forderungsfeststellung widersprechenden Gläubigern oder solchen, die zum genannten Zeitpunkt Antrag auf verspätete Zulassung gestellt haben, beschränkt werden.[1754] Dies offenbart sowohl einen Weg der Einkleidung einer möglichen *M&A*-Transaktion in den *concordato nella liquidazione giudiziale* und zugleich einen der relativen Vorteile der Übernahme nur einzelner Gläubiger. Ein Nachteil ist unter Umständen die Tatsache, dass der Käufer keinen vollständigen Überblick über die übergehenden Verbindlichkeiten hat, insbesondere, wenn der Entwurf des *concordato nella liquidazione giudiziale* vor der Forderungsfeststellung eingereicht wird.[1755]

Ein weiterer, eher kleiner Unterschied zum *concordato preventivo* ist, dass die Nominierung des attestierenden Wirtschaftsprüfers[1756] durch das Gericht erfolgen muss.[1757] Vorteilhaft gegenüber dem *concordato preventivo* ist schließlich die Möglichkeit, dass besicherte Gläubiger, deren Sicherungsrecht auf einem rückgängig machbaren Titel beruht, ungesicherten Gläubigern unter der Prämisse,

---

1752 Möglich ist in einem *concordato nella liquidazione giudiziale* jegliche Form einer Unternehmensübertragung, neben den Anteilen auch die Einbringung in eine NewCo, die Umwandlung von Fremd- in Eigenkapital oder der Verkauf nach Art. 105 L.F. sowie die Übernahme aller Gegenstände im Gegenzug zur Übernahme der Verbindlichkeiten, siehe *Pluris,* Codice del fallimento commentato, Art. 124 IV.5, V.7.

1753 Art. 124 Abs. 4 S. 1 L.F. bzw. Art. 240 Abs. 5 C.C.I.I. Hierzu ist allerdings die Genehmigung der Klage durch den *giudice delegato* sowie die genaue Bezeichnung des Forderungsgegenstands und der -grundlage erforderlich, siehe im Detail hierzu *Pluris,* Codice del fallimento commentato, Art. 124 V.9.

1754 Art. 124 Abs. 4 S. 2 L.F bzw. Art. 240 Abs. 5 S. 2 C.C.I.I.; Auch eine schuldbefreiende Übernahme soll entgegen dem Wortlaut möglich und nach Bestätigung durch das Gericht nicht mehr angreifbar sein, *Pluris,* Codice del fallimento commentato, Art. 124 V.10.

1755 *Pluris,* Codice del fallimento commentato, Art. 124 II.7/10.

1756 Art. 124 Abs. 3 L.F. bzw. Art. 240 Abs. 4 C.C.I.I.; dort ist eine Bestätigung des Wirtschaftsprüfers vorgesehen, dass die teilweise Befriedigung besicherter Gläubiger nicht unterhalb dessen liegt, was bei einer Verwertung des Sicherungsguts zu erzielen gewesen wäre.

1757 *Buffelli/D'Andrea,* Le crisi d'impresa, 2.1 S. 38.

dass der Sicherungsgrund rückgängig gemacht wurde, gleichgestellt werden können.[1758]

Wird der *concordato nella liquidazione giudiziale* angenommen und gerichtlich bestätigt, endet das Insolvenzverfahren.[1759] Nicht befriedigte Forderungen der Gläubiger erlöschen,[1760] möglich bleibt jedoch die Inanspruchnahme von Mitverpflichteten oder Bürgen.[1761]

Im Hinblick auf die Rückabwicklung ist abschließend die Besonderheit zu erwähnen, dass aufgrund der (hier vertretenen) öffentlich-rechtlichen Natur des *concordato fallimentare* dieser nach rechtskräftiger Bestätigung durch das Gericht nicht mehr rückgängig gemacht werden kann.[1762]

D. *Distressed M&A* nach Eröffnung Insolvenzverfahren

Grundsätzlich ist das italienische Insolvenzsystem nach Eröffnung der Insolvenz vordergründig von der Verwertung des Schuldnervermögens und Befriedigung der Gläubiger geprägt. Das Gesetz kennt hierzu auch die Möglichkeit des Verkaufs und der Vermietung des Unternehmens.[1763] Diese können gegebenenfalls mit der vorläufigen Weiterführung,[1764] um einen (als Ganzes zu verkaufenden oder zu zerschlagenden) Betrieb vorerst am Leben zu halten und schließlich zu veräußern, kombiniert werden.[1765] Derartige Maßnahmen sind vom Verwalter in einem Liquidationsplan darzustellen, über den der Gläubigerausschuss abzustimmen hat.[1766] Die vorgenannte gesetzliche Regelung zum Verkauf des Unternehmens bezieht sich auf die Veräußerung von zusammenhängenden Gütern oder Rechtsverhältnissen (bspw. Filialen)[1767], Betriebsteilen oder des gesamten

1758 *Pluris,* Codice del fallimento commentato, Art. 124 II.13.
1759 Vgl. Art. 246 C.C.I.I.
1760 Art. 135 Abs. 1 L.F. bzw. Art. 248 Abs. 1 C.C.I.I.
1761 *Bitzer*, Länderberichte – Italien, in: *Kindler/Nachmann/Bitzer* (Hrsg.), Handbuch Insolvenzrecht in Europa, 5. Aufl., Rn. 177.
1762 *Pluris,* Codice del fallimento commentato, Art. 124 V.19.
1763 Artt. 104-bis, 105 L.F. bzw. Artt. 212, 214 C.C.I.I.
1764 Art. 104 L.F. bzw. Art. 211 C.C.I.I.
1765 *Kindler/Conow*, Länderberichte – Italien, in: *Kindler/Nachmann*, Handbuch Insolvenzrecht in Europa, Rn. 105 f.
1766 Art. 104-ter L.F. bzw. Art. 213 C.C.I.I.
1767 *Guglielmucci/Padovini,* Diritto fallimentare, S. 240.

Betriebes im Rahmen eines *Asset Deals.*[1768] Art. 214 C.C.I.I. verweist insofern auf den bereits im Rahmen des vorinsolvenzlichen Verkaufs thematisierten Art. 2556 c.c.[1769]

1. *Asset Deal* nach Eröffnung des Insolvenzverfahrens

a) Vorab: Liquidationsplan

Zunächst soll an dieser Stelle der bereits angesprochene Liquidationsplan genauer dargestellt werden. Er legt fest, welche Art der Verwertung des Unternehmens erfolgen soll. In Betracht kommt vor allem der Verkauf des gesamten Unternehmens oder einzelner Teile hiervon, gegebenenfalls in Kombination mit der provisorischen Fortführung. Möglich ist auch die atomistische Verwertung, d. h. die Liquidation durch Versteigerung der einzelnen Vermögensgegenstände.

b) Allgemeines und Voraussetzungen

(1) Berechtigung

Zum Verkauf ist der Verwalter berechtigt,[1770] unbeschadet der im folgenden Abschnitt dargestellten eventuell erforderlichen Zustimmungserfordernisse.

(2) Zustimmungserfordernisse

Neben der bereits erwähnten Bestätigung durch den Gläubigerausschuss erfolgt eine Prüfung und Freigabe des Liquidationsplans zur Gläubigerabstimmung und danach die Genehmigung der im Liquidationsplan vorgesehenen Maßnahmen durch den *giudice delegato.*[1771] Der unter dem *legge fallimentare* zulässige Verkauf als dringende Maßnahme ohne Abstimmung über den Liquidationsplan, aber

1768 Die Veräußerung der Anteile an einem sich im Insolvenzverfahren eröffneten Unternehmen unterfällt grundsätzlich nicht dem Insolvenzrecht, außer, der Verkäufer ist (ebenfalls) insolvent, dann wäre die Veräußerung der Anteile als Assets zu betrachten, vgl. die Regelung in Art. 106 Abs. 2 L.F. bzw. Art. 215 Abs. 2 C.C.I.I. und *Guglielmucci/Padovini,* Diritto fallimentare, S. 237, 4.

1769 Vgl. bspw. Unter III.B.2.b)(4)i.

1770 *Guglielmucci/Padovini,* Diritto fallimentare, S. 239.

1771 Art. 104-ter Abs. 9 L.F. bzw. Art. 213 Abs. 7 C.C.I.I.; neu ist aufgrund der Insolvenzrechtsreform, dass der Liquidationsplan vor der Bestätigung durch den Gläubigerausschuss vom *giudice delegato* zu prüfen ist. Damit hat der Gesetzgeber die bereits verbreitete Praxis in eine entsprechende Regelung gegossen, vgl. *Avolio/Di Majo,* Compendio di diritto della crisi di impresa e dell'insolvenza, 13. Aufl., S. 155.

mit Genehmigung des *giudice delegato*, ist nach der Reform nicht mehr vorgesehen.[1772] Dem *giudice delegato* kommt dabei eher eine Überwachungs- und Kontrollfunktion im Hinblick auf die formelle Legalität und Vereinbarkeit mit dem Liquidationsplan zu.[1773] Das maßgebliche Entscheidungsorgan bezüglich des Liquidationsplans und seiner Zweckdienlichkeit ist der Gläubigerausschuss.[1774]

(3) Höhere Erlösaussichten

Art. 214 Abs. 1 C.C.I.I.[1775] schreibt vor, dass der Verkauf der Einzelgüter stattfindet, wenn die Veräußerung des Unternehmenskomplexes, eines Betriebszweiges oder von Gütern oder Rechtsverhältnissen *en bloc* keine bessere Befriedigung der Gläubiger erwarten lässt. Umgekehrt ist daraus zu schließen, dass das ganze Unternehmen oder Teile hiervon nur veräußert werden können, wenn nicht die Einzelverwertung höhere Erlöse in Aussicht stellt Damit hat sich der italienische Gesetzgeber im Rahmen der Liquidation für einen Vorrang der Befriedigungsinteressen der Gläubiger gegenüber dem Interesse der Betriebsfortführung und des Arbeitsplatzerhalts entschieden.[1776]

(4) Formelle Voraussetzungen und Verfahren

Neben dem bereits beschriebenen Liquidationsplan ist die Veröffentlichung eines Unternehmenskaufvertrages im Handelsregister durch Verweis auf Art. 2556 c.c. ausdrücklich vorgeschrieben.[1777] Des Weiteren werden durch den Verweis auf diese Norm besondere Formvorschriften (*prova per iscritto*, Art. 2556 Abs. 1 c.c.,

---

1772 Vgl. Art. 104-ter Abs. 7 L.F.

1773 *Pluris,* Codice del fallimento commentato, Art. 105, II.5.

1774 *Pluris,* Codice del fallimento commentato, Art. 105, II.1.

1775 Insofern identisch zu seiner Vorgängernorm, dem Art. 105 L.F.

1776 *Guglielmucci/Padovini,* Diritto fallimentare, S. 239 f.; hier besteht ein Unterschied zur *amministrazione straordinaria delle grandi imprese*, bei der die Fortführung des Unternehmens und der Arbeitsplatzerhalt – sicherlich auch aufgrund der Dimensionen der Unternehmen – eine größere Rolle spielt. Im Rahmen des Art. 105 L.F. bzw. Art. 214. C.C.I.I. kommt der Erhalt der Arbeitsplätze erst bei ansonsten gleichen Angeboten in Betracht, vgl. *Pluris,* Codice del fallimento commentato, Art. 105, II.

1777 Art. 105 Abs. 2 L.F. bzw. Art. 214 Abs. 2 C.C.I.I.; die Eintragung selbst ist relevant für die Einwendbarkeit der Übertragung der Forderung gegenüber Dritten, dieser kann jedoch unter den Voraussetzungen des Art. 105 Abs. 6 L.F. bzw. Art. 214 Abs. 5 C.C.I (d. h. wenn er in gutem Glauben an die Empfangsberechtigung an die Insolvenzmasse zahlt) auch schuldbefreiend an den Zedenten (=Verwalter) leisten.

forma pubblica o scrittura privata autenticata, Art. 2556 Abs. 2 c.c.)[1778] für den Kaufvertrag über das Unternehmen angeordnet.

Ansonsten ist der Verkaufsprozess weitestgehend frei vom Verwalter bestimmbar. Insbesondere sind die strengeren Formvorschriften einer Einzelvollstreckung (nach der italienischen Zivilprozessordnung) nicht mehr anwendbar. Vielmehr kann der Verwalter größtenteils wie bei einem Verkauf zwischen Privatpersonen vorgehen.[1779] Dies liegt darin begründet, dass im Unterschied zum individuellen Zwangsverkauf mit dem Verwalter ein zentrales Organ zur Verfügung steht, das die Verwertung vorantreibt.[1780]

Die vorgenannten Freiheiten umfassen jedoch nicht die freie Wahl hinsichtlich der Art und Weise des Verkaufs.[1781] So ist nach Art. 216 Abs. 2 C.C.I.I.[1782] der Verkauf als Auktionsverkauf auszugestalten, es müssen also möglichst viele Interessenten (in der Regel durch öffentliche Bekanntmachung, etwa in Fachzeitschriften oder durch zirkulierende Informationsschreiben) kontaktiert werden. Die Verkaufsobjekte sind vorher von Experten zu schätzen, um einen möglichst hohen Kaufpreis zu erhalten sowie Alternativen zum Verkauf abschätzen und das Vorgehen des Verwalters bewerten zu können.[1783]

1778 Das Formerfordernis des Art. 2556 c.c. gilt allerdings nicht für Kleinunternehmen, da diese nicht dem Registrierungszwang im eigentlichen Sinne unterliegen, vgl. *Pluris*, Codice civile commentato, Art. 2556, I.4 f.; Die Schriftform des Abs. 1 dient ferner in erster Linie Beweiszwecken zwischen den Parteien, siehe Art. 2725 c.c.; gegenüber Dritten entfaltet das fehlende Einhalten des Schriftformerfordernisses des Abs. 1 keine Wirkung, *Pluris*, Codice civile commentato, Art. 2556 4.4. Die Formvorschrift des Art. 2556 Abs. 2 c.c., d. h. des notariell beglaubigten oder beurkundeten Dokuments dient der Eintragung und damit der unter Fn. 1779 genannten Einwendbarkeit. Grundsätzlich unterliegen Unternehmenskaufverträge aber keinem Formzwang, um wirksam zu sein, *Pluris*, Codice civile commentato, Art. 2556 4.1. Wirksamkeitsvoraussetzung ist eine bestimmte Form nur, wenn die Übertragung der Betriebsgegenstände (bspw. Grundstücke, Art. 1350 c.c.) sie erfordert.

1779 *Guglielmucci/Padovini*, Diritto fallimentare, S. 242.

1780 *Guglielmucci/Padovini*, Diritto fallimentare, S. 242.

1781 *Pluris*, Codice del fallimento commentato, Art. 105, II.1.

1782 Durch diesen wurde die Vorgängernorm des Art. 107 L.F. mit einigen Änderungen ersetzt, siehe bspw. die deutlich detailliertere Regelung der Schätzung der zu verkaufenden Gegenstände durch vom Verwalter ernannte Experten in Art. 216 Abs. 1 C.C.I.I.

1783 *Guglielmucci/Padovini*, Diritto fallimentare, S. 243.

Der genaue Ablauf des Verkaufsprozesses kann im Übrigen im Liquidationsplan oder im späteren Verlauf festgelegt werden; der Verwalter kann sich außerdem auch professioneller Gehilfen bedienen, bspw. Immobilienagenturen.[1784]

Der *giudice delegato* kann die Ausführung aus erheblichen Gründen anhalten oder den Vollzug verhindern, wenn der Preis deutlich unterhalb dessen liegt, was realistischerweise zu erzielen ist.[1785] Möglich ist dies jedoch nur auf Antrag des Schuldners, des Gläubigerausschusses oder eines anderweitig Betroffenen.

(5) Verkaufsgegenstand

Es können das ganze Unternehmen, (nur) seine Aktiva und/oder Passiva, ein Unternehmenszweig (*ramo d'azienda*) oder mehrere Gegenstände beziehungsweise vertragliche Beziehungen *en bloc*[1786] Gegenstand des Kaufvertrages sein.[1787] Dabei sind an das Vorliegen eines Betriebes oder Betriebszweigs keine überhöhten Anforderungen zu stellen. Es genügt eine wirtschaftliche Existenz sowie eine wahrnehmbare Produktion und dass die einzelnen Gegenstände im Verbund für die Ausführung einer bestimmten wirtschaftlichen Aktivität unabdingbar sind.[1788]

Von besonderer Bedeutung für eine *M&A*-Transaktion ist die Möglichkeit der Einbringung des Unternehmens, der Forderungen und Verbindlichkeiten oder eines Betriebszweigs in eine oder mehrere, gegebenenfalls neu gegründete Gesellschaften. Auch hier ist die Haftung des Veräußerers nach Art. 2560 c.c. und die Haftung des Käufers für bestehende Verbindlichkeiten ausgeschlossen.[1789] Die Anteile an einer solchen Gesellschaft können unter Berücksichtigung der Vorzugsrechte an dazu bereite Gläubiger ausgegeben werden.[1790] Ein weiterer

---

1784 *Guglielmucci/Padovini,* Diritto fallimentare, S. 243.

1785 Art. 108 Abs. 1 L.F. bzw. Art. 217 Abs. 1 C.C.I.I. Die unter dem *legge fallimentare* vorgesehene Möglichkeit des Verwalters, den Verkauf zu stoppen, wenn nach Erhalt eines verbindlichen Angebots ein um 10 % verbessertes Angebot eingeht, kennt der *codice della crisi d'impresa e dell'insolvenza* nicht mehr.

1786 Italienisch: *Beni o rappporti giuridici individuabili in blocco*; solche sind als Gesamtheit von Gegenständen oder Vertragsbeziehungen zu sehen, die jedoch nicht einen individualisierbaren Betriebszweig darstellen, z. B. eine Filiale oder ein Geschäftslokal, vgl. *Guglielmucci/Padovini,* Diritto fallimentare, S. 239.

1787 Art. 105 Abs. 1, 2, 5 L.F. bzw. Art. 214 Abs. 1, 2, 4 C.C.I.I.

1788 *Pluris,* Codice del fallimento commentato, Art. 105, I.5 f., IV.

1789 Art. 105 Abs. 4, 7 L.F. bzw. Art. 214 Abs. 4, 7 C.C.I.I.; *Pluris,* Codice del fallimento commentato, Art. 105, VII.2.; siehe im Einzelnen im nachfolgenden Abschnitt.

1790 Klarstellend nunmehr auch geregelt in Art. 214 Abs. 7 S. 2 C.C.I.I.

Vorteil ist, dass die Verwaltung des ganzen Unternehmens oder eines Teils davon auf einen dritte, dennoch der Masse nahestehende Gesellschaft übertragen werden kann, um so Zeit für Verhandlungen mit Kauf- oder Mietinteressenten zu erreichen.

Die Gegenleistung des Käufers kann neben einer Barzahlung auch die befreiende Schuldübernahme (*accollo liberatorio*) sein, solange der Rang der jeweiligen Forderung unverändert bleibt.[1791]

c) Vorteile

(1) Keine Haftung des Käufers/Verkäufers für bestehende Verbindlichkeiten

Aufgrund der Eigenschaft des Insolvenzverkaufs des Unternehmens als Zwangsverkauf und um eine solchen realisierbar und attraktiv auszugestalten, haftet der Käufer nicht für vor der Übertragung entstandene Verbindlichkeiten.[1792] Denn es wäre schwierig bis unmöglich, einen Käufer für ein insolventes Unternehmen zu finden, wenn dieser sämtliche Forderungen gegen das Unternehmen mitübernehmen müsste. Die Situation ist damit vergleichbar zu der in Deutschland, wobei § 25 HGB bekanntermaßen nur Verbindlichkeiten vor Insolvenzeröffnung ausschließt. In Italien ist das grundsätzliche Prinzip anwendbar, dass sich die Gläubiger aus dem Erlös oder aus anderen (nicht verkauften) Vermögenswerten befriedigen. Eine Erfüllung der Gläubigerforderungen ist ferner durch schuldbefreiende, rangwahrende Schuldübernahme möglich.[1793] Durch die Schuldübernahme kann der Käufer unter Umständen Vertragspartner zur Vertragstreue anleiten und außerdem einen Teil des Kaufpreises ohne die Aufnahme sofort verfügbarer Finanzierungen stemmen. Um eine Verletzung des Grundsatzes der gleichmäßigen Gläubigerbefriedigung zu vermeiden, wird die Schuldübernahme nur für Verbindlichkeiten bejaht, die ohnehin vollständig erfüllt worden wären,[1794] oder wenn die Zustimmung aller Gläubiger vorliegt.[1795]

Für den Verkäufer ist daneben von Vorteil, dass er abweichend von Art. 2560 c.c. nicht neben dem Käufer für die Verbindlichkeiten haftet, soweit diese übertragen werden.[1796]

1791 Art. 105 Abs. 8 L.F. bzw. Art. 214 Abs. 8 C.C.I.I.

1792 *Diritto privato in rete,* La vendita dei beni del fallito; *Guglielmucci/Padovini,* Diritto fallimentare, S. 241.

1793 Siehe oben unter III.D.1.b)(5).

1794 *Pluris,* Codice del fallimento commentato, Art. 105, V.6.

1795 *Pluris,* Codice del fallimento commentato, Art. 105, VII.4.

1796 Art. 105 Abs. 5 L.F. bzw. Art. 214 Abs. 4 C.C.I.I.

(2) Lastenfreier Erwerb

Aufgrund des Zwangsversteigerungscharakters (*effetto purgativo*) erwirbt der Käufer den Gegenstand frei von Hypotheken oder anderweitigen Belastungen – ausgenommen Nutzungsrechte, wie etwa das Recht zur Überlassung bei vermieteten Gegenständen – da sich das Vorrecht in ein Recht auf Befriedigung aus dem Erlös umwandelt.[1797] Aus diesem Grund ist in Art. 217 Abs. 2 C.C.I.I.[1798] die Befugnis des beauftragten Richters normiert, die Belastungen in den jeweiligen Büchern nach Erhalt des Verkaufserlöses zu löschen.

(3) Vertragsbeziehungen

Das Schicksal der bestehenden und noch nicht aufgelösten Verträge ist nicht ausdrücklich geregelt, sodass von einer Anwendbarkeit des Art. 2558 c.c. auszugehen ist, mit der Folge, dass der Käufer in alle bestehenden Vertragsverhältnisse eintritt.[1799] Diese gegebenenfalls ungewollte Folge kann jedoch insoweit modifiziert werden, dass mit dem Verwalter vereinbart wird, die entsprechenden Verträge vor dem Übergang des Unternehmens aufzulösen.

(4) Arbeitsrechtlich

Der Grundsatz, dass der Erwerber eines Betriebes nach den allgemeinen Vorschriften des Art. 2112 c.c. in die bestehenden Arbeitsverhältnisse eintritt, käme auch in der vorliegenden Konstellation in Betracht. Der neu formulierte Art. 47 Abs. 5 des legge 428/90 stellt klar, dass die Arbeitsverträge mit dem Zessionar fortbestehen. Die Folge wäre, dass die Arbeitsverhältnisse auf den Käufer übergehen, die Arbeitnehmer alle bereits erworbenen Rechte behalten und Käufer und Verkäufer für deren Ansprüche solidarisch haften.[1800]

Zum einen gibt es aber eine Sondervorschrift für den Verkauf von Unternehmen, welche die Voraussetzungen zum Zugang zu Gehaltsergänzungszahlung erfüllen und sofern bei der Übertragung nur ein Teil der Arbeitsplätze gerettet werden kann (Art. 3 Abs. 3 L. 223/1991).

Des Weiteren ist in Art. 47 L. 428/90 normiert,[1801] dass von Art. 2112 c.c. abweichende Regelungen getroffen werden können, sofern die Unternehmensfortführung ausscheidet. Bereits vor der Insolvenzrechtsreform sahen Art. 105

1797 *Guglielmucci/Padovini*, Diritto fallimentare, S. 237/238.
1798 Entspricht Art. 108 Abs. 2 L.F.
1799 *Pluris*, Codice del fallimento commentato, Art. 105, V.1.
1800 *Pluris*, Codice del fallimento commentato, Art. 105, V.2.
1801 *Balbi/Livatino/Cella*, Gestione delle crisi aziendali, S. 317 f.

Abs. 3 L.F. und Art. 47 Abs. 5 L. 428/90 die Möglichkeit vor, durch Vereinbarung zwischen dem Verwalter, dem Erwerber und dem Arbeitnehmervertreter nur einen ausgewählten Teil von Arbeitsverhältnissen, ggf. mit modifiziertem Vertragsinhalt, zu übernehmen.[1802] Mit Inkrafttreten der Insolvenzrechtsreform wird Art. 105 Abs. 3 L.F. durch Art. 191 C.C.I.I. ersetzt, welcher u. a. auf den modifizierten Art. 47 Abs. 5 L. 428/90[1803] verweist. Dieser wiederum stellt künftig klar, dass die Arbeitsverhältnisse weiterbestehen, aber durch Vereinbarungen (individueller oder kollektiver Art) von Art. 2112 Abs. 1, 3 und 4 c.c. divergierende Regelungen möglich sind. Durch die Reform wird sozusagen das Regel-Ausnahmeverhältnis umgekehrt: Anders als zuvor bedarf es einer Vereinbarung, um von dem grundsätzlich vorgesehenen Übergang der Arbeitsverhältnisse abzuweichen.[1804]

Gemäß Art. 47 Abs. 5-ter L. 428/90 i. V. m. Art. 63 Abs. 4 D.Lgs. 1990/270[1805] ist eine partielle Übernahme der Arbeitnehmer nur noch im Rahmen der außerordentlichen Verwaltung großer Unternehmen in der Insolvenz möglich.

Eine Kündigung ist aufgrund der Insolvenzeröffnung ausgeschlossen. Der Verwalter kann aber mit Zustimmung der Gläubigerversammlung und Genehmigung des *giudice delegato* die Verträge auflösen.[1806]

(5) Eingeschränkte Anwendbarkeit des Wettbewerbsverbots

Auf die Frage, ob das Wettbewerbsverbot für den Verkäufer aus Art. 2557 Abs. 1 c.c. anwendbar ist, enthält das Gesetz keine Antwort. Aufgrund der Tatsache, dass das Verbot wohl nur für neu geschaffene Unternehmen gilt, erfüllt der Verwalter, der einen Teil des Unternehmens weiterführt, den Tatbestand des Art. 2557 Abs. 1 c.c. nicht.[1807] Da bei *M&A*-Transaktionen aus der Insolvenz eine Fortführung des „Restunternehmens" (durch den Insolvenzverwalter) nicht angedacht ist, ist dieser Punkt nicht von erheblicher Relevanz.

1802 *Pluris*, Codice del fallimento commentato, Art. 105, V.2. ff.

1803 Vgl. Art. 368 C.C.I.I.

1804 *Fieldfisher* – Codice della crisi di impresa e trasferimento di azienda, http://www.lavorosi.it/rapporti-di-lavoro/trasferimento-dazienda/codice-della-crisi-di-impresa-e-trasferimento-di-azienda/.

1805 Decreto Legislativo 8 luglio 1999, n. 270, Nuova disciplina dell'amministrazione straordinaria delle grandi imprese in stato di insolvenza, a norma dell'articolo 1 della legge 30 luglio 1998, n. 274.

1806 Art. 189 C.C.I.I.

1807 *Pluris,* Codice del fallimento commentato, Art. 105, IV.2.

(6) Eintritt in Einzelvollstreckung

Im Interesse der Beschleunigung und Kostenersparnis ist zudem die Möglichkeit des Verwalters vorgesehen, in anhängige Einzelvollstreckungsmaßnahmen einzutreten.[1808] So können vor allem bei fortgeschrittenen Einzelverfahren die negativen Folgen eines Verfahrensstopps im Hinblick auf bereits investierte Zeit oder Kosten vermieden werden.[1809]

(7) Vorkaufsrecht für den Mieter[1810] des Unternehmens

Art. 3 Abs. 4 des L. 223/1991 setzt ein Vorkaufsrecht für den Mieter bestimmter Unternehmen, die einen Antrag auf außerordentliche Gehaltsergänzung (*intervento straordinario di integrazione salariale*) gestellt haben, fest. Außerhalb dessen Anwendungsbereichs ist vorgesehen, dass ein Vorkaufsrecht eingeräumt werden kann, sofern der *giudice delegato* diesem zugestimmt und der Gläubigerausschuss sich positiv hierzu geäußert hat.[1811]

Für einen potenziellen Erwerber ist dies unter Umständen eine interessante Möglichkeit, vor der endgültigen Übernahme das Unternehmen zu führen und so einen besseren Einblick in dessen Lage und die Sanierungschancen zu erhalten.

Voraussetzung ist, dass im Moment der Festsetzung des Kaufpreises ein wirksames Mietverhältnis über das Unternehmen besteht und der das Vorkaufsrecht Ausübende der berechtigte Mieter ist.[1812] Jedoch muss das Vorkaufsrecht selbst den Erfordernissen der Bestätigung durch die Insolvenzbeteiligten genügen und kann daher allenfalls nachträglich aufgenommen werden.[1813]

d) Nachteile

(1) Gewährleistung

Für den Käufer nachteilig ist, dass aufgrund der Charakterisierung als Zwangsverkauf und vergleichbar zum Verkauf durch den Insolvenzverwalter in Deutschland keine Gewährleistungen auf Mängel abgegeben werden. Stattdessen werden die Gegenstände im tatsächlichen Zustand verkauft. Die Mangelgewährleistung

---

1808 Art. 107 Abs. 6 L.F. bzw. Art. 216 Abs. 10 C.C.I.I.

1809 *Guglielmucci/Padovini*, Diritto fallimentare, S. 244.

1810 Vgl. zur Vermietung unter III.D.3.b).

1811 Art. 104-bis Abs. 5 L.F. bzw. Art. 212 Abs. 5 C.C.I.I.

1812 *Pluris*, Codice del fallimento commentato, Art. 105, III.1.

1813 *Pluris*, Codice del fallimento commentato, Art. 104-bis, III.9.

ist per Gesetz (Art. 1490 c.c., umfasst ist auch der Beschaffenheitsmangel nach Art. 1497 c.c.)[1814] nach Art. 2922 c.c. ausgeschlossen.[1815] Doch auch darüber hinaus wird nicht gefordert, dass irgendwie geartete Garantien abgegeben werden. Der Verwalter bzw. die Insolvenzmasse haftet nur für (bewusst) falsch abgegebene Informationen und die daraus dem Käufer erwachsenen Schäden[1816] sowie für Existenz und Verfügbarkeit des Unternehmens.[1817]

(2) Zustimmungserfordernisse

Als Nachteil kann sicherlich die Tatsache gesehen werden, dass der den Verkauf beinhaltende Liquidationsplan vom Gläubigerausschuss und dem *giudice delegato* bestätigt werden muss. Der Schuldner hat daneben nicht mehr die Verfügungsbefugnis und kann auf die Verhandlungen zwischen Verwalter und Käufer nur bedingt Einfluss nehmen. Zusätzlich müssen die Interessen der Gläubiger wegen des genannten Zustimmungserfordernisses besonders berücksichtigt werden. Der Kaufinteressent hat im Vergleich zum vorinsolvenzlichen Kauf – den Erwerb im Rahmen eines Sanierungsplans eingeschlossen (mit Ausnahme der obligatorischen Auktion beim *concordato preventivo*) – aufgrund der Ausgestaltung als Auktion deutlich schlechtere Aussichten, das Unternehmen tatsächlich zu erhalten. Er muss daher mit der frustrierten Aufwendung seiner bis zum Abschluss des Bieterverfahrens angefallenen Kosten rechnen.

(3) Steuerrechtlich

Die Übertragung eines Unternehmens, eines Teils davon oder einzelner Vermögensgegenstände unterfällt der (höheren) anteiligen Registersteuer, die bei hohen Kaufpreisen durchaus eine finanzielle Rolle spielen kann, vgl. Art. 2, 3 D.P.R. 131/1986.[1818] Vorteilhaft dagegen ist wiederum, dass der Käufer nicht gemeinsam mit dem Veräußerer für bestehende Steuerschulden haftet, vgl. D. Lgs. 158/2015, welcher Art. 14 D.Lgs. 472/1997 dementsprechend modifiziert hat.[1819] Im Übrigen kann auf die Ausführungen unter III.B.2.a)(5) verwiesen werden.

1814 *Pluris,* Codice del fallimento commentato, Art. 105, II.13.

1815 *Guglielmucci/Padovini,* Diritto fallimentare, S. 238.

1816 *Guglielmucci/Padovini,* Diritto fallimentare, S. 243.

1817 *Pluris,* Codice del fallimento commentato, Art. 105, II.13.

1818 *Pluris,* Codice del fallimento commentato, Art. 105, VIII.

1819 Die Vorschrift des Art. 14 Abs. 5-bis D.Lgs. 472/1997 gilt auch für den *concordato preventivo* (als *procedura concursale*), den *accordo di ristrutturazione* und den *piano di risanamento*, siehe unter III.C.3.b)(4) und III.C.4.b)(7).

e) *Fazit*

Der Erwerb eines Unternehmens aus der Insolvenz hat vor allem aus Haftungsgesichtspunkten einige Vorteile aufzuweisen. Sofern ein wirtschaftlich intakter Unternehmen(steil) identifiziert werden kann, bestehen durchaus gute Chancen, dies aus der Insolvenz herauszukaufen und aufgrund der größtenteils reduzierten Schuldenlast zurück in die Erfolgsspur zu führen.

Im Vergleich zu einem vorinsolvenzlichen Erwerb oder einem Kauf im Rahmen der außerinsolvenzlichen Sanierungspläne ist insbesondere die Beteiligung der Insolvenzorgane sowie die Auktionsnatur zu beachten und mitunter nachteilig.

2. *Share Deal* nach Eröffnung des Insolvenzverfahrens

Spezifische, über die bereits beschriebenen[1820] hinausgehende Vor- oder auch Nachteile eines *Share Deals* sind in bei einem Kauf nach Eröffnung des Insolvenzverfahrens nicht identifizierbar.

Im Folgenden soll daher lediglich der Einsatz einer Zweckgesellschaft diskutiert sowie auf die Konstellation eingegangen werden, dass sich der Verkäufer der Gesellschaftsanteile selbst in der Insolvenz befindet.

a) *Zweckgesellschaft* (conferimento d'azienda *und* cessione indiretta di azienda)[1821]

Ausgangspunkt ist die Möglichkeit einer besonderen Form des Unternehmenserwerbs nach dem italienischen Recht. Die Rede ist von der Unternehmenseinbringung (*conferimento d'azienda*; vergleichbar mit der Einbringung im deutschen Recht (vgl. § 20 UmwStG, möglich auch anhand der Abspaltung oder Ausgliederung)). Diese Rechtsfigur ist im *codice civile* nicht ausdrücklich geregelt, sondern setzt sich aus den Vorschriften zu den Gesellschaftereinbringungen (Artt. 2342, 2343, 2440 2464, 2465 c.c.) und den im Rahmen des *Asset Deals* untersuchten Unternehmensübergängen (Artt. 2112, 2556–2560 c.c.) zusammen.[1822] Im Stadium nach der Insolvenzeröffnung ist die Verwertung durch

---

1820 Auf die grundsätzlichen Vor- und Nachteile eines *Share Deals* wurde bereits eingegangen, vgl. oben unter III.B.1. Speziell zum *Share Deal* aus der Insolvenz gelten zudem die Ausführungen unter II.C.1. entsprechend.

1821 Vgl. zur Situation in Deutschland II.C.1.a).

1822 *Cherubini*, La disciplina del conferimento d'azienda, Il commercialista telematico, S. 1.

den Verwalter im Wege der Einbringung explizit in Art. 214 Abs. 7 C.C.I.I. bzw. Art. 105 Abs. 8 L.F. vorgesehen.

Grundsätzlich überträgt der Veräußerer sein Unternehmen an einen Empfänger und erhält als Gegenleistung Anteile am Empfängerunternehmen. Die Bewertung des Unternehmens erfolgt durch ein eidesstattliches Gutachten (*perizia giurata*), welches nach Art. 2343 c.c. anzufertigen und von den Geschäftsführern und Arbeitnehmervertretern zu überprüfen ist.[1823]

Eine übliche Vorgehensweise ist also die Einbringung in eine *NewCo* im Wege des *conferimento* und der anschließende Verkauf der im Gegenzug erhaltenen Anteile an der *NewCo* an den Käufer (sogenannte *cessione indiretta di azienda*). Auch dieses Vorgehen ist vor allem steuerlich interessant, da der Verkäufer im Idealfall auf die Verkaufserlöse eine Steuererleichterung von 95 % erfährt,[1824] die Einbringung im Wege des *conferimento* selbst ist steuerneutral, vgl. Art. 176 Abs. 1 TUIR.[1825]

Ein Nachteil des beschriebenen Vorgehens ist, dass das aufnehmende Unternehmen (und damit im Ergebnis der Käufer) keinen steuerrechtlichen *step-up* vornehmen kann, um von höheren Abschreibungen zu profitieren. Vielmehr ist es an die zuletzt steuerlich beim übertragenden Unternehmen anerkannten Werte gebunden. Sollte ein gesteigertes Interesse an abschreibefähigen Werten bestehen, so kann allerdings die Zahlung einer Ersatzsteuer (*imposta sostitutiva*, diese ist wertabhängig und beträgt zwischen 12 % und 16 %) erfolgen und so die Berechtigung zum Ansatz der höheren Werte erlangt werden.[1826]

1823 *Conca*, Le acquisizioni, 3. Aufl., S. 266, 12.5.

1824 Soweit die Voraussetzungen der *participation expemption* erfüllt sind, siehe III.B.1.a)(6)iii.

1825 *Fiscomania*, Conferimento d'azienda e cessione di partecipazioni; *Stanzione* – "Asset deal" vs "share deal": vantaggi e svantaggi a confronto, con particolare attenzione all'aspetto fiscale, http://www.diritto24.ilsole24ore.com/avvocatoAffari/mercatiImpresa/2013/01/asset-deal-vs-share-deal-vantaggi-e-svantaggi-a-confronto-con-particolare-attenzione-allaspetto-scale-.php?refresh_ce=1; dies macht auch Sinn, da die einbringende Gesellschaft die erhaltenen Anteile mit dem zuletzt dem Betrieb steuerlich zugerechneten Wert verbuchen muss, die übernehmende Gesellschaft die Aktiva und Passiva des Betriebs mit dem zuletzt steuerlich bei der übertragenden Gesellschaft anerkannten Wert übernimmt, vgl. *Ernst & Young* – Operazioni straordinarie – Conferimento d'azienda, http://wwwdata.unibg.it/dati/corsi/87058/92738-Operazioni%20straordinarie_UniBG%2014%20novembre%202019.pdf.

1826 *De Rosa*, I profili fiscali delle acquisizioni, in: *Conca* (Hrsg.), Le acquisizioni, 4. ed., 13.13.

Bezüglich der Voraussetzungen der *participation exemption* ergeben sich aufgrund des Art. 176 TUIR weitere Erleichterungen. So wird der Zeitraum, in dem die einbringende Gesellschaft den Betrieb bereits im Besitz hatte, auf den erforderlichen zwölfmonatigen Zeitraum der gehaltenen Anteile angerechnet, Art. 176 Abs. 4 TUIR.[1827] Derselbe Abs. 4 des Art. 176 TUIR unterstellt auch die Eintragung der erhaltenen Anteile unter das Finanzanlagevermögen, sodass zwei der vier Voraussetzungen bereits erfüllt sind.

Im Vergleich zum direkten *Asset Deal* besteht also steuerlich ein erheblicher Vorteil, obwohl der übertragene Gegenstand wirtschaftlich identisch ist. Zwar ermöglicht Art. 37 TUIR grundsätzlich den Finanzämtern, die Steuererklärungen zu kontrollieren und zu berichtigen. Hierbei können sie insbesondere Umgehungsgeschäfte i. S. d. Art. 37-bis des DPR 600/73 ignorieren und die sich bei Wegdenken derselben ergebenden steuerlichen Vorschriften anwenden. Allerdings schließt Art. 176 Abs. 3 TUIR für die gerade beschriebene Einbringung und anschließende Anteilsveräußerung eine Umgehung i. S. d. Art. 37-bis des DPR 600/73 und daher eine Reklassifikation als *cessione di azienda* aus.[1828]

Insofern ist der Einsatz einer Zweckgesellschaft ein gangbarer Weg und insbesondere bei Betriebsteilen interessant, wenn die steuerlichen Folgen eines direkten *Asset Deals* vermieden werden sollen.[1829]

Im Hinblick auf die Registersteuer (*imposta di registro*) stellt sich die Situation wie folgt dar: Grundsätzlich ist auch hier das *conferimento* mit nur EUR 200,00[1830] zu besteuern, siehe Teil 1 Art. 4 Nr. 1 b) der Gebührentabelle des DPR 131/86. Für den *Share Deal* gilt der identische Betrag, siehe oben. Hier war das Risiko einer Reklassifikation als *cessione di azienda* größer, da eine Regelung wie Art. 176 Abs. 3 TUIR fehlt.[1831] Nach Art. 20 des DPR 131/86 ist die Registersteuer nach der dem Vorgang innewohnenden Natur und den juristischen Wirkungen anzuwenden, auch wenn dieser nicht der Bezeichnung oder der äußeren Form entspricht. Nach dem *Corte di Cassazione* konnte dann eine Anpassung durch die Finanzämter vorgenommen werden, wenn die wirtschaftliche Funktionalität zweier Verträge, die zur Übertragung der Nutzungs- und Verfügungsbefugnis des Betriebes von einer Gruppe auf eine andere führen, gegeben ist.[1832]

1827 *Fiscomania,* Conferimento d'azienda e cessione di partecipazioni.

1828 *Optime,* Share Deal, Asset Deal.

1829 *Conca,* Le acquisizioni, 3. Aufl., S. 265, 12.5.

1830 In der seit Januar 2016 gültigen Version, siehe https://www.tuttocamere.it/files/tabelle1/1986_131_Tariffa_Parte_I_2016.pdf.

1831 *Conca,* Le acquisizioni, 3. Aufl., S. 268, 12.5.3.

1832 *Cass. Civ. Sez. VI-T,* Urt. v. 2. Dezember 2015 – 24594/2015.

Dabei musste nicht einmal die Umgehungsabsicht der Parteien bewiesen werden.[1833] Diese Möglichkeit der Anpassung wurde durch das sog. Bilanzierungsgesetz 2018[1834] abgeschafft. Demnach ist der zur Registrierung angemeldete Vorgang isoliert (nach den oben stehenden Grundsätzen des Art. 20 des DPR 131/86) zu betrachten und einzustufen. Nicht zu berücksichtigen sind dagegen außenstehende, etwa verbundene Vorgänge.[1835] Insbesondere ist es den Behörden untersagt, eine von einer Anteilsübertragung gefolgte Betriebseinbringung als Betriebsübertragung zu qualifizieren.[1836]

Im Ergebnis entspricht dies der Auffassung einiger Autoren unter Berufung auf Art. 10-bis des legge 212/2000.[1837] Darin ist die Ermächtigung der Finanzverwaltung geregelt, einen Vorgang unter bestimmten Voraussetzungen aufgrund Rechtsmissbräuchlichkeit zu beanstanden. Seit dem Bilanzierungsgesetz ist die Norm auch im Hinblick auf die Registersteuer anwendbar.[1838] Demnach liegen Geschäfte mit Umgehungscharakter nur vor, wenn diese keinerlei wirtschaftliche Substanz haben und hauptsächlich nicht geschuldete steuerliche Vorteile realisieren. Nach Abs. 3 des Art. 10-bis des legge 212/2000 sind keine Umgehungsgeschäfte gegeben, wenn nicht unbedeutende, vernünftige nichtsteuerliche Gründe vorliegen, die einer besseren Struktur oder Funktionalität des Betriebes dienen. Außerdem ist nach Art. 10-bis Abs. 4 des legge 212/2000 die legitime Suche nach Steuerersparnissen erlaubt.

Die oben genannte Neuregelung im Sinne einer Klarstellung ist daher konsequent und zu begrüßen. Denn bei der Übertragung eines Unternehmens mittels Einsatzes einer Zweckgesellschaft wäre die strukturelle Alternative, die zu übernehmenden Vermögensgegenstände auszuwählen und in einen separaten Rechtsträger zu inkorporieren (eine wirtschaftliche Substanz kann also gesehen

---

1833 *Cass. civile, Sez. V*, Urt. v. 29. April 2016 – 8542/2016; *Fulvio*, Imposta di registro: lo “share deal” può essere riqualificabile come cessione di azienda; *Busani*, Cessione quote, alert abuso.

1834 L. 205/2017 (c.d. legge di Bilancio 2018).

1835 *Ginex* – Legge di Bilancio 2018: novità in materia di imposta di registro – Euroconference News, https://www.ecnews.it/legge-bilancio-2018-novita-materia-imposta-registro/.

1836 So von der Rechtsprechung in mehreren Fällen entschieden worden, vgl. *ex multis* Cassazione, sentenze nn. 11873/2017, 6758/2017, 3562/2017, 9582/2016, 2636/2016, 8655/2015 21770/2014.

1837 *Fulvio*, Imposta di registro: lo “share deal” può essere riqualificabile come cessione di azienda.

1838 Vgl. Art. 1 Abs. 87 des L. 205/2017.

werden), anstatt vom Käufer in sein bestehendes Unternehmen integriert zu werden. Die Steuerersparnis wäre nur als weiterer Vorteil anzusehen, nicht aber als Umgehung i. S. d. Art. 10-bis Abs. 1 des legge 212/2000.

b) Verkauf von Gesellschaftsanteilen im Eigentum des insolventen Verkäufers

Auf den Verkauf eines Anteils als Teil des Vermögens der insolventen Gesellschaft soll an dieser Stelle kurz eingegangen werden, wenn auch der Fokus der Bearbeitung auf dem Erwerb der Anteile an dem insolventen Unternehmen selbst liegt.

Die besagte Veräußerung von Anteilen an einer Gesellschaft mit beschränkter Haftung[1839] ist in Art. 215 Abs. 2 C.C.I.I. bzw. Art. 106 Abs. 2 L.F. normiert und verweist insbesondere auf Art. 2471 c.c., der den Zwangsverkauf von Geschäftsanteilen regelt.

Der Verkauf der Anteile ist, wie auch die übrigen Transaktionen, in den Liquidationsplan aufzunehmen und die Inventarisierung (als insolvenzrechtliches Pendant der Pfändung) sowie die Verkaufsbestätigung sind durch den *giudice delegato* dem Schuldner mitzuteilen. Ferner ist eine Eintragung in das Handelsregister und das Gesellschaftsbuch vorzunehmen, vgl. Art. 2471 Abs. 1 c.c.[1840]

Für die Form und die Modalitäten gelten die Bewertungs- und Auktionsvorschriften der Liquidation.[1841]

Bei vinkulierten Gesellschaftsanteilen oder Vorkaufsrechten soll zunächst eine einvernehmliche Lösung gesucht werden. Bei deren Scheitern erfolgt eine Veräußerung im Wege der Auktion.

3. Interims- bzw. vorbereitende Maßnahmen für die Verwertung/Versilberung

Die nachfolgend dargestellten Möglichkeiten der Organisation des insolventen Unternehmens werden zum Teil eigenständig, aber in den meisten Fällen als vorbereitende Maßnahmen eines Verkaufs oder einer Liquidation ergriffen. Somit ist ihre primäre Aufgabe, den Betrieb funktionsfähig zu erhalten, bis der

---

1839 Sonstige Anteil werden im Rahmen der Auflösung und Liquidation der Gesellschaft verwertet.

1840 *Pluris*, Codice del fallimento commentato, Art. 106, III.6.

1841 Gemeint sind die Verwertungsmodalitäten, Art. 216 C.C.I.I. bzw. Art. 107 L.F.

Verkauf oder die Liquidation erfolgen kann. Vergleichbare Regelungen gibt es im deutschen Recht bisher nicht.

a) Provisorische Weiterführung des Betriebes

(1) Voraussetzung

Die provisorische Weiterführung kann laut Art. 211 Abs. 1 C.C.I.I. mit dem Eröffnungsbeschluss angeordnet werden,[1842] wenn von einer Unterbrechung des Betriebes ein schwerer Schaden ausgehen würde und die Fortführung keine Benachteiligung der Gläubiger verursachen kann. Der schwere Schaden muss dabei nicht irreparabel, aber konkret und immanent sein sowie eine gewisse qualitative und quantitative Relevanz haben.[1843] Die Schutzrichtung dieser Regelung wird in der Rechtsprechung und der Literatur nicht einheitlich beurteilt. Nach der hier vertretenen Auffassung sollen sowohl das Gläubigerinteresse an einer bestmöglichen Befriedigung als auch das Interesse weiterer *stakeholder* (Arbeitnehmer, Lieferanten, Kunden, sowie die Allgemeinheit) am Fortbestand des Unternehmens geschützt werden. Das Fortführungsinteresse darf dabei die Interessen der Gläubiger nicht verdrängen und daher eine Fortführung nicht angeordnet werden, wenn davon nicht auch die Gläubiger profitieren,[1844] beziehungsweise wenn sie negativ betroffen werden.[1845]

Zur Feststellung eines Nachteils für die Gläubiger hat das Gericht die Fortführung mit dem Verkauf mit und ohne Fortführung sowie mit dem Verkauf einzelner Vermögensgegenstände in Vergleich zu setzen.[1846]

Im Verlauf des Verfahrens[1847] kann der *giudice delegato* per Dekret nach vorheriger Stellungnahme des Gläubigerausschusses die zeitweise Fortführung auf

---

1842 Vormals Art. 104 L.F.; allerdings kann nach Teilen der Rechtsprechung das Gericht auch nach dem Eröffnungsbeschluss die Fortführung noch anordnen (ohne Beteiligung des Gläubigerausschusses nach Art. 211 Abs. 2 C.C.I bzw. Art. 104 Abs. 2 L.F.), vgl. *Tribunale di Bologna*, Urt. v. 14. August 2009.

1843 *Pluris,* Codice del fallimento commentato, Art. 104, I.8.

1844 So auch die Gesetzesbegründung des den Art. 104 L.F. novellierenden D.Lgs. 5/2006, vgl. *Pluris,* Codice del fallimento commentato, Art. 104, I.12. m.w.N.

1845 Vgl. *Zanicheli,* La nuova disciplina del fallimento e delle altre procedure concorsuali, S. 233, nach dem in Nachteil für die Gläubiger ein negatives Tatbestandsmerkmal bei der Prüfung des Gerichts darstellt.

1846 *Pluris,* Codice del fallimento commentato, Art. 104, I.13.

1847 Die Literatur tendiert hier dazu, dem *giudice delegato* sowohl eine erstmalige Fortführung als auch die Aufnahme der vom Gericht nach Art. 104 Abs. 1 L.F. angeordneten Fortführung zuzugestehen, vgl. *Sandulli,* Commento all'art. 104 l. fall., in: *Nigro,* La riforma della legge fallimentare, S. 609.

Antrag des Verwalters genehmigen.[1848] Mangels der Normierung von Voraussetzungen wird hier davon ausgegangen, dass die Fortführung lediglich opportun und für den Werterhalt und damit eine bessere spätere Verwertung geeignet sein muss.[1849] Um dem *giudice delegato* eine bestmögliche Informationsgrundlage zu schaffen, muss der Antrag des Verwalters detaillierte Angaben über das Unternehmen, insbesondere die zu erwartenden Einkünfte und Ausgaben während der Betriebsfortführung, enthalten.[1850] Nach der vorherrschenden Meinung in der Literatur ist der *giudice delegato* nur an einen negativen Beschluss des Gläubigerausschusses gebunden; ihm bleibt allerdings selbst bei einer positiven Positionierung eine Entscheidungsbefugnis, ob er die Fortführung anordnet.[1851]

Zu beachten ist schließlich, dass die Fortführung bereits im Liquidationsplan vorgesehen werden muss,[1852] ebenso wie eine avisierte Veräußerung.[1853]

(2) Überwachung und Information

Um eine negative Entwicklung zulasten der Gläubiger während der Fortführung zu vermeiden, ist die Einberufung und Abstimmung des Gläubigerausschusses basierend auf einem Bericht über den Fortgang des Betriebes über die weitere Fortführung alle drei Monate festgesetzt, siehe Art. 104 Abs. 3 L.F. bzw. Art. 211 Abs. 3 C.C.I.I. Des Weiteren muss der Verwalter jedes Halbjahr oder jedenfalls zum Abschluss der provisorischen Fortführung einen Geschäftsbericht vorlegen, Art. 104 Abs. 5 L.F. bzw. Art. 211 Abs. 6 C.C.I.I.[1854] Schließlich legen diese Vorschriften fest, dass der Verwalter jeden Umstand, der die Fortführung beeinflussen könnte, dem *giudice delegato* und dem Gläubigerausschuss unverzüglich mitzuteilen hat.

1848 Art. 104 Abs. 2 L.F. bzw. Art. 211 Abs. 3 C.C.I.I.

1849 *Pluris,* Codice del fallimento commentato, Art. 104, II.2.

1850 *Pluris,* Codice del fallimento commentato, Art. 104, II.4.

1851 *Pluris,* Codice del fallimento commentato, Art. 104, II.8.

1852 Art. 104-ter Abs. 2 lit. a) L.F. bzw. Art. 213 Abs. 4 C.C.I.I.

1853 *Guglielmucci/Padovini,* Diritto fallimentare S. 239.

1854 Dieser muss die Anforderungen an einen außerordentlichen Jahresbericht erfüllen, d. h. mit allen Bilanzen, Anmerkungen und einem Lagebericht inklusive der Entwicklungserwartungen versehen sein, vgl. *Pluris,* Codice del fallimento commentato, Art. 104, III.4.

(3) Vorteile

i. Fortführung kann bereits vor Eröffnung gesichert werden

Die Fortführung kann über die Vorschriften des Insolvenzverfahrens hinaus auch bereits im Eröffnungsverfahren durch die Beantragung einer Schutzmaßnahme (bspw. Sicherstellungsbeschlagnahme oder Einsetzung eines externen Verwalters) sichergestellt werden.[1855] Insbesondere im Hinblick auf den Firmenwert und die Bedeutung des Erhalts des Produktionskomplexes kann dies von enormer Bedeutung sein.

ii. Automatisches Fortbestehen der laufenden Verträge

Entgegen der früher vertretenen Anwendung des Art. 72 L.F. (ersetzt durch Art. 172 C.C.I.I.) regelt Art. 221 Abs. 8 C.C.I.I.[1856] das rechtliche Schicksal bestehender Vertragsbeziehungen. Er ordnet den Grundsatz des Fortbestehens der Verträge an, es sei denn, der Verwalter will diese suspendieren oder auflösen.[1857] Mit der Beendigung der Fortführung finden die Artt. 172 ff. C.C.I.I. Anwendung.[1858]

iii. Vorrangige Befriedigung neuer Verbindlichkeiten

Die bereits unter der früher geltenden Regelung der provisorischen Fortführung allgemein anerkannte vorrangige Befriedigung von während dieser begründeten Verbindlichkeiten wurde in Art. 104 Abs. 8 L.F. ausdrücklich normiert[1859] und hat auch im neuen Insolvenzrecht Gültigkeit.[1860]

(4) Nachteile

Einer der Nachteile im Vergleich zu der Führung des Unternehmens vor Insolvenzeröffnung wird sicherlich die kaum mögliche Einflussnahme des Schuldners oder potenziellen Käufers auf den Verwalter sein. Insofern dürfte es schwierig sein, gewünschte Umstrukturierungsmaßnahmen oder bestimmte Unternehmensstrategien zu implizieren (unabhängig davon, inwiefern oder mit wessen Zustimmung diese grundsätzlich möglich wären). Überdies ist jedenfalls seit der

1855 *Pluris,* Codice del fallimento commentato, Art. 105, I.9., Art. 104, I.4.

1856 Unter der Geltung des *legge fallimentare* geregelt in Art. 104 Abs. 7 L.F.

1857 *Pluris,* Codice del fallimento commentato, Art. 104, VI.3.

1858 Art. 211 Abs. 9 C.C.I.I.; identische Regelungen finden sich in Art. 104 Abs. 9 L.F. mit Verweis auf die Art. 72 ff. L.F.

1859 *Pluris,* Codice del fallimento commentato, Art. 104, VII.1.

1860 Art. 211 Abs. 8 S. 2 C.C.I.I.

Reform die Fortführung nur eingeschränkt möglich, insbesondere im Hinblick auf die Teilnahme an Ausschreibungs- und Vergabeverfahren.[1861]

(5) Beendigung der provisorischen Fortführung

Die Vorläufigkeit und der Ausnahmecharakter der Unternehmensfortführung ergeben sich bereits aus dem Wortlaut, ferner aus ihren Voraussetzungen und den Bestimmungen über die Beendigung. Diese ist an keine zusätzlichen Bedingungen geknüpft und steht allein im Ermessen des Gerichts.[1862]

Darüber hinaus kann der *giudice delegato* die Beendigung der Fortführung anordnen, wenn der Gläubigerausschuss keinen Nutzen in der weiteren Fortführung sieht.[1863] Aufgrund der Wortwahl und der nicht geforderten Begründung der Anordnung des *giudice delegato* wird die Entscheidung des Gläubigerausschusses als bindend für diesen betrachtet.[1864]

b) Vermietung des Unternehmens

Die Vermietung des Unternehmens war bis zu deren ausdrücklicher Kodifikation[1865] nur von der operativen Praxis betrieben worden, ohne Anerkennung in der Gesetzgebung zu finden.[1866] Ähnlich wie die provisorische Fortführung ist auch die Vermietung ein beliebtes Instrument, um vorübergehend den Fortbestand des Unternehmens und vor allem unbewegliches Vermögen wie Marken, Patente oder den Firmenwert zu schützen und zu erhalten. So kann Zeit für die Sondierung des Marktes und Bewertung des Unternehmens gewonnen und eine effizientere Verwertung ermöglicht werden.

1861 Art. 211 Abs. 10 C.C.I.I.

1862 Unbeschadet der formellen Voraussetzungen, namentlich der Anhörung des Verwalters und des Gläubigerausschusses, welche jedoch keine Bindungswirkung haben, vgl. *Pluris,* Codice del fallimento commentato, Art. 104, IV.3.

1863 Art. 104 Abs. 4 L.F. bzw. Art. 211 Abs. 5 C.C.I.I.

1864 *Pluris,* Codice del fallimento commentato, Art. 104, IV.4.

1865 Erstmalig eingeführt in das *legge fallimentare* durch das D.Lgs. 5/2006 vom 9. Januar 2006, in Kraft seit dem 16. Juli 2006.

1866 *Pluris,* Codice del fallimento commentato, Art. 104-bis, I.1.

(1) Voraussetzungen

i. Wahl des Mieters

Die Wahl des Mieters erfolgt durch Ausschreibung im Auktionsverfahren.[1867] In einem ersten Schritt ist von einem Experten ein angemessener Mietzins für das Unternehmen zu schätzen, anschließend durch Veröffentlichung des Mietangebots und möglichst umfassender Informationen ein breiter Interessentenkreis zu finden.[1868] Dabei sind neben dem angebotenen Mietpreis der Garantienkatalog[1869] und die Machbarkeit der Firmenfortführung durch den Mieter, insbesondere im Hinblick auf den Erhalt der Arbeitsplätze, von Bedeutung.

Für den Zeitraum zwischen Eröffnung des Insolvenzverfahrens und Auswahl des Mieters bietet sich zur Überbrückung die provisorische Firmenfortführung an, beide Institute können und werden häufig kombiniert.[1870]

ii. Dauer der Vermietung

Die Vermietung beginnt in der Regel zeitnah nach der Eröffnung des Insolvenzverfahrens. Bezüglich der Dauer ist geregelt, dass sie auf die Notwendigkeiten der Verwertung der Gegenstände abgestimmt sein muss.[1871] In der Praxis kann mit der Verwertung nicht immer bis zur – sich oft verzögernden – Erstellung des Inventars und Abstimmung über den Plan gewartet werden. Deshalb beginnt die Vermietung jedenfalls in der Regel vor der Erstellung des Liquidationsplans, um deren Schutzzweck erfüllen zu können.[1872]

iii. Gewerkschaftsverhandlungen

Aufgrund der Tatsache, dass bei der Vermietung die Inhaberschaft des Unternehmens zumindest zeitweilig übertragen wird, sind vor der Bestätigung durch den *giudice delegato*[1873] bei Unternehmen mit mehr als 15 Arbeitnehmern Verhandlungen mit den Arbeitnehmervertretungen zu führen. Dies auch, wenn aufgrund des Art. 47 L. 428/1990 keine solidarische Haftung für die

---

1867 Art. 104-bis Abs. 2 L.F. bzw. Art. 212 Abs. 2 C.C.I.I.

1868 *Pluris*, Codice del fallimento commentato, Art. 104-bis, II.1.

1869 Neben der Absicherung von Mietausfall oder Beschädigung der Mietsache kommen hier auch Schäden aufgrund des Entzugs von Kunden oder Betriebsgeheimnissen in Betracht.

1870 *Pluris*, Codice del fallimento commentato, Art. 104-bis, I.1.

1871 Art. 104-bis Abs. 4 L.F. bzw. Art. 212 Abs. 4 C.C.I.I.

1872 *Pluris*, Codice del fallimento commentato, Art. 104-bis, I.3.

1873 Siehe hierzu III.D.3.b)(1)v.

Arbeitnehmeransprüche besteht, da der Schutz in erster Linie dem Erhalt der Arbeitsplätze bzw. der bestehenden Arbeitsbedingungen, und nicht der Befriedigung von deren Ansprüchen dient.[1874]

iv. Form und Inhalt

Bezüglich der Form ist eine öffentliche Beglaubigung oder Beurkundung erforderlich (Art. 2556 c.c.), um die notwendige Eintragung in das Handelsregister zu ermöglichen.[1875]

Der verpflichtende Inhalt wird vom Gesetz selbst vorgegeben und umfasst etwa das Recht des Verwalters zur Inspektion (des Zustands des Anlagevermögens und des ordnungsgemäßen Funktionsablaufes des Unternehmens). Auch die Stellung von Sicherheiten und Absicherungen für sämtliche Verpflichtungen des Mieters (hierunter Loslösungsklauseln, erhöhte Verzugszinsen, Bankbürgschaften, etc.) ist zwingend. Ebenso das Rücktrittsrecht des Verwalters nach Anhörung und nicht bindender Stellungnahme des Gläubigerausschusses.[1876] Dieses Recht dient der Möglichkeit, das Unternehmen gegebenenfalls kurzfristig zu verwerten. Im Gegenzug erhält der Mieter einen angemessenen und zur Insolvenzmasse gehörenden Ausgleichsanspruch.

Fehlen solche Regelungen, sind die entsprechenden Passagen des Mietvertrages durch die gesetzlichen Vorschriften zu ersetzen beziehungsweise zu ergänzen.[1877]

Im Hinblick auf den restlichen, fakultativen Inhalt bieten sich in erster Linie das Verbot der Untervermietung oder sonstigen Gebrauchsüberlassung, die auflösende Bedingung der Rücknahme der Insolvenzeröffnung und je nach Interessenlage eine Kaufoption sowie Regelungen zu vom Mieter angebrachten Verbesserungen und Investitionen an.[1878]

Schließlich kann – der Entscheidung des Verwalters und insbesondere des Gläubigerausschusses überlassen sowie vom *giudice delegato* zu

---

1874 *Pluris,* Codice del fallimento commentato, Art. 104-bis, II.4.

1875 *Pluris,* Codice del fallimento commentato, Art. 104-bis, III.1.

1876 Art. 104-bis Abs. 3 L.F. bzw. Art. 212 Abs. 3 C.C.I.I.

1877 *Pluris,* Codice del fallimento commentato, Art. 104-bis, III.6.; die Umsetzung dieser in der Theorie überzeugenden Lösung dürfte in der Praxis jedoch Probleme bereiten, bspw. weil nur schwer zu beurteilen sein wird, ob die aufgenommenen Garantien komplett sind oder durch die gesetzlichen zu ergänzen sind, da Art. 212 C.C.I.I. selbst keine Aufzählung der Garantien enthält.

1878 *Pluris,* Codice del fallimento commentato, Art. 104-bis, III.7.

genehmigen – dem Mieter ein Vorkaufsrecht eingeräumt werden.[1879] Dieses muss der Mieter innerhalb von fünf Tagen ab Mitteilung des Kaufpreises durch den Verwalter ausüben. Das Vorkaufsrecht hat den doppelten Vorteil, dass der Mieter in begründeter Aussicht auf den späteren Erwerb wertsteigernde Investitionen in das Unternehmen tätigt, welche wiederum dessen Marktwert und damit den erzielbaren Erlös steigern.[1880]

v. Bestätigung

Der Mietvertrag wird vom Verwalter vorgeschlagen und ist nach entsprechender Stellungnahme des Gläubigerausschusses vom *giudice delegato* zu genehmigen (insbesondere im Hinblick auf seine Geeignetheit, eine gewinnbringendere Verwertung zu ermöglichen)[1881]. Die Stellungnahme des Gläubigerausschusses ist nur bei negativem Ergebnis bindend.

(2) Rechtsfolge

Hier sind größtenteils die allgemeinen Vorschriften über die Vermietung anwendbar (einschließlich des Konkurrenzverbots des Vermieters, Art. 2557 Abs. 4 c.c.). Das heißt, der Mieter erhält das Recht zur Führung des Unternehmens, darf jedoch in dieser Konstellation nicht die Firma oder deren Ausrichtung ändern; andernfalls wäre der Zweck, das Unternehmen am Markt zu halten, gefährdet.[1882]

Aufgrund der Unanwendbarkeit der Artt. 2559, 2560 c.c.[1883] gehen weder Verbindlichkeiten noch Forderungen auf den Mieter über. Dagegen gehen laufende Verträge nach Art. 2558 c.c. über, mit Ausnahme derjenigen, die sich mit Eröffnung des Insolvenzverfahrens automatisch auflösen[1884] oder deren Übernahme vom Mieter und Verwalter ausgeschlossen werden.[1885]

1879 Art. 104-bis Abs. 5 L.F. bzw. Art. 212 Abs. 5 C.C.I.I.; vgl. hierzu auch die Ausführungen in III.D.1.c)(7).

1880 *Pluris,* Codice del fallimento commentato, Art. 104-bis III.9.

1881 Art. 104-bis Abs. 1 L.F. bzw. Art. 212 Abs. 1 C.C.I.I. Hierin liegt ein gewisser Widerspruch zur Tendenz, die Kontrolle über Insolvenzverfahren vom Gericht auf die Gläubiger zu verlagern, der vermutlich damit erklärt werden kann, dass zum Zeitpunkt der Bestätigung des Mietvertrages oft noch kein Gläubigerausschuss bestellt sein wird, vgl. *Pluris,* Codice del fallimento commentato, Art. 104-bis, I.4.

1882 *Pluris,* Codice del fallimento commentato, Art. 104-bis, IV.1.

1883 *Pluris,* Codice del fallimento commentato.

1884 Art. 72 ff. L.F. bzw. Art. 172 ff. C.C.I.I.

1885 *Pluris,* Codice del fallimento commentato, Art. 104-bis, IV.3.

Der bereits behandelte Grundsatz des Übergangs der Arbeitsverhältnisse mit allen Rechten und Pflichten sowie die gesamtschuldnerische Haftung von Mieter und Vermieter für bestehende Ansprüche nach Art. 2112 c.c. gelten auch bei der Vermietung. Auf die Möglichkeit, den Inhalt der Arbeitsverhältnisse nach Art. 47 L. 428/1990 bei Unternehmen mit mehr als 15 Arbeitnehmern[1886] durch trianguläre Vereinbarung zu regeln, wurde bereits an anderer Stelle[1887] hingewiesen.

(3) Rückübertragung

Die Rückübertragung kann sich bei Beendigung des Mietverhältnisses aus verschiedenen Gründen (Nichterfüllung durch den Mieter, Verkauf an einen Dritten, Zeitablauf, etc.) ergeben. Im Hinblick auf die während der Vermietung entstandenen Forderungen und eingegangenen Verbindlichkeiten des Unternehmens gegenüber Dritten hat der Gesetzgeber in Art. 212 Abs. 6 C.C.I.I.[1888] eine Regelung getroffen. Demnach und in Abweichung zu Art. 2112 c.c. und Art. 2560 c.c. gehen während der Vermietung und bis zur Rückübertragung fällige Forderungen nicht auf die Insolvenzmasse über. Die bestehenden Vertragsverhältnisse unterliegen nach Rückübertragung erneut der insolvenzrechtlichen Behandlung.[1889] Art. 2112 c.c. bleibt dem Grunde nach anwendbar, weshalb die Arbeitsverhältnisse wieder auf die Insolvenzmasse übergehen.[1890]

(4) Vorteile

i. Entlastung der Insolvenzmasse

Insbesondere gegenüber der provisorischen Fortführung hat die Vermietung den Vorteil, dass durch die Ausgliederung des Unternehmens die Insolvenzmasse im Hinblick auf Risiken, Kosten und Verantwortung des Verwalters entlastet wird.[1891]

1886 Unterhalb dieser Schwelle bleibt nur die Möglichkeit der Beendigung des Arbeitsverhältnisses durch Kündigung oder Aufhebungsvertrag, vgl. zum Ganzen *Pluris,* Codice del fallimento commentato, Art. 104-bis, VI.5.

1887 Siehe III.D.1.c)(4)

1888 Unter dem *legge fallimentare* geregelt in Art. 104-bis Abs. 6 L.F.

1889 *Pluris,* Codice del fallimento commentato, Art. 104-bis, V.1.; allen voran also Art. 72 ff. L.F. bzw Art. 172 ff. C.C.I.I.

1890 *Pluris,* Codice del fallimento commentato, Art. 104-bis, V.2.

1891 *Pluris,* Codice del fallimento commentato, Art. 104-bis, I.1.

ii. Flexibilität bezüglich des Mietobjekts

Als Mietgegenstand kann sowohl das gesamte Unternehmen, eine oder mehrere Betriebszweige oder auch eine Gesamtheit von Gegenständen und Vertragsbeziehungen, die potenziell aus wirtschaftlicher und produktiver Sicht eine Organisationseinheit darstellen, vermietet werden.[1892] Damit kann die Insolvenzvermietung flexibel auf den konkreten Einzelfall zugeschnitten werden.

(5) Steuerliche Erwägungen

Die Vermietung (jedenfalls des einzigen Unternehmens des Schuldners) unterliegt in der Regel nicht der Ertragsteuer, siehe Art. 67 lit. h) TUIR. Aufgrund dieser Vorschrift gibt es auch Überlegungen, den Mietzins von der Umsatzsteuer auszunehmen. Zwar liegt nach der Auffassung der Finanzgerichte eine Umsatzsteuerbarkeit vor, und zwar auch dann, wenn der Schuldner sein einziges Unternehmen vermietet, da er dadurch nicht im steuerrechtlichen Sinne seine Unternehmereigenschaft verliert.[1893] Diese Ansicht kann jedoch bei Vermietung des kompletten einzelnen Unternehmens nicht überzeugen. Mit einem erheblichen Teil der Literatur und auch der Finanzverwaltung[1894] ist daher von einem Ausschluss der Umsatzsteuer auszugehen.

(6) Nachteile

Der vermutlich größte Problempunkt für einen potenziellen Unternehmenskäufer hängt – wie beim Kauf oder der Fortführung – auch bei der Vermietung mit der fehlenden Kontrolle und Einflussnahme auf das Schicksal des Unternehmens zusammen. So ist sicherlich einer der größten Nachteile und gleichzeitig Risiken, dass die Auswahl des Mieters durch den Verwalter erfolgt. Die Wahl wird von den Gläubigern abgesegnet und vom *giudice delegato* bestätigt. Die Entscheidung des Verwalters ist im Übrigen nur als solche angreifbar (nicht dagegen die Bestätigung durch den *giudice delegato*) und ein Vorgehen gegen diese bietet im Falle eines ordnungsgemäßen Auswahlverfahrens oder fehlender sonstiger Rechtsverletzungen wenig Chancen auf Erfolg.[1895]

1892 *Pluris,* Codice del fallimento commentato, Art. 104-bis, I.2.

1893 *Pluris,* Codice del fallimento commentato, Art. 104-bis, VI.1 ff., mit Argumenten und weiteren Nachweisen für die Gegenauffassung, die der der Finanzergerichte widerspricht.

1894 *Ministero delle finanze* – CIRCOLARE 19 marzo 1985, n. 26, https://www.gazzettaufficiale.it/eli/id/1985/03/21/082A1607/sg.

1895 *Pluris,* Codice del fallimento commentato, Art. 104-bis II.3.

Der Mietinteressent muss sich also im Rahmen des Bieterprozesses durchsetzen und hat in Hinblick auf den Erwerb des Unternehmens auch nur dann gute Aussichten, wenn in dem Mietvertrag ein Vorkaufsrecht eingeräumt wird.

IV. Fazit und weitere Entwicklung

A. Abschließender Vergleich und Bewertung der beiden Rechtssysteme

Die beiden Rechtssysteme weisen sowohl einige Gemeinsamkeiten als auch erhebliche Unterschiede auf.

Parallelen finden sich bei der über die Zeit geänderten Ausrichtung der jeweiligen Gesetze hin zu einer höheren Gläubigerautonomie und weniger Einflussnahme der Gerichte und Organe sowie einer Stärkung der Sanierungsmöglichkeiten.

Auf letztgenanntem Gebiet besteht für die Phase vor der Insolvenz jedoch auch der größte Unterschied zwischen beiden Rechtsordnungen: Das italienische Insolvenzrecht hat zum einen den bereits in der Urversion des *legge fallimentare* vorhandenen *concordato preventivo* stark den heutigen Bedürfnissen angepasst. Ferner wurden mit dem *piano di risanamento* und dem *accordo di ristrutturazione* weitere vorinsolvenzliche Sanierungswerkzeuge geschaffen. Hinzu kommt das durch die Insolvenzrechtsreform eingeführte Frühwarnsystem mit betreuter Krisenbewältigung. Im deutschen Recht findet sich keine vergleichbar detaillierte Regelung vorinsolvenzlicher Sanierungsmöglichkeiten.[1896]

Im Stadium nach Insolvenzeröffnung wurden sowohl der *concordato fallimentare* und die Regeln zu Fortführung, Verkauf und Vermietung als auch der deutsche Insolvenzplan in jüngerer Zeit teils erheblich reformiert, um auch dann die (übertragende) Sanierung zu ermöglichen. Dazu kommen in beiden Rechtsordnungen Haftungserleichterungen, teils gesetzlich, teils aus der Rechtsprechung (im Einklang mit anwendbarem Europarecht).

In Deutschland sind dabei die Regelungen zu den möglichen Maßnahmen im Insolvenzplan, etwa die Umwandlung von Fremd- in Eigenkapital, hervorzuheben. Vergleichbare Vorschriften gibt es auch für den *concordato fallimentare* und den *concordato preventio*.

Insgesamt ist das italienische Insolvenzsystem stärker auf die Ermöglichung und Erleichterung von Sanierungen ausgelegt, sowohl im vor- als auch im insolvenzlichen Stadium. Die Wahl aus verschiedenen Sanierungsinstrumenten mit den verbundenen Vorteilen Insolvenzfestigkeit, Moratorien, Schutz vor

1896 Zur EU-Richtlinie zur Einführung eines präventiven Sanierungssystems und deren Umsetzung insbesondere durch das StaRUG siehe IV.B.

Strafbarkeit, Begünstigung von Sanierungsdarlehen ist in der deutschen Insolvenzordnung nicht zu finden. Dies gilt auch etwa für die normierte Möglichkeit der Vermietung des Unternehmens.

Vorinsolvenzlich bot in Deutschland bis zuletzt lediglich die Rechtsprechung des Bundesgerichtshofes zu Sanierungsvorhaben in Bezug auf die Insolvenzanfechtung einigen Schutz. Während der Insolvenz ist mit dem Insolvenzplan (und auch dem hier nicht vertieft behandelten Schutzschirmverfahren) ein wesentlich besseres Sanierungsumfeld vorhanden, das punktuell Nach- und Vorteile gegenüber dem italienischen Rechtssystem aufweist. So heben sich die Vorschriften zum *debt-equity-swap*, zum Ausschluss von Loslösungsrechten oder zum Obstruktionsverbot insbesondere bezüglich eines *Share Deals* gegenüber den italienischen Normen hervor. Umgekehrt fehlt es in der Insolvenzordnung z. B. an ausdrücklichen Regeln zur Fortführung, Vermietung/Verpachtung und anschließender Übernahme, ggf. durch den Pächter.

Bezogen auf Unternehmenstransaktionen vor der Insolvenz ist aus diesem Grund das italienische Recht als vorteilhaft einzustufen, da es für die Aufnahme von neuen Finanzierungen oder den Kaufvertrag selbst mehr Sicherheit vor Anfechtung bietet. Zudem ist in Italien beispielsweise der automatische Übergang von zum Betrieb gehörenden Vertragsverhältnissen bei einem *Asset Deal* tendenziell positiv, da so das Erfordernis der Zustimmung einzelner Vertragspartner entfällt.

Bei einem Unternehmenserwerb in der Insolvenz außerhalb eines Insolvenzplans sind die haftungsrechtlichen Vorschriften in Deutschland und Italien darauf ausgelegt, im Interesse einer bestmöglichen Verwertung Käufer und Verkäufer zu entlasten. Hierbei ist das italienische Recht etwas käuferfreundlicher (und daher nachteiliger für die Insolvenzmasse und die übrigen Gläubiger), da Stichtag für die übergehenden Verbindlichkeiten die Übertragung, und nicht wie im deutschen Recht die Insolvenzeröffnung ist.

Als einer der Schwachpunkte in beiden Rechtsordnungen wird, beziehungsweise wurde die (außerhalb der Regelungen der EUInsVO) fehlende Regelung zu Konzernsachverhalten angesehen. Im deutschen Recht ist diesbezüglich eine Reform bereits erfolgt, vgl. II.A.2.

Im italienischen Recht haben Normen zu Konzernsachverhalten erst durch die Insolvenzrechtsreform Eingang in das Gesetz gefunden. Nunmehr ist die Einführung eines einheitlichen Konzerninsolvenzverfahrens[1897] oder eines gemeinsamen *concordato preventivo*[1898] bzw. *accordo di*

1897 Art. 287 Abs. 1 C.C.I.I.
1898 Art. 284 Abs. 1 C.C.I.I.

ristrutturazione[1899] vorgesehen. Ferner die Ernennung eines gemeinsamen *giudice delegato* und *commissario giudiziale*[1900] sowie Vorschriften zur Abstimmung und den Stimmrechten.[1901] Schließlich sind besondere Regelungen zur Anfechtung von gläubigerschädigenden Handlungen innerhalb des Konzerns eingeführt worden.[1902] Die davor vorherrschende Meinung prüfte bei Konzerninsolvenzen das Vorliegen der Voraussetzungen bei den einzelnen Gruppengesellschaften, wobei die Verfahren nach einer neueren Entscheidung des *Corte di Cassazione* nicht zusammengeführt oder gemeinsam betrachtet werden können[1903]. Vielmehr muss jede einzelne Gesellschaft gesondert beim zuständigen Gericht einen Antrag stellen, welcher von den jeweiligen Gläubigern zu genehmigen ist.[1904]

B. Das präventive Sanierungsverfahren: EU-Richtlinie 2019/1023 und deren Umsetzung

I. Einführung und Gesetzgebungsverfahren

Die EU-Kommission hat am 22. November 2016 einen Richtlinienvorschlag[1905] für präventive Restrukturierungen, zur zweiten Chance und zu Maßnahmen zur besseren Effizienz von Restrukturierungs-, Insolvenz und Entschuldungsverfahren vorgestellt.[1906] Hierin wurden in hohem Maße Punkte aus der Empfehlung der Kommission vom 12. März 2014[1907] zur Kapitalmarktunion

1899 Art. 284 Abs. 2 C.C.I.I.

1900 Art. 287 Abs. 2 C.C.I.I.

1901 Vgl. Art. 286 Abs. 6 C.C.I.I., nach dem Konzerngesellschaften, die gegen eine Gruppengesellschaft in einem Insolvenzverfahren Forderungen haben, von der Abstimmung ausgeschlossen sind.

1902 Art. 290 C.C.I.I.

1903 *Capizzi,* Crisi d'impresa e ristrutturazione del debito, S. 88, 3.3.5; *Pluris,* Codice del fallimento commentato, Art. 160, II.40.; wobei hier auch und insbesondere von den Gerichten die Grade der Zusammenführung von einer nur gemeinsamen finanziellen und wirtschaftlichen Betrachtung der Gruppe hin zu einer echten Verfahrensverbindung unterschiedlich gehandhabt wurden.

1904 *Cass. Civ. Sez. I,* Urt. v. 13. Oktober 2015 – 20559/2015.

1905 Proposal for a Proposal for a DIRECTIVE OF THE EUROPEAN PARLIAMENT AND OF THE COUNCIL vom 22.11.2016.

1906 *Schaeffer* – Sanieren vor der Insolvenz: Neuer EU-Vorschlag zum Insolvenzrecht, http://arge-insolvenzrecht.de/files/downloads/aktuelles/meldungen/Anwaltsblatt%201-2017.pdf.

1907 Empfehlung der Kommission vom 12. März 2014 für einen neuen Ansatz im Umgang mit unternehmerischem Scheitern und Unternehmensinsolvenzen (2014/135/EU).

aufgenommen.[1908] Am 6. Juni 2019 hat der Rat der Europäischen Union der neuen Richtlinie 2019/1023 über präventive Restrukturierungsrahmen, über Entschuldung und über Tätigkeitsverbote sowie über Maßnahmen zur Steigerung der Effizienz von Restrukturierungs-, Insolvenz- und Entschuldungsverfahren und zur Änderung der Richtlinie (EU) 2017/1132 zugestimmt *(RL 2019/1023)*. Die Richtlinie 2019/1023 wurde am 26. Juni 2019 im Amtsblatt der Europäischen Union veröffentlicht und trat am 16. Juli 2019 in Kraft.

Wie sich bereits aus der Bezeichnung der Richtlinie ergibt, ist deren Ziel, die Unternehmensgesundung und die Verhinderung von Insolvenzen grenzübergreifend zu stärken.[1909] Ein besonderer Fokus liegt auf der Restrukturierung von Unternehmen in finanzieller Schieflage.

Den Mitgliedstaaten bleiben ab Inkrafttreten zwei Jahre zur Umsetzung der Richtlinie, d. h. bis zum 17. Juli 2021.

2. Regelungsinhalt

Inhaltlich zielt die Richtlinie in erster Linie auf bilanzielle Restrukturierungen bei Unternehmen ab, bei denen die Wahrscheinlichkeit einer Insolvenz (*probabilità di insolvenza*) vorliegt.[1910] Hierzu sollen zum einen die Refinanzierung und die insolvenzfeste Gewährung von neuem Kapital im Rahmen von Sanierungs- und Überbrückungskrediten mit Anrecht auf Vorabbefriedigung dienen. Auch die Möglichkeit von Forderungsverzichten, Schutz vor Insolvenzanträgen und Aussetzung der eigenen Antragspflicht sowie ein Moratorium von vier Monaten[1911] ist vorgesehen.[1912]

Art. 3 RL 2019/1023 verpflichtet die Mitgliedstaaten ferner, Zugang zu einem klaren und transparenten Frühwarnsystem zu ermöglichen, damit eine

---

1908 *GSK Stockmann & Kollegen* – Zweite Chance? Brüssel verordnet Deutschland ein vorinsolvenzliches Sanierungsverfahren, https://www.gsk.de/uploads/media/GSK_Update_EU-Richtlinienvorschlag.pdf.

1909 *Panzani* – Il preventive restructuring framework nella Direttiva 2019/1023 del 20 giugno 2019 ed il codice della crisi. Assonanze e dissonanze., http://www.dirittobancario.it/approfondimenti/crisi-dimpresa/il-preventive-restructuring-framework-nella-direttiva-20191023-del-20-giugno-2019.

1910 Art. 1 Abs. 1 lit. a) und Art. 4 Abs. 1 RL 2019/1023.

1911 Auf Antrag des Schuldners verlängerbar auf maximal 12 Monate.

1912 *Buchalik* – EU-Richtlinie zum außerinsolvenzlichen Sanierungsverfahren, http://www.buchalik-broemmekamp.de/blog/651-eu-richtlinie-zum-vorinsolvenzlichen-sanierungsverfahren-ist-ein-guter-ansatz-es-bedarf-nachbesserung-durch-den-deutschen-gesetzgeber.

drohende Insolvenz und Handlungsbedarf frühzeitig erkannt bzw. mitgeteilt werden können. Es sollen zudem Anreize für z. B. Steuerbehörden oder Wirtschaftsprüfer geschaffen werden, den Schuldner auf möglicherweise nachteilige Entwicklungen aufmerksam zu machen. Schließlich enthält die Richtlinie Vorschriften zur Einführung eines Entschuldungssystems[1913] und Effizienzsteigerungsmaßnahmen. All diese Punkte werden sich voraussichtlich auf den vorliegenden Themenkomplex nicht erheblich auswirken. In diesem Abschnitt soll insbesondere ein Ausblick auf die präventiven Restrukturierungsmaßnahmen gegeben werden.

Festzuhalten ist schließlich noch, dass die Richtlinie lediglich Eckpunkte aufstellt, aber den Mitgliedstaaten einen erheblichen Umsetzungsspielraum lässt.

a) Voraussetzung für die Zulassung zum Verfahren

Die präventive Restrukturierung ist gemäß Art. 1 Abs. 1 lit. a), Art. 4 RL 2019/1023 für Schuldner in finanziellen Schwierigkeiten vorgesehen, wenn die Wahrscheinlichkeit[1914] einer Insolvenz besteht. Die Zugänglichkeit wird durch diese Voraussetzung eingeschränkt, sicherlich auch, um die missbräuchliche Ausnutzung der Vorschriften zu verhindern.

Des Weiteren enthält die Richtlinie gemäß Art. 1 Abs. 1 lit. (b) RL 2019/1023 Vorschriften über Verfahren zur Entschuldung insolventer Unternehmer. Hieraus und aus Art. 1 Abs. 1 lit. h) RL 2019/1023 wird deutlich, dass sie sich auf Unternehmen konzentriert. Allerdings überlässt sie in Art. 1 Abs. 4 den Mitgliedstaaten die Entscheidung, ob sie den Anwendungsbereich der Verfahren über die Entschuldung auf natürliche Personen erstrecken.[1915]

Des Weiteren ist in Art. 4 Abs. 7 f. RL 2019/1023 geregelt, dass die Restrukturierung vom Schuldner selbst oder – insoweit zur Disposition der Mitgliedstaaten – von Gläubigern oder Arbeitnehmervertretern mit der Zustimmung des Schuldners initiiert werden kann.

1913 Dahinter steckt vor allem die Zielsetzung, die stigmatisierende Wirkung eines unternehmerischen Scheiterns für natürliche Personen zu reduzieren und nach dem Entschuldungszeitraum einen Neustart zu erlauben. Im Ergebnis soll dadurch die Gründungskultur verbessert werden.

1914 Wobei die Wahrscheinlichkeit der Insolvenz nach den nationalen Vorschriften zu beurteilen ist, Art. 2 Abs. 2 lit. a) RL 2019/1023.

1915 Proposal for a Proposal for a DIRECTIVE OF THE EUROPEAN PARLIAMENT AND OF THE COUNCIL vom 22.11.2016, S. 20.

b) Restrukturierungsbeauftragter

Art. 5 RL 2019/1023, nach dessen Abs. 1 der Schuldner grundsätzlich die vollständige oder teilweise Kontrolle über das Unternehmen behalten soll, regelt die Möglichkeit, einen Restrukturierungsbeauftragten einzusetzen.

Zwingend einzusetzen ist ein solcher Beauftragter gemäß Art. 5 Abs. 3 RL 2019/1023, wenn:

- eine allgemeine Aussetzung von Einzelvollstreckungsmaßnahmen gemäß Art. 6 Abs. 3 RL 2019/1023 von der Justiz- oder Verwaltungsbehörde gewährt wird und diese beschließt, dass ein solcher Beauftragter zur Wahrung der Interessen der Parteien erforderlich ist;
- der Restrukturierungsplan von einer Justiz- oder Verwaltungsbehörde im Wege eines klassenübergreifenden *cram downs* nach Art. 11 RL 2019/1023 bestätigt werden muss;
- der Schuldner oder die Mehrheit der Gläubiger dies beantragt.

c) Restrukturierungsplan

Zentrales Instrument der Richtlinie 2019/1023 ist sicherlich der in Art. 8 bis Art. 16 vorgesehene Restrukturierungsplan,[1916] dessen Inhalt im Wesentlichen mit dem eines Insolvenzplans[1917] oder bspw. dem eines *concordato preventivo* verglichen werden kann.

(1) Inhalt

Inhaltlich muss der vorgeschlagene Restrukturierungsplan laut Art. 8 RL 2019/1023 mindestens die folgenden Punkte enthalten:

- die Identität des Schuldners;
- die Vermögenswerte und Verbindlichkeiten des Schuldners zum Zeitpunkt der Einreichung des Restrukturierungsplans, einschließlich einer Bewertung der Vermögenswerte, eine Beschreibung der wirtschaftlichen Situation des

---

1916 *Herweg/Wetlitzky* – Lang ersehnte EU-Richtlinie über präventive Restrukturierungsrahmen tritt in Kraft, http://hoganlovells-blog.de/2019/09/06/lang-ersehnte-eu-richtlinie-ueber-praeventive-restrukturierungsrahmen-tritt-in-kraft/.

1917 *Alles/Hennig* – Das vorinsolvenzliche Sanierungsverfahren im EU-Richtlinienentwurf, https://www.cmshs-bloggt.de/arbeitsrecht/vorinsolvenzliches-sanierungsverfahren-eu-richtlinienentwurf-arbeitnehmer/.

Schuldners und der Position der Arbeitnehmer und eine Beschreibung der Ursachen und des Umfangs der Schwierigkeiten des Schuldners;

- die betroffenen Parteien, die entweder namentlich zu benennen oder unter Bezugnahme auf Schuldenkategorien nach nationalem Recht zu beschreiben sind, sowie ihre unter den Restrukturierungsplan fallenden Forderungen oder Beteiligungen;
- gegebenenfalls die Klassen, in welche die betroffenen Parteien für die Zwecke der Annahme des Restrukturierungsplans gruppiert wurden, und die jeweilige Höhe der Forderungen und Beteiligungen in jeder Klasse;
- gegebenenfalls die Parteien – die entweder namentlich zu benennen oder unter Bezugnahme auf Schuldenkategorien nach nationalem Recht zu beschreiben sind –, die vom Restrukturierungsplan nicht betroffen sind, zusammen mit einer Erläuterung der Gründe, aus denen sie nicht betroffen sein sollen;
- gegebenenfalls die Identität des Restrukturierungsbeauftragten;
- die Bedingungen des Restrukturierungsplans, die unter anderem insbesondere Folgendes enthalten:
  - vorgeschlagene Restrukturierungsmaßnahmen im Sinne von Art. 2 Abs. 1 Nr. 1 RL 2019/1023;
  - gegebenenfalls die vorgeschlagene Laufzeit der vorgeschlagenen Restrukturierungsmaßnahmen;
  - die Modalitäten der Unterrichtung und Anhörung der Arbeitnehmervertreter im Einklang mit dem Unionsrecht und dem nationalen Recht;
  - gegebenenfalls allgemeine Auswirkungen auf die Beschäftigung wie Entlassungen, Kurzarbeitsregelungen oder Ähnliches;
  - die voraussichtlichen Finanzströme des Schuldners, wenn nach nationalem Recht vorgesehen, und
  - eine neue Finanzierung, die als Teil des Restrukturierungsplans vorgesehen ist, sowie die Gründe, aus denen die neue Finanzierung für die Umsetzung dieses Plans erforderlich ist;
- eine Begründung, in der erläutert wird, warum eine begründete Aussicht besteht, dass der Restrukturierungsplan die Insolvenz des Schuldners verhindern und die Bestandsfähigkeit des Unternehmens gewährleisten wird, einschließlich der notwendigen Voraussetzungen für den Erfolg des Plans. Die Mitgliedstaaten können vorschreiben, dass diese Begründung entweder von einem externen Experten oder von dem Restrukturierungsbeauftragten – falls ein solcher benannt wird – vorgelegt oder bestätigt werden muss.

(2) Einteilung in Gläubigergruppen und Abstimmung

Die Vorlage zur Abstimmung und die Annahme von Restrukturierungsplänen sind in Art. 9 RL 2019/1023 geregelt. Grundsätzlich gehen die Vorschläge vom Antragsteller des präventiven Restrukturierungsverfahrens aus. Es können aber auch Gegenvorschläge der Gläubiger oder des Restrukturierungsbeauftragten vorgesehen werden.

Die Einteilung der Gläubiger in Gruppen (solange Gruppen mit unterscheidbaren Interessen vorhanden sind,[1918] bspw. gesicherte und ungesicherte Gläubiger) wurde bereits im Rahmen der inhaltlichen Anforderungen erwähnt. Die Abstimmung erfolgt dann innerhalb der einzelnen Klassen. Deren Bildung nach hinreichend ähnlichen Forderungen oder Rechtspositionen ist bei Einreichen des Plans vom zuständigen gerichtlichen Organ zu prüfen, Art. 9 Abs. 5 RL 2019/1023. Wenn die Mehrheit (maximal 75 %, eine pro-Kopf-Mehrheit kann optional geregelt werden) in jeder Klasse erreicht wurde, gilt der Plan als angenommen. Alternativ zur förmlichen Abstimmung kann der jeweilige Mitgliedstaat auch eine Vereinbarung über den Restrukturierungsplan mit der erforderlichen Mehrheit ausreichen lassen.[1919]

Anteilseigner können fakultativ von der Wahl ausgeschlossen oder in sie miteinbezogen werden, um einer Obstruktion entgegenzuwirken.[1920] Daneben können Gläubiger mit hinter ungesicherten Forderungen nachrangigen Ansprüchen oder dem Schuldner nahestehende und damit konfliktgefährdete Parteien ausgeschlossen werden.

(3) Behördliche Bestätigung

Laut Art. 10 Abs. 1 RL 2019/1023 sind jedenfalls Restrukturierungspläne, welche die Positionen von nicht zustimmenden Beteiligten berühren, zum Verlust von mehr als 25 % der Arbeitsplätze führen und solche, die neue Finanzierungen vorsehen, von einer (Justiz- oder Verwaltungs-)Behörde zu bestätigen.

Um einer solchen behördlichen Prüfung und Bestätigung zu genügen, muss der Plan inhaltlich Art. 9 RL 2019/1023 genügen und Gläubiger mit gemeinsamen Interessen in derselben Klasse gleich und im Verhältnis zu deren Forderungen behandeln. Er muss ferner den Gläubigern mitgeteilt worden sein und

1918 Proposal for a Proposal for a DIRECTIVE OF THE EUROPEAN PARLIAMENT AND OF THE COUNCIL vom 22.11.2016, S. 21.

1919 Art. 9 Abs. 7 RL 2019/1023.

1920 Art. 9 Abs. 3 RL 2019/1023.

bei ablehnenden Gläubigern den *best interest of creditors test*[1921] bestehen. Eine Sanierungsfinanzierung muss zur Umsetzung erforderlich sein und darf die Gläubigerinteressen nicht unverhältnismäßig benachteiligen.[1922] Ein Restrukturierungsplan, der keine hinreichende Erfolgswahrscheinlichkeit bezüglich der Insolvenzvermeidung und der Rückkehr zur Rentabilität erkennen lässt, soll nicht bestätigt werden.[1923]

Vorteilhaft für den Schuldner bzw. einen potenziellen Käufer ist sicherlich die Möglichkeit eines klassenübergreifenden *cram downs*, also der verbindlichen Bestätigung des Plans trotz ablehnender Gläubigerklassen, geregelt in Art. 11 RL 2019/1023.[1924]

Dazu muss der Plan entweder von der Mehrheit der Abstimmungsklassen, von denen mindestens eine Klasse aus gesicherten Gläubigern oder Gläubigern, die gegenüber gewöhnlichen ungesicherten Gläubigern vorrangig sind, besteht, bestätigt werden.

Alternativ muss zumindest eine[1925] Klasse von Gläubigern, bei denen es sich nicht um Anteilseigner und nachrangige Gläubiger, die bei normalem Gang der Liquidation keine Zahlungen erhielten, handelt, dem Plan zustimmen.

Des Weiteren ist Voraussetzung, dass die vorgenannten Bedingungen des Art. 10 Abs. 2 und 3 RL 2019/1023 eingehalten wurden, die *absolute priority*

1921 Dieser besagt, dass kein ablehnender Gläubiger schlechter gestellt werden darf, als er bei Verwertung im Wege der Liquidation oder des Verkaufs des gesamten Betriebs stünde; Gemäß Art. 10 Abs. 2 a.E. RL 2019/1023 wird diese Voraussetzung nur bei entsprechender Beanstandung überprüft (bei dem Verweis auf „Unterabsatz 1 Buchstabe d" handelt es sich wohl um ein Redaktionsversehen).

1922 Sämtliche Voraussetzungen für die Bestätigung sind in Art. 10 Abs. 2 RL 2019/1023 geregelt.

1923 Art. 10 Abs. 3 RL 2019/1023.

1924 Die dort aufgestellten Voraussetzungen sind jedoch keineswegs verbindlich. So enthält Art. 11 RL 2019/1023 an mehreren Stellen die Möglichkeit für die Mitgliedstaaten, abweichende Regelungen vorzusehen. Bspw. kann von den Voraussetzungen des Art. 11 Abs. 1 RL 2019/1023 insgesamt abgewichen werden, wenn dies zur Erreichung der Ziele des Restrukturierungsplans erforderlich ist und der Restrukturierungsplan die Rechte oder Beteiligungen betroffener Parteien nicht unangemessen beeinträchtigt.

1925 Die Mindestanzahl kann von den Mitgliedstaaten modifiziert werden.

rule[1926] erfüllt wurde sowie keine Klasse durch den Plan über die Gesamtforderungen der Klasse hinaus befriedigt wird.

Eine Entscheidung über die Bewertung des Unternehmens nimmt die Behörde nur bei Beanstandung wegen eines angeblichen Verstoßes gegen den *best interest of creditors*-Grundsatz oder gegen die Bedingungen für einen *cram down* nach Art. 11 RL 2019/1023 vor.[1927]

d) Arbeitnehmer

Der Vollständigkeit halber sei auf Art. 13 RL 2019/1023 hingewiesen. Dieser regelt, dass sicherzustellen ist, dass die Rechte der Arbeitnehmer nach EU- und nationalem Recht nicht beeinträchtigt werden.

e) Neue Finanzierung

Der Schutz von neuen Finanzierungen und Zwischenfinanzierungen sowie anderen restrukturierungsbezogenen Maßnahmen ist in Artt. 17 und 18 RL 2019/1023 geregelt.

Zum einen sollen diese Finanzierungen nicht aufgrund Gläubigerbenachteiligung bei späterer Insolvenz anfechtbar sein. Auch eine Haftung wegen Gläubigerbenachteiligung soll für den Kreditgeber grundsätzlich ausgeschlossen sein. Je nach Umsetzung durch den Mitgliedstaat gilt Vorstehendes nur bei behördlich genehmigten oder vorab kontrollierten Plänen oder nicht für Finanzierungen, die der Schuldner nach Zahlungsunfähigkeit erhält.

Des Weiteren können diese Finanzierungen bei späterer Liquidation vorrangig und mindestens bevorzugt gegenüber ungesicherten Gläubigern behandelt werden. Dass der deutsche Gesetzgeber von einer solchen – durch die Insolvenzordnung erst abgeschafften – Gewährung von Vorrechten Gebrauch machen wird, schien jedoch von Anfang an fraglich.[1928]

1926 Danach muss jede ablehnende Gläubigergruppe wie andere gleichrangige Klassen und besser als nachrangige Klassen behandelt werden, Art. 11 Abs. 1 lit. c) RL 2019/1023.

1927 Art. 14 RL 2019/1023.

1928 So forderte der Verband Insolvenzverwalter Deutschlands in seinem Thesenpapier zur Umsetzung der Richtlinie über Restrukturierung und Insolvenz, dass die Vorrechte nicht wieder eingeführt werden, vgl. *Verband Insolvenzverwalter Deutschlands* – Thesenpapier zur Umsetzung der Richtlinie über Restrukturierung und Insolvenz, https://www.schultze-braun.de/fileadmin/de/downloads/EU-Restrukturierungsrahmen/vid-thesenpapier-zur-umsetzung-rl-ueber-restrukturierung-und-insolvenz.pdf?_=1573107161, S. 5; zur erfolgten Umsetzung vgl. unter IV.B.3.

Weitere Maßnahmen, die angemessen und unmittelbar notwendig für die Aushandlung des Plans sind, sollen ebenfalls insolvenzfest sein. Hierzu gehören beispielsweise die Zahlung von Beratergebühren, Arbeitslöhnen oder sonstige Zahlungen im gewöhnlichen Geschäftsbetrieb während der Verhandlungsphase. Nach Ausfertigung des Plans sollen Maßnahmen, die im Einklang mit dem behördlich bestätigten Restrukturierungsplan durchgeführt werden, ebenfalls nicht aufgrund einer Gläubigerbenachteiligung anfechtbar sein.

f) *Verbot der Zwangsvollstreckung*

Die Aussetzung der Einzelzwangsvollstreckung ist in den Artt. 6, 7 RL 2019/1023 geregelt.

Ein solches Verbot kann gewährt werden, sobald sich der Schuldner in Verhandlungen über einen Restrukturierungsplan befindet und soweit es zur Unterstützung der Verhandlungen dient.[1929] Ist die Aussetzung nicht erforderlich, kann sie verweigert werden. Das Verbot umfasst grundsätzlich alle Arten von Forderungen und Gläubigern, kann jedoch auf einzelne Gläubiger reduziert werden.[1930] Bestimmte Forderungen können ausgeschlossen werden, wenn dadurch die Restrukturierung nicht gefährdet wird und die betroffenen Gläubiger durch eine Aussetzung unangemessen benachteiligt werden.[1931]

Forderungen von Arbeitnehmern sollen nur unter die Aussetzung fallen, wenn die Zahlung ihrer offenen Forderungen anderweitig gesichert ist.[1932]

Zeitlich dauert das Vollstreckungsverbot grundsätzlich vier Monate.[1933] Der Zeitraum kann jedoch verlängert oder erneuert werden, wenn die Verhandlungen wesentliche Fortschritte gemacht haben, kein Beteiligter durch die Verlängerung unverhältnismäßig benachteiligt wird und kein Insolvenzverfahren über das Vermögen des Schuldners eröffnet wurde.[1934]

Schließlich kann das Vollstreckungsverbot aufgehoben werden, insbesondere bei fehlender Erfolgsaussicht auf ein Abkommen, bei unverhältnismäßiger Benachteiligung einzelner Gläubiger(-gruppen) sowie drohender Insolvenz eines Gläubigers.[1935]

1929 Art. 6 Abs. 1 RL 2019/1023.
1930 Art. 6 Abs. 2 RL 2019/1023.
1931 Art. 6 Abs. 4 RL 2019/1023.
1932 Art. 6 Abs. 5 a.E. RL 2019/1023.
1933 Art. 6 Abs. 6 RL 2019/1023.
1934 Art. 6 Abs. 7 RL 2019/1023.
1935 Art. 6 Abs. 8 RL 2019/1023.

Das Vollstreckungsverbot führt dazu, dass Gläubiger nicht aufgrund bestehender Forderungen aus laufenden (wesentlichen) Verträgen[1936] und der nicht erfolgten Zahlung die Erfüllung verweigern oder die Verträge beenden oder nachteilig modifizieren können.[1937] Die Gläubiger können zudem keine vertraglichen Rechte auf Leistungsverweigerung, Kündigung oder sonstige Änderung geltend machen, die wegen

- eines Antrags auf Eröffnung eines präventiven Restrukturierungsverfahrens,
- eines Antrags auf Aussetzung von Einzelvollstreckungsmaßnahmen,
- der Eröffnung eines präventiven Restrukturierungsverfahrens oder
- der Gewährung einer Aussetzung von Einzelvollstreckungsmaßnahmen als solcher

ausgelöst werden.[1938]

Ferner muss während der Aussetzung grundsätzlich kein Insolvenzantrag vom Schuldner erfolgen; er kann auch nicht von einem Gläubiger gestellt werden.[1939]

g) Verhältnis zur Insolvenz und Insolvenzanträgen

Bei auftretender Zahlungsunfähigkeit während der Restrukturierungsverhandlungen hat nach Art. 7 Abs. 3 RL 2019/1023 die zuständige Insolvenzbehörde zu entscheiden, ob sie trotzdem die Restrukturierungsbemühungen weiterlaufen lässt oder das Insolvenzverfahren eröffnet. Die Eröffnung eines Insolvenzverfahrens ist nach Ablauf des Vollstreckungsverbots nicht automatisch vorgesehen, sondern nur, wenn die allgemeinen Voraussetzungen erfüllt sind.[1940]

1936 Hier kann der Anwendungsbereich bei der Umsetzung auch auf nicht-wesentliche Verträge erweitert werden; wesentlich sind Verträge, die für die Weiterführung des täglichen Betriebs des Unternehmens erforderlich sind – einschließlich solcher über Lieferungen, deren Aussetzung dazu führen würde, dass die Geschäftstätigkeit des Schuldners zum Erliegen kommt.

1937 Art. 7 Abs. 4 RL 2019/1023.

1938 Art. 7 Abs. 5 RL 2019/1023.

1939 Art. 7 Abs. 1, 2 RL 2019/1023.

1940 Art. 7 Abs. 7 RL 2019/1023.

h) Rechtsfolge und Anfechtung

Mit der gerichtlichen Bestätigung wird der Plan bindend, aber nur gegenüber den bei der Planannahme Beteiligten,[1941] wobei es keinen Unterschied macht, ob diese für oder gegen den Restrukturierungsplan gestimmt haben.

Eine Anfechtung des planbestätigenden gerichtlichen oder verwaltungsrechtlichen Beschlusses ist möglich, hat jedoch keinen Suspensiveffekt. Bei Begründetheit kann der Plan entweder aufgehoben oder die ablehnenden Gläubiger können finanziell entschädigt werden.[1942]

i) Bewertung der Richtlinie

Transaktionsrelevante Vorschriften enthält die Richtlinie – die sich vornehmlich auf Bilanzsanierung, und nicht auf leistungswirtschaftliche Sanierung konzentriert – bisher nicht, sodass die Realisierung solcher Vorhaben in hohem Maße von der Umsetzung in den einzelnen Mitgliedstaaten und der dazu ergehenden Rechtsprechung abhängig ist. Festzuhalten ist jedoch, dass die Richtlinie unter der Restrukturierung laut Art. 2 Nr. 1 auch den Verkauf von „*Vermögenswerten oder Geschäftsbereichen und, wenn im nationalen Recht vorgesehen, de[n] Verkauf des Unternehmens als Ganze[s]*" vorsieht. Die nun erwähnten kompletten Unternehmensveräußerungen waren in Art. 2 Nr. 2 des RL-Entwurfs noch nicht enthalten. Auch Art. 2 Nr. 6 RL 2019/1023 nennt den „*Verkauf als fortgeführtes Unternehmen*".

Bezüglich auf die Unternehmensveräußerung zugeschnittener besonderer Vorschriften (z. B. Haftungsbeschränkung für Altverbindlichkeiten, arbeitsrechtliche Vorschriften etc.) hängt vieles von der Umsetzung in den jeweiligen Mitgliedstaaten ab.

3. Auswirkungen auf die nationale Gesetzgebung

a) Deutschland

Aufgrund der Tatsache, dass Deutschland bis dato kein normiertes vorinsolvenzliches Sanierungsverfahren hatte, war die Einführung entsprechender Regelungen im umfassenden Maße notwendig.

1941 Komplett außenstehende Gläubiger sind daher von den Vorschriften des Restrukturierungsplans nicht berührt, Art. 15 Abs. 2 RL 2019/1023.

1942 Art. 16 Abs. 3 RL 2019/1023.

Entsprechende Gesetzesentwürfe zur Anpassung der Entschuldung und der Einführung des vorinsolvenzlichen Sanierungsverfahrens sind inzwischen beschlossen worden und in Kraft getreten. Der Entwurf zur Umsetzung der Vorgaben an eine schnellere Entschuldung wurde am 17. Dezember 2020 mit Rückwirkung zum 1. Oktober 2020 akzeptiert.[1943] Regelungen zum vorinsolvenzlichen Sanierungsverfahren selbst finden sich fortan im Gesetz zur Fortentwicklung des Sanierungs- und Insolvenzrechts (*SanInsFoG*), welches am selben Tag verabschiedet wurde und am 1. Januar 2021 in Kraft getreten ist. Der Einführung des vorinsolvenzlichen Sanierungsverfahrens dient dabei insbesondere das Gesetz über den Stabilisierungs- und Restrukturierungsrahmen (*StaRUG*) in Art. 1 SanInsFoG.

Der deutsche Gesetzgeber ging dabei etwas weiter als in der Richtlinie 2019/1023 vorgesehen und schuf die folgenden Krisenbewältigungs- bzw. -präventionsmaßnahmen:[1944]

- Krisenfrüherkennung mit entsprechenden Überwachungs- und Berichtspflichten der Geschäftsleiter in § 1 StaRUG,
- die Sanierungsmoderation im Vorfeld des Restrukturierungs- und Stabilisierungsrahmens in §§ 94 ff. StaRUG (sog. Sanierungsmoderation),
- die Sanierung innerhalb des Restrukturierungs- und Stabilisierungsrahmens ohne gerichtliche Hilfe in §§ 2 ff., 17 f., 25 StaRUG,[1945]
- die Sanierung innerhalb des Restrukturierungs- und Stabilisierungsrahmens mit gerichtlicher Hilfe in §§ 2 ff. 18, 23, 29 StaRUG.

1943 *Deutscher Bundestag*, Plenarprotokoll 19/159 – (A) Anlage 2: Schriftliche Antworten auf Fragen der Fragestunde (Drucksache 19/19020). Zum Ablauf des Gesetzgebungsverfahrens im Detail vgl. *PASCHEN Rechtsanwälte* – SanInsFoG: vorinsolvenzliche Sanierung gesetzlich verankert, https://www.bmjv.de/SharedDocs/Gesetzgebungsverfahren/Dokumente/BGBl_SanInsFoG.pdf?__blob=publicationFile&v=4.

1944 Auf die Umsetzung der Richtlinie 2019/1023 wird nicht in allen Einzelheiten eingegangen. Einen Überblick über die einzelnen Gesetzesteile des StaRUG und die einzelnen Kapitel bietet bspw. *Löffler* – Stabilisierungs- und Restrukturierungsrahmen für Unternehmen (StaRUG) – Sanierung ohne Insolvenzverfahren, https://www.k1.de/vorinsolvenz/ unter Punkt 13.

1945 Bzgl. der Gläubigermehrheit sieht das StaRUG mit 75 % das maximal mögliche Stimmenerfordernis vor. Eine pro-Kopf – Mehrheit ist nicht vorgesehen. In § 26 StaRUG ist jedoch eine gruppenübergreifende Mehrheit geregelt, wodurch es unschädlich sein kann, wenn in einzelnen Gruppen die Mehrheit nicht erreicht wird.

Im Zentrum der präventiven Restrukturierung steht bei alledem der Restrukturierungsplan als Instrument zur kollektiv-privatautonomen Bewältigung der schuldnerischen Krise.[1946] Er ähnelt durchaus dem Insolvenzplan und seine Erstellung und Durchführung kann durch die Instrumente des Stabilisierungs- und Restrukturierungsrahmens erleichtert werden.[1947] Diese können vom Schuldner durch entsprechenden Antrag in Anspruch genommen werden, ein formales Sanierungsverfahren muss hierzu nicht eröffnet werden.[1948]

Vorschriften, die auf eine übertragende Sanierung gerichtet sind, lassen sich weder im StaRUG noch in der modifizierten Insolvenzordnung erkennen. Insofern kann hinsichtlich der Vorteile des vorinsolvenzlichen Sanierungsverfahrens weitestgehend auf die vorstehenden Ausführungen verwiesen werden.

Der merkliche Vorteil – insbesondere gegenüber einer vorinsolvenzlichen Sanierung außerhalb des StaRUG[1949] – ist der gesetzlich vorgeschriebene Schutz vor der Insolvenzanfechtung[1950] und das auf Antrag zu erlassende Vollstreckungs- und Verwertungsverbot.[1951] Auch die Möglichkeit der Bindung der den Plan ablehnenden Gläubiger bei Bestätigung des Plans durch die erforderliche Mehrheit bzw. das Gericht kann als Verbesserung der Sanierungsmöglichkeiten angesehen werden.[1952]

Folgende Besonderheiten sind bei den einzelnen Mechanismen erwähnenswert:

- Vollstreckungs- und Verwertungssperren sind insbesondere nur dann anzuordnen, wenn sie zur Wahrung der Aussichten auf die Verwirklichung des Restrukturierungsziels erforderlich sind und der Restrukturierungsplan nicht unvollständig, unschlüssig oder ohne Aussichten auf Erfolg ist;[1953] liegen

---

1946 *Löffler* – Stabilisierungs- und Restrukturierungsrahmen für Unternehmen (StaRUG) – Sanierung ohne Insolvenzverfahren –, https://www.k1.de/vorinsolvenz/.

1947 *Löffler* – Stabilisierungs- und Restrukturierungsrahmen für Unternehmen (StaRUG) – Sanierung ohne Insolvenzverfahren –, https://www.k1.de/vorinsolvenz/; hierzu gehören u. a. die gerichtliche Planbestätigung sowie Vollstreckungs- und Verwertungsverbote, vgl. im Einzelnen weiter unten.

1948 *Löffler* – Stabilisierungs- und Restrukturierungsrahmen für Unternehmen (StaRUG) – Sanierung ohne Insolvenzverfahren –, https://www.k1.de/vorinsolvenz/.

1949 Vgl. dazu II.B.2.b)(2)ii.06.

1950 §§ 89 f. StaRUG.

1951 Vgl. § 49 StaRUG.

1952 Einzelheiten zur Abstimmung finden sich in §§ 17 ff. StaRUG. Um die Wirkungen des Restrukturierungsplans auf ablehnende Gläubiger zu erstrecken, ist eine gerichtliche Bestätigung des Plans erforderlich, vgl. § 17 Abs. 1 S. 1, § 67 Abs. 1 S. 1 StaRUG.

1953 §§ 49, 50 StaRUG.

bereits Rückstände gegenüber z. B. Arbeitnehmern, dem Finanzamt oder Lieferanten vor, so sind die Anforderungen noch etwas höher.[1954]

- Der Anfechtungsschutz findet sich in § 89 Abs. 1 StaRUG. Allerdings ist darin lediglich vorgesehen, dass eine mit Gläubigerbenachteiligungsvorsatz vorgenommene Rechtshandlung nicht allein aufgrund der Kenntnis der Anhängigkeit der Restrukturierungssache oder der Inanspruchnahme des Stabilisierungs- und Restrukturierungsrahmens angenommen werden kann. Nach § 89 Abs. 2 StaRUG gilt das auch für die Kenntnis der Zahlungsunfähigkeit oder Überschuldung nach entsprechender Anzeige und sofern das Gericht die Restrukturierungssache nicht aufhebt. Ferner gelten nach Anzeige der Zahlungsunfähigkeit oder Überschuldung und bis zur Aufhebung der Restrukturierungssache Zahlungen im ordnungsgemäßen Geschäftsgang grundsätzlich als mit der Sorgfalt eines ordentlichen Geschäftsleiters vereinbar. Insbesondere im Vergleich zum Schutz vor der (Insolvenz-)Anfechtung nach dem italienischen Recht scheint § 89 StaRUG etwas schwächer zu sein.
- Ein Restrukturierungsbeauftragter kann bzw. muss[1955] unter bestimmten Voraussetzungen bestellt werden und begleitet das Schuldnerunternehmen bei der Planung und Verhandlung der Restrukturierung.[1956] Eine unabhängige Experteneinschätzung zur Machbarkeit bzw. Realisierbarkeit wie im italienischen Recht ist nicht vorgesehen, war aber auch in der Richtlinie 2019/1032 nicht angelegt.
- Die Möglichkeit der Beendigung laufender Verträge wurde entgegen anfänglichen Überlegungen nicht in die finale Version aufgenommen.[1957] Selbst belastende und für die Fortführung nicht essenziell wichtige Vertragsbeziehungen können damit nicht einseitig beendet werden. Hierin wird teilweise ein Versäumnis gesehen, den Restrukturierungsplan über ein rein finanzwirtschaftliches Instrument zu einem echten Schuldnerverfahren zu machen.[1958]

1954 § 50 Abs. 2 StaRUG. Insbesondere muss der Schuldner bereit und in der Lage sein, seine Geschäftsführung an den Interessen der Gläubigergesamtheit auszurichten.

1955 Vgl. § 79 StaRUG. Ein solcher ist grundsätzlich zu bestellen, wenn etwa Rechte von Verbrauchern oder KMUs berührt sind oder eine Stabilisierungsanordnung beantragt wird, die sich gegen alle oder im Wesentlichen alle Gläubiger richten soll.

1956 *Schelo et al.* – Stabilisierungs- und Restrukturierungsrahmen für Unternehmen, https://linklaters.de/wissen/themen/stabilisierungs-und-restrukturierungsrahmen-fuer-unternehmen.html.

1957 *Herper* – Der Stabilisierungs- und Restrukturierungsrahmen, https://blog.fps-law.de/restrukturierung-insolvenz/der-stabilisierungs-und-restrukturierungsrahmen/.

1958 *Lenzen* – StaRUG: Neues Sanierungsrecht für die Unternehmensrettung, https://falkensteg.com/starug-neues-sanierungsrecht-fuer-die-unternehmensrettung/.

Vertragspartner des Schuldnerunternehmens dürfen ihre Bindungen an dieses nicht aufgrund der Rechtshängigkeit der Restrukturierungssache oder Inanspruchnahme von Sanierungs-/Stabilisierungsinstrumenten beenden.[1959]

- Nur wenig Beachtung hat die Möglichkeit der Aufnahme neuer Finanzmittel gefunden. § 12 StaRUG sieht lediglich vor, dass der Restrukturierungsplan Regelungen zur Zusage von Darlehen oder sonstigen Krediten vorsehen kann. Diesen kommt darüber hinaus nur der Anfechtungsschutz nach § 90 StaRUG zugute. Eine bevorzugte Befriedigung neu aufgenommener Darlehen sieht das StaRUG nicht vor – anders als § 264 InsO für den Insolvenzplan. Bezüglich neuer Finanzmittel dürfte das StaRUG insofern hinter der Richtlinie zurückgeblieben sein, als dass neue Finanzierungen nach Art. 2 Abs. 1 Nr. 7 RL 2019/1023 zwingend zu einer gerichtlichen Bestätigung führen müssen[1960].
- Forderungen von Arbeitnehmern aus oder im Zusammenhang mit dem Arbeitsverhältnis sind von dem Anwendungsbereich des StaRUG ausgenommen, vgl. Art. 4 StaRUG.
- Im Hinblick auf die Einteilung der Gläubiger in Klassen schreibt das StaRUG in §§ 8 f. u. a. eine Gruppierung anhand sachgerechter Kriterien vor. Nicht einbezogene Forderungen sind voraussichtlich vollständig zu erfüllen. Bei der konkreten Gruppenbildung sind Inhaber von Absonderungsanwartschaften, Inhaber nicht nachrangiger und nachrangiger Insolvenzforderungen sowie Inhaber von Anteils- oder Mitgliedschaftsrechten zu unterscheiden. Weitere Unterteilungen sind je nach wirtschaftlichen Interessen möglich, die jeweiligen Kriterien sind im Restrukturierungsplan anzugeben. § 10 StaRUG schreibt vor, dass alle Betroffenen innerhalb einer Gruppe gleich zu behandeln sind. Eine Abweichung hiervon ist nur mit Zustimmung aller davon Betroffenen möglich, § 10 Abs. 2 StaRUG.
- § 24 StaRUG enthält detaillierte Regelungen zum Stimmrecht und den erforderlichen Mehrheiten. So richten sich bspw. Stimmrechte der Inhaber von Restrukturierungsforderungen grundsätzlich nach deren Betrag, bei Absonderungsanwartschaften oder gruppeninternen Drittsicherheiten ist deren Wert maßgeblich. Mitgliedschafts- oder Anteilsrechte berechtigen zur Stimmabgabe in der Höhe des Anteils am gezeichneten Kapital oder Vermögen des Schuldners.

1959 § 44 StaRUG.

1960 Vorgesehen ist in § 90 StaRUG lediglich, dass der Anfechtungsschutz für neue Finanzierungen nur bei einer gerichtlichen Bestätigung greift.

- Der klassenübergreifende *cram down* ist in § 26 StaRUG umgesetzt worden. Sofern die Mitglieder einer Gruppe voraussichtlich nicht schlechter gestellt werden als ohne Plan, sie angemessen am wirtschaftlichen Wert beteiligt werden und die Mehrheit der abstimmenden Gruppen dem Plan zugestimmt hat, ist die fehlende Zustimmung in einzelnen Gruppen unbeachtlich.
- Die damit zusammenhängende absolute Priorität und deren Durchbrechung regeln §§ 27 f. StaRUG. Grundsätzlich darf kein anderer planbetroffener Gläubiger wirtschaftlich mehr erhalten als den Betrag seiner Forderung. Auch darf weder der Schuldner noch eine an ihm beteiligte Person einen nicht durch Leistung in das Vermögen des Schuldners vollständig ausgeglichenen wirtschaftlichen Wert erhalten; ebenso wenig darf ein planbetroffener Gläubiger mit insolvenzrechtlicher Nachrangforderung gegenüber den zu überstimmenden Gläubigern befriedigt werden. Umgekehrt darf kein planbetroffener Gläubiger, der in einem Insolvenzverfahren gleichrangig mit den Gläubigern der überstimmten Gruppe zu befriedigen wäre, bessergestellt werden. Durchbrechungen sind insbesondere möglich, wenn sie nach den Umständen sachgerecht oder für die Verwirklichung des Planwerts unerlässlich sind.

Zu erwarten ist, dass vergleichbar zu einem Insolvenzplan vor allem die Umwandlung von Fremd- in Eigenkapital als Sanierungsinstrument eine Rolle spielen wird. Regelungen zum *debt-equity-swap* sind im StaRUG jedoch nur vereinzelt zu finden, ebenso wenig andere Vorschriften, die eine direkte Auswirkung auf *M&A*-Transaktionen haben. Allein in (dem § 225a InsO beinahe wortgleich entsprechenden) § 7 StaRUG ist festgelegt, dass Forderungen (nicht gegen den Willen des Gläubigers) in Anteils- oder Mitgliedschaftsrechte umgewandelt werden können.[1961] Er sieht auch die Möglichkeit der Kapitalherabsetzung und -erhöhung inklusive Bezugsrechtsausschluss vor und erklärt § 225a Abs. 4 und 5 InsO für anwendbar.

Auch mit der Umsetzung der Richtlinie 2019/1023 bleiben in Deutschland aus Sicht des Schuldnerunternehmens die vorinsolvenzlichen Sanierungsmöglichkeiten im Vergleich zu Italien beschränkt. Dort besteht aufgrund der unterschiedlichen Modelle eine höhere Flexibilität bei der Wahl der geeigneten Vorgehensweise. Des Weiteren können bspw. der dortige Schutz vor Insolvenzanfechtung, die Begünstigung neuer Finanzierungen und die Möglichkeit,

---

1961 Daneben setzt konsequenterweise § 2 Abs. 3 StaRUG die Grundvoraussetzung für derartige Umwandlungen, indem Anteils- oder Mitgliedschaftsrechte der Gesellschafter des Schuldnerunternehmens zu den zu gestaltenden Rechtsverhältnissen erklärt werden.

Forderungen von Arbeitnehmern (bei Betriebsübergang) miteinzubeziehen, als vorteilhaft angesehen werden.

Aufgrund des Schutzes v. a. vor der Vollstreckung und der Insolvenzanfechtung wird es sich trotzdem in vielen Fällen empfehlen, den Unternehmenskauf oder einen vorgenannten *debt-equity-swap* in einen Sanierungsplan einzukleiden.

b) *Italien*

Der italienische Gesetzgeber hatte bereits beim Ermächtigungsgesetz zur Insolvenzrechtsreform vorgegeben, Unionsrecht im Allgemeinen und die Empfehlung der Kommission vom März 2014 im Besonderen zu berücksichtigen.[1962] Nicht zuletzt aufgrund der jüngsten Insolvenzrechtsreform und des im Oktober 2020 erlassenen *decreto correttivo*[1963] sind die meisten Neuerungen der Richtlinie 2019/1023 bereits im Grundsatz im Gesetz enthalten. Als Beispiel ist etwa das Frühwarnsystem zu nennen, welches der Gesetzgeber bereits – überschießend[1964] aber keinesfalls richtlinienwidrig – umgesetzt haben dürfte.[1965]

Im Hinblick auf den Restrukturierungsplan existieren im italienischen Recht ebenfalls relativ richtliniennahe Regelungen. Daher werden nur punktuelle Nachbesserungen und Modifikationen erforderlich sein, um wenige mögliche Unterschiede zur finalen Version der Richtlinie zu beheben.

Insbesondere bezüglich folgender, zentraler Punkte dürfte keine weitergehende Intervention des Gesetzgebers notwendig sein:

- Regelung der „Insolvenzwahrscheinlichkeit" als objektive Zulassungsvoraussetzung; Art. 2 Abs. 1 lit. a) C.C.I.I. definiert die Krise – das Zugangskriterium

---

1962 *Panzani* – Il preventive restructuring framework nella Direttiva 2019/1023 del 20 giugno 2019 ed il codice della crisi. Assonanze e dissonanze., http://www.dirittobancario.it/approfondimenti/crisi-dimpresa/il-preventive-restructuring-framework-nella-direttiva-20191023-del-20-giugno-2019.

1963 Darin wurden z. B. die vorhandenen Normen in Hinblick auf Art. 7 Abs. 4 und 5 RL 2019/1023 angepasst.

1964 So sind im *codice della crisi d'impresa e dell'insolvenza* konkrete Anzeigepflichten Dritter geregelt, auch gegenüber einer eigens hierfür zuständigen Stelle (der *OCRI*), sowie die Konsequenzen unterlassener Mitteilungen über erhaltene Warnzeichen.

1965 *Panzani* – Il preventive restructuring framework nella Direttiva 2019/1023 del 20 giugno 2019 ed il codice della crisi. Assonanze e dissonanze., http://www.dirittobancario.it/approfondimenti/crisi-dimpresa/il-preventive-restructuring-framework-nella-direttiva-20191023-del-20-giugno-2019.

zum *concordato preventivo* oder *accordo di ristrutturazione* – als Ungleichgewicht, das wahrscheinlich zur Insolvenz führt. Damit enthält Art. 2 Abs. 1 lit. a) C.C.I.I. eine richtlinienkonforme Definition.[1966]

- Verfügungsbefugnis des Schuldners über sein Vermögen/Unternehmen während des Sanierungsprozesses. Zwar ist für den *concordato preventivo* bei bestimmten, v. a. außergewöhnlichen Aktivitäten ein richterlicher Genehmigungsvorbehalt vorgesehen. Ein Richtlinienverstoß kann darin aber eher nicht erkannt werden.[1967]
- Beteiligung und (laut Richtlinie 2019/1023 fakultative) Bestätigung eines (externen) Experten zu den Erfolgsaussichten des Restrukturierungsplans.
- Begrenzung von Vollstreckungsschutzmaßnahmen auf einen maximalen Zeitraum von zwölf Monaten gemäß Art. 6 Abs. 8 RL 2019/1023, siehe Art. 8 C.C.I.I.; mit dem *decreto correttivo* hat der Gesetzgeber die maximale Dauer in Art. 55 Abs. 3 C.C.I.I. in Anlehnung an Art. 6 Abs. 8 S. 2 RL 2019/1023 auf vier Monate beschränkt.[1968] Unklar ist allerdings der Mechanismus einer Erneuerungs-/Verlängerungsanordnung bis zur Maximaldauer des Art. 8 C.C.I.I.[1969]
- Vorabbefriedigung für Zwischen- und Sanierungsfinanzierung.[1970]
- Anfechtungsschutz für Zwischen- und Sanierungsfinanzierung und weiteren Handlungen trotz möglicher Gläubigerbenachteiligung. Art. 166 C.C.I.I. schützt zumindest die Ausführungsfinanzierungen vor einer Anfechtung. Vor dem Hintergrund des Art. 17 Abs. 2 RL 2019/1023 dürften die italienischen

1966 Gemäß Art. 2 Abs. 2 RL 2019/1023 ist die Definition der Insolvenz und der Wahrscheinlichkeit einer Insolvenz den Mitgliedstaaten überlassen.

1967 *Panzani* – Il preventive restructuring framework nella Direttiva 2019/1023 del 20 giugno 2019 ed il codice della crisi. Assonanze e dissonanze., http://www.dirittobancario.it/approfondimenti/crisi-dimpresa/il-preventive-restructuring-framework-nella-direttiva-20191023-del-20-giugno-2019.

1968 *Associazione fra le società italiane per azioni* – Il decretto correttivo al codice della crisi e dell'insolvenza, http://www.assonime.it/_layouts/15/Assonime.CustomAction/GetPdfToUrl.aspx?PathPdf=http://www.assonime.it/Stampa/Documents/Scheda%20decreto%20correttivo.pdf, S. 2.

1969 *Perego* – Disposizioni integrative e correttive al Codice della Crisi d'Impresa e dell'Insolvenza, https://www.jdsupra.com/legalnews/disposizioni-integrative-e-correttive-45052/.

1970 *Panzani* – Il preventive restructuring framework nella Direttiva 2019/1023 del 20 giugno 2019 ed il codice della crisi. Assonanze e dissonanze., http://www.dirittobancario.it/approfondimenti/crisi-dimpresa/il-preventive-restructuring-framework-nella-direttiva-20191023-del-20-giugno-2019, 8.

Regelungen insgesamt nicht gegen die Richtlinie verstoßen.[1971] Lediglich im Hinblick auf die gesondert aufgeführten Positionen in Art. 18 Abs. 4 RL 2019/1023 wäre etwas Anpassungs- bzw. Klarstellungsbedarf gegeben. Sofern diese nicht explizit zu den nicht anfechtbaren Handlungen aufgenommen werden, sollte klargestellt werden, dass sich der Gesetzgeber auf die Umsetzungsermächtigungen des Art. 18 Abs. 2 und Abs. 3 RL 2019/1023 beruft.[1972]

Vor allem die nachstehenden Punkte sind dagegen noch nicht im italienischen Recht zu finden bzw. dort zu ergänzen:

- Landwirtschaftlichen Unternehmen, die nicht zu den KMUs gehören, steht derzeit keine richtlinienkonforme Regelung zur Verfügung: Der *concordato minore* sieht keine Einteilung in Gläubigerklassen vor, was gemäß Art. 9 Abs. 4 Unterabsatz 3 RL 2019/1023 für KMUs gestattet ist. Agrarunternehmen, die diese Schwelle jedoch überschreiten, haben keinen Zugang zum *concordato preventivo* oder *accordo di ristrutturazione* und damit zu keinem Sanierungsinstrument mit Gläubigerklasseneinteilung.[1973]
- Im Gegensatz zu Art. 5 Abs. 3 RL 2019/1023 ist die Ernennung eines *commissario giudiziale* beim *concordato preventivo* und *accordo di ristrutturazione* (bei vorangehendem Antrag auf Insolvenzeröffnung) grundsätzlich vorgesehen. Insofern sind Anpassungen dahingehend notwendig, dass eine Einsetzung des *commissario giudiziale* nur in den Fällen des Art. 5 Abs. 3 RL 2019/1023 vorgeschrieben ist. In den übrigen Fällen ist hierüber auf Einzelfallbasis zu entscheiden, vgl. Art. 5 Abs. 2 RL 2019/1023.

1971 *Panzani* – Il preventive restructuring framework nella Direttiva 2019/1023 del 20 giugno 2019 ed il codice della crisi. Assonanze e dissonanze., http://www.dirittobancario.it/approfondimenti/crisi-dimpresa/il-preventive-restructuring-framework-nella-direttiva-20191023-del-20-giugno-2019, 8.

1972 *Panzani* – Il preventive restructuring framework nella Direttiva 2019/1023 del 20 giugno 2019 ed il codice della crisi. Assonanze e dissonanze., http://www.dirittobancario.it/approfondimenti/crisi-dimpresa/il-preventive-restructuring-framework-nella-direttiva-20191023-del-20-giugno-2019.

1973 *Panzani* – Il preventive restructuring framework nella Direttiva 2019/1023 del 20 giugno 2019 ed il codice della crisi. Assonanze e dissonanze., http://www.dirittobancario.it/approfondimenti/crisi-dimpresa/il-preventive-restructuring-framework-nella-direttiva-20191023-del-20-giugno-2019.

- Art. 6 Abs. 5 RL 2019/1023 sieht vor, dass Arbeitnehmerforderungen nur unter bestimmten Voraussetzungen unter den Vollstreckungsschutz fallen. Diesen Schutz bietet das italienische Insolvenzrecht aktuell nicht.[1974]
- Auch bei der Möglichkeit der Aufhebung des Vollstreckungsschutzes bleibt das italienische Recht in Art. 55 C.C.I.I. hinter den Mindestanforderungen des Art. 6 Abs. 9 RL 2019/1023 zurück.
- Ferner werden Ergänzungen im Hinblick auf den Inhalt des Plans erforderlich sein. Art. 8 RL 2019/1023 ist an einigen Stellen, bspw. bei arbeitnehmerbezogenen Punkten (Entlassungen, Kurzarbeit, etc., vgl. Art. 8 Abs. 1 lit. g) iii)), detaillierter ausgestaltet als z. B. Artt. 40 oder 85, 87 C.C.I.I.[1975]
- Fehlende obligatorische Einteilung in Gläubigerklassen, soweit Gläubiger mit unterschiedlichen Interessen im Sinne von besicherten und unbesicherten Gläubigern existieren. Art. 9 Abs. 4 RL 2019/1023 findet bisher keine Entsprechung im italienischen Insolvenzrecht. Von Art. 9 RL 2019/1023 kann lediglich im Rahmen des *piano di risanamento* und des nicht erweiterten *accordo di ristrutturazione* abgewichen werden, vgl. Art. 9 Abs. 7 RL 2019/1023.
- Im Zusammenhang mit der obligatorischen Gläubigerklasseneinteilung ist die Einführung des klassenübergreifenden *cram downs* aus Art. 11 RL 2019/1023 inklusive der *relative priority rule* ausstehend.[1976] Art. 112 C.C.I.I. sieht aktuell nur den „einfachen" *cram down* vor. Die Abweichungsmöglichkeit des Art. 11 a. E. RL 2019/1023 dürfte die bestehende italienische Regelung nicht decken.
- Jedenfalls zum Teil problematisch ist schließlich der in der Richtlinie vorgesehene Maßstab der gerichtlichen Bestätigung, vgl. Artt. 4 Abs. 6, 10 RL 2019/1023. Insofern dürfte sich die Frage auftun, ob die Regelungen zum *piano di risanamento*, bei dem keine gerichtliche Beteiligung vorgesehen ist, der

---

1974 *Panzani* – Il preventive restructuring framework nella Direttiva 2019/1023 del 20 giugno 2019 ed il codice della crisi. Assonanze e dissonanze., http://www.dirittobancario.it/approfondimenti/crisi-dimpresa/il-preventive-restructuring-framework-nella-direttiva-20191023-del-20-giugno-2019.

1975 *Panzani* – Il preventive restructuring framework nella Direttiva 2019/1023 del 20 giugno 2019 ed il codice della crisi. Assonanze e dissonanze., http://www.dirittobancario.it/approfondimenti/crisi-dimpresa/il-preventive-restructuring-framework-nella-direttiva-20191023-del-20-giugno-2019.

1976 *Panzani* – Il preventive restructuring framework nella Direttiva 2019/1023 del 20 giugno 2019 ed il codice della crisi. Assonanze e dissonanze., http://www.dirittobancario.it/approfondimenti/crisi-dimpresa/il-preventive-restructuring-framework-nella-direttiva-20191023-del-20-giugno-2019.

Richtlinie gerecht werden. In Betracht kommt ein Konflikt mit Art. 10 Abs. 1 lit. b) RL 2019/1023, welcher bei neuen Finanzierungen eine Verbindlichkeit nur dann vorsieht, wenn der Restrukturierungsplan von einer Behörde bestätigt wurde.

Insofern wäre es ausreichend, die bestehenden Vorschriften an den jeweiligen Stellen anzupassen, ohne ein neues Sanierungsinstrument oder gar ein eigenes Gesetz einzuführen. Dank der im Zuge der Insolvenzrechtsreform erfolgten Vereinheitlichung dürfte dies relativ geringen Anpassungsaufwand in einigen zentralen Normen verursachen.

V. Literaturverzeichnis

101Proessionisti, Cessione di partecipazioni – Aspetti generali (Conferimento d'Azienda e quote), http://www.101professionisti.it/guida/conferimento-d-azienda-e-cessione-quote/approfondimenti/cessione-di-partecipazioni-aspetti-generali-742.aspx (zugegriffen am 10.3.2017).

A.T. Kearney, Sustainable Restructuring, How to emerge stronger from the financial crisis, https://www.atkearney.com/documents/10192/323c5ede-f726-4576-8377-85839ee96b32 (zugegriffen am 17.1.2017).

Abete, Luigi, La predisposizione del piano attestato e degli accordi di ristrutturazione dei debiti, Il Fallimento 2014, 1007.

Abritta, Luigi, Codice TUIR commentato, 2. Aufl., Commentari, Milanofiori Assago (Milano) 2013.

Affariitaliani.it, Coronavirus, crescono le insolvenze aziendali in Italia, https://www.affaritaliani.it/economia/coronavirus-crescono-le-insolvenze-aziendali-in-italia-i-dati-663872.html?refresh_ce (zugegriffen am 9.7.2020).

Agenzia delle Entrate, Risposta a interpello n. 432 del 2019.

Agenzia delle Entrate, Cessione di Partecipazione, https://emiliaromagna.agenziaentrate.it/sites/emiliaromagna/files/private/documenti/2018/cessione_di_partecipazioni_5_aprile.pdf.

Agenzia delle Entrate, Circolare n. 42/E v. 3. August 2010.

Agenzia delle Entrate, Risoluzione n. 27 v. 26. März 2012.

Agenzia delle Entrate, Circolare n. 27 v. 21. Juni 2012.

Agenzia delle Entrate, Risposta n. 81 v. 21. März 2019.

Ahrens, Martin/Gehrlein, Markus/Ringstmeier, Andreas (Hrsg.), Fachanwaltskommentar Insolvenzrecht, [InsO, EuInsVO, EGInsO, InsVV, AnfG, StGB (Auszug), SGB III (Auszug), KredReorgG, InsStatG], Köln 2012.

Aiello, Andrea/Auricchio, Antonio/Covino, Gabriella/Jeantet, Luca, Il piano attestato di risanamento e l'accordo di ristrutturazione dei debiti nella riforma del diritto concorsuale, http://www.dirittobancario.it/riforma-fallimentare/il-piano-attestato-di-risanamento-e-l-accordo-di-ristrutturazione-dei-debiti-nella-riforma (zugegriffen am 5.11.2019).

Albè, Giorgio/Vagnatta, Elisabetta, Responsabilità tributaria solidale del cessionario d'azienda, https://www.albeeassociati.it/responsabilita-tributaria-solidale-del-cessionario-dazienda/ (zugegriffen am 20.11.2019).

Alles, Boris/Hennig, Daniel, Das vorinsolvenzliche Sanierungsverfahren im EU-Richtlinienentwurf, https://www.cmshs-bloggt.de/arbeitsrecht/vorinsolven

zliches-sanierungsverfahren-eu-richtlinienentwurf-arbeitnehmer/ (zugegriffen am 3.6.2021).

Altalex, Banche: la concessione abusiva del credito a cliente insolvente, http://www.altalex.com/documents/news/2017/02/15/concessione-abusiva-del-credito-istituto-bancario-nei-confronti-di-un-cliente-in-stato-di-insolvenza (zugegriffen am 21.3.2017).

Altalex, Crisi di impresa: in Gazzetta la delega per la riforma della legge fallimentare, https://www.altalex.com/documents/leggi/2017/10/11/delega-riforma-legge-fallimentare (zugegriffen am 21.5.2021).

Althaus, Christian, Münchener AnwaltsHandbuch Insolvenz und Sanierung, hrsg. von Jörg Nerlich, 2. Aufl., Beck-online, München 2012.

Amerland, Andrea, 2021 wird ein Jahr der Pleiten, https://www.springerprofessional.de/corona-krise/risikomanagement/2020-wird-das-jahr-der-pleiten/17985496 (zugegriffen am 28.3.2021).

Andreani, Giulio, La disciplina fiscale della conversione dei crediti in azioni o in strumenti finanziari.

Andreani, Giulio/Tubelli, Angelo, Gli effetti fiscali della conversione del debito in capitale, https://www.transazione-fiscale.it/gli-effetti-fiscali-della-conversione-del-debito-in-capitale/ (zugegriffen am 13.11.2019).

Andres, Dirk/Leithaus, Rolf/Dahl, Michael (Hrsg.), Insolvenzordnung (InsO), Kommentar, 4. Aufl., München 2018.

Andriulo, Angelo, L'imprenditore agricolo può fallire?, https://www.affaritaliani.it/blog/il-cruscotto/l-imprenditore-agricolo-puo-fallire-617327.html (zugegriffen am 12.10.2020).

Anwaltscontor, Auszug aus dem Diskussionsentwurf des BMJ vom 18. Januar 2012, https://softwareescrow.files.wordpress.com/2012/02/auszug-diskussionsentwurf-c2a7-108a-inso-e-20122.pdf (zugegriffen am 22.2.2017).

ArbG Freiburg, Urt. v. 9. Mai 2009 – 5 Ca 538/08, BeckRS 2010, 69323.

Ascheid, Reiner et al. (Hrsg.), Kündigungsrecht, Großkommentar zum gesamten Recht der Beendigung von Arbeitsverhältnissen, 6. Aufl., München 2021.

Associazione fra le società italiane per azioni, Il decretto correttivo al codice della crisi e dell'insolvenza, http://www.assonime.it/_layouts/15/Assonime.CustomAction/GetPdfToUrl.aspx?PathPdf=http://www.assonime.it/Stampa/Documents/Scheda%20decreto%20correttivo.pdf (zugegriffen am 6.3.2021).

Associazione Italiana Dottori Commercialisti ed Esperti Contabili, Il nuovo regime fiscale dei dividendi e delle plusvalenze da partecipazioni, Circolare n. 5 del 9 marzo 2018, https://www.caravatipagani.it/wp-content/uploads/2018/03/Circolare-AIDC-n.5-2018-Il-nuovo-regime-fiscale-dei-dividendi-e-delle-plusvalenze-da-partecipazioni.pdf (zugegriffen am 21.11.2019).

Avolio, Alessandra/Di Majo, Dario, Compendio di diritto della crisi di impresa e dell'insolvenza, 13. Aufl., Napoli 2019.

Avv. Franco Benassi, Il preventive restructuring framework nella Direttiva 2019/1023 del 20 giugno 2019 ed il codice della crisi. Assonanze e dissonanze., http://blog.ilcaso.it/libreriaFile/429.pdf (zugegriffen am 23.3.2017).

BAG, Urt. v. 17. Januar 1980 – 3 AZR 160/79, NJW 1980, 1124.

BAG, Urt. v. 26. Mail 1983 – 2 AZR 477/81, NJW 1984, 627.

BAG, Urt. v. 16. Februar 1993 – 3 AZR 247/92, NJW 1993, 2259.

BAG, Urt. v. 15. Januar 2002 – 1 AZR 58/01, NZA 2002, 1034.

BAG, Urt. v. 20. Juni 2002 – 8 AZR 459/01, NZA 2003, 318.

BAG, Urt. v. 20. März 2003 – 8 AZR 97/02, NZA 2003, 1027.

BAG, Urt. v. 20. März 2003 – 8 AZR 97/02, ZIP 2003, 1671.

BAG, Urt. v. 28. Oktober 2004 – 8 AZR 199/04, NZA 2005, 405.

BAG, Urt. v. 20. September 2006 – 6 AZR 249/05, ZIP 2007, 595.

BAG, Urt. v. 23. November 2006 – 8 AZR 349/06, NZA 2007, 866.

BAG, Urt. v. 30. Oktober 2008 – 8 AZR 54/07, NZA 2009, 432.

BAG, Urt. v. 30. Oktober 2008 – 8 AZR 54/07, NZA 2009, 432.

BAG, Urt. v. 30. Oktober 2008 – 8 AZR 54/07, NZA 2009, 432.

BAG, Urt. v. 18. August 2011 – 8 AZR 312/10, NZA 2012, 152.

BAG, Urt. v. 15. Dezember 2011 – 2 AZR 42/10, NZA 2012, 1044.

BAG, Urt. v. 23. Januar 2019 – 4 AZR 445/17, NZA 2019, 922.

BAG, Urt. v. 26. Januar 2021 – 3 AZR 877/16, BeckRS 2021, 8781.

Balbi, Franco/Livatino, Roberto/Cella, Giuseppe, Gestione delle crisi aziendali, Guida pratica: CIGO-CIGS, licenziamenti collettivi, mobilità, trasferimento d'azienda, ammortizzatori in deroga, contratti di solidarietà, 3. Aufl., Le guide pratiche de Il sole-24 ore, Milano 2012.

Balduzzi, Gianni, Meno aziende fallite nel 2020, ma non è una buona notizia, https://www.truenumbers.it/aziende-in-fallimento/ (zugegriffen am 28.3.2021).

Bankpedia, Commissario giudiziale, http://www.bankpedia.org/index.php/it/90-italian/c/19235-commissario-giudiziale (zugegriffen am 9.5.2017).

Bauer, Christoph/Düsterlho, Jens-Eric von (Hrsg.), Distressed Mergers & Acquisitions, Kauf und Verkauf von Unternehmen in der Krise, 2. Aufl., Wiesbaden 2016.

Bauer, Joachim, Die GmbH in der Krise, Rechts- und Haftungsfragen der Unternehmenssanierung, Insolvenzgesellschaftsrecht, 6. Aufl., München 2020.

Bauer, Max W., Das neue italienische Gesetz über Konkurs und andere Insolvenzverfahren, Il nuovo codice del fallimento e delle altre procedure concorsuali, Bozen 2006.

Bauer, Steffen/Farian, Matthias, Behandlung von abgetretenen Gesellschafterdarlehen im Insolvenzfall und deren Folgen, GmbHR 2015, 230.

Baumbach, Adolf et al. (Hrsg.), Gesetz betreffend die Gesellschaften mit beschränkter Haftung, 22. Aufl., Beck'sche Kurz-Kommentare, München 2019.

Baumbach, Adolf/Hopt, Klaus J. (Hrsg.), Handelsgesetzbuch, Mit GmbH & Co., Handelsklauseln, Bank- und Kapitalmarktrecht, Transportrecht (ohne Seerecht), 41. Aufl., Beck'sche Kurz-Kommentare Bd. 9, München 2021.

Baumbach, Adolf et al. (Hrsg.), Gesetz betreffend die Gesellschaften mit beschränkter Haftung, 21. Aufl., Becksche Kurz-Kommentare Band 20, München 2017.

Beck, Siegfried/Depré, Peter (Hrsg.), Praxis der Insolvenz, Ein Handbuch für die Beteiligten und ihre Berater, 3. Aufl., München 2016.

Beck-aktuell, Bundesfinanzhof kippt Sanierungserlass des Finanzministeriums, https://rsw.beck.de/aktuell/daily/meldung/detail/bundesfinanzhof-kippt-sanierungserlass-des-finanzministeriums (zugegriffen am 19.5.2021).

Beisel, Daniel/Klumpp, Hans-Hermann/Schindler, Darius Oliver/Beisel, Wilhelm, Der Unternehmenskauf, Gesamtdarstellung der zivil- und steuerrechtlichen Vorgänge einschließlich gesellschafts-, arbeits- und kartellrechtlicher Fragen bei der Übertragung eines Unternehmens, 7. Aufl., Aktuelles Recht für die Praxis, München 2016.

Benedetti, Lorenzo, La posizione dei soci nel risanamento della società in crisi: dal potere di veto al dovere di sacrificarsi (o di sopportare(Aufopferungs- o Duldungspflicht)?, https://flore.unifi.it/retrieve/handle/2158/1130064/340411/la%20posizione%20dei%20sociRDS.pdf (zugegriffen am 28.1.2021).

Bergau, Torsten (Hrsg.), Praxishandbuch Unternehmenskauf, Recht, Steuern, Finanzen, Bewertung, Prozess, De Gruyter Praxishandbuch, Berlin, Boston 2015.

Berger, Christian, Lizenzen in der Insolvenz des Lizenzgebers, GRUR 2013, 321.

Berkefeld, Sebastian, Praktische Auswirkungen der Entscheidung des BGH v. 8.1.2019 – II ZR 364/18 zu § 179a AktG (analog), DNotZ 2020, 85.

Bertacchini, Elisabetta, La conversione dei crediti in azioni negli accordi di ristrutturazione dei debiti e nei piani attestati di risanamento nel quadro della legge fallimentare riformata, Banca, borsa e titoli di credito 2014.

BFH, Urt. v. 11. Mai 1993 – VII R 86/92, DStR 1993, 1256.

BFH, Beschluss v. 9. Juni 1997 – GrS 1/94.

BFH, Urt. v. 23. Juli 1998 – VII R 145-97, DStR 1998, 1600.

BFH, Urt. v. 14. Juli 2010 – X R 34/08, GWR 2010, 465.

BFH, Urt. v. 25. April 2012 – I R 24/11, DStR 2012, 1544.

BFH, Beschluss v. 25. März 2015 – X R 23/13, DStR 2015, 1443.

BFH, Beschluss v. 28. November 2016 – GrS 1/15.

BFH, Beschluss v. 28. November 2016 – GrS 1/15, DStR 2017, 305.

BFH, Urt. v. 23. August 2017 – I R 52/14, NZI 2017, 936.

BFH, Urt. v. 23. August 2017 – X R 38/15, DStR 2017, 2326.

BGBl Teil I Nr. 22, S. 866, Bundesgesetzblatt Teil I Nr. 22, https://www.bgbl.de/xaver/bgbl/media/82C1C7A11026ECB51C526DF05D2D325C/bgbl117s0866_75160.pdf (zugegriffen am 27.4.2017).

BGH, Urt. v. 26. Januar 1961 – II ZR 240/59, NJW 1961, 724.

BGH, Urt. v. 10. Juni 1965 – II ZR 6/63, NJW 1965, 1960.

BGH, Urt. v. 16. März 1977 – VIII ZR 215/75, NJW 1977, 901.

BGH, Urt. v. 25. Februar 1982 – II ZR 174/80, NJW 1982, 1703.

BGH, Urt. v. 25. September 1986 – II ZR 262/85, DNotZ 1987, 236.

BGH, Urt. v. 11. April 1988 – II ZR 313/87, NJW 1988, 1912.

BGH, Urt. v. 4. November 1991 – II ZR 85/91, NJW 1992, 911.

BGH, Urt. v. 21. März 1996 – III ZR 106/95, DStR 1996, 1903.

BGH, Urt. v. 17. November 2005 – IX ZR 162/04, NZI 2006, 229.

BGH, Urt. v. 17. November 2005 – IX ZR 162/04, NJW 2006, 915.

BGH, Beschluss v. 20. November 2006 – II ZR 226/05, NJW-Spezial 2007, 124.

BGH, Urt. v. 22. Februar 2007 – IX ZR 2/06, NZI 2007, 338.

BGH, Urt. v. 16. Juli 2007 – II ZR 3/04, NZG 2007, 667.

BGH, Urt. v. 19. Oktober 2009 – II ZR 240/08, DNotZ 2010, 378.

BGH, Beschluss v. 13. Oktober 2011 – IX ZB 37/08, NZI 2012, 139.

BGH, Urt. v. 20. Oktober 2011 – IX ZR 10/11, NZI 2011, 936.

BGH, Urt. v. 6. Dezember 2011 – II ZR 149/10, DNotZ 2012, 623.

BGH, Urt. v. 8. Dezember 2011 – IX ZR 156/09, NZI 2012, 142.

BGH, Beschluss v. 7. Februar 2012 – II ZR 253/10, NJW-Spezial 2012, 240.

BGH, Urt. v. 6. März 2012 – II ZR 56/10, NJW 2012, 1875.

BGH, Urt. v. 21. Februar 2013 – IX ZR 52/10, NZI 2013, 500.

BGH, Urt. v. 21. Februar 2013 – IX ZR 32/12, DStR (2013), 925.

BGH, Urt. v. 11. April 2013 – IX ZR 176/11, NZI 2013, 596.

BGH, Urt. v. 18. Juli 2013 – IX ZR 219/11, NZI 2013, 742.

BGH, Urt. v. 5. Dezember 2013 – IX ZR 93/11, NZI 2014, 259.

BGH, Urt. v. 21. Oktober 2015 – I ZR 173/14, NZI 2016, 97.

BGH, Urt. v. 21. Oktober 2015 – I ZR 173/14, NZI 2016, 97.

BGH, Urt. v. 12. Mai 2016 – IX ZR 65/14, NZI 2016, 636.

BGH, Urt. v. 8. Januar 2019 – II ZR 364/18, NZG 2019, 505.

BGH, Urt. v. 3. Dezember 2019 – II ZR 457/18.

BGH, Urt. v. 12. Dezember 2019 – IX ZR 27/19, BeckRS 2019, 34375.

Bings, Sophie/Burgi, Martin/Dannecker, Gerhard, EUV/AEUV, Vertrag über die Europäische Union, Vertrag über die Arbeitsweise der Europäischen Union, Charta der Grundrechte der Europäischen Union, hrsg. von Rudolf Streinz, Walther Michl, 3. Aufl., Beck'sche Kurz-Kommentare Band 57, München 2018.

Bisle, Michael, Asset Deal versus Share Deal – Beurteilung aus steuerlicher Sicht, SteuK 2016, 311 ff.

Bissels, Alexander/Jordan, Christopher/Wisskirchen, Gerlind, Sozialverträglicher Personalabbau durch den Einsatz von Transfergesellschaften, NZI 2009, 865.

Bitter, Georg/Rauhut, Tillman, Unternehmenskauf in Krise und Insolvenz.

Blümich, Walter/Heuermann, Bernd (Hrsg.), Einkommensteuergesetz, Körperschaftsteuergesetz, Gewerbesteuergesetz, EStG, KStG, GewStG; Kommentar, 2021. Aufl., Beck-Online Bücher, München 2016.

Bonelli, Andrea, Concordato in continuità: si rafforzano le tutele a garanzia dell'occupazione, https://www.ipsoa.it/documents/impresa/fallimento-e-procedure-concorsuali/quotidiano/2019/01/24/concordato-continuita-rafforzano-tutele-garanzia-occupazione (zugegriffen am 22.1.2021).

Bonelli, Franco (Hrsg.), Crisi di imprese, Casi e materiali, Contratti & commercio internazionale, Milano 2011.

Bonfatti, Sido, Le procedure di composizione negoziale delle crisi d'impresa: opportunità e responsibilità, Il sostegno finanziario dell'impresa nelle procedure di composizione negoziale delle crisi, Il Caso.it, documento n. 214/2010.

Bonfatti, Sido (Hrsg.), Le nuove procedure concorsuali per la prevenzione e la sistemazione delle crisi di impresa, Atti del convegno, Lanciano, 17–18 marzo 2006, Quaderni di Giurisprudenza commerciale Bd. 296, Milano 2006.

Boos, Karl-Heinz/Fischer, Reinfrid/Schulte-Mattler, Hermann (Hrsg.), KWG CRR-VO, Kommentar zu Kreditwesengesetz, VO (EU) Nr. 575/2013 (CRR) und Ausführungsvorschriften, 5. Aufl., 2016.

Bork, Reinhard, Einführung in das Insolvenzrecht, 10. Aufl., JZ-Schriftenreihe, Tübingen 2021.

Bozza, G./Di Marzio, Fabrizio, La crisi d'impresa, Questioni controverse del nuovo diritto fallimentare, [Padova] 2010.

Braun, Eberhard et al. (Hrsg.), Insolvenzordnung (InsO), InsO mit EuInsVO (2015): Kommentar, 8. Aufl., München 2020.

Bressler, Stefan, Distressed M&A-Transaktionen nach der Insolvenzanfechtungsrechtsreform, NZG 2018, 321.

Bromm, Boris, Unternehmenskauf im Vorfeld der Insolvenz – den faulen Apfel schmackhaft machen, ZRP 2010, 79.

Brühl, Volker/Göpfert, Burkard (Hrsg.), Unternehmensrestrukturierung, Strategien, Konzepte und Praxiserfahrungen, 2. Aufl., Stuttgart 2014.

Bruno, Ferdinando/Castagna, Paulo, La conversione dei crediti bancari in capitale di rischio(debt for equity swap) nell'ambito del restructuring in Italia, Germania e UK, Le Società 2015, 272–291.

Buchalik, Robert, EU-Richtlinie zum außerinsolvenzlichen Sanierungsverfahren, ist ein guter Ansatz, es bedarf aber Nachbesserung durch den deutschen Gesetzgeber, http://www.buchalik-broemmekamp.de/blog/651-eu-richtlinie-zum-vorinsolvenzlichen-sanierungsverfahren-ist-ein-guter-ansatz-es-bedarf-nachbesserung-durch-den-deutschen-gesetzgeber (zugegriffen am 25.4.2017).

Buffelli, Giuliano/D'Andrea, Paolo, Le crisi d'impresa, Gestioni concorsuali e preconcorsuali, aspetti fallimentari, civilistici, aziendalistici, fiscali e penali: aggiornati alla L. 214/2011 (cd. legge salva Italia), 4. Aufl., Milano 2012.

Bundesministerium für Finanzen, Schreiben betr. ertragsteuerliche Behandlung von Sanierungsgewinnen; Steuerstundung und Steuererlass aus sachlichen Billigkeitsgründen (§§ 163, 222, 227 AO) v. 27. März 2003 – BMF IV A 6-S 2140-8/03.

Bundesministerium für Finanzen, Schreiben betr. Verlustabzugsbeschränkung für Körperschaften (§ 8 c KStG) v. 4. Juli 2008 – IV C /-S2745-a/08/10001, BeckVerw 124056.

Bundesministerium für Finanzen, Schreiben v. 30. April 2010 – IV C 2 – S 2745-a/08/10005:002.

Bundesministerium für Finanzen, Schreiben v. 27. April 2017 – IV C 6 – S 2140/13/10003, DOK 2017/0322100, DStR 2017, 986.

Busani, Angelo, Cessione quote, alert abuso, Ma la Cassazione riqualifica lo "share deal" come compravendita d'azienda, https://www.pressreader.com/.

Busch, Lisa, Zerschlagungsabwendende Verfahren im deutschen und italienischen Insolvenzrecht, Eine rechtsvergleichende Untersuchung unter besonderer Berücksichtigung der italienischen Reformgesetzgebung, Zugl.: Universität Kiel, Dissertationsschrift, 2008, Schriften zum Internationalen Recht 179, Berlin 2009.

Buse, Michael, Rechtliche Rahmenbedingungen in Italien im Vergleich zu Deutschland.

Buth, Andrea K./Hermanns, Michael (Hrsg.), Restrukturierung, Sanierung, Insolvenz, Handbuch, 4. Aufl., Beck-online, München 2014.

BVerfG, Beschluss v. 29. März 2017 - 2 BvL 6/11, DStR 2017, 1094.

Cahn, Andreas/Simon, Stefan/Theiselmann, Rüdiger, Debt Equity Swap zum Nennwert!, DB 2010, 1629.

Caiafa, Antonio/Cosio, Roberto, Il trasferimento dell'azienda nell'impresa in crisi o insolvente, Impresa, società, fallimento 63, Padova 2005.

Calliess, Christian/Ruffert, Matthias/Blanke, Hermann-Josef (Hrsg.), EUV, AEUV, Das Verfassungsrecht der Europäischen Union mit Europäischer Grundrechtecharta: Kommentar, 5. Aufl., 2016.

Camera di Commercio Venezia, Contratti Tipo di Cessione di Azienda, https://www.lalentesulfisco.it/all/Contratto_tipo_cessione_di_azienda.pdf (zugegriffen am 22.11.2020).

Cammarata, Riccardo, Cos'è la convenzione di moratoria?, https://www.tma-italia.it/news/la-convenzione-di-moratoria/ (zugegriffen am 20.12.2020).

Capizzi, Vincenzo, Crisi d'impresa e ristrutturazione del debito, Procedure, attori, best practice, Impresa & professionisti, Milano 2014.

Caponi, Zeno, I contratti di trasferimento d'azienda e di cessione delle partecipazioni societarie, http://www.dea.univr.it/documenti/OccorrenzaIns/matdid/matdid282666.pdf (zugegriffen am 7.3.2017).

Cass. Civ, 23584/12.

Cass. Civ Sez. I, Urt. v. 26. Februar 1990 - 1439/1990.

Cass. Civ. Sez. I, Urt. v. 28. April 1998 - 4319/1998.

Cass. Civ. Sez. I, Urt. v. 4. Februar 2009 - 2717/2009.

Cass. Civ. Sez. I, Urt. v. 9. Oktober 2009 - 21481/2009.

Cass. Civ. Sez. I, Urt. v. 7. Mai 2014 - 9841/2014, Il Fallimento (2015), 59.

Cass. Civ. Sez. I, Urt. v. 8. Mai 2014 - 9998/2014.

Cass. Civ. Sez. I, Urt. v. 13. Oktober 2015 - 20559/2015.

Cass. Civ. Sez. I, Urt. v. 27. Februar 2017 - 4915/2017.

Cass. Civ. Sez. I, Urt. v. 7. April 2017 - 9061/2017.

Cass. Civ Sez. I, Verfügung v. 16. April 2018 – 9378/2018, Fallimento 2018, 12, 1415.

Cass. Civ Sez. I, Urt. v. 8. Juni 2020 – 10884/2020, Fallimento, 2020, 8–9, 1071.

Cass. Civ. Sez. II, Urt. v. 11. August 1990 – 8219/1990, Giur. It., 1991, I, 1.

Cass. Civ. Sez. II, Urt. v. 19. Juni 1996 – 5636/1996, Il Foro Italiano (1997), 2272.

Cass. Civ. Sez. II, Urt. v. 24. Juli 2014 – 16963/2014.

Cass. Civ. Sez. III, Urt. v. 17. April 1996 – 3627/1996.

Cass. Civ. Sez. III, Urt. v. 19. Juli 2007 – 16031/2007.

Cass. Civ. Sez. III, Urt. v. 19. Juli 2018 – 19207/2018.

Cass. Civ. Sez. V, Urt. v. 19. Dezember 2012 – 23584/2012.

Cass. Civ. Sez. V, Urt. v. 29. April 2016 – 8542/2016.

Cass. Civ. Sez. V, Urt. v. 11. Mai 2016 – 9584/2016.

Cass. Civ. Sez. VI-T, Urt. v. 2. Dezember 2015 – 24594/2015.

Cass. Civ Sez. VI, Urt. v. 5. Juli 2016 – 13719/2016.

Cass. Civ Sez. VI, Beschluss v. 1. Juli 2020 – 13352/20.

Cass. Civ. Sez. lavoro, Urt. v. 14. Dezember 1998 – 12719/2008.

Cass. Civ. Sez. lavoro, Urt. v. 8. September 1999 – 9545/1999.

Cass. Civ. Sez. lavoro, Urt. v. 23. Juli 2002 – 10761/2002.

Cass. Civ Sez. lavoro, Urt. v. 10. Januar 2004 – 206/2004, Mass. Giur. It., 2004.

Cass. Civ. Sez. lavoro, Urt. v. 17. Oktober 2005 – 20012/2005.

Cass. Civ. Sez. lavoro, Urt. v. 5. März 2008 – 5392/2008.

Cass. Civ. Sez. lavoro, Urt. v. 11. Juni 2008 – 154495/2008.

Cass. Civ. Sez. lavoro, Urt. v. 22. Juni 2009 – 14583/2009.

Cass. Civ Sez. Lavoro, Beschluss v. 22. Februar 2019 – 5370/2019.

Cass. Sez. Trib., Urt. v. 19. November 2007 – 23857/2007.

Cattani, Gianluca, Italy – Negotiated M&A Guide.

Cavaillès, Philip, Der Unternehmenskauf in der Insolvenz, Rechtsvergleichung zwischen dem deutschen und französischen Insolvenzrecht, Zugl.: Freiburg (i.Br.), Univ., Diss., 2009, Schriftenreihe Insolvenzrecht in Forschung und Praxis 46, Hamburg 2009.

Ceppellini Lugano & Associati, Participation Exemption, http://claconsulting.it/wp-content/uploads/2018/05/Strumento-CLA-PARTICIPATION-EXEMPTION.pdf (zugegriffen am 21.11.2019).

Cerato, Sandro, Plusvalenze trasferimento d'azienda: esclusione da Irap e ROL, http://www.ecnews.it/plusvalenze-trasferimento-dazienda-esclusione-irap-rol/ (zugegriffen am 3.5.2017).

Cherubini, Daniele, La disciplina del conferimento d'azienda, Il commercialista telematico.

Cian, Giorgio/Trabucchi, Alberto/Abatangelo, Chiara/Bolego, Giorgio, Commentario breve al Codice civile, Breviaria iuris, Milano 2020.

CNDCEC, Circolare n. 6/IR del 22 Ottobre 2008, Il trasferimento delle parteciapzioni di società a responsibilità limitata per atto tra vivi alla luce della L.N. 133/2008, file:///C:/Users/lenovo/AppData/Local/Temp/Circ_CNDCEC_6_IR_2008-p.pdf.

CNDCEC, Principi di attestazione dei piani di risanamento, https://www.commercialisti.it/visualizzatore-articolo?_articleId=1437208&plid=46498 (zugegriffen am 23.3.2017).

Coface Deutschland, Insolvenzen in Mittel- und Osteuropa noch stabil – Umfeld könnte Unternehmen schwächen, https://www.presseportal.de/pm/51597/4377132 (zugegriffen am 17.7.2020).

Compagnino, Riccardo, Cessione e conferimento d'azienda, Profili civilistici e fiscali.

Conca, Valter, Le acquisizioni, Valutare e gestire i processi di crescita, 3. Aufl., Reference, Milano 2010.

Conca, Valter (Hrsg.), Le acquisizioni, Valutare e gestire i processi di crescita, 4. Aufl., Milano 2021.

Consiglio di Stato, n. 6303 del 22.12.2014, http://www.mediaconsult.it/newsletter/MC0115/21.pdf (zugegriffen am 24.1.2021).

Consiglio nazionale del notariato, Dati Statistici Notarili – Anno 2018, https://www.notariato.it/it/news/dati-statistici-notarili-anno-2018 (zugegriffen am 20.11.2019).

Consiglio nazionale del notariato, Dati statistici notarili – Anno 2019.

Consiglio nazionale del notariato, Il trasferimento d'azienda nella procedura fallimentare ed il ruolo del notaio, file:///C:/Users/lenovo/Google%20Drive/Promotion/Italia/17-10-e.pdf (zugegriffen am 9.3.2017).

Consiglio nazionale dottori commercialisti – Consiglio nazionale ragionieri commercialisti ed economisti d'impresa, Titoli e partecipazioni.

Consiglio notarile di Milano, Aumento di capitale e compensazione di crediti, http://www.consiglionotarilemilano.it/documenti-comuni/massime-commissione-societa/125.aspx (zugegriffen am 17.4.2017).

Consob, Comunicazione v. 2. April 2015 – 0025962/2015.

Conte, Giuseppe/Boss, Hans, Wörterbuch der Rechts- und Wirtschaftssprache, 5. Aufl., Beck'sche Rechts- und Wirtschaftswörterbücher, München 2001.

Corte di appello di Palermo, Urt. v. 18. Januar 2016.

Corte di appello Genova, Urt. v. 23. Oktober 2014, Fallimento, 2015, 1233.

Creditreform Wirtschaftsforschung, Insolvenzen in Deutschland – Jahr 2016.

Creditreform Wirtschaftsforschung, Unternehmensinsolvenzen in Europa – Jahr 2015/16, http://www.creditreform.de/fileadmin/user_upload/crefo/download_de/news_termine/wirtschaftsforschung/insolvenzen-europa/Analyse_Unternehmensinsolvenzen_in_Europa_Jahr_2015-16.pdf (zugegriffen am 18.1.2017).

Creditreform Wirtschaftsforschung, Unternehmensinsolvenzen in Europa – Jahr 2018/2019, https://www.creditreform.de/fileadmin/user_upload/central_files/News/News_Wirtschaftsforschung/2019/Analyse-Unternehmensinsolvenzen_Europa-2018-2019.pdf (zugegriffen am 27.11.2019).

Creditreform Wirtschaftsforschung, Unternehmensinsolvenzen in Europa – Jahr 2019, https://www.creditreform.at/fileadmin/user_upload/Oesterreich/Downloads/Presse/Insolvenzstatistik_International/Analyse_EU-2019.pdf (zugegriffen am 17.7.2020).

Cribis, Buoni segnali dalle imprese – fallimenti in calo nel 2017, https://www.cribis.com/news/buoni-segnali-dalle-imprese-fallimenti-in-calo-nel-2017/.

Cribis, Fallimenti 2018 in calo del 6 %, https://www.cribis.com/news/fallimenti-2018-in-calo-del-6/ (zugegriffen am 27.11.2019).

Cribis/Dun & Bradstreet, Fallimenti delle aziende in Italia, Dati aggiornati a dicembre 2015.

Dahl, Michael/Schmitz, Daniel, Die Insolvenzfestigkeit von Lizenzen in der Insolvenz des Lizenzgebers, NZI 2013, 878.

DailyTax, Decreto di omologa del concordato con terzo assuntore: imposta di registro proporzionale, https://dailytax.it/decreto-di-omologa-del-concordato-con-terzo-assuntore-imposta-di-registro-proporzionale/ (zugegriffen am 13.1.2021).

D'andrea, Anna Maria, Riforma fallimento, è legge il nuovo codice crisi d'impresa. Novità e testo in Gazzetta Ufficiale, https://www.informazionefiscale.it/riforma-fallimento-novita-testo-codice-crisi-impresa-insolvenza (zugegriffen am 21.5.2021).

Danea.it, Fallimenti 2015: sempre meno aziende in crisi, https://www.danea.it/blog/fallimenti-2015-osservatorio-cerved/ (zugegriffen am 17.1.2017).

DATEV magazin, Verkauf in der Notlage – DATEV magazin, https://www.datev-magazin.de/praxis/steuerberatung/verkauf-in-der-notlage-42227 (zugegriffen am 1.4.2021).

Decher, Christian E./Voland, Thomas, Kapitalschnitt und Bezugsrechtsausschluss im Insolvenzplan – Kalte Enteignung oder Konsequenz des ESUG?, ZIP 2013, 103.

Della Valle, Eugenio, Profili elusivi/"abusivi" della circolazione indiretta del complesso aziendale, IPSOA, http://www.ipsoa.it/documents/fisco/accertamento/quotidiano/2014/09/12/profili-elusivi-abusivi-della-circolazione-indiretta-del-complesso-aziendale.

Denkhaus, Stefan/Ziegenhagen, Andreas, Unternehmenskauf in Krise und Insolvenz, 3. Aufl., Wirtschaftsrecht aktuell 351, Köln 2016.

Depré, Peter/Dornblüth, Susanne/Haas, Ulrich/Keller, Ulrich/Kleindiek, Detlef/Landfermann, Hans-Georg/Linck, Rüdiger/Lohmann, Ilse/Marotzke, Wolfgang/Metoja, Erion/Ransiek, Andreas/Riedel, Alexander/Ries, Stephan/Rüntz, Stefanie/Schmidt, Jens/Schultz, Volker/Stephan, Guido/Sternal, Werner/Waltenberger, Jochen, Insolvenzordnung, hrsg. von Godehard Kayser, Christoph Thole, 8. Aufl., Heidelberger Kommentar, Heidelberg 2016.

Derra, Meyer &. Partner, Italien – Kaufen, Verkaufen, Investieren, Ein Leitfaden für Unternehmen, https://www.derra.eu/around4/media/documents/publikation/Leitfaden_Italien_07_17.pdf.

Deutscher Anwaltverein, Stellungnahme durch die Ausschüsse Insolvenzrecht und Steuerrecht, zu den Entscheidungen des EuG vom 4.2.2016 zur Sanierungsklausel notleidender Kapitalgesellschaften nach § 8c Abs. 1a KStG.

Deutscher Bundestag, Plenarprotokoll 19/159 – (A) Anlage 2: Schriftliche Antworten auf Fragen der Fragestunde (Drucksache 19/19020).

Deutscher Bundestag, Beschlußempfehlung und Bericht – Entwurf einer Insolvenzordnung (InsO) v. 19. April 1994 – 12/7302.

Deutscher Bundestag, Gesetzesentwurf v. 17. Oktober 2016 – BT-Drs. 18/9986.

Deutscher Bundestag, Stellungnahme des Bundesrates und Gegenäußerung der Bundesregierung v. 16. November 2016 – BT-Drs. 18/10348.

Deutscher Steuerberaterverband e.V., Verfassungsmäßigkeit der Einheitsbewertung von Grundvermögen – Verfassungsbeschwerden 1 BvR 639/11 sowie 1 BvR 889/12.

Di Cecco, Giustino, La conversione concordataria dei debiti in capitale di rischio: tre riflessioni (ed altrettante proposte) sulle peculiarità della disciplina applicabile alle operazioni di debt to equity swap, https://blog.ilcaso.it/news_736/18-10-18/La_conversione_concordataria_dei_debiti_in_capitale_di_rischio-_tre_riflessioni_(ed_altrettante_proposte)_sulle_peculiarita_della_ disciplina_applicabile_alle_operazioni_di_debt_to_equity_swap (zugegriffen am 13.11.2019).

Di Cecco, Giustino, La riforma del fallimento e della crisi d'impresa, La conversione concordataria dei debiti in capital di rischio, https://ugdcecroma.it/wp-content/uploads/2019/02/La-conversione-concordataria-dei-debiti.pdf (zugegriffen am 31.1.2021).

Di Domenico, Michele, L'Aumento del capitale nelle società di capitali, http://www.notaiodidomenico.it/DOTTRINA/SOCIETA%27/aumento%20nelle%20SRL.htm (zugegriffen am 12.11.2019).

Di Marzio (Hrsg.), Il nuovo diritto della crisi di impresa e del fallimento.

Di Marzio, Fabrizio, Il trattamento dei creditori prelatizi nei concordati, http://ilfallimentarista.it/articoli/blog/il-trattamento-dei-creditori-prelatizi-nei-concordati (zugegriffen am 31.1.2021).

Di Russo, ItalianPixel com Norman, Cassazione civile, sez. I, 19 Marzo 2009 – Compensazione del credito per conferimenti con il credito del socio – IlCaso.it, http://mobile.ilcaso.it/sentenze/ultime/1733 (zugegriffen am 12.11.2019).

Di Schiano Pepe, Giorgio (Hrsg.), Il diritto fallimentare riformato, Commento sistematico, Padova 2007.

Di Vignali, Marco, Le insolvenze aziendali cresceranno del 26 % a causa del Covid-19, https://www.milanofinanza.it/news/le-insolvenze-aziendali-cresceranno-del-26-a-causa-del-covid-19-202011251230211676 (zugegriffen am 28.3.2021).

Diritto privato in rete (Hrsg.), La vendita dei beni del fallito, http://www.dirittoprivatoinrete.it/fallimento/la_vendita_dei_beni_del_fallito.html.

Diritto.it, La tassazione separata: modalità, redditi soggetti, redditi esclusi, https://www.diritto.it/la-tassazione-separata-modalita-redditi-soggetti-redditi-esclusi/ (zugegriffen am 22.11.2020).

Dottori Commercialisti e Esperti Contabili di Pisa, Accordi di regolazione della crisi d'impresa, Accordi di Ristrutturazione dei Debiti e Piani di Risanamenti, https://www.odcecpisa.it/images/odcec/documenti/commissioni/Commissione_Procedure_Concorsuali/Elaborato_Accordi_di_Regolazione_della_Crisi_dImpresa/ACCORDI_DI_RISTRUTTURAZIONE_DEI_DEBITI_EX_ART._182_BIS_L.F.pdf (zugegriffen am 23.1.2021).

Drinhausen, Florian/Eckstein, Hans Martin/Beckmann, Klaus/Berberich, Jens/Ditz, Xaver/Erle, Bernd/Giedinghagen, Jan Christian/Göckeler, Stephan/Gotthardt, Jens-Eric/Harrer, Herbert/Helm, Thorsten/Janssen, Ulli/Kohl, Thorsten/Kolb, Franz-Josef/Liebscher, Thomas/Maul, Silja/Müller, Welf/Oppenhoff, Stephan/Reichert, Jochem/Rödder, Thomas/Schiedermair, Manfred/Schmidt-Hern, Karsten/Schultz, Florian/Schumacher, Andreas/Strobl-Haarmann, Elisabeth/

Zätzsch, Roger/Zehnpfennig, Julia, Beck'sches Handbuch der AG, Gesellschaftsrecht, Steuerrecht, Börsengang, 3. Aufl., München, München 2017.

Easytax Assistant, Tassazione Separata: come funziona?, EasyTax Assistant vom 5.9.2018, https://www.easytaxassistant.it/tassazione-separata/ (zugegriffen am 22.11.2020).

Eidenmüller, Horst/Engert, Andreas, Reformperspektiven einer Umwandlung von Fremd- in Eigenkapital (Debt-Equity Swap) im Insolvenzplanverfahren, ZIP 2009, 541.

Ek, Ralf/Hoyenberg, Philipp von, Unternehmenskauf und -verkauf, Grundlagen, Gestaltung, Haftung, Steuer- und Arbeitsrecht, Übernahmen, Dtv Beck-Rechtsberater im dtv 50646, München 2007.

Erb, Volker/Schäfer, Jürgen (Hrsg.), Münchener Kommentar zum Strafgesetzbuch Bd. 5: §§ 263–297, 4. Aufl., München 2021.

Ernst & Young, Operazioni straordinarie – Conferimento d'azienda, http://wwwdata.unibg.it/dati/corsi/87058/92738-Operazioni%20straordinarie_UniBG%2014%20novembre%202019.pdf (zugegriffen am 14.2.2021).

Escalar, Gabriele, Il nuovo art. 20 del T.U.R. e l'indebita riqualificazione delle cessioni di partecipazioni in cessioni d'azienda, Escalar e Associati – Studio Legale e Tributario vom 1.10.2018, https://escalar.it/pubblicazioni/il-nuovo-art-20-del-t-u-r-e-lindebita-riqualificazione-delle-cessioni-di-partecipazioni-in-cessioni-dazienda/9344/ (zugegriffen am 26.10.2020).

Ettinger, Jochen/Jaques, Henning (Hrsg.), Beck'sches Handbuch Unternehmenskauf im Mittelstand, [Vertragsgestaltung, Steuerliche Strukturierung für Käufer und Verkäufer], München 2012.

Ettinger, Jochen/Jaques, Henning (Hrsg.), Beck'sches Handbuch Unternehmenskauf im Mittelstand, 3. Aufl., München 2021.

EuG, Urt. v. 13. September 2010 – T-415/05, T-416/05, T-423/05, BeckRS 2012, 81851.

EuG, Urt. v. 13. September 2010 – verb. Rs. T-415/05, T-416/05 und T-423/05.

EuG, Urt. v. 4. Februar 2016 – T-287/11, BeckRS 2016, 80234.

EuG, Urt. v. 4. Februar 2016 – T-287/11, BeckEuRS 2016, 467608.

EuGH, Urt. v. 12. März 1998 – C-319/94.

EuGH, Urt. v. 8. Mai 2003 – verb. Rs. C-238/99 u. C-399/00, EuZW 2003, 368.

EuGH, Urt. v. 29. April 2004 – C-277/00, NZI 2004, 392.

EuGH, Urt. v. 29. Oktober 2009 – C-29/08, DStR 2009, 2311.

EuGH, Urt. v. 28. Juni 2018 – C-208/16 P, EuZW 2018, 686.

EuGH, Urt. v. 9. September 2020 – C-674/18, C-675/18, NZA 2020, 1531.

Euler Hermes, Economic Outlook no. 1220–1221 September–October 2015, The insolvency u-turn, http://www.eulerhermes.com/mediacenter/Lists/mediacenter-documents/Economic-Outlook-Insolvencies-Report-1220-1221-sept-oct15.pdf (zugegriffen am 18.1.2017).

Euler Hermes, Global Insolvency Report – Global Insolvency Outlook 2020, https://www.eulerhermes.com/content/dam/onemarketing/ehndbx/eulerhermes_com/en_gl/erd/insightsimport/pdf/insolvency-report-jan20-compressed.pdf (zugegriffen am 28.3.2021).

Euler Hermes, Euler Hermes Studie: Wirtschaftliche Folgen des italienischen Referendums, http://www.eulerhermes.de/mediacenter/neuigkeiten/Pages/euler-hermes-studie-wirtschaftliche-folgen-des-referendums-in-italien.aspx (zugegriffen am 18.1.2017).

Euler Hermes Kreditversicherungs AG, Ursachen von Insolvenzen, Gründe für Unternehmensinsolvenzen aus der Sicht von Insolvenzverwaltern, http://www.zis.uni-mannheim.de/studien/dokumente/ursache_von_insolvenzen/414_wiko.pdf (zugegriffen am 16.1.2017).

Europäische Kommission, Entscheidung v. 25. März 1992 – 92/317/EWG, Abl. EG 1992 Nr. L 171 v. 26. Juni 1992.

Europäische Kommission, Bekanntmachung v. 15. November 2007 – C 272/4.

Europäische Kommission, Beschluss v. 26. Januar 2011 – C 7/2010.

Europäische Kommission, Entscheidung v. 15. Oktober 2014 – C (2014) 7359, Amtsblatt der Europäischen Union, L 269/71.

Europäische Kommission, Vorschlag für eine Richtlinie des Europäischen Parlaments und des Rates zur Harmonisierung bestimmter Aspekte des Insolvenzrechts – COM (2022) 702

Proposal for a Proposal for a DIRECTIVE OF THE EUROPEAN PARLIAMENT AND OF THE COUNCIL (22. November 2016).

Europäische Zeitschrift für Wirtschaftsrecht, EuGH: Durchgriffshaftung bei Rückforderung von Beihilfen an Seleco, EuGH, Urt. v. 8. Mai 2003 – verb. RS. C-328/99 u. C-399/00, EuZW 2003, 368.

Europäisches Justizielles Netz für Zivil und Handelssachen, Insolvenz – Italien, http://ec.europa.eu/civiljustice/bankruptcy/bankruptcy_ita_de.htm (zugegriffen am 24.2.2017).

Fallimenti.it, Differenza tra concordato preventivo e concordato fallimentare, http://www.fallimenti.it/concordato-fallimentare/differenza-tra-concordato-preventivo-e-concordato-fallimentare-3343 (zugegriffen am 24.4.2017).

Fallimenti.it, La figura dell'assuntore nel concordato fallimentare, https://www.fallimenti.it/notizie/la-figura-dellassuntore-nel-concordato-fallimentare (zugegriffen am 13.1.2021).

Fauceglia, Giuseppe, Gli accordi di ristrutturazione dei debiti nella legge n. 80/2005, Il Fallimento 2005, 1445.

Felicioni, Alessandro, Accordi di ristrutturazione debiti modificabili in corsa, https://iusletter.com/oggi-sulla-stampa/accordi-di-ristrutturazione-debiti-modificabili-in-corsa/ (zugegriffen am 31.12.2020).

Ferro, Massimo, La legge fallimentare, Commentario teorico-pratico, 3. Aufl., [Padova] 2014.

FG Hamburg, Beschluss v. 4. April 2011 – 2 K 33/10, DStR 2011, 1172.

FG Rheinland-Pfalz, Urt. v. 30. März 2021 – 5 K 1689/20, becklink 2019617.

Fieldfisher, Angelo Pandolfo, Codice della crisi di impresa e trasferimento di azienda, http://www.lavorosi.it/rapporti-di-lavoro/trasferimento-dazienda/codice-della-crisi-di-impresa-e-trasferimento-di-azienda/ (zugegriffen am 14.11.2019).

Finanza, M. MilanoF, Euler Hermes, insolvenze aziendali in aumento del 6 % nel 2020 – MilanoFinanza.it, https://www.milanofinanza.it/news/euler-hermes-insolvenze-aziendali-in-aumento-del-6-nel-2020-202001151508229584 (zugegriffen am 9.7.2020).

Finkelstein, Sydney, Why smart executives fail, And what you can learn from their mistakes, New York 2004, ©2003.

Fischer, Hardy, Der Debt-to-Equity-Swap in der steuerlichen Beratungspraxis, Juve Handbuch 2011/2012.

Fisco e tasse, La cessione delle quote sociali dal 1 gennaio 2019 sconta una tassazione unificata sia per le partecipazioni qualificate che non qualificate, https://www.fiscoetasse.com/rassegna-stampa/26323-cessione-quote-sociali-tassazione-plusvalenza-dal-1-gennaio-2019.html (zugegriffen am 20.11.2019).

Fiscomania, Cessione d'azienda e imposta di registro, http://www.fiscomania.com/2014/11/cessione-dazienda-e-imposta-di-registro/ (zugegriffen am 14.3.2017).

Fiscomania, Conferimento d'azienda e cessione di partecipazioni, http://www.fiscomania.com/2013/08/i-vantaggi-fiscali-del-conferimento-dazienda-e-la-successiva-cessione-di-patecipazioni/ (zugegriffen am 8.3.2017).

FiscoOggi.it, Impresa commerciale, non c'è coincidenza tra nozione civilistica e quella fiscale, https://www.fiscooggi.it/rubrica/giurisprudenza/articolo/impresa-commerciale-non-ce-coincidenza-nozione-civilistica-e-quella (zugegriffen am 24.5.2021).

Fleischer, Holger/Goette, Wulf (Hrsg.), Münchener Kommentar zum Gesetz betreffend die Gesellschaften mit beschränkter Haftung – GmbHG, 3. Aufl., München 2018.

Fondazione Nazionale dei Commercialisti, La rinuncia ai crediti dei soci verso la società e sua rilevanza tributaria.

Förster, Guido, Stellungnahme zum Entwurf eines Gesetzes zur Weiterentwicklung der steuerlichen Verlustverrechnung bei Körperschaften.

Fridgen, Alexander/Geiwitz, Arndt/Göpfert, Burkard (Hrsg.), BeckOK InsO, 22. Aufl.

Fuhlrott, Michael, Zwischengeschaltete Transfergesellschaften zur Vermeidung von Betriebsübergängen, NZA 2012, 549.

Fulvio, Graziotto, Imposta di registro: lo "share deal" può essere riqualificabile come cessione di azienda, http://www.diritto.it/docs/38865-imposta-di-registro-lo-share-deal-pu-essere-riqualificabile-come-cessione-di-azienda (zugegriffen am 14.3.2017).

Gaddo, Fabrizio, La conversione dei crediti in capitale sociale nel concordato preventivo, Tesi di laurea, Trento, Università degli studi di Trento, 2011–2012.

Gagel, Alexander/Bieback, Karl-Jürgen, Sozialgesetzbuch II, Sozialgesetzbuch III, Grundsicherung und Arbeitsförderung; Kommentar, 80. Aufl., München 2016.

Gallon, John/Gil-robles, José María/Russell, Robert/Richards, Jonathan, Key issues to consider when undertaking distressed M&A, https://www.dlapiper.com/en/us/insights/publications/2020/04/key-issues-to-consider-when-undertaking-distressed-m-and-a/ (zugegriffen am 9.7.2020).

Gallone, Alessandro/Ravinale, Mario, L'affitto e la cessione d'azienda nella riforma fallimentare, Profili civilistici, fiscali e lavoristici; aggiornato con il D.Lgs. n. 169/ 2007 in vigore dal 1. gennaio 2008, La riforma fallimentare 11, Milano 2008.

Genghini e Associati, Cessione di quote di S.R.L., http://www.genghinieassociati.it/atti-societari/cessione-di-quote-di-srl/ (zugegriffen am 4.5.2017).

Gentile, Francesca Romana, Conversione del credito in capitale di rischio e risoluzione del concordato preventivo, https://www.edotto.com/articolo/conversione-del-credito-in-capitale-di-rischio-e-risoluzione-del-concordato-preventivo (zugegriffen am 17.4.2017).

Gersdorf, Hubertus/Paal, Boris (Hrsg.), Beck'scher Online-Kommentar Informations- und Medienrecht, 32. Aufl.

Giacomelli, Silvia/Mocetti, Sauro/Rodano, Giacomo, Fallimenti d'impresa in epoca Covid, https://www.bancaditalia.it/pubblicazioni/note-covid-19/2021/2021.0.1.27-ciclo.economico.fallimenti-nota.covid.pdf (zugegriffen am 28.3.2021).

Gianni Origoni Grippo Cappeli & Partners (Hrsg.), Contratti di finanziamento bancario, di investimento, assicurativi e derivati, Itinera guide giuridiche Ipsoa. Contratti d'impresa, Milanofiori Assago (Milano) 2016.

Giardino, Edoardo Filippo, La cessione di partecipazione nelle società di capitali "chiuse" (Parte I): struttura del contratto e determinazione del prezzo della partecipazione, https://www.meliusform.it/la-cessione-di-partecipazione-nelle-societ-di-capitali-chiuse-parte-1-struttura-del-contratto-e-determinazione-del-prezzo-della-partecipazione.html (zugegriffen am 20.7.2020).

Ginex, Angelo, Legge di Bilancio 2018: novità in materia di imposta di registro – Euroconference News, https://www.ecnews.it/legge-bilancio-2018-novita-materia-imposta-registro/ (zugegriffen am 30.5.2021).

Ginnasi.it, Concetto di impresa (zugegriffen am 24.5.2021).

Giordano, Antonina, Determinazione del valore dell'avviamento, http://www.fiscooggi.it/posta/determinazione-del-valore-dellavviamento (zugegriffen am 3.5.2017).

Giovetti, Alessandra, Cessione o conferimento di azienda nel concordato in contiuità: aspetti operativi.

Giudi, Federico, Gli effetti del fallimento sui rapporti giuridici preesistenti – art. 72 e 72 bis L.F., https://www.odcec.pistoia.it/images/sito/documenti/commissioni/commissioni_di_studio_fallimento/16_05_2013_materiali_evento/Gli%20art%20%2072%20e%2072-bis%20della%20Legge%20Fallimentare.pdf (zugegriffen am 19.11.2019).

Goette, Wulf/Habersack, Mathias (Hrsg.), Münchener Kommentar zum Aktiengesetz, München 2016.

Goette, Wulf/Habersack, Mathias/Kalss, Susanne (Hrsg.), Münchener Kommentar zum Aktiengesetz, 5. Aufl., München 2019.

Göpfert, Burkard/Brune, Jan-Philipp, Zur Haftung des Betriebserwerbers in der Insolvenz für Anwartschaften auf betriebliche Altersversorgung aus Beschäftigungszeiten vor der Verfahrenseröffnung, EWiR 2021, 247.

Gottwald, Peter/Adolphsen, Jens/Haas, Ulrich (Hrsg.), Insolvenzrechts-Handbuch, 6. Aufl., München 2020.

Götze, Cornelius, Karriereknick eines Fremdkörpers – Zur Nichtanwendbarkeit des § 179 a AktG in der GmbH, NZG 2019, 695.

Graf-Schlicker, Marie Luise (Hrsg.), InsO, Kommentar zur Insolvenzordnung, 5. Aufl., Köln 2019.

Graf-Schlicker, Marie Luise/Remmert, Das Unternehmensinsolvenzrecht unter der Lupe: Änderungen und Zukunftsperspektiven zur Fussnote, NZI 2001, 569.

Gramatke, Mirko, Übernahme insolventer Unternehmen, Rechtliche und wirtschaftliche Chancen und Risiken aus Käufersicht, Zugl.: Bad Sooden-Allendorf, Fachhochsch. Nordhessen, Standort Bad Sooden-Allendorf, Diplomarbeit, 2006, Hamburg 2007.

Grunsky, Wolfgang (Hrsg.), Verbraucherkauf, Umwelthaftung, Insolvenzrecht, Wirtschaftsrecht, Jahrbuch für italienisches Recht Bd. 17, Heidelberg, Neckar 2004.

Grützner, Thomas/Jakob, Alexander (Hrsg.), Compliance von A–Z, 2. Aufl., Beck-Online Bücher, München 2015.

Gsell et al. (Hrsg.), beck-online.GROSSKOMMENTAR.

GSK Stockmann & Kollegen, Zweite Chance? Brüssel verordnet Deutschland ein vorinsolvenzliches Sanierungsverfahren, https://www.gsk.de/uploads/media/GSK_Update_EU-Richtlinienvorschlag.pdf (zugegriffen am 25.4.2017).

GSK Stockmann & Kollegen, Sanierungsklausel beihilfewidrig – Showdown in Luxemburg? Auch der Sanierungskerlass ist in Gefahr.

Guarnerio, Giampiero, Contratto di cessionde d'azienda: si applica l'imposta proporzionale di registro?, Il fisco 2017.

Guglielmucci, Lino/Padovini, Fabio, Diritto fallimentare, [aggiornato al d. l. 12 settembre 2014, n. 133 conv. in legge 11 novembre 2014, n. 164], 7. Aufl., Torino 2015.

Guiotto, Alberto, L'attestazione negli artt. 67 e 182bis: profili comparativi, Il Fallimento 2014, 1029.

Haas, Ulrich, Mehr Gesellschaftsrecht im Insolvenzplanverfahren, Die Einbeziehung der Anteilsrechte in das Insolvenzverfahren, NZG 2012, 961.

Harder, Philip-Boie, Gewerbesteuerliche Behandlung von Sanierungsgewinnen, ZInsO 2013 1070 2013, 1070 ff.

HÄRTING Rechtsanwälte, Übertragung von Kundendaten beim Asset Deal nach der DSGVO – und wann auf eine Einwilligung verzichtet werden kann, https://www.haerting.de/neuigkeit/uebertragung-von-kundendaten-beim-asset-deal-nach-der-dsgvo-und-wann-auf-eine-einwilligung (zugegriffen am 5.10.2020).

Harz, Michael/Hub, Heinz G./Schlarb, Eberhard, Sanierungs-Management, Unternehmen aus der Krise führen, 3. Aufl., Düsseldorf 2006.

Häublein/Hoffmann-Theinert (Hrsg.), Beck'scher OK HGB.

Haufe, Europäisches Arbeitsrecht / 5.2 Betriebsübergang, https://www.haufe.de/personal/personal-office-premium/europaeisches-arbeitsrecht-52-betriebsuebergang_idesk_PI10413_HI1723984.html (zugegriffen am 4.5.2017).

Haufe, VI Das Kapital / 1.3.2 Inanspruchnahme benötigter Liquidität (Downstream-Loan) – Deutsches, https://www.haufe.de/recht/deutsches-anwalt-office-premium/vi-das-kapital-132-inanspruchnahme-benoetigter-liquiditaet-downstream-loan_idesk_PI17574_HI5564337.html (zugegriffen am 10.8.2020).

Heckschen, Heribert, Differenzhaftung und existenzvernichtender Eingriff bei der Verschmelzung in der Krise, NZG 2019, 561.

Heckschen, Heribert et al. (Hrsg.), Beck'sches Notar-Handbuch, 7. Aufl., München 2019.

Heemann, Frank, Neue EU-Restrukturierungsrichtlinie verabschiedet: Welche Änderungen werden erwartet?, https://www.bnt.eu/de/aktuell/aktuelle-rechtsthemen/2792-neue-eu-restrukturierungsrichtlinie-verabschiedet-welche-aenderungen-werden-erwartet (zugegriffen am 21.11.2019).

Henssler, Martin (Hrsg.), beck-online.GROSSKOMMENTAR zum Aktienrecht.

Henssler, Martin/Arnold, Arnd/Strohn, Lutz (Hrsg.), Gesellschaftsrecht, BGB, PartGG, HGB, GmbHG, AktG, DCGK, GenG, UmwG, InsO, AnfG, IntGesR, 5. Aufl., Beck'sche Kurz-Kommentare Band 62, München 2021.

Henze, Festschrift für Peter Ulmer zum 70. Geburtstag am 2. Januar 2003.

Herper, Daniel, Der Stabilisierungs- und Restrukturierungsrahmen, https://blog.fps-law.de/restrukturierung-insolvenz/der-stabilisierungs-und-restrukturierungsrahmen/ (zugegriffen am 21.2.2021).

Herweg, Christian/Wetlitzky, Veronika, Lang ersehnte EU-Richtlinie über präventive Restrukturierungsrahmen tritt in Kraft, http://hoganlovells-blog.de/2019/09/06/lang-ersehnte-eu-richtlinie-ueber-praeventive-restrukturierungsrahmen-tritt-in-kraft/ (zugegriffen am 3.6.2021).

Hess, Harald, Kölner Kommentar zur Insolvenzordnung, Kommentar §§ 129–359 InsO InsVV; AnfG; Insolvenzgeld (SGB III, Auszug); BetrAVG (Auszug); EGInsO; Stichwortverzeichnis, 2. Aufl., Wirtschaftsrecht Großkommentar in zwei Bänden / von Harald Hess; Bd. 2, Heidelberg, Hamburg 2013.

Hoffmann, Philipp/Danylak, Niels, 40 Jahre „übertragende Sanierung", Aktuelle Entwicklungen und Problemfelder des Asset Deals in der Insolvenz, NZI 2020, 705.

Hoffmann, Philipp/Marquardt, Nick, Der Übergang von Arbeitsverhältnissen bei der übertragenden Sanierung, Replik auf die von Willmer/Fuchs/Berner vorgeschlagene Widerspruchslösung, NZI 2017, 513.

Hoffmann-Becking, Michael/Austmann, Andreas (Hrsg.), Münchener Handbuch des Gesellschaftsrechts – Band 4: Aktiengesellschaft, 5. Aufl., München 2020.

Hohberger, Stefan/Damlachi, Hellmut, Sanierung im Mittelstand, Expansive bis restriktive Unternehmenssanierung, Sanierungsgutachten und Insolvenzplan, 2. Aufl., Marburg 2010.

Hölters, Wolfgang (Hrsg.), Aktiengesetz, 3. Aufl., München 2017.

Hölters, Wolfgang (Hrsg.), Handbuch Unternehmenskauf, 9. Aufl., Juris, Köln 2019.

Holzapfel, Hans-Joachim/Pöllath, Reinhard, Unternehmenskauf in Recht und Praxis, Rechtliche und steuerliche Aspekte, 14. Aufl., Wirtschaftsrecht aktuell 135, Köln 2010.

Holzapfel, Hans-Joachim et al. (Hrsg.), Unternehmenskauf in Recht und Praxis, Rechtliche und steuerliche Aspekte, 15. Aufl., Wirtschaftsrecht aktuell Bd. 135, Köln 2017.

Hölzle, Gerrit, Sanierende Übertragung – Besonderheiten des Unternehmenskaufs in Krise und Insolvenz, DStR 2004, 1434–1438.

Hölzle, Gerrit, Die „erleichterte Sanierung von Unternehmen“ in der Nomenklatur der InsO – ein hehres Regelungsziel des RefE-ESUG, NZI 2011, 124.

Hopt, Klaus J./Kumpan, Christoph/Merkt, Hanno (Hrsg.), Handelsgesetzbuch, Mit GmbH & Co., Handelsklauseln, Bank- und Börsenrecht, Transportrecht (ohne Seerecht), 37. Aufl., Beck'sche Kurz-Kommentare, 2016.

Hüffer, Uwe/Koch, Jens, Aktiengesetz, 15. Aufl., Beck'sche Kurz-Kommentare Band 53, München 2021.

Il fallimentarista, Statistiche sui fallimenti 2014: in Italia è record negativo, in Germania sono ancora in calo, http://ilfallimentarista.it/articoli/news/statistiche-sui-fallimenti-2014-italia-record-negativo-germania-sono-ancora-calo (zugegriffen am 17.1.2017).

Il societario, Srl, tasse su perdite e svalutazioni su partecipazioni, http://ilsocietario.it/articoli/quesiti-operativi/trattamento-fiscale-delle-perdite-e-delle-svaluta-zioni-su-partecipazioni (zugegriffen am 8.5.2017).

Ingrosso, Calcolo dell'avviamento in base al DPR 460/96, ProntoProfessionista.it, http://www.prontoprofessionista.it/articoli/3778/calcolo-dellavviamento-in-base-al-dpr-46096/ (zugegriffen am 3.5.2017).

Insolvenzportal, Die Pläne der EU: das präventive Sanierungsverfahren, https://www.insolvenz-portal.de/eu-praeventives-sanierungsverfahren/1514 (zugegriffen am 18.1.2017).

Institut für Mittelstandsforschung Bonn, Gründungen und Unternehmensschließungen, http://www.ifm-bonn.org/statistiken/gruendungen-und-unternehmensschliessungen/#accordion=0&tab=0 (zugegriffen am 27.11.2019).

Inzitari, Bruno, Gli accordi di ristritturazione ex art. 182-bis l.fall.: natura, profili funzionali e limiti dell'opposizione degli estranei e dei terzi.

IPSOA, Piani di risanamento: in consultazione i principi di attestazione, https://www.ipsoa.it/documents/impresa/contratti-dimpresa/quotidiano/2020/10/15/piani-risanamento-consultazione-principi-attestazione (zugegriffen am 20.12.2020).

Istituto Nazionale di Statistica, Imprese – occupati: Macrosettori economici, forma giuridica, http://dati.istat.it/index.aspx?r=276182&lang=it&UserContext=SourceOECD (zugegriffen am 2.6.2020).

Istituto Nazionale di Statistica, Imprese e addetti, http://dati.istat.it/Index.aspx?DataSetCode=DICA_ASIAUE1P (zugegriffen am 26.11.2019).

Istituto Nazionale di Statistica, Nota mensile sull'andamento dell'economia italiana (Agosto 2019), https://www.istat.it/it/archivio/233096 (zugegriffen am 27.11.2019).

Istituto Nazionale di Statistica, Nota mensile sull'andamento dell'economia italiana (Ottobre 2019), https://www.istat.it/it/archivio/235125 (zugegriffen am 27.11.2019).

Istituto Nazionale di Statistica, Le prospettive per l'economia italiana nel 2020–2021, https://www.istat.it/it/archivio/243906 (zugegriffen am 17.7.2020).

Istituto Nazionale di Statistica, Imprese – occupati: Età, forma giuridica, http://dati.istat.it/Index.aspx?QueryId=20791# (zugegriffen am 4.7.2020).

IVG, Crisi economica: in Italia fallimenti in calo – IVG.it, http://www.ivg.it/2015/06/crisi-economica-in-italia-fallimenti-in-calo/ (zugegriffen am 18.1.2017).

Jackson, Eric, The Seven Habits of Spectacularly Unsuccessful Executives, http://www.forbes.com/sites/ericjackson/2012/01/02/the-seven-habits-of-spectacularly-unsuccessful-executives/#1362970844af (zugegriffen am 17.1.2017).

Jauernig, Othmar/Stürner, Rolf/Berger, Christian (Hrsg.), Bürgerliches Gesetzbuch, Mit Rom-I-, Rom-II-VO, Rom-III-VO, EuUnthVO/HUntProt und EuErbVO; Kommentar, 18. Aufl., München 2021.

Jüchser, Alexander, Und sie haften doch – Zur Haftung des Erwerbers für die Rückzahlung rechtswidriger Beihilfen beim Unternehmenserwerb im Wege des Asset-Deals, NZI 2015, 596.

Kalss, Susanne/Arnold, Michael/Freisleben, Norbert, Münchener Kommentar zum Aktiengesetz – Band 3, hrsg. von Wulf Goette, Mathias Habersack, 4. Aufl., München 2018.

Kammel, Volker, Ausgewählte Probleme des Unternehmenskaufs aus der Insolvenz, NZI 2000, 102.

Kästle, Florian/Oberbracht, Dirk, Unternehmenskauf – Share Purchase Agreement, 2. Aufl., Beck'sche Musterverträge 49, München 2010.

Kayser, Godehard et al. (Hrsg.), Insolvenzordnung, 10. Aufl., Heidelberger Kommentar, Heidelberg 2020.

Kindler, Peter, Einführung in das italienische Recht, Verfassungsrecht, Privatrecht und internationales Privatrecht, 2. Aufl., Schriftenreihe der Juristischen Schulung Ausländisches Recht 122, München 2008.

Kindler, Peter/Nachmann, Josef (Hrsg.), Handbuch Insolvenzrecht in Europa, 4. Aufl., Beck-Online: Bücher, München 2014.

Kindler, Peter/Nachmann, Josef/Bitzer, Fabian (Hrsg.), Handbuch Insolvenzrecht in Europa, 5. Aufl., München 2020.

Kirchhof, Hans-Peter (Hrsg.), Münchener Kommentar zur Insolvenzordnung, 3. Aufl., München 2013.

Kirchhof, Hans-Peter (Hrsg.), Münchener Kommentar zur Insolvenzordnung, 4. Aufl., München 2019.

Klein, Franz (Hrsg.), Abgabenordnung, Einschließlich Steuerstrafrecht, 15. Aufl., München 2020.

Klinger, Markus, Kundendaten beim Unternehmenskauf – ein Datenschutzproblem?, https://www.heuking.de/de/news-events/fachbeitraege/kundendaten-beim-unternehmenskauf-ein-datenschutzproblem.html (zugegriffen am 5.10.2020).

Knott, Hermann J. (Hrsg.), Unternehmenskauf, 5. Aufl., RWS-Vertragskommentar, 2015.

Knott, Hermann J./Becker, Johannes (Hrsg.), Unternehmenskauf, 6. Aufl., RWS-Vertragskommentar, Köln 2019.

Knott, Hermann J./Mielke, Werner (Hrsg.), Unternehmenskauf, 4. Aufl., RWS-Vertragskommentar Bd. 3, Köln 2012.

Koenig, Ulrich (Hrsg.), Abgabenordnung, §§ 1 bis 368; Kommentar, 3. Aufl., Beck'sche Steuerkommentare, München 2014.

Konferenz der unabhängigen Datenschutzaufsichtsbehörden des Bundes und der Länder, Asset Deal – Katalog von Fallgruppen, https://www.datenschutzkonferenz-online.de/media/dskb/20190524_dskb_asset_deal.pdf (zugegriffen am 5.10.2020).

Krafka, Alexander, Registerrecht, 11. Aufl., Handbuch der Rechtspraxis Band 7, München 2019.

Kübler, Bruno M. (Hrsg.), InsO, Kommentar zur Insolvenzordnung, Köln.

Kübler, Bruno M. (Hrsg.), HRI Handbuch Restrukturierung in der Insolvenz, Eigenverwaltung und Insolvenzplan, 3. Aufl., Köln 2019.

Kur/Bomhard/Albrecht (Hrsg.), Beck'scher Online-Kommentar Markenrecht (zit. als Kur/Bomhard/Albrecht-*Bearbeiter*).

La legge per tutti, Art. 2469 codice civile: Trasferimento delle partecipazioni, https://www.laleggepertutti.it/codice-civile/art-2469-codice-civile-trasferimento-delle-partecipazioni (zugegriffen am 17.7.2020).

La lente sul fisco – L'Aggiornamento Professionale online, Il piano attestato di risanamento, https://www.lalentesulfisco.it/rubriche/le-daily-news/il-piano-attestato-di-risanamento,3,40933 (zugegriffen am 20.12.2020).

Lang, Hans Ulrich/Ossola-Haring, Claudia (Hrsg.), Kauf, Verkauf und Übertragung von Unternehmen, 2. Aufl., Weil im Schönbuch 2014.

Längsfeld, Alexander H.M., (Un-)Wirksamkeit von Change-of-Control-Klauseln, NZI 2014, 734.

Lansfuß, Karin, Anonyme Insolvenzler – Reden über die Pleite, https://www.deutschlandfunk.de/anonyme-insolvenzler-reden-ueber-die-pleite.680.de.html?dram:article_id=https://www.deutschlandfunk.de/anonyme-insolvenzler-reden-ueber-die-pleite.680.de.html?dram:article_id=434388 (zugegriffen am 27.11.2019).

Lappe, Julian/Ziegenhagen, Steffen, IDW S 6: Die Neufassung des IDW S 6 für Sanierungskonzepte, https://www.bdo.de/de-de/insights-de/newsletter/rechnungslegung-prufung-01-2019/die-neufassung-des-idw-s-6-fur-sanierungskonzepte-und-europarechtliche-aspekte-von-sanierungskonzept (zugegriffen am 5.11.2019).

LavoriPubblici, Esclusione dalla gara e Concordato in bianco: nuove indicazioni dal TAR, https://www.lavoripubblici.it/news/2019/07/LAVORI-PUBBLICI/22405/Esclusione-dalla-gara-e-Concordato-in-bianco-nuove-indicazioni-dal-TAR (zugegriffen am 24.1.2021).

Leaders, Piano attestato di risanamento, http://www.leaders.it/piano-attestato-di-risanamento/ (zugegriffen am 22.3.2017).

Legal knowledge portal, Distressed Mergers & Acquisitions, http://legalknowledgeportal.com/2014/01/13/distressed-mergers-acquisitions/ (zugegriffen am 11.1.2017).

Lenger, Norman, Sanierungserlass – encore une fois ! – Nichtanwendungserlass des BMF, BMF-Schreiben v. 29.3.2018 – IV C 6-S 2140/13/10003, NZI 2018, 347.

Lenzen, Wolfram, StaRUG: Neues Sanierungsrecht für die Unternehmensrettung, https://falkensteg.com/starug-neues-sanierungsrecht-fuer-die-unternehmensrettung/ (zugegriffen am 21.2.2021).

Leonhardt-Smid-Zeuner (Hrsg.), Insolvenzordnung, (InsO); Kommentar, 3. Aufl., Rechtswissenschaften und Verwaltung Kommentare, Stuttgart 2010.

Leoni, Giovanni/Melotti Caccia, Camillo, Debiti tributari e responsabilità solidale del cessionario d'azienda, https://www.orrick.com/it-IT/insights/2019/09/debiti-tributari-e-responsabilita-solidale-del-cessionario-d-azienda (zugegriffen am 6.12.2020).

Lo Cascio, Giovanni, Codice commentato del fallimento, Normativa comunitaria, normativa transfrontaliera, normativa tributaria, sovraindebitamento, 2. Aufl., Commentari IPSOA, Milanofiori Assago (Milano) 2008.

Lo Cascio, Giovanni, Concordati, classi di creditori ed incertezze interpretative, Il Fallimento 2009, 1129.

Löffler, Frank, Stabilisierungs- und Restrukturierungsrahmen für Unternehmen (StaRUG) – Sanierung ohne Insolvenzverfahren –, https://www.k1.de/vorinsolvenz/ (zugegriffen am 21.2.2021).

Lombardo, Simona, Le autorità amministrative indipendenti nella prospettiva dell'e-government.

Lüdicke, Jochen/Sistermann, Christian (Hrsg.), Unternehmensteuerrecht, Gründung, Finanzierung, Umstrukturierung, Übertragung, Liquidation, 2. Aufl., München 2018.

Mainini, Andrea Filippo, Concordato preventivo: validità delle modifiche alla proposta concordataria, https://www.diritto.it/concordato-preventivo-validita-delle-modifiche-alla-proposta-concordataria/ (zugegriffen am 31.12.2020).

Marco, Dora de, Rinuncia al credito: imponibile la quota che eccede il costo fiscale, https://www.agenziaentrate.gov.it/portale/documents/20143/299827/Circolare+42+del+05+08+2011_circolare+42E.pdf/4313975d-fe80-02fc-a52e-6841844ff6e7 (zugegriffen am 10.5.2017).

Marcon, Giulio, L'economia italiana sta per fare boom, ecco come evitare il botto, https://www.huffingtonpost.it/entry/leconomia-italiana-sta-per-fare-boom-ecco-come-evitare-il-botto_it_5cf93281e4b0e3e3df16aed1 (zugegriffen am 27.11.2019).

Marelli, Fabio, Attuata la riforma: il nuovo Codice della Crisi e dell'Insolvenza ("CCI") – Nctm, https://www.agenziaentrate.gov.it/portale/documents/20143/299827/Circolare+42+del+05+08+2011_circolare+42E.pdf/4313975d-fe80-02fc-a52e-6841844ff6e7 (zugegriffen am 5.11.2019).

Martinelli, Livia/Martinelli, Felice, La società a responsabilità limitata, Costituzione, gestione ordinaria e straordinaria, adempimenti contabili e fiscali: aggiornato con le riforme societaria e fiscale, 8. Aufl., I libri di Diritto e pratica delle società, Milano 2007.

Meyding, Thomas/Grau, Tobias, Earn-out-Klauseln und Absicherung von Garantieansprüchen – „tickende Zeitbomben" bei Distressed M&A?, NZG 2011, 41.

Michalski, Lutz (Hrsg.), Kommentar zum Gesetz betreffend die Gesellschaften mit beschränkter Haftung (GmbH-Gesetz), 2. Aufl., München.

Michalski, Lutz et al. (Hrsg.), Kommentar zum Gesetz betreffend die Gesellschaften mit beschränkter Haftung (GmbH-Gesetz), 3. Aufl., München 2017.

Migliorini, Federico, Redditi soggetti a tassazione separata – Fiscomania, http://www.facebook.com/Fiscomania/, https://fiscomania.com/redditi-soggetti-a-tassazione-separata/ (zugegriffen am 21.11.2019).

Migliorini, Federico, Cessione di azienda: disciplina civilistica e fiscale, http://www.facebook.com/Fiscomania/, https://fiscomania.com/cessione-di-azienda-plusvalenza/ (zugegriffen am 21.11.2019).

Migliorini, Federico, Cessione di partecipazioni persone fisiche: la tassazione, http://www.facebook.com/Fiscomania/, https://fiscomania.com/cessione-di-partecipazioni/ (zugegriffen am 20.11.2019).

Migliorini, Federico, Partecipation Exemption esenzione fiscale delle plusvalenze, http://www.facebook.com/Fiscomania/, https://fiscomania.com/pex-partecipation-exemption/ (zugegriffen am 20.11.2019).

Ministero delle finanze, CIRCOLARE 19 marzo 1985, n. 26, https://www.gazzettaufficiale.it/eli/id/1985/03/21/082A1607/sg (zugegriffen am 15.11.2019).

Minussi, Daniele, Cessione d'azienda e successione nei contratti – WikiJus, https://www.e-glossa.it/wiki/cessione_d%27azienda_e_successione_nei_contratti.aspx (zugegriffen am 9.3.2017).

Minussi, Daniele, Cessione dell'azienda, WikiJus, http://www.e-glossa.it/wiki/cessione_dell'azienda.aspx (zugegriffen am 8.1.2017).

Möhlenkamp, Andreas, Insolvenz-Sanierung Kartellrecht, FIW, andres – Unternehmenssanierung.

Morshäuser, Ralf/Falkner, Tobias, Unternehmenskauf aus der Insolvenz, NZG 2010, 881.

MSN, Imprese: i motivi dell'aumento delle liquidazioni, https://www.msn.com/it-it/money/carriera-e-istruzione/imprese-i-motivi-dellaumento-delle-liquidazioni/ar-BBxoEKe (zugegriffen am 18.1.2017).

Müller, Welf/Rödder, Thomas (Hrsg.), Beck'sches Handbuch der AG, Gesellschaftsrecht – Steuerrecht – Börsengang, 2. Aufl., 2009.

Müller-Glöge, Rudi/Dieterich, Thomas/Franzen, Martin (Hrsg.), Erfurter Kommentar zum Arbeitsrecht, 17. Aufl., Beck'sche Kurz-Kommentare, 2017.

Müller-Glöge, Rudi et al. (Hrsg.), Erfurter Kommentar zum Arbeitsrecht, 21. Aufl., Beck'sche Kurz-Kommentare, München 2021.

Nerlich, Jörg/Kreplin, Georg (Hrsg.), Münchener AnwaltsHandbuch Insolvenz und Sanierung, 3. Aufl., Beck-online, München 2019.

Nerlich, Jörg/Römermann, Volker (Hrsg.), Insolvenzordnung, (InsO); Kommentar, 42. Aufl., München.

Neue Zeitschrift für Insolvenz- und Sanierungsrecht, Keine Rückforderung gewährter Beihilfen für später insolventes Unternehmen von Drittem, EuGH, Urt. v. 29. April 2004 - C-277/00, NZI 2004, 392.

Nicchiniello, Giovanni/Cocchini, Paolo, Acquisto di partecipazioni sociali e trasferimento d'azienda: una proposta per modificare i termini di prescrizione delle garanzie, http://www.diritto24.ilsole24ore.com/art/avvocatoAffari/mercatiImpresa/2014-04-28/acquisto-partecipazioni-sociali-trasferimento-120214.php (zugegriffen am 20.11.2019).

Nicoletti, Frederico, Ecco il rilancio della Socotherm: "Subito nuovo cda e ritorno in Borsa", http://corrieredelveneto.corriere.it/veneto/notizie/economia/2010/15-ottobre-2010/ecco-rilancio-socotherm-subito-nuovo-cda-ritorno-borsa-1703961128175.shtml.

Nigro, Alessandro (Hrsg.), La riforma della legge fallimentare, Le nuove leggi del diritto dell'economia Bd. 7, Torino 2006.

Norreri, Massimo, Definizione di "M&A", https://www.tesionline.it/v2/glossary.jsp?id=108 (zugegriffen am 26.11.2019).

Notai Detti Menchetti, Aumento di capitale mediante compensazione e crediti postergati nella srl, http://notaidettimenchetti.it/dettimenchetti/relazioni_e_articoli_files/Aumento%20di%20capitale%20con%20compensazione%20nella%20srl.pdf (zugegriffen am 17.4.2017).

Oetker, Hertmut (Hrsg.), Handelsgesetzbuch, Kommentar, 7. Aufl., München 2021.

OLG Düsseldorf, Urt. v. 16. Januar 2013 - I-3 U 1/12, NZI 2013, 303.

OLG Köln, Urt. v. 15. Januar 2009 - 18 U 205/07, CCZ 2009, 72.

OLG München, Urt. v. 25. Juli 2013 - 6 U 541/12, GRUR 2013, 1125.

OLG Rostock, Urt. v. 8. April 2011 - 5 U 31/08, NZI 2011, 488.

OLG Stuttgart, Urt. v. 13. Juli 2005 - 20 U 1/05, BeckRS 2005, 08092.

Olivieri, Luciano, La cessione di quote die società di persone ed a responsibilità limitata, Finanza & Fisco.

Optime, Share Deal/Asset Deal.

Ott, Wolfgang, Unternehmenskauf aus der Insolvenz, Ein Praxisleitfaden, 2. Aufl., Wiesbaden 2011.

Paglierini, Mattia, Pattuizioni contrattuali relative all'insolvenza del contraente, Firenze, Università degli studi di Firenze, 2011/2012.

Panzani, Luciano, Il preventive restructuring framework nella Direttiva 2019/1023 del 20 giugno 2019 ed il codice della crisi. Assonanze e dissonanze., http://www.dirittobancario.it/approfondimenti/crisi-dimpresa/il-preventive-restructuring-framework-nella-direttiva-20191023-del-20-giugno-2019 (zugegriffen am 25.11.2019).

Papa, Franco Carlo, Distressed M&A, Financial Institution, UniCredit.

Pape, Gerhard, ZInsO 2003, 389.

Pape, Gerhard/Uhlenbruck, Wilhelm/Voigt-Salus, Joachim, Insolvenzrecht, 2. Aufl., Beck-online, München 2010.

PASCHEN Rechtsanwälte, SanInsFoG: vorinsolvenzliche Sanierung gesetzlich verankert, https://www.bmjv.de/SharedDocs/Gesetzgebungsverfahren/Dokumente/BGBl_SanInsFoG.pdf?__blob=publicationFile&v=4 (zugegriffen am 16.2.2021).

Pauli, Katharina, Tabuthema Insolvenz: Schulden machen schamhaft – SPIEGEL ONLINE – Wirtschaft, http://www.spiegel.de/wirtschaft/service/tabuthema-insolvenz-schulden-machen-schamhaft-a-786368.html (zugegriffen am 18.1.2017).

Pellegrino, Sergio/Valcarenghi, Giovanni, Componenti straordinari rilevanti ai fini Irap, Euroconference News.

Perego, Federico, Disposizioni integrative e correttive al Codice della Crisi d'Impresa e dell'Insolvenza, https://www.jdsupra.com/legalnews/disposizioni-integrative-e-correttive-45052/ (zugegriffen am 7.3.2021).

Pichirallo, Cinzia, Cambia l'imposta di registro sull'omologa del concordato preventivo con garanzia e con cessione dei beni, https://collaudo.edotto.com/articolo/cambia-limposta-di-registro-sullomologa-del-concordato-preventivo-con-garanzia-e-con-cessione-dei-beni/amp/ (zugegriffen am 23.1.2021).

Picot, Gerhard/Bäzner, Bernd (Hrsg.), Handbuch Mergers & Acquisitions, Planung, Durchführung, Integration, 5. Aufl., Stuttgart 2012.

Picot, Gerhard/Derbort, Stephan (Hrsg.), Unternehmenskauf und Restrukturierung, [Handbuch zum Wirtschaftsrecht], 4. Aufl., München 2013.

Pils, Johannes, Umgehung von § BGB § 613 a BGB durch Einsatz einer Transfergesellschaft, Erneuter Prüfstand der Transfergesellschaft, NZA 2013, 125.

Pluris, Codice civile commentato.

Pluris, Codice del fallimento commentato.

Pluris, Codice della crisi di impresa e dell'insolvenza.

Pollimeni, Maria, Il piano attestato di risanamento ex art. 56 Codice della crisi d'impresa, https://giuricivile.it/il-piano-attestato-di-risanamento-ex-art-56-codice-della-crisi-dimpresa/ (zugegriffen am 30.12.2020).

Polloczek, Tobias/Rein, Michael, Risikosteigerung bei Betriebsübergang aus der Insolvenz? Haftung des Erwerbers und des PSV für Versorgungsanwartschaften auf dem unionsrechtlichen Prüfstand, NZI 2019, 65.

Posca, Domenico/Abate, Anna/Grasseli, Davide, Manuale pratico della procedura fallimentare, 2. Aufl.

Prascina, Emanuella, Sul concetto di crisi e sullo stato di insolvenza. Il nuovo presupposto oggettivo del concordato preventivo alla luce della riforma del diritto fallimentare, Ordine degli Avvocati di Trani, https://www.ordineavvocatitrani.it/2006/02/02/sul-concetto-di-crisi-e-sullo-stato-di-insolvenzail-nuovo-presupposto-oggettivo-del-concordato-preventivo-alla-luce-della-riforma-del-diritto-fallimentaredi-emanuella-prascina/ (zugegriffen am 6.3.2017).

Preis, Ulrich et al. (Hrsg.), Kündigungsrecht, Großkommentar zum gesamten Recht der Beendigung von Arbeitsverhältnissen, 5. Aufl., München 2017.

Priester, Aktionärsentscheid zum Unternehmenserwerb, LSK 2011, 390832.

Priester, Hans-Joachim, „Squeeze out“ durch Herabsetzung des Stammkapitals auf Null?, DNotZ 1987, 236.

Prinz, Ulrich/Kahle, Holger (Hrsg.), Beck'sches Handbuch der Personengesellschaften, Gesellschaftsrecht, Steuerrecht, 5. Aufl., München 2020.

Prof. Dr. Reinhold Hölscher/Hornbach, Christian, Unternehmenskrise: Begriff, Ursachen und Instrumente – 2.1 Überblick über die Sanierungsursachen, https://www.haufe.de/finance/haufe-finance-office-premium/unternehmenskrise-begriff-ursachen-und-instrumente-der-21-ueberblick-ueber-die-sanierungsursachen_idesk_PI20354_HI8026201.html (zugegriffen am 26.3.2021).

Pulz und Partner, Patente in der Bilanz!?, http://www.mehr-innovationserfolg.de/tag-zielseite/artikelansicht/article/patente-in-der-bilanz.html (zugegriffen am 7.2.2017).

Ranieli, Melania, Proposte di concordato preven-tivo concorrenti, trasferimento del controllo ed esenzione dall'obbligo di opa per salvatag-gio "ostile", Rivista di diritto bancario 2017.

Rechtswoerterbuch.de, Insolvenz – Definition, Begriff und Erklärung, https://www.rechtswoerterbuch.de/recht/i/insolvenz/ (zugegriffen am 2.4.2021).

Reul, Adolf/Heckschen, Heribert/Wienberg, Rüdiger (Hrsg.), Insolvenzrecht in der Gestaltungspraxis, Immobilien-, Gesellschafts-, Erb- und Familienrecht, 2. Aufl., München 2018.

Richardi, Reinhard/Dietz, Rolf (Hrsg.), Betriebsverfassungsgesetz, Mit Wahlordnung: Kommentar, 16. Aufl.

Richter, Frank/Timmreck, Christian, Effizientes Sanierungsmanagement, Krisenunternehmen zielgerichtet und konsequent restrukturieren, s.l. 2013.

Rocca, Giannicola/Acciaro, Giuseppe, Il concordato con continuità aziendale.

Rolfs et al. (Hrsg.), Beck'scher Online-Kommentar Arbeitsrecht.

Römermann, Volker (Hrsg.), Münchener Anwaltshandbuch GmbH-Recht, 4. Aufl., München 2018.

Romita, Eugenio, Cessione e conferimento d'azienda e di partecipazioni.

Rossetti, Stefano, La tassazione delle plusvalenze da cessione di partecipazioni – II° parte – Euroconference News, https://www.ecnews.it/la-tassazione-delle-plusvalenze-da-cessione-di-partecipazioni-ii-parte/ (zugegriffen am 24.5.2021).

Rossi, Simone, Le operazioni di acquisizione (M&A) in Italia: share deal o asset deal, https://www.legalmondo.com/it/2019/09/operazioni-acquisizione-italia-share-deal-asset-deal/ (zugegriffen am 20.7.2020).

Rotthege, Georg et al. (Hrsg.), Unternehmenskauf bei der GmbH, 2. Aufl., Wirtschaftsrecht, Heidelberg 2020.

Sabbagh Rechtsanwälte, BAG: Haftung des Betriebserwerbers in der Insolvenz, Urt. v. 26.1.2021, Az. 3 AZR 139/17, https://www.sabbagh-rechtsanwalt.de/2021/02/15/bag-haftung-des-betriebserwerbers-in-der-insolvenz-urteil-vom-26-01-2021-az-3-azr-139-17/ (zugegriffen am 18.5.2021).

Säcker, Franz Jürgen/Rixecker, Roland/Oetker, Hartmut (Hrsg.), Münchener Kommentar zum Bürgerlichen Gesetzbuch, 8. Aufl., 2018.

Salerno, Michele, La riforma della crisi d'impresa, D.Lgs. 12 gennaio 2019, n. 14, Napoli 2019.

Salvato, Luigi, Questioni in tema di conversione del credito in capitale di rischio nel concordato preventivo, Il Fallimento 2015, 62 ff.

Santangelo, Nicola, Cessione d'azienda: normativa aggiornata 2016, http://www.lavoroimpresa.com/31_cessione_azienda_disposizioni_attuale_normativa (zugegriffen am 13.3.2017).

Schaeffer, Nicolas, Sanieren vor der Insolvenz: Neuer EU-Vorschlag zum Insolvenzrecht, http://arge-insolvenzrecht.de/files/downloads/aktuelles/meldungen/Anwaltsblatt%201-2017.pdf (zugegriffen am 25.4.2017).

Schelo, Sven/Vorwerk, Sabine/Wolff, Ulrich/Trinkhaus, Marc, Stabilisierungs- und Restrukturierungsrahmen für Unternehmen, https://linklaters.de/wissen/themen/stabilisierungs-und-restrukturierungsrahmen-fuer-unternehmen.html (zugegriffen am 21.2.2021).

Schluck-Amend, Alexandra, Distressed M&A: Optionen durch das neue Insolvenzrecht.

Schluck-Amend, Alexandra/Meyding, Thomas (Hrsg.), Der Unternehmenskauf in Krise und Insolvenz, Stuttgart 2012.

Schluck-Amend, Alexandra/Schwarzer, Anna, Target in der Krise – Unternehmenskauf aus insolvenzrechtlicher Sicht, https://www.cmshs-bloggt.de/rechtsthemen/distressed-ma/target-in-der-krise-was-aus-insolvenzrechtlicher-sicht-bei-einem-unternehmenskauf-zu-beachten-ist/ (zugegriffen am 7.9.2020).

Schmidt, Jens, Der Debt Equity Swap als Sanierungsinstrument im Fokus des Gesetzgebers, GWR 2010, 568.

Schmidt, Karsten (Hrsg.), Insolvenzordnung, InsO mit EuInsVO, 19. Aufl., Beck'sche Kurz-Kommentare Band 27, München 2016.

Schmidt, Karsten (Hrsg.), Münchener Kommentar zum Handelsgesetzbuch Gesamtwerk, In 7 Bänden, 5. Aufl., München 2020.

Schmidt, Karsten/Uhlenbruck, Wilhelm (Hrsg.), Die GmbH in der Krise, Sanierung und Insolvenz, Gesellschaftsrecht, Insolvenzrecht, Steuerrecht, Arbeitsrecht, Bankrecht und Organisation bei Krisenvermeidung, Krisenbewältigung und Abwicklung, 5. Aufl., Köln, Saarbrücken 2016.

Scholz, Franz (Hrsg.), Kommentar zum GmbH-Gesetz, 12. Aufl., Köln 2018.

Schulz, Dietmar (Hrsg.), Restrukturierungspraxis, Sanierung und Liquiditätsbeschaffung, s.l. 2010.

Sedlitz, Jochen, Das Ping-Pong um den Sanierungserlass, DStR 2017, 2785.

Seefelder, Günter, Unternehmenssanierung, Krisenursachen, Außergerichtliche Unternehmenssanierung, Sanierung im Insolvenzverfahren, Arbeitsrecht, Steuerrecht, Haftungs- und Strafrechtsrisiken, 3. Aufl., Stuttgart 2012.

Selva, Katja, Le operazioni straordinarie nell'ambito della risoluzione della crisi d'impresa.

Senato, Legislatura 16ª – Disegno di legge N. 683, http://www.senato.it/japp/bgt/showdoc/frame.jsp?tipodoc=Ddlpres&leg=16&id=00304775&part=doc_dc-articolato_ddl-art_a4ddsdc&parse=no (zugegriffen am 6.3.2017).

Serra, Leonardo, Concordato preventivo – Altalex, https://www.altalex.com/documents/altalexpedia/2019/04/16/concordato-preventivo#_Toc314153628 (zugegriffen am 11.11.2019).

Serra, Leonardo, Piano attestato di risanamento – Altalex, https://www.altalex.com/documents/altalexpedia/2019/03/26/piano-attestato-di-risanamento (zugegriffen am 5.11.2019).

Serra, Leonardo, Codice della crisi d'impresa: le novità del decreto correttivo, https://www.altalex.com/documents/news/2020/11/16/codice-crisi-di-impresa-novita-del-decreto-correttivo#p15 (zugegriffen am 28.2.2021).

Siderweb, Insolvenze aziendali in crescita, https://www.siderweb.com/articoli/news/705021-insolvenze-aziendali-in-crescita (zugegriffen am 9.7.2020).

Sigle, C. HascheM.S., Neufassung des europäischen Insolvenzrechts, CMS Hasche Sigle – Rechtsanwälte Steuerberater, http://www.cmshs-bloggt.de/international/bruessel-beschliesst-neufassung-des-europaeischen-insolvenzrechts/ (zugegriffen am 23.1.2017).

Simon/Merkelbach, Gesellschaftsrechtliche Strukturmaßnahmen im Insolvenzplanverfahren nach dem ESUG, NZG 2012, 121.

Sistermann, Christian/Beutel, David, Unternehmenssanierungen nach der Grundsatzentscheidung des Großen Senats des BFH, Erste Gedanken zur gesetzlichen Neuregelung und zur Übergangsregelung des BMF v. 27.4.2017, DStR 2017, 1065.

SLT Strategy Legal Tax, Le perdite su crediti da piano attestato sono deducibili, https://www.slt.vr.it/le-perdite-su-crediti-da-piano-attestato-sono-deducibili/?print=print (zugegriffen am 5.11.2019).

Soldioggi.it, Regime PEX 2021: cos'è, a chi spetta, cessione di partecipazione, tassazione – Soldioggi, https://www.soldioggi.it/regime-pex-19921.html (zugegriffen am 24.5.2021).

Soltész, Ulrich, Sanierungsklausel ist keine unzulässige Beihilfe, Lto, https://www.lto.de/recht/kanzleien-unternehmen/k/eugh-c203-16p-sanierungsklausel-verlustvortrag-unternehmen-steuerrecht-eu-kommission/ (zugegriffen am 19.5.2021).

Sommer, Ulf, Creditreform-Daten: Trendwende bei den Insolvenzen – Warum die Zahl der Firmenpleiten zunimmt, https://www.handelsblatt.com/unternehmen/management/creditreform-daten-trendwende-bei-den-insolvenzen-warum-die-zahl-der-firmenpleiten-zunimmt/24535400.html?ticket=ST-34672286-zkf6xKptPbGVxXTEbadQ-ap6 (zugegriffen am 27.11.2019).

Soudry, Rouven/Schwenkel, Martin, Distressed M&A: Vertragsgestaltung der übertragenden Sanierung, GWR 2010, 366.

Speranzin, Marco, Vendita della partecipazione di "controllo" e garanzie contrattuali, Il diritto della banca e della borsa Studi e dibattiti 38, Milano 2006.

Stanzione, Chiara, "Asset deal" vs "share deal": vantaggi e svantaggi a confronto, con particolare attenzione all'aspetto fiscale, http://www.diritto24.ilsole24ore.com/avvocatoAffari/mercatiImpresa/2013/01/asset-deal-vs-share-deal-vantaggi-e-svantaggi-a-confronto-con-particolare-attenzione-allaspetto-scale-.php?refresh_ce=1 (zugegriffen am 8.3.2017).

Statista, BIP in Deutschland: Wirtschaftswachstum bis 2021, https://de.statista.com/statistik/daten/studie/74644/umfrage/prognose-zur-entwicklung-des-bip-in-deutschland/ (zugegriffen am 9.7.2020).

Statistisches Bundesamt, Gesamtwirtschaft & Umwelt – Insolvenzen – Statistisches Bundesamt (Destatis), https://www.destatis.de/DE/ZahlenFakten/GesamtwirtschaftUmwelt/UnternehmenHandwerk/Insolvenzen/Insolvenzen.html (zugegriffen am 17.1.2017).

Statistisches Bundesamt, Italien – Wachstum des Bruttoinlandsprodukts (BIP) bis 2016 – Statistik, https://de.statista.com/statistik/daten/studie/14542/umfrage/wachstum-des-bruttoinlandsprodukts-in-italien/ (zugegriffen am 18.1.2017).

Statistisches Bundesamt, Staat & Gesellschaft – Umsatzsteuer – Umsatzsteuerstatistik (Voranmeldungen) – Statistisches Bundesamt (Destatis), Internet, https://www.destatis.de/DE/Themen/Staat/Steuern/Umsatzsteuer/Tabellen/voranmeldungen-rechtsformen.html (zugegriffen am 2.6.2020).

Statistisches Bundesamt, Gewerbemeldungen und Insolvenzen, https://www.destatis.de/DE/Themen/Branchen-Unternehmen/Unternehmen/Gewerbemeldungen-Insolvenzen/_inhalt.html (zugegriffen am 28.3.2021).

Statistisches Bundesamt, 1. Quartal 2020: 3,7 % weniger Unternehmensinsolvenzen als im 1. Quartal 2019, https://www.destatis.de/DE/Presse/Pressemitteilungen/2020/06/PD20_205_52411.html (zugegriffen am 9.7.2020).

Statistisches Bundesamt, Bruttoinlandsprodukt im Jahr 2020 um 5,0 % gesunken, https://www.destatis.de/DE/Presse/Pressemitteilungen/2021/01/PD21_020_811.html (zugegriffen am 28.3.2021).

Steuerberaterverband Niedersachsen Sachsen-Anhalt, Sanierungsgewinne: BMF ordnet Nichtanwendungserlass an, https://steuerberater-verband.de/2018/04/04/sanierungsgewinne-bmf-ordnet-nichtanwendungserlass-an/.

Strambaci, H. Troike/Mariani, E. Helffrich, Wörterbuch Recht, Wirtschaft & Politik, Italienisch-Deutsch.

Streit, Georg/Morzfeld, Kurtz/Schultz, Florian, Maßnahmen zur Restrukturierung der Passivseite, Debt-Equity-Swap als Sanierungsmittel vor und in der Insolvenz – ein Beitrag zur rechtspolitischen Diskussion, Status: Recht 2009, 94–98.

Studio Cataldi, Codice della crisi e dell'insolvenza in vigore dal 2021, https://www.studiocataldi.it/articoli/38029-codice-della-crisi-e-dell-insolvenza-in-vigore-dal-2021.asp#par1 (zugegriffen am 4.7.2020).

Sudhoff, Heinrich/Froning, Christoph/Hübner, Rudolf-Matthias/Roderburg, Georg/Sachse, Astrid/Scherer, Stephan/Sothen, Ulf/Stenger, Carola/Weber, Iris Janina, Unternehmensnachfolge, hrsg. von Stephan Scherer, 6. Aufl., München 2019.

Tesionline, I titoli e le partecipazioni sociali non immobilizzate.

Themelize.me, Guida a Open Graph, https://www.tesionline.it/appunti/concetti-sul-diritto-tributario-e-sull-iva/i-titoli-e-le-partecipazioni-sociali-non-immobilizzate/225/315 (zugegriffen am 26.10.2020).

Thole, Christoph, Der Kommissionsvorschlag für eine Richtlinie zur Harmonisierung bestimmter Aspekte des Insolvenzrechts, COM(2022) 702, ZIP 2023, 389/396.

Tonalini, Paolo, La vendita con riserva di proprietá, http://www.tonalini.it/Testi/casa-riservato-dominio.htm (zugegriffen am 8.3.2017).

Tribunale Amministrativo Regionale per il Lazio, Urt. v. 22. Juli 2019 – 9782/2019.

Tribunale civile e penale di Perugia, Urt. v. 30. Mai 2007.

Tribunale di Asti, Beschluss v. 25. Juni 2014, Fallimento, 2014, 11, 1237.

Tribunale di Avellino, Beschluss v. 12. November 2014, Massima redazionale, 2014.

Tribunale di Bologna, Urt. v. 25. Januar 2006.

Tribunale di Bologna, Beschluss v. 14. August 2009 – 4887/2009.

Tribunale di Firenze, Urt. v. 8. Januar 2016 – 35/2015.

Tribunale di Milano, Urt. v. 24. Januar 2007.

Tribunale di Milano, Urt. v. 25. Januar 2010, Fallimento (2010), 624.

Tribunale di Milano, Beschluss v. 2. März 2013, Giur. It. 2013, 11, 2275.

Tribunale di Milano, Urt. v. 29. Mai 2013 – 7229/2013.

Tribunale di Milano – Sezione Lavorao, Urt. v. 15. Oktober 2015 – 6039/2015.

Tribunale di Modena, Beschluss v. 19. November 2014.

Tribunale di Napoli, Settima Sezione Civile, Urt. v. 15. Juni 2010 – 348/2010.

Tribunale di Piacenza, Urt. v. 14. März 2016 – 140/2016.

Tribunale di Reggio Emilia, Urt. v. 1. März 2007.

Tribunale di Reggio Emilia, Urt. v. 16. April 2014, Il Fallimento (2015), 59.

Tribunale di Roma, Urt. v. 20. April 2010 – 6/2010.

Tribunale di Udine, Urt. v. 22. Juni 2007.

Tribunale Palermo, Urt. v. 18. Mai 2007 – 612/2007.

Tribunale Reggio Emilia, Urt. v. 28. Juni 2017, http://mobile.ilcaso.it/sentenze/ultime/18825.

Uhlenbruck, Wilhelm (Hrsg.), Insolvenzordnung, Kommentar, 15. Aufl., München 2019.

UniBG, LA CESSIONE D'AZIENDA.

Unioncamere – Camere di commercio d'Italia, Fallimenti in frenata nel 2016.

Università di Firenze/Consiglio Nazionale dei Dottori Commercialisti e degli Esperti Contabili/Assonime, Linee-Guida per il finanziamento delle imprese in crisi.

Verband Insolvenzverwalter Deutschlands, Thesenpapier zur Umsetzung der Richtlinie über Restrukturierung und Insolvenz, https://www.schultze-braun.de/fileadmin/de/downloads/EU-Restrukturierungsrahmen/vid-thesenpapier-zur-umsetzung-rl-ueber-restrukturierung-und-insolvenz.pdf?_=1573107161, https://www.schultze-braun.de/fileadmin/de/downloads/EU-Restrukturierungsrahmen/vid-thesenpapier-zur-umsetzung-rl-ueber-restrukturierung-und-insolvenz.pdf?_=1573107161 (zugegriffen am 3.6.2021).

Verband Insolvenzverwalter Deutschlands, Stellungnahme zum Vorschlag für einen Richtlinie des Europäischen Parlaments und des Rates zur Harmonisierung bestimmter Aspekte des Insolvenzrechts, https://www.vid.de/wp-content/uploads/2023/03/VID-Stellungnahme-Harmonisierungs-RL.pdf (zugegriffen am 14.4.2023).

Verlag Dashöfer, Bußgeld: Kundendaten beim Unternehmensverkauf, https://www.dashoefer.de/newsletter/artikel/bussgeld_kundendaten_beim_unternehmensverkauf.html (zugegriffen am 5.10.2020).

Verna, I nuovi accordi di ristrutturazione (art. 182bis, legge fallim.), Dir. fall. 2007, 942.

Vogel, Dieter H., M&A – Ideal und Wirklichkeit, Wiesbaden 2002.

Walz, Robert (Hrsg.), Beck'sches Formularbuch Zivil-, Wirtschafts- und Unternehmensrecht, Deutsch–Englisch, 4. Aufl., München 2018.

Wassermeyer, Franz et al. (Hrsg.), Doppelbesteuerung, Kommentar zu allen deutschen Doppelbesteuerungsabkommen, Beck'sche Steuerkommentare, München 2012.

Weber, Christian/Hötzel, Gerrit, Das Schicksal der Softwarelizenz in der Lizenzkette bei Insolvenz des Lizenznehmers, NZI 2011, 432.

Wegner, Andreas, Asset Deal versus Share Deal, http://www.iww.de/erbbstg/archiv/unternehmensverkauf-asset-deal-versus-share-deal-f47967 (zugegriffen am 7.3.2017).

Weidenfeld, Werner (Hrsg.), Jahrbuch der Europäischen Integration 2010, [S.l.] 2011.

Weigert, Andreas, Distressed M&A im Mittelstand, Grundlagen, Marktstruktur und Durchführung, Saarbrücken 2009.

Weigl, Gerald, Unternehmenskauf – Unternehmensverkauf, Zivilrechtliche und steuerliche Grundlagen, Gestaltung von share-deal und asset-deal, https://www.notare.bayern.de/fileadmin/files/notarhomepages/Weigl_Grob/unternehmenskauf.pdf (zugegriffen am 23.8.2020).

Weitnauer, Wolfgang, Handbuch Venture Capital, Von der Innovation zum Börsengang, 6. Aufl., München 2019.

Wessels, Peter, Unternehmenskauf im Vorfeld der Verkäuferinsolvenz, Zeitschrift für Wirtschaftsrecht 2004.

Wikipedia, COVID-19-Pandemie, https://de.wikipedia.org/wiki/COVID-19-Pandemie (zugegriffen am 9.7.2020).

Wilcken, Christoph von, Rettung der Sanierungsklausel durch einen neuen § 8d KStG?, NZI 2016, 996.

Willmer, Christian/Fuchs, Simone/Berner, Hans-Joachim, Der Widerspruch des Arbeitnehmers nach § 613a VI BGB als Sanierungsinstrument – Die Widerspruchslösung, NZI 2015, 263.

Wimmer, Klaus (Hrsg.), FK-InsO Frankfurter Kommentar zur Insolvenzordnung, Mit EuInsVO, InsVV und weiteren Nebengesetzen, 9. Aufl., Köln 2018.

Wirsch, Stefan, Debt Equity Swap und Risiko der Insolvenzanfechtung, NZG 2010, 1131.

Zanichelli, Vittorio, La nuova disciplina del fallimento e delle altre procedure concorsuali, Il diritto attuale, Torino 2006.

Zanichelli, Vittorio, La nuova disciplina degli accordi di ristrutturazione dei debiti, Molfetta 2019.

Ziegenhagen, Andreas, EuGH bestätigt die Rechtmäßigkeit der Sanierungsklausel im Rahmen des Anteilseignerwechsels – Verlustvorträge bleiben rückwirkend erhalten, https://blog.handelsblatt.com/steuerboard/2018/07/03/eugh-bestaetigt-die-rechtmaessigkeit-der-sanierungsklausel-im-rahmen-des-anteilseignerwechsels-verlustvortraege-bleiben-rueckwirkend-erhalten/.

Index

www.ingramcontent.com/pod-product-compliance
Ingram Content Group UK Ltd.
Pitfield, Milton Keynes, MK11 3LW, UK
UKHW021921290926
8980IPUK00016B/1393

9 783631 899274